CONTRAINTES, DILEMMES, POSITIONS DES TRAVAILLEURS DU SERVICE PUBLIC

Entretiens

Fidèle à sa volonté de maintenir vivant l'ensemble du catalogue et de continuer à rendre accessible à tous la richesse de son contenu, Les marques du groupe L'Harmattan proposent les ouvrages, même s'ils sont épuisés dans leur premier tirage, et les impriment à la demande.
Au vu de l'ancienneté de ce titre, un exemplaire original a été numérisé pour être réimprimé, ce qui pourrait altérer légèrement la qualité de certains passages.

ISBN : 2-7475-7120-3
EAN 9782747571203

Marie-Claire CALOZ-TSCHOPP

CONTRAINTES, DILEMMES, POSITIONS DES TRAVAILLEURS DU SERVICE PUBLIC

Entretiens

L'Harmattan
5-7, rue de l'École-Polytechnique
75005 Paris
FRANCE

L'Harmattan Könyvesbolt
1053 Budapest
Kossuth L. u. 14-16
HONGRIE

L'Harmattan Italia
Via Degli Artisti, 15
10124 Torino
ITALIE

Sommaire

Introduction

Les 20 entretiens ainsi que les 375 extraits d'entretiens de professionnels (policiers, assistants sociaux, personnel de la santé, collaborateurs du chômages, guichétistes, etc.) du Service public présentés dans le cadre du présent volume proviennent d'une recherche sur le travail du personnel du Service public, s'occupant à Genève de chômeurs et d'étrangers.

La recherche a été menée à bien à la suite d'un mandat octroyé au nom du Conseil d'État par G.-O. Segond, Conseiller d'État, à l'époque Président du Conseil d'Etat et Chef du Département d'Action sociale et de la Santé et également appuyé par G. Ramseyer, Conseiller d'État, chef du Département de Justice et Police du canton de Genève (Suisse), ainsi que par la Migros qui a versé une contribution au projet.

Le mandat a été conçu et mis en œuvre dans le cadre de l'Université de Genève, plus précisément de la Faculté de Psychologie et des Sciences de l'Education. Il a bénéficié de l'appui de Pierre Dasen, professeur ordinaire en approches interculturelles de l'Education et de Timothy Harding, professeur ordinaire à la Faculté de médecine, directeur à l'époque du Programme plurifacultaire d'Action humanitaire de la même université.

Le titre officiel du mandat de recherche a été le suivant : " Le défi humanitaire posé aux professionnels des services publics s'occupant du chômage, de l'immigration et de l'asile[1] " ? Le qualificatif « d'humanitaire » tient à l'insertion institutionnelle universitaire de l'étape de la production de la recherche qui a été suivie d'une deuxième phase de diffusion, notamment sous forme de publication de trois volumes dont le présent volume et d'un colloque international[2] dont l'intitulé est différent.

La direction et la coordination scientifique du projet de recherche ont été assumées par Marie-Claire Caloz-Tschopp, maître d'enseignement et de recherche à l'Université de Genève et chargée de cours à l'Institut d'Etudes Politiques Internationales (IEPI) de l'Université de Lausanne. C'est elle qui a mené à bien les entretiens de la recherche qui ont été au centre de sa réflexion philosophique sur l'action humaine et le travail dans le service

---

[1] Lettre du 27 octobre 1997 signée par G.-O. Segond, Conseiller d'Etat, Département de l'action sociale et de la santé, République et Canton de Genève.

[2] Le colloque intitulé : « L'action « tragique « du personnel du Service public » est co-organisé par la Faculté de psychologie et des Sciences de l'Education (FPSE) et l'Université ouvrière de Genève (UOG). Il a eu lieu le 15/16/17 septembre 2004 à Genève.

public. D'autres chercheurs ont participé à la recherche et leur contribution figurent dans les volumes I et II intitulés : *Parole, pensée, violence dans l'état* et *Le devoir de fidélité à l'état entre servitude, liberté, (in)égalité*. Un comité de suivi de la recherche a été constitué sur ordre du Conseil d'État.

L'objet des entretiens

La question de recherche a été énoncée explicitement par G.-O. Segond dans une lettre publique adressée aux professionnels (en annexe). : *"La justice et l'humanité sont-elles compatibles dans l'action des professionnels du service public, dans ce cas, auprès des chômeurs, des migrants, des réfugiés, des requérants d'asile?"*[1]. Dans le cadre d'un Etat s'appuyant sur le principe d'égalité de traitement entre les citoyens, la lettre du Conseiller d'Etat indiquait deux référents classiques de théorie politique modulée durant des siècles et définissant ici des référents du service public: *la justice* et *l'humanité*. Comment les professionnels en parlaient ou non ? Que désignent-ils en lien à l'action, quand il étaient mis à l'épreuve des pratiques de professionnels du service public en matière de politiques d'immigration, du droit d'asile et des politiques du travail et du chômage en intégrant la mémoire historique pour analyser les pratiques actuelles, se sont alors demandés les chercheur?

A la lecture on verra comment les professionnels racontent leur travail, comment ils vivent le fait que leur action est contrainte à la fois par le contexte de la mondialisation, par la tension entre force et droit et entre protection et contrainte par l'Etat. Etre employé du Service public implique, en effet, un " devoir de fidélité " à l'Etat (voir article de B. Voutat, volume 3). Dans le " devoir de fidélité " à l'Etat, l'hypothèse a été formulée qu'un " hiatus "existe pour les professionnels du service public dans leur travail en ce qui concerne la subordination exigée. Quand on s'occupe d'étrangers, de chômeurs, le contenu de son travail et ses enjeux concerne des contraintes objectives à tout travail mais en particulier les tensions autour du respect de l'Etat de droit et l'application des droits fondamentaux. Que faut-il voir aujourd'hui dans le hiatus possible entre le " devoir de fidélité " et le respect des droits fondamentaux, entre la loi et le droit, dans le choix entre être " agents " ou " acteurs " dans le service public ? On verra à la lecture que le hiatus classique lié au devoir de fidélité, se double d'un paradoxe - exiger un devoir de fidélité à un personnel qui voit son statut et ses conditions de travail précarisées – et se vit dans l'angoisse – appliquer à d'autres des mesures qu'on craint de se voir appliquer à soi-même. Les analyses de la recherche se sont centrées sur le fait, que ce dont il est finalement la

---

[1] Lettre du 1.12.1998 de G.-O. Segond, Conseiller d'Etat du canton de Genève, pour introduire l'étape des entretiens.

puissance et l'impuissance d'agir qui renvoie à une transformation du pouvoir lui-même.

La richesse du matériel recueilli sur les *récits en dialogue* entre celle qui menait les entretiens et la personne qui parlait durant les entretiens, les choix de recherche visant la construction d'une cohérence entre l'objet – *la dynamique de l'action professionnelle, des positions dans l'action, les difficultés, éventuellement les dilemmes en lien avec le devoir de fidélité exigé du personnel de la fonction publique à un moment historique de remise en cause du statut de la fonction publique et aussi de restrictions des droits des usagers* – la méthode, la conception du résultat et le travail de recherche nous amènent à publier les entretiens les plus significatifs du point de vue des récits, des secteurs de l'action sociale, du chômage, de la police, des situations, des problèmes évoqués avec un souci d'une transversalité entre les trois Départements où ont eu lieu les entretiens (Département de l'Action sociale et de la santé, Département de Justice et Police, Département de l'Economie) pour tenter de dégager des lignes de forces communes et aussi des spécificités.

L'instabilité institutionnelle de l'Etat et des lois

En matière de Service public aux étrangers et aux chômeurs, la question de la place des travailleurs clandestins, les coupures d'assistance, les sanctions et les modalités de réinsertion, ainsi que les renvois forcés d'étrangers ont constitué peu à peu des situations exemplaires du point de vue des contraintes racontées et vécues.

Notons que certains événements locaux (manifestations, grèves, restructurations internes de Services, changements dans les pics du chômage, par exemple), ont bousculé le calendrier des entretiens, notamment à la Police et aussi dans une moindre mesure à l'Hospice général, ainsi qu'à l'Office cantonal de l'Emploi du canton de Genève.

Durant la période d'observation qui a duré, tout au long de la recherche depuis la moitié de l'année 1997 jusqu'en fin avril 2001 plusieurs événements sont intervenus, dont par exemple, une arrivée importante de requérants d'asile, une période de renvois forcés des réfugiés kosovars qui a fait suite à celle des réfugiés bosniaques dont il a été aisé de constater de nombreuses traces dans les Services concernés. Le taux de chômage qui était élevé au moment du début de la recherche a baissé. Des restructurations institutionnelles dans certains secteurs, services étaient en cours et produisaient des effets visibles sur le personnel concerné, etc. A un niveau plus global, un débat national avait lieu sur la fonction publique, sur un changement de lois sur les étrangers, sur le chômage. L'instabilité des lois dans les domaines concernés (étrangers, droit d'asile, travail, chômage) a impliqué non des conditions stables de laboratoire, mais un changement du cadre institutionnel quasi constant durant la recherche.

La recherche n'a pas été une audit, comme les professionnels du canton de Genève en ont connu. Cela a été explicité pour éviter des incompréhensions de la démarche. L'audit global de l'Etat de Genève[1] de la firme multinationale, *Arthur Andersen* avait laissé des traces palpables. Elle a constitué une difficulté à surmonter tout au long du travail. Comment ne pas sentir une crispation quasi généralisée du personnel. Par ailleurs, dans certains Services où se sont déroulés les entretiens, il y avait eu jusqu'à quatre audits internes avant notre passage.

Par les choix effectués et la procédure choisie, j'estime avoir respecté la confidentialité dans mon travail, tout en respectant la voie choisie pour que les professionnels parlent de leur fonction et de leur travail, comme des protagonistes anonymes de l'action du Service public dans le domaine du service aux étrangers et aux chômeurs.

Précisions concernant le recueil des entretiens

Deux cents entretiens ont été menés à bien ; 127 entretiens ont été enregistrés et retranscrits. La retranscription des 127 entretiens enregistrés et les notes sur les autres entretiens ont révélé un matériel d'une richesse qui débordait largement la question centrale de la recherche formulée en terme de référent éthique par le Conseil d'Etat. Ce matériel pourrait servir à plusieurs séminaires de recherche interdisciplinaires durant plusieurs années, ont remarqué plusieurs des chercheurs de la recherche. Nous nous expliquons ailleurs sur les choix épistémologiques et méthodologiques (volume I) combinant l'objet, le processus, les résultats, mais précisons en bref l'esprit dans lequel ils ont été menés.

La manière dont ont été menés les entretiens a mis l'accent sur l'instauration d'une *relation* protégée (confidéentialité) entre deux individus qui permette la *circulation d'une parole*. Il ne s'agissait donc pas de récolte d'un matériel, de remplir un questionnaire, des tableaux avec les réponses et transmettre un rapport avec des résultats quantifiables. Le travail de recherche partait du postulat exploratoire qu'avec chaque individu qui avait accepté de parler, le défi dans l'entretien était que puisse se raconter dans l'espace fragile d'un entretien de deux heures construit à deux, l'activité de travail telle que les professionnels la vivaient dans le quotidien de leurs Institutions. En clair, les résultats de la recherche se situent en bonne partie dans le processus dynamique lui-même et pas seulement dans les résultats en terme de vérité objective dont l'objectivité serait d'ailleurs soumise à caution.

---

[1] Andersen A. (1996) : Audit global de l'Etat de Genève, 2 volumes, Genève.

Entre mai 1998 et le début du mois d'avril 2001- et surtout dans la période entre novembre 1998 et fin janvier 2001 les entretiens ont été menés, dont une grande partie ont été enregistrés. Une procédure très stricte a été mise sur pied, et un courrier était envoyé avant chaque entretien accompagné de la lettre du Conseiller d'Etat G.-O. Segond (en annexe). Il est aussi arrivé dans certains cas de ne pas enregistrer certains entretiens. Précisons que huit refus d'entretien ont été notifiés par écrit et trois refus d'entretien ont été transmis verbalement. Deux entretiens ont été annulés (maladie). Les 155 entretiens concernaient des professionnels du Service public, dans trois Départements de l'Etat de Genève - action sociale et de la santé, justice, police et des transports, économie, emploi et affaires extérieures (secteur chômage). Dans certains Départements et Services, la phase des entretiens a été préparée dans des séances d'informations qui ont été organisées par le comité de suivi de la recherche mis sur pied par le Conseil d'Etat ou dans un cas par un chef de service. Quant à la durée, la majorité des entretiens ont duré deux heures chacun. Certains entretiens ont duré moins longtemps et aussi plus longtemps, mais ce fut une minorité.

VINGT ENTRETIENS

Partie I

Entretien no. 1

Q. : Vous êtes gardien de prison ?
R. : Je suis gardien. Depuis très longtemps. On a un rôle de premier contact avec le détenu, puisque le détenu, une fois qu'il est enfermé, il a un contact, d'abord avec le gardien, puisqu'il lui ouvre tous les matins la cellule pour lui donner à manger, pour lui dire ce qu'il veut dans la journée, ce dont il a besoin, les problèmes qu'il peut avoir
Q. : Vous avez commencé votre travail dans quel état d'esprit ?
R. : Une des premières choses qu'on fait quand on arrive dans le travail, c'est faire la séparation entre ce qu'on pense, ce qu'on aime ou ce qu'on aimerait et puis le fait qu'on travaille ; quand on travaille, on travaille pour quelqu'un, auquel on a une certaine fidélité, entre guillemets, et puis on fait ce qu'il nous demande, ce qu'il nous demande est clairement défini. Ou on accepte de s'y conformer et puis on continue à travailler dans la maison, ou on ne s'y conforme pas et puis on arrête de travailler, on change de boulot.
Q. : Il n'y a pas d'autre manière de faire ?
R. : Je suis en conflit certainement avec le boulot que je fais mais, pour moi, le choix est fait et puis la contradiction est assumée et puis, je peux l'expliquer... Je peux dire pourquoi, comment.
Q. : Mais ça n'empêche pas que le conflit est quand même là, il est où ?
R. : Le conflit, il n'existe que dans la transcription pratique des choses, j'ai plutôt une approche, je dirais sociale des choses, entre guillemets, par rapport à certains autres de mes collègues, c'est déterminer par mes moyens propres de pouvoir travailler, alors si on les laisse s'exprimer dans la fourchette admissible par l'institution, je vis bien les choses et puis si on me laisse m'exprimer avec mes moyens, eh ben, je vis mal les choses.
Q. : Mmm... et là, vous auriez des exemples où c'est arrivé ?
R. : Alors, un exemple tout simple, je ne sais pas, moi, euh... on est dans une situation de conflit, j'essaie de régler la situation à ma manière, en discutant beaucoup, en essayant d'utiliser les outils que j'ai, qui prennent du temps, souvent, parce que quand on discute, ça ne va pas aussi vite qu'une immense claque, ça c'est sûr, alors quand le collègue me pousse pour intervenir parce que lui est plus pressé, je vis mal la situation.
Q. : Vous avez besoin de temps et de quoi d'autre ?
R. : J'ai besoin d'abord d'une reconnaissance, c'est-à-dire que mes spécificités, elles soient reconnues, elles soient acceptées. On est content quand je réussis à régler la situation en discutant, mais personne ne vient jamais me le dire, parce que celui qui vient me le dire, il faut qu'il me le dise

en cachette, sinon les autres ont peur. Lui, il se met en difficulté, parce qu'il est allé discuter, il est allé accorder du mérite à quelqu'un qui a mis l'ensemble de la profession en danger, parce que celui qui discute ou celui qui essaie de régler une situation, je dirais, d'une manière différente de la règle ou novatrice, quand il a un résultat, on ne lui dit rien, quand il a un échec, on lui tape dessus très, très fort, mais on lui fait, dans tous les cas, payer le fait qu'il a mis quelque part, qu'il s'est mis en danger, mais on ne le reconnaît pas comme une qualité, on le reconnaît comme une mise en danger du reste du groupe et, de manière encore plus perverse, si par hasard il réussit, le message qu'il transmet aux autres qui ont tous, pour la plupart, envie de le faire, ben « vous, vous êtes des incapables, vous êtes des abrutis parce que vous n'avez pas pu, vous n'avez pas osé », donc là le retour du bâton il existe de nouveau aussi d'une autre manière, donc, de toute façon, j'ai l'impression qu'il n'y a que des retours de bâton négatifs, donc dans un contexte de ce genre, c'est très difficile d'arriver à se démarquer, ne serait-ce même qu'un tout petit peu.

Q. : Comment, alors, construit-on des espaces de liberté ?

R. : On les cache. C'est marrant, pour mes collègues, c'est tous des saloperies, ils valent tous rien, le meilleur ne vaut rien, ce connard, et ces Arabes et ces Noirs et ces machins, et puis ce sont les mêmes personnes qu'on revoit, par hasard, insidieusement, tout d'un coup en train de boire un café avec un type qui est peut-être plus bronzé, on se demande ce qu'il fout là, après avoir crié tout ce qu'il a crié ailleurs ; alors tout le monde se cache, il n'y a que ceux qui assument ça ouvertement, eh ben, ils ont des retours de manivelle qui sont des fois pénibles.

Q. : Qui viennent d'où, les retours de manivelle ?

R. : Tous azimuts.

Q. : De toute la hiérarchie et des collègues ?

R. : Tous azimuts.

Q. : Et ils ne rencontrent pas d'autres, d'autres bouts de liberté ? Avec quoi ça fait écho ?

R. : (silence).

Q. : Ça ne vous est pas arrivé, ça ?

R. : Personnellement, peu, pas ; très, très peu ; très, très peu.

Q. : Des complicités de liberté, vous n'en avez pas… vous n'avez pas eu des exemples de complicité de liberté ?

R. : Il y a des complicités, mais elles sont souvent très courtes, à court terme, et puis cachées, un petit peu comme une relation quasiment incestueuse, hein ? Pas acceptées par le groupe, quoi ; c'est difficile, dans une étude comme ça, de parler de soi.

Q. : Pourquoi ?

R. : Parce que ça veut dire qu'on ramène tout à soi et puis quand on est un élément qui est un peu marginal ou marginalisé, eh bien, pour finir, on ne

parle que d'une personne et puis ce n'est pas représentatif de l'ensemble du groupe.
Q. : Non, je pense que votre témoignage à vous, de votre vécu, c'est ça qui est le plus important ; les généralisations, très souvent elles décrochent du vécu, je pense que votre vécu, en tant que tel, a beaucoup de poids.
(silence)
R. : Par exemple avec un collègue, je sens une petite complicité, sans qu'on se le soit jamais dit ou explicité et j'ai l'impression qu'il a vécu certainement, lui, la même chose, parce qu'il est arrivé ici dans un climat qui était beaucoup plus social, où lui, il a pu se sentir beaucoup mieux, mais je pense que où il était avant c'était beaucoup plus structuré, hiérarchisé, il a peut-être reconnu ce que je vivais moi ici, quelque chose que lui avait vécu, mais... ça ne dépassera pas ça, tant qu'il n'y aura pas une possibilité de se l'expliquer, d'expliquer pourquoi on fait les choses comme ça, et puis d'apprendre à avoir confiance les uns en les autres, mais ça, ça se fait autour d'une table, autour d'une discussion, autour d'une supervision, autour de formations, autour de canaux d'expression, je dirais, complexes.
Q. : L'institution, comment elle l'explique, qu'elle ne vous donne pas ces moyens de travail, en fait ?
(silence)
R. : Ça devient un problème pour l'institution de gérer et de créer ça.
Q. : C'est-à-dire ? Un problème de quel ordre ?
(silence)
R. : Je discutais avec le responsable de formation, il m'a dit « mais... tu n'aurais jamais dû faire notre métier, ce n'était pas un métier pour toi ».
Q. : Tu en veux trop ; c'est ça ?
R. : Oui ; et ça leur pose un problème énorme.
Q. : Donc, en d'autres termes, faites votre boulot tranquilles, ne compliquez pas.
(rires)
R. : Ouais ; je crois que l'institution, elle veut des professionnels qui répondent tous la même chose, entre guillemets, qui aient toujours la même réponse, la réponse juste, mais la même réponse de manière à pouvoir cadrer les gens de la même manière. Ils devront tous avoir la même réponse, devront être le même abruti qui ne peut pas faire autrement que s'énerver, donc ce n'est pas une... par exemple, je vis très mal la chose parce que ce n'est pas une richesse qu'on amène à l'institution en lui donnant une structure très précise et puis très fixe, mais c'est une pauvreté qu'on instaure en règle puisqu'on empêche les gens de faire appel à des ressources que d'autres n'auraient peut-être pas, sans parler même d'aller jusqu'à échanger éventuellement de manière à offrir réciproquement nos propres ressources, hein ? donc là, je ne veux pas aller jusque-là, quoi.

Q. : Ouais mais, en même temps, il y a un degré de violence qui doit monter parce que quand on ne laisse pas les gens libres et puis se parler et communiquer, ça crée des tensions

R. : Les gens sont achetés ; mon prix c'est mon salaire.

Q. : Et votre cahier des charges, qu'est-ce qu'il dit ?

(silence)

R. : Non, je n'ai pas de cahier des charges officiel, précis, avec des limites claires, non, ça je n'ai pas ; je n'ai pas de contrat de travail non plus.

Q. : C'est-à-dire ?

R. : Je n'ai pas de contrat de travail.

Q. : Donc ça veut dire qu'on peut vous mettre à la porte ?

R. : Non, ça veut dire qu'il y a des règles, qu'il y a des règlements, mais je n'ai pas de contrat de travail.

Q. : Expliquez-moi, je ne comprends pas.

R. : Je suis employé d'État, mais je n'ai pas de contrat de travail ; mon employeur fait appliquer une règle qui est votée par le peuple ; demain, il y a une votation populaire qui dit qu'on diminue le salaire des fonctionnaires de 50 %, mon employeur applique.

Q. : Vous n'avez pas de marge de manœuvre ; c'est ça que ça veut dire ?

R. : C'est-à-dire qu'il y a un contrat de travail global qui est fixé pour l'ensemble de la fonction publique par des règles et des règlements, mais, vis-à-vis de mon employeur, je n'ai pas un contrat individuel.

Q. : Je comprends, ouais, ouais. Justement, dans la recherche là, il y a un juriste du droit du travail qui, lui, va vous entendre si vous avez des choses à lui dire par rapport à ce qu'il faudrait faire comme propositions concernant le droit du travail.

R. : (silence)

Q. : … Alors vous demanderiez d'avoir un contrat individuel ?

(silence)

R. : Moi, je demanderais qu'on précise les droits et les devoirs de l'employeur, mais de manière concrète, par rapport à ce qui se passe à l'extérieur, parce que l'institution où je travaille est un endroit replié sur lui-même, qui n'a pas de contact ou peu de contact avec l'extérieur, dans lequel il y a une hiérarchie qui est quand même très forte et très puissante, dans lequel tout est très fortement réglementé et dans lequel tout est fortement réglementé, mais pas forcément, et ça ne correspond peut-être pas forcément aux règles de l'extérieur et ce n'est peut-être pas forcément en accord avec ce qui se passe à l'extérieur. Si je ne prends qu'un détail, pas un, pas une seule personne dans toute l'institution n'a été capable de me dire comment on calculait les heures, jusqu'au moment où, par hasard, je suis tombé sur un bulletin de l'UPCP où le… l'UPCP faisait un modèle de calcul d'heures pour la gendarmerie – parce qu'ils avaient des problèmes avec leur hiérarchie et puis ils leur proposaient le calcul – et puis, moi, j'ai calculé par rapport à ce qui se passait dans notre institution dans les brigades et puis je

me suis aperçu que la 1re année, eh ben, c'est clair qu'on ne faisait pas tout à fait nos heures, à quelques heures dans l'année près, donc ce n'était pas très important ; la 2e année on commençait à nous carotter des heures conséquentes, la 3e année on n'en parle pas, quant à la 4e année ça représentait quelque chose comme 80 heures dans l'année ou je ne sais pas quoi... alors, j'ai mis mon petit calcul et puis je l'ai affiché à la cafétéria, en mettant un petit point d'interrogation « est-ce que mon calcul est juste ? », et puis j'ai laissé, personne n'est rien venu me dire à part l'association du personnel qui est venue m'engueuler parce que j'avais mis ça sur leur panneau à eux, et puis qu'ils s'étaient fait engueuler par le patron.
Q. : Vous avez signé votre papier ?
R. : Oui, oui j'ai signé, j'ai fait ça tout à fait... et puis, pendant 3 mois, on ne m'a rien dit et puis, après 3 mois, j'ai contacté le responsable des horaires qui officie en tant que chef du personnel et puis j'ai demandé si c'était juste ou pas mon calcul ; et puis là, dans un premier temps, il m'a dit « c'est tout faux », j'ai dit « c'est très bien, on prend rendez-vous, vous m'expliquez ça dans votre bureau, précisément ce qui est faux, ce qui est juste, et tout » et puis, quelques semaines après, il me reçoit dans son bureau et puis il me dit « alors, vous voulez quoi ? », je dis « eh bien, que vous m'expliquiez comment vous avez calculé ça » et puis il me dit « ouais, alors c'est juste, j'ai donné des heures à tout le monde » et puis il m'ouvre son classeur où il y a les heures supplémentaires et il me dit « voyez, j'ai donné des heures supplémentaires à tout le monde ». (silence)... C'est quand même impensable que dans un service qui emploie plus que 100 personnes, la personne qui s'occupe de ça ne soit pas capable de calculer et de savoir calculer un horaire et puis qu'on puisse, pendant deux ans, carotter des heures comme ça, j'entends, c'est invraisemblable, c'est impensable et ça ne peut exister malheureusement. Et puis il y a des tas d'autres choses comme ça qui sont d'une... Chaque fois qu'on a une plainte ou n'importe quoi, on dit « tu dois tout ton temps à l'État » : ça veut dire quoi ? Alors c'est une notion qui fait que le directeur, en tout temps, peut nous demander n'importe quoi ; qu'est-ce que cette notion, vue par un juriste dans un cadre différent ? Je pense que la notion ne sera pas du tout la même chose s'il a des raisons de nous demander n'importe quoi, il peut certainement le faire, mais il faut qu'il puisse l'argumenter. Une mesure est prise, tout le monde râlera, personne ne fera rien et personne ne se mobilisera ou quoi que ce soit.
Q. : Et les syndicats ? Il y a des syndicats ?
(silence)
R. : Il n'y a aucune solidarité entre nous puisque – j'ai expliqué un petit peu pourquoi – les gens qui s'occupent du syndicat, ce sont des gens qui doivent donner énormément mais qui ne sont pas forcément toujours à la hauteur, c'est un des premiers problèmes des syndicats, en fait, c'est qu'ils ont à lutter contre des directeurs, c'est-à-dire ce sont des gens issus de la base qui doivent discuter contre les hauts détenteurs de pouvoir, entre guillemets,

c'est difficile quand même d'être à la hauteur pour pouvoir représenter comme ça ses petits camarades, donc ce n'est pas forcément toujours les plus brillants qui se lancent dans cette gageure.

Q. : Mais il y en a des syndicats ? Et vous-même, vous êtes membre de l'association du personnel ?

R. : Oui, on est tous syndiqués.

Q. : On vous écoute ?

R. : Non, non.

Q. : Pourquoi ? Parce que vous avez une analyse très fine du travail.

R. : Je suis trop dangereux, j'attaque la Direction, je laisse transparaître que je pourrais être contre certaines choses ; on a tous été choisis pour notre faculté et notre capacité de s'adapter à la hiérarchie, et puis de la représenter et puis d'y être fidèles ; donc il ne faut pas attendre trop, trop de contestations de la part de mes collègues.

Q. : Mais de votre part, en tout cas, de votre part ?

R. : Oui ; mais bon, tout seul, on ne fait pas grand-chose, hein ?

Q. : Et ça ne change pas avec les jeunes qui arrivent ? Ce n'est pas une autre mentalité ?

R. : Non ; ça ne change pas parce qu'ils reçoivent une formation qui a été beaucoup calquée sur le modèle de la gendarmerie, donc c'est une formation qui a été très orientée, très précisément ciblée et puis qui va répondre, justement, à toutes les questions dont je parlais tout à l'heure et puis qui va donner une réponse ; donc, dans un premier temps, ils ne vont pas avoir à se poser de questions, on aura répondu à toutes les questions pour eux, donc s'ils vont se poser des questions c'est petit à petit et puis, ben, on ne va pas... je pense que si mon chef me dit « pourquoi tu veux de la formation ? », c'est qu'il n'a pas envie de m'en donner, et s'il n'a pas envie de m'en donner, c'est qu'il y a une raison ; et s'il ne veut pas m'en donner, la raison est relativement simple, à mon avis. C'est que les gens à qui on donne une formation posent des questions et puis deviennent plus intelligents, entre guillemets, ou ils ont d'autres moyens ; seulement pour suivre, de la part de la direction, de la hiérarchie, c'est très difficile.

Q. : Il y a vraiment un problème, là, que vous signalez ; qu'est-ce qu'il faut que j'en retienne pour mon étude, si vous deviez faire des propositions ?
(silence)

R. : Je pense que la formation des gens, ce n'est pas quelque chose qu'on doit forcément vivre comme une difficulté, comme la source du problème, en fait, ce n'est pas la formation, ce n'est pas l'intelligence des gens qui est le problème. Le problème, il est derrière, comment on traite les conséquences de cette intelligence, alors, c'est clair que ça pose des problèmes, mais ça pose des problèmes différents et qui ne sont pas liés aux gens qui les posent, mais – enfin, je ne sais pas comment expliquer.

Q. : Oui, je vois bien, c'est très clair.

R. : Quelqu'un qui a reçu une formation et puis qui saisit là où il y a une difficulté, eh ben, évidemment, ça va être la personne qui va amener le problème, c'est la personne qui va le soulever et, dans une structure où les gens ne sont pas formés, où il n'y a pas de recul, où il n'y a pas de supervision, etc., eh ben, on traite le problème en éliminant celui qui l'a posé.
Q. : Tout à fait.
R. : On n'a pas, on n'a pas réglé ce problème, on n'a pas évolué et je pense que c'est très difficile pour un État hiérarchique de régler les conflits et les problèmes. C'est d'autant plus délicat quand il y a des structures, des relations de pouvoir, qui sont importantes, j'entends. La direction doit tenir des gens, et je pense bien que pour elle ça doit être difficile de commencer à accepter qu'on prenne des risques, qu'on change la manière d'exercer le pouvoir, je pense qu'effectivement c'est très difficile, c'est très déstabilisant pour lui, certainement, parce qu'il doit prendre des risques, mais c'est aussi terriblement déstabilisant pour les gens, pour mes collègues.
Q. : Mmm... Qu'est-ce qu'il faudrait faire, alors, pour avoir un état moins hiérarchique ?
(silence)
R. : Je crois que ça peut être changé, il y a des tas d'endroits où on a fait des expériences et puis on a montré des choses différentes mais qui sont toujours restées marginales parce que c'était des choses qui demandaient soit des moyens, soit des personnes fortes, entre guillemets, ça c'est toujours des expériences qui se sont faites autour d'une équipe, autour d'une personne, mais ce n'est pas quelque chose qui a pu s'appliquer partout, parce que partout sur le terrain, les gens ne sont pas prêts, n'ont pas les compétences et les qualités pour pouvoir le faire. Et dans le domaine où je travaille, et si c'est resté si en arrière, c'est que c'est le domaine dont tout le monde se fout, en fait, personne n'est intéressé par ce domaine, qui va s'intéresser de la poubelle de la société ? Personne ne va investir dans ce terrain-là, ou très peu de gens, que les gens qui sont directement concernés, éventuellement quelques travailleurs sociaux, et tout ça, mais les milieux qui ont le pouvoir, la politique, tout ça, le domaine de la prison il faut qu'on n'en parle pas, et un des moyens pour qu'on n'en parle pas, c'est que la structure ne change pas, c'est qu'on tienne tout ça, qu'on tienne les gens, qu'on ne prenne pas de risques, que ce soit une... une structure bien contrôlée ; là, on ne prend aucun risque.
Q. : Mmm... Et qu'est-ce que vous leur dites, alors, aux politiques par rapport à ça ?
R. : Je crois que c'est une erreur fondamentale, je crois que c'est une erreur fondamentale parce qu'ils remettent l'évolution, en permanence, à plus tard ; et puis, et puis c'est là qu'ils prennent les risques ; enfin, à mon avis.
Q. : C'est quoi les risques ?

R. : Ben, c'est ce qui s'est passé en France, il y a quelques années, où le système avait peu ou pas évolué et puis, en l'espace de 5 ou 10 ans, il y a eu des émeutes dans toutes les prisons et puis, et puis ils ont été obligés d'évoluer, peut-être pas partout mais de faire un certain nombre de pas, et puis ça leur a coûté certainement très, très cher en dégâts.
Q. : Et pourquoi il y a ce décalage, d'après vous ?
(silence)
R. : Parce que tout se fait avec un temps de décalage et un temps de retard. On prend un exemple : si on fait intervenir l'informatique, c'est le dernier endroit où elle va arriver, un des derniers endroits parce que quand il va falloir débloquer des crédits, ce n'est pas pour ces détenus – qui sont le rebut de la société, dont on ne sait pas que faire et puis, de toute façon, qui recommencent – qu'on va débloquer des ronds pour moderniser ; ça sera le dernier service, ça sera le dernier secteur qu'on modernisera, donc immanquablement, pour ce qui est de la formation, pour ce qui est de l'encadrement, pour ce qui est des techniques de travail, ce sera toujours le même système.
Q. : Mmm... Vous utilisiez, avant, le terme de "*poubelle* ", et je me disais « mais ça veut dire quoi "*poubelle*", exactement ? », "*poubelle de la société*", qu'est-ce que ça veut dire ?
R. : Non, ça, ce n'est pas un terme de moi, hein ? Sauf erreur, c'est le général de Gaulle qui avait dit que les prisons étaient les poubelles de la société.
Q. : Pour vous, à partir de vos expériences, qu'est-ce que ça veut dire « *poubelle* » ?
R. : Alors (silence) ... un déchet, il ne prend la notion de déchet que par la valeur qu'on lui donne (silence). Depuis qu'on recycle un certain nombre de choses, il y a des déchets qui ont passé du terme de « déchet » au terme de « matière première » (silence)... Donc... la valeur de la personne, c'est un certain nombre de personnes qui définissent qu'est-ce qui est bien et qu'est-ce qui est mal, ce qu'on fait et ce qu'on ne fait pas et puis ceux qui méritent d'être mis à l'écart de la société pour inciter les autres à se tenir tranquilles ; personnellement, quand j'ai commencé à conduire, je pouvais rouler sur les routes à 180, 200 km/h sans enfreindre ni règle, ni loi, en parfaite liberté et puis, quelques années plus tard – bien des années plus tard puisque je deviens vieux (rire) – eh ben, rouler 20 km/h, 30 km/h au-dessus d'une limitation, je suis déclaré délinquant, je risque de me retrouver en prison, de perdre mon travail, de perdre ma situation et de devenir un repris de justice, pratiquement.
Q. : Vous en avez vu des cas comme ça ?
R. : J'ai vu des gens arriver parce qu'ils avaient dépassé la limitation de vitesse, ouais ; un petit plus que 30 km/h, mais il y en a qui sont venus seulement parce qu'ils avaient dépassé la limitation de vitesse.
Q. : Mais ceux-là , ils ressortent, ce ne sont pas des déchets.

R. : C'est clair que ceux-là ressortent, mais ils ont été stigmatisés quand même ; alors ça c'est par rapport à la limitation de vitesse, mais il y a des tas d'autres domaines : par rapport à la drogue, par rapport à d'autres situations ; en fait (silence) ... je crois qu'on définit les gens qui ont défini la prison, le système pénitentiaire comme quelque chose... ouais, c'est une sorte de mise à l'index, non seulement pour la personne qui subit ça, mais surtout pour les autres, à qui on brandit le spectre de la prison.
Q. : Mais les gens reviennent dans le circuit, non, après ?
R. : Et ils reviennent en prison.
Q. : Je suis toujours votre idée de déchet... C'est quand qu'on devient un « déchet », vraiment ?
(silence)
R. : On devient un déchet quand on arrive à la prison, quand on arrive dans le système judiciaire, quand on est aux yeux des autres, c'est les autres qui vous disent « vous êtes un déchet », la société dit « la prison c'est l'endroit où on pousse tout ce dont on ne veut pas » et puis, paradoxalement, on dit « de cette poubelle (entre guillemets), il faut recycler les gens et puis leur donner la possibilité de ressortir », mais... on s'aperçoit, assez vite, que c'est une immense utopie.
Q. : Donc les gens circulent.
R. : Il y a un gros paquet de gens qui circulent, qui reviennent en prison.
Q. : Qui circulent dans le cycle du déchet.
(rires)
R. : Ouais. Il y en a beaucoup qui sont absorbés par tout ce qui est mis en place autour de la prison, pour aider les gens ou pour les absorber. Par exemple les toxicomanes ont été un énorme problème au début, c'est un énorme problème en prison et à l'extérieur de la prison, tous mes vieux toxicomanes là – bon, il y en a beaucoup qui sont morts – il y en a beaucoup qui ont été absorbés, c'est-à-dire qu'on leur a créé des espaces dans lesquels ils pouvaient vivre, on leur a créé des cures, on leur a créé des programmes, on a créé des maisons, on a créé des tas de choses et puis, j'en ai moins, ou ils ne viennent qu'un moment dans le circuit.
Q. : Si on revient sur votre travail, ne pas se soumettre, c'est exercer sa liberté ?
R. : Il faut savoir que dans la prison, la liberté c'est quelque chose qui, et d'un côté et de l'autre, est terriblement limité, atténué, étroit.
Q. : Vous êtes autant emprisonné que les prisonniers si je vous entends bien ?
R. : Beaucoup d'années dans le même espace clos, entre guillemets, même si on peut sortir, on y revient le lendemain pour y travailler, les mêmes collègues, les mêmes détenus, le même travail, peu, pas de contact avec l'extérieur. En plus, la possibilité de mobilité, elle est très limitée.
Q. : Dans ce que vous me racontez, vous m'évoquez un livre de Dürrenmatt, *Le Discours à Václav Havel*.

R. : Ouais, alors… quand on est gardien de prison, c'est une spécificité qui est vraiment réduite et restreinte à un service particulier duquel il n'y a pas possibilité de sortir, alors je crois que ce serait important d'avoir la possibilité d'ouvrir ce cadre, de l'élargir un petit peu parce qu'il y a des tas d'autres services en relation avec ce type de système pénitentiaire, il y a des tas de foyers, il y a des tas d'institutions, il y a des tas d'endroits dans lequel une mobilité devrait être possible, alors si ce n'est pas une mobilité complète – c'est-à-dire le départ d'un service pour aller travailler dans l'autre, définitivement – il devrait y avoir la possibilité de faire beaucoup plus d'échanges, de stages, beaucoup plus d'ouvertures sur d'autres choses, voire même avec l'étranger, j'entends, ça c'est toujours que les sommités qui vont visiter les prisons à gauche, à droite, c'est toujours que des gens influents, pleins de pouvoir qui partent se goinfrer et puis boire des coups, des apéros à gauche et à droite, là. Le personnel, ils n'ont même pas le retour de ça.
Q. : Il n'y a jamais de réunion entre différentes professions ?
R. : Non, pas au niveau gardien. Il faut donner le lieu aux gens, il faut leur donner le temps, il faut leur donner le… le plein accord et l'incitation. Il faut un lieu où les gens amènent les problèmes ou les difficultés qu'ils ont eus, on ne parle pas d'ordre psychologique, d'ordre pratique, d'ordre de réflexion. Il y a des réunions administratives, c'est l'endroit où la direction répond aux questions et donne ses ordres. Mais il n'y a pas de discussion autour de l'état d'âme des gens, autour des difficultés qu'ils rencontrent, si ce n'est de savoir, par exemple, combien on peut admettre de litres de jus d'orange.
Q. : Vous décrivez l'espace public, en fait ; c'est extraordinaire, vous décrivez ce qu'est un espace public dans le travail.
R. : Si se parler entre les différents intervenants c'est du domaine de l'espace public, alors, ou on en fait quelque chose de privé, confiné et relationnel avec toute la perversion que ça engendre, ou on en fait quelque chose de public et puis, là, on peut vraiment le traiter et puis on, on, on… On peut vraiment tirer le maximum des informations qui circulent, mais autrement… Ça se perd.

Entretien no. 2

Q. : Où sont les dangers pour la sécurité de la Suisse ?
R. : On ne peut que rigoler si on ne veut pas pleurer. Prenons l'exemple de ce grand chef mafieux dont on sait que c'est un des organisateurs de la mafia qui a réussi à gangrener l'Europe et la Suisse. Il faut savoir que la Suisse est très touchée par la mafia russe, par le biais de rachat de petites et moyennes entreprises, par le biais de l'implantation de prostituées, de réseaux de trafic clandestin. Un des hommes qui est à la source de tout ça et qui vient blanchir ses capitaux en Suisse, nous on est vraiment au début et à la fin du cycle, ce type-là a fait des mois de prison à Genève et il a été relâché. On lui a même payé 800.000 fr. pour son séjour. C'est Mikhaïlov. Lui, il a complètement

compris les limites de notre système, il s'en est joué parce qu'il avait mis en route dans ce pays les meilleurs avocats du monde enfin de très bons avocats. Il a réussi à se jouer de notre système alors que tout policier et même les juges et même les avocats, s'ils sont honnêtes vous diront qu'il est coupable en tout cas d'un certain nombre de méfaits graves. Et bien, lui, il a compris les limites de notre système, il a su les slalomer et après il a demandé des dommages et intérêts pour torts moraux considérables à Genève. Et en plus il a dit mais je vais encore faire une demande d'asile, parce que maintenant je suis persécuté dans mon pays. Donc il nous parle exactement de la grande criminalité internationale. Il dit exactement eh bien voilà, votre système suisse, je peux m'en jouer comme je veux et je vais tellement me moquer de vous que je vais faire une demande d'asile dans votre pays.

Q. : C'est impressionnant en effet, surtout en pensant au poids respectif de la petite et de la grande délinquance...

R. : Il y a quelque chose d'écœurant parce qu'on se rend bien compte que les autorités suisses et les milieux financiers suisses ont été les premiers à se rendre en Russie pour essayer de draguer les autorités et essayer de faire des affaires, là maintenant on a des retombées. On sait que la privatisation s'est fait par une espèce de *nomenclatura* ou bien des gens qui sont issus de milieux mafieux, on sait que la privatisation n'est pas allée aux bonnes personnes, on en a tous conscience aujourd'hui. Ces gens qui font un fric fou, que ce soit par des outils euh, des usines qu'ils ont réussi à racheter en deçà du prix ou des affaires qu'ils arrivent à faire avec l'Occident que ce soit les États-Unis, le Canada. Nous on a bien conscience que c'est pas de l'argent propre. On est quand même à leur faire des ponts d'or et même moi je connais des personnes qui travaillent à la promotion économique. On est capable de leur faire des promesses de d'exemptions fiscales, on arrive à leur trouver des permis B, alors que c'est des gens qui rentrent pas dans nos quotas ou dans nos critères.

Q. : On, c'est-à-dire la police ?

R. : On ça veut dire la société suisse, le milieux affairiste je dirais, le milieu banquier, les milieux économiques, donc on va drainer ces gens qui sont pas très reluisants.

Q. : La légalité, légitimité là, comment elle se joue, là ?

R. : Eh bien c'est là qu'il y a des faux débats, à mon avis, parce que nous en tout cas, moi en tant que policier j'ai tout à fait conscience de n'être qu'un pion, et puis que les choses se jouent à un niveau politique. J'ai vraiment l'impression qu'actuellement la politique ne fait plus ce qu'elle veut parce que le milieu des affaires, l'économie à pris une telle prédominance parce que c'est eux qui ont les moyens. Donc l'économie met en place des politiciens qui lui conviennent qui vont défendre sa cause, la politique elle essaie de faire de la politique locale voire un peu internationale mais, elle est tenue par ces enjeux économiques majeurs et puis derrière, en fait la police, on est un outil de la politique. On est engagé par le Conseil d'État, on a une mission de sécurité publique, mais on a bien conscience de d'être des pions. Moi je me souviens qu'on a dû, il y a une dizaine d'années faire la protection de personnel au niveau du protocole d'un chef d'État yougoslave qui aujourd'hui est un est un est une personne qui est recherchée pour génocide. Moi j'ai pas la prétention d'être informé mais c'est vrai qu'il y a des choses qu'on sait quand même. Je me rendais bien compte que ce type qui venait là n'était pas du tout un négociateur, qu'on faisait des espèces de courbettes à des gens qui étaient des criminels, des dictateurs. Et bien ça n'a pas loupé, quelques années, c'est une personne qui fait l'objet d'un mandat international d'inculpation pour génocide. Des choses comme ça on en voit souvent. Donc là, moi je me dis : mais moi je peux pas refuser d'aller faire sa protection personnelle, je suis engagée par le Conseil d'État, je suis payée pour cette mission, j'ai fait allégeance à l'État, 24 heures sur 24, je peux pas refuser d'aller, mais d'un autre côté c'est contre mes principes intrinsèques. J'avais mal au ventre d'y aller.

Q. : Mais là, il y avait une violation de la loi non ?

R. : Bien oui.

Q. : C'est de la conception de la sécurité publique que vous parlez **?**

R. : Non, c'est-à-dire, au niveau de la police des étrangers, on s'occupe de justement de tous les problèmes qui concernent des populations de réfugiés, de requérants d'asile et on a aussi tout un mandat, en tout cas tout particulièrement à Genève, de protocole. Maintenant il va y avoir, par exemple, une conférence Clinton-Assad. Quand la Suisse fait les médiateurs, nous on doit protéger ces personnalités, au niveau de l'ONU, au niveau de la Genève internationale. La Suisse propose des services et la police assure la sécurité de ces personnalités à risque. Donc on doit faire le *bodyguard*, donc ça veut dire qu'à l'extrême on devrait se jeter avec son propre corps sur une personnalité qui serait victime d'un attentat, prendre une balle, c'est-à-dire je devrais donner ma vie pour protéger quelqu'un que je respecte plus ou moins quoi. Le cas dont je vous parle, je peux vous dire qu'il m'est resté longtemps en travers de la gorge.

Q. : Ça veut dire qu'il y a différentes classes de criminels que vous chassez ?

R. : Oui, bien sûr.

Q : Il y a les grands et les petits, quelle est leur place respective dans la mise en cause de la sécurité de la Suisse ?

R. : Moi en quinze ans de police j'ai toujours eu la conviction qu'on ne s'acharnait que sur les petits mais ça c'est pas seulement par rapport aux étrangers, vous avez un consommateur de drogue, on va le pourchasser, l'arrêter dix, douze, quinze fois parce qu'on sait que c'est facile, parce qu'on sait qu'il n'aura pas l'intelligence de se défendre, qu'il n'aura pas l'argent pour se prendre un bon avocat. Et on sait qu'il y a des personnalités de la Genève international, je sais pas si je dois rentrer dans ce genre de considérations, mais c'est vrai qu'on a eu connaissance parfois que certains faits et ces gens-là, ils ne sont jamais inquiétés. Vous avez des hommes d'affaire, des gens qui sont des gérants de peut-être même du milieu politique, enfin des grands. Il y a des sociétés secrètes de gens qui se tiennent les coudes, des gens qui s'offrent des protections mutuelles, des parapluies mutuels qui peuvent se faire chanter. Quand vous avez été les deux mouillés dans une embrouille, vous savez assez de choses sur l'autre pour le faire tomber, donc vous savez que vous achetez son silence en contrepartie. Et puis c'est pas les petits flics que nous sommes qui allons égratigner ces gens-là.

Q. : Qu'est-ce qu'ils produisent comme effet sur la sécurité en Suisse ces gens-là ?

R. : Alors moi justement ces choses sont imbriquées et tellement imbriquées qu'elles apparaissent très stables. On a des exemples de ce qui se passe en France ou maintenant il y a tout à coup une politique de transparence, et deux, trois juges qui ont un courage immense. On a vu des opérations *mani pulite*, on n'a que le sommet de l'iceberg, je pense, mais c'est symptomatique. Donc pour moi c'est quelque chose qui sort maintenant parce qu'on est dans une aire de transparence à tous les niveaux. En Suisse on met beaucoup plus de temps, ça va venir chez nous dans huit ans, dix ans. On a été un petit peu secoués avec l'histoire des fonds juifs, ça nous a quand même mis des sonnettes d'alarme, mais, chez nous en Suisse, on cultive la politique du secret, on ne va pas demander à son voisin combien il gagne, on pose pas de questions en Suisse. On a le secret bancaire, on a une culture du secret, et ça arrange bien des gens à mon avis, mais bon je ne crois pas que ce soit une exclusivité suisse. Je pense que ce système-là est bien en place et que les gens qui font la politique, qui font les lois, qui font le système, et encore une fois moi je pense pas que la politique ait grand chose à dire dans ce pays, moi je pense vraiment que ce sont les milieux économiques, les grands lobby qui font tourner le système. Justement j'ai un peu un ras-le-bol, un véritable *burn-out* de tous ces problèmes globaux ou justement on se donne du matin au soir de la peine pour faire changer les choses et il n'y a rien qui change. Parce que finalement je suis qu'un petit élément dans tout un système et rien ne changera parce que moi je me donne de la peine. Et j'ai l'impression d'être absorbé par un magma. J'ai l'impression que mon énergie vitale est absorbée dans un magma de compétences et d'incompétences enfin, dans un système. J'ai été bouffé par le système quelque part. Je pose les plaques, je n'ai plus envie de ça. Par contre ma démarche c'est de récupérer mon énergie vitale à moi. Parce que je me rends compte que mon action, n'est pas très utile. C'est complètement personnel ce que je dis. Mais d'autres le disent aussi, donc je laisse ma place à d'autres jeunes très motivés qui vont reprendre ma place. Et moi je fais autre chose. J'ai besoin de faire un travail de longue haleine, de creuser les problèmes. J'ai un grand désir d'approfondissement de certaines questions.

Q. : En revenant à cette affaire Mikhaïlov, qu'est-ce que ça produit sur l'avenir de la Suisse, sur le vôtre ou le mien, celui des gens qui vivent ici ?
R. : Les gens qui étudient ça au niveau fédéral, ils savent. On se rend pas compte du danger. C'est extrêmement dangereux et puis c'est extrêmement vicieux. On a commencé à avoir des filles qui étaient des prostituées. On a commencé à faire venir des *businessmen*, donc au départ c'est des intentions enfin c'est des choses, qui ne sont pas toutes proportions gardées gravissimes. Mais quand on sait qu'avec les millions, les milliards de capitaux que ces gens ont, ils sont en train de racheter des petites et moyennes entreprises, donc ils sont en train de racheter une partie du tissu social intermédiaire en Suisse. Et ils vont avoir des moyens considérables. On sait qu'aucun homme n'est incorruptible, que chacun a son prix. A un moment donné, si on vient me proposer 10 000 francs, je me dis, 10 000 francs, non je suis quelqu'un d'intègre, je suis quelqu'un vraiment de loyal. Mais le jour où j'ai des problèmes familiaux, des problèmes personnels, où je suis dans une période fragile de ma vie et qu'on m'offre pas 10 000 francs mais 3 millions, qui peut dire, je suis complètement incorruptible. Je ne vise personne, mais je dis que ces gens-là ont de tels moyens qu'à un moment donné ils vont racheter des personnages clés. Le jour où vous arrivez à faire pression sur un directeur de presse, sur un avocat influent ou sur un juge influent, sur un homme politique, c'est très grave.
Q. : C'est un grand "défi humanitaire" pour la Suisse de demain ?
R. : À mon avis c'est un défi stratégique. Je ne sais pas si c'est humanitaire, certainement que oui, moi je pense que c'est plutôt politique, c'est la stratégie politique. Et puis, de toute façon, je ne pense pas qu'on puisse faire grand-chose, parce que on est trop petit pour pouvoir se défendre. Je reviens à mon propos de tout à l'heure. Les véritables décideurs de ce monde sont les grands consortiums industriels et financiers parce qu'il n'y a qu'eux qui ont vraiment les moyens de faire pression, de décider des choses, et de mettre des moyens à disposition. On voit cela dans la recherche médicale, maintenant les OGM, la Suisse et l'Europe sont contre les OGM. Mais il y a de tels enjeux économiques qu'on va arriver à nous faire manger du pop-corn modifié même si en veut pas.

Entretien no. 3

Q. : Qu'est ce que vous faites comme travail ?
R. : Je m'occupe de la population étrangère, soit la population qui réside dans le canton, soit la population de passage. Notre canevas c'est la loi sur le séjour et l'établissement des étrangers. Quelqu'un qui commet des infractions c'est par exemple quelqu'un qui entre en Suisse sans visa, il y a des pays qui sont soumis à l'obligation du visa pour entrer en Suisse. Les gens qui rentrent sans visa commettent une infraction. Quelqu'un qui

travaille sans autorisation commet aussi une infraction, quelqu'un qui séjourne sans autorisation commet aussi une infraction, ou qui vient sans passeport aussi commet un infraction. Tout le reste depuis par exemple ne pas payer son billet de tram, ça c'est un délit, c'est une obtention frauduleuse de prestation.

Q. : Le ticket de tram c'est déjà pénal ?

R. : C'est déjà pénal et puis après il y a l'escalade des délits jusqu'aux plus graves qui peuvent être un viol, des meurtres, des assassinats.

Q. : Vous vous occupez de renvoyer des gens qui ont commis soit des infractions soit des délits ?

R. : Absolument les sanctions commencent par des avertissements.

Q. : Quels sont vos outils ?

R. : En premier lieu c'est la loi. L e canevas principal c'est l'application de la loi, à la suite, c'est le pénal, la justice qui fournit un jugement, et la police qui fournit un rapport qui établit les faits.

Q. :Et quels types de décisions vous prenez ?

R. : Alors comme je vous dit ça peut être un refoulement simple pour quelqu'un qui se trouve là sans autorisation, c'est une décision écrite qui est toujours susceptible de recours ; ça peut être une décision de refus de renouvellement pour quelqu'un qui a un comportement dans son ensemble, par exemple qui n'est pas celui qu'on peut attendre d'un étranger, ça peut être la révocation d'une autorisation de séjour qui est donc en cours de validité et pis au milieu de la validité de ce permis l'intéressé commet un délit très grave. On révoque l'autorisation, ou alors s'il nous a trompé, c'est-à-dire qu'il a obtenu une autorisation sur la base de fausses déclarations. Et puis mis à part ça, dans mon institution nous prononçons des expulsions administratives de la Confédération.

Q. : Vous avez la possibilité de proposer des expulsions ?

R. : Tout à fait, oui.

Q. : Et ils entérinent ?

R. : Et ils entérinent, ça me fait 10 000 dossiers par année ouverts dans l'Institution.

Q. : Le défi éthique, vous, vous le sentez ?

R. : Moi je le sens dans le fait qu'on a la vie des gens entre nos mains, c'est extrêmement important et je ressens le défi, le problème se pose à moi pour les cas de famille où il y a des enfants ou des épouses qui sont dans des situations dramatiques. Au niveau des délinquants purs ça ne me pose pas de gros problème. Quand il faut renvoyer quelqu'un, des parents qui de par leur inconscience à mon avis ont mis leurs enfants dans une situation difficile en les amenant ici sans aucune autorisation, en les scolarisant ici et puis après au bout de quelques années quand les enfants se sont fait à notre mode de vie, à nos coutumes, se sont fait des copains de classe pis qu'on doit leur dire : le mois prochain vous êtes loin, vous retournez dans votre brousse, moi

ça me pose un problème, bien que je ne sois pas responsable, mais j'entends, c'est difficile.
Q. : Il vous est arrivé d'essayer d'arranger un problème comme ça ?
R. : Oh ! c'est sûr, tous les jours pratiquement, on essaie plus ou moins, mais je vous dis, la marge de manœuvre elle est très étroite. La loi pis le chômage a fait que notre marge de manœuvre s'est encore rétrécie. Avant on pouvait, quand même, donner un petit coup de pouce à quelqu'un en l'autorisant un mois, par exemple pour se mettre un peu d'argent, ne pas repartir sans rien. On arrivait à quand même biaiser un petit peu, tandis que maintenant, avec le chômage, c'est absolument impossible. Quand les gens travaillent sans autorisation, notre rôle, c'est de leur dire : vous cessez immédiatement de travailler, mais les gens ils mangent. Il y a quand même un problème. Alors bon jusqu'à ces dernières années c'est vrai que y avait le plein marché de l'emploi, ce qui fait qu'on disait : on transige, on vous permet de travailler officiellement un mois, en marge de toutes les mesures de limitation, pour vous permettre de vous retourner, de préparer peut-être un retour dans votre pays, maintenant c'est plus possible parce qu'on est bombardé de dénonciations pour des gens qui travaillent sans autorisation. L'Office de l'emploi fait la chasse aux clandestins. Ils ne veulent absolument pas qu'on donne la moindre autorisation sans leur aval, et ils le donnent jamais, c'est terrible.
Q. : Et fermer les yeux pour les cas limites ?
R. : Oui, mais bien sûr.
Q. : Oublier un dossier comme ça sous la pile?
R. : Bien sûr, on est bien obligé.
Q. : Ça vous est arrivé ?
R. : Oui, ça m'arrive encore, c'est sûr.
Q. : C'est vrai que c'est une manière de résoudre le dilemme.
R. : J'ai pas vraiment le choix. J'ai eu le cas de cette petite fille là, d'une jeune femme qui a accouché ici, qui est venue enceinte de 7 mois. C'est une très belle fille qui dans son pays faisait de la danse, comme elles en font beaucoup, qui voulait faire les Beaux-Arts après ici, pis qui est venue accoucher ici, pis elle a un bébé de 3-4 mois. Je sais que cette petite je dois la faire partir à un moment donné, j'ai reçu cette jeune femme plusieurs fois. Maintenant il ne faut pas avoir un espoir de rester ici à long terme, mais il faut que vous envisagiez de partir, alors elle me dit : mais vous me laissez quelque mois pour que je me retourne, on n'est pas pressé au jour le jour, à la journée, mais il faut quand même envisager. Mais je traîne ces dossiers fort longtemps parce que je sais, elle me dit, mais j'ai personne, là-bas mes parents ne m'acceptent pas si je rentre avec un bébé, j'ai pas d'argent, alors bon j'essaie toujours de savoir plus ou moins quand même comment elle se débrouille. Pour une question de survie quoi, j'essaie, quand vraiment je vois qu'il y a un problème, ben je téléphone ailleurs pour voir s'ils peuvent

donner un coup de pouce, nous on n'a aucun fond, c'est clair. Et j'arrive toujours.

Q. : Et dans ce cas-là, qu'est ce qu'elle faisait pour survivre ?

R. : Elle m'a dit qu'elle avait quelques petites économies et puis elle est dans une maison dont j'ai pas pu vraiment savoir le nom, qui est je crois plus ou moins coachée par la Maternité. C'est un appartement où il y a plusieurs chambres, où ils accueillent ces jeunes femmes et pis je crois qu'ils subviennent plus ou moins à leur entretien, c'est vraiment le dépannage. Et bien entendu je ne lui demande pas vraiment comment elle gagne sa vie, parce que je veux pas le savoir.

Q. : Parce qu'il y a de la prostitution ?

R. : J'sais pas si dans ce milieu-là, dans ces jeunes femmes qui viennent accoucher, parce qu'on en a énormément, je reçois des actes de naissance à gogo, des fois ça me pose là un problème de conscience de savoir : est-ce que je traite ces informations que j'ai ou est-ce que je les traite pas ?

Q. : Vous disiez que vous aviez la possibilité d'avoir accès à un fichier ?

R. : Oui, je sais qu'à la Maternité, je sais qu'elles, au fond elles font le contraire de mon travail, mais on a quand même des bonnes relations, on arrive quand même à leur dire au téléphone : vous oubliez pas que j'ai connaissance d'un autre cas, faudrait qu'on s'en occupe, elle va bientôt partir. J'ai eu le cas d'un couple de Yougoslaves avec quatre enfants et Madame avait accouché d'un cinquième et ils vivaient dans 20 m^2, au noir.

Q. : Qu'est ce que vous avez fait ?

R. : Pour le moment ils ont pas voulu me donner, la Maternité n'a pas voulu me donner l'identité des gens, donc je fais rien, je trouve dommage parce que bon finalement il y a certaines situations qui feraient mieux d'éclater au grand jour.

Q. : Et là vous auriez demandé une enquête de police ?

R. : Ah ! oui, mais vous comprenez, les Yougoslaves, le problème qui se pose c'est qu'ils ne partent pas, donc tout est bloqué pour le moment jusqu'au 30 avril pour tout ce qui est clandestin. Les délinquants avec famille, on arrive à les renvoyer sur le Kosovo plus ou moins, alors voilà on est un petit peu coincé de partout. Alors c'est en contradiction.

Q. : Avec la loi ?

R. : Ouais, c'est une volonté politique, mais c'est pas normal à mon avis qu'on garde ces gens ici, qu'on n'assure pas de départ mais qu'on ne les autorise pas à travailler…

Q. : Le plus longtemps que vous vous rappelez avoir laissé dormir un dossier ?

R. : Oh ! c'est 2, 3 ans, ça m'est arrivé, mais on savait à ce moment là quand on fait ce genre de chose, on sait qu'au bout du compte y a une possibilité de régulariser.

Q. : Vous avez quand même l'espoir que vous allez trouver une solution ?

R. : Pour certains cas, à un moment donné il y a une solution. Pour les ressortissants d'ex-Yougoslavie est ce qu'il y aura un système d'admission provisoire, ce qui fait que ça débloquera tous ces cas, et puis ça permettra une pseudo-régularisation des situations ?

Q. : Vous parliez des époux, et le problème des épouses ?

R. : Le problème des épouses, c'est souvent les gens qui ont un droit de séjour en Suisse avec un permis d'établissement notamment, qui vont venir, se marient, font venir leur épouse, ces femmes arrivent, elles font des enfants, elles ne travaillent pas, bien entendu, ce qui est normal, et tout d'un coup ben voilà, Monsieur les met à la porte et ces dames ont eu une autorisation de séjour grâce à la présence du mari. Donc au moment où il y a une dissolution du couple, y a plus cette possibilité.

Q. : Et alors ?

R. : Est-ce qu'on remet en cause un séjour, si une jeune femme est indépendante financièrement ça pose un problème c'est clair.

Q. : Elles se cherchent du travail ces femmes ?

R. : Oui souvent, heureusement, mais vous savez, s'il y a 3, 4 gosses comment voulez-vous travailler ?

Q. : Donc elles restent avec les gosses ?

R. : Elles restent avec les enfants et l'Assistance publique se débrouille.

Q. : Dans votre pratique, c'est quelque chose que vous voyez beaucoup ?

R. : Oui, c'est quelque chose de très courant.

Q. : Et qu'est-ce qu'elles vous disent ces femmes ?

R. : On a eu ici une jeune femme, il y a quelques années, qui est venue, qui a ouvert son corsage, mais elle était dans un état, je vous dis pas, moi. Mon travail de fonctionnaire ce serait uniquement de dire : bon ben Madame, vous ne remplissez plus les conditions pour avoir une autorisation de séjour, je peux pas. Donc je prends un contact, je l'envoie chez Caritas ou au Centre social protestant, je prends contact avec SOS Femmes.

Q. : Il y a une lacune dans la loi pour ces femmes ?

R. : Oui c'est sûr, le problème c'est que souvent elles ne veulent pas, par peur, prendre des grandes décisions, donc elles se mettent dans des situations un petit peu en porte-à-faux parce que souvent elles n'ont pas de formation.

Q. : Là ça doit être doublement compliqué pour laisser dormir le dossier, il faut qu'elles trouvent du travail ?

R. : Et laisser dormir le dossier, c'est quand même une certaine responsabilité s'il y arrive quelque chose, est ce qu'on a le droit de le faire ? Chaque fois c'est un dilemme. Quand on est clandestin on n'ose rien dire à personne, en tout cas pas aux services officiels. Je dis pas qu'on pourrait régulariser, mais en tout cas tolérer la présence des gens pendant un certain temps jusqu'à ce qu'ils se retournent, jusqu'à ce que les procédures aient pu être mises en branle avec les tribunaux. Et tous les clandestins paient des impôts, paient l'AVS, mais il n'y a absolument pas de liste, pas de communication entre les services. Il y a une disposition de la loi fédérale sur

le séjour et l'établissement des étrangers, qui laisse une petite porte ouverte à des cas d'une extrême rigueur, des cas graves et là on fait une exception à la loi.
Q. : Il n'y a beaucoup de ces cas humanitaires ?
R. : Il y en a quand même pas mal, le statut a été un petit peu galvaudé malheureusement, parce qu'en fait le canton propose le cas humanitaire à l'Office fédéral des étrangers. C'est cet Office qui prend sa décision, mais si le cas est bien défendu, si le cas est bon, ça passe la rampe.
Q. : Pour des femmes battues par exemple ?
R. : Pour des femmes battues, il y a de très gros problèmes. Vous savez, les gens finissent par appeler quand même la police quand il y a des grandes violences, c'est souvent comme ça qu'on découvre, les clandestins aussi, donc automatiquement le cas du mari est dénoncé, par un rapport de police.
Q. : Donc il n'y a pas besoin que la femme le dénonce pour qu'il se passe des choses ?
R. : Non, les gendarmes dans n'importe quel cas, au moment où ils interviennent, ils ont l'obligation de nous faire un rapport.
Q. : Et puis de les amener à l'hôpital ?
R. : Oui, tout à fait. Il y a un suivi.
Q. : Vous êtes dans un lieu clé pour observer la clandestinité, comment vous voyez le problème ?
R. : Moi, je crois que le lieu clé c'est pas ici, il est à l'Instruction publique où tous les enfants sont scolarisés, à la barbe de tout le monde. Alors bon, la théorie de l'Instruction publique est la suivante, elle est pas fausse hein, c'est de dire que tout enfant a droit à une scolarité. C'est vrai, on ne peut pas laisser quelqu'un comme ça, c'est clair, mais d'autre part, je me demande s'il est normal de laisser entreprendre une scolarité ici à des enfants qui sont en marge de tout pour dans quelques années leur dire : vous repartez chez vous. C'est pas normal. L'instruction publique se refuse à nous donner des noms. Ils font leur petite loi à côté.
Q. : Ils ont une liste des scolarisés ?
R. : Oui, bien sûr. Il y a des classes d'accueil pour les gens qui ne sont pas de langue maternelle française et après les enfants vont dans des classes tout à fait normales. Alors bon, nous on arrive évidemment avec une décision de renvoi à un moment donné, c'est vrai que c'est dommage, on passe pour des méchants, mais bon, on doit quand même faire respecter la loi. J'ai eu encore hier un téléphone d'un service de l'État qui me dit : « écoutez, on a deux adolescents au Cycle d'orientation, c'est quand même encore des enfants. Le papa a compris qu'il n'y avait pas de possibilité à long terme ici, donc il est venu les chercher. Alors il est venu les chercher, il a pris un billet d'avion, mais malheureusement il n'a pas l'argent pour que ces deux enfants repartent », alors j'ai dit : « mais écoutez, nous, on n'est pas une agence de voyages, moi je n'ai pas de fond pour payer des billets de retour ». Alors,

quand vraiment ils ne savent plus où s'adresser, ils viennent nous demander de leur donner un coup de pouce.
Q. : C'est vrai que là il y a une contradiction entre deux types de service. Vous seriez partisane de quoi si vous deviez chercher une meilleure solution pour les clandestins ?
R. : Les clandestins ont toujours existé, y en a toujours eu je crois, il y en aura toujours, mais je pense que si on rentre dans l'engrenage c'est fini, alors est-ce qu'il ne vaut pas mieux tout de suite jouer carte sur table, et qu'ils repartent. C'est dur, mais bon, à un moment donné on ne peut pas non plus prendre tout le monde. On en arrive maintenant d'après ce qu'on entend, c'est que les classes, il y a 1 ou 2 petits Suisses et souvent le reste c'est des enfants clandestins. Et le problème des clandestins, il ne se réglera pas.
Q. : Il y en a combien dans le canton de Genève ?
R. : Par définition, on n'a pas de statistique. À Genève il y en a en tout cas 7- 8000, je pense. Souvent ils sont beaucoup plus travailleurs que ceux qui sont là, qui sont établis légalement. C'est pas des gens, à moins vraiment dans les situations extrêmes, qui émargent à l'Assistance publique, c'est des travailleurs. Mais bon, la loi est là quand même.
Q. : Et vos rapports avec les employeurs ?
R. : On a très très peu de rapports, parce que nous, en fait, on gère peu l'emploi, on gère seulement le séjour.
Q. : Quand on découvre un clandestin, le patron est en infraction...
R. : Il est en infraction, mais c'est pas nous qui le mettons en infraction, c'est l'Office de l'emploi, nous on n'intervient pas, on intervient dans la situation de l'étranger. Alors moi je fais toujours attention, en tout cas à une chose, c'est que la personne que je renvoie parte avec ce qui lui est dû, parce qu'il y a aussi de l'exploitation là ; ça veut dire son salaire, n'est souvent pas payé quand les gens partent au milieu d'un mois, le 2e pilier non plus. Ils paient, donc ils ont droit de récupérer leur 2e pilier. Et puis dans les clandestins, les frais de rapatriement sont à la charge de l'employeur fautif.
Q. : Et ils paient ?
R. : Ils se font tirer l'oreille, mais ils finissent par payer, et ça on vérifie toujours à ce qu'ils paient.
Q. : Et le billet ?
R. : Alors non, ça c'est la police. Quand quelqu'un doit partir, en principe c'est la police qui organise le départ. Si c'est un Italien, un Français, en principe on les laisse partir avec une carte, ce qu'on appelle une carte de sortie, c'est-à-dire une carte que les gens remettent à la douane suisse lorsqu'ils quittent le territoire, cette carte nous est renvoyée par la douane timbrée, et c'est la preuve du départ. C'est très aléatoire, parce qu'on peut donner sa carte à quelqu'un d'autre, mais enfin on travaille quand même quelque part sur la confiance. Maintenant les départs dans les pays plus loin, on charge les services de police de commander le billet d'avion, d'organiser le départ, c'est-à-dire de faire les bagages et d'accompagner les gens à

l'avion. Donc c'est eux après qui, par l'entremise de notre service financier du département, réclament l'argent.
Q. : Et y a des poursuites quand les employeurs ne paient pas ?
R. : Oui, ils sont dénoncés pénalement. Il y a des employeurs connus pour avoir des clandestins, vous savez les restaurants, les bistrots, s'ils font une descente, on sait bien, c'est vrai qu'il y a aussi une contradiction dans le sens qu'on ne donne plus de permis de séjour et puis on veut être servi.
Q. : Parfois on entend dire que la police c'est pas son problème les clandestins, qu'elle s'en occupe pas trop.
R. : S'ils tombent dessus, ils tombent dessus, mais bon c'est vrai qu'ils font pas la chasse aux clandestins, ce que je comprends, hein ! y a quand même d'autres préoccupations plus graves.
Q. : Donc quand ils arrivent chez vous les clandestins c'est qu'il y a eu des problèmes ?
R. : Alors c'est qu'ils ont été dénoncés de manière anonyme.
Q. : Et vous acceptez les dénonciations non signées ?
R. : J'ai des ordres précis dans ce sens-là, on exploite toutes les dénonciations.
Q. : Quand vous devez prendre vous-mêmes une décision, les bons cas et les mauvais cas, c'est quoi ?
R. : Les bons cas, c'est pas forcément des bons cas au niveau dossier, la loi est du côté des gens, c'est-à-dire qu'on a des jeunes, on a des enfants, ce qu'on appelle des enfants de 2e génération, c'est-à-dire de parents saisonniers, qui ont été saisonniers. Pendant qu'ils étaient saisonniers, ils laissaient leurs enfants au pays, puis quand il ont eu un permis et suffisamment de sous, ils ont fait venir ces enfants. Ces enfants, ils les connaissaient pratiquement pas, quand ils arrivent ici à l'âge de l'adolescence, quand on sait que c'est un passage si difficile pour des jeunes d'ici, adaptés à nos coutumes. En voyant tout ce qui traîne dans les vitrines, on s'imagine pour des gens qui viennent de loin ou en tout cas de pays qui ont pas eu la même chance que nous, ce que c'est difficile, donc ça donne des voyous, on a pas mal de ces situations où malheureusement ils sont venus petits. On ne peut plus rien faire, le Tribunal fédéral est relativement clair. Il y a eu quelques Arrêts dans d'autres cantons Suisse, où les nés en Suisse et les enfants de 2e génération, il faut vraiment que la situation soit extrêmement grave pour qu'on prenne une décision de renvoi. Donc à un moment donné, qu'est ce que vous voulez, je ne fais qu'archiver ces dossiers sans rien pouvoir faire.
Q. : Pour vous les délinquants vous aimez pas ?
R. : Non, j'ai pas de pitié pour les délinquants.
Q. : Oui, alors là vous êtes dans une contradiction ?
R. : Je me fais violence parce que je trouve que c'est pas normal, parce que vous avez de ces jeunes qui sont des adultes, qui ne travaillent absolument pas, qui dépendent de l'Hospice général à 100 % et qu'en plus on les trouve

sur la place du Molard en train de trafiquer et de pourrir la jeunesse. Je trouve ça lamentable qu'on n'ait pas de moyen de manœuvre, je constate qu'en raison d'une politique extérieure, les étrangers sont mieux traités que les ressortissants..., ils ont beaucoup plus que ceux qui viennent avec leur passeport à croix blanche. Et je trouve que c'est quand même pas qu'il y ait des gens qui méritent d'être aidés, mais est-ce que c'est pas peut-être pousser certains autres dans une certaine fainéantise que de leur donner immédiatement de l'argent. Pas de raison après qu'on travaille, qu'on fasse le moindre effort, et c'est dans ces enfants de 2e génération, ces nés en Suisse qu'on voit le plus de déchets.

Q. : Et déchet ça veut dire ?

R. : Pour moi, c'est quelqu'un qui rentre et sort de prison. Il y a des dossiers, un ou deux dossiers, je les vois tous les mois, j'ouvre même plus le dossier, je l'archive.

Q. : Là vous avez presque un défi humanitaire à l'envers ?

R. : À l'envers, oui.

Q. : C'est-à-dire que vous trouvez que la loi est trop laxiste ?

R. : Beaucoup trop. Dans certains cas, la loi est beaucoup trop laxiste, dans le sens où quand les gens commettent des délits on doit avoir une possibilité d'intervenir. Moi dans ces cas-là, je serais beaucoup plus stricte, alors ça, c'est évident.

Q. : Pour vous, c'est quoi un délinquant ?

R. : Il y a les petits délits, je dirai pas délinquant, le vol d'usage, vol à la Placette d'une cassette, ou chez Hennes et Moritz pour des jeunes femmes, elle s'achètent un soutien-gorge. C'est pas joli bien sûr, mais bon. Le délinquant, c'est l'arrachage de sac à main par exemple, j'ai eu l'autre jour une dame de 89 ans qui est tombée, ça j'ai horreur.

Q. : Donc les sacs à main ça va pas ?

R. : Pas du tout.

Q. : Et qu'est-ce qui ne va pas encore ?

R. : Les trafiquants d'héroïne, de drogue dure, surtout dans la majorité des cas, ce ne sont pas des consommateurs, c'est vraiment des trafiquants purs, les cambriolages, tout ça pour moi c'est des délinquants.

Q. :Et la prostitution ?

R. : C'est pas un délit la prostitution.

Q. : Ah ! oui ?

R. : Ça reste une infraction à l'article 23, c'est-à-dire que c'est quelqu'un qui travaille sans autorisation, c'est assimilé à un emploi la prostitution, c'est plus du tout un délit. Dans le Code pénal, oui, c'est pas un délit, du reste elles sont recensées, celles qui font ça.

Q. : Donc si on revient aux drogués, il y a le petit consommateur qui fait du trafic pour assurer sa consommation ?

R. : J'ai eu l'autre jour un boulanger qui consommait régulièrement tous les jours de la drogue dure.

Q. : Il en mettait dans le pain ?
R. : J'espère pas ! C'est ce que je disais, je vais pas acheter un pain à la coke. Et puis il y a le trafiquant, ça c'est l'apanage de certains Yougoslaves.
Q. : Vous les voyez passer, vous, les gros trafiquants ?
R. : Ah ! oui, bien sûr !
Q. : Et vous prenez des décisions ?
R. : Oui, c'est clair.
Q. : Alors ceux là ils n'ont pas beaucoup de chance ?
R. : Non, ils ont très peu de chance, avec moi, mais bon, vous savez, on a une Commission de recours qui a quand même un œil beaucoup plus large que nous.
Q. :Un bon étranger au fond, c'est qui pour vous ?
R. : Pour moi un bon étranger, c'est ceux qu'on croise en principe tous les jours dans la rue, c'est-à-dire des gens qui sont là, qui travaillent, qui ont décidé de faire leur vie chez nous, dont on a besoin, dont on a un grand besoin, c'est tous ces gens qui sont à l'hôpital, qui font les aide hospitalières et qui poussent les malades. C'est des gens qui ont fait toute la prospérité qu'on a ici. En plus il y a plein de chercheurs, plein de gens, on a quand même des sommités étrangères. Moi, c'est une petite partie de la population, mais c'est celle que je vois tous les jours, donc c'est pas facile à gérer.
Q. : Oui bien sûr, et puis ces fameux clandestins, est-ce qu'ils n'apportent pas quelque chose au pays ?
R. : Bien sûr, bon maintenant, il faut qu'on ait une volonté politique aussi de mettre un frein et pas se mettre la tête dans le sable.
Q. : Donc de prendre des décisions rapidement ?
R. : Ou alors donner des permis de séjour, avoir le courage de dire, vous savez, les employés de maison il y a des quartiers, il y a plein d'employés de maison sans autorisation. Mais faut savoir que ces gens sont des banquiers, des chirurgiens, des chefs d'entreprise. Ils ont besoin de personnel de maison parce qu'ils reçoivent, ben faut qu'on donne des autorisations de séjour à mon avis. Il faut qu'on ait le courage de dire : oui ces gens, faut pas que l'Office de l'emploi qui a un regard tout à fait terre-à-terre freine.
Q. : Pour comprendre mieux comment ça se passe. Dans votre pratique avec tous vos dossiers est-ce qu'il y a des zones grises d'après vous ? Où vous ne vous sentez pas bien, où vous ne savez pas très bien, vous n'arrivez pas à dormir ?
R. : Cette nuit c'était quatre heures, le chat m'a réveillée en plus, mais j'ai eu un cas qui m'est venu dans la tête, en me disant : mais est ce que j'ai bien fait de faire comme ça ?
Q. : Quand vous vous dites : est ce que j'ai bien fait ?
R. : En principe c'est pas quand j'ai donné quelque chose à quelqu'un, c'est quand je leur ai enlevé quelque chose. Ce matin quand je me suis réveillée j'ai repensé à un cas, pis je me suis dit est ce que tu as bien fait ? quand même est ce que tu n'as pas été trop dure, j'ai eu un moment de doute, après

quand je suis arrivée ici, j'ai réfléchi encore et pis je me suis dit : non après tout tu n'as pas été trop loin, mais c'est extrêmement difficile et je trouve que c'est ce qui manque ici, c'est qu'on n'a personne qui a un œil hors des dossiers et qui peut peut-être nous aider, nous donner un appui.

Q. : Cette personne, ce serait quel profil ?

R. : Pour moi ça serait quelqu'un de tout à fait extérieur à la maison, quelqu'un qui viendrait peut-être comme consultant, qui serait ailleurs mais à disposition des gens, ou qui passerait régulièrement, je ne sais pas, pour nous aider. Parce que pour moi c'est une charge extrêmement lourde. Il y a des fois où j'en ai vraiment ras le bol, parce que c'est pas des chiffres qu'on met l'un derrière l'autre, parce que c'est des gens. Et puis j'ai des questions existentielles, des questions profondes. Quand je dois dire à une dame : « Madame, il faut que vous partiez avec votre bébé », pour moi c'est difficile. Si la personne me donne un argument en étant agressive, en étant désagréable, c'est facile, mais quand je vois le sourire des enfants, des enfants qui me disent encore au revoir et merci, qui m'amènent un dessin, à ce moment là, je trouve que mes supérieurs sont des êtres atroces pour m'obliger à faire ce travail. Et c'est vrai qu'il y a des fois, il faut considérer qu'il y a des motifs quand même relativement honorables. À un moment donné c'est trop, c'est trop, vous pouvez pas tout gérer : Je peux pas tout voir. En période de Noël par exemple, on a des gens qui sont interdits d'entrer, y a des gens qui sont expulsés, qui ont de la famille ici, il y a des demandes de sauf-conduits, c'est-à-dire de suspension d'effet de décision, faut être extrêmement vigilant, moi je ne me sens pas le droit de priver quelqu'un de Noël parce que j'ai un oubli ; ça pour finir, ça vous bouffe.

Q. : Si je vous entends bien, le défi humanitaire, il est partout et tout le temps, sauf pour les gros délinquants ?

R. : Là, ça ne me pose pas de gros problème.

Q. : Mais il est vraiment partout, il fait partie de votre travail, tout le temps, journellement.

R. : Oui, tout le temps.

Q. : Vous êtes, d'après ce que je comprends, très souvent dans une situation limite.

R. : Oui.

Q. :Une situation grave ?

R. : Très souvent, oui, pratiquement en permanence. Quand arrive le vendredi en fin de journée, j'ai besoin complètement de décrocher.

Q. : Si je comprends bien votre tâche, ce n'est pas une tâche de zone grise le plus souvent, mais une tâche de situation limite.

R. : Oui, oui.

Q. : Où vous êtes dans des situations extraordinaires, des situations limites ?

R. : Difficiles, où je ne vois que le mauvais côté des choses.

Q. : Vous aimez beaucoup les gens ?

R. : Oui, j'aime beaucoup les gens, c'est-à-dire que je vois tellement de misère, même parmi les délinquants, que je ne peux pas être insensible.

Entretien no. 4

Q. : Quelle est votre fonction ?
R. : C'est une fonction clé très ciblée. Les problèmes que nous rencontrons sont de plus en plus vécus au niveau des renvois. Notre service est obligé de se structurer pour essayer d'assumer cette problématique des renvois, qui à mon avis est essentielle, ne serait-ce que par rapport aux requérants concernés. Je me rends compte en tout cas depuis plusieurs années que les séjours sans statut légal se prolongent de plus en plus et souvent, c'est dans cette catégorie-là de personnes que les problèmes d'intégration et de violence se présentent et qu'ils resurgissent finalement sur l'ensemble de la communauté étrangère. Ce qui n'est pas bon. Il est clair qu'on est pas dans un État de droit. Il y a des autorités compétentes pour prendre les décisions. Simplement il ne suffit pas de prendre des décisions. On doit en assumer l'exécution si on veut rester crédible et si on veut qu'une politique d'immigration reste crédible. Je fais en sorte notamment d'améliorer la procédure de renvoi. Parce que contrairement peut-être à une étiquette qu'on m'a donnée, je ne suis pas quelqu'un de dur. Je suis là pour organiser le retour des étrangers parce qu'un retour organisé est un facteur, et c'est prouvé par rapport au nombre de situations finalement, qui fait que la personne ne reviendra pas. Elle aura compris que sa place n'est pas en Suisse et puis, si on l'aide à préparer son retour, ne serait-ce qu'avec un appui technique, je dirais, un appui financier, voire une prise en charge dans le pays d'origine, eh bien à coup sûr la personne ne reviendra pas. C'est également démontré dans les faits qu'un renvoi de police brusqué équivaut pratiquement à un retour assuré dans la clandestinité. Raison pour laquelle a été développée cette problématique de départ organisé, essayer de créer ce qu'on appelle un bureau de conseil et envie de retour. Il y a eu tout un débat à propos des renvois et Genève a fait œuvre de pionnier. Pourquoi ne pas travailler avec une œuvre d'entraide et essayer de créer ce qu'on appelle un bureau de conseil et envie de retour ? Et c'est là qu'on a vu apparaître, je dirais officiellement, notre institution. Qui était déjà en place depuis 1986, mais elle travaillait vraiment un peu dans l'ombre sans aucune concertation avec notre institution. On a fait un groupe de travail que je dirais tripartite entre trois institutions : l'Office cantonal de la population, notre institution et la police de sûreté. Raison pour laquelle lorsqu'une décision de renvoi tombe, nous entrons en contact avec la personne et on lui explique quels sont les enjeux. Quelles sont les possibilités pour ces gens d'avoir une aide. Et on peut dire que 90 % des gens acceptent de rentrer en contact avec notre institution, qui prend le relais, donne le support nécessaire aux démarches

administratives. Pour un renvoi, il faut savoir qu'il faut quand même régler un problème de bail, il faut récupérer les charges sociales qu'on a payées durant des années, tandis que avant le départ était brusque et souvent on occultait complètement ce problème de charges sociales, alors qu'en fait ces gens peuvent récupérer leur deuxième pilier. Il y a le problème de l'AVS qui se pose et notre institution a vraiment été formée pour prendre en charge ces aspects-là. Si bien qu'actuellement, avec cette nouvelle méthode de travail que je qualifierais de douce, mais de normale, et du reste on va renforcer cette approche-là, on arrive à un taux de départs contrôlés de l'ordre de 70 à 75 %. Mais il ne s'agit pas tomber dans une sorte de laxisme en disant notre institution s'en occupe, nous on ne s'en occupe pas. Non, on demandera notre institution de respecter le délai qui est un délai fixé par Berne. Mais avec un soutien de gens qui ont une approche, je dirais très professionnelle, avec ces gens. Souvent, il faut leur faire vivre le deuil de la Suisse, parce que c'est ça le problème. Ils n'ont pas encore fait le deuil de la Suisse. Ils pensent qu'avec une intervention auprès de X on pourra rester. Alors, il faut déjà leur faire franchir ce pas, c'est la démarche la plus difficile. Après, ça va tout seul. Nous sommes en phase de restructuration parce j'ai demandé d'avoir un groupe spécialement formé dans l'exécution des renvois, je n'aime pas trop ce terme, mais enfin, c'est comme ça qu'il faut l'appeler. Mon but, c'est de professionnaliser davantage les gens. Maintenant, on a tendance à dire que tous les requérants d'asile sont des délinquants ou autres. Non. L'essentiel des requérants ne sont pas des délinquants. Il faut faire la différence entre le requérant et le délinquant. Donc, il faut que les gens puissent travailler avec davantage de recul, examinent d'avantage leurs dossiers et attaquent la problématique du renvoi en toute connaissance de cause. Parce qu'il y a des risques actuellement de dérapages par rapport à ce qu'on pense d'un requérant d'asile. Il est clair que nous recevons tous les rapports de police chaque jour, c'est une quantité incroyable, où on voit des actes absolument abjects. Mais c'est pas pour autant que les gens qui travaillent à longueur de journées sur ces rapports de police doivent se dire : tous les requérants sont des délinquants en puissance. Ce n'est pas vrai loin de là.

Q. : Les professionnels, ont quelle formation ?

R. : Nos collaborateurs ont une formation essentiellement sur le tas. Je ne cache pas que je le préfère parce qu'ils ont une bonne connaissance de la procédure, de par leurs nombreuses années d'activités, j'entends, ils ont appris.

Q. : Ce sont des gens d'expérience ?

R. : D'expérience. Ils ont appris à fréquenter ce milieu des immigrés et ça me plaît assez, je dirais les contacts chaleureux qu'ils ont même en phase de renvoi. Et c'est encore là que j'accentue, je dirais, les efforts de ces gens, c'est de faire preuve de patience. On n'est plus là pour exécuter purement et simplement une décision, on est là pour accompagner ces gens. Mais je dois vous dire que l'aide de notre Institution a été quelque chose d'assez génial. Et preuve que c'était une bonne idée, ça s'est généralisé au niveau suisse, puisque même dans la loi pour l'asile maintenant figure ces conseillers pour le retour.

Q. : Vous parliez de deux phases ?

R : La première phase c'était... on peut parler carrément d'exécution et d'expulsion. Maintenant, on parle de retour organisé. Étant précisé qu'il y a des gens qui refusent toute aide, qui partent librement d'eux-mêmes ou bien qui refusent purement et simplement de partir et, à ce moment-là, il s'agit de passer cette période, je dirais, d'essayer de convaincre et après, bon, de temps en temps, il y a des dossiers qui partent à la police pour exécution. Il y a une question d'égalité de traitement lorsque toutes les ressources de la procédure ont été examinées. Des gens n'ont plus le choix. Et ce n'est pas une solution de laisser les gens dans la clandestinité. On connaît les problèmes que cela pose au niveau de l'intégration notamment. Parce que l'intégration d'un clandestin, moi, je n'y crois pas.

Q. : Ça fait combien de dossiers par année ?

R. : Par exemple, pour l'année passée (1998), on a 778 personnes qui sont parties, en fin de procédure. Mais, il m'est arrivé d'en avoir 2 107. En 1998, l'année record en matière d'asile. Je ne veux pas dire l'année de tous les dangers, mais l'année record.

Q. : Vous êtes au bout de la chaîne ?

R. : Utilisés. Tout à fait.

Q. : Comment vous expliquez votre fonction à d'autres gens qui ne connaissent pas cette fonction ?

R. : Disons, moi je trouve cette fonction enrichissante, pourquoi enrichissante ? C'est pas enrichissant d'exécuter des décisions de renvoi. Enrichissante parce qu'on a donné cette possibilité de dialogue malgré qu'on soit en procédure de renvoi avec l'étranger. C'est d'ailleurs assez bien ressenti dans le milieu des différentes communautés, parce qu'ils sentent maintenant qu'il y a une possibilité de dialogue en phase de renvoi. Mais je précise bien que je ne suis pas quelqu'un de laxiste, je suis assez rigoureux, mais en revanche avant de passer à une position rigoureuse, on se donne un cadre suffisamment large pour tenter de donner un tout petit peu satisfaction aux gens. Ou du moins avoir suffisamment de temps pour essayer de les convaincre, de les comprendre et essayer de les convaincre que finalement il n'y a pas d'autres solutions que le départ.

Q. : Et le dialogue justement, le contenu du dialogue, alors c'est sur quoi ?

R. : Le dialogue, c'est de leur faire comprendre que finalement la Suisse leur ferme les portes parce que c'est une réalité. Il ne s'agit pas de mentir à ces gens. La Suisse leur a clairement dit non à leur séjour et maintenant il n'y a pas d'autres solutions que d'entrevoir le retour, et si possible le retour dans le pays d'origine. Ou alors, s'il y a une lueur d'espoir de leur préparer un départ sur un pays tiers. Je dirais, que c'est une spécificité de Genève, nous organisons beaucoup de retour sur des pays tiers. Par rapport à la moyenne nationale, je dirais, je vous l'explique très simplement parce que nous avons justement cette possibilité dans notre Institution.

Q. : De votre côté, vous leur expliquez la Suisse. Et puis de leur côté, quand ils dialoguent avec vous, qu'est-ce qu'ils disent ?

R. : Alors, c'est simple, la première réaction d'un étranger en phase de renvoi, ce sera de dire ce qu'il a dit dans la procédure d'asile.

Q. : C'est-à-dire…

R. : Qu'il réfute la décision rendue, qu'elle soit en première instance ou en deuxième, et il reviendra exactement avec les mêmes motifs qu'il a donnés à l'époque. Il s'agit pour moi de lui faire comprendre qu'on est plus dans cette problématique, qu'il a utilisé une loi qui s'inscrit dans tel ou tel contexte, il a pensé qu'il entrait, que ce motif rentrait dans le domaine d'asile. Et bien non. C'était pas nous la compétence, c'est les autorités fédérales. Cela étant, il doit oublier ces possibilités de séjour en Suisse et penser au retour. Et c'est là que je parle de cette phase de deuil. Parce que visiblement il n'a encore rien compris. Et après il va vous dire, mais pourquoi moi je dois partir alors que je connais mon voisin de palier qui vient du même village que moi, lui il est toujours là. Lui, il a eu un permis. Il faut lui expliquer que chaque situation est particulière et qu'on ne peut pas faire un amalgame. Dans le milieu bosniaque par exemple, vous avez quatre, cinq statuts au sein d'une même famille. Donc, imaginez-vous qu'elle a été la réaction, pourquoi mon frère peut rester là, pourquoi mes parents peuvent rester là et moi, j'ai encore un statut et je dois partir. Il faut expliquer tout ça. Entre nous, ça a été une aberration de ce qui a été mis en place pour la Bosnie. Si la Suisse a fait l'essentiel pour ces gens, les préserver d'une situation très difficile, il n'en demeure pas moins qu'on a agi par précipitation et qu'on a créé des différences de traitement difficilement compréhensibles pour la communauté.

Q. : Et ça vous avez eu l'occasion de le dire à Berne ?

R. : Bien sûr qu'on l'a dit. Mais j'entends que Berne a aussi, le Conseil fédéral a dû aussi, agir avec rapidité et ils n'ont peut-être pas mesuré les conséquences de ces refuges temporaires. Il y a des gens qui ont obtenu l'asile, d'autres qui ont obtenu l'admission provisoire collective, d'autres ont obtenu un permis L, d'autres ont obtenu la qualité de réfugié, et souvent au sein d'une même famille. Parce que déjà la notion de famille, telle que nous on l'a, n'est pas du tout la même. C'est plus des clans et pour eux, c'est toujours la famille. Nous fonctionnaires, on va leur faire comprendre que nos lois sont peut-être plus restrictives à ce niveau-là.

Q. : Et ils comprennent ?

R. : On essaie de leur faire comprendre.

Q. : Et puis s'ils ne comprennent pas ? Si… Qu'est-ce qui se passe ?

R. : Écoutez, pour les ressortissants de Bosnie, il y en a qui ont compris, il y en a qui n'ont pas compris. Il faut savoir que Genève s'est montrée excessivement généreuse, je dirais. En renonçant à toutes mesures de contrainte, à tout emprisonnement en vue du renvoi et en donnant des délais bien supérieurs à ceux autorisés par le Conseil fédéral. En revanche, les gens ne voulaient pas nécessairement rester en Suisse. Preuve en est qu'avec cette politique de souplesse, sur 900 personnes, il y en a eu 200 qui ont bénéficié d'une tolérance du Conseil d'État. On a quand même eu des départs tout aussi conséquents que dans d'autres cantons, mais avec une politique et une approche très souples au niveau des départs.

Q. : La plupart sont rentrés ?

R. : La plupart sont rentrés. Mais pas tous, une partie ont été dans un pays tiers qu'on a trouvé.

Q. : C'est un cadre assez contraignant ?

R. : C'est ça un petit peu la difficulté ou le côté assez enrichissant, je dirais. C'est que, mais c'est toujours important de se fixer, pas seulement des limites restrictives. C'est là peut-être un argument à faire comprendre aux autorités fédérales, que l'exécution du départ pur et simple, c'est terminé. On est pas dans le juste. Ce qu'on souhaiterait parfois, c'est un tout petit peu plus de souplesse. Pouvoir se donner suffisamment de temps pour pouvoir approcher ces gens, leur expliquer et puis les accompagner.

Q. : Les accompagner, vous êtes allés dans les pays d'origine ?

R. : Non, mais quand je dis les accompagner, c'est en phase de départ parce que là ce que je regrette et je le dis toujours haut et fort aux œuvres. Il n'y a pas de miracles. En phase de départ, je peux vous dire que je n'ai ni mandataires, ni œuvres d'entraide qui accompagnent les gens dans le cadre de l'entretien. C'est une phase difficile pour les gens…

Q. : Et d'après vous, pourquoi ils ne sont pas là ?

R. : Manque de temps. Manque de personnes, manque de moyens. Je ne peux pas les blâmer, j'entends. Mais c'est vrai, on ressent une certaine fatigue, une certaine lassitude à la longue.

Q. : Et d'un point de vue humain, comment vous vivez cela ? Parce que les personnes vous les voyez, vous avez les personnes concrètes ?

R. : Mais, moi, je suis un responsable, mais je peux vous dire que je suis un homme de terrain avant tout.

Q. : Donc, vous voyez les gens ?

R. : Il n'est pas rare que j'aille manger dans ces familles en phase de départ. C'est dur, c'est des nuits d'insomnie. Vous avez les enfants. Étant moi personnellement très famille, effectivement, ça me pose pas mal de questions.

Q. : Et dans les insomnies vous pensez à quoi alors ?

R. : Je fais et je refais un petit retour sur ma vie professionnelle et sur mon activité. Ou j'arrive à la conclusion que sur le problème des renvois des requérants d'asile, il y a un consensus, qu'il soit politique ou des gens de la rue ou autre, tout le monde est d'accord que les réfugiés déboutés doivent partir. C'est clair pour tout le monde. A gauche comme à droite. Il y a toujours un motif pour dire que les étrangers doivent partir. Sauf qui ? Le petit Boubou qui joue bien au football, la petite Nicole qui lit si bien l'Évangile. Donc, je veux dire par-là que chaque requérant, il a tissé un lien ici et, à un moment donné, celui-ci peut partir, mais le mien non. Il reste tellement gentil. Il porte les commissions de la grand-maman à côté ou autre, laissez-le tranquille. Et finalement tout le monde a un motif. Et la problématique, elle est là. Tout le monde est d'accord, sauf. Et puis finalement les « sauf » peuvent pratiquement s'adapter à chaque situation. Vous voyez. À un moment donné, moi j'étais touché par une affinité et finalement il faut faire abstraction de ces affinités. C'est la difficulté du travail. Je me suis retrouvé le soir, on a engagé un petit peu la discussion avec mon épouse. J'arrête tout, je prends mon bâton de pèlerin, je vais à Berne et je leur dis : c'est pas possible. On ne peut pas briser la vie de cette jeune fille. Les conséquences sont terribles, et puis après je vous dis, c'est bien joli, j'annule le départ, mais je ne suis pas sûr de l'assumer. Et puis, le fils aîné m'en aurait voulu, puisqu'il avait déjà fait le deuil, il tirait tout le monde. Mais, la première réaction que j'ai eue, c'est pas possible, je prends mon bâton de pèlerin, je monte à Berne et puis on discute.

Q. : Et à Berne, ils vous auraient entendu ? Vous auriez gagné ?

R. : Ils m'auraient entendu au sujet de la suspension. Mais, au niveau de la régulation des conditions de séjour, ça passe encore par un autre office. Donc, vous ne pouvez pas faire de fausses promesses à ces gens. Vous voyez, il ne s'agit pas, si vous n'êtes pas dans une phase d'exécution de départ avec la police, personne ne pourra lui expliquer. On brusquera le départ, on les forcera à rentrer dans l'avion et puis la casse est faite. Tandis que là, en se donnant un petit peu de temps de discuter, on arrive quand même à limiter, je dirais, la casse. Le souci de la transparence, en revanche s'il y a un espoir de régler une situation, je ne le fais jamais savoir avant. J'exploite à l'ombre toutes les possibilités. Si c'est possible, et bien à ce moment-là, je me fais un plaisir de le leur communiquer. En revanche, donner de faux espoirs, faire des promesses qu'on n'est pas capable ou qu'on n'a pas la compétence d'assumer, c'est exclu. Autant prendre les devants avant et affranchir les gens. Et souvent ces comités de parrainage, qui ont un sens parce qu'ils font aussi du bon travail, mais souvent ne veulent pas comprendre qu'on contacte les autorités, mais sans nécessairement dire aux gens, leur laisser un espoir. Être franc. Si on peut faire quelque chose, on le fait.

Q. : Qu'est-ce qu'ils refusent, pourquoi d'après vous ils refusent, ou ils n'arrivent pas à faire le deuil ?

R. : La plupart des gens rentrent après un séjour en Suisse prolongé où finalement il y a eu pas seulement un début d'intégration mais voire une intégration qui est démontrée parfaitement. Et après il faut retourner dans un pays qui la plupart du temps est inconnu des enfants notamment. Dans des situations matérielles difficiles. Ce qui me fait dire que notre politique d'asile, elle est fausse. On est trop généreux, je dirais trop généreux par rapport à la durée, ou alors on n'arrive pas à se dire ben, tiens, on n'a pas été capable d'assumer une décision en tant de temps, et bien voilà, perte et profit, on garde ces gens.

Q. : Qu'est -ce que vous pensez, vous, de l'amnistie justement de ces dossiers qui ont quand même une certaine durée ? Une politique d'amnistie qui se pratique dans certains États européens et aux États-Unis, notamment ?

R. : C'est... Vous adressez la parole au fonctionnaire ou bien à l'homme que je suis ?

Q. : À l'homme.

R. : Alors là je trouve particulièrement scandaleux, je vous prendrai un exemple, la communauté éthiopienne et érythréenne, pour lesquelles je suis très fâché avec Berne, que j'incendie maintenant à longueur de journée par des lettres. Ils sont conscients que ces Éthiopiens et ces Érythréens ne quitteront jamais la Suisse, mais de peur de créer un précédent, ils refusent de régler ces situations. Alors, nous avons actuellement deux cents personnes, Éthiopiens, Érythréens, dont les séjours sont réglés sous le couvert d'attestations de délai de départ. Ce qui ne manque pas de créer et qui va créer de gros problèmes pour le futur, parce que visiblement on empêche l'intégration de ces gens-là. On empêche. Alors, à un moment donné il faut savoir que le compte perte et profit, dans n'importe quelle société, dans n'importe quel domaine que l'on touche, il existe. Il faut savoir se montrer intelligent en disant voilà, là on ne peut pas les renvoyer, il n'y a pas de solutions. On a des situations dramatiques actuellement. Je trouve que c'est des erreurs au niveau des autorités fédérales, au niveau des autorités politiques, parce que le politique est au courant.

Q. : Du canton ?

R. : Non, le canton a tout fait.

Q. : Le canton, le Conseil d'État par exemple, a fait une demande à Berne ?

R. : Ouais, ils ont tout appuyé. À Berne, ils en font une question de principe. Ces gens, de toute façon, vont rester avec ou sans statut. Donc, la Suisse tôt ou tard devra en payer les conséquences parce qu'on aura des gens qui auront des problèmes d'adaptation, d'intégration.

Q. : Mais, là, vous ne vous sentez pas un peu comme le fonctionnaire Grüninger avec des cas comme ça ?

R. : Non, absolument pas. Je n'ai pas du tout cet esprit-là. Je ne sais pas, non, je dois fonctionner dans un système de travail que j'ai choisi finalement. Je sais faire la part des choses. Mais il y a des choses, par exemple, qu'on ne pourra pas me faire faire.

Q. : Non, mais je pensais par exemple, dans des cas comme ceux-là, si on vous disait d'exécuter un renvoi, qu'est-ce que vous feriez?

R. : Je ne le ferais pas.

Q. : Vous ne le feriez pas. Mais vous auriez des problèmes tout d'un coup si vous ne faisiez pas ?
R. : Écoutez, je ne suis pas un robot. J'entends, on ne me fera pas faire quelque chose qui est contre mes convictions. Mais, j'ai aussi pris ce poste en connaissant mes contraintes et je savais qu'elles pouvaient parfaitement fonctionner avec mes convictions. Mais je ne cacherai pas les gens, je dirai non, on n'est pas d'accord.
Q. : Et là les autorités cantonales ne pourraient pas avertir les personnes en question que quelque part elles vont un peu les protéger. Il n'y a aucun moyen administratif ?
R. : Ouais, donc on a déjà pris certaines mesures pour tenter de les rassurer. On donne une attestation de délai de départ. Un bout de papier blanc. Il y a un nouveau livret qui est en phase de préparation. Mais, cela étant, on est à la base de ce document, je ne le cache pas. C'est ça ou rien du tout. Il y a des cantons qui ne donnent rien. On a quand même mis des photos sur ces gens pour montrer qu'ils existent quand même. Mais c'est des documents qui fonctionnent sur une période de trois mois.
Q. : Et le canton de Genève ne pourrait pas décider tout d'un coup qu'on leur donne un permis de tolérance ?
R. : Alors, c'est ce que nous avons fait. Nous leur avons délivré de notre propre initiative et contre toute directive fédérale, on leur a restitué le livret E.
Q. : Qui veut dire ?
R. : Requérant d'asile mais qui ne fait pas état d'un délai de départ, vous voyez, ce qui facilite la prise d'emploi ou la poursuite d'une activité.
Q. : Là le décalage entre légitimité et légalité, vous le vivez comment ?
(silence)
R. : ...Moi je le vis, je le vis... Vous comprenez la légitimité du séjour, la volonté des autorités fédérales de régler le problème, moi je peux l'apprécier. Moi je sais que ces gens resteront. Ce que je n'arrive pas à admettre, c'est pourquoi on fait durer, cette espèce de souffrance inutile, alors qu'on sait pertinemment, ça nous a été écrit noir sur blanc, que ces gens resteront.
Q. : Qui est le plus dur à Berne sur ce dossier ?
R. : C'est l'Office fédéral des réfugiés, plutôt que l'OFE (Office fédéral des étrangers).
Q. : Et puis les lieux de conflits éthiques, vous les voyez où, vous dans votre pratique ?
R. : Conflit éthique, là vous comprenez, dès l'instant où vous descendez sur le terrain, vous vous impliquez quelque part. Il y a des gens que vous allez recevoir quatre, cinq, dix fois. Sur peut-être une année en fonction d'une réouverture de procédure. Il y a automatiquement un climat amical. Des enfants. Et c'est terrible le piège, une famille qui doit partir viendra toujours au rendez-vous avec les enfants.

Q. : Alors les zones grises, elles sont où pour vous, dans votre pratique ?
R. : Moi, les zones grises, elles sont dès le moment où on me demande d'oublier un dossier. Donc, c'est des gens qui n'apparaissent nulle part. C'est des gens qui n'existent plus, qui n'ont plus aucune légitimité au niveau de leur séjour en Suisse. Et qui vont être confrontés inévitablement à des drames. Du style un simple contrôle de police dans un bus, pas d'autorisation. On pianote maintenant sur nos écrans. On constate maintenant qu'il n'y a pas d'autorisation. C'est 24 heures automatiquement l'interpellation au niveau de la police. Et puis, c'est clair que la personne ne va pas être mise dans l'avion du jour au lendemain. Il y aura un contact avec notre institution, mais il y aura eu un interrogatoire inutile pendant 24 heures. Ces gens n'auront aucune possibilité de s'intégrer. Ils vivront souvent dans des conditions de logement inadmissibles parce qu'ils n'auront pas le support nécessaire subventionné, une aide ou autre parce qu'ils n'ont pas le document pour le légitimer. S'agissant de la problématique des clandestins qui échappent un tout petit peu à ma compétence, qu'est-ce qu'on fait à Genève ? On leur pique des impôts. Donc, ils paient des impôts. On leur donne accès à l'école, aux enfants, on les scolarise. Et derrière, en tant qu'autorité de police, dix jours après, on arrive avec nos grands pieds et on leur dit : vous quittez la Suisse. Alors qu'au fait ça fait dix ans qu'ils paient des impôts, qu'il y a dix ans que les enfants sont à l'école. Appliquer les lois, c'est ne pas se voiler la face, c'est attaquer un vrai problème. C'est pas refuser un séjour à des gens et d'un autre côté leur prendre leur argent (...). Moi j'appelle zone grise la personne qui est connue par l'administration, mais ne qui ne peut légitimer son séjour. Alors, je dis, est-ce que nos lois sont toujours adaptées et alors on les applique, ou alors on ne les applique plus ces lois. On devrait avoir une politique globale des migrations et on ne l'a pas.
Q. : Alors quand on est au bout de la chaîne comme vous et puis au bout de la zone grise...
R. : C'est atroce.
Q. : Donc, la porte au bout de la zone grise, on ne se sent pas très bien ?
R. : On ne se sent pas très bien, quand vous devez faire partir une dame seule portugaise, il y a eu un couple qui s'est complètement déchiré ou autre, vous vous retrouvez maman seule avec deux, trois enfants ou autre, qui travaillent plus facilement 14, 15 heures par jour que les huit, avec des salaires peu conformes à nos us et coutumes. Là, vous ne vous sentez pas très bien.
Q. : Donc, si je vous entends dans votre, comment dire, ce que vous affirmez très fortement, dans ce souci de transparence, au fond soyons en rapport, ne soyons pas hypocrites, regardons nos lois en face.
R. : Ouais, regardons nos lois en face. Est-ce que nos lois sont toujours adaptées ou alors est-ce qu'on n'applique plus les lois ? Moi, je vais dire

abdiquons les lois, faisons une information. Notre loi qui est tellement restrictive favorise peut-être ce genre de situation.

Q. : Justement là on est quand même devant une sorte de goulet d'étranglement avec la politique d'immigration. Le cadre légal, il est un peu lourd ?

R. : C'est lourd, et puis je crois que c'est ce problème de phénomène de loi sur l'asile ou loi sur les étrangers qui est, à mon avis, dépassée. On devrait avoir une politique plus globale du problème de l'immigration.

Q. : Et là, les autorités politiques ne suivent pas. Ni peut-être la population. On est minoritaire dans la population.

R. : Oui, c'est dur de faire avancer le problème, les politiciens abordent avec très très peu de zèle ce dossier. Moins ils ont à s'en occuper, mieux ils se portent. Parce que, actuellement, là il faut reconnaître que c'est assez explosif. À voir le nombre de lettres d'insultes, de dénonces que nous recevons. Moi, je ressens un phénomène qui est lancinant. Le Suisse qui perd son travail, l'étranger qui perd son travail et qui apprend que c'est un étranger qui l'a remplacé, ça sera un sale étranger. Il suffit qu'il soit illégal, il est balancé sur-le-champ.

Q. : Et vous les gardez ces lettres de dénonciation ?

R. : Tout citoyen peut s'adresser aux autorités pour signaler quelque chose qui ne lui paraît par correct au sens de le loi. En revanche, les très nombreux torchons qu'on reçoit non signés, pour moi ça part à la poubelle. Parce que les gens, ils sont terribles. Dès l'instant où ils sont touchés personnellement par le problème des étrangers, là ils oublient toutes les bonnes paroles qu'ils ont dit avant. Dès l'instant où ils sont touchés, on réagit de manière très très virulente.

Q. : Comment envisager le problème ?

R. : L'hypocrisie, c'est qu'on veut bien faire des logiques d'exceptions, mais jamais des problèmes, je dirais, de droit, on ne veut pas toucher le corps de loi, ce que j'aimerais vous faire comprendre, c'est que finalement pour les gens ça reste une exception, c'est vrai. Mais pour moi, derrière chaque individu, il y a quelqu'un qui pose un motif d'exception et c'est là que ça rend difficile notre tâche. Pour la personne qui intervient par rapport à une situation, ça sera la situation d'exception.

Q. : Et donc, vous, votre critère ?

R. : C'est l'égalité de traitement. C'est le respect de nos décisions.

Q. : Qu'est-ce que ça veut dire ?

R. : Si la décision n'est pas conforme au droit ou qu'il y a quelque chose d'injuste, il est dans les compétences des autorités de se pencher sur le problème. Et ça ne nous arrive pas souvent, mais de temps à autre, d'avoir une situation en cours d'exécution où nous allons tout stopper pour réexaminer.

Q. : En même temps quand je vous écoute, où c'est un peu compliqué le cadre légal, c'est que, il y a des cas où c'est légal, mais pas légitime ?
R. : Les deux critères, c'est la base de l'État de droit, d'une démocratie. Les lois n'ont pas été faites par les fonctionnaires. Elles ont toujours été légitimées, si ce n'est pas par le peuple dans son ensemble, du moins par les représentants du peuple. Et à mon avis, c'est la base de la démocratie, c'est que les décisions qui sont appliquées sont exécutées. Sinon, ça n'a aucun sens. Moi, je vais vous dire, j'ai reçu une éducation dans ce sens-là et c'est toujours ce que j'ai fait comprendre à mes enfants, on vit dans un État de droit. Et souvent, les gens qui viennent chez nous disent : on est des pays qui n'ont pas justement d'État de droit. À nous de leur faire comprendre que l'État de droit a ces avantages, mais a également l'inconvénient de ne pas permettre certains favoritismes, je dirais, qui feraient finalement que tout le monde ferait n'importe quoi.
Q. : Et dans cette évolution de l'État de droit, la transparence, etc., l'égalité de traitement, vous avez l'impression que ça tient, que la référence, elle tient ?
R. : La référence, elle tient. Je maintiens ma position. En revanche, où je ne suis pas très d'accord, c'est qu'on est beaucoup trop hésitant à rendre les dossiers.
Q. : Mais qu'est-ce que ça signifie ces flottements ?
R. : Est-ce que c'est un manque de moyens, est-ce que c'est une stratégie voulue par Berne, je ne sais pas. Mais il faut m'expliquer à moi comment, je vous dis neuf ans pour dire définitivement à une personne qui est venue en Suisse parce qu'elle avait froid en Bosnie et puis attendre neuf ans pour lui dire non.
Q. : Vous ne croyez pas qu'il y a une évolution générale qui va dans ce sens d'une diminution de l'État de droit ?
R. : Oui, effectivement, moi je suis assez inquiet quand on voit que l'État de droit finalement n'est plus respecté. Pourquoi n'est-il plus respecté ? C'est pas que les jeunes ne veulent plus le respecter, c'est qu'on leur donne la possibilité de ne plus le respecter.
Q. : Mais en même temps quand vous faites attendre quelqu'un neuf ans, vous n'êtes plus dans l'État de droit.
R. : Non, nous on est plus dans l'État de droit, j'accepte volontiers en disant ce n'est pas possible.
Q. : Et qu'est-ce qu'on devrait faire en Suisse, ça c'est une question de citoyenneté ?
R. : Donner les moyens. Soit modifier radicalement notre problématique liée à l'immigration, créer un office central à Berne qui s'occupe de toute la problématique. Et puis, on fixe des procédures. Des procédures humanitaires où on va chercher des réfugiés dans le besoin. On en prend peut-être mille et on ne choisit pas que des bons. On prend des gens réellement dans le besoin. On charge des organismes tels que le HCR de trouver. On fixe un quota

éventuellement et puis on charge des organismes sur le terrain de choisir des gens qui veulent, qui sont plus dans le besoin et de les amener. Quitte à ce que ce soit des gens qui vont peut-être nous coûter au niveau intégration ou autre, mais on fait de l'humanitaire. Est-ce qu'on fait de l'humanitaire avec ce qu'on fait maintenant ? En ne refoulant pas les délinquants.

Q. : C'est là aussi que fout le camp l'État de droit ?

R. : Pourquoi on n'a pas le courage de le faire. Ou pourquoi ne se donne-t-on pas les moyens de traiter en priorité ce genre de situation et de manière très ferme ?

Q. : Vous vous adressez à Berne en posant cette question ?

R. : À Berne bien sûr.

Q. : Au fond, si je vous entends bien, pour défendre le défi humanitaire aujourd'hui en Suisse, il faut défendre l'État de droit.

R. : L'État de droit, il faut être très clair avec les gens.

Q. : Il faut être très clair avec les gens. Et très clair avec les autorités ?

R. : Très clair avec les autorités.

Q. : Mais, en même temps, vous dites très bien que ça ne marche pas avec les autorités. Avec les gens apparemment ça marche parce qu'ils n'ont pas le moyen de s'opposer si ce n'est en disparaissant dans la clandestinité. Mais, les autorités, au fond comment est-ce qu'on fait pour débloquer la situation ?

R. : Je n'ai pas de solutions miracles à vous dire. Je fais des constatations.

Q. : Et là, ça vous inquiète ce problème ?

R. : Finalement dire oui, non à tout le monde. On ménage la chèvre et le chou. Finalement, c'est jamais transparent. Et puis, on a des tensions. C'est un choix. Moi, je serais pratiquement pour une politique restrictive, mais qui respecte le droit au sens de nos conventions et tout. Et qu'on se donne surtout la possibilité de dire oui ou de dire non rapidement. Je crois que c'est le nerf du problème en Suisse. C'est ces lenteurs légendaires. Ces possibilités infinies données aux requérants de faire rouvrir les procédures de réexamen, de révision ou autre. Ça n'a aucun sens.

Q. : C'est aussi l'État de droit ?

R. : Non, l'État de droit cela va jusqu'à l'autorité de recours qui demande une autorité indépendante. Avec un regard totalement neutre de l'administration. Ce qui n'était pas le cas quelques années en arrière. Vous vous rappelez. Alors là c'est quand même réconfortant de constater que c'est des juges totalement indépendants de l'administration qui statuent. Parfois, leurs décisions nous paraissent pour nous gens du métier complètement incompréhensibles. Mais, par contre, on se doit de les respecter.

Q. : En même temps, là il y a en tout cas une particularité de l'État de droit qui amène à la non-transparence. D'un point de vue strictement logique. Donc, il y a des choses bizarres dans cet État de droit ?

R. : Voilà. Alors, tout d'un coup, on a une demande de révision qui débouche, qui est contestée au niveau de la commission de recours en matière d'asile, et finalement, après un séjour de cinq ans, décision

définitive, recours de procédure qu'il faudra pour qu'on statue sur la révision. Et là, j'ai de la peine à comprendre quand la décision tombe négativement parce que je me dis : il n'y avait pas lieu pour prolonger le séjour parce que la casse elle est faite après.
Q. : C'est bizarre cet État de droit qui a toutes sortes de visage.
R. : Et je vous dis et puis je ne vous cache pas qu'en bout de procédure on arrive mieux à comprendre les avantages et les inconvénients.
Q. : Oui, vous êtes dans un lieu clé.
R. : Pour autant qu'on reste vraiment en relation avec les gens, qu'on soit sur le terrain.
Q. : En tout cas vous exprimez un désir de maîtrise de la situation très très important.
R. : Voilà. Moi, je suis pour une situation maîtrisée. Je ne vous cache pas que la situation actuelle me fait peur.
Q. : Qu'est-ce qui fait peur ?
R. : C'est ce climat justement où plus rien n'est maîtrisé. Actuellement, on reçoit, on nous impose l'arrivée de centaines de requérants par mois. On n'a pas 50 % de capacité au niveau de l'hébergement. Vous trouvez normal qu'on doive maintenant placer des familles dans des protections civiles. Là, je ne suis pas d'accord, même si les gens me disent, mais enfin pourquoi, s'il y avait une guerre en Suisse, nous on devrait bien aller dans les protections civiles. On n'a jamais testé si on pouvait vivre trois semaines ou deux mois, ou six mois dans une protection civile. Moi, je prétends que non. Actuellement, avec le confort qu'a la Suisse, on n'a pas le droit d'imposer ça à ces gens.
Q. : On recycle les protections civiles.
R. : Ouais, on les rentabilise, mais c'est cynique. Et les gens de l'AGECAS, ils ont tiré la sonnette d'alarme. Mais il semblerait que pour l'instant on n'ait pas beaucoup d'écho.
Q. : Il y a quand même cette contradiction d'un désir de maîtrise et puis des mouvements des populations qui par définition ne sont pas contrôlables. Ou bien c'est une fausse question ça ?
R. : Incontrôlables, mais on ne donne pas les moyens de les contrôler.
Q. : Parce que si on voulait, on pourrait vraiment les contrôler d'après vous ?
R. : Mieux. Je dirais mieux, mais après vous avez aussi le facteur humain parce qu'il y a des gens qui ont une mission à remplir. Je parlais moi avec mes collègues douaniers de Chiasso (frontière italienne) à l'occasion d'un séminaire. Je leur disais, en plaisantant, la frontière c'est une véritable passoire. Ils me disent sur le terrain, c'est encore autre chose. Mais, c'est vrai que ça m'arrive de fermer les yeux. Mais tout comme en phase de départ, j'ai une situation humaine. Et puis, parfois, c'est vrai, je reste un homme et je ferme les yeux. Mais en revanche, est-ce qu'on contrôle assez nos frontières actuellement ? Tous nos trains en Italie, les gens rentrent, c'est

contrôlable. Alors, il y a un passé que la Suisse assume. Est-ce qu'elle l'assume bien, est-ce qu'elle l'assume mal, je ne sais pas. Mais, indirectement, il y a quelque chose qui joue dans cette volonté de ne pas être trop rigoureux.

Q. : Donc, une sorte de culpabilité ?

R. : Oui, elle est là. Dans l'esprit de nos politiciens, elle est là. Je ne dis pas qu'il faut être fermé sur l'extérieur, mais il faut un minimum de contrôle. Et puis, ça ne sert à rien de tout laisser rentrer et de ne pas s'en occuper. Parce qu'après ça va exploser à l'intérieur. Pour les renvois, je me refuse à dire que les requérants que nous renvoyons sont envoyés à la mort.

Q. : Est-ce que ça vous est arrivé dans certains dossiers d'avoir des doutes ? Qu'il y avait des dangers puisque la loi d'asile, c'est la protection de la vie et de la liberté.

R. : Non, je n'ai jamais été personnellement pris dans une telle situation. En revanche, on le ressent en phase d'exécution, la personne qui est très craintive et, à ce moment-là, on va émettre la possibilité d'un pays d'accueil et il partira ailleurs. Peut-être, ce n'est pas très satisfaisant, mais en tout cas, on comprendra sa réticence à partir, on lui fera comprendre qu'il doit partir, mais on lui donnera la possibilité de partir ailleurs. Disons, moi à la limite, je pourrai être légitimement en droit d'exécuter sur le pays d'origine. La personne arrive à me convaincre qu'il y a malgré tout un réel danger, et bien on étudiera une possibilité de partir ailleurs. Vous avez notamment des personnes qui n'ont pas accompli leurs obligations militaires, ils ne vont pas être condamnés à mort en rentrant. Mais moi, je peux comprendre qu'un jeune de 23, 24 ans, ça l'embête de faire 12 ou 24, 36 mois dans des conditions de détention pénibles. Donc, s'il veut aller tenter sa chance ailleurs, eh bien, on lui donnera quinze jours de plus pour filer en douce et pour préparer sa sortie. Ou alors, on l'aidera carrément à trouver un pays.

Q. : Vous vous arrangez pour ne pas être, c'est-à-dire vous n'êtes pas du tout un Papon ?

R. : Non, je ne suis pas un Papon.

Q. : Donc, et puis, si vous, comment dire, si vous êtes en face de critères comme la vie ou la liberté…

R. : Là, je n'hésiterai pas. Mais quant à la désobéissance, je ne comprenais plus. Je ne pourrais pas, disons, concevoir que mes collaborateurs agissent ainsi.

Q. : Je comprends bien. Mais à un autre bout de la chaîne, ce qui pourrait peut-être poser question éthique, c'est la marche de manœuvre que vous avez pour prendre des décisions. Vous avez quand même une marche de manœuvre pour trouver des solutions ?

R. : On ne prend pas de décision, c'est ça le problème. Je ne prends pas de décisions. Moi, j'assume une tâche qui est de contrôler la sortie de Suisse de ces gens. Et plutôt d'exécuter, de contrôler purement et simplement. On a développé une problématique beaucoup plus, je dirais, à l'écoute des gens,

leur faire comprendre qu'ils doivent partir, qu'ils doivent partir à un délai X et on privilégie quand même la discussion. On essaie de les comprendre, on essaie de leur faire comprendre nos décisions. Par contre, c'est là qu'il faut se fixer un cadre. Faire comprendre qu'il est restreint, mais si on est là, il n'est pas question de ne pas aller là. Il faut se donner une marge de manœuvre un peu plus générale que la restriction imposée par les décisions.
Q. : Donc, c'est élargir les modalités d'exécution.
R. : Voilà. Avoir la possibilité le cas échéant, si vous en ressentez le besoin, de donner un petit coup de pouce. Ne serait-ce que pour convaincre une personne plutôt que de la prendre de force pour la mettre dans l'avion. Mais, c'est pesant à la longue parce que finalement on se rend compte qu'il y a de plus en plus de situations difficiles. D'un point de vue budgétaire, on aurait besoin de trois, quatre postes supplémentaires et actuellement, et bien il n'y a rien qui passe.
Q. : C'est vrai que votre politique, elle exige des moyens.
R. : Elle exige des moyens, mais je crains, je dis bien, je crains d'être rentré dans quelque chose qui va paraître pratiquement insurmontable dans peu de temps.
Q. : Et alors là, comment vous allez faire, si votre modèle ne marche plus ?
R. : En tout cas, je ne veux pas changer. On m'a donné des possibilités de poursuivre, on m'encourage à le faire. On m'a donné un tout petit sucre en me donnant la possibilité d'engager un adjoint qui aura également une responsabilité autour de la problématique sur le terrain et qui pourra gérer peut-être mieux les collaborateurs que j'ai pour que je puisse me décharger. Moi, je reste plus dans la problématique générale.
Q. : Et vos collaborateurs dans ce contexte ?
R. : Ils n'ont pas la même responsabilité parce qu'ils agissent quand même en fonction d'une procédure mise en place par la direction de l'institution. Partant de là, la personne qui travaille dans ce contexte-là sait qu'elle avait déjà le profil pour accepter de rentrer dans la discussion avec un requérant en bout de procédure. On sait qu'on a affaire à quelqu'un qui n'a plus aucun droit, on accepte encore de l'écouter. Et surtout, de lui faire comprendre ce que nous entendons et l'aide qu'on peut lui apporter. Vous voyez le profil de collaborateur que nous prenons maintenant. Et puis, à côté de ça, on aura des gens qui auront été formés sur le tas chez nous, qui ont acquis cette sensibilité parce qu'il y a longtemps. Ils ont suivi l'évolution de la procédure. Ils ont été d'accord pour fonctionner avec moi. Donc, ils avaient le profil. Parce que, par exemple, en prenant un délégué CICR (Comité international de la Croix Rouge) qui a été sur le terrain, s'il a fait de l'humanitaire, il a appris une certaine rigueur qui est nécessaire.
Q. : Voulez-vous évoquer autre chose ?
R. : J'ai encore un autre problème. Certains collaborateurs trouvent choquant actuellement, ils en viennent à oublier l'égalité de traitement qui veut que tout requérant d'asile débouté doit quitter la Suisse. Pourquoi ?

Tout simplement parce qu'ils se trouvent confrontés à un nombre incalculable de requérants déboutés au passé judiciaire lourd, voir très lourd, et nous sommes incapables d'avoir des procédures qui permettent d'expulser ces gens. Donc, ce sont des gens qui sont dangereux pour la sécurité publique. Mais on n'arrive pas à se donner les moyens de les neutraliser. Donc, venons-en aux mesures de contrainte. On pourra aussi aborder le sujet par rapport aux mesures de contrainte, ça sera intéressant aussi. On les applique avec beaucoup de retenue à Genève. Ce qui est une bonne chose. En revanche, on arrive même pas à les appliquer pour les voyous. Et pas des petits délinquants de passage. C'est des gens qu'on arrive pas à identifier parce qu'on ne les a jamais sous la main. On n'arrive pas à les présenter à des ambassades ou autre. Alors, ils noircissent le tableau des requérants d'asile et ils se disent : bon sang on n'arrive pas à mettre dehors ces gens qui nous encrassent et qui compromettent la sécurité de la Suisse. Et on nous demande de faire partir des travailleurs sri-lankais qui sont en Suisse depuis 10 ans. Il n'a pas dit, écoute, vous êtes gentil monsieur X, mais nous on ne comprend plus. Alors, il faut encore leur expliquer qu'il y a l'égalité de traitement.

Q. : De quoi avez-vous besoin ?

R. : Attendez, je vais réfléchir à haute voix. Il faudrait professionnaliser davantage nos collaborateurs liés à l'exécution des mandats. Qu'on leur donne aussi suffisamment de temps dans l'exercice de leur fonction. On a une problématique coûteuse au niveau moyens humains, et bien il faudra donner des moyens supplémentaires pour rester dans le vrai. Et ne pas dire on est dans l'urgence, maintenant on change notre méthode et puis, hop départ, on envoie tout à la police. Vous voyez. À un moment donné, il y a des situations de quantité qui se créent. Eh bien sur place, on ne doit pas pour autant changer notre approche. Mais on doit se donner les moyens de pouvoir faire face à notre tâche sans précipitation aucune.

Entretien no. 5

R. : J'ai fait un rapport pour mon institution sur un programme qu'on a fait. On est financé comme expérience pilote. Il y a une circulaire qui offre ce programme-là. On a commencé par un exercice d'écoute, on a pris le rapport paragraphe par paragraphe, on l'a copié sur une colonne et puis, à côté, on a mis notre réponse actuelle, et puis la seule conclusion qu'on pouvait tirer à la fin, c'est « oh la la ! l'image qu'on a de nous-mêmes est très différente de l'image que l'institution fédérale a de nous, ça c'est évident ». Alors on s'est dit : « on peut se tromper sur l'image qu'on a de nous-mêmes, on peut se croire extraordinaires et les autres nous disent que non ». Alors on a vérifié, on a dit : « l'Institution fédérale nous voit comme ça, nous on se voit comme ça, vous, vous nous voyez ? ». Une institution internationale qui s'occupe

aussi des retours a été intéressée et elle a engagé X qui est coopérateur des programmes, et c'est lui qui prépare un des aspects du projet. Je fais confiance à X qui a une très longue expérience, il connaît la société suisse et je me dis que c'est intéressant dans l'aide au retour.
Je me rappelle, en 1990, il n'y avait pas grand-chose, et puis si on voit ça sur un continuum, donc en 97-98 il y a eu des programmes pour les Bosniaques qui n'existaient pas en 1990, et des programmes assez conséquents et là, si on peut voir ça sur un continuum, avec les Albanais du Kosovo, on pourrait encore améliorer les données en tenant compte des caractéristiques de ce type de société, et de ce qui se passe dans leur pays et des besoins, mais vraiment ciblés et ça peut prendre un sens. Et puis à l'Université populaire albanaise qui travaille sur les sentiments, parce que le retour doit prendre un sens parce que les départs sous contrainte de 20 000 personnes, moi je ne sais pas comment on peut faire. Un retour doit prendre un sens. Un humain qui rentre dans un pays ravagé par la guerre, s'il y rentre c'est parce que ça a un sens, et moi je pense qu'on peut y arriver si on tient compte des caractéristiques de cette société.

Q. : Mais vous n'avez pas l'impression que le point de vue de votre institution est différent de celui de Berne ?

R. : Ça aussi c'est paradoxal. La Suisse, moi je ne finis pas de la découvrir. On a les journaux qui décrivent l'Office fédéral des réfugiés comme des méchants, généralement, les œuvres d'entraide c'est les bons. Si vous prenez, par exemple, la Bosnie, si vous prenez un programme comme ça, c'est financé par l'Office fédéral des réfugiés et donc l'argent là, ça vient de l'Office fédéral des réfugiés, donc on a commencé à préparer ça en 95-96 parce que les Bosniaques, c'était la guerre civile et c'est des personnes qui ont fui une situation de violence généralisée. Parmi ces gens, il y avait sûrement des personnes traumatisées et puis, nous, on s'est dit, avec des personnes qui ont subi ça, organiser le retour, ça veut dire que pour que le retour ait un sens, ce sont des gens qui auront pu prendre ce début traumatique et sans le renier, le mettre dans leur passé pour ouvrir un futur.

Q. : Vous avez travaillé avec des psychologues ?

R. : Oui, et puis on s'est dit : « comment on va faire ça ? » et on a demandé à être formés en réseau à Genève parce qu'on s'est dit, si on est tout seul à suivre la formation, ils vont se dire qu'est-ce qu'ils font ? Et on a été formés par une psychiatre, et puis l' ODR (Office du délégué aux réfugiés de Berne) nous a financé un programme pour apprendre à travailler. Il y a quelqu'un de l'Office cantonal de la population qui a suivi, il y a des médecins, des gens de l'AGECAS (Association genevoise des Centres d'accueil) de l'Hospice générale, il y a nous, à Zurich il y a le Service social et international, donc un petit noyau de 16 personnes, qui ont suivi cette formation. Et puis après on s'est dit « une formation, c'est joli, c'est super », mais les gens ont pris des notes, et puis après ça part, on oublie, alors on a dit « on va codifier ce qu'on a appris ». On est retourné à l'ODR (Office du délégué aux Réfugiés) et ils nous ont financé la codification de ce qu'on a appris et chaque participant a son manuel qui est vraiment très structuré. Quelqu'un dit « je vais travailler telle chose », alors il va dans son manuel et il reprend ce qu'il a appris pour faire son travail. On s'est donc entraînés entre nous, et après on s'est dit « on va voir si ça marche ». On a présenté un projet qui n'a pas été accepté par l'Office du délégué aux réfugiés, mais il nous a dit « vous avez fait un tel chemin que l'organisation Asile du canton de Zurich, qui ont fait un cheminement très semblable à vous, ils font un programme de retour plus concret, axé sur la création des entreprises et si vous voulez travailler avec eux, nous, on vous finance ». On a annoncé le programme et on a utilisé, dans la première partie, avec les Bosniaques qui se sont inscrits, les techniques qu'on avaient apprises pour les traumatismes.

Q. : Pourtant, il y avait quand même un désaccord.

R. : Il y a des désaccords, mais… Moi, je trouve que… Une grande partie des énergies passe en désaccord.

Q. : Donc, vous avez bloqué votre préparation selon votre méthode ?

R. : À Genève, bloqué. Et les gens rient, il n'y aura pas de retour.

Q. : Il y a eu une décision politique qui a accompagné votre stratégie ?

R. : Non. On a convenu qu'on ferait une contre-proposition. Après, je me dis « quel serait l'intérêt pour l'institution internationale et pour l'institution fédérale ? ». C'est clair qu'il y a eu une étude comparative. À Genève, ils ont une contre-proposition – j'ai obtenu l'accord de l'institution cantonale responsable de l'organisation des renvois à Genève – quel serait l'intérêt de l'institution fédérale ? J'ai vérifié en Suisse allemande : ils m'ont expliqué, en tenant compte des contextes différents, ils vont faire une étude comparative. Ils vont voir dans quel canton est le meilleur temps de départs contrôlés et légaux et le moins de départs sous contrainte. À Genève, c'est spécial, ils font quand même de l'aide aux départs, ça risque de passer.

Q. : Vous l'avez apprise où cette méthode ?

R. : (éclats de rire) Je ne sais pas. Ce qui est très important, c'est de se mettre en rapport avec l'autre. C'est très important pour faire passer les messages. Avec Zurich, j'ai beaucoup apprécié la collaboration, ils sont intéressants quant à l'organisation. Ils nous ont dit leurs difficultés, ils nous ont dit : « nous, on a fait comme ça, ça a marché, on a fait comme ça, ça n'a pas marché, etc. », ils sont très ouverts. Le directeur est très ouvert.

Q. : Mais derrière votre projet, il y a quand même cette idée d'une tension entre légalité et légitimité, comment vous le vivez tout ça ?

R. : Alors, ce qui nous aide, c'est la déontologie.

Q. : Où est-ce que vous voyez la tension ?

R. : Prenez, par exemple, l'histoire d'une personne qui est très malade et qui a un délai de départ. Nous, on fait la recherche dans son pays, avec l'accord de la personne, sur les possibilités de traitement. Ce qui nous aide, c'est qu'on appartient à une institution humanitaire et dans un cas comme ça, où un retour implique de telles conséquences pour sa santé, nous on risque notre subvention. Autre exemple. Des personnes doivent partir. Elles ont un passeport bosniaque, on leur dit : « vous, comme vous avez fui au Kosovo, on vous considère comme des Kosovars, donc on ne vous donne pas l'aide à la réintégration ». Ils ont dit : « vous êtes Kosovars, vous n'avez pas l'aide à la réintégration et vous êtes Bosniaques, vous rentrez ». Et puis les gens ont écrit leur histoire pour l'Office fédéral des étrangers et nous, on avait le choix. Ou bien on soutient de notre Institution, parce que nous on est dans les conditions de départ, on reste dans notre mandat et puis on trouve que les conditions au départ ça ne va pas, donc on a mis une lettre de notre Institution pour soutenir le recours de ces gens et puis c'est parti. Moi, j'ai eu un téléphone d'un fonctionnaire de Berne qui m'a dit : « Vous, on ne vous paie pas pour ça. » J'ai dit, il me parlait finance, moi je peux très bien intervenir un bout. Il m'a dit : « on vous paie un quart et puis nous comptons trois quarts ». Moi je peux intervenir avec trois quarts qui restent, et là il m'a dit : « il reste à savoir si vos principes, votre déontologie sont compatibles avec ce qu'on finance, nous ». J'ai dit : « OK, mais pas sur cette ligne ». Moi, je pense qu'à partir du moment où notre Institution n'a pas l'indépendance, c'est un bureau de Berne.

Q. : Et là, votre comité vous a toujours suivie ?

R. : Je pense que oui, mais en fait je ne sais pas.

Q. : Donc, si vous posez des principes, en l'occurrence, la dignité de la personne, vous avez l'impression que vous pouvez être légitimes et que vous n'entrez pas en contradiction avec la loi et que l'on peut vous comprendre ?

R. : À partir du moment où un retour deviendrait inhumain, on peut utiliser le droit d'initiative de notre institution.

Q. : Qu'est-ce que c'est un « retour inhumain » ?

R. : Un retour inhumain, ces personnes-là, ce que je viens de vous expliquer. Maintenant, autre chose est importante. Il y a des gens qui viennent nous voir et nous demandent de l'aide pour rester parce que, pour eux, le retour est difficilement envisageable. Quand on entend que la demande, c'est de l'aide pour rester, on dit : « Vous venez nous voir parce que vous souhaitez rester, parce que pour vous le retour est intolérable ? – Oui. – Vous souhaitez qu'on vous offre de l'aide pour rester ? – Oui. » À ce moment-là, nous, on les informe qu'à Genève il y a un réseau d'organisation qui lutte pour le droit d'asile et c'est leur mandat de faire ça et, avec leur accord, on leur téléphone pour prendre rendez-vous ou bien on leur dit : « allez les voir ». Si on veut pousser encore, c'est à partir du moment où les œuvres d'entraide ont tout fait, qu'elles sont à bout et que la personne, elle, n'a pas le droit de rester, c'est là qu'on arrive à la limite. Donc, on a devant nous quelqu'un qui subit la peur et les œuvres d'entraide nous disent : « nous, là, on a tout essayé ». Nous, là, on a le choix. Ou bien je me dis, moi je fais de l'aide au départ, ou je me convertis, je laisse l'aide au départ et je deviens défenderesse du droit d'asile. Bon, moi j'ai pas analysé comment on défend le droit d'asile, ça serait très intéressant d'analyser comment le droit d'asile est défendu. Mais ça, j'ai pas fait d'analyse. Toujours est-il qu'à partir du moment où la personne, que les défenseurs du droit d'asile nous informent qu'ils ont tout fait et puis que ça marche pas, nous, en aucun cas on va essayer de convaincre la personne qu'elle doit partir. Il y a encore le tiers des personnes qui partent clandestinement. Genève a le plus haut taux de « départ contrôle suisse ».

Q. : Qu'est-ce que ça veut dire ça ?

R. : Ça veut dire les personnes qui quittent légalement la Suisse avec tous les papiers, les passeports, et qu'on a une preuve qu'ils ont passé la douane ; fin 1997, Genève avait le plus haut taux de départs légaux contrôlés de Suisse. Mais il y a encore 30 % des personnes qui n'obtiennent pas le permis de séjour et à qui, pour une raison ou pour une autre, la perspective de retour au pays d'origine est intolérable. Il y a toutes sortes de raisons, il y a des personnes qui disparaissent, on ne sait pas ce qui leur arrive.

Q. : Et là, qu'est-ce que vous faites ? Vous faites mal votre travail pour Berne ?

R. : Pour Berne, l'idéal serait 100 % de départs. Les gens quittent leur pays pour des raisons qu'ils connaissent très bien. Berne, la Suisse a signé la Convention de Genève, s'est engagée pour protéger les gens qui fuient. Et ils regardent ça d'une façon que je peux dire étroite. Et puis ils disent : « Non, chez nous on veut pas les réfugiés » et puis la personne, elle sait si elle peut rentrer ou pas et moi, même si Berne a dit qu'il ne veut pas de réfugiés. Quand je vois, ils ont un tel langage corporel, le message est tellement clair qu'il y a une crainte de danger. Maintenant, ou on pourrait augmenter le taux de départs légaux et contrôlés c'est, par exemple, la même piste de ski classée noire. La piste, elle change pas. Moi, je peux pas, j'ai appris à skier à 34 ans, c'est l'enfer. Vous prenez un bon skieur, jeune, musclé et tout. Lui, la piste c'est la même piste classée noire, lui, il la descend facile. Une façon, ça serait de travailler avec les gens pour changer le problème en défis ou en tout cas que ça prenne un sens et qu'ils se sentent capables d'envisager un retour et capables d'y faire face. Ça suppose qu'il n'y a pas un danger de mort, en tout cas. Vous prenez l'association des mères seules de Bosnie qui ont manifesté devant le Palais fédéral à Berne. J'en connais quelques-unes, je pense que c'est vrai qu'entre la vie en Suisse et la vie en Bosnie, la vie en Bosnie est plus difficile. Certaines femmes pourraient se sentir capables de gérer ça. Il y en a d'autres pour qui c'est absolument terrifiant, donc je pense qu'on peut travailler avec les gens et leur permettre de gérer ça.

Q. : Vous posez deux choses, la conscience de la personne et puis la violence de l'État ?

R. : Il y a l'État qui gère son territoire et il y a ces deux valeurs ; maintenant, il y a des gens qui ont subi des choses abominables et qui restent dans cet état de victime, la difficulté est immense. Mais ça pourrait être possible de gérer ça. Et il y a d'autres cas où le danger est grand. Prenez le Zaïre, j'ai le cas d'une personne, elle ne savait pas quand elle passait l'aéroport à Kinshasa parce qu'il y a un inconnu arbitraire, si elle pouvait se faire prendre. Pour moi, c'est ce qu'il y a de plus difficile.

Q. : Quels sont les critères pour mesurer les difficultés pour vous ?

R. : C'est la question qu'il n'y a pas de règle. Des États où il y a quelqu'un qui a le pouvoir et il n'y a pas de règles, donc on ne sait pas à quoi s'attendre. C'est quelqu'un qui prend l'avion et qui se dit : « Si j'arrive là, je ne sais pas ce qui va se passer. »

Q. : Vous n'avez pas l'impression que parfois Berne dit : « Tant pis, l'important c'est qu'ils partent » et vous, vous êtes là en train de remplir ce mandat ?

R. : Si on prend la Bosnie, pour moi, la difficulté c'était les gens qui avaient été déplacés, c'était quand même assez structuré. Maintenant, si vous prenez par exemple l'Afrique, entre autres le Zaïre, pour moi, les gens dont je vous ai parlé étaient en grande difficulté. Préparer quelqu'un, quand je sais, à l'aéroport il y a un garde qui peut m'arrêter, m'emmener, me dévaliser, me tuer, me faire des trucs et ça, je trouve que pour ces gens-là c'est tellement effrayant parce qu'il y a une partie d'inconnu et de violence et ça, on peut pas les rassurer, parce qu'on ne peut pas les informer.

Q. : Quand vous êtes dans cette situation-là, la stratégie d'humour et de paradoxe apprise dans votre formation, elle ne marche plus. L'humour, c'est parfait parce que ça déglace et ça déplace les choses quand on est pris dans un paradoxe, mais quand on est dans une situation où les choix sont clairs et fermés, la logique de l'humour et du paradoxe ne joue plus. Alors comment fait-on ?

R. : Alors, par exemple, j'en ai beaucoup dans mon bureau qui suent la peur. Et les défenseurs du droit d'asile, je les informe : « on est au bout, on peut plus rien », quels sont les possibles pour cette personne-là ? Rentrer n'est pas possible, c'est clair.

Q. : Donc vous financez la clandestinité ?

R. : Non, on peut pas.

Q. : Donc, vous lui dites : « Sortez de mon bureau, je ne peux rien faire » ?

R. : Non, non, je ne dis pas : « Sortez. » Je reste longtemps avec lui, mais je lui dis : « J'ai vraiment une embrouille ».

Q. : Vous lui affirmez votre impuissance, vous lui dites : « Je suis impuissante, je ne peux pas vous aider » ?

R. : Et je lui dis combien je le regrette. Il y a une chose qui est certaine, c'est que je nie pas son expérience, je ne nie pas, je ne lui dis pas : « vous me racontez des histoires, vous pouvez rentrer, vous êtes un profiteur », mais je ne nie pas mon impuissance, on est dans une réalité extrêmement pénible.

Q. : Mais alors là c'est du côté, je dirais, de la personne, de la communication avec la personne, mais dans la communication avec l'autorité ?

R. : Avec l'autorité fédérale ?

Q. : Enfin, ceux qui vous mettent dans cette position inconfortable ?

R. : Alors, nous, dans la communication avec l'autorité, on a mis clairement dans notre mandat de travail que la première condition c'est qu'il y ait un départ légal et contrôlé du retour. L'hypothèse qui sous-tend l'ensemble du travail d'aide au départ et d'immigration, quand on parle des retours, c'est que la perspective du retour doit être tolérable pour la personne.

Q. : Mais quand cela n'est pas possible ?

R. : C'est intolérable.

Q. : On imagine la personne dans l'avion – si vous voulez à un autre bout du renvoi – c'est l'affaire du coussin dans le renvoi en Belgique qui s'enchaîne dans la logique des choses ?

R. : Ouais, ouais, ouais…

Q. : …Mais vous, vous dites qu'il y a 25 % ou 30 % de gens qui partent dans la clandestinité ?

R. : Ouais, ouais, ouais.

Q. : Donc vous, vous dites à la personne : « je suis impuissante, j'ai fait tout ce que j'ai pu » ?

R. : C'est vrai, et on dit à l'Office fédéral des réfugiés que ces gens-là disparaissent parce que pour une raison ou pour une autre la perspective du retour leur était intolérable.

Q. : Est-ce qu'il y a eu des études là-dessus pour décrire les problèmes ? Si vous voulez, pour décrire à l'autorité ce type de problèmes ? Pour essayer de mieux connaître cette réalité parce que, pour l'instant, quand on lit les documents de Berne, on est très frappé, on a l'impression qu'il y a un trou noir, non ?

R. : Ouais.

Q. : Ou bien je me trompe ?

R. : Non, non, non, non, non.

Q. : On se dit : mais jamais personne n'a été regarder ce trou noir ? Et après le décrire et publiquement ?

R. : Oui, bien sûr. La première description, c'est avec les Bosniaques. Il y a eu un rapport, mais il y a aussi des journalistes qui y sont allés maintenant ; moi, quand je lis les descriptions dans les journaux, quand on voit l'article en couleurs, les signes minimaux c'est quand on regarde une personne, c'est sa luminosité. Mais là, les journalistes, c'est rare qu'ils disent ça. On pourrait faire une étude là-dessus ; ça a été difficile, parmi les œuvres d'entraide, de faire passer la personne de l'état de victime à l'état d'agresseuse, qu'elle s'en sorte, qu'elle construise sa maison, qu'elle ouvre sa petite entreprise. On n'a pas eu de soutien des œuvres d'entraide pour ça. Il y a comme un besoin d'avoir ces victimes. Quelqu'un est allé en Bosnie. C'est un pays qui se relève de la guerre, on sait, c'est difficile, ça on ne le nie pas ; maintenant, il y a des gens qui ont l'espoir. Il y a parmi eux des gens qui sont en train de construire un nouveau pays, il y en a qui ont des projets. C'est très difficile de trouver des soutiens pour ces gens-là, c'est comme si on peut être aidé pour autant qu'on est dans la misère, et quand on s'en sort. Comment on pourrait faire ce passage pour voir les gens autrement que comme des victimes ?

Q. : Passer de la charité à la solidarité après qu'on les a renvoyés par la force ?

R. : Ça c'est bien, je vais garder ce que vous venez de dire : « passer de la charité à la solidarité » ; moi je l'écris parce que c'est exactement ça.

Q. : Là, vous changez de type de problèmes à votre institution parce que donc avec l'autorité fédérale, on les envoie dans le trou noir. Et vous, à l'extrême, vous devez faire un conflit à un moment donné parce que vous ne vous en sortez pas ?

R. : Ouais, ouais.

Q. : Et puis pour tout compliquer dans votre Institution, on vous dit : « on aide les victimes, mais on n'aide pas les personnes actives ».

R. : Ouais, c'est ça.

Q. : Donc, vous avez deux niveaux de difficultés ?

R. : Oui, mais bien sûr et puis quand vous dites : « passer de la charité à la solidarité », vous savez, ce jeu « passage », bon, on se fait attaquer. Il y a toute une mise en scène et on le vit à différents degrés. Mais moi dans le jeu du HCR où j'ai joué les situations, ce qui m'est arrivé, c'est que j'avais une famille fictive, un mari et des enfants, et puis je voyais mon sens de la solidarité qui partait. La seule chose qui m'importait, c'était mon mari et mes enfants. À un moment donné, j'ai aidé le guide, mais je l'ai aidée pour avoir les infos, pour qu'on s'en sorte et puis à un moment donné j'ai eu un sursaut d'humanité parce que la guide, elle était blessée à la jambe et puis il y en a qui l'ont tirée par la jambe et j'ai dit : « mais non, pas par les jambes », mais je voulais la garder vivante. Donc ça… Si on transfère la situation dans le pays hôte, par exemple. C'est ça l'admission provisoire. L'admission provisoire c'est de dire : « ben, on comprend bien, là il y a la violence généralisée chez vous, on crée un statut d'admission provisoire et on va vous demander de rentrer quand on va juger que ça va ».

Q. : Mmm…

R. : Et puis là, il y a des organisations charitables qui vont aider pour autant que l'autre soit bien victime. Et puis justement les expériences de solidarité, vu que la violence généralisée déshumanise, en faisant perdre le sens de la solidarité aux gens par la charité, ils participent du système de renvoi. Les expériences de solidarité, c'est thérapeutique et ça peut donner un sens au retour pour autant que la perspective du retour soit tolérable pour la personne et en tenant compte que le même niveau de difficulté peut faire que ce n'est pas tolérable pour l'un et tolérable pour l'autre.

Q. : Si je vous comprends bien, on revient à ce paradigme-là de la légalité/légitimité.

R. : Ouais.

Q. : Quand on analyse la politique fédérale et puis celle des œuvres d'entraide qui s'articulent l'une à l'autre là, vous n'êtes plus seulement dans un paradoxe, vous êtes presque dans une prison ?

R. : On est, on est sur un fil.

Q. : Donc vous avez une marge de manœuvre ? Vous estimez que vous avez encore une marge de manœuvre pour faire bouger ça ? Ou bien, à un certain moment, vous dites : dans ces conditions ce n'est plus possible ?

R. : En vous écoutant je pense à la notion de l'intersection paradoxale développée dans cette formation avec la psychiatre. Il y a un espace où c'est très curieux, pour les ordres de départ de Berne. À un moment, ils disent à Berne, ils doivent partir pour le 15. Et nous, si on veut maintenir la hausse des départs, on doit y aller, ça devient légitime de le faire. On se trouve dans une « intersection paradoxale ». On peut pas aller plus loin. Toute l'énergie va à la recherche de solution pour que la personne puisse envisager son départ de Suisse, et pour pas pour rester.

Q. : Pourquoi pas pour rester ?

R. : Ben, parce qu'on fait de l'aide au départ, mais on pourrait faire la même chose pour rester si on avait, si on avait la même intersection paradoxale pour rester. C'est une hypothèse, je ne sais pas ce qu'il y a, en fait, je n'ai pas essayé, mais je suis certaine que quand on travaille comme ça, il émerge de ces rencontres une solution que la personne peut envisager.

Q. : Mmm…

R. : Sans la police.

Q. : Vous me dites qu'il faut pousser le paradoxe jusqu'au bout et que parfois il y a une solution ?

R. : Exactement, et c'est souvent comme ça que ce qui semble opposé au début se rejoint, parce que vous parlez de légitimité ou de légalité.

Q. : Ça c'est la figure du paradoxe. Maintenant si on prenait la figure de l'ambiguïté ; si on prenait la figure des zones grises, comme dit Primo Levi – je ne sais pas si vous avez lu ?

R. : Non.

Q. : Il appelle « zones grises », quand il décrit le fonctionnement d'Auschwitz, ces zones où tout le monde se trouvait dans l'ambiguïté.

R. : Moi, ce que vous me dites, la zone grise c'est, c'est la personne qui est sous la torture, quand il y a deux tortionnaires, le tortionnaire qui torture, qui fait l'acte et l'autre gentil qui arrive après.

Q. : Voilà, par exemple, c'est une des figures ; alors si on prenait l'expérience maintenant non pas sous le regard du paradoxe en poussant le

paradoxe jusqu'au bout en se disant : « on va sortir du paradoxe et il va y avoir une créativité quelconque », mais la figure de l'ambiguïté, dans la logique fermée ? Comment est-ce qu'on analyse le schéma ?
R. : Alors, si on prend la figure de l'ambiguïté, la zone grise, elle fonctionne dans le travail. Nos services sont gratuits, ils sont libres, libre choix, ils sont confidentiels... Ça ne coûte pas d'argent, ce n'est pas ça l'important, libre choix, la personne elle n'est pas obligée... la personne, par exemple, sous la torture, il y a le tortionnaire qui violente et puis l'autre psychologue qui fait semblant de le consoler. Je ne prétends pas que la personne est dans une situation extrême. Elle a son délai de départ. Elle n'est pas obligée de solliciter les services du bureau d'aide au départ.
Q. : Et en ne sollicitant pas les services du bureau d'aide au départ ?
R. : Mais on lui donne quand même 15 000 francs, ben, c'est-à-dire que ce n'était pas l'unique endroit pour s'inscrire au programme d'aide aux réfugiés.
Q. : Mais il pourrait avoir les 15 000 francs et disparaître dans la clandestinité ?
R. : Non, c'est faux ce que vous dites là parce que c'est vrai qu'elle ne peut pas avoir les 15 000 francs et partir dans la clandestinité ; maintenant, si pour une raison ou pour une autre, la perspective du retour est vraiment intolérable ce n'est pas 15 000 francs qui vont faire qu'elle n'aura plus peur, ça ne règle pas, voilà.
Q. : Au fond, l'ambiguïté, si j'entends jusqu'au bout, c'est quand même la nature du mandat « d'aide au départ », qui, dans certains cas, amène à des situations délicates ?
R. : C'est ça, et puis c'est très délicat.
Q. : Qu'est-ce qui est ambigu ?
R : C'est ce moment où on a les mains libres pour trouver une solution pour une personne qui est en difficulté, c'est le moment où ceux qui sont chargés de défendre les droits d'asile affirment que l'État refuse et que la personne nous affirme qu'elle ne peut pas envisager le retour et qu'on voit qu'elle a très peur de quelque chose. C'est un moment – moi je n'appelle pas ça ambigu – moi, j'appelle... ça fait partie de... de... de l'incapacité de trouver une solution qui convient à cette personne.
Q. : Mmm... Donc là on tourne autour des murs du mandat, on est dans la pièce fermée du mandat ?
R : Là, on est mandaté pour faire de l'aide au départ, on a accepté de faire de l'aide au départ et le départ, le retour au pays d'origine effraie beaucoup la personne et il n'y a aucun autre État qui va accepter d'accueillir cette personne.
Q. : Mmm... Et vous n'avez jamais envisagé d'élargir votre mandat ? Pas avec Berne, mais par exemple dans votre institution pour commencer à travailler avec les clandestins ?
R. : Et devenir passeur ?

Q : Mais je ne sais pas, je vous pose la question, je ne sais pas ce qu'on fait avec les clandestins.
R. : Les clandestins, ce qu'on a fait, on a reçu un mandat, on n'était pas certain qu'on pourrait travailler avec les clandestins, si on était capable – on a fait une étude où on a reçu des clandestins qui nous demandaient de les aider à quitter et on a soumis cette étude au DAS. Maintenant il faut que le DAS sache s'ils veulent faire de l'aide au départ pour les clandestins et s'ils veulent le faire avec le bureau d'aide au départ et mon institution doit prendre une décision institutionnelle.
Q. : Mmm... Donc ceux qui sont devenus clandestins, qui ont vu que cette solution n'en était pas une et qui reviennent chez vous ?
R. : Si on parle des requérants d'asile, notre mandat c'est : toute personne qui séjourne ou qui a séjourné à Genève sous couvert de la loi, si on a un clandestin qui a déjà été requérant d'asile attribué au canton de Genève et qui, tout à coup, la situation ayant changé – ou bien la situation de son pays, ou bien sa situation personnelle dans son pays – revient nous voir pour préparer un retour, lui on peut s'en occuper, parce que c'est dans notre mandat. Maintenant le Sud-Américain qui n'a jamais demandé l'asile et qui travaille au noir ici et qui, tout à coup, est attrapé par la police ou bien, tout à coup – pour une raison ou pour une autre – veut rentrer, on n'a pas de mandat encore, mais on a fait une étude qu'on a soumise à l'institution compétente.
Q. : Donc, si on revient à la question de l'ambiguïté, au fond, vous n'avez pas souvent l'impression d'avoir été dans une situation ambiguë ?
R. : Moi, j'ai l'impression d'être dans des situations d'impuissance. Il y en a qu'on ne trouve pas. À partir du moment où on ne trouve pas, parce que moi je dirais légalité/légitimité, il y a des prises de position des œuvres d'entraide ; maintenant. Et puis mon institution fait partie de l'OSAR, donc quand l'OSAR prend une position, ça inclut la position de mon institution au niveau national. Nous, quelqu'un qui vient nous voir et il a un délai de départ et ça pose problème. Nous on pousse, on pousse, on pousse jusqu'à ce qu'on atteigne la limite d'une solution légale possible ; on ne pousse pas la personne, on pousse la recherche, hein ? Et puis on présente ça à la personne. La personne, ou bien il y a un déclic et elle dit : « eh bien là, OK, je vais m'organiser comme ça et si on fait comme ça, je vais m'organiser comme ça » et il y en a qui ne viennent pas nous voir. Même si on cherche, on cherche, on cherche, on cherche, ce n'est pas une solution pour eux. Moi j'appelle ça une impuissance. Je compare ça aux soins palliatifs. Si vous prenez les soins palliatifs, ils veulent la santé, il essaie, le chirurgien, il essaie, il essaie. À un moment donné, il ne peut plus, parce qu'il y a un trou noir. Mais alors là on essaie encore de trouver une solution qui permette à la personne d'envisager un départ, même dans un pays tiers, mais ça ne marche pas toujours. Et puis il y a une partie pour lesquels on est impuissant.

Q. : Au fond, si je tourne la question dans tous les sens, l'ambiguïté au fond elle est presque, en quelque sorte, dans la création d'une telle institution ou dans le mandat du départ de votre institution. Ou bien, votre institution pourrait imaginer avoir un mandat d'un autre type ?
R. : Oui, elle pourrait imaginer avoir un mandat d'un autre type.
Q. : De défendre le droit d'asile, par exemple ?
R. : Eh ben, je ne sais pas si ça va avec la neutralité.
Q. : Justement, je vous pose la question, je me dis : « au fond, est-ce que l'ambiguïté n'est pas constitutive – comme dans tout ce pays d'ailleurs – de, quelque part, de... de... de la manière dont on accepte qu'il y ait le départ ?
R. : Ah !
Q. : Vous l'avez vécu ça ?
R. : Alors, nous, c'est sûr que si on prend le respect des mandats, c'est comme si nous on se dit, on espère... Moi, si j'étais chercheuse, j'irais voir comment, comment – pas pourquoi – comment le droit d'asile.
Q. : Oui, c'est une bonne question.
R. : Parce que jamais personne ne se pose la question là-dessus, comment se fait-il qu'il y ait une telle polarisation, une telle confrontation, comment, comment on en est arrivé là ? Là, il y a une ombre.
Q. : Et puis votre hypothèse ? Parce que vous en avez une, si vous vous posez tellement cette question ?
R. : Oui.
Q. : C'est quoi votre hypothèse sur la polarisation ?
R. : C'est une hypothèse que j'aimerais vérifier. C'est qu'il y a une ambiguïté du système et tout le monde est dedans, les autorités, la population, y compris ceux qui défendent le droit d'asile.
Q. : Il y a donc une ambiance généralisée qui pèse lourdement en arrière-fond de votre travail ?
R. : Mais moi, je pense qu'à partir du moment où on travaille en acceptant quelque chose de difficile... que les gens viennent nous voir... ça veut dire que ça a un sens, mais ça veut pas dire que le retour est facile...
Q. : J'entends bien, oui.
R. : C'est ma pratique. Et quand on est attaqué. Mais on va jamais déguiser de l'aide au départ en visa touristique. Maintenant si la Suisse voulait se doter d'une loi sur l'immigration... parce que le départ forcé, c'est le deuil. Moi, je sens qu'il y a des gens qui souhaiteraient rester très, très fort, qui reçoivent une réponse négative et qui traversent un immense deuil. Moi, dans la discussion, on m'avait dit de mettre « processus d'échec », mais j'ai pas souhaité mettre « processus d'échec » parce que, quand on a un processus d'échec, on peut recommencer, tandis que le deuil de l'espoir, c'est vraiment terminé.
Q. : C'est terrible ce que vous dites là.

R. : Mais c'est ça. Quand on reçoit une réponse négative, sauf si on se marie ou quelque chose, mais la demande d'asile avec un délai de départ, c'est terminé.
Q. : Au fond, si je comprends bien, alors ce Bureau d'aide au départ, il aurait l'avantage de rendre visible ce qui se passe.
R. : Ah oui, bien sûr. Nous on sait.
Q. : Au contraire, si je traduis pour répondre au défi humanitaire, il faudrait être prêt à décrire et être très précis dans la description de la situation ?
R. : Oui, oui. Moi, je pense qu'il faut que les histoires soient très précises, très documentées. Et là, ça devient une évidence. Après, on choisit comment on va réagir.
Q. : Donc, si je traduisais en termes d'outils, puisque cette recherche demande quels outils il faut développer, je devrais dire : il faut accorder une grande importance à la description et à la connaissance de la réalité qu'on constate.
R. : Oui, c'est ça, mais aussi… et je prends une métaphore. On a du jus de raisin dans les magasins de jus de raisin. Alors, nous, nous dans l'aide au départ, la personne, elle a demandé l'asile, elle a demandé du jus de raison. On lui a refusé. Maintenant, est-ce qu'on peut lui apporter du jus de raisin autrement ? Et il faut, quand on demande quelque chose, le demander à quelqu'un qui peut nous donner le jus de raison.
Q. : Sauf que… est-ce qu'ils connaissent votre impuissance, ceux qui viennent dans votre institution ?
R. : Eh bien… Je pense que non, justement.

Entretien no. 6

Q. : Comment s'appelle votre travail ?
R. : On nous appelle convoyeurs, mais le mot, c'est « préposé aux refoulements ».
Q. : Vous disiez que c'est difficile et que vous aviez mal aux poignets parce que vous aviez dû utiliser la force.
R. : C'est difficile le travail qu'on fait, en général les gens qui sont à Genève, qui doivent être refoulés, ne sont pas toujours d'accord de partir tout seuls ; il y en a avec qui ça se passe très bien, on lui explique qu'il doit quitter notre pays, ça se passe très bien et puis il y en a d'autres qui veulent rien savoir, ils font tout pour pas partir ; mais bon, jusqu'à ce qu'ils nous suivent gentiment des fois jusqu'au pied de l'avion, puis après ils se jettent par terre, ils refusent de partir, ils font n'importe quoi ; ça change tellement, y a tellement de diverses possibilités.
Q. : Vous êtes policier ?

R. : Non, on a une carte de police, on est assermenté, on aide la police dans toutes sortes d'affaires. On est fonctionnaire, mais sans les avantages. Je suis en classe 10.
Q. : Quand avez-vous commencé à faire ce travail ?
R. : Oh ! moi, c'est un peu spécial, parce qu'à l'époque où j'ai été engagé il y avait beaucoup de gens de mon pays au noir, c'est une question de langue.
Q. : Donc ils avaient besoin de gens qui parlaient la langue.
R. : Et à l'époque je faisais peut être 80 % d'audition avec les inspecteurs dans la salle d'audition et 20 % d'autre chose. Maintenant, les choses ont un peu changé ; au début quand j'ai commencé c'était plutôt les affaires avec les travailleurs au noir et les affaires surtout des demandeurs d'asile, c'était les auditions, mais bon après à la fin il y a le refoulement, les amener à l'aéroport et tout ça ; à l'époque c'était plutôt des travailleurs sans papiers à qui on avait à faire.
Q. : Pour vous, ça devait être un peu dur non ?
R. : Sûr, surtout qu'à l'époque pour un travailleur, bon c'est vrai qu'on disait que c'était un crime de venir travailler sans papiers.
Q. : Et qu'est ce qu'ils vous disaient ces gens ?
R. : Pour eux, ils ont toujours peur de la police, c'était des travailleurs, c'était pas des criminels, automatiquement ce qu'on leur disait de faire ils le faisaient, y avait pas beaucoup d'histoires, on n'avait pas à employer la force pour ces gens.
Q. : Qu'est ce qu'ils vous racontaient ces gens quand ils partaient ?
R. : Ils venaient parce que bien sûr pour eux c'était quelque chose de formidable d'arriver et de trouver du boulot ici, parce que chez eux il n'y en avait pas. Ce qu'ils gagnaient ici pendant un mois c'est comme une année de travail chez eux, bien sûr que c'était des fois pas toujours drôle.
Q. : Quand ils partaient alors, quand ils se faisaient attraper et qu'ils partaient, ils étaient tristes ?
R. : Bien sûr, mais ils savaient. On leur expliquait qu'il fallait plus revenir et ils comprenaient. De toute façon, ils savaient qu'en venant ici et en travaillant au noir, bon ils disaient qu'ils savaient pas, mais dans le fond d'eux-mêmes ils le savaient très bien, c'était un risque qu'ils prenaient.
Q. : Et ça se disait dans les milieux des travailleurs immigrés ?
R. : Bien sûr que ça se dit, c'est une chose qui est bien claire, même actuellement ça se dit, vas en Suisse tu risques rien, si tu as de la chance tu travailles au noir, tu gagnes l'argent et tu n'as rien à perdre parce qu'ils te paient le voyage du retour, ça c'est bien clair ça se dit, ça fait boule de neige.
Q. : Ils revenaient ?
R. : Oui, souvent ils revenaient. Par contre il y a une autre sorte de type de personnage qui vient maintenant. C'est venu par la suite comme aussi le trafic de drogue qui venait, soi-disant des petits malins qui savent mieux que les autres et qui essayent toujours de trouver un moyen pour tromper la loi et faire ce qu'ils veulent.

Q. : Il y a beaucoup de gens qui font du trafic de drogue dans le pays dont vous me parlez ?
R. : C'est sûr.
Q. : Et quel trafic de drogue ?
R. : De tout.
Q. : De tout ?
R. : De tout, ils travaillent pour tout le monde.
Q. : Mmh…
R. : C'est un peuple qui est un petit peu rabaissé par rapport aux autres, alors eux ils font le sale boulot et c'est les autres qui commandent, ils vendent la marchandise et c'est les autres qui dirigent et qui les commandent.
Q. : Pourquoi dites-vous que c'est un peuple rabaissé ?
R. : Parce qu'ils ont vécu longtemps dans le régime dictateur donc ils ont appris à obéir.
Q. : Ah oui, et là donc vous vous occupez de refouler les gens, c'est quoi ce boulot exactement si vous devez le décrire ?
R. : Ben écoutez, si tout se passe bien c'est de les accompagner, après avoir fait tout ce qui est nécessaire, ça dépend tout de la personne, si elle sort de prison, c'est plus facile, c'est de trouver une place dans un avion pour le départ, enregistrer les bagages, les conduire jusqu'à l'aéroport, ou les conduire au train, les conduire auprès des ambassades et consulats pour l'obtention des papiers.
Q. : Ça veut dire quoi convoyer les gens ?
R. : Les accompagner à mon avis (léger rire) et préposé aux refoulements c'est un titre qui a été… on a changé quatre, cinq fois d'appellation, celle-là ça fait déjà pas mal d'années, je dirais 8 ans peut-être.
Q. : Ça veut dire dans les années 90. Et vous allez dans l'avion avec eux ?
R. : Si les gens refusent, en général la première fois c'est toujours comme ça ; s'ils refusent de monter, qu'il y a opposition, automatiquement ils retournent à Champ-Dollon (prison) et on peut préparer un nouveau départ avec une escorte, ou alors si on sait déjà que la personne a fait des choses et refuse de partir, automatiquement on prépare déjà une escorte.
Q. : Vous avez fait des escortes vous-mêmes ?
R. : Oui, beaucoup, dans les avions Swissair, Crossair, même d'autres compagnies.
Q. : Et aussi les avions privés ?
R. : Les avions privés ça c'est nouveau, ça vient de sortir.
Q. : Et comment ça se passe quand on monte dans l'avion avec une escorte, très concrètement ?
R. : Ben, on rentre généralement en premier, on s'assied tout à l'arrière de l'avion, avec la personne qu'on refoule toujours du côté fenêtre, mais des fois au milieu ça dépend aussi, une fois qu'on est dedans les autres passagers ils arrivent et si tout se passe bien, toujours avec une attention à ce qu'on fait, ça dépend tout.

Q. : La personne, elle est comment ?
R. : Ben, la personne si tout va bien elle est comme tout le monde, elle mange et elle boit comme tout le monde, mais il y a eu des refoulements où on a dû employer d'autres moyens, mes collègues ont eu des problèmes, moi j'ai eu une semaine avant en Afrique tout s'est bien passé, et deux collègues qui ont suivi la semaine d'après ont eu des problèmes, ils ont été en prison, des très très graves problèmes.
Q. : Et quand ils résistent dans l'avion comment ça se passe ?
R. : Ben, on emploie les moyens pour les tenir assis, la force c'est le mot, on doit employer la force.
Q. : Qu'est ce que ça veut dire concrètement comme moyens, comme gestes ?
R. : On n'a pas beaucoup de moyens dans un avion, c'est l'asseoir, essayer de le maîtriser pour pas qu'il commence à crier, il y en a qui des fois tout va bien et tout d'un coup ça lui passe quelque chose par la tête, il se lève, il commence à crier. Alors dans un avion automatiquement vous êtes la cible. C'est des fois des heures et des heures sans arrêt de ce stress parce que vous savez jamais la personne que vous escortez elle peut être très calme très bien, comme nous maintenant, et tout d'un coup, tchak !
Q. : Vous avez vécu ça ?
R. : J'ai vécu ça oui, c'est sûr, plusieurs fois, alors c'est ce stress qui est fatigant, à la longue, au bout de toutes ces années, c'est vrai que j'arrive au bout des possibilités, je vois que je pourrais pas faire ça encore pendant de longues années ; ça crée un stress nerveux et ça c'est une chose qui n'a pas été, qu'ils ont pas pensé lors de l'engagement.
Q. : Et vous disiez que vous n'aviez pas de caisse de retraite comme la police.
R. : Non, on a la retraite à 65 ans comme tout le monde.
Q. : Et pourtant vous faites un travail dur ?
R. : À 65 ans je vais mal faire le travail que je fais actuellement, je dois courir, un jour, on a escorté un Kosovar en train, il a pris la fuite dans la gare de Berne, on a dû courir et après on a dû se débattre avec, le maîtriser par la force, le traîner jusqu'au poste de police en le tirant par terre parce qu'il voulait pas marcher, ni collaborer, ni rien faire. Vite trouver un autre train, le mettre dans un autre train, faire stopper l'avion à Zürich, tout ça pour pouvoir arriver. Il est parti, mais avec quels efforts et quels moyens. C'est comme ça, on est toujours sur le stress. Un jour, j'ai bêtement accompagné un détenu de Champ-Dollon (prison) sur l'ordre d'un juge, pour l'enterrement de sa grand-mère, tout s'est bien passé à l'église, après il a voulu aller au cimetière alors on l'a accompagné, en partant il a pris la fuite on a dû lui courir après, le maîtriser et tout ça devant la famille qui nous regardait. Alors vous voyez c'est toujours une maîtrise à base de force et comme on est froid, on n'est pas à chaud, alors c'est pas facile.
Q. : Ça vous est arrivé d'être blessé ?

R. : Blessé oui, par la suite, à mon avis, j'ai eu un problème au bras, je suis resté presque quatre mois à l'arrêt, suite à mon avis, c'est pas prouvé bien sûr ça pourrait être autre chose, des efforts comme ça, un genre de tendinite, c'est pas guéri, je peux même pas encore le mettre droit ; c'est après que j'ai utilisé la force, après j'ai commencé à avoir mal, alors après ils ont commencé à me faire des infiltrations ; l'hôpital m'a donné l'arrêt de travail, pour du repos, ils ont envisagé d'opérer mais à ce qu'on dit, ils ne donnaient pas de garantie de l'opération, c'est très difficile ; ils ont dit : bon on va vous mettre au repos.
Q. : Et vous vous rappelez l'effort que vous aviez dû faire ?
R. : Oui très bien. Bon, faut dire que cette personne était pas bien un petit peu de la tête, un petit peu dérangée, alors automatiquement il a dû prendre un genre de folie, de petite folie et automatiquement ces gens-là ils ont beaucoup de force, alors il se mettait en boule, on n'arrivait pas à le maîtriser, même à deux, mon collègue était jeune, costaud, mais même comme ça on n'arrivait pas, alors les efforts qu'on faisait pour arriver à lui mettre les menottes derrière et tout ça, c'était tout des efforts qu'on fait comme ça, c'est pas facile du tout.
Q. : Et pour les maintenir dans l'avion, vous faites quoi ?
R. : Ben pour les maintenir, soit on les attache, de toute façon, comme les menottes c'est interdit, tout est interdit, on n'a aucun moyen de pouvoir faire, disons qu'on monte à bord, on est responsable mais on n'a aucun moyen.
Q. : Qui a interdit les menottes ?
R. : Les commandants de bord, les compagnies d'aviation, je me souviens qu'à l'époque on faisait deux, trois fois Tirana en Albanie, des fois il y avait 20 à 30 déportés et nous on était cinq, six policiers, on faisait ça des fois trois fois par semaine, tous ensemble c'est pas bien, jusqu'à un jour, bon, j'étais pas là ce jour-là, l'avion a dû faire demi-tour. Il est revenu sur Zürich, la quantité de déportés était beaucoup trop par rapport à la quantité de policiers. Automatiquement quand vous les mettez tous ensemble, ils parlent leur langue, ils se montent un peu, on n'arrive plus à les maîtriser.
Q. : C'était quand ?
R. : L'année passée, juste avant que la guerre commence, là c'était l'époque pénible, parce que vous savez tous ces départs, vous partez le matin, vous arrivez le soir, ça veut dire que vos journées sont longues et fatigantes parce que vous prenez l'avion depuis Genève jusqu'à Zurich, Zurich, bon, y a un petit peu d'escale, vous montez dans un avion jusqu'à Tirana, Tirana y a encore une heure d'escale, vous revenez pour Zurich, Zurich, vous remontez et vous arrivez à Genève. Vous partez d'ici le matin et vous revenez vers 21 h du soir. C'est des très longues journées. Alors vous arrivez jamais, votre corps, la fatigue s'installe petit à petit, vous n'arrivez pas à récupérer. Peut-être quand on est jeune, on récupère plus facilement, mais le problème il est là.

Q. : Ils restaient tranquilles ?
R. : Tranquilles pas, c'est nous qu'on devait un peu mettre l'ordre, en général il y en avait un ou deux et un policier au bout, voyez il y a trois sièges, deux sièges. En général c'était comme ça, mais des fois ça se passait bien, on essaie de détendre l'atmosphère, de rigoler avec, moi je parlais un petit peu italien parce qu'ils parlent tous italien, alors ça a marché, pendant des mois jusqu'au jour où ça marche pas. Notre travail, c'est comme ça, pour une époque ça va bien, il n'y a pas beaucoup de refoulements ou alors les refoulements se passent bien et d'autres ça se passe pas du tout, alors comme on n'a pas de moyens, on essaie de faire au mieux.
Q. : Quand vous les attachez, vous les attachez avec quoi ?
R. : On ne peut pas les attacher, le seul moyen qu'on a c'est une paire de menottes.
Q. : Mais les menottes ne sont pas autorisées ?
R. : Bon à l'époque c'était autorisé, on pouvait même, il y a eu des histoires on a dû même les scotcher et tout ça, on doit employer la force pour pas qu'ils dérangent les autres passagers et qu'on soit le plus discret possible. Et quand ça se passe pas bien on est obligé, c'est pour ça que les commandants de bord nous refusent, parce que vu tous ces problèmes qu'il y a eu, et il n'y a pas qu'à Genève, hein ! il y a toutes sortes de cantons et tous les pays, faut dire qu'il n'y a pas qu'ici qu'il y a ça, tous les pays ont ce problème, malheureusement c'est partout, c'est pas que la Suisse qui a ces problèmes-là, ça se passe partout.
Q. : Et vous discutez entre vous les convoyeurs ?
R. : C'est sûr, c'est pas tous les mêmes problèmes, quand on allait en Afrique, on faisait une escale à Lisbonne et on attendait des fois jusqu'à deux, trois heures du matin pour les mettre pour le pays, par exemple pour l'Angola, pour le Rwanda, on a le temps de discuter entre nous, ils ont tous les mêmes problèmes, chaque pays a des problèmes différents, oh ! oui, c'est encore pire qu'ici. En Suisse, c'est Zurich qui a le plus de travail dans ce domaine-là. Certains pays comme Lisbonne c'est pour l'Afrique, ou alors à l'époque on allait souvent à Bruxelles aussi, en Belgique, c'était pareil, c'est des aéroports où il y a trop de masse de gens qui viennent de tous les autres pays pour pouvoir prendre ces avions pour l'Afrique.
Q. : Quand vous avez scotché les gens, ils n'étouffaient pas ?
R. : Scotché ça veut dire, juste là comme ça pour pas... oui autrement ils seraient tous morts.
Q. : Je pensais à cette histoire du coussin en Belgique.
R. : On peut pas dire comment ça c'est passé, parce qu'on était pas sur place, mais c'est des erreurs, ça on sait pas les circonstances.
Q. : Vous n'avez jamais eu peur que quelqu'un ne vous meure dans les bras ?
R. : Non.

Q. : Vous n'avez pas eu l'impression que tout d'un coup il aurait pu se passer un problème ?
R. : Non, parce qu'on est quand même pas des sauvages. On doit faire notre travail, mais on le fait, on est tous des êtres humains, faut quand même se dire ça.
Q. : Mais si quelqu'un, je ne sais pas, a une faiblesse du cœur ?
R. : Ça peut arriver à quelqu'un, mais bon on les maltraite pas à ce point-là.
Q. : Mais quelqu'un peut avoir un malaise.
R. : Oui, mais bon, ça, tout le monde peut avoir un malaise, s'il y a des problèmes c'est tout de suite au départ, c'est quand vous rentrez dans l'avion et pendant un certain temps, après quand il arrive c'est fini, c'est perdu pour lui si vous voulez, automatiquement après il a qu'à se tenir tranquille, c'est son bien, mais on sait jamais, il faut toujours avoir l'œil dessus parce qu'on sait jamais ce qu'il va faire, mais si ça doit mal se passer c'est au moment de l'embarquement dans l'avion, bon, il peut pas se jeter par la fenêtre, il peut rien faire d'autre quoi, malgré que même s'il veut aller aux toilettes on va avec, on le surveille, on laisse le pied dans la porte, c'est des choses qu'on apprend, ça vient tout seul avec les années d'expérience, autrement tout se passe bien, quoi, s'il est collaborant avec nous il est comme un passager normal, personne voit, j'ai fait des refoulements que ça c'est passé très bien, personne ne savait que c'était un déporté, c'est pas marqué déporté.
Q. : Vous n'avez pas eu des problèmes alors à l'arrivée ?
R. : À l'arrivée, bon, moi j'ai jamais eu de problèmes, y a des collègues qui en ont eu, des fois on voit qu'on est pas bienvenu dans leur pays, que c'est un petit peu ambiance froide. Mais j'ai eu des refoulements pénibles, comme toute une famille de réfugiés on était quatre, toute une famille à emmener à Buenos Aires, ce sont des énormes heures de vol, on a eu une escale au Brésil, où il faut aller surveiller toute la famille dans un énorme aéroport parce qu'il fallait sortir de l'avion, avec toute la famille et ça c'est des choses qui restent, on oublie pas ça. Il y avait la mère, le père, la grand-mère, deux personnes âgées, le couple et un bébé. Des fois, c'est difficile de comprendre.
Q. : Parce que cette famille, ils vous ont parlé, ils vous ont expliqué ?
R. : Ah ben, il fallait tout le temps, parce que bon, en plus, on savait que la femme du président était en première classe devant l'avion, si eux ils savaient, ça aurait pu faire un monstre scandale, nous on était sous nos gardes sans arrêt ; c'était pas facile déjà pour qu'ils partent, parce qu'ils refusaient le départ, c'était une longue expédition.
Q. : Qu'est ce qu'ils vous ont raconté ?
R. : Ben eux, c'était le problème parce qu'ils étaient pas bien où ils étaient, alors ils voulaient venir en Suisse.
Q. : D'avoir des vieux et un enfant, comment vous avez vécu ça, ça doit être émotionnellement difficile ?

R. : C'est sûr, ils sont restés longtemps en Suisse, après il y a la décision finale, de Berne, qu'il faut absolument faire le refoulement.
Q. : Humainement parlant ça doit être dur ?
R. : C'est sûr.
Q. : Et vous, vous leur disiez quoi ?
R. : Écoutez, nous on essaie d'expliquer qu'on fait notre travail, que les décisions c'est pas nous qu'on les prend, et qu'on a reçu les ordres, mais ça ils le savent parce qu'avant que nous on entre en matière, il y a des gens qui sont formés pour ça, pour leur expliquer tout ce qu'il faut, mais bien sûr le mot final c'est toujours nous la police et la police doit de nouveau expliquer le pourquoi, parce qu'on prend pas quelqu'un comme ça dans la rue, vous avez pas votre autorisation, alors loin ! Non, ça se passe pas comme ça, mais le problème c'est que nous on est à la fin et ceux qui sont à la fin c'est à nous qu'ils vont, c'est comme quand vous allez acheter une marchandise quelque part et qu'elle est pas bonne, vous allez dire au vendeur que c'est peut-être pas de sa faute. Le problème, il est là.
Q. : Toutes ces années, vous arrivez à calculer combien vous en faites par année ?
R. : Non, c'est beaucoup trop, j'ai pas tenu le compte.
Q. : Et dans toutes ces années, est-ce que ça vous est arrivé une fois ou l'autre de dire : mais j'ai de la peine à faire ce travail ?
R. : Oh ! c'est sûr.
Q. : Vous vous rappelez des faits précis quand ça vous est arrivé ?
R. : Mais à chaque fois, à chaque refoulement, comme je vous ai dit ça a changé, depuis certaines années, peut-être trois, quatre ans, ça devient chaque fois plus pénible en tout. À l'époque nos chefs disaient : vous allez connaître du pays. C'est tout faux, parce que ça paie pas le stress. À l'époque, Swissair nous donnait pour le retour automatiquement, il nous mettait en *business class,* maintenant c'est fini, ce petit sucre qu'il nous donnait c'est terminé ça. C'est même pas une question de *business,* c'est plus que mérité. *Business,* qu'est-ce que vous avez, juste un petit peu plus de place pour les pieds pour être un petit peu mieux installé, c'est tout, mais en fait le stress, c'est que vous récupérez pas, vous n'avez pas le temps de récupérer, il y a trop d'heures de vol des fois et même si c'est le pays à côté qu'on part le matin et qu'on revient le soir, ben les heures de vol, la fatigue, l'altitude, la descente, la montée, ça s'accumule.
Q. : C'est ça qui fatigue et fait qu'on a plus envie d'y aller finalement ?
R. : Si vous demandez à tous mes collègues, on en a jusque-là. Il y a que les jeunes qui sont toujours prêts à y aller, parce qu'ils connaissent pas encore ce que c'est, ils ont pas encore cette fatigue mentale et physique, c'est les deux.
Q. : Qu'est qui vous fatigue ?
R. : La sorte de personnes qu'on refoule, mais c'est vrai qu'il y a des gens, on se dit : ceux-là ils ne méritent pas de rester ici. Vous vous posez la

question souvent, et là vous vous dites : bon, là je fais quand même un boulot des fois utile, des fois je dis. Mais rarement. Et des fois ça dépend qui, vous dites : celui-là il méritait pas, mais vous devez le faire quand même, c'est votre travail, ça c'est pas nouveau, on juge pas, on juge personne.

Q. : Mais on peut quand même penser ?

R. : C'est donné à tout le monde, penser et juger vous-mêmes, mais ça c'est pour vous. C'est un fardeau que vous portez.

Q. : Et vous pouvez le dire à quelqu'un, à d'autre ?

R. : Non, ça reste toujours en nous, parce qu'on n'a pas le droit de divulguer quoi que ce soit.

Q. : Vous pouvez en parler à votre femme, par exemple.

R. : Pas tout, mais j'ai la chance que mon épouse, elle est aussi soumise au secret de fonction et que certaines choses, je peux lui en parler, elle comprend.

Q. : Donc vous arrivez à lui raconter un peu quand c'était trop dur.

R. : Oui, parce qu'elle connaît un peu, parce qu'elle a aussi travaillé à la Police, alors elle connaît un petit peu.

Q. : Et puis entre les collègues convoyeurs, vous en parlez ?

R. : Ah ! ça oui, on en parle.

Q. : Du fait que vous trouvez que c'est parfois injuste ?

R. : Oui mais bon, on n'a rien à dire sur ce sujet-là, encore une fois si vous êtes pas content on vous dit : ben, il y a quelqu'un d'autre qui prendra votre place, vous avez pas le droit de dire je veux pas faire, vous êtes là-dedans, vous devez faire votre travail.

Q. : C'est vous qui vous dites que vous n'avez pas le droit ?

R. : C'est notre boulot, on nous dit, le supérieur si vous voulez.

Q. : Donc ils vous ont expliqué ça par oral très clairement ?

R. : Oral clairement, ça veut dire qu'on te dit carrément : t'es payé pour faire ce boulot, tu le fais, puis si t'es pas content, ben va voir ailleurs.

Q. : Et si vous en aviez marre, vous pourriez demander à être déplacé, aller dans un autre secteur ?

R. : Où ?

Q. : Je pose la question.

R. : À mon âge ?

Q. : Oui, je vous pose la question, est-ce que vous pouvez demander d'être dans un autre secteur de l'administration ?

R. : Pensez-vous? Non.

Q. : Est ce que ça vous est arrivé de réfléchir à ça et de dire : je vais faire la demande ?

R. : Oui, mais je ne vois aucune possibilité, j'ai toujours la porte ouverte, partout où j'ai travaillé ; j'ai toujours gardé les portes ouvertes partout où j'ai été, mais il ne faut jamais retourner en arrière, il faut toujours aller de

l'avant, jamais en arrière. C'est pas pour ça, mais disons que c'est pas bien de retourner en arrière.
Q. : Et d'aller de l'avant dans ce type de boulot, ça serait faire quoi ?
R. : Aller de l'avant, pour nous il y a rien. Il y aurait eu une possibilité s'ils engageaient comme c'était prévu au départ de renouveler de temps en temps des jeunes, et les plus anciens diriger un petit peu, si vous voulez faire les préparatifs et les jeunes, une rotation si vous voulez, mais nous on est tellement peu, vous enlevez les malades, les congés, il reste quoi ?
Q. : Et ils envisagent d'engager plus de monde ?
R. : Ça fait 10 ans que j'entends ça, mais pour le moment c'est comme ça.
Q. : Avec les changements de Berne ?
R. : Il n'y a aucune possibilité, parce que même si les changements de Berne, c'est au niveau fédéral, ça nous touche pas, nous on est cantonal.
Q. : C'est assez coincé comme travail.
R. : Tout à fait, oui (léger rire). Oui, un boulot de bout de la chaîne, un boulot stressant, un boulot qui est même pas jugé et apprécié, non pas apprécié, c'est pas le mot, je cherche, si vous voulez, il n'est pas analysé, on a pas la fonction qu'on mérite, parce que pour finir on fait un travail très complexe et personne y voit quoi. On n'est pas vu, ou alors personne s'est penché réellement sur le boulot qu'on fait, parce que, vous savez, on est peu. Qui va se pencher sur ces fonctionnaires ?
Q. : Mais d'un autre côté c'est un boulot drôlement délicat, vous pensez pas qu'il y a une autre raison pour laquelle ils ne se sont pas penchés là-dessus ?
R. : Ils ont pensé agrandir, mais après il y a eu la crise, puis après un certain nombre de choses qui sont arrivées par la suite qui ont tout bloqué.
Q. : Le fait qu'ils ont déplacé les renvois de Genève à Zurich ?
R. : Non, ça n'a rien à voir, même à notre niveau, mais on a perdu des unités comme ils disent à l'État, on a dû diminuer un certain nombre de personnel. À un moment où on était plus, deux qui sont plus là et ils ont jamais remplacé, c'est la logique maintenant à l'État, c'est leur point de vue et puis le boulot, il est là et il faut le faire quand même, chaque fois plus.
Q. : Vous avez l'impression que les refoulements augmentent ?
R. : Bien sûr, en plus c'est pas seulement qu'ils augmentent, mais ils sont chaque fois plus difficiles, chaque fois plus pénibles. On ne refoule plus, comme je vous le disais au départ, un travailleur au noir qui vient ici pour gagner sa vie, plutôt gagner un petit peu d'argent disons, on refoule le méchant, le trafiquant, vraiment le dur dur.
Q. : Vous pensez que si on pousse cette logique et si on continue ces refoulements, ça va continuer longtemps ? Comment vous imaginez-vous le futur ?
R. : Moi je dis que ce qu'on fait c'est du boulot comme vider le lac Léman avec un petit verre d'eau ou avec un seau. On y arrivera jamais, puisqu'on refoule 10 par jour, y en a 50 qui arrivent et des fois sur les 10 qu'on refoule, y en a 3 qui reviennent, les Albanais, on a refoulé combien de fois le même,

3, 4 fois, ils le disent, ils le disent, on arrive là-bas, demain je suis en Italie et après demain je suis de nouveau chez vous.
Q. : Mais donc ça sert à quoi de faire ça ?
R. : Ça sert quand même à quelque chose, parce que si on faisait rien, alors là, je ne sais pas qu'est que ça serait, c'est pas possible non plus, il faut quand même mettre de l'ordre dans un pays, sinon c'est la débandade.
Q. : Donc c'est la manière de mettre de l'ordre que de mettre des gens dehors ?
R. : Oui, parce que même si ça nous coûte cher, ça revient moins cher que si on les garde ici.
Q. : Vous savez combien ça coûte ce boulot ?
R. : Beaucoup trop cher, mais bon, les garder ici c'est pas non plus la bonne solution parce que quand vous voyez le trafiquant de drogue, pensez à nos enfants, bon les miens sont grands mais il n'y a pas que les miens qui comptent, tous les enfants de ces écoles qui vont être... c'est pas une bonne solution non plus de laisser faire ces gamins.
Q. : D'après vous, votre expérience, qui a des intérêts là-dedans ?
R. : Beaucoup de monde.
Q. : Qui, si vous essayez de les nommer ?
R. : J'en sais rien.
Q. : C'est les compagnies d'aviation ?
R. : C'est notre politique qui veut ça aussi, hein !
Q. : C'est les compagnies d'aviation, c'est la police ?
R. : La police, pas tellement.
Q. : Pas tellement parce que vous n'êtes pas tellement payé ?
R. : Non, la police, je crois pas qu'elle a intérêt.
Q. : Mais qui d'autre gagne de l'argent dans cette histoire ?
R. : Mais tout le monde gagne de l'argent, il y a les avocats, il y a beaucoup de monde qui gagne de l'argent avec ça, beaucoup, les assistants sociaux, vous, tellement de monde et l'État même, vous vous rendez pas compte.
Q. : La machine tourne.
R. : C'est ça.
Q. : Vous en pensez quoi ?
R. : Je pense que je ne peux rien faire, ça fait drôle de voir la Suisse comme elle était avant et comme elle est maintenant, j'ai fait ma vie et tout d'un coup je vois la dégradation qui vient. C'était un pays qui ressortait un peu des autres pays, et maintenant on est en train de devenir égaux aux autres pays, c'est malheureux.
Q. : Malheureux ?
R. : J'ai peut-être d'autres yeux pour voir, j'ai des mauvais yeux, parce qu'on doit être dans le mauvais côté, alors automatiquement on a de la peine à voir ce qui est beau.

Q. : Comment analysez-vous depuis ce lieu clé du système ? Enfin moi, dans ma recherche, je postule que c'est un lieu important, pour comprendre l'ensemble de la société, mais je ne sais pas si je me trompe ?
R. : Bon, dans un pays, faut qu'il y ait une certaine discipline, un certain ordre, j'étais très fier parce que la discipline, l'ordre, la propreté, tout ça c'était des domaines où j'étais très fier de la Suisse, d'appartenir et de faire partie d'un pays aussi beau que la Suisse. Bon, c'était pas tout de suite que j'ai commencé à… à refouler mes ex-compatriotes, c'était un boulot comme un autre que je devais faire parce que malheureusement c'était comme ça. Je ne l'ai pas choisi, c'est venu comme ça, mais pour dire que ce que j'ai vécu, c'est très difficile à expliquer, une désillusion.
Q. : Vous étiez jeune, plein d'illusion quand vous êtes venu ?
R. : Même pas, on veut pas changer la société, peut-être des fois on cherche sa place et une fois qu'on l'a cherchée, on rêve et on croit que ça va rester toujours comme ça, mais de toute façon c'est impossible, la vie change, hein ! ça c'est comme partout. J'ai fui l'armée.
Q. : Vous fuyez une dictature et vous vous retrouvez dans la police ?
R. : C'est bizarre, mais la police, c'est pas une dictature, la police, bon, peut-être que j'avais d'autres idées sur la police.
Q. : Il peut y avoir différents types de police.
R. : Voilà, tout à fait. Je suis un simple fonctionnaire.
Q. : Votre fonction, c'est une fonction qui existe dans la société.
R. : Mais peut-être que quand j'ai dit oui à ce poste où je suis, je m'attendais pas du tout à ce qu'il est actuellement, ou alors je ne me faisais aucune idée de ce que ça pouvait être.
Q. : On ne vous a pas indiqué clairement ?
R. : Non.
Q. : C'est une espèce d'engrenage.
R. : On n'a pas expliqué du tout parce que, on ne m'a pas expliqué du tout le boulot, on m'a beaucoup promis de choses, c'est comme ça la vie.
Q. : Et vous n'avez pas eu l'impression de trahir vos compatriotes ?
R. : Non, parce que c'est pas moi qui allait les attraper, moi je faisais que les traduire dans les entretiens.
Q. : Et après dans les refoulements ?
R. : Oui voilà, dans les refoulements je les accompagnais, en général ça se passait très bien comme je vous l'ai dit, depuis le départ on les accompagnait jusqu'à l'aéroport.
Q. : Mais à l'intérieur de l'avion ?
R. : Ben oui, des fois ça fait mal au cœur, bien sûr, surtout en sachant que ces gens y venaient pour travailler.
Q. : C'est fou ça !
R. : Pour aider beaucoup de patrons ici à se mettre beaucoup de sous dans la poche, disons les choses comme elles sont, parce qu'au bout d'un moment ça rapporte, on les traite comme des esclaves, on les traitait parce que

maintenant il y a presque plus de travail au noir, on les arrête moins, les policiers, ils ont d'autres chats à fouetter que se pencher sur les problèmes des travailleurs au noir, alors on a maintenant un système pour les travailleurs au noir, surtout en Europe, on leur donne une carte de sortie et eux ils partent d'eux-mêmes, même s'ils reviennent 15 jours après, c'est comme ça, ça a complètement changé le système.

Q. : C'est une bombe sociale l'endroit où vous êtes là, c'est quelque chose de très dur ?

R. : C'est sûr.

Q. : Vous êtes dans un bout de chaîne, mais un bout de chaîne qui se durcit en même temps ?

R. : Oh ! ouais, des fois, c'est pas facile.

Q. : Vous avez l'impression que l'image de la Suisse, elle a changée là ?

R. : Ah ! oui, bien sûr.

Q. : Et si on se place sur le point des relations internationales, on va continuer à refouler, refouler, refouler, ou bien qu'est ce qui va se passer ?

R. : À mon avis, je crois pas, un jour où l'autre, il faut que ça cesse, parce qu'on n'arrivera pas, on n'arrivera jamais à soi-disant mettre tout le monde qui est pas bon dehors, ça du bon et du mauvais il y en a partout dans tous les pays et y a aucun pays qui a pu faire une chose comme ça, garder les bons et refouler les mauvais.

Q. : Cette illusion de propreté ?

R. : (rire) Dans un sens ça serait bien, c'est le rêve.

Q. : C'est le paradis.

R. : (rire) Mais le paradis, paraît que ça n'existe pas sur Terre.

Q. : Et puis il paraît qu'on s'y ennuie en plus (rire) ?

R. : (très grand rire) Bon, personne n'est venu nous dire, mais ma foi. Le problème, ce que la Suisse fait, ça peut pas durer, ça peut pas durer parce que *primo* ça coûte trop cher, ça devient épouvantablement coûteux, surtout en ce moment, on ne peut plus employer soi-disant notre compagnie nationale (Swissair) parce qu'ils nous refusent de transporter, alors les autres compagnies c'est aussi un petit peu pareil, vous savez ça se dit, ça fait boule de neige comme on en parlait tout à l'heure, dans tous les domaines c'est comme ça, alors qu'est ce qui va se passer ? On va dépenser après chaque fois des sommes terribles pour des avions privés ?

Q. : Mmh…

R. : J'crois pas.

Q. : Il y a de nouvelles compagnies privées qui vont se mettre sur pied, on vous parle de ça ?

R. : Non, nous on nous parle pas, nous on est tout en bas de l'échelle, on n'a pas le droit d'être au courant ou mis au courant de ce qui se passe, pourtant pour faire le sale boulot comme on peut le dire, ça on est là (silence)… Il faudrait faire autre chose, mais ça suit pas notre politique, c'est tout le système.

Q. : Tout le système ne s'attaque pas à la grande criminalité ?
R. : Mais bien sûr, à mon avis on prend les petits et les gros on les attrape pas, ben c'est le plus facile, c'est toujours le petit qui doit payer. Prenez tout ce que vous voulez, quand il y a des augmentations, celui qui a déjà de la peine à arriver au bout, c'est le dernier qui reçoit.
Q. : Mais ça doit faire drôle pour vous de toujours être en train d'attraper les petits ?
R. : (rire) On peut pas attraper les grands, les grands sont intouchables.
Q. : Ça vous est arrivé de refouler des gros, des importants ?
R. : Non.
Q. : Dans votre fonction, les choses qui empêchent de dormir la nuit, les choses qui font qu'on réfléchit et que ça ne va pas, elles seraient où ?
R. : C'est difficile à expliquer, ça (long silence)..., c'est très difficile.
Q. : Mmh, quand vous n'arrivez pas à dormir la nuit ou quand vous revenez très fatigué ?
R. : Souvent, j'arrive pas à dormir la nuit, c'est mon problème.
Q. : C'est vrai, vous pensez à quoi là, quand vous ne dormez pas la nuit ?
R. : Je pense que la vie est ainsi faite et qu'il faut s'y faire mais que c'est difficile.
Q. : Vous vous sentez coincé ?
R. : Oui, tout à fait, c'est pas à mon âge qu'on va changer, de toute façon on peut pas changer, disons on change petit à petit notre mentalité, je n'étais pas ce que je suis actuellement et je pensais pas ce que je pense actuellement, mais de toute façon je peux pas faire grand-chose, hein ! Vous savez, nous, on est comme des moutons, on doit suivre.
Q. : Mais là, il n'y a pas un défi éthique, dans le sens où vous êtes dos au mur et vous êtes complètement coincé ?
R. : Oui, voilà, oui parce que c'est là le but qu'on est comme des moutons, qu'on doit suivre parce que les autres y vont. Vous, vous êtes là, y a le chien qui va vous manger, vous attraper et vous dire : c'est là ta place.
Q. : Et les marges de manœuvre ?
R. : On s'habitue, l'obéissance, on prend goût. Beaucoup qui ont commencé à faire ça, pas comme un job mais comme soi-disant c'était qu'on devait fait faire comme ça, on doit faire comme ça, on doit obéir, parce que c'est comme ça qu'on doit faire, c'est une bonne chose, on doit le refouler parce qu'ici il nous coûte plus cher, mais au bout du compte il faut pas que ça vienne dans un genre qu'on commence à prendre goût à ce qu'on fait là, c'est ça qu'est dangereux là, si on se laisse aller.
Q. : En tout cas, après Nuremberg on a dit aux militaires, c'était surtout les codes militaires, vous n'êtes pas obligés d'obéir à des choses qui vous semblent injustes.
R. : Nous, on n'a pas les moyens de faire ça, surtout le côté police. La police c'est une organisation si vous voulez, on dit que le peuple nous aime pas, bon je me mets du côté du policier, hein ! parce qu'ils nous aiment

seulement quand ils ont besoin de nous, quand ils sont un peu dans la... hein !, quand ils ont besoin de nous on est jamais là, alors voilà pour définir un petit peu le sens de ce que les gens pensent de la police, ils sont très contents de l'avoir quand ils ont besoin pour faire, y a le... qui vient de toucher avec sa voiture, on appelle la police, le chat est sur l'arbre, on appelle la police, pour des petites bricoles comme ça, le voisin fait du bruit on appelle la police, choses que dans des autres pays on n'appelle pas la police pour ça hein !, ici la police c'est la bonne-à-tout-faire, mais quand quelque chose touche à la police, si on peut l'écraser on l'écrase, mais bien écrasé, on va pas laisser le temps qu'elle puisse respirer.

Q. : Mmh...

R. : Bon, on a bien écrasé, on a qu'à voir ce qui se passe ces derniers temps, vous verrez bien. Quoi qu'on fasse, de toute façon, on fait toujours mal les choses, ça c'est le fait que les gens ils ont de la police.

Q. : Et vous, en même temps vous êtes fonctionnaire, vous n'êtes pas policier?

R. : Oui, mais là je parlais... j'ai bien dit que je me mets du côté de la police puisque je suis intégré là-dedans, je suis avec eux, je fais comme eux, je pense, j'écoute, chacun pense comme il veut, mais je suis si vous voulez l'engrenage.

Q. : Tout à fait, je vois bien, mais est-ce qu'on ne pourrait pas imaginer que les convoyeurs, qui sont un corps de fonctionnaires, puissent avoir des garde-fous ?

R. : On ne compte pas. J'ai un collègue, quand il dit : non je fais pas ça parce que je juge, mais mon pauvre ami il se fait ramasser, oh ! la la, y a des problèmes pour ça, voilà comme quoi chez nous il faut faire, oui, amen et tout va bien. Dès que vous commencez à être un petit peu hors du cadre, si on vous prend en grippe comme on dit, la grippe est mauvaise cette année.

Q. : Quand vous dites : moi je ne peux plus, j'ai le stress, qu'est ce qu'il faudrait faire, vous avez des propositions pour améliorer votre travail ?

R. : Ben écoutez, y a déjà un problème dans le classement de la fonction. Il faudrait regarder ce qu'on fait vraiment, combien c'est difficile. Il faudrait voir la fatigue, la progression, la retraite. C'est l'engrenage, à mon avis ça va très vite, le problème c'est qu'ils ont pas pensé ni à notre travail, ni à notre retraite. Notre programme, c'est une lourde responsabilité qui n'a pas été assez classée dans la classification des fonctions. Les conditions, c'est vrai qu'il faudrait les revoir au niveau de notre travail, parce que c'est un travail qui est trop, on parle pas d'être mal payé, on parle pas de l'argent. C'est pas une question, mais peut-être qu'il faudrait revoir dans le sens plus tard pour la retraite, et éventuellement avoir d'autres compensations au niveau, quand je compare le boulot qu'on fait avec certains fonctionnaires normaux, comme on dit, c'est pas du tout pareil, ça n'a rien à voir. Il faudrait vraiment voir ce problème, parce qu'on pourra pas faire ça jusqu'à 65 ans, en tant que connaissance de ce qui m'arrive, de ce que je vois déjà, quand il faut courir derrière quelqu'un et tout ça et maîtriser, c'est difficile.

Q. : Vous travaillez dans la police et vous n'avez pas les mêmes conditions de travail qu'eux ?

R. : Ah ! non, pas du tout.

Q. : *Grosso modo,* vous faites le même boulot, même plus difficile ?

R. : C'est là que je voulais en venir tout à l'heure.

Q. : Et le syndicat de la police ne peut pas vous défendre ?

R. : Non, parce qu'on n'est pas attaché à la police, on n'appartient pas au même syndicat.

Q. : Mais qui est votre partenaire alors, du syndicat ?

R. : On n'a aucun syndicat.

Q. : Vous n'avez aucun syndicat ?

R. : Non.

Q. : Le syndicat de la fonction publique ?

R. : Non.

Q. : Vous n'avez pas de syndicat de la fonction publique où vous pouvez poser vos problèmes ?

R. : Non, parce qu'à l'époque où il y a eu un syndicat qui s'est créé pour les fonctionnaires, on n'était même pas reconnus, je paie mes cotisations pour qu'on ne soit même pas reconnus, on sait même pas le boulot qu'on fait.

Q. : Mmh.

R. : Parce que moi je veux bien payer une cotisation à un syndicat, si en cas de pépin on peut s'expliquer, mais que lui sache quel est notre travail.

Q. : Tout à fait.

R. : Parce que si quelqu'un ne sait pas, on a eu un chef du personnel, celui qui m'a engagé qui est plus là, il savait même pas ce qu'on faisait, des fois on allait lui proposer des choses, lui demander des choses, discuter certaines choses, il parlait d'autre chose. Ça a commencé par les heures supplémentaires qu'on faisait chaque mois, j'ai dit : ça va pas ça, on n'a plus de vie famille, on n'a plus rien ; je ne sais pas si, mais comme je vous dis, ça vaut pas la peine de se pencher sur notre cas.

Q. : Là, vous avez la parole, si vous avez quelque chose à dire qu'il faudrait faire ?

R. : Il me reste des années, j'arriverai jamais de toute façon à aller jusqu'au bout.

Q. : Ah ! bon, qu'est ce qui va se passer ?

R. : Parce que, bon, malheureusement j'ai quelques petits problèmes de santé et que ça s'améliore pas avec le boulot que je fais et chaque fois c'est les mêmes disputes avec mes médecins traitants, même pendant que j'étais à l'hôpital j'ai été vu par plusieurs médecins qui m'ont dit : mais le boulot que vous faites c'est impossible, parce que personne ne sait le boulot qu'on fait, c'est vrai que le boulot de policier, c'est une chose secrète qu'on peut jamais en parler alors c'est tellement confidentiel, c'est tellement secret que vraiment les gens, ils ne se rendent jamais compte du boulot qu'on fait. C'est le problème, c'est qu'on n'a personne à qui parler, à qui dire nos problèmes, personne ne veut nous écouter

Q. : Il n'y a personne ?

R. : Personne, on vient d'une escorte, tout ce qu'ils veulent savoir, ça c'est bien passé ? Oui. Le comment et le pourquoi, tout le monde s'en fout.

Q. : D'accord. Je pensais aussi à un autre problème que vous évoquiez tout à l'heure, et en termes de proposition, si vous avez des conflits de conscience et vous trouvez que c'est injuste ?

R. : On n'a personne à qui parler.

Q. : Qu'est ce qu'il faudrait faire alors là, qu'est ce que vous aimeriez proposer ?

R. : Bon, le problème, c'est que le chef de la police, il est toujours là le lundi après-midi, notre chef de police dit : vous avez un problème ? À chaque rapport annuel il dit ça, ma porte est toujours ouverte. C'est vrai, c'est vrai, mais quand on veut y aller, il est jamais là ou il ne peut pas nous recevoir, de toute façon il sait pas, un chef de la police, vous êtes d'accord, c'est pas un chef hiérarchique, vous allez raconter votre petit bobo, votre petite chose, ce n'est pas possible. Faudrait quelqu'un... On se confierait peut-être mieux à quelqu'un comme vous, ou un médecin que vous connaissez, on va peut-être se confier à quelqu'un d'autre, mais si on sait que ce quelqu'un, il fait partie de l'état-major, alors on va pas se confier.

Q. : Tout à fait, donc il manque un lieu de parole.

R. : Oui, mais bon, se confier, c'est encore une chose, ça c'est pour le côté personnel comme vous dites, personnel n'est-ce pas, mais du côté du travail là non plus on a personne à qui aller raconter ce qui va, ce qui va pas, ce qu'il faudrait faire, là non plus il n'y a jamais de dialogue. Il n'y a jamais personne là pour nous écouter et pour éventuellement, et je dis pas tout, parce qu'on peut pas tout changer dans la vie, améliorer les choses peut-être, mais on a personne à qui aller parler. Vous avez quelqu'un qui travaille avec du stress, eh bien ce quelqu'un va vous donner un rendement de 80 % même pas, si quelqu'un travaille dans de bonnes conditions de travail agréables, il va vous donner un rendement de 100 %, donc moi je dis que c'est dans l'intérêt de tout le monde qu'on puisse avoir un dialogue, qu'on puisse discuter des choses qui ne vont pas, mais avoir justement quelqu'un qui nous écoute. On nous demande chaque fois plus, plus, plus. Il faudrait qu'il y ait un dialogue, qu'on nous écoute, mais en même temps il faut qu'on fasse quelque chose de ce qu'on dit. Je sais peut-être pas très bien l'expliquer.

Q. : Non, non c'est très clair.

Entretien no. 7

R. : La loi est là, j'ai confiance en nos autorités. Je sais que la loi n'est pas parfaite, que la loi est loin d'être idéale. Pourquoi est-ce qu'un requérant d'asile doit attendre huit ans pour recevoir une réponse à sa demande d'asile ? Alors là, on a un problème, on a un problème de quoi ? De finances en Suisse, semblerait-il. On a un gros problème pécuniaire ? Donc on n'a plus les moyens d'engager du monde dans l'administration, on n'a plus les moyens de mettre à disposition le personnel et peut-être tout le matériel qu'il faudrait pour traiter plus rapidement les procédures, donc peut-être le problème, il est là au départ, c'est que les procédures en matière d'asile sont beaucoup, beaucoup trop longues.
Q. : Et là, l'autorité a une responsabilité ?
R. : Voilà, exactement, un moment donné on pourrait dire, il faut que l'autorité reconnaisse qu'il est inadmissible qu'une procédure d'asile dure 8 à 10 ans, même 5 ans, c'est énorme 5 ans. Donc reconnaisse qu'il est inadmissible qu'une procédure ait une telle durée et dise : on règle les cas. Et après on pourrait faire un tri en disant encore : si effectivement il y a des problèmes de délinquance, un moment donné se pose la question pour les délinquants : est-ce qu'ils doivent pouvoir bénéficier d'un permis humanitaire au même titre que des gens parfaitement intégrés ? On peut faire des nuances, mais ils ne le font pas. Je ne sais pas pourquoi ils ne le font pas. Pourquoi on se retrouve avec des dossiers de Yougoslaves, de Kosovars qui font l'objet d'une décision de renvoi depuis 1992, qui ont des délais de départ toujours prolongés. Le Conseil fédéral avait décidé le 30 avril 1998, pour ensuite décider 31 juillet, pour décider 30 novembre, pour décider 30 avril 1999. On est le 10 avril et le Conseil fédéral, la semaine prochaine, va peut-être décider quelque chose. Pourquoi est-ce qu'on en arrive là ?
Q. : Et puis, en même temps, vous dites que vous gardez confiance dans les autorités ?
R. : Et là je garde confiance dans les autorités parce que c'est vrai que finalement ces gens… Moi, je trouve lamentable que personne n'ait le courage de prendre une décision. Alors, bon Monsieur Kohler (Conseiller fédéral) ne veut pas se mettre en marge de tous les autres pays européens. On est une petite Suisse. Effectivement, je pense que… mais je ne suis pas du tout politicien, je pense que je ne pourrais pas l'être et puis certainement qu'un politicien a toutes sortes de bonnes raisons de ne pas sauter les pieds joints dans une marre et prendre des décisions très strictes. C'est vrai aussi que les Kosovars, dans tous les cas, même si le 10 avril le Conseil fédéral

n'a rien décidé, ces gens sont là, sont en sécurité mangent tous les jours, vivent et travaillent, donc finalement le besoin premier de ces gens d'être en sécurité, il est là.

Q. : Oui, mais dans quelles conditions ?

R. : Alors après effectivement, on se dit, psychologiquement, est-ce qu'il est bien utile d'être plusieurs années en sursis permanent, mais d'un autre côté, on comprend aussi que le pouvoir politique en Suisse ne peut pas se marginaliser complètement par rapport à la communauté européenne.

Q. : Qu'est-ce qui vous ferait perdre confiance dans les autorités ?

R. : Moi, je crois que j'ai été éduquée pour avoir confiance dans les autorités de mon pays.

Q. : Je ne sais pas si vous avez entendu parler de l'affaire Grüninger ?

R. : Oui, voilà, mais moi je n'ai renvoyé personne à la guerre. Je n'ai envoyé personne à la mort. Moi je pense que si maintenant on me dit : « vous devez renvoyer ce Kosovar à Pristina », je pense que non, je ne le ferai pas. Le dossier restera là. Je ne le ferai pas. On me dit : les gens de Bosnie doivent rentrer. Il n'y a pas de guerre en Bosnie. En Bosnie, c'est la merde, c'est pauvre, il faut reconstruire sa maison. Il faut partir avec un camion avec des briques, des tuiles et des couvertures, donc je vais bien encore me démerder pour trouver des sous pour acheter des frigos et du matériel pour reconstruire le toit de la maison et puis en faire une maison vivable, mais je n'ai renvoyé personne à la guerre. Pour moi, les gens qui sont rentrés en Bosnie, dur, ça c'est sûr, et Dieu sait si dans ma famille on sait ce que c'est. J'ai une famille extrêmement pauvre. Il y a des gens qui n'ont pas le SMIG dans ma famille donc pour moi ces gens, je ne les envoie pas à la mort, je les envoie certes vers quelque chose de difficile, mais difficile parce que la vie est difficile, donc pour moi, je n'ai pas l'impression de faire quelque chose de mal à ces gens. À la limite s'ils ne veulent pas y aller, ils n'y vont pas, donc en plus. Donc j'ai fait aucun départ par contrainte en matière de Bosnie. Simplement, on discute avec eux des possibilités de retrouver une identité, de reconstruire quelque chose et de redémarrer chez eux.

Q. : Si je vous comprends bien, il n'y a pas de défi humanitaire pour autant qu'il n'y ait pas une remise en cause de la vie ?

R. : Pour moi c'est ça. La Bosnie va bien au niveau sécurité mais dur, certainement très dur. Mais moi, il m'arrive d'entendre parler des gens de Bosnie ou des gens qui sont allés voir sur place comment cela se passait et de me dire : finalement chez moi, il y a des gens de ma famille qui sont aussi dur que ça, qui vivent aussi dur que ça et qui, à la fin du mois, calculent pour manger quelque chose, donc là, je n'ai pas l'impression d'envoyer des gens à la mort, ou de commettre des injustices. Je n'ai pas de dossier où je me suis dit : « cette personne va à la mort ». J'ai eu une famille d'Irakiens qui est partie volontairement, donc là où peut-être qu'ils allaient à la mort, mais c'était un départ volontaire. Ils en étaient conscients. Je ne pouvais pas les empêcher de partir. C'était leur souhait. Il fallait qu'ils rentrent et advienne que pourra. Ils sont partis. Eux allaient même recevoir une décision positive, voire provisoire, mais autrement, je n'ai jamais eu de dossier où je me dis : j'envoie des gens à la mort.

Q. : Donc là, si un jour vous avez dans les mains un dossier où vous avez l'impression que la personne risque sa vie, vous désobéiriez ?

R. : Je désobéirais.

Q. : Et vous feriez comment alors ? Qu'est-ce que ça voudrait dire dans vos fonctions ?

R. : Et bien moi, dans ma fonction, ça voudrait dire... Comment est-ce que je ferais ?

Q. : Vous avez déjà imaginé le scénario ?

R. : Non, je vous ai dit, je n'ai jamais eu de décision que j'ai contestée.

Q. : Parce que moi j'ai vu dans la presse, je ne sais plus quand, que par rapport aux Kosovars, quand la guerre a commencé, il y a certains renvois qui ont été exécutés, mais peut-être pas à Genève ?

R. : Peut-être pas à Genève. Les renvois qui ont été exécutés sur le Kosovo sont déjà des renvois de délinquants puisque depuis le 31 juillet 1999, ne sont plus renvoyés que les délinquants. Il faut avoir le caractère de délinquance pour être renvoyé, et puis à Genève, on n'a renvoyé personne. Moi-même, j'ai bloqué un départ de Kosovars. C'était la dernière semaine de mars, non avant, mi-mars. Au vu de la situation, et le dossier ne me paraissait pas très clair, donc moi-même j'ai fait annuler le départ de cette personne. J'ai justifié à mes supérieurs en disant pour moi, dans ce dossier, il me manque le critère délinquance donc on laisse tomber et puis là, mes supérieurs ont suivi. Et le dossier maintenant, il est soumis à Berne, à examiner le caractère délinquance du cas et là, de toute façon, on a le communiqué de presse. Il n'y a même plus de critère de délinquance pour les renvois sur la Yougoslavie, c'est fini. Cette notion, cette différence qu'on a fait depuis l'été passé, jusqu'à maintenant c'est terminé depuis la semaine passée. Il n'y a même plus de renvoi.

Q. : Parce qu'il y a quand même l'accord qui est maintenu avec Milosevic maintenant pour les renvois, cet accord entre M. Kohler et M. Milosevic et les avions qui sont partis jusqu'au dernier moment, jusqu'à 4 heures avant le début de la guerre, ça c'est quand même un peu bizarre. Vous faites encore confiance aux autorités ?

R. : Oui, oui tout à fait, moi je fais confiance aux autorités. Je ne remettrai pas du tout, même moi, je ne dirai pas quelles sont mes opinions par rapport à Milosevic ou par rapport à ce qui se passe maintenant, cela n'a rien à voir avec mon job.

Q. : Enfin bon, ça aurait à voir, dans la mesure où les renvois sont bloqués ou pas bloqués, et puis tout à coup vous seriez amenée à prendre une décision ?

R. : Oui, bien, là voilà encore un départ, un Turc par exemple, mais ça aussi c'était mi-mars. Les manifestations à Genève, ou c'était déjà avant mars que

j'ai fait annuler le départ d'un Turc qui partait volontairement, qui partait volontairement sur Istanbul, qui est venu la veille du départ ici en disant : « Vous avez vu ce qui se passe à Istanbul ? » et puis moi j'ai dit OK, on prolonge quinze jours, on laisse venir les résultats des manifestations et des pourparlers et puis maintenant, il est bloqué. Là, en l'occurrence, on n'avait pas vraiment besoin de l'avis de Berne dans l'immédiat car il y avait indépendance financière. On avait trente jours pour jouer à un délai.
Même pour les Bosniaques. Je crois que là on est d'accord que pour la Bosnie, soit se sera extrêmement rigoureux, extrêmement dur pour des gens de rentrer dans un pays détruit, mais quelqu'un doit le faire, quelqu'un doit le reconstruire, quelqu'un doit venir avec de nouvelles forces. Donc, à un moment donné, ce que je vous disais, c'est que les Bosniaques, donc les gens qui ont subi des persécutions personnelles, ceux-là ne partent pas. Donc, seront obligés de partir, oui, les gens qui ont vécu la guerre soit, mais qui finalement doivent trouver encore les ressources et les moyens nécessaires de reconstruire quelque chose et de repartir volontaires, et ça c'est aussi quelque chose qui peut-être, par exemple dans un canton comme le Jura ressort encore puisque, en étant issu de ce milieu modeste, dans ce village modeste où on en a une fierté extrêmement forte, et là on dirait, ces Bosniaques, ces jeunes hommes forts doivent recommencer. Ils doivent vivre pour eux. On est assez comme ça.
Q. : Dans votre pratique, vous avez vu quelque chose et puis vous avez dit : non, ça ce n'est pas possible ?
R. : Cela ne m'est jamais arrivé.
Q. : Des dossiers qui sont restés sur une table et qui vous ont posé problème pour les appliquer ?
R. : Si, côté humain, on a que ça, que des dossiers qui sont... qui après à appliquer seront rigoureux certainement, mais ça veut pas dire que l'autorité s'est trompée au sens de la loi.
Q. : Donc pas de cas d'abus dans l'autre sens. En 15 ans de pratique, il n'y a pas des choses qui vous ont frappée ?
R. : Je n'ai jamais eu de dossier où j'ai dit : ces gens méritaient l'asile parce qu'ils ont subi des persécutions personnelles où il encourent quelque chose. Je n'ai jamais eu quelqu'un qui est parti dans son pays et on a appris après qu'il avait été exécuté ou quelque chose comme ça. Ce n'est jamais arrivé. Par contre, je donne deux exemples. Il y a quinze jours, je reçois une décision sur un recours d'une famille de Yougoslaves qui est là depuis huit ans. Donc moi, ce sont des gens qui sont parfaitement intégrés. La procédure d'asile court toujours depuis huit ans. Le chef de famille travaille, les enfants vont à l'école. Un a commencé le cycle. Ce sont vraiment des gens bien intégrés. Ils ont des lettres de voisins. Donc, je fais un préavis favorable pour un permis humanitaire. Je le soumets à Berne et Berne me dit non. Le fait que ces gens soient bien intégrés en Suisse n'est pas un motif pour réguler définitivement leur statut sur le plan humanitaire puisque finalement rien ne

dit que ces enfants, s'ils devaient rentrer au Kosovo, ne se réintégreraient pas au Kosovo. La famille, les grands-parents, les oncles, les tantes, beaucoup de gens sont encore au Kosovo etc. C'était juste avant que le conflit n'éclate. Donc OK, on estime, un moment donné, qu'entre un séjour en Suisse et un séjour au Kosovo, le Kosovo n'est pas forcément plus rigoureux. Le même jour je reçois une deuxième décision sur un dossier où là c'est une famille de Zaïrois bien intégrée, avec des enfants scolarisés, pour lesquels j'ai préavisé un permis humanitaire ; et là, alors c'est oui, parce que si cette famille finalement devait rentrer au Zaïre, il serait certainement trop rigoureux pour ces jeunes adolescents de se réinstaller au Zaïre. De plus, il semble que la famille au Zaïre soit dispersée, donc qu'il n'y ait plus un grand-père, une grand-mère localisables quelque part. Et voilà donc, les deux décisions individuellement étaient des décisions qui pouvaient tenir la route, pourquoi pas ? Chacune était argumentée de manière... Elles étaient correctes, mais les deux le même jour, pour moi c'était frappant parce que je ne voyais pas pourquoi un petit Yougoslave pouvait reprendre sa vie de jeune adolescent en Yougoslavie et le petit Zaïrois ne pouvait pas au Zaïre, parce que peut-être j'avais reçu ces deux familles. Je connais tous ces enfants parce qu'ils viennent là et que je trouvais que les petits Kosovars étaient une famille tout aussi charmante que le petit Zaïrois.
(...)
Q. : Est-ce que vous avez vécu des cas qui vont ont posé un problème éthique, où vous avez eu un certain malaise, vous avez eu l'impression qu'il y a quelque chose qui a été fait qui n'était pas tout à fait correct ?
R. : L'éthique est une chose tellement floue aussi. Tout est une appréciation personnelle à un moment, au sens pur juridique, juridique des choses, je n'ai jamais été confrontée à un dossier où il y avait une erreur juridique dedans, où il y avait une décision à remettre en cause. Par contre, à un moment donné, au niveau appréciation, appréciation humaine encore une fois, là tout le monde n'a pas la même sensibilité. Je vous parlais des deux décisions pour une famille zaïroise et une pour une famille de Kosovars, c'est deux personnes qui n'ont pas eu la même sensibilité, la même appréciation d'un cas. Mais dans aucun des deux cas, quelqu'un ne risquait sa vie. Si on devait renvoyer le Kosovar maintenant, c'est clair que cela poserait un problème. On ne le renverra pas de toute façon, mais disons qu'on ne remettait pas du tout en cause la vie de qui que ce soit.
Q. : Donc c'est, à ce moment-là, l'impression d'être plus ou moins humain, et qui a des variations ?
R. : Plus ou moins sensible, oui.
Q. : Votre appréciation, c'est que vous en tout cas vous avez la marge de manœuvre suffisante pour être suffisamment humaine dans votre travail, si j'entends bien ?
R. : Dans ma compétence, à mon niveau de responsabilité, j'essaye, je pense avoir la tendance la plus humaine possible. Dans des petites choses aussi, un

moment donné, on est en période complètement débordée, avec un travail considérable, mais on ne doit pas négliger peut-être des situations qui requièrent un traitement immédiat, par exemple, ne serait-ce qu'une simple autorisation de travail, parce que l'administration est débordée, qu'il faut maintenant bientôt un mois pour pouvoir délivrer une autorisation de travail. Si une personne, un père de famille risque de perdre un job parce que l'administration est trop lente, je crois qu'il va falloir réagir et le faire passer en priorité. C'est une petite chose. Il y a des petites choses et des choses plus importantes. Il y a des dossiers où on pourrait faire des propositions de permis humanitaires à ne pas rater. Donc moi je pense que mon travail, à mon niveau, de manière individuelle, parce que mon travail ne consiste pas à essayer de changer la politique de la Suisse, la loi sur l'asile ou encore le monde en général, mais de manière individuelle, je fais en sorte de traiter, je donne tout ce que je peux pour traiter mes dossiers de manière la plus positive possible, la plus humaine possible. J'ai ce sentiment-là, moi.

Q. : Ça veut dire qu'au point de vue de ma recherche, en tout cas, dans le cas de ce travail professionnel, il n'y a pas de difficulté particulière que vous auriez envie de signaler, d'amélioration, bien sûr sans dire que c'est vous dans cette fonction-là, mais en disant : il faudrait creuser tel problème ?

R. : D'amélioration oui alors, d'amélioration, là je crois que ça ressort aussi de ce qu'on dit depuis un moment, c'est qu'on manque de personnel. Je pense qu'effectivement on manque de grandes idées de manière générale pour le monde en général, il faudrait trouver des solutions. Ensuite, il faudrait peut-être avoir des autorités suisses avec un courage politique un petit peu plus développé. Mais surtout, et là je pense qu'on pêche très fort en Suisse, c'est que pour l'application de la loi sur l'asile, qui est mon domaine et que je connais, on est beaucoup trop lent et ça c'est dû certainement à un manque de personnel, qui est dû certainement à un manque de moyens financiers, ou encore une fois un manque de courage politique.

Je ne sais pas comment le dire, c'est un petit peu ce non ressenti depuis toutes ces années et ces évolutions dans le domaine de l'asile. On a l'impression que dans l'administration, on oublie un petit peu l'encadrement des fonctionnaires, on n'oublie un petit peu, bien justement, ne serait-ce que toute cette problématique humanitaire qu'on a dans un domaine comme celui-ci, qui est finalement difficile. On a l'impression que les choses sont traitées assez légèrement. On nous demande des statistiques à la fin du mois, combien d'arrivées, combien de départs, mais on ne va pas chercher beaucoup plus loin dans la problématique, la preuve c'est qu'on arrive à une augmentation de requérants d'asile et au bout de six mois on n'a toujours aucune mesure de prise pour renforcer le personnel ou des choses comme ça, donc on a un petit peu tendance à oublier le côté personnel et humanitaire des tâches de l'administration. Il faudrait des lieux pour en parler et il faudrait des répondants pour en avoir connaissance et pouvoir parer au plus urgent aussi. Examiner sérieusement les conditions de travail.

Q. : Donc à une logique de crise, à une logique d'urgence, des moyens d'urgence si on veut rester humanitaire ?
R. : Voilà, exactement.

Entretien no. 8

Q. : Qu'est-ce que vous faites comme travail ?
R. : Je suis gendarme depuis pas mal d'années. On s'occupe du secteur de la gare de Genève, spécifiquement de la gare, donc nous on va… Le matin, on vient là, on se change. On part, on va à la gare et on passe notre journée là-bas tous les jours, quand on travaille bien entendu. On fait un travail un petit peu particulier par rapport aux autres parce qu'on a une clientèle particulière justement. La gare c'est beaucoup de cas sociaux, de clochards, de drogués. Il n'y a pas mal de trafic de drogue. Il y a un petit peu de tout. On est sans arrêt en contact avec l'individu. On n'est pas en patrouille dans une voiture où on fait que de passer. On est toujours en contact direct avec les individus.
Q. : Et vous êtes en uniforme ?
R. : On est toujours en uniforme.
Q. : Et vous vous promenez dans la gare ?
R. : On se promène dans la gare. On est en première ligne, on n'a pas connaissance de tout, ce n'est pas vrai, mais de beaucoup de choses quand même, on est bien placé pour voir, en fait, la misère humaine.
Q. : Pour une ville c'est un lieu très important une gare ?
R. : C'est un lieu très important, oui. Il suffit en fait d'être présent, de tourner pour que les gens se sentent en sécurité et pour faire diminuer les délits, même sans faire, disons, de la répression, simplement le fait d'être là. Dernièrement il y a eu des arrestations, ce sont des jeunes qui font ça même pas par besoin, c'est pour le sport.
Q. : Mais c'est qui ces jeunes, qui ont quel âge ?
R. : 16 ans, 17 ans, 18 ans et puis bon manifestement pas intéressés par leur avenir quoi. Moi, ce qui me choque maintenant aussi, on se pose des questions. Je viens de la campagne. On a toujours appris à travailler et puis, malgré tout, à respecter les choses. On a encore des valeurs. C'est un petit peu ce qui me choque maintenant, ces jeunes, ils ont plus grand-chose comme valeur. Ils n'ont peut-être plus de points de repère non plus et en tout cas une chose est sûre, beaucoup ne sont pas intéressés par travailler et ils se moquent un peu de leur avenir.
Q. : Ça vous préoccuperait de voir cette jeunesse là ?
R. : Oui, quand même. Vous savez, nous on intervient, on porte un uniforme. On ne représente plus rien pour ces gens-là.
Q. : Et ça s'exprime comment, concrètement ?

R. : Ils rient. Ils se foutent de notre gueule. On ne leur fait plus peur. Je dois dire, nous ce n'est pas notre rôle non plus de leur faire la morale, ça c'est le rôle des parents. Ils en ont rien à foutre, quoi.
Q. : Ils vous agressent ?
R. : Non, même pas, non on ne peut pas dire, parce que, bon, nous agresser ils savent que s'ils portaient la main sur nous, là on a quand même des moyens. Ils nous embêtent et puis on est limité dans nos moyens d'intervention. Ils commettent jamais des gros délits. On a beaucoup de jeunes qui font la manche, parce que la manche, malgré tout, ça rapporte. Celui qui fait la manche toute la journée, les gens sont généreux. Il va vite se faire 100 francs par jour.
Q. : Et puis vous, vous les connaissez, c'est plus ou moins les mêmes ?
R. : Oui, c'est plus ou moins les mêmes. Bon, quand on est revenu à la gare, on a eu toute une bande de punks qui s'était installée et puis on leur a fait la chasse presque tous les jours. Ils mendiaient. Ils interpellaient les passants. Mais, justement, une fois de plus là, les contraventions pour eux, ça les fait rire, parce qu'il n'y a rien de concret..
Q. : Et puis ils s'expriment. Vous les voyez gais, heureux, tristes, comment vous les voyez ?
R. : Non, ils se font chier, excusez-moi du terme. Ils s'emmerdent, ils glandent, ils ne savent pas quoi faire. Il y a un malaise là. Bon, je ne connais pas les parents de ces jeunes, mais pour certains je suis sûr qu'ils ont des parents qui sont aisés, en tout cas pas dans la misère, et puis qui doivent vivre bien, parce que certains de ces jeunes, de temps en temps on les revoit, ils sont avec leurs vêtements de punk, mais propres, et puis toujours rasés… Je veux dire, on voit qu'ils ont un endroit pour aller et puis leurs adresses souvent c'est chez les parents.
Q. : Donc ils expriment un gros malaise, mais comment vous comprenez, vous, ce malaise quand vous observez ça ?
R. : Peut-être une mode pour faire… peut-être être marginal, être autrement qu'un autre pour se démarquer. Ils parlent toujours de la société, c'est de la merde. Ils ne veulent pas devenir comme nous.
Q. : Ils vous disent ça ?
R. : Oui. Ils ne veulent pas devenir comme nous, mais bon, comme je vous ai dit tout à l'heure, à un moment donné, on y vient quand on a passé l'âge, on veut se ranger.
Q. : Ah, ils vous parlent quand même beaucoup ?
R. : Oui, on a quand même des contacts. Ce n'est pas des gens souvent qui sont agressifs, mais ils nous narguent, ils nous embêtent. Ils savent que quand ils sont là, on va venir vers eux et qu'on va les chasser. On joue un petit peu au chat et à la souris. On n'a jamais été pris à partie physiquement avec ces gens-là.
Q. : Et puis, autrement, quelles seraient les difficultés qu'il y aurait dans votre métier, que vous voyez, autour de la gare?

R. : Au niveau des catégories de gens qu'on peut rencontrer ?
Q. : Par exemple oui ?
R. : Bon, on a certains clochards, comme on les appelle. Des gens qui sont tombés dans la déchéance pour diverses raisons. Parfois, on ne les connaît pas tous, hein. Mais souvent, ce sont des gens qui se sont mis à boire. Pourquoi ils se sont mis à boire, ça il faudrait creuser un petit peu dans leur vie, le chômage ?
Q. : Vous en voyez des chômeurs ?
R. : Oui, il y a des gens. C'est clair... des gens très sympathiques d'ailleurs qui tournent toujours dans la gare, mais c'est des gens qui ont perdu leur boulot à 45-50 ans et puis ils savent maintenant que c'est fini, donc ils touchent leur aide sociale et puis ils viennent dans la gare parce qu'ils voient beaucoup de monde, ça leur passe le temps un petit peu, mais bon ces gens ils doivent avoir leur journée très longue. Je veux dire, ils passent leur journée là, mais ils ne se saoulent pas la gueule. Ils viennent pour tuer le temps. Enfin, tout va bien, ils ne sont pas agressifs, ils ne sont même pas aigris, tandis que d'autres ça devient vraiment des alcooliques finis et puis ils sont là tous les jours à siroter des litres de rouge, assis sur le banc dans le grand hall et puis bon, un amène l'autre et pour finir ils sont toujours cinq, six là-bas. Ils se voient tous les jours, donc quand on leur dit quelque chose, ils disent : mais tu veux que j'aille où, tous mes copains sont là.
Q. : Est-ce qu'ils dérangent au fond ?
R. : Moi, personnellement, ils ne me dérangent pas. Bon, ça dérange des fois certaines personnes pour l'image de marque de Genève, vis-à-vis des touristes et puis des fois quand ils sont beurrés, ils commencent à faire un peu le bordel. Ils crient, et là c'est clair qu'il y a trouble de l'ordre public. Il faut intervenir. Pour moi, ce qui est important c'est qu'on peut faire ce qu'on veut dans la vie, mais on ne doit pas gêner les autres. On ne doit pas empiéter sur le bien-être des autres, c'est un peu comme ça que je le ressens. Tout à l'heure, je viens d'avoir affaire à un drogué qui se piquait. Moi qu'il se pique, c'est sa vie. Je ne peux rien y faire. Je ne peux pas qu'il aille menacer des gens parce qu'il veut obtenir tel ou tel produit, là ça va pas.
Q. : Au fond, si vous regardez la société que vous avez à partir de la gare, elles seraient où les difficultés dans votre métier?
R. : Disons, moi personnellement, je me sens quand même impuissant honnêtement. J'ai l'impression qu'on a trop les mains liées. Je me sens impuissant quand même sur beaucoup de choses. Nous on vit là. On est au bas de l'échelle. En fait on plane au-dessous, mais le trafic de drogue ça génère une économie fantastique au niveau mondial, donc si un jour ou l'autre, on libéralise tout ça...
Q. : Chute des prix ?
R. : Oui, oui, donc il y a tellement de gens, même dans les hautes sphères, des gens bien placés qui ont des intérêts là-dedans, ils ne tolèreraient pas ça. On dit que l'argent c'est le nerf du monde. En l'occurrence là les milliards et

les milliards qui proviennent de la drogue, donc si un jour tout est libéralisé, on achèterait la drogue comme on irait acheter un médicament, une boîte d'aspirines à la pharmacie, il n'y aurait plus d'intérêts.

Q. : Mais c'est vrai qu'il y a un côté paradoxal, au fond si je vous entends bien qu'à l'extrême en faisant bien votre travail, vous aidez les trafiquants, si je pousse au bout la logique ?

R. : Oui, et puis moi j'ai le sentiment, justement moi je ne vais pas me faire péter un cylindre à courir après ces gens-là, parce qu'en fait les pauvres gars là-dedans, ce sont les drogués, ceux qui sont tout en bas, souvent c'est des paumés. Eux ils veulent leur daube pour pouvoir se piquer et être bien et puis c'est terminé. C'est clair qu'ils vont commettre des délits pour se procurer leur drogue, mais les mauvais là-dedans, ce sont les dealers. Souvent ces dealers, ils ne se droguent pas. Ils ramassent le pognon et ils mènent grand train de vie. Moi je pars du principe que si on veut se donner les moyens de mettre un peu d'ordre, on peut, mais encore faut-il que politiquement on le veuille, qu'il y ait une réelle volonté politique de vouloir faire quelque chose, mais comme je l'ai dit tout à l'heure, il y a tellement d'intérêts en jeu, moi je n'y crois pas.

Q. : Et là, vous dites quelque chose quand même à l'autorité politique. Résolvez ce problème et on aura un travail moins difficile ou moins absurde ?

R. : En tout cas, moins absurde oui, parce que nous on marche aussi beaucoup à la motivation, quoi. Enfin, comme toute personne, quand on a un travail, on aime voir un résultat, voir ce qu'on a fait et si on travaille, parce que là on a l'impression de travailler dans le vide, on ne voit rien, donc ça devient une routine. On fait parce que c'est notre boulot on doit le faire, mais il semble que les choses n'avancent pas, que ce n'est pas mieux, malgré ce que l'on fait, donc la motivation, elle part pour finir, c'est ça et on travaille un petit peu par routine et puis on perd la conviction de ce que l'on fait.

Q. : Oui, je comprends bien et ça, c'est à cause du trafic de drogue, comme vous l'expliquez très bien ou bien un peu l'ensemble du problème de la pratique où vous avez ce sentiment d'impuissance ?

R. : C'est principalement le domaine de la drogue. Si on prend les vols à l'étalage, il y en a tellement qu'on s'est fixé une limite donc si le vol n'atteint pas un certain montant, on n'arrête plus.

Q. : Et les gens ils volent pourquoi, d'après vous ? Est-ce qu'il y a du vol économique ?

R. : Oui.

Q. : Des gens qui ont besoin, vous avez cette impression ?

R. : Bon, il y a des gens qui ont besoin et puis il y a des gens, c'est par pur profit, pour revendre, donc ils amassent des quantités faramineuses de marchandises et puis ils revendent.

Q. : Mais le profil du voleur, c'est quelqu'un qui est riche, c'est quelqu'un qui est pauvre, c'est qui ?

R. : Bon, je suis désolé, mais souvent encore une fois des réfugiés. Ils sont là. Vous savez moi j'ai l'impression qu'on a que les mauvais. Chaque fois... En tout cas à la gare, on peut dire que le 95 % de notre clientèle ce sont des étrangers et puis dans ces 95 %, je pense qu'on peut mettre encore le 70 % de réfugiés. Encore une fois, nous on affaire qu'à ces gens-là. Il y a beaucoup d'autres personnes. On ne les aperçoit pas, ils sont bien, mais on est marqué par ça.
Q. : Comment vous voyez évoluer cette société ?
R. : Comment je la vois évoluer ? Comme je vous l'ai dit avant, le genre de délit peut évoluer, maintenant on est confronté à du racket. On revient une fois de plus à des bandes de réfugiés kosovars qui écumaient la gare, carrément. Alors, et bien là aussi moi ça me fait mal au cœur. Pour eux, le Suisse il est riche, ils vont quand même voler des gens qui arrivent juste à tourner. Là aussi, la justice avec ces gens-là elle n'est pas assez dure. Ces délinquants réfugiés devraient être renvoyés chez eux, quel que soit le régime qu'il y a dans leur pays.
Q. : Et pourquoi on ne les renvoie pas d'après vous ?
R. : Alors, bon parce que si on prend le Kosovo, maintenant, comme c'est un pays en guerre où le régime n'est pas sûr, il y a des risques avec le régime qui est en place, il y a des risques pour la vie de ces gens-là, alors on suspend les renvois comme la Yougoslavie maintenant, ça fait un sacré bout de temps maintenant qu'il n'y a plus personne qui est renvoyé.
Q. : Et ceux que vous voyez, qu'est-ce qu'ils vous racontent ?
R. : Que des conneries. Si on prend le cas de Kurdes qui étaient arrivés il y a quelques mois là. Bon, ils disaient qu'ils sont persécutés dans leur pays parce qu'un était dans l'armée, il a déserté, il disait, un autre je ne sais plus ce qu'il a inventé, mais un truc qui m'avait choqué dans son audition. J'avais demandé s'il était marié, s'il avait des enfants. Il a dit qu'il avait une femme et un enfant de 2 ans. Mais sa famille n'est pas en danger, il n'y a que lui qui est en danger. Ce qui me choque c'est qu'ils abandonnent femme et enfant pour venir là.
Q. : Vous lui avez posé la question ?
R. : Non, on ne va même pas si loin. Non, non mais bon ils disent que de toute manière ils viennent là parce qu'ils sont en danger dans leur pays, mais d'un coup dans une famille, il n'y a qu'une personne qui est en danger. Je veux dire, la femme et les enfants ce n'est pas important. Tout va bien. Ils les laissent là-bas, donc j'ai de la peine à croire leur version quand même.
Q. : Ils vous racontent ça quand même.
R. : Ils nous racontent ça oui, et puis cette idée de venir ici, donc on leur a parlé de la Suisse.
Q. : C'est vrai que c'est loin d'être simple. Quel sens vous voyez à votre travail de policier au fond ?

R. : Tout d'abord assurer la justice, qu'il y ait une justice, surtout qu'elle soit la même pour tout le monde, et puis ça aussi j'en doute fort que ce soit la même pour tout le monde. On devrait être là en fait pour protéger le faible, le pauvre, l'orphelin. On devrait justement être les remparts à tout abus, mais ce n'est pas vraiment ce que je ressens quand même.
Q. : Cela vous est arrivé, à un moment donné, d'être dans une position de choix où c'est difficile ?
R. : Oui, c'est arrivé. Parfois, on choisit, je veux dire, ça arrive qu'on ferme les yeux, en tout cas moi pour ma part, il peut arriver que je ferme les yeux sur certaines choses par humanisme ou par, je veux pas dire par pitié. Vous savez des fois vous avez affaire à des gens qui sont, vulgairement parlé, au fond du trou quoi, donc il y a quand même de la compassion, il y a quelque chose. On est des êtres humains, on a un cœur.
Q. : Et là, vous avez des exemples, vous vous rappelez des exemples précis ?
R. : Oui. Un cas tout simple. Je veux dire pour une fille, une Portugaise qui est dénoncée, qui travaillait au noir et puis elle était sous interdiction d'entrer donc elle avait déjà été prise une fois et puis elle est revenue, mais elle avait encore un petit bébé à la maison. Elle était là, elle pleurait. J'aurais dû normalement l'arrêter et la mettre en prison pour qu'elle soit refoulée chez elle, je ne l'ai pas fait. Je n'ai pas le droit de le faire. En fait, là je le prends sur moi, mais je ne pouvais pas, parce que pour moi, c'est un délit administratif, le fait d'avoir une interdiction d'entrer et puis elle n'est pas venue là faire du mal. Elle est venue pour travailler. Je sais bien qu'elle n'avait pas d'autorisation. Mais, pour moi, ce n'est pas un délit important pour moi, donc je lui ai simplement donné un délai pour qu'elle s'organise, pour qu'elle rentre chez elle, ce qu'elle a fait, donc le but a été atteint d'une autre manière, mais il a été atteint et puis je pense que pour la fille et l'enfant c'est bon.
Q. : Et vos chefs, ils ont été au courant ?
R. : Non. Cela je le prends pour moi. Il y a plein de choses comme ça. Vous savez, nous on a une politique, ce qu'on appelle une politique de couverture, il faut soumettre un cas à un supérieur pour qu'il prenne une décision qui est importante. Du moment qu'on soumet le cas à une personne qui est neutre, qui n'a pas eu affaire aux gens, qui n'a pas parlé avec les personnes intéressées, il a une autre vision du problème. Il aura que le règlement, la loi et puis il va dire :faites comme ci, comme ça, donc si on avise ces gens-là, on sait comment ça va finir. Si on n'a pas envie que ça finisse comme ça, donc on prend les choses sur nous et puis on fait différemment.
Q. : Et là, vous êtes puni si on sait cela ?
R. : Oui, ça pourrait, oui.
Q. : Cela vous est arrivé d'avoir des sanctions pour des choses comme ça ?
R. : Non, parce qu'en fait tout s'est toujours très bien passé. Il y a aussi le feeling. Je veux dire les gens… On voit quand même. Enfin, on fait ce qu'on

fait. Mais souvent, on arrive à sentir à qui on a affaire, c'est des gens en qui on peut avoir quand même confiance et puis en principe ça se passe bien.

Q. : Et vous en parlez à des collègues quand il y a des choses comme ça qui se passent, ou bien vous devez prendre ça sur vous ?

R. : Non, en tout cas moi personnellement, je ne suis pas un gars qui vais parler de mes affaires à tout le monde. J'ai ma manière à moi de travailler. J'essaie de le faire au plus près de ma conscience. Des fois, eh bien, comme je vous le dis, il faut peut-être arranger un petit peu les choses, mais non c'est mon travail, donc ça me regarde et puis voilà. S'il y a un retour de flammes, comme on dit, eh bien je l'assumerai en conséquence.

Q. : Et il y a des cas où vous avez dit : ça me dépasse, je passe plus haut ?

R. : Oui, il y a quand même des choses qu'on est obligé de faire passer plus haut, c'est clair. On a une organisation militaire chez nous. On ne peut pas… Il y a une hiérarchie qui a été mise en place, donc plus le problème devient aigu, plus c'est important. Simplement, prenons le cas d'un mandat pour arrêter une personne. Nous, à notre niveau, on ne peut pas décider d'arrêter quelqu'un. C'est du ressort d'un officier de police ou d'un commissaire donc là, automatiquement, il y a certaines choses, on ne peut pas faire autrement. On est obligé d'informer le supérieur et puis on n'a pas le choix. Tout dépend de la chose. Le cas que je viens de vous citer tout à l'heure, comme je vous l'ai dit, c'est un délit en fait administratif. Elle n'a pas fait de mal à qui que ce soit.

Q. : C'est ça oui, et puis elle n'avait pas de mandat et puis vous n'aviez pas des choses précises à aller faire chez elle.

R. : Voilà. J'aurais eu un mandat d'arrêt contre elle, bon, eh bien on est obligé de l'exécuter, puisque le mandat a déjà été lancé, on ne peut pas faire autrement. Mais là, c'est des trucs qu'on peut faire.

Q. : Et vous avez beaucoup de marge comme ça dans votre métier, de marge d'appréciation de jugement où vous pouvez décider d'une chose ou l'autre ?

R. : Oui, quand même oui. On est… je pense quand même, souvent, c'est quand même à nous à prendre la décision, parce que tout le monde travaille différemment, d'après ce qu'il ressent, d'après la notion de sens du règlement de la loi qu'il a. Il y a des gens qui sont stricts. Ils vont jamais faire un pas de côté. D'autres, c'est comme ça. Mais, moi je pense qu'on doit être un petit peu comme ça. Il faut savoir moduler d'après les situations. Chaque situation est différente. Il n'y a rien d'absolu chez nous. Il faut toujours reprendre les choses.

Q. : Oui, donc vous vous laissez beaucoup analyser les situations ?

R. : Oui.

Q. : Et il y a des cas où alors vous avez été dans l'autre sens, où vous avez eu envie d'aller au bout de la loi, même plus loin que la loi ?

R. : Oui.

Q. : Par exemple pour quel type de délit ou quel type de problème ?

R. : Quand on a affaire à des gens ivres, les réactions peuvent être ou bonnes ou très mauvaises. Mais si on veut appliquer la loi, il y a toujours une limite.
Q. : Donc le cadre légal est suffisant pour vous pour travailler ?
R. : Non, pas pour tout. Des fois, c'est des crapules, je suis désolé. Ils mériteraient, à nos yeux, ils mériteraient de passer dedans. Ils ne passent pas, donc là aussi on a des fois… et puis des fois on est un tout petit peu dégoûté et puis on revient toujours à cette motivation.
Q. : Mais, c'est qui les crapules ?
R. : Moi, je vois la crapule, le gars qui fait du mal à autrui. Je veux dire, je me répète, mais chacun fait ce qu'il veut, mais on n'a pas le droit d'aller embêter son voisin, d'aller faire du mal. On doit laisser les autres vivre en paix. Moi ça me dérange pas celui qui a une autre manière de vivre, qui veut vivre différemment, il fait ce qu'il veut, mais il n'a pas à aller embêter les autres.
Q. : Et par exemple, ça voudrait dire quoi, faire du mal à autrui, pour vous dans ce que vous voyez ?
R. : Et bien disons un truc tout con, simplement le gars qui est chez lui et puis qui met la musique à fond. Il empêche les autres de vivre. Là aussi on est dans les délits, je veux dire mineurs, mais qui pourrissent la vie, c'est le genre de trucs qui pourrissent la vie à beaucoup de monde.
Q. : Il y a des choses qui vous empêchent de dormir ?
R. : Alors, je vous dirai honnêtement. Parfois, je ne pense pas trop. J'ai la chance, je dis bien j'ai la chance de pouvoir couper. Quand je pars en congé moi je tourne la page. J'oublie.
Q. : Et ça vous le faisiez depuis le début ?
R. : Non. Au début, j'avais toujours des soucis pour des affaires. Est-ce que j'ai bien fait ? J'ai oublié de faire ça. J'étais en soucis. Là aussi, pour finir, ce n'est pas vivable. On apprend finalement, c'est vrai, et maintenant, moi personnellement, je dois dire que j'y arrive bien. Je change complètement de vie quand j'ai fini mon travail. Je change totalement d'horizon et puis j'oublie.
Q. : Oui, ce n'est pas donné à tout le monde, ça ?
R. : Non, je ne pense pas, mais pour moi, je trouve que c'est nécessaire et puis justement, bon je me suis mis dans la tête que je ne vais pas révolutionner le monde. J'ai dit avant, si on prend le problème de la drogue, si on veut se donner les moyens de faire quelque chose, les moyens se donnent pas à notre niveau, c'est plus haut qu'il faut aller les chercher, donc moi je ne me sens pas dans le pouvoir de faire bouger les choses, donc…
Q. : C'est ça oui, et en même temps, on vous fait jouer un drôle de rôle?
R. : Oui, on est un petit peu des pantins là-dedans. Vous savez ce qui est dur peut-être dans le travail à supporter, c'est qu'il y a beaucoup de gens qui viennent vers nous. Notre premier rôle, on doit servir, on doit rendre service, on doit aider les gens. Il y a des gens qui viennent vers nous. Ils ont toujours des problèmes, donc on doit trouver une solution à leurs problèmes et des

fois, ce n'est pas facile et les gens sont désemparés et nous on l'est tout autant. Souvent, ils attendent beaucoup de nous et puis on ne peut pas leur donner grand-chose, alors là aussi, c'est peut-être ce que je redoute le plus moi. J'aime bien quand quelqu'un vient, qu'il reparte satisfait. C'est un petit peu comme un commerçant, je veux dire.

Q. : Oui, tout à fait. Et là, vous auriez des exemples, des cas qui vous reviennent à l'esprit où vous avez le sentiment de n'avoir rien pu faire et puis laisser repartir les gens ?

R. : Eh bien vous savez, si on prend la gare, eh bien des mendiants, bon il y a aussi différentes sortes de mendiants. Il y a des gens qui font la manche, sans être du tout agressifs, d'autres qui le sont un peu plus. Il y a des commerçants à qui ça gêne, qui se mettent devant leur porte et qui nous appellent et nous, ces gars-là, on ne peut pas les arrêter. Il n'y a pas un délit pour les arrêter, encore une fois, on ne peut pas faire grand-chose. On leur met une contravention, on les fait circuler et puis dix minutes après ils sont peut-être là, alors ils nous rappellent et disent mais vous faites quoi ? Alors, nous on est là, on est impuissant, on sent que le gars n'est pas content de nous, mais on est coincé et puis moi ça me gêne terriblement ça, parce que parfois j'ai le sentiment que par-dessous on nous dit : « mais de toute façon vous voulez rien foutre », alors ça me dérange.

Q. : Vous avez certainement des choses à dire à l'autorité politique et même à l'opinion publique, à partir de votre métier, des choses que vous envie de leur dire ?

R. : Oui, les lois... Nous on est là pour faire respecter la loi, alors il faudrait que tout le monde la respecte et puis que les sanctions soient les mêmes pour tout le monde. Avant, je l'ai dit, que je n'ai pas le sentiment que la justice est la même pour tout le monde. Si on prend comme exemple les milieux squats qu'il y a Genève. On voit des gens qui commettent des délits. Ils sont impunis. Pourquoi ? Parce qu'ils font partie de tel ou tel groupement et qu'ils agissent en bandes, lors de manifestations. On prend les manifs de l'OMC, il n'y a pas eu de condamnation. Enfin, il y en a eu, mais elles ont toutes été annulées par la suite. Ce n'est pas normal. Là, je pense que pour un flic, on voit des délits, ils sont impunis. Cela ne va pas. Alors ça, moi j'ai de la peine à accepter, mais en fait moi je ne peux rien y faire directement parce que je suis un petit flic de rue, alors c'est pour ça que je vous dis, quand j'ai fini mon travail, je tourne la page. Je ne me pose plus ce genre de question. Je pense à autre chose.

Q. : Oui. Mais on peut se demander à quoi sert le petit flic de la rue, vous aviez un idéal quand vous avez commencé ce métier ?

R. : Je ne l'ai pas commencé par vocation, mais j'ai toujours fait... bon, mon métier. Si on est une crapule à la base, on ne fera jamais ce boulot.

Q. : Vous croyez ?

R. : Oui. Il faut qu'on ait un idéal, il faut qu'on ait le sens des valeurs. D'ailleurs oui, moi qui viens d'un autre canton. J'ai été étonné, au début de

ma carrière, du peu de respect, mais il y a un respect qui était nettement moins fort envers le gendarme que par chez moi, disons.
Q. : Comment vous expliquez ça ?
R. : Un plus grand laisser-aller des choses. Il y a une remise en cause de l'autorité aussi. Plus on va de l'avant, plus c'est flagrant.
Q. : Et ça, comment vous comprenez ça vous, comment vous le voyez, les gens rient comme vous le disiez à la gare ?
R. : Oui, mais ça vient aussi justement, à mon avis, du manque, comment dire, de décisions au niveau politique, parce qu'on veut telle ou telle chose, mais il faut y mettre la manière. Il n'y a jamais rien d'absolu. Chaque loi, chaque mesure est accompagnée en fait d'exceptions ou de dérogations.
Q. : Parce qu'au fond l'absolu, ça serait quoi pour un policier de métier ?
R. : Eh bien que la loi soit appliquée, encore une fois je reviens, la même chose pour tout le monde, la même chose pour tout le monde et pour moi c'est loin d'être le cas. Le pauvre bougre, vous lui foutez une prune pour tel ou tel motif, il n'aura pas de moyen de défense. La personne qui sera aisée, qui aura les moyens de se payer un avocat… Pour moi c'est frustrant. Il y a trop d'intérêts, dans les hautes sphères.
Q. : Ces sphères, comment dire, pourtant, il y a aussi des criminels dans ces sphères ?
R. : Bien sûr, les pires souvent.
Q. : Mais justement vous, comment vous avez accès là-haut ?
R. : Bon nous, on n'a pas tellement affaire à ces gens-là, puisque notre travail, c'est les gens de la rue. On s'occupe des petits délits, de la petite criminalité comme on appelle, on n'a pas tellement affaire à ce type de… Bon, surtout à la gare en plus. Mais moi j'ai le sentiment que plus on monte les échelons, plus les magouilles sont grosses, sont importantes parce que des magouilles il y en a partout. Je n'ai aucune confiance dans un politicien. Pour moi, c'est ménager la chèvre et le chou quand il faudra pour sauvegarder sa popularité. On n'a jamais vu beaucoup de politiciens qui tiennent leurs promesses et c'est vrai, ils arrangent toujours les choses à leur convenance.
Q. : Au fond, il y a un monde de petits entre gendarmes et voleurs ?
R. : Oui, moi j'ai l'impression que nous on fait partie du petit monde et moi je ne me prends pas la tête. Je fais partie du petit monde. J'y suis bien. Je suis très bien ainsi. Mais je m'aperçois quand même que parfois il y a des gens qui n'ont pas les mêmes moyens de défense que d'autres. À mon niveau, la manière, pour les appuyer, c'est de fermer les yeux, ne pas les sanctionner, mais encore une fois, il faut voir, tout est discutable. Il faut voir ce que c'est, de quel délit on parle. C'est clair, ce qui est les petites choses, on peut toujours fermer les yeux. On donne des avertissements, mais bien sûr certains types de délits, on ne peut rien faire, on est obligé de faire là notre travail. Si on ne faisait pas…
Q. : Qu'est-ce qui se passerait, si vous ne le faisiez pas ?

R. : Il faut que ça reste dans les limites, parce qu'éthiquement si on laisse passer certains délits, ça ne va pas. Il faut qu'on reste au lit le matin ou qu'on change de métier.
Q. : Mais qu'est-ce qu'y arriverait si vous ne travailliez plus, que sous forme d'avertissement, au fond ?
R. : Au niveau de ma hiérarchie ?
Q. : Au niveau de votre hiérarchie oui, oui et puis au niveau de la société au fond. Si les gendarmes… ?
R. : Ah ! le gendarme de toute manière c'est un mal nécessaire, comme on dit, un mal entre guillemets bien entendu. C'est un garde-fou parce que la grande majorité des gens… j'ai dit avant que des fois on a l'impression que tout va mal, puisqu'on a affaire qu'à des délinquants, mais il y a quand même une grande majorité des gens. On est les garde-fous. Ils nous voient, ils savent qu'on est là et puis ils savent qu'il y a des règles, et puis ils les respectent d'ailleurs, mais si on n'était plus là…
Q. : Et si vous aviez un fils, vous lui diriez de faire gendarme ?
R. : C'est pertinent ça. Je ne sais pas, mais à première vue, comme ça, je ne crois pas.
Q. : Et pourquoi ?
R. : C'est quand même… S'il avait la possibilité de faire autre chose, je préférerais qu'il fasse autre chose. Ce n'est pas facile quand même. Oui, mais jusqu'à un certain point et je pense qu'à un moment donné on va faire un retour en arrière assez violent. Je veux dire, si on prend le cas de New York où tout d'un coup ils ont imposé la tolérance à zéro, comme ils appellent ça, on n'en arrivera pas là ici, ce n'est pas applicable chez nous, je ne crois pas, mais je pense qu'à un moment donné il faudrait qu'on remette l'église au milieu du village et puis qu'on dise : maintenant ça suffit et puis on remet un petit peu d'ordre dans tout ça.
Q. : Et qui c'est qui va faire ça, qui c'est qui va…
R. : Eh bien, encore une fois, il faudra que ça vienne du niveau politique. Nous, ça ne va pas.
Q. : Oui. Donc là, vous envoyez quand même un message aux politique ?
R. : Oui, c'est clair, c'est clair.
Q. : Par rapport à vos difficultés professionnelles, vous leur envoyez le message : « mettez de l'ordre dans cette société » ?
R. : Oui. Et je vous ai dit, je n'ai pas les œillères, mais il me semble que là on laisse un peu trop aller les choses, pour le bien-être de tout le monde, hein. Ce n'est pas… Je vous ai dit que je n'ai pas vraiment le côté répressif, mais c'est pour le bien-être de tout le monde, parce que j'ai l'impression que trop de personnes maintenant n'ont plus d'égards envers les choses.. Si vous voulez, il y a un cliché, on dit : et bien la moitié du monde est faite pour emmerder l'autre moitié, donc…Je ne sais pas comment expliquer. Voyez, il y a beaucoup de gens qui se révoltent un petit peu de la société, peut-être qu'ils se sentent rejetés, donc ils veulent faire leur place, ils veulent

s'imposer différemment. Ils se font remarquer. Ils s'imposent pour ça, peut-être qu'ils se sentent rejetés, je ne sais pas. Honnêtement, je reconnais qu'on vit dans un monde de fous.
Q. : Vous dites : il faut remettre de l'ordre, c'est ce que j'entends en tout cas ?
R. : Oui, oui. Il faudrait qu'on repose les pieds un peu sur terre quoi, qu'on retrouve vraiment le sens des valeurs.
Q. : À quel moment ça vous est arrivé de penser éthique ?
R. : L'éthique, oui pour moi, disons la justice, l'égalité, la balance. Si on creuse, on cherche, on réfléchit, on pense à tout ça, il y a quelque chose qui ne tourne pas rond.
Q. : Au fond, j'ai commencé à travailler sur les professionnels et je vais parler sur la société, si je vous comprends bien pour dire quelque chose aux politiques ?
R. : Voilà.
Q. : Vous vous sentez plutôt solidaire de la société dans son ensemble, et des petits ?
R. : Oui, et des petits. Je me sens proche du petit. Moi, je suis issu d'un milieu, disons enfin paysan, donc je me sens proche des petits, oui. Même si des fois, j'oublie des cas, je ne pourrais pas demander une meilleure protection, parce que nous, on est sensé représenter la loi et puis la faire appliquer. La loi, c'est la loi, c'est clair, mais il y a aussi un problème, comment dire, il y a un problème humanitaire. Il y a des gens, on ne peut pas leur appliquer la loi. On a des sensibilités, on a des émotions.
Q. : Alors, si je traduis, ça voudrait dire qu'il faudrait un article dans le code du travail qui dise : « désobéissance civile pour délit humanitaire » ?
R. : Oui, mais où serait la limite ? Parce que c'est flou tout ça.
Q. : C'est vrai que c'est flou, mais vous vous posez, si j'ai bien entendu dans les cas que vous m'avez donnés, ma foi quelqu'un qui travaille, des conditions d'existence qui sont difficiles et puis vous essayez de ne pas appliquer la loi jusqu'au bout ?
R. : Oui, en fait, ce qui doit jouer là, c'est sa conscience personnelle, sa conviction, ce qu'on ressent. Je veux dire oui, tout simplement notre conscience. J'ai dit avant, ce métier je ne le fais pas par vocation, mais je le fais au plus près de ma conscience, ça ne va pas me poser de problème pour moi, parce que je l'ai fait selon ma conscience, donc pour moi c'est clair.
Q. : Et ça ne vous est pas arrivé, ces derniers temps, par exemple en étant stressé, de ne pas avoir le temps d'écouter la conscience ?
R. : Non. Nous à notre niveau, on est impuissants et toutes les grandes décisions se font dans des jolis fauteuils tout bien confortables. Pendant ce temps, il y a des gens qui meurent, qui crèvent de faim, mais on ne s'agite pas trop, hein.
Q. : Alors, le mot de la fin où vous avez quelque chose d'important à dire ?

R. : Quelque chose d'important, bon c'est un petit peu tout ce que je vous ai dit tout à l'heure, mais en conclusion je pourrais dire, eh bien ma foi, c'est un petit peu simpliste ce que je vais dire, mais bon je souhaite un monde meilleur, mais pour ça il faut que tout le monde y mette du sien. Une société, pour qu'elle roule, il faut que tout le monde tire à la même corde et puis que tout le monde puisse suivre dignement. Vous savez, il y a beaucoup de gens, ils n'ont pas besoin de grand-chose. Ils demandent simplement d'avoir les moyens de vivre décemment et puis ça suffit. Il y a beaucoup de gens, ils n'ont pas besoin d'avoir le luxe, mais simplement ce qu'il faut pour vivre dignement et puis ça irait beaucoup mieux. C'est en train de se perdre, ce qui amène beaucoup d'agressivité, de dégoût, de haine, d'aigreur. Il y a des gens qui sont aigris. Ils n'ont plus envie de rien quoi…
Q. : Vous parliez de justice au début.
R. : Et bien voilà aussi l'application de la justice pour tout le monde, que ce soit dans les sanctions quand quelqu'un a commis un délit et puis dans l'application de la loi, qu'elle soit la même, pas… qu'on supprime les passe-droits, parce qu'il y en a. On a beau se le cacher, mais de toute manière il y en a, et puis tout dépend de la position qu'on occupe.

Entretien no. 9

Q. : Quelle est votre fonction ?
R. : Après une formation universitaire et un travail dans une ONG (organisation non gouvernementale) d'assistance aux réfugiés, je suis collaboratrice dans l'assistance aux requérants d'asile, en particulier les Bosniaques, les Kosovars et aussi d'autres nationalités, avec des contrats de durée limitée renouvelés, parfois je fais des pauses et je retourne au chômage et après il y a de nouveau du travail. C'est un statut tout à fait étrange. On est des conseillers/conseillères, nous faisons les démarches administratives, les démarches auprès des autorités pour des personnes qui doivent quitter la Suisse ou qui veulent quitter la Suisse, donc on les aide dans leurs démarches pour obtenir les aides financières, pour voir les conditions de retour, enfin, toutes ces démarches de soutien ; souvent les personnes ont besoin de soutien psychologique aussi. Moi, je suis allée plusieurs fois en Bosnie, d'ailleurs, j'y vais tout le temps, donc j'ai visité pas mal de personnes qui sont retournées depuis, et les conditions de retour.
Q. : Comment vous avez vécu votre travail, parce que pour une partie des gens, c'était des compatriotes de votre propre pays qui vivaient ces situations spéciales ?
R. : C'était très dur.
Q. : Vous avez vu à peu près combien de personnes ?

R. : Des centaines et des centaines, vraiment, dont il y avait des vieilles personnes, des cas très graves. Vraiment, j'ai eu beaucoup de dossiers très lourds.

Q. : Quel bilan vous faites de votre travail ?

R. : Les directives sont ce qu'elles sont. Les décisions que le Conseil fédéral prend sont ce qu'elles sont, donc moi, je ne veux pas rentrer là-dedans. Mais j'étais contente d'être là parce que, même si c'est très dur, je dis que par le fait que moi, je viens de ces pays-là, je les connais, avec moi ils peuvent parler, ils n'ont pas besoin de passer par un traducteur, ils savent ce qu'ils me disent. Ils disent toujours : « quand on parle avec un traducteur, on ne sait pas ce qu'il a vraiment dit, on a l'impression d'être un peu des handicapés ». Or là, ils peuvent me parler, ils peuvent dire beaucoup de choses, tout ce qui s'est passé, pourquoi ils doivent retourner, enfin, c'est quand même un deuil de quitter leur pays, ensuite, de quitter la Suisse, de nouveau c'était très dur, mais moi je dis : « au moins, il y avait un espace ici, moi j'étais là, j'étais quelqu'un qui comprenait. Ils n'ont pas besoin d'expliquer" parce que je sais de quoi ils me parlent, du fait d'être originaire de là-bas et de continuer d'y aller, donc c'est pas pour moi un pays que je ne connais pas ou seulement par les articles de journaux.

Q. : Où étaient les difficultés ?

R. : Ce sont de grosses difficultés. Il y a eu des cas où des personnes qui ont reçu le délai de départ disaient : « Non, je n'ose pas rester ici » ; on ne savait pas s'il y aurait encore une tolérance quand on a des prolongations. Donc ce sont des personnes qui avaient très peur bien qu'il y ait d'autres organismes à Genève, tout le monde était là pour les rassurer, pour dire : « Il faut, si vous ne pouvez pas envisager votre retour, il y a beaucoup d'organismes d'entraide, on est là derrière vous, il faut pouvoir résister. » Mais il y a des personnes qui n'ont pas pu. Elles ont dit : « Tant pis, moi, j'en ai marre, on m'a chassé de chez moi, maintenant on me chasse d'ici, je ne supporte pas, je ne suis pas un chien, je m'en vais », et ça c'était très lourd. Il y a eu des personnes que je voyais, d'habitude quand c'est des procédures assez simples, que j'ai vues presque tous les jours. Des personnes qui venaient ici 5 minutes, 10 minutes qui m'attendaient pour parler un peu. Il y a eu d'autres personnes où moi, je disais : « Écoutez, si vous ne pouvez pas envisager le retour, vous savez qu'à Genève c'est un canton où on peut espérer qu'il n'y aura pas de retour forcé – d'ailleurs, ça s'est avéré qu'il y a eu une tolérance cantonale – vous savez, il faut résister. » Il y avait des organismes d'entraide, on s'est organisé. J'ai dit : « il faut parler à votre médecin et prendre des calmants si vraiment vous n'arrivez pas à tenir ; si vous avez décidé de tenir, il faut prendre des calmants aussi, ou vous allez vous promener, faites du vélo, c'est votre choix personnel, mais il faut tenir. Et puis j'irai chercher une autre solution, peut-être qu'il y en aura une, peut-être il y aura un pays tiers ou autre chose ». Alors il y a des personnes qui ont décidé de profiter de la tolérance cantonale, qui sont encore là, donc on ne sait pas ce qui va se passer dans le futur. Et puis il y a eu des personnes qui ont obtenu entre-temps des permis humanitaires, des permis individuels ou même des permis B donc, et il y a d'autres personnes qui sont retournées chez elles.

Q. : Et qu'est-ce qui fait la marge qui fait qu'elles basculent dans ce que vous appelez résister ou bien qu'à un certain moment ça ne va plus ?

R. : Je pense que c'est individuel. C'est individuel, c'est le seuil de tolérance que chacun a pour pouvoir supporter l'incertitude parce que, moi, je trouve que le statut de requérant d'asile en Suisse et je pense pour tout le monde – et je pense que je parle pour nous tous ou presque – que la précarité est très difficile. Quand il faut faire quelque chose, on le fait, mais quand on est là de mois en mois, d'année en année avec des permis qu'on prolonge, après, quand on a des délais de départ et que ça devient le provisoire qui dure, c'est toujours ces papiers blancs à l'Hospice général qui venaient des Kosovars et qui maintenant, finalement, après sept ans, il vont obtenir l'admission provisoire, avec les assistantes sociales on était là en train de scotcher, parce que, vous savez, chaque mois ils allaient à l'OCP (Office cantonal de la population) timbrer ça et puis ils le mettaient dans les poches, alors ça se déchirait dans tous les sens ces délais de départ qu'on prolongeait d'année en année. À un moment, quelle que soit la situation dans le pays, elles se disent : « Tant pis, on y va et puis, au moins, le cauchemar est fini. »

Q. : Ça doit être dur de vivre ça.

R. : C'est très dur.

Q. : Au fond, vous renvoyez la question à la Suisse si je vous entends bien ?

R. : Oui. Dans un sens, je dis que la Suisse fait énormément, d'ailleurs tous les Bosniaques disent merci, c'est le pays qui nous accueille le mieux, d'après ce qu'ils connaissent, parce que la Bosnie a explosé sur la planète, je veux dire, il y en a partout, en Islande, au Canada, en Australie, en Malaisie. C'est un drame, mais ils disent « la Suisse, les conditions, comment on a été accueilli par les services sociaux ». Leur pays, avec les accords de Dayton c'est l'impossibilité de retour. Moi, je me dis : qu'est-ce que je ferais si je vois un chien sous la pluie et puis je l'accueille et il n'y a pas de société protectrice des animaux comme à Genève – parce qu'à Genève, on a la SPA (société protectrice des animaux), on sait qu'ils ne sont pas gazés, qu'ils sont nourris, qu'ils vont être placés. Et je dis : bon, une fois que la pluie a cessé, qu'il a mangé, et moi, je n'en veux pas de chien, qu'est-ce que j'en fais ? est-ce que c'est : ne pas le laisser entrer ? ou alors le prendre une semaine chez moi, m'en occuper et, ensuite, le foutre à la porte? C'est un peu comme ça que je vois la chose.

Q. : Qu'est-ce qu'on fait pour tenir le coup quand on a un travail si difficile ?

R. : Non, ma philosophie, je dis : je fais ce que je peux, j'essaie de faire de mon mieux pour aider les gens, pour qu'ils puissent parler – ce qui est déjà beaucoup pour eux de dire : « Bon » – ils me tutoient souvent parce que ce

sont des gens de la campagne – « Bon, tu ne peux rien faire, on le sait, mais au moins tu comprends » et moi je sentais que ça les aidait d'être compris.
Q. : Si j'entends bien cette histoire de Bosnie, du renvoi des Bosniaques ça serait vraiment un cas où a été dépassée une limite en Suisse, un cas exemplaire, quelque part, pour le défi éthique ?
R. : Tout à fait, parce que vous savez... Moi je fais toujours des allers-retours depuis cinq ans tous les deux-trois mois donc je suis en Bosnie très souvent. Je vais voir les gens, je suis allée voir des conditions de retour, des déplacés internes et je dis : c'est vrai, ce n'est pas le problème de la Suisse. La Suisse n'y est pour rien, la Suisse a fait finalement le plus pour le retour là-bas avec les aides financières des autres pays où ils étaient réfugiés. Mais moi je parle des gens qui ont perdu et se retrouvent ailleurs que chez eux en Bosnie, et qui se retrouvent dans des logements de fortune, dans des logements collectifs parce qu'il y en a encore beaucoup. Parce que des problèmes d'aide humanitaire, tout ce qui est avec, est-ce qu'il est vraiment employé, c'est toujours ça le problème, de ce qu'on a donné. Où vont vraiment les fonds ? Comment sont-ils attribués ? Et puis les logements ont été détruits à 60 %, c'est dramatique. Moi je trouve dramatique pour les personnes des campagnes, des personnes qui ont toujours travaillé la terre, leur histoire, la vache qu'ils ont laissée, c'est tout à fait autre chose qu'un appartement qu'on loue à l'État et ceux-là, qui ne peuvent pas retourner chez eux, je trouve ça très triste.
Q. : Au fond, quelle leçon on devrait tirer de cette histoire ?
R. : Il faut songer quand on accueille des populations – je parle des admissions provisoires – et que si on réfléchit un peu, on sait que ce n'est pas du provisoire pour six mois, pour un an. Il faut donner aux gens du travail ou alors carrément les garder dans des camps d'internement, ça a l'air cruel, on peut dire « quelle horreur, des camps ! », mais moi je trouve plus cruel, c'est comme l'histoire du chien qu'on ramasse dans la rue, de donner des appartements aux gens dans le canton de Genève – ils sont dans le quartier, les enfants vont à l'école, les femmes commencent à être connues dans le quartier, ça se passe très bien, il y a des associations, il y a une intégration qui est faite – et puis, tout à coup, ça bascule du jour au lendemain. Il faut quitter pour retourner nulle part. Qu'est-ce qui est plus cruel ? Laisser croire que vous avez droit à l'école, que vous pouvez faire des courses d'école. Moi, j'ai beaucoup d'enfants d'ex-Yougoslavie, Bosniaques, qui sont ici, qui ont l'accent beaucoup plus genevois que mon fils, dans une autre école, et qui sont parfaitement intégrés.
Q. : C'est un double message : on vous reçoit et on vous rejette.
R. : Voilà, et je trouve ça, c'est dur. Pour moi, la précarité, l'incertitude – je dis, déjà la vie il y a beaucoup d'incertitude, pour tout le monde, à laquelle il faut faire face – mais là, ce sont des messages qui ne me plaisent pas. D'un côté on leur fait croire qu'il y a des possibilités, qu'ils pourront rester, il y a du jour au lendemain le départ forcé. J'ai connu des personnes qui sont

venues pour s'inscrire pour un pays tiers et quand ils ont su qu'ils étaient acceptés dans un pays tiers, ils m'ont dit : « Tu sais pas, maintenant, on est tellement heureux, on veut partir au plus vite, on n'en peut plus. » Ils disaient : « Quand je pense, depuis un an, je vais tous les jours avec une angoisse ouvrir ma boîte aux lettres, une lettre de Berne est-elle arrivée avec un délai de départ, un refus, une réponse négative ? » Ils disaient : « je n'en peux plus ». Le double message, il est institutionnalisé. Je vis dans mon travail quotidien la partie la plus aiguë. Peut-être que le Suisse moyen ne le voit pas comme ça. C'est inhumain, quand quelqu'un fuit la guerre, ils arrivent en Suisse, ils ont accès à tous les soins médicaux, j'ai vu vraiment faire des miracles, des médecins à l'hôpital, des assistants sociaux, vraiment tout le social, le médical à Genève pour aider les gens, vraiment, c'est parfait, c'est merveilleux, et le départ forcé qui détruit ce qui a été fait, qui casse les liens alors qu'il faudrait tisser les liens.

Q. : Au fond, vous dites, il faudrait que les gens, où qu'ils aillent, où qu'on aille, on crée des liens et que, au fond, il faudrait que ces liens puissent quelque part continuer à se vivre. Mais une telle manière de voir n'est pas très proche d'une logique de police ?

R. : Je vous donne un exemple. J'ai vu plusieurs personnes à Sarajevo et les enfants de 13-15 ans maintenant. Ils ont gardé de bons contacts avec les copains d'école à Genève. Ils disaient : « On aimerait tellement venir, tout le monde nous invite pour venir leur rendre visite cet été, passer un mois. » Ce sont des familles réinstallées à Sarajevo, qui ont retrouvé du travail, les enfants sont à l'école, donc ils n'ont plus à faire des demandes d'asile en Suisse, mais ils voudraient seulement voyager. Or, maintenant, c'est devenu tellement compliqué la procédure des visas. Pour obtenir des visas pour la Suisse pour les Bosniaques, c'est quelque chose de rébarbatif.

Q. : Donc, en quelque sorte, il faudrait sortir d'une logique policière ?

R. : Voilà, et dire : « Un enfant, il a envie de voir son copain en Suisse, eh bien, il doit avoir un visa. »

Q. : Si on voulait une logique de lien, comment envisagez-vous de sortir d'une logique de police dans une telle situation ?

R. : C'est très difficile. C'est pas simple, vous savez. La plupart des institutions reçoivent des financements du gouvernement, donc c'est la réalité. Mais à Genève, on a un gouvernement indépendant. On pourrait dire le gouvernement fédéral fait ce qu'il veut mais nous, on n'est pas d'accord, ça, on a le droit.

Q. : ça vous est arrivé d'exprimer des désaccords ?

R. : Ah oui, tout à fait, très officiellement. Dans certains cas précis, on arrive à bloquer le système. Si on veut, si on est déterminé, on arrive à bloquer le système, mais en même temps ce que je vois de plus compliqué, c'est qu'il y a le système lui-même qui ne va pas.

Q. : Et alors, comment on fait pour le changer ce système, puisque vous, vous allez sur le terrain, vous voyez les effets pervers dans cette logique-là ?

R. : Je suis très ambivalente. Il faudrait, au premier niveau en tout cas, avoir une cohérence, ne plus envoyer des doubles messages. Les choses sont plus faciles à accepter quand c'est cohérent. Quand c'est un non, on sait que c'est un non et, sauf dans des cas bien précis, ça peut être changé. C'est pas une porte qui est bloquée mais il n'y aura pas de possibilité d'intégration et de rester en Suisse, alors là, c'est différent, c'est vécu comme ça. : « bon, on est là, pour l'instant, tant mieux, on profite, on se refait une santé, on envoie les enfants à l'école, on regarde ce qu'il y a de bien et puis voilà, c'est provisoire ».
Q. : Au fond, la politique d'asile, si on vous entend, avec les Bosniaques, les Kosovars et d'autres, elle paradoxale.
R. : Tout à fait
Q. : Comment vous analysez, au fond, cette attitude de la Suisse, mais aussi de la plupart des pays d'Europe ?
R. : Je pense, que l'être humain est ambivalent. C'est une politique pas assez réfléchie. Les gens regardent les images à la télé et ils disent : « il faut faire quelque chose, il faut les accueillir ». Une fois qu'ils ont été accueillis, après six mois, on dit : « ça dure, ils sont encore là et puis voilà ». C'est aussi le peuple, pas seulement les autorités. Les gens disent : « il faut faire quelque chose » et puis avec le temps « on n'en peut plus, c'est plein ». Bon, les seuils de tolérance, je sais pas moi, ce sont des études qu'on ne finit pas de faire, le seuil de tolérance des étrangers dans tous les pays… Est-ce que c'est parce que l'économie va bien, donc vous êtes plus apte à répondre à ça. Après, le gouvernement dit : « le peuple va être fâché, donc on va les renvoyer ». C'est ça et c'est pour ça que je dis : « quand on est responsable, on est adulte ». Je veux dire, on a peut-être aussi le devoir de dire non, si c'est vraiment comme ça, pourquoi pas ? Être égoïste plutôt qu'hypocrite. Il faut être un peu humble, et dire : je suis égoïste, OK, moi j'accepte ça, je ne suis pas mieux que le reste du monde, mais je dis : « je m'accepte comme je suis » au lieu de dire : « venez, venez » et puis après : « maintenant, ça suffit, bon, partez. On a assez donné ! ».
Q. : Et l'ambiguïté, c'est aussi un terme qui vous parle pour décrire cette situation ?
R. : Oui, tout à fait. L'ambiguïté, pour moi, elle existe dans l'être humain, mais je me dis qu'au niveau politique ça devrait moins. Mais peut-être que j'exige trop des hommes politiques.
(rires).
Q. : Vous dites : normalement, les systèmes politiques devraient donner des cadres plus solides que la psychologie individuelle, si je vous entends bien ?
R. : Voilà, tout à fait, c'est ça.
Q. : Au fond est-ce que cette logique, qui a été vécue de manière très pointue et très forte avec les Bosniaques, les Kosovars, est-ce qu'elle serait plus généralisée dans la société ou pas ?

R. : Tout à fait, absolument. Ah ! oui. C'est quelque chose qui ne va pas, quelque chose qui est plus général que la politique d'asile. Prenez notre travail, dans un sens, on vous dit bon, il y a la protection, il y a le chômage, il y a la protection, il y a une espèce de filet de sauvetage, c'est bien aussi, mais c'est... je sais pas, moi ; vous savez, quand j'avais 35 ans à Genève, je travaillais, je changeais de travail, je faisais ce que je voulais, je pouvais en 24 heures trouver un nouveau travail, ça a changé pour tout le monde. C'est une nouvelle réflexion sur la société, le travail. Quand on est habitué à devoir travailler et les gens disent « à partir de 45-50 ans, c'est impossible de retrouver du travail », il faudrait faire quoi ? Oublions les Bosniaques, les requérants, ça c'est plus général.
Q. : La situation a changé ?
R. : Il y a vingt ans, il y avait plus de stabilité, pas seulement en Suisse, partout dans le monde. La Suisse c'était la sécurité de l'emploi. Aujourd'hui, mon fils me dit : « j'ai pas envie d'étudier, de toute façon, quand je regarde combien il y a de gens qui ont un doctorat et qui sont au chômage ».
Q. : Qu'est-ce qu'il veut faire votre fils, après ?
R. : Mon fils avec le bac, il a décidé qu'il voulait faire un diplôme de commerce (import-export) et qu'il a pas envie d'étudier, il dit : « peut-être un jour, mais pas maintenant, j'ai envie de partir, j'ai envie d'aller en Asie ou en Amérique latine, j'ai envie de me faire... j'ai pas envie d'étudier pour l'instant ».
Q. : Il a compris le message de la société ?
R. : Oui, je crois.
Q. : Quand vous voyiez ces gens qui arrivaient, qui partaient, est-ce que les gens vous disaient ça?
R. : Oui, et c'est lourd, parce que ça me fait aussi penser à ma propre situation. Aujourd'hui dans le travail, au chômage, on vit quelque chose qui est plus général. Et moi, je le vois comme une brimade, comme quelque chose de très policier.
Q. : Oui, il y a quand même un message qui est envoyé aux requérants et aussi aux chômeurs et même aux gens qui s'occupent d'eux, qui est ce fameux double message ?
R. : Oui, oui.
Q. : Et pourtant pour qu'il y ait une possibilité que les choses se passent pas trop mal, il ne faudrait pas laisser se déglinguer l'État social, ou bien ?
R. : Avec pas énormément de fonds on peut faire beaucoup de choses, des choses moins lourdes, je veux dire la bureaucratie c'est énorme. Prenez l'exemple la « Maison du hérisson », qui est un lieu de rencontre des femmes bosniaques, surtout d'ex-Yougoslavie. Je ne sais pas de qui est partie l'idée, mais la « Maison du hérisson », deux fois par semaine, le matin, on peut faire garder les enfants, il y a une garderie, il y a une psychologue et une traductrice, les femmes prennent le café ensemble. Beaucoup de femmes bosniaques y vont et elles sont très contentes parce qu'elles parlent de

beaucoup de sujets (violence en famille), il y a des femmes qui, au début, ne parlaient pas parce que ça ne se fait pas, on ne dit pas les problèmes qu'on peut avoir avec son mari et tout ça et puis, petit à petit, les femmes se sont ouvertes, elles vont tous les mercredis à cette « Maison du hérisson » et voilà. Et ça, je ne crois pas que c'est quelque chose qui coûte très cher.
Q. : Tout ce qui détruit le lien social, c'est là-dessus qu'il faudrait être attentif ?
R. : Voilà. Et Genève fait beaucoup.
Q. : Et comment on peut faire passer une telle philosophie ?
R. : Pour moi c'est logique. Je voyais des personnes qui allaient vers un spécialiste, un deuxième, un troisième et un quatrième, je disais : ça coûte des milliers de francs, en fait, ce n'est pas ça, ce sont des gens qui ne sont pas malades. Ce sont des gens qui sont mal dans leur peau. Il y a des milliers de francs d'économies à faire avec la « Maison du hérisson », avec quelque chose de ce type. Je trouve qu'il faut peu d'argent et que c'est plus efficace.
Q. : Si tout à coup, quand vous êtes dans une fonction en ayant vécu cette histoire de la Bosnie, en regardant cette inhumanité tellement violente, on constate qu'il y a eu des réactions, mais les gens sont quand même partis. On peut se dire, si vraiment la réaction avait été extrêmement forte dans les cantons, peut-être les gens ne seraient pas partis ? Et si les professionnels avaient dit « non, cette fois-ci, ça on ne fait pas », jusqu'au bout, comment ça se serait passé ?
R. : Les œuvres d'entraide étaient mobilisées, donc pour moi, le problème éthique n'était pas aussi aigu que si j'avais été seule à penser ce que je pensais, comme des collègues dans d'autres cantons qui s'occupent d'aide au départ complètement seuls face à la décision et aux requérants, face à des renvois. Tandis qu'à Genève, nous avions toujours cette possibilité de prendre la personne et dire « non, tu vas là, il y a d'autres gens qui sont là, qui vont t'aider ».
Q. : Mais d'un autre côté on se dit, est-ce que Genève est allée jusqu'au bout, si on pensait que c'était totalement inhumain ? Même en mettant de l'huile dans les rouages, en aidant les gens et tout ce que vous voulez, en mettant de l'humanité dans l'inhumanité quelque part, on se dit : « Est-ce qu'il n'y a pas quelque chose de très ambigu dans cette histoire-là ? » Finalement, est-ce que ce n'est pas faire en douceur les choses que d'autres quelque part font avec plus de violence ?
R. : Si, tout à fait.
Q. : Et comment vous avez vécu ça, justement ?
R. : Pour moi, il fallait dire non, il fallait dire non.
Q. : On s'accoutume – et la population d'ailleurs, j'en suis partie prenante, aussi, de la chose ; quand je vous parle, je m'interroge aussi de la même manière – à violer la frontière de l'inhumanité, parce que finalement on emballe tout ça. Les gens sont forcés à partir, ils sont partis ?

R. : C'est quand même très hypocrite. C'est un peu la carotte et le bâton. On dit : « On sait que sur tant et tant de personnes, on aura tant de succès, donc ils vont partir et puis, bon, il y en a qui viennent, il y en a qui partent et puis comme ça il y a un équilibre. »
Q. : Dans le Code du travail, on pourrait imaginer qu'il y ait un article qui dise « je désobéis, j'ai le droit de désobéir si j'estime que la loi est inhumaine », enfin, je formule ça, un juriste formulerait ça différemment ; de manière certainement plus nuancée et plus technique ?
R. : Oui, quand ça devient possible de faire une objection de conscience par rapport au service militaire, je pense que c'est très important, moi je préfère que ce soit inscrit dans la loi. Même s'il y a les codes de déontologie. Dans le cas des Bosniaques, pour des personnes qui ne peuvent pas retourner chez elles, on voit avec elles toutes les possibilités et puis on laisse le choix et puis on dit : la personne ne veut pas. Si le canton décide le renvoi, libre à eux de le faire, mais moi je ne le fais pas, moi je refuse parce que c'est impossible, donc moi j'ai le droit de dire non. Et certaines institutions humanitaires devraient aussi pouvoir dire non. C'est ambigu. C'est un drôle de mélange entre l'humanitaire et les renvois forcés. C'est un peu le service après vente. Cela dit, nous on fait notre travail au mieux. On fait beaucoup.
Q. : Dans les situations les plus extrêmes, il faut que quelqu'un, au fond, n'accepte pas que le lien humain soit complètement détruit jusqu'au bout, jusqu'où c'est possible, c'est cela ?
R. : Voilà. Or, sur la politique d'asile là c'est un autre débat ; je veux dire, sur les politiques et les directives, je trouve qu'il faut une politique plus cohérente.
Q. : Je me demandais, si on se met à rêver pour le XXIe siècle, qu'on se dit que le mouvement des populations va continuer, donc dans quel type de… quel type d'orientation ou d'utopie, on pourrait dire, pour empoigner les problèmes différemment? Là, est-ce que vous auriez des choses à dire ?
R. : J'ai lu beaucoup de choses, je lis beaucoup de choses sur notre société et je ne sais pas, vraiment.
Q. : L'imagination est coincée, là ?
R. : Oui, parce que c'est vrai, ils disent « le travail, il y aura de moins en moins de travail, il sera beaucoup plus court et que feront les gens avec leur temps libre ? » Et c'est un changement de société, de rapports sociaux. Ce serait merveilleux si les gens pouvaient travailler, ceux qui ont envie de travailler et puis avoir des temps de travail plus courts.
Q. : Donc réorganiser le travail ?
R. : Réorganiser le travail, réaménager le temps de travail des femmes, des hommes aussi. Et pour la mobilité, prenons mon exemple. Je trouve très bien d'avancer dans l'âge et d'avoir de moins en moins besoin de choses. Moi qui adorais les livres, je me disais « je ne pourrais pas quitter, qu'est-ce que je vais faire avec des caisses ? Chez qui est-ce que je vais pouvoir installer mes livres ? Je me dis « il me faut quelque part où installer des choses, que ce

soit un peu plus qu'un simple garde-meuble ou bien des caisses et pourquoi pas, au fait, pourquoi pas aller travailler en Bosnie, revenir un peu ici, mon Dieu, c'est possible.
Q. : Et pourquoi les gens ne feraient pas ça ? Pourquoi est-ce qu'on ne se déroulerait pas un modèle de société de ce type-là, plus mobile ? Et, au fond, qu'est-ce qui empêche ça, justement ?
R. : La peur, moi je pense la peur.
Q. : Qu'est-ce qui empêche d'imaginer des modèles de société du type que vous décrivez ? C'est la réalité de plus en plus de gens, ça et c'est tellement éloigné du modèle policier qui fixe les populations, et là-dessus est-ce que c'est une piste qu'il faudrait travailler aussi, ça ?
R. : Ah, tout à fait. L'homme a été nomade à beaucoup de périodes de l'histoire et en temps de disette. Il n'y a pas seulement les sociétés fixées à la terre qui ont existé. L'homme a commencé par être nomade, c'est dans les gènes quelque part. Donc il faudrait des couvertures sociales pour cette situation. On dit : « Tiens, si j'ai une assurance-maladie en Bosnie, si je tombe malade, qu'est-ce que je fais ? Mais une fois que je suis rassurée sur ce point-là, j'ai pas de problème, je peux aller n'importe où en fait. »
Q. : C'est peut-être une des pistes pour sortir de ces logiques ?
R. : Voilà, avoir des choses un peu standardisées, qu'on soit en Suisse ou qu'on soit Américain, vous voyagez, mais vous n'envahissez pas un pays.
Q. : On l'a vu avec la chute du mur de Berlin, tout le monde annonçait des millions de migrants, ils ne sont pas venus.
R. : Eh bien non ; moi je pense pas, moi je pense qu'il y a beaucoup de gens qui sont très contents d'être chez soi, qui sont très bien et puis il y en a d'autres qui vont migrer, qui ont toujours migré. Il y a eu des peuples, je vous dis la Suisse aussi elle a peuplé le monde, il y avait à un certain moment où il n'y avait pas de travail, où les Suisses sont partis, de mon côté il y avait la grande maladie de la vigne en Dalmatie – la Dalmatie, enfin, s'est vidée vers le Chili, l'Argentine. Il n'y avait pas tous ces visas.
Q. : C'est peut-être autour du fameux retour qu'il faut peut-être essayer de construire des modèles et des manières de voir et des mots pour appeler ces conditions de vie-là ?
R. : Vous savez, les États policiers, les frontières, des gens qui veulent passer, ça ne les a jamais empêchés de passer. Quand on est vraiment désespéré… On vient de me dire, je sais que les Bosniaques qui viennent au noir en Suisse, ça coûte entre 1 000 et 1 500 francs suisses le passeur, maintenant on vient de me dire que les Kosovars c'est 10 000 francs. Cet argent, les gens vont le trouver quelque part pour faire venir leur famille et puis les autres aussi, donc cet argent serait mieux employé à faire autre chose, il me semble, qu'à être dans la poche des passeurs.
Q. : Je voulais peut-être revenir à l'autre expérience historique, en tout cas en Europe, qui pour nous a été très traumatisante, Auschwitz. Comment vous pensez toute cette expérience d'Auschwitz et aujourd'hui ?

R. : Je pense qu'Auschwitz et la Bosnie, c'est différent. En Bosnie, les bourreaux le plus souvent connaissaient leurs victimes, ce qui n'est pas le cas à Auschwitz. Que ce soit Eichmann ou quelqu'un d'autre, c'était très administratif, alors qu'en Bosnie c'était beaucoup plus passionnel. C'était pas un système bureaucratique qui a décidé tout ça, c'était des plans bien conçus à l'avance, d'ailleurs on le voit très bien, parce que pour réussir à vider un million de personnes en quelques mois comme le Kosovo c'est quand même planifié. Staline a fait des choses merveilleuses dans ce genre-là, déplacer des Tchétchènes, déplacer les peuples du Caucase, c'est pas nouveau. Les tsars aussi d'ailleurs, mais, la Bosnie c'était passionnel, c'était pas administratif.

Q. : Et si on regarde maintenant du point de vue d'ici, c'est-à-dire la manière qu'on a de gérer les populations ?

R. : Non, c'est pas du même ordre, même si des fois je peux m'insurger contre l'administration. Chaque fois que j'ai dû faire des démarches avec l'administration, je n'ai jamais eu besoin d'être un numéro, d'être rien ou un dossier. J'ai toujours pu écrire, je n'ai jamais été anonyme, j'ai toujours eu des personnes en face de moi. Dans les renvois des Bosniaques, j'ai jamais eu des personnes que j'appelle inhumaines, le système, en tout cas le système cantonal, il restait humain. Berne, vous savez, ils sont là, ils ne voient pas, ils regardent les chiffres, ils font des directives et puis voilà, c'est fini. Pour moi, à ce niveau, c'est kafkaïen. À la police cantonale, ils connaissent les personnes, ils les ont vues, ils ont des visages, au moins ils ont des visages. Berne, que ce soit Berne ou notre gouvernement, ils n'ont pas des visages, c'est des numéros

Q. : Donc quand c'est abstrait c'est dangereux ?

R. : Écoutez, Berne c'est quelque chose, je ne sais pas, je ne parle pas vraiment bien l'allemand, mais c'est quelque chose qui me fait froid dans le dos.

Q. : Il y a un décalage , il y a quelque chose d'un autre ordre ?

R. : Tout à fait. Pour moi, c'est un peu des oukases, vous voyez ? La directive dit que non et puis c'est comme ça, voilà. Un manque de flexibilité, de réflexion.

Entretien 10

R. : Dans le lieu où je travaille en tant que médecin on a développé l'aspect soutien aux victimes de violences parmi les réfugiés. On a été le premier contact médical en Suisse pour la plupart de ces réfugiés, ce qui fait qu'ils sont venus nous demander des soins mais aussi des certificats médicaux pour attester de torture donc on a été impliqués sur le plan médico-légal et sur le plan médical, soutien à moyen terme des victimes de violence. On reçoit toute la gamme des réfugiés.

Q. : Qu'est-ce qui vous frappe ?
R. : Pour moi le plus difficile dans la prise en charge des victimes de violences, c'est d'arriver à entrer en matière sous le plan médical, sur le plan psychologique. On arrive rapidement à consolider, à stabiliser l'individu, mais pour faire des progrès il faudrait pouvoir travailler sur l'axe psychosocial et là on est complètement bloqué.
Q. : Ça veut dire quoi concrètement ?
R. : Ça veut dire pas de possibilité de trouver du travail, difficultés de logement, pas de possibilité de créer un cadre social qui leur procure le minimum de sentiment de sécurité pour construire et re-développer quelque chose à long terme. Donc la prise en charge de la victime de violence passe par la reconstitution de perspectives d'avenir et là on est complètement bloqué. Pour moi le plus difficile c'est ces longues durées d'attente. Lorsque quelqu'un attend, le plus long c'était douze ans, c'est fini, on peut plus rien faire. Donc là, à mon avis, il y a un système d'accueil qui entretient la perte d'autonomie, qui empêche de reconstituer l'autonomie, qui maintient la personne dans la dépendance. Et puis on sait qu'au chômage au bout de six mois c'est déjà difficile de remettre au travail un chômeur donc en tant que réfugié après quatre ans c'est pratiquement impossible.
Q. : Vous auriez des cas que vous pouvez raconter, des exemples ?
R. : Oh ! oui, oui, oui des dizaines, des dizaines d'exemples.
Q. : Et là, le dilemme, comment vous le formulez puisque vous êtes quelqu'un du personnel soignant, votre travail ?
R. : Moi je pense que c'est une décision politique là. La décision d'empêcher l'accès au marché du travail légal maintient les gens dans une dépendance et à mon avis développe, accentue cette perte d'autonomie. J'ai l'impression qu'on est en train de fabriquer une population de réfugiés dépendants. Et ensuite on leur reproche leur manque d'autonomie alors qu'on a en grande partie favorisé leur dépendance avec les structures d'accueil. C'est vrai qu'ils ont besoin d'aide et d'assistance, les gens quand ils arrivent. Mais moi j'aurais envie d'être beaucoup plus radical et de proposer une assistance assez intense à court terme, ensuite le marché du travail et débrouillez-vous. À mon avis ce serait médicalement beaucoup plus indiqué, ça permettrait de ré-autonomiser, de redonner des objectifs, même si à la limite le départ est quand même envisagé. La personne peut gagner un peu d'argent, peut être autonome et plus à la charge de la société suisse, contribuer à l'économie de son pays. Ceux qui ont un minimum d'autonomie quittent la Suisse rapidement donc on a beaucoup de nos patients maintenant, j'ai de la peine à le faire, mais je suis obligé de leur dire : écoutez, si tôt vous vous sentez assez fort, allez voir ailleurs
Q. : Ailleurs c'est où ?
R. : C'est les États-Unis, le Canada, qui choisit justement ce genre de réfugiés parce que pour avoir un visa au Canada il faut montrer qu'on est en

bonne santé, pas de casier judiciaire, enfin toutes ces conditions, donc la Suisse se fait une sélection négative à mon avis des réfugiés.

Q. : C'est un sacré problème là, et puis à l'extrême, ça va contre vos objectifs professionnels de soigner les gens ?

R. : Ça va contre notre idée d'essayer de leur restituer une autonomie, une indépendance.

Q. : Qu'est-ce que ça veut dire pour un professionnel de la santé une autonomie quand il fait son métier ?

R. : Ça veut dire quelqu'un qui peut travailler, qui est, enfin c'est la définition de la santé, de l'OMS, qui peut assumer son rôle de chef de famille, qui n'a plus besoin de l'assistance de l'État, qui a retrouvé un fonctionnement social adéquat. Alors que le système comme il est ça stimule le travail au noir. Après on leur reproche de travailler au noir, on les empêche de trouver un travail légal, on donne une assistance qui est minimale, je crois que c'est 50 % du minimum vital qui est attribué à un Suisse. Même maintenant c'est en dessous des 50 %.

Q. : Ça fait combien d'années que vous faites ce type de travail ?

R. : Ça fait plus d'une dizaine d'année.

Q. : Donc vous avez une vision d'une certaine longue durée.

R. : Oui. Pour moi j'ai vraiment l'impression que les choses sont rendues beaucoup plus difficiles maintenant. Les choses sont beaucoup plus fermées. C'est beaucoup plus verrouillé. On pouvait négocier, il y avait des arrangements possibles. Une autre chose que je trouve aussi, c'est une observation qu'on n'a pas quantifié du tout, une observation qui peut être subjective, mais tous mes patients, tous les patients que j'ai vus qui avaient un permis B, j'ai pu discuter avec eux de l'éventualité d'un retour, d'aller ailleurs. Il y avait possibilité d'envisager un départ. Les personnes qui sont restées dans un climat d'angoisse et d'incertitude n'arrivaient pas à imaginer cet état. Et j'ai très peu de patients avec des statuts provisoires avec lesquels je peux aborder l'idée du retour.

Q. : Les gens vont plus mal qu'il y a quelques années, comment vous voyez ça, comment ?

R. : Moi je pense qu'au niveau de la dépendance, c'est difficile de comparer parce que c'est pas les mêmes réfugiés, donc il y a eu tout ce flot de réfugiés bosniaques mais je pense qu'ils vont plus mal qu'il y a quelques années, pour plusieurs raisons. Une des raisons c'est que les conditions d'accueil sont maintenant plus difficiles, mais l'autre raison c'est que ces personnes n'ont pas réussi à se retrouver une stabilité ici. Donc quand on a vu les gens en 1995 c'était en août, le massacre de Srebrenica, les gens venaient directement des camps jusqu'ici, donc c'étaient des gens, des personnes qui arrivaient avec des réactions de stress aigu donc dans un état aigu. Maintenant ils viennent quatre, cinq ans après les événements, ils n'ont pas eu d'assistance, ils n'ont pas eu de reconnaissance de leur traumatisme, pas d'assistance médicale, pas d'assistance sociale, donc ils ont été méprisés, rejetés dans leur pays de départ donc c'est des personnes qui arrivent avec des états chroniques beaucoup plus difficiles à gérer. Et je pense que sur le plan médical cet aspect-là est plus lourd maintenant qu'il y a quatre ans.

Q. : Qu'est-ce qui se passe avec quelqu'un qui ne parle pas tout de suite de son traumatisme, pour quelqu'un qui ne connaît pas, si on veut ?

R. : Alors là, la personne, très souvent les réfugiés, ça c'est ce qu'on observait lorsqu'ils arrivaient dans la phase aiguë, ne disaient rien. Ils étaient enfin arrivés et sortis de tout ça, ils n'avaient plus envie d'y penser donc c'était le comportement d'évitement massif, on n'a pas envie d'en parler et c'était justement un des objectifs du dépistage parce qu'avec quelques symptômes clés on pouvait suspecter qu'il y avait un problème ; à ce moment-là on disait : ça va bien maintenant tant mieux pour vous, mais il y a une éventualité que ça se dégrade par la suite, venez nous voir si tel est le cas. Donc au bout de six mois les gens venaient nous voir en disant : oui vous avez raison, ça fait six mois que j'essaie de me débrouiller tout seul mais je continue à avoir mes cauchemars toutes les nuits, je suis nerveux, je suis irritable, je suis brusque avec mes enfants parce que je suis plein d'agitation, donc ils maintenaient tous ces symptômes du stress post-traumatique. Donc les gens venaient nous voir souvent, on m'a très souvent dit que c'était épuisant la guerre, mais c'est encore plus épuisant de la revivre tous les soirs maintenant dans ma chambre alors que je suis en sécurité avec l'apparition de fatigue, d'état d'épuisement, d'idées dépressives, d'idées suicidaires. Donc j'ai survécu à la guerre pour ma famille, maintenant je suis avec ma famille, je ne supporte plus la présence de ma femme et de mes enfants, j'ai survécu à tout ça et maintenant j'ai envie de me tuer.

Q. : Et par-dessus tout ça, encore les conditions de l'accueil qui se greffent là-dessus.

R. : Maintenant, c'est vrai que la personne qui vient de Bosnie sait qu'elle n'aura pas l'asile, donc il y a un désespoir dès le départ, une impression d'inutilité et de non-reconnaissance : « j'ai pas eu la chance, beaucoup disent, j'avais pas d'argent, je serais bien parti tout de suite, mais en 95 je pouvais pas partir, j'ai essayé de rester le plus longtemps possible, maintenant j'en peux plus. Et puis maintenant on me reconnaît pas alors que j'ai le même traumatisme, j'ai vécu les mêmes choses que mes compatriotes qui sont arrivées il y a quatre ans », donc un sentiment d'injustice qui augmente cette impression de dévalorisation de déchéance qui accompagne la situation.

Q. : Les gens qui arrivent vous les voyez, c'est des cas assez graves ?

R. : Souvent c'est très grave. Vous êtes devant quelqu'un qui a un grave problème de santé et vous ne pouvez pas le soigner. On ne peut pas, alors on fait du traitement palliatif.

Q. : Donc vous ne remplissez pas votre fonction de soignant ?

R. : Non, c'est vrai que ça fait énormément de frustrations, donc on assiste, on est palliatif, on met des médicaments, on calme le jeu mais je sais que si telle personne rentre en Bosnie elle n'aura pas de traitement. Il y a des centres qui se sont créés mais ils ne peuvent pas répondre à la demande, ce n'est absolument pas la priorité sur le plan de la santé. La santé mentale les personnes déplacées en Bosnie, ce n'est pas la priorité sanitaire, de loin, ils ont d'autres priorités, ce qui se comprend très bien mais c'est des gens qui n'auront pas de traitement.
Q. : Ici pour qu'il y ait un traitement il faudrait qu'il soit payé le traitement, c'est ça ?
R. : Ça de toute façon ils sont assurés, donc sitôt qu'ils ont une autorisation de séjour ils sont assurés, donc le problème n'est pas financier. Le problème c'est qu'il faudrait pouvoir organiser quelque chose de cohérent, c'est-à-dire qu'il faudrait pouvoir leur donner ce sentiment de sécurité. Écoutez, vous êtes en Suisse pendant 3 ans, pendant ces 3 ans on vous remet pendant une année ou pendant six mois, mais enfin qu'on vous donne un cadre et puis pendant ce temps-là on va essayer de vous remettre sur pied, de vous redonner des moyens. Il faudrait pouvoir les réinsérer au travail, il y a des tas de structures à Genève, par exemple, les Ateliers Réalise, enfin des tas de structures de réhabilitation à l'emploi qui pourraient être utilisées avec un appui psychologique et une médication à côté, mais on n'a pas accès à cela.
Q. : Donc en d'autres termes pour soigner quelqu'un qui a été gravement perturbé par des questions de torture, des questions de guerre, l'insérer socialement c'est extrêmement important, c'est une manière de le soigner.
R. : Oui, ça fait partie du soin.
Q. : Ça fait partie du soin ?
R. : Tout ce qu'on remet, tout ce qu'on regroupe sous le terme réhabilitation psychosociale, ça fait partie du soin. Alors comment réinsérer quelqu'un qu'on maintient dans une exclusion ?
Q. : Et là, le dilemme il est où, quand votre métier c'est de soigner et que vous ne pouvez pas travailler ?
R. : Le dilemme, il est quand je dis à mon patient : « Écoutez, construisez le présent, ne restez pas accroché au passé, ayez des activités, faites du sport à travailler, occupez-vous de vos enfants au lieu de ressasser tout le temps ces souvenirs. » Une des explications du syndrome de stress post-traumatique chronique, c'est le fait que la personne reste crochée au passé et dissociée du présent. Donc ces deux aspects, les patients nous disent : ma montre elle s'est arrêtée à ce moment-là et depuis je suis resté croché. Donc l'objectif du traitement serait de les dissocier du passé et de les associer au présent, donc on essaie de construire des activités des ressources, « apprenez le français ». Alors on nous répond « mais je peux pas travailler, apprendre le français à quoi bon si je suis obligé de repartir dans deux, trois mois ».
Q. : Mais alors là, vous êtes coincé dans votre travail ?

R. : Moi, actuellement c'est ce que je pense. Je fais du traitement palliatif avec la frustration parce que je sais qu'il y aurait des moyens de faire plus que du palliatif. Mais ça demande des décisions qui ne sont pas du ressort médical, qui sont du ressort politique. Je ne peux même pas rejeter la pierre à l'Office fédéral des réfugiés, ils ont des consignes, ils font ce qu'on leur demande de faire.
Q. : Donc si je traduis ça pour ma recherche, ça veut dire que derrière le défi humanitaire il y a clairement une question politique, dans le cadre de l'exercice de votre métier ?
R. : Oui, la contrainte elle est claire. Et c'est du jour au lendemain. Du jour au lendemain on a décidé que maintenant eh bien les Bosniaques n'auraient plus le droit à l'asile parce qu'on a décidé qu'il n'y a plus la continuité entre la guerre et le départ.
Q. : Quand je vous écoute, je me dis : la torture elle est où, elle est là-bas, elle est presque ici ?
R. : Pour moi, comme citoyen suisse c'est ce qui me révolterait, je le mets au conditionnel parce que la Suisse fait énormément, elle fait beaucoup de choses, ce que je déplore c'est qu'on ne le fasse pas bien. On pourrait être moins cher, plus efficace et mieux si on avait un peu une vision plus souple. Donc je raisonne en termes de population, de chiffres, et là il y a des choses que je ne comprends pas. Mais ce que moi je ne peux pas accepter, c'est qu'on achève des personnes. Il y a un travail de destructuration, de démolition de l'individu qui est commencé dans un pays et puis nous par négligence, par méfiance, on achève la personne. Il y a beaucoup de réfugiés qui me disent : « Vous savez, c'est dur d'être torturé par nos ennemis, mais quand c'est nos amis ! » Les gens décrivent : « je suis arrivé en Suisse, pour moi c'était le pays des droits de l'homme, j'arrivais dans un autre pays, j'allais recommencer » et ces décisions administratives, c'est vraiment les écraser d'une manière définitive.
Q. : Et c'est, comment vous comprenez en tant que soignant ce *double bind* qu'on envoie, un message complètement contradictoire. Parce qu'on les reçoit et en même temps on ne les soigne pas. Comment vous comprenez ça ?
R. : Je pense que c'est un peu l'attitude de la Suisse entre la Croix-Rouge et les affaires. J'ai un exemple. C'est une réponse admirable d'un réfugié, un patient iranien qui avait passé 4 ans et demi dans une prison et puis qui n'avait pas pu s'exprimer lors des auditions. Une chose que j'ai apprise, c'est que l'auditeur était lui-même originaire du Proche-Orient et puis c'était une époque où il y avait des en-têtes dans tous les journaux. Deux avocats étaient poursuivis pour avoir répandu des listes de réfugiés à l'Ambassade d'Iran, donc les Iraniens avaient pour consigne de ne pas tout raconter. Et la personne n'avait pas eu l'asile. Et moi, j'avais fait un rapport médical en entrant dans le détail des tortures, c'est quelqu'un qui avait passé 4 ans et demi qui ne se rappelait plus des dates, il ne savait plus quand on l'avait

transféré d'une prison à l'autre, il avait une incohérence dans les enchaînements, des événements par contre quand il décrivait le mur sur lequel on lui écrasait le visage, il décrivait la tache jaune qu'il y avait sur le mur. Il décrivait le corridor avec les marches cassées, enfin c'était extrêmement concret dans les détails ce qu'il racontait, mais il fallait aller chercher des détails qui étaient plus du domaine médical. Et quand j'ai eu la réponse de l'Office des réfugiés qu'ils étaient très surpris par la qualité et la quantité des détails fournis aux personnel soignant alors que chez eux il n'avait pas parlé au point qu'ils se demandaient si c'était bien la même personne. Ils disaient que donc ils étaient conscients qu'il y avait de la méfiance et que le cabinet était plus propice à enlever cette méfiance mais que l'Office fédéral des réfugiés était en droit d'exiger la confiance du patient. Donc notamment en vue de la bonne réputation de la Suisse et de la Croix-Rouge internationale, ils ont fait un petit laïus là-dessus. Donc moi j'ai l'impression qu'on a envie de conserver une image mais on veut pas en payer les frais.

Q. : C'est impressionnant.

R. : C'est un peu schizo, un peu dichotomique, j'ai de la peine à comprendre d'autant plus que ces réfugiés c'est 140 000 personnes sur 1 400 000, c'est 10 % de la population étrangère. Alors on lutte contre l'afflux étranger en privant 10 % parce que c'est vraiment la population la plus défavorisée et ça je suis pas économiste du tout, 10 % c'est quand même 1,8 % de la population suisse qui est réfugiée, c'est pas loin de 2 %, c'est pas du tout négligeable, mais c'est pas les 20 %, alors quand on aura exclu ceux-là, qu'est-ce qu'on fera avec les 18 % restant (rires) ?

Q. : C'est vrai, et puis de laisser des gens comme on dit sans soins pendant longtemps, qu'est-ce que vous constatez sur l'entourage ?

R. : Eh bien, c'est toute la famille qui est détruite. Tout le groupe est destructuré, donc une famille qui n'arrive pas à reprendre sa position, sa place, qui reste dysfonctionnelle, qui est infantilisée, qui doit aller avec son fils pour se faire traduire les documents officiels. Il y a toute la famille qui est détruite, les enfants qui vont probablement devoir rester, quand on renouvelle de 6 mois en 6 mois les permis, ils restent avec 10 ans d'incertitude comme certaines familles de Kosovars. Les implications, ce serait le sujet de l'étude, mais je suis sûre qu'elles sont très lourdes à long terme.

Q. : Vous voyez aussi les enfants ?

R. : Des adolescents et des adolescents non accompagnés aussi.

Q. : Ah oui. Et justement, par exemple, le cas des adolescents non accompagnés, qu'est-ce qui vous frappe alors ?

R. : Là aussi, on arrive assez rapidement à les stabiliser. De nouveau, au niveau des places d'apprentissage, des perspectives d'avenir, de reconstruire quelque chose c'est extrêmement difficile. Pour moi, une des catégories de réfugiés les plus défavorisés c'est les grands adolescents, les jeunes adultes.

Parce qu'on n'a rien à leur proposer à part le trafic de drogue. Donc ils finissent leur classe d'accueil, les places d'apprentissage sont extrêmement difficiles à trouver ; il faut vraiment que les professeurs, tout le monde, tout le réseau se mobilise à fond, on arrive à trouver, mais pour les quelques cas qui suscitent de l'intérêt, la plupart, tous les jeunes Kosovars qui n'ont plus de système scolaire depuis 91, je crois, les écoles ont été fermées, ça fait à peu près 10 ans qu'ils n'ont plus de formation, donc ils sont en Suisse sans formation, sans avenir, sans passé avec des demandes de la famille sur place « envoie-nous de l'argent pour reconstruire les maisons », il y a énormément de pressions, ils n'ont pas tellement le choix. Moi je suis surpris qu'il n'y en ait pas plus qui fassent des délinquances plus grosses que celles qu'on leur reproche.
Q. : C'est impressionnant comme tableau.
R. : C'est peut-être biaisé parce que je ne suis vraiment pas dans le collimateur pour ce genre de patients, c'est vrai que c'est très frustrant.
Q. : Par rapport à ma recherche alors, vous êtes placé devant un choix où vous ne pouvez pas décider. C'est vraiment quelque chose qui vous est imposé si je comprends bien, c'est d'ordre politique ou d'ordre éthique ?
R. : Euh, l'éthique, je ne sais pas très bien où la placer dans cette problématique. Moi j'ai l'impression que je fais mon travail avec toute la conscience professionnelle que je peux, il y a des fois où comme citoyen, je trouve extrêmement difficile de devoir dire aux gens qui arrivent en Suisse après 3 ou 4 fois quand on sent qu'ils vont un tout petit peu mieux je leur dis : bon eh bien, maintenant vous allez mieux réfléchissez pour partir ailleurs, mais c'est leur intérêt de le faire donc même si c'est pas du tout la politique que j'aimerais défendre, par intérêt pour mon patient, sachant qu'il va probablement rester 5-6 ans dans des difficultés majeures s'il reste, eh bien c'est vrai qu'on a intérêt à les faire partir, donc moi je trouve frustrant, il y a des gens qui ont beaucoup de potentiel, qui pourraient participer au développement de la Suisse qu'on doit faire partir. Et puis pour finir ceux qui restent c'est ceux qui n'ont pas les ressources pour aller plus loin.
Q. : Donc la question du défi humanitaire, elle est d'ordre politique et du cadre, professionnel au sens étroit aussi ?
R. : Ouais, ouais, moi je pense qu'on ferait mieux de dire aux gens : écoutez, on n'entre pas en matière, point. Mais si on entre en matière, il faut le faire sérieusement. Et puis avec tous les Africains maintenant, c'est vrai qu'il y a énormément chez les Africains et c'est systématiquement des refus. À mon avis il y a un préjugé, on ne veut pas d'Africains donc l'Africain ment et quand on regarde les auditions des Africains, elles sont faites pour faire ressortir tout ce qui est faux. On ne cherche pas et en Afrique tout est possible et la plupart des auditeurs n'ont jamais mis les pieds en Afrique, donc ils ne connaissent rien de l'Afrique, donc comment est-ce qu'ils peuvent évaluer la vraisemblance d'un récit africain ? Moi, j'ai des patients qui ont été très sévèrement maltraités dans leur pays en Angola, au Zaïre ; à

Kinshasa et dans le reste du Zaïre, c'est des gens qui arrivent avec des handicaps physiques massifs. Donc, là aussi, c'est frustrant. Sur le plan des symptômes du stress post-traumatique, c'est vrai que c'est des gens qui sont bien stabilisés. Il y en a un qui est venu me dire : « maintenant j'ai de nouveau plaisir à jouer avec mes enfants, avant je ne les supportais pas. J'arrive de nouveau à parler avec ma femme ». C'est pas une histoire qui a été construite pour obtenir l'asile. Et on a fait un recours. En pensant à un cas précis, je pense qu'il n'aura pas l'asile avec mon expérience. Donc là je pense qu'il y a un biais, et puis bon, c'est ce qu'on répète toujours mais sur le plan de l'État de droit, comme citoyen je trouve ça redoutable, si on fait une loi et puis qu'ensuite on essaie de tordre l'esprit de la loi pour ne pas l'appliquer, on démolit tous les fondements de l'État de droit à mon avis.

Q. : Et alors que se passe-t-il ?

R. : Eh bien, on peut imaginer que des décisions de ce type prises pour l'asile, eh bien pourquoi ne pas les généraliser, les appliquer sur les chômeurs et puis avoir la même attitude pour détourner la loi de son sens. Il y a une loi qui est là pour protéger les victimes et pour ne pas l'appliquer, on dit que ce ne sont pas des victimes. Mais cette non-reconnaissance du traumatisme, ce mépris, c'est quelque chose qui achève les gens.

Q. : Vous avez l'impression qu'on vit en État de droit à partir de votre pratique ?

R. : Euh, je pense quand même que oui, parce que les personnes ont des possibilités de recours, mais on est en train d'attaquer ces possibilités de recours, on est en train de retirer la chair du squelette avec des mesures comme ça. C'est vrai qu'il y a beaucoup de recours, que ces recours font que les dossiers traînent, on aimerait qu'ils soient réglés rapidement. C'est vrai que c'est un équilibre qui est difficile à maintenir. Je ne suis pas juriste, mais je pense que dans l'analyse de ces dossiers, on devrait avoir plus de professionnalisme et le légiste ne devrait pas faire le boulot du politicien. C'est au politicien de dire « écoutez maintenant on ne prend plus tel », ça a été très clair pour les roumains, la Roumanie, la Tchéquie, la Slovénie, enfin ces pays-là sont des pays sûrs donc on n'entre pas en matière. Et moi je trouve que ça c'est beaucoup plus cohérent que de dire : on entre en matière mais de toute façon tous les gens qui viennent de ces régions sont des menteurs, on ne les prend pas.

Q. : Et comment on explique ce double message constant ? Comment il faut le comprendre au niveau du système politique lui-même, est-ce que ça a été toujours constant, à l'extrême est-ce que c'est dans la nature du système politique suisse ou européen ou je sais pas quoi et puis il faut faire avec ou bien est-ce que c'est apparu dernièrement et c'est une stratégie ?

R. : Moi j'ai l'impression qu'il y a une époque où l'asile était utilisé pour des raisons politiques, on était bien contents de recevoir les opposants des régimes communistes et puis la loi d'asile a été crée à cette époque de guerre froide. Maintenant le contexte est différent, donc on n'a pas envie d'utiliser la loi pour aide économique donc on a fait cet amalgame entre réfugiés politiques et réfugiés économiques au niveau des années 80 et puis on a continué de le faire lorsqu'on parle du Kosovo et qu'on dit que ce sont des réfugiés économiques. Ou qu'on parle des Kurdes et qu'on dit que ce sont des réfugiés économiques. C'est vrai que l'Est de la Turquie est détruit, mais quand on peut pas vivre sur place on est obligé de partir alors où est la limite entre l'économie et le politique, moi je n'arrive pas bien à la distinguer. C'est d'autant plus difficile quand on est un petit paysan, comme j'ai un de mes patients qui habitait sur un col près de la frontière avec l'Irak, la nuit le PKK passait chez lui et le jour l'armée, donc il était tout le temps pris entre deux feux, ses enfants, sa femme se sont fait agresser et lui a été agressé ; pour finir il a abandonné sa ferme et il est venu en Europe, ce n'est pas un réfugié politique ?

Q. : Donc il y a l'hospitalité. Vous, à partir de votre pratique de soignant, vous l'expérimentez ?

R. : Je ne sais pas si vous vous souvenez l'époque de la prise de Budapest, je ne me souviens plus combien de Hongrois sont passés par la Suisse. Moi je me rappelle très bien qu'on en avait eu plusieurs à la maison qui avaient continué sur le Canada ensuite et qu'on avait là ; on avait, toute la population avait accueilli des gens. Et j'ai l'impression que ce genre d'attitude n'existe plus. Parce qu'on est devenus riches, on n'a plus envie, est-ce que c'est la peur de se faire prendre ce qu'on a acquis, je ne sais pas. J'ai l'impression qu'on est très sur la défensive.

Q. : Donc c'est autant la population que les autorités ?

R. : La population c'est quand même la politique, c'est quand même la population qui a voté en fin de compte. Et qui la soutient. Et puis c'est vrai qu'il y a beaucoup de manipulation. Je n'arrive pas à comprendre pourquoi les réfugiés ont une telle importance lorsqu'on parle des migrants alors qu'ils représentent 1,8 % de la population totale, 10 % de la population d'étrangers.

Q. : Donc du point de vue de ma recherche, qu'est-ce qu'il faudrait creuser comme type de problème autour de ce fameux défi humanitaire ?

R. : Moi, j'aurais dit qu'humanitaire, c'est permettre à un individu de retrouver des conditions de vie normale. Donc on a cette pyramide de Mazlov dans les soins infirmiers, avec les besoins sécuritaires, tous les degrés et pis on dit bien que chaque étage doit être rempli pour passer à l'étage suivant. Donc pour moi le travail humanitaire du soignant, c'est pour l'individu, c'est l'aider à retrouver une pyramide la plus équilibrée possible.

Q. : Donc ça pourrait être un outil, mais un outil qui n'est pas applicable ?

R. : Parce que le deuxième degré, les besoins sécuritaires, les besoins de stabilité, les besoins de reconnaissance sociale, professionnelle ne sont pas réalisables.

Q. : Donc j'en arrive aux questions de recherche que vous formuleriez vous…

R. : L'humanitaire pour le médecin, est-ce que ce serait... d'abord je pense que c'est un travail qui devrait être beaucoup mieux coordonné, on devrait beaucoup plus travailler en réseau. Le médecin, l'infirmière, tout seuls il ne peuvent rien faire, l'assistant social tout seul non plus, souvent l'avocat ou le mandataire non plus. On a besoin de travailler en réseau.
Q. : Donc élargir la vision, oui, se décentrer, ça fait partie donc des exigences du travail. Et là, parce que je vous écoute et toujours dans la perspective de ma recherche, ce qui me frappe c'est que vous avez pas des problèmes médicaux insurmontables, mais vous avez un cadre qui vous coince terriblement. Et il est cantonal, il est fédéral ?
R. : On est probablement le canton le plus ouvert. Il est fédéral. Les cantons romands sont tous plus souples que la plupart des cantons allemands.
Q. : Et vos outils ?
R. : Le rapport médical, c'est extrêmement utile pour le patient, mais qui demande un peu, que le médecin s'engage, donc il se mouille.
Q. : Ce qui veut dire en clair que vous ne faites pas qu'écrire mais que vous décrivez, vous interprétez ce que vous décrivez.
R. : En restant sur le plan médical.
Q. : En restant sur le plan médical, donc on s'autorise à nommer la chose qu'on a vue.
R. : Oui, alors moi dans ma conclusion je dis : j'estime que le tableau clinique présenté est compatible avec les séquelles de violences que M. X affirme avoir subies. Pour moi ça fait partie... ça reste sur le plan médical.
Q. : Et puis on vous accuse de dire ça sans avoir de preuves pour le dire, c'est ça ?
R. : Alors il faut être extrêmement scientifique, vous êtes dans la médecine légale. C'est aussi ce qu'on nous demande chaque fois quand j'ai fait des présentations à la commission de recours à l'Office des réfugiés, on nous a dit : mais quelle preuve, quel degré, quel pourcentage de probabilité vous pouvez fournir ? Et de nouveau le médecin ne pourra jamais fournir à 100 %, c'est pas à lui, le juge non plus d'ailleurs, son intime conviction ne sera jamais à 100 %, par contre il y a des tableaux cliniques et il y a une vraisemblance, mais la loi exige que le réfugié apporte la preuve de la vraisemblance.
Q. : Le fameux article 8 de la loi sur l'asile de la charge de la preuve qui incombe au réfugié.
R. : Donc vraisemblance de nouveau sur le plan légal, je ne sais pas où elle, je n'ai pas trouvé de définition, mais quand j'ai posé la question à des légistes, on a des différences dans la définition qui sont extrêmement larges.
Q. : Donc en d'autres termes quand on est médecin et qu'on veut faire bien son travail dans un tel contexte, ça présuppose d'empoigner son crayon d'une autre manière, d'avoir une certaine position sur le travail ?
R. : Je pense que lorsqu'il s'agit de violence, pour être thérapeutique il faut établir une relation très particulière avec le patient. D'habitude, en

psychiatrie, on parle de cette neutralité bienveillante. À mon avis elle est contre-indiquée lorsqu'on a une victime de violence. C'est quelqu'un qui vit quelque chose qui est en dehors du cadre humain normal, donc il se sent exclu, donc si on reste neutre, on le maintient en dehors de tout cela. Donc il faut être capable d'enlever sa blouse et d'aller s'asseoir à côté du patient et puis d'avoir un contact beaucoup plus proche. Donc d'aller dans l'empathie et d'aller vers la proximité. C'est ce que les Espagnols, les Argentins entendaient quand ils parlaient du lien de compromission. Il faut se compromettre, le dire, être d'accord avec le patient, être à côté de lui pour déclarer que ce qu'il a vécu est intolérable, que c'est insupportable et puis montrer qu'on est touché par les sévices.

Q. : Et ça vous paraît bizarre de faire ça dans votre pratique professionnelle en Suisse ?

R. : Pas à moi, je sais que beaucoup de collègues se sentent très gênés.

Q. : Donc à l'extrême, si je comprends bien, pour travailler dans ce type de problème il faut poser des questions épistémologiques et des manières de travailler à ses propres collègues ?

R. :Oui.

Q. : Et vous avez des difficultés professionnelles à ce niveau-là, quand vous avez fait ça ?

R. : Oui, je pense oui, je pense qu'on m'a très souvent reproché d'aller très loin dans l'empathie, de ne pas garder la distance. Ce qui m'a fait sourire parce que j'ai vu que mes collègues, ils avaient autant de problèmes de distance que moi, simplement qu'eux, ils le rejetaient, ils refusaient de le voir. Mais quand une mère de famille vient de dire que ses enfants de sept et haut ans subissent des atrocités, on ne peut pas garder la distance. Donc là il y a une gestion de l'empathie particulière au domaine de la violence. Quand il s'agit de Suisses à la consultation de la violence, c'est la même chose. Quelqu'un vous raconte qu'elle s'est fait agresser dans la rue et violer par trois types, on ne peut pas rester froid, la neutralité bienveillante, ça donne quelque chose d'extrêmement insultant pour la personne. Elle vous raconte des horreurs, elle est en larmes, toute cette émotion qui sort et vous, vous restez neutre. Je pense que là il n'y a pas d'engagement. Cette capacité de s'engager, de se révolter avec le patient pour ce qui est arrivé et de montrer qu'on est ému mais qu'on le gère, qu'on arrive à gérer cela, c'est thérapeutique et c'est ça qui crée la relation qui permet ensuite de conduire la personne, de ramener la personne dans un contexte.

Q. : Et vous avez l'impression que le personnel soignant est formé à ça ?

R. : Je pense que dans mon lieu de travail maintenant on l'aborde, on l'aborde par plusieurs biais, on l'aborde par la description de la violence et la prise en charge de la victime de violence. On l'aborde lorsqu'on parle de l'interprétation quand on travaille avec interprète. Il y a plusieurs domaines, on va l'aborder bientôt lorsqu'on parlera du rapport médical. Les psychanalystes ont développé aussi un modèle, ils parlent du *holding*. Il faut qu'il puisse y avoir un *containment* qui puisse contenir toute cette émotion qui va sortir, sinon l'émotion va faire exploser le cadre ou alors la patiente va être extrêmement frustrée et blessée et son récit sera une retraumatisation. Donc il faut que les gens soient capables de contenir cela. Ça m'avait été très bien exprimé par un patient à qui j'avais demandé pourquoi il ne m'avait jamais parlé de son passé de prisonnier, et puis il m'avait dit : mais votre collègue était beaucoup trop jeune pour m'entendre.

Q. : Si je reviens encore dans ma recherche, il y aurait des choses à faire au niveau de la formation des infirmières, des médecins, des psychologues, à Genève, en Suisse sur ces questions.

R. : Au niveau de la violence, de la manière d'aborder la victime de violences, oui. Au niveau aussi de l'information, des informations générales sur la prise en charge aussi.

Q. : Vous avez un nombre de patients important qui ont subi des violences ?

R. : Ça dépend des conflits. En 1993, on avait fait des chiffres qu'on présente chaque fois. Dans notre questionnaire de dépistage, 573 personnes, 61 % disaient avoir vécu quelque chose de traumatisant.

Q. : C'est énorme.

R. : Et quand on posait la question : avez-vous été torturé, sans définition de torture, 18 % des gens répondaient oui. Donc ça dépend des provenances et des moments d'arrivée de migrants. Ce que je pense, c'est qu'actuellement les grands conflits violents sont calmés, donc on aura beaucoup plus de personnes individuelles, donc on n'aura plus les populations traumatisées qui arrivent, par contre on aura des individus et de nouveau il faudra aller les rechercher à la base. Donc là je pense que les rapports vont être différents.

Q. : Il y a un message aux autorités et aussi aux professionnels, que c'est une autre façon de travailler qu'implique la violence sur le travail et que ça peut être entendu d'une manière assez large et qu'au fond ce n'est pas seulement le médecin, pas seulement l'infirmière mais même l'assistant social, le policier, c'est un message qu'au fond vous lanceriez un peu à tout le monde ?

R. : Il y a 4 semaines, une jeune Éthiopienne s'est fait contrôler dans un bus, c'est quelqu'un qui oublie tout. Elle oublie tout et oublie son abonnement, donc elle a été interpellée dans le bus, elle a paniqué, elle ne parle pas français elle n'a pas réussi à s'expliquer, on l'a emmenée au poste, à la gare, là elle a commencé à s'énerver, elle s'est agitée, ils ont fait venir la police, la police l'a contenue par la force, on lui a prélevé 60 francs dans son porte-monnaie pour payer l'amende et on l'a expulsée, elle est passée au CMC elle a fait vingt-quatre heures d'hospitalisation suite à cette interpellation. Complètement décompensée. Là l'inspecteur, enfin le contrôleur des TPG (bus), il aurait pu peut-être se dire : « tiens y'a peut-être autre chose derrière son agitation, c'est pas forcément de la culpabilité ». La police, des fois ça se passe extrêmement bien, j'ai eu plusieurs fois des patients qui chaque fois qu'ils étaient interpellés pour un contrôle d'identité, évidemment ils avaient un faciès qui attirait cela, ça se terminait par une contention par la force, menottes aux poings, des blessures parce qu'ils étaient agités, ils paniquaient. Alors à mon avis il y a de la formation à donner, et puis cette formation elle est utile aussi pour la population suisse parce qu'une victime de violences en Suisse a aussi besoin d'un accueil, et moi ce que je trouve d'intéressant avec les migrants c'est qu'ils sont une caricature de tous les problèmes qu'on peut rencontrer chez un autre patient. Les attitudes développées pour aborder un migrant devraient les mêmes pour aborder un Suisse. Le respect, enfin tous ces critères-là simplement, c'est rendu extrêmement, enfin beaucoup plus évident et difficile avec des migrants à cause de la barrière de langue, de la culture différente, de toutes ces difficultés-là.

Q. : C'est un bon lieu d'observation.

R. : C'est un miroir qui nous oblige à réfléchir : comment moi je fais quand je suis en face, donc, sur le plan pédagogique c'est extrêmement intéressant.

Q. : Donc là il y a un message bien plus large et ce message d'engagement, je l'entends presque comme une exigence professionnelle ou de réalisme, une sorte de réalisme. Je l'entends comme ça.

R. : Oui. Si on veut être efficace, il faut pouvoir le faire. Donc il faut pouvoir le contrôler et là, ça devient peut-être philosophique parce que, quelle différence on fait entre l'empathie et la sympathie ? Donc moi on m'a souvent dit : « mais comment vous faites ? ». Il y a trois mois, j'avais un patient qui était un sociopathe, un type qui avait énormément de choses à se reprocher qui était agressif, injurieux, enfin qui a fait paniquer tous les foyers. Il a terrorisé les mandataires du Centre social protestant, il est venu à l'hôpital, il s'est retrouvé sur la passerelle entre les deux bâtiments, menaçant de se suicider. Il disait « retirez les voitures, je vais sauter » donc il a fallu le faire descendre ; extrêmement virulent, injurieux, il est allé chez son avocat avec un bidon d'essence, il a dit : « écoutez si vous me faites pas mon recours je m'allume », l'avocat lui a dit : « de toute façon je ferai votre recours, mais si vous voulez vous allumer vous le faites sur le trottoir » . Donc c'était quelqu'un d'extrêmement virulent, mais comment est-ce que tu peux prendre suivre, travailler avec un type aussi horrible que cela. Donc il a été expulsé, mais là je pense que c'est de l'empathie qu'il fallait avoir avec lui.

Q. : Vous faisiez une distinction entre empathie et sympathie.

R. : Je pense que ce serait intéressant dans les cours de parler de cette distinction parce qu'on a beaucoup de sympathie pour nos patients et là on se met en danger, et l'empathie c'est ce nous permet d'entendre des histoires très proches, très horribles et d'être proche du patient mais sans… J'ai eu un exemple extraordinaire de relation emphatique de professeur de l'hôpital. Mon patient est sorti c'était quelqu'un victime de tortures, un jeune adolescent très paranoïaque, « mais elle est extraordinaire cette femme, c'est fantastique, j'espère qu'elle va pouvoir m'aider » et puis la prof n'a jamais donné suite. Alors le patient est venu me dire ensuite « écoutez, voyez, même elle qui était si gentille, elle s'occupe pas de moi donc je suis vraiment nul. Donc l'empathie, il faut avoir le sens des responsabilités et si on l'utilise pour ouvrir une porte, il ne faut pas la claquer au nez après.

Q. : Si je retraduis par rapport à ce qui m'occupe, ça voudrait dire qu'en tout cas pour l'ensemble des professionnels, cette distinction empathie/sympathie est une bonne manière d'entrer en relation ?

R. : Oui.

Q. : Donc l'engagement d'un côté, s'engager dans la relation, mais s'engager pas n'importe comment, s'engager avec empathie ?

R. : C'est la réflexion que je me suis faite lorsqu'on m'a posé cette question des manières d'aborder les choses dans le travail. Et puis je me disais : mais quelle différence il y a entre les personnes qui travaillent comme moi et puis d'autres personnes ? Ce n'est pas quelque chose qu'on hérite, je pense que ce sont des capacités qu'on peut affiner.

Q. : Tout à fait, c'est un aspect ; est-ce qu'il y a d'autres choses que vous diriez maintenant autour de/à partir de votre pratique, qu'il faudrait donc remarquer que ce soit au niveau des outils, au niveau du cadre, au niveau des dilemmes qui se présentent ?

R. : Une chose que j'aimerais dire, c'est qu'il faut éviter d'être sidéré par l'horreur des histoires qu'on entend. Et que ce ne sont pas les pires histoires qui ont les pires pronostics. J'ai entendu une histoire horrible et elle m'a hanté. Eh bien c'est quelqu'un qui en trois mois parlait français, avait trouvé du travail, avait un bébé de son épouse qui avait accouché dans de bonnes conditions, on lui avait trouvé une hépatite C active qui lui avait été transmise lors de prélèvements de sang obligatoires en Bosnie, donc on lui prenait le sang pour les soldats serbes blessés et c'est quelqu'un qui maintenant a un travail régulier fixe, dans une institution avec sa femme. Ils ont fait un stage, les responsables ont été enchantés et tout de suite on leur a donné un contrat fixe sans qu'ils fassent la formation. Donc ce n'est pas l'horreur de l'histoire. Par contre il faut évaluer la résilience de la personne.

Q. : Résilience, c'est-à-dire ?

R. : Sa capacité de résister, de surmonter les chocs. Il y a beaucoup de paramètres, il faut avoir une bonne connaissance sur les antécédents, l'histoire de la personne, les violences familiales sont extrêmement importantes. Il y a tout un tas de facteurs, de paramètres dont il faut tenir compte et souvent on est sidéré par l'horreur de l'histoire, on veut absolument faire quelque chose, l'histoire finit par faire dysfonctionner, désorganiser le réseau qui pouvait prendre en charge la victime. Donc ça fait partie à mon avis de la préparation et puis du soutien aux équipes. Le travail à mon avis devrait être fait en réseau et puis ces réseaux doivent être soutenus.

Q. : Et vous trouvez qu'à Genève l'équipement est suffisant ?

R. : Il y a tout ce qu'il faut à Genève, mais ce n'est pas coordonné. Et le travail en réseau est extrêmement difficile à organiser. Et moi je suis surpris après 10 ans de découvrir des structures que je ne connaissais pas.
Q. : Et pour quelle raison d'après vous ?
R. : Je crois que chaque institut c'est un peu l'esprit de clocher, chaque institut travaille un peu en défiance par rapport aux autres. Quand on a des relations personnelles, ça fonctionne, mais si on n'a pas des relations personnelles c'est très difficile de travailler en réseau.
Q. : Si je traduis, ça veut dire qu'il y a un marché de tout ça qui fait que les gens sont concurrents ou bien c'est un autre problème ?
R. : Probablement oui, je pense que maintenant les impératifs économiques sont encore plus importants qu'avant puisqu'il y a une réduction de tous les fonds. Mais je ne pense pas que c'est qu'un problème financier, il y a aussi des attitudes institutionnelles, des objectifs, des volontés de monopole, c'est difficile.
Q. : Et là il y aurait quelque chose qui devrait se faire ?
R. : Il faudrait vraiment qu'on arrive à coordonner, à structurer le réseau, à définir la place que chacun occupe dans le réseau, à définir les créneaux et le faire de manière pas trop rigide.
Q. : Après ce qui a été dit, on en arrive à la question de la soumission vis-à-vis de l'autorité fédérale, pas cantonale ? Comment vous voyez cette affaire-là de la soumission ? Parce que bon, le canton est obligé d'obéir à Berne, vous êtes obligé en tant que professionnel d'obéir au canton etc., donc comment vous voyez la chaîne de la soumission et de l'insoumission ?
R. : J'aurais envie de relancer l'histoire du prix à payer. C'est vrai qu'il y a un moment où on a des exigences éthiques et puis il faut alors... Jusqu'à maintenant je n'ai pas eu à le faire, je n'ai jamais caché de réfugié chez moi. Je suis quand même resté dans un cadre légal. Je pense qu'il y aurait une collaboration intercantonale à développer. Peut-être qu'en essayant d'avoir des projets, des analyses communes il y aurait un levier plus puissant.
Q. : Ça soulagerait un peu cet aspect du cadre politique dans le travail. Et que pourraient faire les professionnels de ce point de vue-là? Et au fond quelle est la marge d'action que vous avez sur le cadre politique?
R. : Est-ce qu'on ne pourrait pas montrer que les mesures prises sur le plan économique tout simplement sont coûteuses, que maintenir une population de réfugiés dans une dépendance pendant 10 ans coûte beaucoup plus cher que de les autonomiser au bout de 6 mois, quitte à les renvoyer. Je ne sais pas, là il me semble qu'il y aurait un créneau de recherche économique à développer. Au niveau de contrer tous les lieux communs cités par Blocher (parlementaire du parti l'UDC, union démocratique du centre) sur la criminalité chez les réfugiés, on n'arrive jamais à obtenir des chiffres vraiment convaincants. Il y a trois ans ils avaient nettoyé la place du Letten à Zurich, j'avais téléphoné à la police de Zurich pour demander les chiffres, c'est un journaliste qui l'avait fait pour moi et puis lorsqu'on regardait la

population il n'y avait pas plus d'étrangers que dans la population normale. Donc on avait vraiment l'impression que c'était une image fausse, alors il faudrait aussi donner des chiffres qui tiennent compte de l'aspect économique, dans une population suisse dans une situation économique comparable à celle des Kosovars, est-ce qu'on a un taux de criminalité analogue ? Moi j'ai l'impression qu'il y aurait beaucoup de choses à faire sur le plan sociologique là.

Q. : Est-ce qu'on n'arrive pas à un moment où les professionnels doivent s'organiser d'une autre manière quand le cadre est si pesant ? Est-ce qu'il faudrait faire avancer une créativité plus grande ?

R. : Il faudrait plus de réalisme professionnel.

Q. : Vous ne pensez pas qu'à un certain moment, rendre ces choses publiques c'est nécessaire ? Vous pensez que les associations de professionnels, par exemple, sont suffisamment interpellées par toutes ces situations ?

R. : Moi je trouve qu'elles ne sont pas suffisamment combatives.

Q. : Justement, si on pose une définition de la santé plus large, les problèmes, je dirais, les questions éthiques deviennent aussi plus larges et au fond quels sont les canaux alors pour élaborer un peu ces problèmes, comment vous voyez ça ?

R. : Je ne sais pas du tout comment faire, l'autre aspect c'est que si on se met à décider, enfin c'est ce qui se passe maintenant, on décide des admissions en Suisse pour raisons médicales, donc tout le monde est malade. Donc on va nous répondre : « mais écoutez toutes vos histoires de viol c'est des histoires construites », donc on crée le bénéfice, enfin c'est le même problèmes pour l'AI (l'assurance-invalidité), pour tous les domaines. Après la guerre du Koweït, la commission d'indemnité des Nations unies avait nommé un panneau d'experts, je ne sais pas si vous aviez vu ce rapport pour évaluer donc les critères d'indemnisation pour les Koweïtens, et ce panneau d'experts a proposé comme base du traitement 4 points, donc la reconnaissance du traumatisme, le traitement médical, une forme d'indemnisation et puis une aide à la reconstruction de l'avenir, donc c'était les 4 points, c'était extrêmement grand et puis lorsqu'il s'agit des indemnisations qui étaient financières, donc c'était l'Irak qui payait, c'était pas un gros problème pour les Nations unies... on a décidé que toutes les personnes détenues par les Irakiens seraient indemnisées.

Q. : S'ils appliquaient ça aux réfugiés (rire)...

R. : Eh oui !

Q. : Ici , des critères de prise en charge de ce niveau-là ?

R. : Bon, c'était plus facile au Koweït puisque c'était l'Irak, ennemi vaincu, qui devait payer, c'est plus difficile chez nous puisque c'est nous qui devons payer.

Q. : D'un point de vue interdisciplinaire des professionnels, est-ce qu'il n'y a pas quelque chose à faire ? Pour élaborer ces notions de... je sais pas comment on peut dire... de justice ou de santé/justice, où il faudrait voir quel concept il faut mettre pour définir cette situation de dignité humaine, par exemple, et puis poser des critères qui soient interdisciplinaires et construire quelque chose là. Est-ce que c'est des choses qui ont été discutées un petit peu dans entre les professionnels ou bien pas du tout ?

R. : Je ne crois pas.

Q. : Et vous, vous pensez que ça peut correspondre à un besoin, à un état d'évolution, ou bien pas ?

R. : Moi, je pense que ça correspond certainement à un besoin de la réflexion. Sur le plan pratique, je vois nettement les implications. J'avais l'impression que les critères maintenant sont tellement strictement économiques que si on montre que ça va coûter plus cher, on ne sera pas écoutés.

Q. : Qu'est-ce qui pourrait tenir ensemble un policier, un assistant social, un médecin et la carrière, un guichétiste dans le traitement des étrangers ?

R. : Montrer qu'un accueil favorable soulage, fait moins de problèmes. Donc c'est vrai que le patient qui a été bien pris en charge, ce patient... après quelques consultations on a réussi à trouver un moyen pour calmer ses accès d'angoisse et quand il a été contrôlé par la police, il n'y avait plus besoin de le contenir par la force donc au lieu d'avoir 10 policiers qui arrivent pour le neutraliser, il aurait suffi de lui dire : « mais écoutez, vous êtes en Suisse, calmez-vous n'ayez pas peur », donc on a fait monter la vapeur, donc c'est vrai que là une collaboration montre simplement que sur le plan professionnel ça facilite le travail, le contact. Et moi je suis sûr que le policier ne veut pas utiliser la force. D'abord il risque de prendre des coups et personne n'aime cela. Donc c'est vrai qu'au niveau du travail, montrer à l'assistant social qu'une bonne collaboration permet de d'éliminer les difficultés.

Q. : On peut se demander s'il ne faudrait pas une grille interdisciplinaire qui soit un espèce de référent et par exemple qu'on soumette les cas de coupure d'assistance comme d'autres faits à cette grille et on peut se demander si ça devrait pas être quelque chose qui se construit par un collectif de professionnels interdisciplinaire ?

R. : Moi je pense que ce serait nécessaire. Il y a beaucoup d'attitudes institutionnelles qui sont prises de manière unilatérale. L'exemple le plus simple qui me vient à la tête, c'est l'histoire des logements à l'Hospice. Tout le monde panique quand il s'agit de quitter les foyers pour être installé en ville. Donc c'est un moment d'angoisse, il y a tout qui est bouleversé, on change d'assistant, donc il y a énormément d'angoisse et cette angoisse se focalise sur le logement. On leur dit : « vous n'avez pas le droit de refuser, vous devez déménager à telle date et de toute façon vous ne pouvez pas refuser votre logement ». Donc ça fait augmenter encore l'angoisse et ils se retrouvent avec un stress de plus. Et là je pense qu'on aurait pu négocier, essayer de voir dans quelle situation on pouvait trouver un compromis, comment faire quelque chose de plus souple au lieu de rendre la chose encore plus rigide et d'augmenter la pression que subi l'individu.

Entretien no. 11

Q. : Votre travail consiste en quoi ?
R. : Service social.
Q. : Et qu'est-ce que ça veut dire « service social » dans votre travail ?
R. : C'est un peu difficile de répondre, dans le sens où on est en pleine mutation, vu qu'il y a une restructuration ; non, on n'appelle pas ça une restructuration, on appelle ça – je ne sais plus la terminologie, bon, ça m'échappe, on s'en fiche – et donc même la fonction, le contenu de la fonction est en train de changer.
Q. : Qu'est-ce que ça veut dire, justement, le travail social ?
R. : Pour moi, le travail social c'est très éducatif, c'est plus éducatif qu'administratif. C'est vrai qu'il est bon d'avoir des gens qui nous pilotent dans les administrations dans ce pays, parce qu'en fait tout passe par le papier et tout passe par des choses, des cases, des machins, mais c'est vrai qu'il y a – ça, c'est mon avis personnel – un grand manque de gens qui nous pilotent d'un point de vue plus existentiel et qui ne soient pas des psychologues. On est de nouveau dans un endroit fermé, machin, mais plus de terrain ; où c'est différent des éducateurs de rue, par exemple, c'est qu'il y a le côté administratif et il y a le côté financier et puis c'est quand même pas rien de toucher 1 000 francs ou toucher 5 000 francs par mois, ça fait une nette différence ; donc l'avantage d'être dans le service social, c'est qu'on a les deux… on est vraiment dans une vraie vie quotidienne, on n'a pas seulement un aspect, on a tous les aspects.
Q. : Mmm… mais vous n'aurez plus l'aspect financier.
R. : On aura beaucoup moins ; mais l'aspect financier, on l'a toujours parce que, justement, comme on est dans une grosse structure très lourde, ça veut dire qu'on va faire du travail beaucoup plus de réseau, sur le terrain mais on va être obligé, parce qu'on aura, non pas, comme c'est le cas maintenant, à devoir démêler des choses administratives avec des services extérieurs, mais je pense – à mon avis – qu'il y aura affaire à ça, au niveau interne, parce que c'est vrai qu'une personne qui est engagée comme commis, qui n'a pas de formation sociale ; enfin, ça va faire la même chose, simplement, à la place d'avoir des interlocuteurs extérieurs, on aura ce type de démarches à faire au niveau interne.
Q. : Entre les commis et les travailleurs sociaux ?
R. : Oui.
Q. : Ça va compliquer les rapports de travail ?
R. : Peut-être oui, peut-être non ; pourquoi ça compliquerait les rapports de travail ? Parce qu'on va s'engueuler ?

Q. : Je ne sais pas, je me demande.
R. : Non, mais alors là encore une fois, ça dépend de tout ; il y a des personnes qui aiment vivre des rapports de travail sans conflit – moi, je pense que c'est de l'utopie – je pense que ça existe partout et c'est quelque chose qui peut être utilisé positivement.
Q. : Donc vous êtes dans cette phase de définition des rôles ?
R. : Alors oui ; c'est-à-dire que la phase de définition a déjà été déterminée, maintenant il faut que ça se matérialise, et puis là c'est nettement moins simple parce qu'il faut changer des fonctionnements qui sont là depuis plusieurs, on ne va pas dire siècles, mais…
Q. : Très longtemps ?
R. : …Et puis c'est pas facile, comme chacun, on sait que c'est difficile de changer des choses dans sa vie, y compris professionnelle.
Q. : Et qu'est-ce qu'il y a de particulier à l'État quand on y travaille ?
R. : On va prendre des détails crétins, genre, par exemple, quand je bossais dans une association privée, j'avais une secrétaire qui était une secrétaire, c'est-à-dire, pour moi, une secrétaire c'est la « nounou » de la personne dont elle s'occupe, c'est-à-dire qu'elle a en fait beaucoup de responsabilités, il y a beaucoup de choses qu'elle sait faire qu'on ne sait pas faire, parce que chacun son boulot, c'est une confiance, un partenariat, on est un peu comme un couple, quoi ; et puis c'est vraiment une sécurité, c'est-à-dire que, nous, on travaille sur le terrain et puis on a la sécurité derrière – si on prenait un langage militaire, enfin… – tandis que, arrivée à l'État, je n'avais pas de secrétaire et les secrétaires qu'on voit, elles ne sont jamais aussi opérationnelles, ce ne sont pas des sécurités, en tout cas, c'est peut-être un peu extrême, ce que je dis, mais c'est plus des boulets, c'est-à-dire qu'il faut quand même être derrière, regarder ; tandis que, en tout cas dans le privé là où j'étais, j'ai eu beaucoup de chances, j'avais jamais besoin, on travaille en partenariat et les rapports sont complètement égaux.
Q. : Et pourquoi, au fond, pourquoi alors il y a ces problèmes avec les secrétaires à l'État ?
R. : Alors, je ne sais pas, il faut demander aux secrétaires, non, je ne sais pas ; mon hypothèse, c'est qu'il y a une sorte de sécurité de l'emploi, il y a le fait que les gens ne peuvent pas être virés, mais on pourrait imaginer que, même malgré ça, l'institution pourrait poser une exigence, justement, à cause de cet argument-là, mais cette exigence-là elle n'est pas posée et puis quand elle est posée elle est faite de manière négative et destructrice, donc ça ne fait pas avancer la chose positivement, voilà mon hypothèse. Par exemple, c'est les moyens aussi qui étaient différents dans le privé. Vous avez une photocopieuse qui fait *recto-verso*, et qui fait deux cents photocopies par minute, ici, vous arrivez à l'État, vous avez l'impression que c'est une machine à vapeur. C'est pour donner une image… Il y a moins de moyens. Mais comparativement avec les hôpitaux psychiatriques, ici c'est quand même nettement mieux, plus performant au niveau des moyens, au niveau du

secrétariat, c'est différent, là ça dépend vraiment des personnalités, de la manière dont les gens vont s'investir dans leur travail

Q. : Et ça serait les rapports hiérarchiques qui feraient que les secrétaires sont comme ça, démotivées, si je traduis un peu ?

R. : Alors moi, je ne suis pas aussi catégorique. C'est vrai que la hiérarchie est très lourde, c'est vrai qu'il se passe ce qui se passe dans toutes les grandes organisations lourdes, c'est-à-dire qu'il y a le principe de l'échelle de Peter, enfin, il y a toutes ces histoires-là. Mais en même temps, moi, j'aimerais quand même laisser à 50 % la responsabilité de chacun de savoir ce qu'il veut faire, comment il veut être, qui il veut être, dans sa fonction, et dans sa vie et dans son être.

Q. : Il y a des espaces, dans le travail, pour discuter de ça, il y a un style de travail qui permet, justement, ça ?

R. : Là, encore une fois, il y a toujours un espace que nous laisse l'institution, mais il faut le prendre cet espace et moi je dis ça bon, je suis là seulement depuis quelques années ; alors est-ce qu'on avait une marge de créativité ou est-ce qu'on prenait une marge de créativité et puis que ça répondait bien en face ? Je ne sais pas, mais j'ai l'impression qu'on donne soi-même la coloration qu'il faut aux rapports de travail ; c'est vrai que, où moi j'ai peut-être plus de chances que les autres, c'est que j'ai fait un apprentissage, quand on passe par d'autres institutions avec les apprentissages de hiérarchie et puis de comment, où se met le pouvoir, ils sont là. On les fait, si on ne les fait pas, je ne sais pas où on gicle, mais donc moi, arrivant ici, c'est beaucoup plus facile, je veux dire, c'est vrai que c'est lourd, c'est vrai qu'il y a toutes les choses qu'il y a dans toutes les grosses structures.

Q. : Et dans votre service…

R. : Alors dans le service, on est mandaté par l'ODR (Berne) pour donner l'assistance aux gens ; on est lié à l'Office cantonal de l'emploi, l'Office cantonal de la population qui délivre les autorisations de séjour sans lesquelles on ne peut pas donner d'argent et on est censé donner l'assistance et puis le mandat, bon, on a des gens qui sont en migration, qui sont de passage, on n'est pas censé les intégrer, on n'est pas censé leur rendre la vie facile, les montants d'assistance ils sont pas très élevés, ils vont encore redescendre et puis on doit en même temps être la soupape pour que ça soit un peu propre, en ordre, et on a beaucoup de travail administratif, alors je ne sais pas si ça, c'est lié au fait qu'il y a l'ODR et puis qu'il y a l'OCP, donc des services de police, et puis que dans les services de police il y a toujours beaucoup de paperasses, beaucoup d'administratif, beaucoup de contrôles, beaucoup d'informations.

Q. : Et pourquoi autant d'administration, d'après vous ?

R. : (silence).

Q. : … pourquoi autant de papiers ? pourquoi autant de… ?

R. : Mais parce que, bon ; moi, je pense que le mandat, on a des gens, on a une politique, en tout cas officielle d'accueil, officieuse de non-accueil, en fait, la politique officieuse c'est le non-accueil et nous, on a le mandat de gérer ces gens pour qu'il n'y ait pas trop de problèmes sociaux. Alors quand je dis « pas trop de problèmes sociaux », c'est-à-dire qu'on n'est pas censé les intégrer sur le marché, on est censé aider le système à faire en sorte qu'ils partent du pays volontairement, c'est ça en fait le mandat, c'est un mandat de police, à mon avis ; alors après, il faut voir comment on le fait ce mandat de police, mais essentiellement c'est un mandat de police.
Q. : C'est un mandat de police qui est donné à des assistants sociaux ? Il n'y a pas une contradiction, là ?
R. : Mais ça, encore une fois, tout le monde ne sera pas d'accord avec moi. Donc moi, mon avis, c'est dire à partir du moment où on est – je vais utiliser un terme grossier – maqué avec l'OCP, ça veut dire qu'on est, un, une annexe de cet organisme, et donc on fait un boulot de police indirect, alors là maintenant tout le monde n'est pas d'accord avec ça, puisqu'il y a des collègues qui pensent que non, on fait un boulot social, machin ; moi, en ce qui me concerne, à ce niveau-là, je dis « non, on fait un boulot de police ». D'ailleurs, je le dis aux gens pour que ce soit clair. Comment on s'en sort de ça ? alors il y a deux solutions *grosso modo,* deux manières que je vois entre moi, certaines collègues et d'autres collègues ; il y a des collègues qui disent « ah ! bon, c'est un boulot de police, donc on fait un boulot de police, point » – je ne sais pas comment ils se débrouillent avec ça – et puis il y a d'autres gens, comme moi par exemple, qui disent « bon, on va travailler dans la gueule du monstre » et on travaille dans la gueule du monstre.
Q. : Ça veut dire quoi « travailler dans la gueule du monstre » ?
R. : « Travailler dans la gueule du monstre », ça veut dire que, malgré tout ce qu'on a dit avant, les gens on va quand même essayer, peut-être pas de les intégrer dans la société suisse, mais d'utiliser la société suisse pour leur permettre de se développer personnellement, c'est-à-dire, par exemple, on va essayer, on a une jeune Somalienne qui, enfin, a fini l'École de culture générale, ça doit être la première de sa famille depuis 250 générations et puis qui veut faire une école d'infirmière, on va charogner comme des bêtes pour qu'elle fasse l'école d'infirmières, comme le système suisse dit « non, pas d'intégration », l'argument qu'on va développer c'est dire : « mais ce n'est pas pour qu'elle reste ici en Suisse, c'est pour que, quand elle va retourner en Somalie, où il y aura sûrement besoin d'infirmières, eh ben il y ait des gens formés », c'est une sorte de..., comment on fait à partir de la réalité pour transformer la chose de manière positive et constructive.
Q. : Il y a un espace pour faire un tel type de travail ?
R. : Comme diraient certains Musulmans : « Le Bon Dieu nous donne des dents, c'est pour s'en servir. » C'est comme ça que je prétends être, c'est qui je prétends être. Il y a des manières de faire pour que ça ne dérange pas trop

de monde et que ça reste discret et puis il y a des manières de faire les choses, je ne sais pas, vous voulez un exemple, je pense ?

Q. : Oui.

R. : Alors je vais prendre un exemple extrême dans la manière de faire les choses. Comme on est un service d'assistance, par exemple, on n'a pas le droit de s'occuper de tout ce qui a trait à la procédure – là je prends un exemple extrême, hein ?

Q. : Tout à fait.

R. : Alors je prends l'exemple d'un gars…

Q. : En quoi l'exemple est-il extrême ?

R. : Vous allez voir pourquoi il est extrême. Donc c'était un gars qui venait du Liberia et puis il avait reçu un gros pavé de Berne qui lui expliquait qu'il n'était pas libérien mais qu'il était gambien et puis que donc il allait partir en Gambie, alors qu'au Liberia, je crois qu'ils ne peuvent pas être expulsés ; donc il avait l'Office cantonal de la population qui le… qui était déjà venu le chercher une fois pour l'amener à l'aéroport, donc il a pris un avocat et puis… il a fallu un peu expliquer à l'avocat où étaient les ambassades et les choses, même en France, pour pouvoir lui permettre de travailler parce qu'il y a quand même un état d'esprit tel, dans ce pays, qu'il faut des fois un peu aider à la chose et moi, par exemple, ce que j'ai dit à ce gars, j'ai dit : « bon, quand ils viennent vous chercher, les policiers de l'Office cantonal de la population, vous faites exactement ce qu'ils vous disent de faire » et donc le jour J, le policier arrive, il l'amène, il lui fait passer la douane et puis il lui dit « vous attendez là, juste derrière la douane », alors il a attendu, et puis… – il y avait une procédure qui avait été entamée, hein ? par l'avocat – donc le type a attendu, le policier avait dit, et puis au bout de deux heures, l'avion étant parti, il est retourné vers le policier en disant : « maintenant, j'attends encore, qu'est-ce que je dois faire ? » et il a pu gagner une semaine et donc la procédure a pu être menée à son terme. Et si on avait dit à ce monsieur « mais qui vous a dit que… ? », le monsieur aurait répondu : « ben, l'assistante sociale, elle m'a dit qu'il fallait faire exactement comme la police a dit » et puis, en fait, on arrive comme ça à ce que j'appelle « du boulot »…

Q. : Comment ça se fait qu'ils ne l'ont pas mis dans l'avion ?

R. : Alors je ne sais pas, je ne sais pas, parce que je pense qu'il avait une bonne tête de quelqu'un qui avait l'air d'être gentil et qui avait l'air de faire ce que la police disait qu'il allait faire. Mais ça, c'est un exemple extrême, on peut trouver d'autres exemples.

Q. : Donc, en clair, vous êtes intervenue dans la procédure, alors que votre mandat dit que vous ne pouvez pas le faire.

R. : Voilà, parce qu'il y a certaines fois où je pense, même si la Suisse n'est pas d'accord avec moi, moi ce qui compte dans certains moments c'est que le Bon Dieu soit d'accord avec moi et que je sois en ordre avec là-haut et que ça passe avant les institutions, c'est tout. Certains cas, mais parce que comme j'ai travaillé en milieu carcéral, je sens tout de suite quand il y a un abus de droit et puis je sens aussi quand on peut faire quelque chose, mais ça c'est l'expérience qui fait.

Q. : Comment vous sentez un abus de droit ?

R. : Je ne sais pas, c'est que j'ai mon nez qui me gratte, je ne peux pas vous donner d'autre réponse. Mon nez me gratte ; alors ça peut se passer immédiatement, ça peut se passer une heure ou deux après, tout d'un coup mon nez me gratte et puis alors je cherche pourquoi il me gratte et puis, tout d'un coup, tac, ça vient. Et là, je sens qu'il y a quelque chose qui coince et puis après, comme j'ai une certaine expérience au niveau juridique, que je vais chercher dans le computer, ça sort, il y a plusieurs hypothèses et puis, tac, ça tombe là. Je ne peux pas donner d'autres explications plus rationnelles.

Q. : Il faut être assez réveillé…

R. : Mais non, il ne faut pas être « réveillé », je n'aime pas ce terme, il faut, il faut être dans plusieurs niveaux à la fois.

Q. : Ça veut dire ?

R. : Ça veut dire qu'il faut être là et puis il faut avoir cette espèce d'attention ici tout d'un coup, ça va vibrer plus fort et puis, tac, on redescend dans le matériel et puis on sent qu'il faut faire quelque chose.

Q. : Et comment vous appelez ça ?

R. : Je ne sais pas, moi, je ne sais pas et puis je m'en fiche, mais je veux dire, c'est… c'est un truc du côté de l'intuition. Je ne sais pas ; comment je pourrais dire ça ? Il faut…, on branche un trolley là et puis on y va et puis, tout d'un coup, il y a quelque chose.

Q. : Et puis la fatigue ? ça ne fait pas dormir, cet endroit ?

R. : Oh ! moi, je dirais que la fatigue, ça augmente la sensibilité.

Q. : Qu'est-ce qui fait calmer ce trolley d'en haut, alors ?

R. : Ah ! mais alors là, je veux dire, le mental on fait « couic » et puis on éteint la télé. Mais bon, moi, j'ai une manière de fonctionner qui est un peu étrange ; moi, avec une majorité des gens, par exemple, tous les Tsiganes, les gens comme ça, c'est impossible de les faire venir au rendez-vous, c'est impossible de les atteindre, c'est extrêmement rare que je leur téléphone, je branche mon trolley et puis deux jours après, ils arrivent. C'est bon, je les vois, mais ça, ce n'est pas très institutionnel, et puis on ne peut pas expliquer.

Q. : Non, mais c'est une forme d'utilisation d'un certain type de pensée.

R. : Ouais, c'est-à-dire que, si on regarde les Tsiganes, ça ne sert à rien de vouloir les faire rentrer dans des cases, donc il faut regarder, il faut rentrer dans leur réalité, brancher le trolley et puis on y va, quoi !

Q. : Comment vous qualifiez ce cadre de travail que vous avez ici ?

R. : Ce n'est pas un cadre genre loi ; si on regarde, c'est un cadre, ça ne fait pas genre loi, genre code, ça fait un cadre genre directive interne, donc il y a souvent des moments où c'est limite, limite et puis comme les gens et les professionnels ne sont pas au courant bien comme il faut, quoi, à part les directives où c'est écrit noir sur blanc, et puis encore, il y a des colloques pendant vingt-cinq heures pour savoir si, oui ou non, il y a… quand on compte les repas, mais on voit très bien que c'est très arbitraire, ça reste dans l'arbitraire, comme la politique en matière d'asile, il y a beaucoup d'arbitraire, et c'est au bon vouloir et à la tête des clients, forcément ça se répercute sur notre boulot et sur notre cadre, et donc je pense, je ne sais pas si vous allez interviewer d'autres personnes, que si vous entendez d'autres qui vous disent « le cadre est très rigide », je ne suis pas sûre que ça soit un vrai cadre légal et je pense que c'est normal que ça soit rigide parce qu'on est dans l'arbitraire et puis comme on est beaucoup de monde à devoir fonctionner de la même manière, il faut faire quelque chose de très rigide, à mon avis.

Q. : Qu'est-ce qui est possible alors ?

R. : Il y a beaucoup de choses qui sont possibles.

Q. : Prenons le cas des barèmes.

R. : Alors, les barèmes sont stricts.

Q. : Comment vous faites, alors, avec les barèmes ?

R. : Il y a un papier A4 où il y a tout qui est marqué, c'est-à-dire on sait que, s'il y a une personne, on va donner 500 francs pour l'entretien, l'argent de poche, de là-dessus on va enlever 50 francs pour la caution et le logement, et puis la personne aura ce chèque-là, pour autant qu'elle n'ait pas de dettes ; donc si elle a des dettes, petites, genre 3-4 000 fr, on lui enlève 50 francs de plus, et puis si elle a des dettes, genre 30 000 fr, plus elle a combiné avec le chômage, un truc pas catholique, eh ben là, on peut enlever jusqu'à 145 francs plus la RCL, donc on donne 400 francs par mois, cash, pour manger à une personne seule.

Q. : Alors là, bon, comment est-ce qu'on fait, alors, quand on a un cadre pareil ?

R. : Alors là, on dit, bon, on regarde la tête du mec et puis on voit si le mec c'est un mec, en fait, même quand il recevait les 595, même s'il recevait 1 500 balles, de toute façon ce n'était pas assez, donc de toute façon il a d'autres rentrées, d'accord c'est plus difficile si la personne, on sent qu'elle n'est pas débrouille – mais, en même temps, une personne qui a réussi à quitter son pays pour venir jusqu'ici elle est débrouille ; alors, moi, c'est le principe que j'ai, je pense que les gens ils sont pleins de potentiels, sachant cependant qu'ils ont traversé des trucs vraiment pas yoghourt du tout, et que, donc, il y a cet aspect-là dont il faut tenir compte, mais moi je pars du principe que quelqu'un qui a réussi à quitter son pays pour venir jusqu'ici, il a des capacités importantes ; maintenant, quand je donne 400 balles, le raisonnement il est là, c'est que, à un moment donné, cette personne, elle a touché beaucoup plus que l'assistance, donc elle a choisi de tout claquer ou elle a choisi d'envoyer dans son pays, c'est un choix ; donc comme toute chose dans la vie, comme on dit, « chaque battement d'aile de papillon enfin,

change l'équilibre de l'univers », je veux dire, la vie elle est faite de choix, voilà.
Q. : Et alors, vous faites quoi, si par exemple vous recevez une lettre de dénonciation que quelqu'un travaille au noir ?
R. : Alors, si je reçois une lettre de dénonciation que quelqu'un travaille au noir, je suis obligée de faire une demande d'enquête ; après ça...
Q. : Vous en avez fait ? Beaucoup ?
R. : Oui.
Q. : Et alors ?
R. : Alors on fait une demande d'enquête et puis, comme toujours, c'est là où on en revient aux histoires d'arbitraire qui se reflètent sur comment on fonctionne, moi, j'ai fait des demandes d'enquête et puis alors des fois l'enquêteur, il vous dit... alors, la politique dans le groupe assistance, c'est dire : « il faut faire une demande d'enquête derrière le dos des gens », bon OK, on fait la demande d'enquête derrière le dos des gens et puis après – c'est là où on voit qu'il y a des dysfonctionnements – il y a certains enquêteurs dont on n'entend plus parler et puis, tout d'un coup, on a le rapport et puis d'autres qui disent : « bon, alors vous direz à ce Monsieur qu'on va venir faire une enquête », et puis qui commencent à poser toutes les questions au Monsieur qu'il devrait poser au Monsieur, à soi-même, bon.
Q. : Vous, vous faites les demandes d'enquête et puis vous dites bon, ça ne vous pose pas de problèmes, tout à coup, de dénoncer quelqu'un ?
R. : Ben, bien sûr, que ça m'en pose.
Q. : Mais alors, comment vous faites, alors ? est-ce que ça vous est arrivé de ne pas dénoncer quelqu'un ?
R. : Alors ça m'arrive tout le temps ; alors justement là, on en revient à différentes pratiques, hein ? donc moi, avant, j'avais une cheffe de groupe dont la position c'était de dire « tant qu'il n'y a pas de dénonciation ou qu'on ne voit pas le type en train de servir des cafés à la terrasse du bistrot dans lequel on est en train de manger une fondue, eh ben, bon, point », notre boulot ne va pas jusque-là ; maintenant, avec la cheffe qu'on a, c'est un peu plus différent et puis, comme je me suis aperçue qu'on pouvait ne pas être d'accord parce qu'on pouvait jouer sur le fait que tout le monde n'était pas d'accord sur la question, d'ici que tout le monde soit d'accord sur la question, on pouvait en sauver quelques-uns, d'accord ?
Q. : Je vois bien, c'était une petite marge de manœuvre.
R. : Voilà.
Q. : Et puis maintenant, cette marge de manœuvre, elle est en train de diminuer ?
R. : Alors, maintenant cette marge de manœuvre diminue.
Q. : Et alors, comment vous allez faire ?
R. : Alors, je vais peut-être partir d'ici parce qu'en fait, c'est vrai que l'avantage d'être un peu stupide comme moi, c'est qu'on est stupide et puis on s'aperçoit qu'on a été stupide, alors on fait le *mea culpa* et puis il y a

plein de gens qui ont pu, comme ça, un peu respirer et puis, après, il y a deux solutions : soit on se dit « tiens, je pourrais expérimenter la répression, je pourrais vraiment expérimenter la répression et puis être répressif comme c'est marqué dans le code » et puis parce qu'on a des gens au-dessus de nous qui ont peur de l'autorité, d'une manière pas normale, on se dit « tiens, voyons cette réalité-là » – c'est vrai, moi, je vais voir la réalité des Tsiganes, je vois la réalité des migrants, pourquoi je n'irais pas voir cette réalité-là aussi ? Et puis on sait, et puis on se dit « bon, ma foi, il y a des gens... bon » ; on sait qu'on va faire des choses avec lesquelles on n'est pas d'accord, mais il s'agit d'expérimenter tout dans la vie.

Q. : Et ça vous est arrivé de faire des choses avec lesquelles vous n'étiez pas d'accord ?

R. : Ouais, ouais ; absolument.

Q. : Vous pouvez donner des exemples ?

R. : Ah ! mais quand on fait les chèques et puis qu'on donne 400 balles à un mec qui est un pauvre mec, et puis qu'un mois après il est à Champ-Dollon en prison, c'est un sacrifié ; non, mais bon, à part ça, c'est vrai que j'ai aussi l'expérience de la prison où c'est tellement plus répressif et plus horrible que, quand on bosse en prison, il y a un truc horrible qui s'installe, c'est que tout de suite on sent ceux avec qui ça va être facile, ceux où on les sacrifie, donc ça veut dire que pour un type, pour lequel, sur le dossier duquel on travaille, on sait qu'il y aura trois sacrifiés, donc il y a un peu ce principe-là. En tout cas, moi, c'est le principe. Je vois que c'est comme ça que ça se passe.

Q. : Et puis dénoncer les gens, comment ça se passe très concrètement ? Vous recevez des téléphones, des lettres ?

R. : Alors, par exemple, j'ai reçu personnellement des téléphones anonymes, des gens avec l'accent portugais, bon, à part ça, les dénonciations, elles se font beaucoup entre compatriotes.

Q. : Mais justement ils sont anonymes.

R. : Ouais, quand la personne ne me donne pas son nom, ne cherche pas à savoir qui je suis, moi, j'oublie le téléphone ; bon, si elle retéléphone une fois et que c'est possible, je ré-oublie encore une fois, mais je vais dire à l'intéressé : « Il faudrait quand même voir pour vous arranger, soit arranger votre situation, soit regarder avec cette personne parce qu'il faut savoir que dès que je serai obligée de rentrer dans la répression, notre conversation actuelle sera autodétruite, hein ? » ; donc je suis très claire avec les gens.

Q. : Et vous exigez le nom de la personne anonyme qui dénonce ?

R. : Ben, il faut qu'elle soit d'accord de donner son nom, hein ?

Q. : Et puis si elle n'est pas d'accord ?

R. : Si elle n'est pas d'accord, alors, j'oublie ; si elle est d'accord, je suis obligée de faire avec.

Q. : OK ; donc vous exigez quelque part qu'elle ne soit plus anonyme.

R. : Ben ouais, mais, je veux dire, si on prend certaines personnes qui ont des tendances plus répressives, une dénonciation anonyme suffira pour faire la demande d'enquête.
Q. : Pour vous ça ne suffit pas ?
R. : Pour moi ça ne suffit pas, mais oui, mais ce n'est pas dit que je ne vais pas me faire taper sur les doigts à l'occasion, mais, encore une fois, je m'attends à me faire taper sur les doigts ; dans cette institution, ça veut dire que quand on est dans le doute, il faut toujours choisir l'attitude répressive parce que quand on choisit l'attitude répressive, on est toujours juste par rapport à l'institution.
Q. : C'est drôle cette pratique, elle vient d'où cette culture répressive ?
R. : Moi je pense qu'elle est le reflet de, de l'ambiance du pays ; moi je pense que si Hitler il a pu être Hitler, c'est parce que tout le pays était d'accord, donc c'est le reflet des mentalités du pays, l'esprit fermé, petit, primitif, quoi, qui ne se dit pas forcément dans un jugement de valeur négatif, je veux dire, l'humanité elle doit évoluer, et puis voilà, maintenant on est dans une période malheureusement au fin fond de l'histoire reculée des humains où on est encore primitifs.
Q. : Et alors là, si je vous entends bien, vous restez ici pendant que vous avez encore une marge de manœuvre, de créativité, et si vous êtes trop coincée, vous partez ?
R. : Certes.
Q. : Et votre pronostic, c'est que vous allez partir bientôt ?
R. : Je pense que je vais partir, mais j'ai presque envie d'attendre, de me faire bien taper sur les doigts parce que j'hésite encore, parce qu'en fait, il y a plusieurs manières de partir : on peut partir par la petite porte et puis on peut partir par la grande porte, même jeté dehors, et donc j'hésite encore laquelle des portes je choisis.
Q. : Qu'est-ce que vous avez comme moyens pour partir publiquement ?
R. : Alors, ce qui se passe, c'est qu'on est dans un pays qui a horreur des médias, qui a horreur des journalistes, qui a horreur des conflits, qui a horreur d'être mis devant leurs vérités et leurs machins ; si on regarde le rapport de force, c'est une espèce de jeu, il faut être à la fois suffisamment yang pour qu'on nous craigne un peu, qu'on n'ose pas aller trop ici et trop là, il faut en même temps être suffisamment dans les petites histoires, – pas trop parce que c'est lourd et sale – mais dans les petites histoires des gens qu'il faut pour qu'ils n'osent pas trop avancer non plus. C'est un jeu de pouvoirs.
Q. : Et vous pensez retrouver du boulot si vous partez publiquement ?
(silence)
R. : Peut-être que ça ne passe pas par les médias, forcément, peut-être que ça se passe au niveau... parce que j'en ai rien à faire que les gens suisses savent... de toute façon, les gens suisses (rire), on leur demanderait de voter pour savoir si, oui ou non, ils veulent être heureux, ils diraient « non », donc ça ne sert à rien de leur dire pour l'instant, au niveau de l'histoire, je veux

dire, je ne sais pas ce qu'il faut... ce qui se passe, mais historiquement ce n'est pas le moment, ce serait plutôt dans un but d'efficacité, par rapport à faire gicler les gens qu'il faut qu'ils giclent, en espérant que ça soit quelqu'un d'un peu plus... moins primitif qui suive.

Q. : Et puis vous feriez ça individuellement ou avec d'autres ?

R. : Ouais, ouais, individuellement ; ou avec d'autres, mais en général, on est tout seul dans ces situations-là, donc voilà.

Q. : Je pensais à l'organisation collective, il n'y a pas de moyens là ?

R. : Ça prend trop d'énergie, ça dépend tout le but qu'on vise ; c'est vrai que moi je suis née dans ce pays, j'ai de la famille, ma famille ayant beaucoup de politiciens, beaucoup d'ingénieurs, beaucoup de gens qui travaillent avec Berne, avec le secret d'État, enfin, raison d'État et tout le kit, je tiens beaucoup à mon pays, je suis en fait très nationaliste, ça veut dire qu'il y a beaucoup de choses que je vois que je ne peux pas tolérer, donc peu m'importe d'organiser les gens pour dire « euh, les dégueulasses, machin » et puis que rien ne se passe, moi je préfère viser l'efficacité en disant : « OK, je me tire mais toi, mon gars, tu es aussi loin avec moi », parce que ça me semble plus efficace par rapport à une vision globale de comment devrait être mon pays. Et puis parce que je n'ai pas besoin de pub, je n'ai pas besoin d'être connue.

Q. : Et la Commission du personnel, le syndicat ?

R. : Mais bon, j'ai milité dans les syndicats, je militais dans un syndicat parce que quand on fait les écoles sociales, souvent on passe par là et puis quand j'ai commencé à travailler en prison, c'était fini, en deux mois c'était fini, j'ai donné mon sac.

Q. : Pourquoi ?

R. : Parce que je me suis aperçue que, dans ce pays, il y avait plein de gens très gentils, avec une grande gueule machin, mais quand il faut passer à l'acte il n'y a plus personne et que j'avais une espèce d'impression d'être dans les syndicats, même d'être au milieu de gens genre « Jeunesse dorée » qui prennent leur pied à 20 ans et puis, à 50 ans, ils seront réac comme les autres et puis donc j'ai dit « mais moi je n'ai pas de temps à perdre, hein ? ».

Q. : Donc un soupçon par rapport aux organisations ?

R. : Mais ce n'est pas un soupçon, je ne crois pas que ça soit un soupçon, je veux dire, je pense qu'il faut absolument des organismes de type syndical, partis, tout l'éventail et tout, je pense qu'il faut ça pour une société démocratique, mais ce n'est pas mon truc, voilà ; ce n'est pas mon truc. Moi, je suis quelqu'un de pragmatique, de terrain, ça m'arrive de collaborer avec tous ces organismes, mais je suis individualiste, en ce sens-là, parce que je suis trop indépendante et j'aime pouvoir me tirer quand je veux ; ça ne veut pas dire que je vais me tirer au milieu d'une bagarre, hein ? Je vais finir mes choses, mais je veux pouvoir partir quand je veux, et je veux pouvoir dire ce que je veux quand je veux.

Q. : Et puis, en même temps, vous êtes aussi déçue des organisations ?

R. : Mais, déçue, non.
Q. : Vous pensez qu'elles ont des limites ?
R. : Oui, je pense qu'elles ont des limites, mais ces limites sont dues – parce que moi je suis peut-être quelqu'un d'absolu – elles sont dues aux mentalités des gens et aux personnalités des gens et, en plus, je suis, je veux dire, dans les syndicats moi, ce qui m'a hérissée, c'est que c'était un milieu de machos ; je ne suis pas d'accord, quoi ; je veux dire, finalement, ce n'était pas si différent, juste un petit peu plus ouvrir, dire « c'est dégueulasse » mais si on regarde, basiquement, il n'y a rien qui est différent de l'autre côté.
Q. : Ils font partie du système?
R. : Ouais, ils sont bien dans le système et je pense que pour faire évoluer un système, il faut être dans le terrain, il faut être impliqué à 100 %. Il faut des gens qui analysent les choses de loin, globalement, si on arrive à faire la chose en même temps, OK, mais je pense que pour faire vraiment évoluer un système, il faut être quelqu'un qui dit « je suis telle chose », tac, ça passe ou ça casse.
Q. : Quelqu'un qui agisse, chacun qui agisse ?
R. : Oui, c'est-à-dire qu'« il faut marcher ses paroles », comme diraient les Amérindiens.
Q. : Elles sont où alors, maintenant, les difficultés éthiques ?
R. : Moi, je pense que la difficulté éthique, en premier, elle est dans la séparation, ce que je remarque, ce que j'ai toujours remarqué chez mes collègues, chez moi aussi parfois, elle est dans l'attitude de séparation, ça veut dire qu'il y a une espèce de conception comme ça, comme quoi quand on est assistante sociale, on est investie d'un pouvoir machin et puis que nous, on sait et que d'autres ne savent pas, et puis tout de suite on est dans la séparation, on est dans le rapport de pouvoir et forcément que si on regarde qui est dominant dans l'histoire, c'est toujours soi-même et ça ce n'est pas honnête, c'est la séparation, cette espèce de distance qu'on met.
Q. : Séparation entre quoi et quoi ?
R. : Entre la personne qui vient demander le service et soi-même qui donnons le service parce qu'il y a une espèce d'attitude de l'État, mais je pense que ça doit être propre aux États pour que ce soit un État – encore une fois, on est primitif – mais pour que l'on voit qu'on est l'État, il faut avoir cette attitude : ou on aide en contrôlant, ou on contrôle en aidant et puis on rejette l'autre dans sa condition merdique, croit-on, merdique.
Q. : Donc c'est cette question de séparation ?
R. : Ouais.
Q. : Et puis dans ce type de service, par rapport à ceux que vous avez vécus avant ?
R. : C'est extrêmement fort.
Q. : Et pourquoi ? Vous pouvez décrire, alors, comment ça se passe cette séparation dans ce système ?

R. : Alors, c'est une manière de s'adresser aux gens – enfin, moi je suis très sensible, hein ? aux histoires de trolley – donc moi, je dois dire, c'est vrai que je suis sensible à la manière dont les gens utilisent leur voix pour parler à quelqu'un, comment ils parlent à la personne, comment ils se tiennent corporellement, le contenu de leur truc, ce que je sais, parce qu'à partir d'une parole on peut remonter à la pensée de base. C'est une manière de recevoir les gens qui n'est pas correcte, donc quand je dis « manière », ça veut dire tant de la voix, attitude, position, manière de parler, etc. c'est, bon, l'assistance, quoi ; c'est vrai que c'est peu, bon, c'est peu mais tout le monde a la santé et tout le monde a un logement, hein ? On est d'accord, ce n'est pas le cas partout, donc ici, à ce niveau-là, il n'y a rien à dire comparativement aux autres pays, mais comme me disait toujours ma mère, « ce n'est pas parce que tout le monde a 2 et puis que toi tu as 3, si la moyenne c'est 6, la moyenne c'est 6 », d'accord ? Donc, si la moyenne c'est 6, on n'est pas à la moyenne ; ce n'est pas parce que dans les autres pays européens c'est pire que ça, que nous on doit faire aussi pire ou plus mal ; nous, on doit faire bien – c'est mon côté nationaliste qui ressort – donc quand on parle d'une manière de traiter les gens, il y a aussi un truc, moi, qui me… – je vais donner un exemple pour montrer comme ça me frappe – on a une majorité de gens qui sont traumatisés, soit parce qu'ils ont grandi dans un système complètement à la masse, pour autant que ça a été un système, soit parce que, on prend des femmes elles ont été violées, on prend des hommes, ils ont fait la guerre, ils ont été torturés, on leur a cassé la gueule, ils ont été chez les policiers qui leur ont cassé la gueule, entre autres, et puis ils arrivent ici et puis rien ; à part de nombreuses fractures, une médecine nucléaire occidentale qui est bonne, hein ? pour ce qui est de l'urgence, mais qui est complètement à côté pour ce genre de choses-là, bon ; et puis là-dessus on prend l'histoire du Boeing de Swissair qui s'est crashé où ils sont arrivés les gens et puis il y avait 250 psychiatres par tête qui s'occupaient de débriefer le traumatisme ; là, par exemple, j'ai trouvé que ce n'était pas humain, ce n'était pas humain, ça.

Q. : C'est-à-dire ?

R. : C'est-à-dire que je pense que les gens qui migrent et qui viennent de pays où c'est vraiment l'enfer, ils devraient quasi avant bouffer pour pouvoir bénéficier de ça pour la tête.

Q. : Il y a eu des psycholoques pour les gens de la Swissair…

R. : Alors, il y a eu pour la Swissair 250 psychologues à disposition pour X pelés, bon, tant mieux pour eux, mais ça veut dire que le côté pour les Suisses OK, et puis pas pour les autres, et puis encore, les Suisses romands, mais pas pour les Suisses allemands, moi, ça c'est le côté.. on retombe dans la séparation.

Q. : Donc assistance, besoin, traumatismes dont on ne tient pas compte, rapports bizarres avec les gens ?

R. : Ouais ; et puis il faut quand même dire – comment dire ? – c'est comme si la politique officieuse en matière d'asile se reflète sur le chef du service, c'est-à-dire c'est une politique bizarroïde, plutôt pas sympa, plutôt on presse les gens comme des citrons, on leur fout une pression monstre, etc., donc ça, on sent, moi je sens, je me dis... Des fois je vois certains machins, j'entends certains trucs, je lis les messages, je dis « oh ! la, la, le chef, là, il doit être pressurisé comme un requérant d'asile à qui on laisse seulement 300 balles d'entretien » et puis pouf ! ça redescend dans le reste de la pyramide, ça veut dire que nous aussi on ressent ça et, forcément, on les traite mal les gens ; c'est comme si c'était un mauvais traitement en chaîne depuis tout en haut.
Q. : Ça vient d'en haut, quand même ?
R. : Ben, c'est-à-dire ça vient d'en haut pyramidalement, mais en haut, ils appliquent, hein ? donc ça vient du contexte, mais je ne sais pas si c'est conscient de la part du contexte.
Q. : Vous le sentez beaucoup dans le travail ?
R. : Ouais.
Q. : Et alors qu'est-ce qu'on fait quand on est là-dedans, et puis qu'on est créatif et qu'on veut être créatif ?
R. : Alors bon, moi je ne peux parler... je pense qu'il y a différentes manières de résoudre ça – moi, je résous ça comment ? – moi je positive, c'est-à-dire je pense qu'il faut être positif, il faut être positif et il faut chercher le sens de chaque chose, de chaque expérience, parce qu'en fait dans chaque expérience, on croit qu'on vit telle expérience pour telle raison et puis on s'aperçoit, sur le moment ou 10 ans après, qu'en fait ce n'était pas du tout pour ça qu'on devait vivre cette expérience, c'était pour d'autres raisons qu'on comprend aujourd'hui, alors c'est ça que je cherche avec les gens.
Q. : Vous pouvez donner un exemple ?
R. : Mais je le fais tout le temps ; par exemple, il y a un jeune qui veut faire une démarche pour étudier et puis on charogne, on cherche l'argent, on veut faire les rendez-vous et les choses et les études ne se font pas mais on sait que plus tard tout le processus qu'on a mis en place pour essayer de concrétiser le concept-études a servi à autre chose plus tard, mais on ne sait encore pas quoi, la personne le saura à ce moment-là, c'est-à-dire se débrouiller dans les administrations, comment on s'adresse aux gens, comment on fait pour faire la demande, comment on se débrouille dans une réalité donnée, comment on fait pour analyser dans quelle réalité on est, suivant la réalité où on est, comment on va dire « bonjour » – ça, c'était des trucs à mourir de rire avec les Africaines parce qu'elles ne serrent pas la main la même chose, d'accord ? Alors, des fois on s'est écrasé de rire avec certaines dames. Je leur expliquais que chez nous, pour serrer la main et donner l'impression qu'on en voulait, il fallait serrer la main comme ça. Alors c'est à mourir de rire, quoi. En plus, il ne faut jamais oublier de rigoler, parce que si en plus on tire la gueule, c'est absolument abominable,

donc il faut essayer de se marrer le plus possible. Il y a mille et un apprentissages à faire tout le temps, à chaque seconde...

Q. : Si je traduis, « il y a toujours un espace de lutte possible ».

R. : Mais je ne dis pas « lutte », « lutte », ça veut dire il y a « contre », « lutte », ça veut dire il y a une idée de « contre », donc moi je dirais un apprentissage.

Q. : Pourquoi vous n'aimez pas le mot « lutte » ?

R. : Mais parce que ça veut dire qu'il y a une idée de bien et de mal et puis moi, comme je pose les choses positivement, que j'ai travaillé dans les prisons, donc tous les gens méchants je les ai approchés de près, alors c'est vrai qu'il y a plein de gens encore qui ont beaucoup à apprendre et moi je dis que le mal, c'est du bien qui est en train d'arriver, quoi, c'est ça être positif.

Q. : ÊEtre positif, ça voudrait dire?

R. : Positiver, c'est, je ne sais pas, c'est dans sa tête avoir... dès qu'il y a un truc comme ça qui arrive, tout de suite, changer par une image agréable ; alors si c'est au niveau émotionnel que ça nous arrive, ça veut dire on pense tout de suite à une image positive, agréable, ça veut dire qu'après il n'y a plus de situations désagréables qui arrivent au bout d'un moment, je ne sais pas comment ça se passe, mais ça n'arrive plus.

Q. : Et ça, vous l'avez appris où ?

R. : ...Dans la souffrance et c'est pour ça qu'avec les gens on se comprend très bien, parce que ce genre de choses-là, qu'on a perdu en Occident, dans beaucoup d'autres pays ils l'ont encore très présent, donc là, on branche le trolley, ça va nickel.

Q. : Donc c'est votre expérience personnelle, quelque part, qui vous a appris ça ?

R. : Ouais, et mon contact avec le monde.

Q. : Et votre contact avec le monde ; que vous aviez déjà depuis longtemps ?

R. : Oh ! je pense que tout le monde a ça, il faut simplement s'en souvenir, je veux dire, l'avantage d'être née dans des familles qui sont très conflictuelles, c'est que ça permet de développer des trucs comme ça. C'est une confiance en moi absolument dingue, ça veut dire que j'ai toujours eu confiance en moi et me sont arrivés les gens au bon moment, au bon endroit, qui m'ont dit ce que je devais entendre.

Q. : Vous avez quand même souffert ?

R. : Ouais, j'ai pas mal dérouillé, mais pas tellement comparativement, c'est vrai que je n'ai pas été violée, je n'ai pas été torturée, je n'ai pas été... tout ça dans mon corps, peut-être dans mon âme... mais bon. C'est aussi une question de personnalité, au bout d'un moment on se dit « qu'est-ce que je fais ? je continue à souffrir comme je vois à la télé ? » ou bien je dis « maintenant, merde cette télé, j'aimerais souffrir et puis que ça ne me fasse pas mal » par exemple, et voilà ; et puis après – je suis très curieuse – donc moi, souvent, il m'est arrivé des choses horribles et puis, alors bon, c'était horrible, mais en même temps j'observais la chose avec curiosité, ce qui

permet d'analyser et puis je n'ai jamais eu peur des gens qui me balançaient des vérités abominablement vraies et d'en faire quelque chose, même si je m'en prenais plein la figure, quoi ; c'est mon côté kamikaze.
Q. : Et comment ça s'apprend ça ? Moi qui fais un travail sur les professionnels ? Comment ça se transmet ?
R. : Mais ça se transmet je veux dire, il faut savoir quel contact on veut avoir avec les gens, donc parfois on dirait qu'on est avec des gens et puis on dirait que ces gens nous veulent du mal, par exemple, ou sont grossiers, ou sont pas comme il faudrait dans nos normes, dans nos têtes ou quoi, mais si on a quand même une certaine curiosité, on va quand même regarder le sens du truc, parce qu'il y a des gens, il suffit de leur dire « écoute, ne mets pas la main sur la plaque, parce que si tu mets la main sur la plaque tu vas te brûler » et puis ça marche ; moi j'adorerais être quelqu'un comme ça, tandis que moi, si on me dit « ne mets pas la main sur la plaque », je dis « ah ! bon, attends voir, je vais essayer », et puis je mets et puis voilà, effectivement, il ne fallait pas, donc ça veut dire qu'il faut oser aller. Donc oui, le principe c'est ça : quand on est devant quelque chose d'énorme, qu'on ne pourra jamais changer, ça veut dire qu'il ne faut pas attendre le changement de l'extérieur, il faut enclencher un changement intérieur et puis il faut que ça rayonne, ça contamine tout seul en se fendant la gueule, en rigolant, en réfléchissant, en disant : « ah ! oui, merde, je me suis trompé... ah ! non », etc., être, quoi.
Q. : Vous me dites tout cela, puis vous êtes là-dedans et puis en même temps vous partez parce que vous en avez ras-le-bol, il y a quand même quelque chose qui vous fait un certain moment partir ?
R. : Ben oui, ben oui, parce que, je veux dire, quelque part...
Q. : Quand on ne peut plus partir parce que, je ne sais pas, moi, on a besoin d'argent ?
R. : Nous, on est dans un pays où on ne peut pas ; si on a besoin d'argent et puis qu'on n'a pas de travail, on va à l'Assistance, point.
Q. : Mais vous, dans votre cas, ou vos collègues, si vous voulez, le problème de bouger quand on ne supporte plus un boulot, d'aller ailleurs, est-ce que c'est si évident que ça ?
R. : Je crois que ce n'est évident pour personne ; ici, on est dans un pays où les gens ils restent, nous, si on va aux États-Unis, par exemple...
Q. : Donc à l'extrême vous dites « je trouverai un boulot, je me débrouille » ?
R. : Ouais, à l'extrême, le pire que l'on risque c'est de mourir.
Q. : Ouais. Ou d'être à l'Assistance.
R. : Ou d'être à l'Assistance, ou de...
Q. : Donc, ça va, les risques...
R. : Je préfère mourir que d'être prostituée, ça je n'aurais pas la trempe de le faire, aller à l'Assistance non plus, bon, je choisis.

Q. : La logique du pouvoir politique, c'est celle que vous décrivez ; en tout cas, c'est une hypothèse. Et alors, si on a cette attitude active de positiver, qu'est-ce qu'on fait avec cette recherche ? Et puis qu'est-ce ce qu'on dit à ceux qui ont commandé, payé la recherche ?
R. : Si on est positive, on ne va pas dire « vous êtes une bande de cons qui ne foutez rien », on va dire « le travail que vous faites est magnifique, mais il y a des choses à améliorer, à mon avis, par exemple, soyez heureux et soyez humains. Les gens que vous croisez dans la rue, c'est votre famille par exemple, ou des choses comme ça.
Q. : Comme vous l'avez décrite, la marmite institutionnelle, si j'ai bien compris, elle cuit fort ?
R. : Moi je ne trouve pas qu'elle cuit fort, moi je fais un constat, ça ne me dérange pas, je veux dire, historiquement, visiblement on est encore primitif et pas développé, il suffit d'attendre quelques centaines d'années et puis elle est bonne, elle est belle la Terre.
Q. : Comme ça, naturellement ?
R. : Ah non, il faut tous les organismes qu'on a décrits, on est encore dans un moment où on a besoin de quelque chose contre pour pouvoir avancer ; j'espère un jour qu'on n'aura pas besoin de quelque chose contre quoi avancer, qu'on pourra avancer simplement.
Q. : Alors à ce Conseil d'État ?
R. : Bon, alors je sais ce que je vais dire au Conseil d'État, je vais leur dire : « il faut faire un essai où dans tout gouvernement il faut mettre des femmes sur cinq générations, pourquoi cinq ? sept générations ; pourquoi sept générations ? parce que je pense qu'il faudra au moins sept générations pour avoir des femmes qui auront grandi comme femmes et non pas qui auront été éduquées par les hommes pour entrer dans leur système parce que si on dit « il faudrait faire plus de ci ou plus de ça », je pense basiquement qu'il faut changer quelque chose dans l'essence et puis, pour l'instant, on est encore dans un système patriarcal. Le matriarcat ça sera mieux, mais au moins rien que pour rigoler, pour voir, quoi. Et puis comment elles vont s'en sortir, mais il faut attendre plus d'une génération parce qu'on est encore éduqué par les hommes pour fonctionner.
Q. : C'est intéressant, c'est une bonne proposition, elle n'a pas encore été faite.
R. : Non, mais parce qu'en fait, c'est vrai que, je veux dire, même quand on élève un enfant il y a des théories qui disent qu'il faudrait avoir 60 ans pour commencer à élever un enfant parce que jusque-là on ne sait pas encore qui on est, donc on va donner ce qu'on nous a donné sans savoir si c'est vraiment nous, tandis que vers 50-60 ans on commence à savoir qui on est, donc on peut donner nous-mêmes ; voilà, c'est pour ça qu'il faut plusieurs générations.
Q. : Je vois bien l'idée ; et puis à vos collègues, alors ? Le social, c'est beaucoup de femmes, donc ça devrait aller mieux.

R. : Ouais, il y a beaucoup de femmes éduquées par les hommes dans un système patriarcal. On prend, par exemple… on prend… non, mais en même temps ce n'est pas un jugement féministe poil aux mollets, ce n'est pas ça. Je pense qu'il faut essayer des trucs et puis je pense qu'il n'y a rien qui est statique définitivement, je pense que tout change tout le temps parce qu'à la place de dire « tiens, de temps en temps, dans ce grand calme il y a un truc qui bouge ». En fait, la réalité c'est que « tiens, dans cette grande tempête, tout d'un coup quelque chose s'arrête », donc c'est dans l'autre sens qu'il faut voir les trucs, donc ça veut dire que ça ne sert à rien de dire « on va faire des choses sur 25 ans » ; bien sûr, il faut en faire pour avoir cette vue globale mais en même temps il ne faut pas s'arrêter, il faut savoir changer, il faut savoir dire : « Bon là, j'ai planté, OK, on fait autrement, on essaie ça, je ne sais pas comment on va faire, mais on va… »
Q. : Vous en connaissez un bout là sur le pouvoir et le contrôle ? Et si je vous entends, la manière de s'en sortir c'est de sortir du pouvoir ?
R. : C'est de revenir à soi, de savoir, toujours de revenir à soi, regarder honnêtement et correctement du fond de soi à soi et puis de transformer ça.
Q. : En d'autres termes, si on veut, le monde, il faut revenir à soi ?
R. : Oui, moi je pense qu'il faut revenir à soi, il faut regarder qu'est-ce qu'on aime, il faut regarder « tiens, on aime ça mais pourquoi j'aime ça ? », est-ce que c'est vraiment moi ? quitte à faire des plans où on va vraiment voir si c'est soi, je ne sais pas, on a un saut en parachute, on descend dans une grotte spéléo, on traverse un désert tout seul… quinze jours, je ne sais pas, moi, il y a mille et une manières ou bien on se force à lire tout le bottin de téléphone en trois semaines, je ne sais pas, enfin, chacun son truc ; faire des trucs qui déstabilisent la tête, qui déstabilisent le mental, mais toujours avant, c'est comme un braquage : quand on fait un braquage, il faut commencer par la fin.
Q. : C'est-à-dire ?
R. : Ça veut dire que si on part dans des histoires d'enfer, il faut… avant de partir, il faut savoir comment on va revenir, autrement on se perd et puis on ne revient plus et puis là, on se trouve dans la place du schizophrène qui délire sur un banc à l'arrêt de bus.
Q. : Ouais, je vois bien, je vois bien ; et puis en même temps, à un certain moment, vous dites : « je ne peux plus faire ça, je pars », c'est quoi la limite à un certain moment ? C'est quoi la limite qui dit : « je ne peux plus faire ça, je pars » ?
R. : Alors il y a plusieurs manières de partir : par exemple, moi je sais que certains, tout d'un coup ils vont dire « meeerrde » et puis ils vont partir, tandis que moi je, je… je…je veux sortir, mais pas comme ça.
Q. : Et puis ?
R. : Je ne sais pas, parce que moi je suis… je fais partie de cette société, je suis contaminée par cette société, donc mon raisonnement il peut aller un bout, mais après je suis… intellectuellement, je ne suis pas… ni

émotionnellement, ni évolutionnellement, je ne suis pas outillée, je suis (rire), je veux dire, je suis encore l'homme des cavernes devant ce putain de tableau de bord pour faire décoller la navette, que je ne sais pas sur quel bouton il faut peser, quoi.
Q. : Oui.
(rires)
R. : Et, on ne peut jamais savoir ? moi, je remarque maintenant après plus de 10 ans, les meilleures choses que j'ai faites, c'est des choses que j'ai faites sans faire exprès. Je ne dis pas que je suis une mauvaise professionnelle, . mais les plus beaux trucs... et puis ça, je l'ai su après quand, tout à coup, on rencontre la personne 5 ans après qui dit « ce jour-là, vous m'avez dit ça et puis ça a changé », non, c'est des choses sans faire exprès et qui échappaient.
Q. : Il y a une philosophe qui appelle ça « l'événement ».
R. : C'est bien, comment elle s'appelle ?
Q. : C'est Hannah Arendt.

Entretien no. 12

Q. : Quel est votre travail ?
R. : Je travaille en tant que conseiller en personnel à l'agence des Gares, donc conseiller en personnel pour l'application de la LACI et de l'OACI, pour les demandeurs d'emploi, les chômeurs. J'ai eu plusieurs autres jobs avant, y compris dans le privé. J'ai quitté un travail important pour des raisons éthiques et aussi d'orientation dans le travail. Donc j'ai des entretiens personnels avec les demandeurs d'emploi et je construis des projets avec eux. Enfin c'est eux qui construisent le projet, moi je leur envoie certaines informations, pistes, mais le projet est construit par le demandeur d'emploi lui-même. C'est placer dans le marché du travail les demandeurs d'emploi. C'est, comment dirai-je, les petites gens que je gère. Je gère des personnes très peu formées, parfois analphabète, parfois qui ne parlent pas le français, population étrangère en majorité, donc extrêmement difficile parfois au niveau de la compréhension de base.
Prenons un exemple, la LACI, qui est notre bible, c'est la loi sur l'assurance chômage, lorsqu'elle définit l'aptitude au placement, elle dit : est réputé apte à être placé le chômeur qui est disposé à accepter un travail convenable, est en mesure et en droit de le faire, donc ces trois conditions sont cumulatives. Je prends le cas d'un demandeur d'emploi avec permis N, il vient, il comprend pas bien le français, il arrive d'un pays où la situation est chaotique, il a peut-être vécu des choses graves d'un point de vue personnel, une condition de base pour rentrer au chômage, c'est être apte à être placé, l'aptitude au placement, vouloir travailler, pouvoir travailler. Une personne comme ça, ben la première réaction c'est de dire : « bon on va l'inscrire en cours de français, au moins elle aura ça », mais en même temps on se dit

« est-ce raisonnable si cette personne dans trois mois elle retourne au Kosovo d'investir l'argent de la communauté pour donner un outil dont il ne tirera pas profit ». Parce que ça peut aller très loin, moi je le fais jamais parce que je trouve que c'est important d'avoir l'accord de la personne, mais le conseiller en placement peut placer, il peut assigner à un cours. Alors moi je trouve inopportun de placer quelqu'un dans un cours de français, alors qu'il sait que probablement dans trois mois il sera envoyé dans son pays. Ce tiraillement, comment construire quelque chose, on n'a pas la boule de cristal pour savoir ce qui va se passer dans ces prochains mois. Et en même temps on est évalués par Berne sur le nombre de placements qu'on fait et eux une des conditions c'est le placement rapide. Depuis *Agenda 2000,* on est évalués et 50 % de l'évaluation est basée sur la rapidité du placement. Et la qualité du placement elle est évaluée, donc après il y a encore en plus trois autres conditions d'évaluation, de pondération, le placement durable et j'ai un trou pour les deux autres, mais 50 % c'est la rapidité. Je me pose des questions et je trouve qu'il y a encore énormément de choses sur le tapis, dans la pertinence, dans le raisonnement, d'une intégration viable. J'ai un autre exemple ; un permis F qui a été octroyé lors de la guerre de Bosnie, en 1992, et c'est toujours un permis F. J'ai de la peine à comprendre que ce permis ne se soit pas transformé avec le temps en permis B, c'est-à-dire un permis d'autorisation de travail, parce que le permis F est aussi très difficile à être placé. Les employeurs cherchent des gens pour tout de suite et qui puissent travailler de manière un peu plus durable. On met ces personnes à l'assurance-chômage, sans que finalement toutes les conditions d'aptitude au placement soient remplies et en même temps dans la loi sur l'asile, il y a l'autorisation d'exercer une activité lucrative qui dit que la personne ne peut pas travailler pour trois mois, qui peuvent être prolongés à 6 mois, et si je ne m'abuse, l'interdiction va être encore prolongée à un an par le DFJP (Département fédéral de Justice et Police). Ce que je trouve très frustrant c'est d'avoir ces gens, dire « non mais écoutez, je ne peux rien faire pour vous, bonjour et au revoir ». En quelque sorte. Je caricature, mais ça donne une attente, ça, dit l'OCE (Office cantonal de l'emploi) et puis en fait on est vers le conseiller avec une attente de trouver un travail, alors qu'en réalité le marché lui il ne veut rien savoir de ces types de permis. Je dis pas que ça n'existe pas, les employeurs sont parfois pris de cours et ils prennent un permis N ou un permis F, mais c'est rare.

Q. : Donc pour mieux répondre au défi humanitaire, il faudrait changer cette condition cadre des types de permis ?

R. : Oui.

Q. : C'est ça que vous proposez ?

R. : Oui, je pense que là-dessus, ou alors avoir une politique beaucoup plus claire de traitement de dossiers, les dossiers des requérants d'asile ne devraient pas traîner pendant des années. Je crois qu'une personne qui est là depuis 1991 ou 1992 et qui a toujours un permis qui doit être renouvelé régulièrement et qui ne donne pas lieu à un travail, bon moi je me pose d'autres questions sur comment cette personne elle vit, est ce qu'il y a d'autres activités ? Sans vouloir dire que les étrangers sont des criminels, mais les personnes doivent bien vivre. Et donc si elles ne peuvent pas remplir les conditions, s'ils n'ont pas de paiement par le chômage, bon il y a d'autres structures qui entrent en ligne de compte au niveau de l'Hospice général, l'AGECAS, Croix-Rouge, etc., mais il y a des paradoxes qui me semblent irrésolus ou très difficilement conciliables. En tout cas on est dans une certaine opacité. Et pour bien des raisons j'aime beaucoup les eaux cristallines (pouffe), donc il y a quelque chose là, à mon avis, à réfléchir dans une cohérence entre les différentes lois. Il faut une vraie politique de l'intégration.

Q. : C'est un problème cantonal ou fédéral ?

R. : C'est un problème cantonal à mon avis. Enfin dans le sens que si ces personnes sont au chômage, en principe les conseillers devraient leur proposer des cours. Maintenant ce qui me fait dire également cantonal, je travaille depuis quelques années avec des ONG (organisations non gouvernementales) et avec des ressources humaines, mais au niveau de l'assistance je comprends pas encore très bien qui fait quoi. Je crois que là une clarification des cahiers de charge pourrait être bénéfique à une cohérence entre les structures, entre l'assistance, l'Office cantonal de l'emploi et les assurances sociales. Alors que par rapport aux compétences, aux responsabilités de chaque acteur, moi je dois dire que j'ai pas une vision à ce jour, claire de qui fait quoi. Il y a une question de structure, il y a des personnes, il y a des départements qui ont été faits parce qu'il n'y avait personne, qui sont dans ce Département et c'était leur bébé de faire cette mesure, mais c'est incohérent.

Q. : Vous vous demandez par exemple pourquoi le RMCAS ne serait pas une fois intégré dans l'Office cantonal de l'emploi ?

R. : Aussi. C'est vrai que le RMCAS donne, enfin demande des contre-prestations de travail, donc effectivement ça fait partie de travail, même si c'est une contre prestation, donc ça pourrait effectivement être intégré à l'OCE. Ce qui me paraît essentiel, c'est qu'il faut clarifier les responsabilités, savoir jusqu'à quel point c'est tel organisme et telle responsabilité, après c'est un autre organisme avec l'ensemble de la responsabilité du dossier. Des dossiers partagés ça donne à mon avis des catastrophes. Il y a pertinence de se poser la question : où sont les frontières de responsabilité ? Et il est vrai que l'assurance-chômage a un mandat, a une mission qui est définie par la LACI, mais il est clair qu'on touche beaucoup de frontières, et ces frontières doivent être clairement saisies.

Q. : Comment faudrait-il délimiter ces frontières d'après vous ?

R. : L'assurance-chômage devrait être pour les demandeurs d'emploi, comment dirai-je, de ce côté de la pente. C'est-à-dire c'est assez drastique, enfin ce qu'on voit aujourd'hui sur le terrain c'est une séparation, ceux qui sont de ce côté et ceux qui sont de l'autre côté de la pente.

Q. : Comment vous appelleriez ?

R. : La pente, c'est l'intégration et le revers, l'exclusion ; donc le travail beaucoup plus social devrait être fait. Il est clair qu'il y a des éléments là-dedans qu'on peut faire que la personne ne se retrouve pas là. Il y a de l'action, là il y a de la marge de manœuvre, ce serait l'OCE à mon avis. Et puis de l'autre côté ce serait le Département de l'action sociale ou l'Hospice général. Séparer, comment dirai-je, c'est très dur, mais je crois que ça correspond à une réalité du terrain. Une personne qu'on reçoit et on parle d'un entretien d'un employeur et pis elle comprend encore ce que c'est de se présenter chez un employeur. Une personne qui est au chômage de longue durée, à mon avis elle est beaucoup plus fragile, elle a besoin d'autres structures pour se réinsérer dans la société.

Q. : Donc la frontière serait quelque part le chômage de longue durée ?

R. : Bon aujourd'hui on parle donc de deux ans de délai cadre et donc après un deuxième délai cadre est ouvert si la personne a travaillé au moins douze mois dans un deuxième délai cadre. Il est vrai que c'est une question extrêmement complexe, où mettre la frontière entre intégration et exclusion, c'est très difficile de répondre à cette question et je pense qu'au niveau du chômage, j'ai entendu un employeur pas plus tard que cette semaine me dire : « vous savez si quelqu'un est au chômage plus que six mois, je crois que cette personne n'a pas envie de retrouver du travail », enfin bon j'ai discuté avec cette personne, mais c'est vrai qu'à mon avis, les périodes plus aptes à faire rentrer quelqu'un de nouveau dans le système c'est sur la première année. Par la suite j'ai eu des résultats récemment. J'ai repris des dossiers qui étaient là depuis un certain temps, mais moi je travaille beaucoup sur la projection, sur le projet personnel en utilisant des techniques d'analyse transactionnelle et j'ai pu constater des résultats assez intéressants avec des personnes qui étaient là depuis plus d'une année et qui ont trouvé un travail, on a pu construire un projet et ça peut marcher. Ce qui est plus difficile, c'est une insertion durable pour ces personnes dans des domaines fragiles, je veux dire avec des contraintes très précaires. Là il y a une très grande difficulté parce que les employeurs demandent une très grande flexibilité, disponibilité etc., et en même temps ces personnes, ça peut arriver qu'elles soient malades une semaine, donc, là il y a des éléments de protection que je dirais plus dans le Code des obligations, plus le droit du travail, ça devrait être complété. Pour trouver la frontière, même si c'est arbitraire, je crois que c'est dans les deux premières années que l'on fait réellement un travail de réinsertion dans l'économique.

Q. : Dans ces deux premières années, vous avez les conditions de l'OCE pour faire en tant que professionnel ce travail d'intégration, ou quelles sont les difficultés ?

R. : On a des outils informatiques, de droit de recherche, etc., qui sont appropriés. Je mettrais un bémol dans les mesures actives du marché du travail qui sont des mesures qui sont proposées aux demandeurs d'emploi. Il y a là plusieurs changements au début de cette année, il y a tous les programmes fédéraux qui sont tombés. Il y a une réflexion sur la formation, sur l'aspect formation de ces mesures, ce que je trouve très bien en soi, qu'on analyse la pertinence et puis la plus-value en connaissance qu'une mesure entraîne. Maintenant dans la pratique je vois par exemple que Berne nous a coupé, enfin il y a une coupure à partir de cette année on ne peut plus envoyer les gens en club emploi. Club emploi, ça veut dire faire un CV, une lettre de motivation. Pour des demandeurs d'emploi peu scolarisés, peu insérés dans la structure ici, je trouve que c'est difficile de le faire chez soi, souvent ils n'ont pas d'ordinateur.
Alors bon là il s'est passé à mon avis un transfert de charge entre Berne et les communes et les cantons. Ce besoin à mon avis est très grand, ça permet d'une part d'avoir une vue plus globale de la personne qu'on a en face, avec un CV on voit l'expérience, certaines compétences acquises, on peut questionner de manière plus pertinente, justement surtout ces personnes qui ont moins l'habitude, ils n'ont pas été scolarisés, etc., qui commencent à parler d'eux-mêmes sur le quotidien, mais on n'arrive pas à avoir une vision plus large de leurs compétences, ou disons que ça demanderait de passer beaucoup de temps avec eux pour saisir quels sont leur potentiel, leurs aptitudes pour justement la construction d'un projet. Là je trouve personnellement que j'ai été un petit peu frustré en tant que praticien, de me voir devant cette décision sans avoir été consulté. C'est une décision de Berne et ça fait partie du paquet de stabilisation des finances fédérales, économie de plusieurs millions, etc. Alors je ne suis pas contre qu'on fasse une analyse des coûts, mais je trouve que c'est pas très logique de faire des transferts de coûts. Je pose la question, si une telle mesure, discriminer finalement quelqu'un qui vient de l'extérieur de telle manière, serait euro-compatible. Là effectivement on peut peut-être faire un commentaire là-dessus, il n'y a pas toujours les réponses escomptées.
Q. : Ce qu'on peut retenir, c'est qu'il y a une mesure fédérale posée et puis en fait elle complique le travail du professionnel.
R. : Voilà.
Q. : Et le rend moins efficace alors qu'elle lui demande d'être efficace et que là il y a quelque chose qui ne va pas.
R. : Voilà.
Q. : Parce qu'efficace, si on revient à cette question de frontière entre l'intégration et l'exclusion, est ce qu'on pourrait imaginer, au fond… est ce que les conditions dans lesquelles vous travaillez, elles poussent des clients vers l'exclusion pour qu'ils se débrouillent eux-mêmes ?
R. : Non.

Q. : Les étrangers que vous décrivez, ils s'installent petit à petit dans du chômage de longue durée où ils sont irrécupérables ?
R. : Oui.
Q. : Ce processus, puisque vous travaillez beaucoup avec des étrangers, qu'est ce qui freine et qu'est ce qui favorise d'arriver au chômage de longue durée, c'est-à-dire qui va à l'encontre des objectifs de votre travail de réinsertion ?
R. : Des éléments comme celui que je viens de décrire sur le « club emploi », à la limite ça freine le processus d'efficacité, donc d'intégration rapide.
Q. : Ça pousse vers l'exclusion ?
R. : Oui.
Q. : Même si ce n'est pas voulu ?
R. : C'est un processus, c'est vrai que ça pousse vers l'exclusion. Toute la responsabilité, je dirai, c'est pas du côté uniquement de l'Office cantonal de l'emploi, mais il y a quand même une part de responsabilité à mon avis dans la qualité des suivis, la qualité des entretiens. Il est certain que lorsqu'on a 400 ou 500 dossiers comme avant, c'est pas possible. Actuellement j'ai 100 dossiers, mais ça va de 80 à 120 et c'est conforme aux directives du SECO.
Q. : Et ça marche ?
R. : Ça dépend ce qu'on demande à ces personnes. Parce que là ça me pose un autre problème, c'est l'équité. Une personne qui est traitée par quelqu'un n'a pas le même traitement que quelqu'un qui est traité par quelqu'un d'autre, et on ne travaille pas tous de la même manière avec la même compétence et la même motivation.
Q. : Et pourquoi certains sont démotivés d'après vous ?
R. : C'est un changement rapide et je crois qu'il y a un phénomène d'usure, de *burn out* qui est aussi là.
Q. : Et qui tient à quoi ?
R. : Qui tient à la difficulté d'application des règlements. C'est aussi cette double casquette, parce qu'on porte une double casquette. On porte la casquette de l'orienteur, du conseiller et en même temps de celui qui sanctionne, de celui qui applique la loi. Et la loi elle est très précise, elle dit « vous avez fait une faute » et la terminologie de l'assurance-chômage (léger rire) est parfois humiliante et ça n'aide pas à la construction d'un projet de réinsertion.
Q. : Par exemple ?
R. : Vous êtes sans travail par rapport à votre propre faute.
Q. : C'est écrit où ça ?
R. : Alors l'article 30 de la LACI. Ce qui est extrêmement difficile, c'est ce que certains conseillers appellent des chômeurs qui leur dansent sur le ventre, qui donnent des renseignements faux ou lacunaires, qui ont un travail au noir.
Q. : Ça fait combien de dossiers où vous devez faire ça ?

R. : Je dirai quatre, cinq.
Q. : Ce sont des cas d'abus en fait.
R. : J'ai de la peine avec certains lieux communs, par exemple à la caisse j'ai entendu des personnes dire : « oui tous les chômeurs c'est des fainéants », parce que je crois franchement qu'il peut y avoir des cas d'abus, mais si on suit bien le dossier c'est difficile d'abuser. C'est pour ça que j'estime qu'il est très important d'avoir un suivi réel et présent des dossiers.
Q. : J'aimerais revenir sur cette contradiction entre le fait d'être conseiller et de faire des sanctions, comment vous ressentez la sanction ?
R. : Il y a un barème de sanctions, recherches insuffisantes, manquement à un entretien de contrôle, manquement à un entretien de conseil, qu'est ce qu'il y a encore, après il y a d'autres sanctions qui viennent de la caisse, par exemple sur être sans travail par sa propre faute ou autre. Là je vous montre juste peut-être cet article pour illustrer mes propos ; la suspension du droit à l'indemnité, c'est l'article 30, le droit de l'assuré à l'indemnité est suspendu lorsqu'il est établi que celui-ci est sans travail par sa propre faute, quand on reçoit une lettre avec de tels propos, c'est très fort, lorsque quelqu'un, par exemple, a démissionné parce qu'il était mobbé, et il doit apporter des preuves. Il est vrai que le conseiller doit sanctionner par exemple quelqu'un qui fait des recherches insuffisantes en qualité, en quantité. Alors ben voilà, il dit : « c'est mon conseiller, mon policier qui m'a mis l'amende, alors qu'il doit être aussi celui qui m'aide à faire mon CV ou à commenter mon CV, à me dire où est ce qu'il faut que j'aille pour trouver du travail ». Donc double casquette. Personnellement j'éprouve pas trop de problèmes par rapport à ça, parce qu'enfin la vie est complexe et on a parfois des choses qui sont en contradiction qui doivent être reliées, mais parfois certains assurés ressentent un problème.
Q. : Vous avez un exemple où vous vous êtes senti pas très à l'aise dans cette contradiction ?
R. : Oui, alors par exemple j'ai repris un dossier d'une personne très jeune, de 25 ans, qui était inscrite au chômage, qui va vers la fin de son délai cadre, moi j'ai repris son dossier au début de cette année, et j'ai fait l'analyse de bilan de son parcours, j'ai vu que sur 20 mois il n'y avait rien qui s'était passé, elle n'avait pas retrouvé du travail, elle venait toujours aux entretiens avec son enfant. Donc j'ai essayé de lui dire que peut-être d'aller chez un employeur avec son enfant ça diminuait les chances que l'employeur l'engage. Est-ce qu'elle était véritablement en recherche d'un emploi à 100 % ? Ce qu'elle m'a confirmé et puis elle n'a pas fait les recherches, donc je lui ai mis une sanction sur manque de recherches, et puis elle a sollicité les syndicats et effectivement le syndicat a écrit au chef d'agence pour dire que j'avais pris trop en profondeur ce dossier, et là cette personne a eu une certaine tranquillité. Elle a eu l'accouchement à l'intérieur du délai cadre, ce qui soulève encore un autre problème, l'assurance-chômage qui remplace l'assurance-maternité. Là aussi clarté, pas clarté, est ce qu'on

admet que l'assurance-chômage devient l'assurance-maternité ? Là je me suis senti effectivement un peu désemparé, parce que j'ai parlé avec cette personne, j'ai essayé d'avoir un discours positif, constructif, en la projetant dans le futur. Et en fait la personne n'a absolument pas accepté ça et j'avais vraiment l'impression qu'elle était intéressée à épuiser son droit et puis après elle verra bien. Je trouvais un peu dommage, si jeune, de se scier, enfin de passer de l'autre côté de la pyramide.

Q. : Là au fond, le dilemme éthique si vous deviez le qualifier, il est plus vis-à-vis du chômeur que de l'État ?

R. : Oui tout à fait, mais pour moi, en effet je le vis comme un échec, pas personnel mais un échec de la structure étatique envers quelqu'un qui a 25 ans, qui a toute sa vie devant lui alors que, en agissant de manière plus incisive au départ sur la construction d'un projet, on aurait atteint d'autres limbes que celui d'arriver en fin de droit.

Q. : Donc il y a à la fois un bout de responsabilité de l'État et puis la personne ?

R. : La personne qui ne comprend plus pourquoi ce conseiller va beaucoup plus en profondeur dans sa vie, alors que sa vie c'est mon enfant, enfin le double discours, « ma vie c'est mon enfant, mais en même temps je suis inscrite à 100 % au chômage apte à être placée, apte à rechercher du travail à 100 % », donc ce paradoxe, je trouve que là le rôle du conseiller c'est de clarifier avec l'individu, essayer d'y voir plus clair. Pour elle son objectif dans sa vie maintenant c'est de s'occuper de mon enfant en priorité. Je veux bien mais alors, on peut pas être dans une structure où le travail est l'élément le plus important

Q. : Et là le responsable serait l'assurance-maternité ?

R. : Oui. Il y a un paradoxe, une lacune.

Q. : Il y a des enchaînements, des effets pervers, il faudrait une assurance-maternité et il se trouve qu'elle n'existe pas ?

R. : On voit bien que l'assurance-chômage est inappropriée pour couvrir l'assurance-maternité. Il y a la grossesse, par la suite un temps d'allaitement, un temps pour se consacrer effectivement à l'enfant, malheureusement le peuple a voté contre cette loi, je pense qu'elle va être remise sur le tapis.

Q. : C'est un problème que vous voyez beaucoup ce problème avec les femmes ?

R. : Oui.

Q. : C'est un problème grave ?

R. : Oui, là de nouveau au niveau de ces trois conditions, être en mesure... on n'est pas en mesure de prendre un emploi à 100 % si on a enfant en bas âge ; et on a des personnes qui sont inscrites, « moi je m'inscris au chômage », mais au fond ce qu'elles veulent faire c'est s'occuper de leur enfant. Et là il y a un paradoxe, parce qu'on dit : « mais attendez, vous vous déclarez disponible et en même temps vous ne l'êtes pas ». Il est clair que là l'État a une grande responsabilité dans la démographie. Là, ça va plus loin dans la réflexion, le renouvellement de notre population, mais il faut également se donner les moyens pertinents, pas des béquilles.

Q. : Si on prend la femme en face, qui ne connaît pas toutes les structures étatiques, elle peut comprendre qu'elle est punie parce qu'elle a un enfant ?

R. : Oui.

Q. : C'est impressionnant.

R. : C'est quelque chose que je vis très mal, je dois dire, cette incohérence, cette assurance-maternité qui n'en est pas une. Alors bon, j'ai appris à m'adapter sur le terrain au quotidien parce qu'il faut bien survivre, mais c'est quelque chose qui m'interpelle profondément d'un point de vue éthique.

Q. : Une des questions dans ma recherche que je peux poser, c'est de dire : quand on constate une lacune ou une incohérence au niveau du droit, de l'État social, qui est responsable et qu'est ce que je peux faire, moi, comme professionnel ? Alors donc ça veut dire qu'il faudrait aller au-delà de son cahier des charges ?

R. : Il y a un problème effectivement. Il faudrait rendre obligatoire la PCMM.

R. : Mais après, quand la personne revient de la période de maternité, elle est réinscrite au chômage, et c'est là où une femme qui a un enfant encore à allaiter, c'est compliqué.

Q. : Bien sûr.

R. : En plus, certainement elle dit : » moi je veux trouver un travail près de chez moi parce que je veux pouvoir rentrer ». C'est presque une impossibilité pour nous de trouver un travail. Il y a toujours des efforts, on peut trouver des pistes, on peut prendre en considération certaines particularités, bien sûr, mais le défi est beaucoup plus dur, beaucoup plus difficile à réaliser. Dans ce domaine maternité, moi ça me pose un certain nombre de problèmes sur le fait d'appliquer des sanctions, sur le fait de cette pertinence ou pas, d'être au chômage ou pas au chômage. Il y a d'autres domaines où effectivement je serais tenté de violer la loi, c'est les permis. Quelqu'un a un permis B. Il vient avec un contrat d'un employeur, il dit : « voilà l'employeur a besoin de moi, mais il voudrait pas attendre six semaines pour que l'OCP fasse la lettre avec le permis ». Donc là il y a une lenteur administrative OCP, donc Département de justice et police, absolument difficile lorsqu'on est dans l'économique nerveux, rapide. On a besoin de décisions rapides et fonctionnelles et aujourd'hui on n'arrive pas très bien à comprendre que ça prenne six semaines pour obtenir le permis. Alors que la personne est au chômage, donc elle est payée par la communauté, et pis elle pourrait travailler, mais en même temps elle peut pas travailler parce qu'elle a pas le permis. Et puis il y a encore un autre problème, lorsque je suis en entretien, je pense pouvoir avoir une écoute active suffisante et pouvoir mettre en confiance une personne de manière suffisante, mais c'est une mission impossible lorsqu'il y a les bureaux paysagers, et ça à mon avis c'est un problème grave, ça viole la loi de 1992 sur les données personnelles. À mon avis, ça viole cette loi-là, parce que moi j'entends ma collègue à côté, parler avec une autre personne. Ça pour moi c'est un problème grave.

Q. : Vous l'avez posé ?

R. : Oui. Les conditions de l'entretien ne sont pas remplies et j'ai vraiment l'impression que cette population, bon ben c'est le bas de gamme, ils ne vont jamais se plaindre parce qu'ils ne connaissent pas qu'il existe une loi sur la protection des données, finalement pour être méchant, il faudrait dire à un assuré : « plaignez-vous de la confidentialité, pour que l'État réagisse et mette à disposition des bureaux fermés ». Là il y a quelque chose qui me choque profondément.

Q. : Là on pourrait imaginer que vous considérez que votre métier ne peut pas se faire ?

R. : Oui, je suis d'autant plus sensible qu'il peut y avoir dans des chômeurs de longue durée des personnes qui sont déphasées par rapport au marché du travail, des problèmes d'alcoolisme, des problèmes d'HIV.

Q. : La structure d'État implique d'obéir, de par sa structure même, est ce que ça vous pose un problème éthique pour votre travail ?

R. : Non, disons que je ne ferai pas quelque chose qui est en contradiction avec mes convictions éthiques profondes, donc on peut m'ordonner de tuer quelqu'un, je ne le ferai pas.

Q. : Mais si on vous ordonne, je caricature un petit peu les choses, mais si on vous ordonne d'exclure par l'absurdité bureaucratique ?

R. : (soupir).

Q. : Jusqu'où justement, et en d'autres termes quels risques ça impliquerait ?

R. : Pour moi il y a des facteurs globaux qui doivent être analysés. Il est clair que la Suisse ne peut pas intégrer, ou disons ne peut pas prendre tous les malheurs du monde et prendre tous les réfugiés du monde, ça je crois que c'est impossible. Par contre ce que je trouve, pour moi, important, c'est que lorsqu'on octroie ce permis, il faudrait tout mettre en œuvre pour que ces personnes puissent s'intégrer.

Q. : Mais apparemment on ne le fait pas.

R. : Là, c'est un combat de longue haleine et puis je crois que c'est la politique du petit pas. J'ai l'impression parfois que je suis considéré comme un trublion parce que je sors des cas d'espèces et je les mets sur la table. J'ai un chef qui transmet plus haut.

Q. : Mais vous pourriez avoir un chef différent, alors et que feriez-vous ?

R. : Je démissionnerais.

Q. : Vous démissionneriez ?

R. : Oui, j'ai quand même besoin d'une cohérence, en tout cas d'une adhésion au niveau d'une équipe. Là, peut-être, je pourrais dire : moi je ne travaille pas dans ces conditions.

Q. : Que faudrait-il faire?

R. : Je crois que là il n'existe pas véritablement de possibilité d'écoute, au-delà du chef d'agence. Je me suis déjà entendu répondre : « vous devez passer par votre voie hiérarchique ».
Q. : Donc on vous rappelle la règle de fonctionnement hiérarchique de l'État.
R. : Voilà. Quand c'est pas logique, je suis de nouveau assez têtu pour contourner et aller voir ailleurs, voir une autre personne, s'il n'y a pas d'intelligence, j'ai des problèmes.
Q. : Vous pourriez tomber sur quelqu'un de pas du tout intelligent.
R. : C'est vrai, mais je crois que là je ne pourrais pas fonctionner. Il faudrait alors des médiateurs. Mais jusqu'à présent j'ai pu dire tout ce que j'avais à dire. C'est des questions de tactique, de négociation, d'approche, de masse critique, rallier d'autres personnes.
Q. : Mais on peut imaginer une loi qui se durcit encore, des droits qui diminuent encore plus, des paradoxes encore beaucoup plus importants.
R. : Effectivement.
Q. : Et votre travail va devenir très difficile ?
R. : Oui. C'est clair que là on a des prémisses d'État totalitaire. C'est pas précisément cela en Suisse. Mais l'État totalitaire, quand je dis ce terme, pour moi c'est la pensée unique et la loi économique unique. Et là je peux imaginer des contradictions, des paradoxes insoutenables d'un point de vue éthique et je pense que là je ne me ferai pas trop de problème à tirer des sonnettes d'alarme, en prenant des risques personnels, j'ai toujours démissionné de mes jobs jusqu'à présent quand je n'étais plus en accord avec moi-même.
Q. : Vous avez l'impression aujourd'hui que dans le cadre du chômage, fédéral et cantonal, il y a des traces de pensées unique et d'Etat totalitaire ? Pour poser la question en d'autres termes, est ce qu'on est encore dans un État de droit, est ce qu'il y a des traces d'autre chose ?
R. : Je crois que oui. J'ai touché l'humanitaire, la fiduciaire et l'État, et ne serait-ce que les consultants qui ont mis sur pied la structure SECO, avec l'échelle de qualification de chômeurs. À mon avis c'est un outil de pensée unique. Parce qu'au fond dès le départ, le conseiller en placement a les demandes d'émettre un jugement sur la plaçabilité de la personne qu'il a en face, or il ne le connaît ni d'Ève, ni d'Adam, mais il doit le qualifier d'entrée de jeu sur une échelle de cinq : *facile, moins facile, difficile, plus difficile, impossible*. Finalement, dès le départ on a ce jugement et à mon avis il y a quelque chose là de problématique d'un point de vue éthique parce qu'en fait les gens sont mis dans un tiroir.
Q. : Est ce que vous voyez d'autres éléments ?
R. : C'est très personnel, mais le fait d'avoir réuni, fusionné deux départements fédéraux, le Département de l'économie extérieure et le Département de l'économie intérieure et puis d'avoir fait le SECO, le Secrétariat de l'économie qui a des responsables qui viennent de milieux très

libéraux, et ces éléments de pondération que je trouverais parfois tendancieux. Je me pose parfois la question sur la pertinence du droit de ces critères. Et on travaille à l'intérieur de cette structure-là, avec un rapport Arthur Andersen qui a mis sur pied cette échelle de cinq et tout le système *Plasta*, qui a proposé certains éléments de solution à l'assurance-chômage. Ce sont des consultants grassement payés qui proposent des éléments pour faire des économies sur le dos de personnes moins bien loties, c'est vraiment ces outils, conceptuellement ils ont été pensés par des cabinets de consultants américains, enfin issus de cette culture d'efficacité économique, et où certains éléments, à mon avis, peuvent être en contradiction avec notre système politique. Il y a également les mesures actives du marché du travail, je reviens à ce que je disais tout à l'heure. Certaines mesures qui sont coupées alors qu'elles sont pertinentes, ça exclut une partie de la population. Et là je reviendrai à ce que je disais tout à l'heure, le transfert des charges, parfois je suis frappé comme en Suisse on arrive à trouver des choses qui en fait transfèrent les charges de l'assurance-chômage à l'assurance-invalidité, ou à l'assurance-maladie. Donc si on ne considère pas les individus dans leur entièreté, on va forcément vers un mur, et c'est là où certaines mesures sont trop bornées. Elles ont en fait un critère et des objectifs qui sont en contradiction avec un objectif plus global de réinsérer durablement, faire que la personne ne tombe pas malade après un mois et puis qu'elle soit à la charge de l'assurance maladie, à la charge de la PCMM, à la charge de je ne sais pas quelle autre assurance.

Q. : J'ai envie de vous poser la question, à la suite de ces remarques. Est-ce que l'assurance chômage est humaine aujourd'hui, c'est-à-dire est-ce qu'elle est de l'ordre de l'humain, est-ce qu'elle respecte un principe d'humanité ?

R. : On se peut se poser la question. La complexité, c'est de faire de la coordination, à un niveau très haut, des concepteurs des lois, d'avoir suffisamment de poids, syndical ou social dans le Parlement, dans le lieu où la loi se crée et c'est plutôt, disons que là ça dépasse, c'est l'autre bout, celui qui crée la loi, et aujourd'hui je crois qu'effectivement les défis sont énormes par rapport au Parlement et que ces défis ne sont parfois pas relevés. On se rend compte *in fine* que bon il y a eu cette loi, elle a passé, personne n'a bronché là-dessus, alors qu'elle a un impact énorme.

Q. : Là vous vous adressez aux parlementaires ?

R. : Oui.

Q. : Et comment un professionnel qui constate que les problèmes éthiques sont de l'ordre du cadre légal, peut intervenir et comment il ferait ?

R. : Personnellement, politiquement, je pense que la société, disons que je crois beaucoup en l'acte civique de tout un chacun.

Q. : Est-ce que vous êtes dans un parti ?

R. : Je ne suis dans un aucun parti, mais je suis intéressé par la politique, ça me passionne, ça me passionne la création de loi, mais je n'agis dans aucun parti, j'observe.

Q. : Vous n'avez pas confiance dans les partis, dans les syndicats ?
R. : Non, j'observe de loin, je suis dans une mouvance citoyenne.
Q. : Pourquoi, parce que vous n'interpellez pas seulement l'État mais aussi les partis et les syndicats, comme professionnel et citoyen ?
R. : Oui.
Q. : Vous n'y croyez plus trop aux partis et aux syndicats ?
R. : Non, j'ai justement un constat d'échec en quelque sorte. Si telle loi ne passe pas ou n'arrive pas sur le terrain, mais c'est bel et bien parce que les personnes qu'on a envoyées à Berne n'ont pas réellement une préoccupation d'une majorité. Et là effectivement je suis extrêmement attaché au système politique suisse de démocratie directe et pas dans le sens de Blocher. Cependant je vois effectivement comment la démagogie travaille sur les individus, et peut-être de façon un peu utopique je crois beaucoup aux citoyens, même si parfois je vois que les citoyens ne votent pas comme je vote, mais je crois beaucoup au pouvoir des citoyens qu'ils ont à choisir un produit dans un magasin, qu'ils ont de faire tel acte ou tel autre acte. Ma lutte elle va dans cette direction. Chacun est acteur, chacun est responsable de la société dans laquelle il se trouve. Donc je me trouve parfois en opposition avec des personnes qui ont le discours « y'a qu'à ».
Q. : C'est une idée assez radicale de la politique, c'est l'autonomie des individus, ça pose à un certain moment le problème de l'organisation globale de ces individus ?
R. : Oui.
Q. : Quand on est professionnel et citoyen, qu'on veut une influence sur non seulement les lois, mais sur les outils qui sont faits par des multinationales et qui ont été demandés par les pouvoirs étatiques, que faire là ?
R. : Je sens ce processus comme antidémocratique, je dirai qu'au niveau personnel je résous ce dilemme en faisant mes actes au quotidien de la manière qui me semble la plus opportune pour l'individu que j'ai en face avec les outils que j'ai. Et je peux violer certaines règles en sachant que je les détourne en fait. Je suis là dans un niveau hiérarchique pas très élevé, ce que j'aime mieux finalement pour pouvoir travailler sur le terrain avec des gens. parce que je suis passionné par ça, mais il est clair qu'au niveau hiérarchique et au niveau des impacts dans les lieux décisionnels, il est important de faire entendre la voix et je ne me gêne pas pour le faire, maintenant que je sois écouté ou pas écouté, ça c'est une autre paire de manches. Mais je crois fermement à l'analyse de la pertinence de ce que l'on fait. Il y a un sens aux choses.

Entretien no. 13

Q. : En quoi consiste votre travail ?

R. : Mon travail consiste à m'entretenir avec des personnes d'origine étrangère, qui ont demandé le droit d'asile à la Suisse. Et qui on été transférés par une décision de Berne, de l'ODR (Office du délégué aux réfugiés) sur le canton de Genève. On les prend en charge aussi bien financièrement que socialement.

Q. : Et comment on peut expliquer la nouvelle division du travail entre assistants sociaux et commis administratifs dans l'assistance aux requérants d'asile ?

R. : Cette division elle est expliquée, normalement, c'est discuté à la commission du personnel, les commis sont imposés. Ils sont imposés et les assistants sociaux les refusent de part notre expérience. Donc, c'est expliqué comment ? C'est expliqué que partout dans le monde, on sépare le social de l'argent. C'est toujours les mêmes réponses, le Canada. Mais, qu'est-ce qui est bien, qu'est-ce qui est fort, je veux dire à l'heure d'Internet, je crois que des fois, j'ai l'impression qu'on nous prend pour des cons. Les assistants sociaux, c'est des gens qui ont eu leur expérience de vie. Je trouve que c'est bien parce que dans notre institution on a des gens formés. Donc, on les utilise à bon escient. Et pour ça, les gens formés, ils continuent à se former. C'est pas parce qu'on est AS [assistant social] qu'on est simplement AS. On est AS parce qu'il restait une capacité à faire. On peut nous vendre un produit, voilà on sépare le social du financier parce qu'ailleurs on l'a fait. Je ne sais pas si c'est certain. Je reviens des États-Unis, social ou machin, c'est pas fait. Canada, j'ai des amis, ce n'est pas fait non plus. Peut-être dans certaines provinces, dans certaines villes, dans certains endroits, mais pas comme un produit fini. Qu'on ne nous prenne pas pour des cons.

Q. : Et c'était les assistants sociaux qui ont demandé ça au début ?

R. : Alors, on a demandé avec un léger mieux de travail. Ils nous ont demandé de réfléchir comment ça serait. Moi j'avais inventé un système de rendez-vous express. Avec des listes de personnes dont on s'occupait plus légèrement.

Q. : Distinguer les types de prises en charge ? Et ça n'a pas passé ?

R. : Si, ça a été fait pendant quelque temps. Mais ensuite, on nous a balancé l'idée qu'il fallait des commis administratifs parce qu'il y avait beaucoup de dossiers qui arrivaient. Il y avait encore plus de gens. Même avec le rendez-vous express, on n'arrivait pas à s'en sortir. Donc, on va vous adjoindre les commis administratifs. Il va s'occuper que du côté financier. Et puis là, on nous dit, il faudrait tous vos dossiers. Moi, je refuse de donner tous mes dossiers. J'ai des gens dont je m'occupe depuis cinq ans. J'en tire, la façon d'être un peu touché à la personne, d'être un peu dépendant à la personne, mais c'est pas ça qui se joue. C'est des gens qui sont dans un monde qui leur paraît hostile. Le fait d'une personne qui s'est suicidée. Quand j'ai pris le dossier, l'AS qui m'a donné le dossier m'a dit c'est une personne qui ne parle jamais. Moi, je connais toute son histoire. C'est vrai que ça fait 4 ans que je m'en occupe. Je suis l'assistant qui l'a gardé le plus longtemps. C'est une personne très difficile qui a passé à l'acte pour ne pas se faire renvoyer. Donc, il ne voulait pas rentrer comme geste, il n'en a laissé qu'un, mais il est défiguré. Il est d'origine kurde. Ouais, bon, qu'une commis lui donne son argent, et donné l'argent, ça fait 15 ans qu'il est ici.. Un jour, ça ne va pas passer, c'est la commis qu'il va s'immoler. C'est un mec qui est très dérangé dans sa tête, très paranoïaque. Il faut vraiment un suivi pointu. C'est pas « bonjour, comment allez-vous, prenez votre chèque. Au revoir. » Il faut se donner les moyens. On a les moyens maintenant de le faire légal. Qu'on ne fasse pas du linéaire pour tout le monde. Ça ne marchera pas. On a des gens qui ne sont pas bien dans leur tête. L'argent que ce soit 5.-, 100 fr., 200 fr., ça ne va pas. Il faut savoir séparer les budgets. On leur donne 100 fr. par semaine. On va les voir chez eux.

Q. : Mais qu'est-ce que ça veut dire cette tendance à gérer quelque part l'argent, en séparant du social de manière systématique. Au début, on trie les cas et puis on fait tout le monde, mais qu'est-ce que ça veut dire ça comme orientation ? Comment il faut comprendre ça ?

R. : Bien, c'est savoir organiser le travail. Je dirais que les ennuis ont commencé avec l'audit Andersen qui est passé ici. Ils se sont rendu compte qu'il y avait des doublons certainement, avec l'AGECAS, la prise en charge des requérants, et l'Hospice général. Alors, ils arrivent à rationaliser, à trouver des gens derrière le guichet qui va donner l'argent à des requérants, ça peut permettre d'alléger le social. Donc, on peut supprimer quelques postes. On a l'impression d'être mangé tout crû. Il y a une histoire de 120 postes, qu'est-ce qu'on va faire de ces gens ?

Q. : Donc, il y a une rationalisation et puis le facteur économique devient le facteur prédominant.

R. : Malheureusement, il y a un effet sur les DAS, c'est-à-dire sur tout le social. Je pense que si on travaille linéairement avec des requérants, il y a beaucoup de problèmes avec les Kosovars qui remplissent 70 % de la prison. Ce qui est vrai, il ne faut pas se le cacher. Parce qu'il n'y a pas un suivi social qui est effectué. Il y aura beaucoup de dégâts dans la rue, plus qu'il y en a maintenant.

Q. : Ouais, je vois bien.

R. : Je pense sur le temps. C'est sûr qu'on ne va pas le quantifier tout de suite. C'est sûr que si, demain, on nous dit l'argent va être donné linéaire, occupez-vous plus socialement des gens. Je suis tout à fait conscient que dans la première année qui suit, il n'y aura pas de problèmes, ou très peu, ou ça ne se verra pas. Et dès la deuxième ou troisième année…

Q. : Alors, il faudrait continuer à considérer la personne comme un tout ?

R. : Tout à fait.

Q. : Et une prise en charge globale, comme un tout ?

R. : Sans… je ne sais pas, il y a plusieurs méthodes de travail. On peut être *gestalt,* on peut être analytique ou prendre des deux. C'est évident qu'il y a des cas, je dis pas tout le monde, il y a des cas où il faut faire attention, si on reçoit les gens qui ont des problèmes, on les prend en charge correctement. Quand je dis correctement, on les suit socialement. On suit leur développement, leur intégration. Lorsqu'on sent que c'est OK, on les laisse aller tout seul. Il y a des gens qui ont énormément souffert. Ça, on a peut-être tendance à oublier aussi. Ils ont énormément souffert et ils attendent une réponse de Berne depuis des années. Et puis, il y a des gens qui sont des touristes économiques. On a le droit de le dire, qu'ils sont voleurs, arnaqueurs, qui viennent ici pour profiter au sens le plus large du terme, profiter de tout. Qui n'ont ni foi, ni loi. C'est là qu'on peut faire un effort contraire, c'est-à-dire vous avez l'argent par mois et puis de toute façon socialement ça ne sert à rien du tout. Votre permis va tomber à échéance et vous retournerez chez vous, point final.
Q. : Je reviens encore à cette histoire de séparation entre l'économique et le social dans le travail.
R. : C'est une manière très linéaire de travailler. Faut-il d'autres méthodes ? Non, on peut rester dans la méthode où on était jusqu'à maintenant. C'est-à-dire qu'on donne, je répète, c'est des gens qui posent peu de problèmes, qui ont peu besoin, on les laisse aux commis qui leur font de manière linéaire la prise en charge. Et d'un autre côté, les gens qui ont en besoin, il y a toujours les services sociaux qui sont là avec des possibilités financières allégées, souples.
Q. : Et pourquoi les chefs de ces services, ils ont comme ça abandonné si légèrement ces méthodes de travail social, enfin, le pluralisme des méthodes de prise en charge ?
R. : La rationalité, au niveau de l'argent. C'est l'économique qui prime sur le social. Il y a une façon de dire aussi, c'est quantifier le travail social qui est effectué. Je vous dis une vaste question. Avec les requérants, c'est le temps qu'on passe avec eux et qu'ils apprennent à faire les choses petit à petit. À prendre son temps, à ne pas exploser à tous les moments. C'est ça qu'on gagne petit à petit. C'est leur faire voir que dans toute la Suisse, comme les gens ils votent à 70 % « dehors les étrangers », il y a comme même des îlots où ils peuvent se reposer, parler de leurs problèmes.
Q. : Et qu'est-ce qui se passe d'un point de vue, je dirais, légal, droit du travail, s'ils vous ordonnaient de donner ces dossiers et puis que vous vous opposiez ? Vous avez les moyens, vous, de le faire ?
R. : Et bien, tant que ce n'est pas une directive, on a le temps de le faire. Le jour où ça tombera comme directive, donc, ça viendra de très haut, on sera obligé de le faire.
Q. : De très haut, c'est-à-dire ?

R. : La direction va envoyer un papier, une directive, en disant chaque jour à tous les assistants à partir du 1er février 2000 de remettre tous les dossiers aux commis administratifs.
Q. : Est-ce que vous avez l'impression que vous êtes protégé par le droit du travail pour défendre un point de vue éthique qui est divers de celui de la direction ?
R. : Je ne crois pas, nous, on essaie de faire voir que le linéaire, de ce qu'on vous présente ici, en nous disant bien « voyez, là-dessus il y a tout ce qu'il nous faut pour travailler ». On peut mettre toutes les cases qu'on veut, bien il y a toujours une case qui manque. Vous voyez, par exemple, remettre une date ici, c'est écrit parti de Suisse. Asile, permis B ou décédé. Bien ça fait un, deux, trois, il y a quatre possibilités. Il y en a bien d'autres. C'est ça qu'on va nous donner comme travail, c'est bien ce qu'on nous donne comme outils, ce qu'on nous donne comme travail, c'est pour rationaliser, c'est pour compter, c'est pour savoir comme on est. Enfin, à un autre niveau, c'est combien ça coûte tout ça. Ça c'est vrai, il faut. On ne peut pas être utopiste non plus. Qu'on garde un petit peu aussi pour les gens qui en ont besoin. On ne peut pas mettre dans un moule. Là, j'ai deux factures, vous voyez, j'en ai une qui date du 17 janvier et une qui date du 24 janvier. On demande à la dame, qui indique la date, je suis d'accord sur le principe de nettoyer son dessous de lit. D'accord. On lui dit : nettoyage de votre unité sous votre responsabilité, semaine pair. Un nettoyage de votre unité sous votre responsabilité, semaine trois. Alors déjà, ça veut dire que cette dame-là, elle est capable de parler français. Elle doit être capable de lire sur un tableau. Ce qu'elle n'est pas capable, elle n'est jamais allée à l'école, elle ne sait pas lire. Elle est enceinte de sept mois. On lui demande de nettoyer. C'est son premier enfant. Elle a déjà de la peine à le porter, elle vomit tous les jours. Alors, on m'envoie des papiers comme ça et on me dit : « ce montant sera déduit de votre assistance ». Elle touche 595.-. Si je lui enlève 50,- plus 50 .-, ça fait 100.- en moins. Ca fait 495.-. Elle est enceinte de sept mois. Pour manger, il faudra un petit peu plus. Il faut manger des fruits, rééquilibrer un peu plus le repas. C'est impossible de le faire. Donc, moi, ce que je vais essayer de faire en tant qu'assistant social, c'est demander, ouais une bonne heure, essayer de convaincre quelqu'un en disant : « tes factures on va les oublier s'il te plaît parce que tout compte fait, c'est pas qu'elle ne peut pas les payer, mais vraiment son état de santé ne lui permet pas de nettoyer déjà. Il faut oublier ça pendant trois mois au mois. Le temps qu'elle se remette de son accouchement ». En plus c'est une jeune femme qui n'a pas de mari, par la suite, qui va être obligée de faire face, d'être fille-mère pour une société somalienne qui va la regarder de travers. Elle ne parle pas très bien français.
Q. : Mais si je reviens à cette histoire de la directive, bon là, vous pouviez négocier ?
R. : Non, on ne peut pas négocier. On est toujours obligé de porter l'information en disant : « bien vous m'en tirez 50 fr. vous voyez. 50 fr. plus

50 fr, » mais il y a, on va dire, il y a 50 personnes qui habitent cet immeuble. 50.- multiplié par 50, ça vous fait 500 fr ça vous fait 2 500 fr. Nous, on est prêt à payer, mais on veut voir la facture des nettoyages parce que si le nettoyage, il a coûté 600 fr. et qu'en fait il y a 50 fr. tout le monde, ça ne va pas. Il y a 2 000 fr. qui sont partis dans la poche de qui ? Pour le service de l'Hospice général ? Alors, là, on était pas d'accord. Alors, ça a été suspendu à une époque et maintenant, ça revient. C'est lancinant, ça revient toujours, donc nous on va relancer ça. Là, on m'a renvoyé deux fois 50 fr., j'ai demandé la facture originale, pour voir combien ça a coûté véritablement. Parce qu'une femme qui est au septième mois va véritablement être obligée de le nettoyer.

Q. : Il faut avoir envie de se battre ?

R. : Il faut avoir envie de se battre. Il faut connaître bien l'administration, il faut connaître les gens qui sont en face de nous, Moi, je me sens combattant dans ce que je fais. Je le fais pour les requérants, je le fais pour la boîte, je le fais pour ma place. Je le fais pour la commission du personnel. Je le fais partout. Je sais que j'ai des collègues qui sont plus passéistes sur la façon de fonctionner, mais c'est une chose à moi.

Q. : Et puis, si la directive arrive alors ?

R. : Ah ! rien à dire, c'est trop tard. Moi, je suis battant, comment dire, je suis courageux, mais je ne suis pas téméraire. Si elle vient la directive, moi, je ne peux rien faire. Je peux le faire avant que la directive arrive.

Q. : Essayer d'éviter une directive, mais si elle arrive, est-ce que du point de vue strict du droit du travail, est-ce que, apparemment si je vous entends bien, il y a un problème éthique en arrière-fond dans cette directive, donc, il n'y a pas de conditions de travail qui permettent tout d'un coup de remplir, d'avoir un pluralisme de points de vue ?

R. : C'est des dossiers qui sont uniques. C'est ça le gros problèmes. Donc, le problème, c'est que pour vous faire passer la pilule entre guillemet ou pour la faire appliquer, on va vous dire, c'est bien calculé, moi, je connais la direction. Quand j'ai mon responsable qui parle, je serai responsable, je serai pour faire passer la pilule à tout le monde pour faire appliquer ce qu'on m'a demandé d'appliquer, je ferai exactement la même chose que lui. Mais, bon, moi, je le connais bien, j'ai fait assez d'études pour savoir qui va venir dans ces phrases et qui rencontrer si j'en ai besoin. Mais, c'est des décisions qui sont uniques et on ne peut pas les remettre en cause. Elles nous tombent dessus. On est obligé de les appliquer.

Q. : Donc, un devoir d'obéissance ?

R. : Ouais, et puis un droit d'obéissance, on peut le dire aussi. Parce que c'est bien beau d'envoyer les papiers comme ça, 100 fr., mais 595 fr., il ne reste plus que 495 fr.. Au mois de février, il y a 29 jours, c'est 29 jours, divisé par. Quand on est enceinte. Elle va accoucher début mars, même fin février, bien il faut calculer. On a derrière des gens, bon, je vais m'avancer un peu, mais je lui ai demandé tout à l'heure si elle avait préparé pour la naissance du bébé, quelque chose. Elle m'a dit non tant qu'il n'est pas né parce que s'il est mort, j'aurai acheté pour rien. Elle a perdu de l'argent. Donc, on va mettre en cause, quand vous dites qu'il y a les directives qui tombent, j'aimerais bien qu'il y ait un recours juridique, qui nous protège, qu'on soumette en disant : voilà, il y a telle directive de Berne qui vient de tomber, qui a été rapportée à la direction. La direction nous dit que c'est Berne qui nous l'a donnée et qui nous dit, bien oui, les personnes vivant dans un appartement de l'Hospice général ont droit à tant de mètres carrés, mais pas plus. Bien, ça va aider à avoir des réponses du style : le bébé naît. Je dis : « bien voilà, ils sont déjà deux dans l'appart', ils ont qu'une chambre et le bébé est né, est-ce qu'on pourrait les déménager ? ». Alors, on m'a dit : « on va attendre deux ans. Temps qu'il marche, tant qu'il ne marche pas, il ne prend pas de place ». Et puis, quand il a eu deux ans, bien là, on ne peut pas, il n'y a pas de place. Et là, il y a trois ans, il y a sa petite sœur qui est née, on va peut-être y penser. Voilà. Je comprends qu'il y a des gens qui craquent.

Q. : Au fond, ce rapport de subordination que vous décrivez, il est dû à l'organisation interne de l'institution. Ou alors, il est dû à Berne, comment vous voyez cette structure de subordination ?

R. : La base, je dirais, l'impulsion, elle vient, entre guillemets, de ce que veut le peuple suisse. Ce que veut le peuple suisse, qui est rapporté à Berne. Donc, les politiques de Berne entendent ce que veut le peuple à travers les référendums, enfin les votations. Et les appliquent d'autant plus allègrement qu'ils ont l'approbation de la population à restreindre les budgets, d'envoyer les gens, ça fait plaisir à la société. On conçoit la société comme ça. Berne, avec le tas de requérants qui arrivent sur le sol, ne peut pas fermer hermétiquement les frontières. Elle est bien obligée de faire face à des requérants. Ils partagent entre cantons à pourcentage égal. Monsieur Second, Conseiller d'Etat ou d'autres reçoivent donc cet ordre-là et puis savent qu'ils ont tant de requérants. Ils ont tant de requérants, tant de places et il y a un monsieur qui est à l'Hospice général et puis en dessous, bien, pour venir aux requérants directement, il y a les directeurs. Le conseil d'administration bien sûr et, entre-temps, il y a monsieur A, monsieur B, directeurs et compagnie, qui sont restés là aussi. Quand monsieur Second impulse une politique, il y a tous ces systèmes-là qui se mettent en marche et bien voilà on donne 13 fr. par requérant par jour. Avec ces 13 fr., vous vous débrouillez pour qu'il mange, qu'il dorme et tout ça. Ils doivent le faire. Monsieur A reporte à monsieur B, qui reporte à monsieur C qui a ses réunions avec les chefs de groupe, qui nous le transmettent Et moi, je suis censé le dire au requérant, bien voilà, c'est pas Monsieur Second qui a dit, c'est Berne, que tu auras 13 fr. par jour et il faudra que tu te débrouilles avec.

Q. : Donc, là, le système est apparemment très hiérarchique et très bloqué.

R. : On sent très bien quand il y a des directives qui arrivent du haut. On voit qui est trouillard par rapport à la direction. Parce qu'on vit dans un système où nos réunions sont mises sur procès-verbal qui sont pour tout le monde.

Par contre les procès-verbaux de coordination, comme ils disent entre responsables de groupe, moi, j'ai jamais eu accès. Et encore, par la commission du personnel, on est au courant de beaucoup de choses. De par le conseil d'administration parce qu'on a des membres de la commission du personnel qui font partie du conseil d'administration. Et d'autres gens qui sont très bien placés au niveau politique, député ou autre, qui nous rapportent des décisions qui vont être prises, qui sont déjà prises, pourquoi elles sont prises ici. Je me sens privilégié dans ce qu'il se passe. C'est que même si mon responsable est au bout et puis il me dit aujourd'hui, je veux que tous les dossiers soient donnés aux commis. Moi, je sais très bien que ce que j'ai entendu à tort ou a raison des fois, mais c'est souvent, je dirais à 90 % des cas, ça a l'air très juste. Moi, c'est évident que je grimpe aux rideaux et je dis : non je donne pas mes dossiers. Parce que je sais ce qu'il y a derrière.

Q. : Une manière de résister à ce système, c'est d'avoir des informations parallèles ?

R. : Ouais. Mais, aussi, ça vous met des fois en porte-à-faux avec vos collègues. Vous savez que celui-là, il est… une ou deux fois, il m'est arrivé cette année d'avoir les renseignements, de savoir à quoi ça allait aboutir, mais de laisser faire mes collègues.

Q. : Par exemple sur quoi concrètement ?

R. : Des décisions, bon, ces histoires de factures. Ces factures-là, donc, ça a été retiré à 50 fr. par requérants dans les lieux d'achats. C'est un petit budget, 50 ou 100 fr. suivant les cas. On disait comment contrer ça. Et moi, j'avais pris ma décision, j'ai dit : je ne veux pas retirer ça. Je vais les mettre de côté et je veux qu'on en parle à la réunion, une fois un axe. Et l'axe, c'était ça, ce que je vous avais dit tout à l'heure. C'est simple. La dame qui était responsable demande 50 fr. par requérant pour le nettoyage. Mais il y a 50 requérants dans l'immeuble. Le nettoyage, il a coûté 600 fr., ça a coûté 2 500 fr., Il manque 1 900 fr.. Où sont passés ces 1 900 fr-? Alors, après on voit la personne, on dit oui, mais 1 900 fr., ça sert pour nettoyer deux structures où les gens ne sont pas là ou sont partis, sont renvoyés.

Q. : Et on peut aller jusqu'où, parce que…

R. : Bien alors, jusqu'aux directives.

Q. : Jusqu'aux directives, justement.

R. : Ah ! moi, mais si, la direction m'envoie un message ici avec directives. Pas qu'à moi, tous les assistants, et qu'il précise, vous devez donner tous vos dossiers, vous devez retirer l'argent impérativement sans exception, achats. Eh bien on verra. La borne elle est… c'est au niveau des assistants sociaux de l'application des choses pour tout ce qui est fait. Vous voyez quand je suis arrivé ici il y a cinq ans, les gens, ils ne parlaient pas, enfin les coûts, ils ne parlaient pas entre eux. Moi, ce que j'ai voulu, la première chose, c'est trouver un système pour qu'on puisse se rencontrer, voir comment ça se passait parce que chaque chef faisait sa sauce dans chaque coin. Et, au travers de ces réunions, on a, je dirais, pu rencontrer les différents groupes. C'est à partir de là qu'on a pu élaborer certaines choses. La commission du personnel a toujours essayé de s'arranger pour qu'il y ait un délégué de chaque groupe, pour essayer de savoir ce qui se passait dans chaque secteur. De manière que la musique soit homogène. Pas qu'il y ait un chef de groupe qui dise : « bien aujourd'hui on leur enlève les chèques, demain on les redonne ». Voir comment ça se passait vraiment. Parce qu'à l'époque il y avait énormément de variations.

Q. : Quand je vous écoute, je pense que c'est une construction d'espace public à l'intérieur du travail, qui passe par la Commission du personnel, mais comment la direction accepte cela ?

R. : Alors, je dirais qu'on a eu un moment de calme. Je reprendrais l'exemple que j'ai donné à la réunion de hier, mardi, qui était houleuse. J'ai dit « non je donnerai pas mes dossiers » et mes collègues qui étaient avec moi « non on ne donnera pas les dossiers parce que c'est le bordel ». Tout le monde était d'accord, tout le monde a pu parler.

Q. : Donc, en d'autres termes, c'est l'espace publique qui se construit et qui se gagne et qui est difficile à construire ?

R. : C'est comme un château de sable qu'on construit, qui tient ce qu'il tient et puis des fois il y a une grosse vague qui vient, ça se détruit. Il faut dire qu'il y a énormément de tournus au niveau des équipes. Donc, les gens qui sont stables, qui tiennent depuis longtemps, on se connaît bien. Donc, on a nos relais, on a nos… on sait des choses.

Q. : Donc c'est fragile, ça veut dire que c'est fragile ?

R. : Et puis, ils sont beaux les châteaux. Moi, j'aime bien. Ceux que j'ai construits ils sont beaux. Et je pense que la seule fierté que je pourrai en avoir, c'est quand je défends les requérants. Moi, c'est quoi la limite, c'est quand je me lève le matin, est-ce que je suis content du boulot que je fais. Si je me lève un jour et que je regarde un miroir et que je me dis : tu es en train d'appliquer des choses fachos, bien j'irai dans un autre service.

Q. : On m'a dit qu'il y avait beaucoup de départs dans votre institution ?

R. : Il y a beaucoup de départs aussi, mais, prenez les journaux. Il y a un rapprochement qui va se faire entre deux institutions qui s'occupent de l'accueil des requérants d'asile, on ne sait pas comment ça va finir tout ça.

Q. : Et pourtant il faut qu'il y ait un sens ?

R. : Qu'il y ait un sens, qu'on se lève le matin, ce qu'on applique dans la vie de tous les jours, c'est si un jour on supporte plus ce qu'on fait et puis là on va avoir des années de service. Il y a des moyens de lutter aussi, de faire des choses qui vous plaisent aussi. Il faut se créer des espaces de liberté.

Q. : Donc, le rapport, si je retraduis, le rapport de subordination, il n'est pas totalement fermé ?

R. : Il n'est pas totalement fermé, mais je dirais qu'il est bien là quand même. Il y a quelques espaces qui existent, mais j'en reviens toujours pareil, c'est pour des gens qui sont bien formés, qui ont l'habitude de parler, qui

sont à l'aise. Qui se sentent à l'aise, je dirais. Sinon, vous avez affaire à des gens qui sont plutôt soumis par un pouvoir de soumission qui est très puissant.
Q. : Quand on est faible, on est soumis, quand on est fort, on est plus libre ?
R. : Quelque part, je dirais. On s'épuise, on fait des trucs. Moi, je vois des collègues qui sont soumis. Ouais, une habitude de soumission, et qui doivent appliquer sans réfléchir, d'enlever 100 fr., bien sur 595 fr., mais c'est. Ils s'arrêtent sur les directives qu'ils ont reçu, enfin sur la note qu'ils ont reçue en disant, bien voilà, on m'a demandé d'enlever 100 fr., je vous enlève 100 fr.. Vous n'avez pas nettoyé. Ils ne vont pas chercher à savoir pourquoi pas nettoyé, si elle était capable de nettoyer ? Est-ce qu'elle avait pu lire le planning pour nettoyer ? Est-ce qu'elle était enceinte ou pas enceinte ? Voilà, c'est ce que j'appelle la faiblesse d'être humain.
Q. : Vous avez vu le film de Rony Brauman, *Le Spécialiste ?*
R. : Non, j'ai lu des articles.
Q. : Parce que c'est le thème de l'adhésion à un système inacceptable qui est abordé.
R. : Ouais, si je me souviens bien, c'était une sorte de film documentaire sur Eichmann, un très haut fonctionnaire qui a été pendu.. Bon, je connais assez bien l'histoire.
Q. : C'est le problème du système et puis de l'individu, qui adhère au système. Justement, vous dites que c'est le système, mais qu'il y a une marge de manœuvre ?
R. : Pour les gens qui sont forts. Il y en a très peu qui sont forts sur la durée. Moi, je me sens faible à des moments.
Q. : Et comment on fait pour se renforcer ? Il y a ce système qui est quand même lourd, hiérarchique, lourd et en plus qui donne des consignes qui sont problématiques, si j'entends bien ?
R. : C'est certain, ouais, tout à fait, ouais.
Q. : Et alors, comment on fait pour résister dans un système comme ça ?
R. : Les problèmes, on les prend sur soi. J'avais les réflexions de mes collègues qui disaient, à juste titre ou à tort, toi, tu peux te permettre de dire : « Je n'ai pas retiré les 100 fr. à telle personne sur la facture. Mais moi, si je le fais, je vais me faire engueuler. » Moi, je me fais engueuler aussi, mais pas la même chose. Seulement, je défendrai coûte que coûte jusqu'au bout. Je mettrai en face mon interlocuteur dans une position où il se rendra compte lui-même de la bêtise qu'il dit. C'est ma force, c'est-à-dire que je suis capable de voir comment la personne fonctionne en face, qu'elle-même elle est dans une situation de soumission. Donc c'est juste lui rappeler à quoi elle obéit et qu'est-ce que ça fait référence pour elle. Ça marche avec tous les êtres humains, même avec moi.
Q. : Donc il y a l'exigence d'une pensée, d'une autonomie de la pensée ?
R. : Ouais.

Q. : Et vous dites : « il faut être fort », mais en même temps vous dites « il y en a qui sont plus faibles que d'autres ». Donc, d'un point de vue collectif, qu'est-ce qu'il faudrait faire pour augmenter cette autonomie de la pensée dans le travail ?
R. : J'étais en train de penser à vos histoires de soumission. J'étais à Auschwitz trois fois de suite. Une fois pour moi, et deux fois pour des amis. Il y avait un très beau livre de Bettelheim qui parlait de la soumission des gens qui partaient dans la chambre à gaz. Pourquoi les gens étaient soumis, pourquoi. Il y a du monde dans ces lieux. Le système de l'être humain, il est fait de telle manière que la rébellion, on ne la gagne pas comme ça.
Q. : En tout cas, c'est à la fois interne et puis c'est à la fois le système. C'est marrant qu'on parle d'Auschwitz, en parlant de ce qu'on vit aujourd'hui là, de ce que vous voyez dans votre institution, dans la politique d'asile.
R. : C'est très dur.
Q. : Il y a des liens avec cette expérience historique ?
R. : Oui, parce que, c'est vrai que vous allez à Auschwitz, vous avez deux parties du camp. Alors, c'est une image qui est dure et les liens, les ponts, on peut les créer. Ouais, on peut les percevoir. Quand vous rentrez, vous allez sur votre gauche, vous avez trois portails. Ici, voilà un requérant qui reçoit l'argent. C'est vraiment très très peu. La seule chose qu'on peut lui dire : « Tu travailles. À partir de là tu peux gagner ta liberté. Tu pourras choisir ton appartement. » Alors Auschwitz, c'était écrit comme ça, c'était aussi *Arbeit,* je ne sais plus quoi.
Q. : *Arbeit macht frei.*
R. : Je ne connais pas l'allemand. Le travail rend libre. Donc, il y en a qui bossaient. On les mettait dans les baraquements. Des baraquements en bois avec un poêle au milieu. Quand vous allez dans les lieux de vie des requérants, maintenant, on a tendance à les parquer. L'institution, ça fait penser aux baraquements. Il y a une cuisine au premier étage. Chacun à sa petite chambre qui est avec toilette, douche, comme une cellule moderne. Avec l'espoir zéro de trouver du travail parce qu'ils n'ont pas le droit de travailler. Pas de prise de télé.
Q. : Et aujourd'hui, comment, jusqu'où ça va aller? C'est où les limites ? Est-ce que vous avez l'impression de vivre une situation limite ? Ou bien on n'est pas encore arrivé à la situation limite ?
R. : On sera à la situation limite quand on aura baissé encore les budgets.
Q. : Qu'est-ce que c'est une situation limite ?
R. : Une situation limite, c'est quand vous avez une personne en face de vous qui dit, qui est hors d'elle. Et moi, je me retrouve dans les situations des gens, qui, de plus en plus, ne savent plus comment faire, même pour manger. Et je n'ai plus de solutions. Je ne sais plus quoi leur dire. Pour moi, c'est une situation limite. Situation limite, c'est : vous avez quelqu'un en face de vous qui n'a plus rien à perdre. Ça c'est limite. Vous travaillez dans les prisons. Il y a quelqu'un qui est condamné à vingt ans, il n'a plus rien à

perdre. Donc vous ne lui parlez pas. La même chose que quelqu'un qui n'a qu'une année à faire. Il n'a pas les mêmes projets.

Q. : Et là, qu'est-ce qui va se passer, alors, quand on est dans une situation limite?

R. : Moi, le seul espoir que je garde, c'est que les requérants seront assez malins pour travailler au noir, pour aller faire leurs courses en France, pour partir à l'étranger. Ils auront assez de ressources pour faire autre chose. Ce qui m'inquiète le plus, c'est que le premier jour, ils sont déjà limites, on suit socialement, mais ils sont limités dans leurs agissements. Tous ces gens que j'ai qui viennent d'une culture où ils ont subi énormément, où ils ont été torturés, où ils sont malades psychiquement, physiquement, où ils n'ont plus de ressources, où leur sommeil est cassé, où ils auraient besoin de se reposer, d'être dans un cocon. Là, je m'inquiète.

Q. : Qu'est-ce qu'on va faire avec ces gens alors ?

R. : C'est la politique.

Q. : Enfin, il y aura deux catégories de gens. Il y a ceux qui s'en sortent, qui se réinsèrent de multiples manières. De la manière la moins officielle possible et puis les autres. Ceux qu'on jette. C'est ça, on les jette ?

R. : Oui, tout a fait. J'ai des couples d'un certain âge qui ne voyageront plus. Ils ont 80 ans. Ils ont connu trois immigrations. Ils n'ont pas envie d'en faire une autre. Vous voulez qu'ils fassent quoi ? Ah ! là il y a une sorte de solidarité que nous, on ne connaît pas. Des gens qui touchent 500 fr. suisse par mois pour manger, j'en connais qui essaient d'envoyer 100 dollars par mois à leur famille pour entretenir neuf personne personnes en Somalie ou en Tanzanie. Et il reste donc 400 fr. pour manger. Avec ces 400 fr., bien, ils ont l'anémie complète, donc ils passent souvent chez le médecin, à l'hôpital et tout ça. Peut-être des gens qui vont souffrir physiquement, véritablement très très fort. Parce que ce billet de 100 dollars qui part là-bas, ça nourrit beaucoup de personnes. Eux, ils sont là pour ça. Leur mission, c'est ça. Il y a neuf enfants là-bas et 100 dollars.

Q. : Et si je reviens à votre travail d'assistant social, votre marche de manœuvre pour faire des choses elle est extrêmement limitée, donc est-ce qu'il y aura d'autres types d'actions ?

R. : Il y aura plus d'argent pour des gens qui seraient dans des occupations. Un petit peu « tu gardes mon chien, bien tu auras de l'argent en plus. Il faut penser à ça. Tu travailles un petit peu dans un champs, on va te donner à défricher une forêt, tous les jours, il faudra que tu y ailles et puis si tu fais bien ton travail, tu auras plus d'argent d'entretien ». Des emplois d'occupation.

Q. : Mais comment il faut comprendre ces emplois d'occupation, la philosophie qu'il y a derrière ?

R. : Ah ! la philosophie du travail, c'est toujours pareil. C'est suivant l'économique. Quel que soit le travail que fera un requérant, si on crée des groupes de travail. Du style, on va prendre dix requérants. On va acheter une tronçonneuse, une débroussailleuse, une faucheuse, et tout ce que vous voulez comme matériel, une camionnette, et on considère que ces dix requérants-là vont devoir défricher, je ne sais pas, telle forêt à la sortie de Genève. On va les faire travailler un mois. Ils vont toucher plus d'argent. Et après on prend une autre équipe. Le propre de l'être humain c'est toujours au niveau du travail, de ce qu'il produit comme travail.

Q. : Et là concrètement, c'est vous qui allez vous occupez de ce type de programme ?

R. : Bien, c'est peut-être ce qui nous attend. J'aurais l'impression de retourner avec les délinquants pour les occuper.

Q. : Qu'est-ce que ça veut dire au fond occuper les gens ? C'est un travail qui n'a pas beaucoup de sens, enfin à moins que je comprenne mal ?

R. : Bien, si on regarde d'une façon beaucoup plus large, qu'est-ce qui est le plus énervant ? Quand je sors d'ici, quand j'ai passé toute ma journée dans un bureau à m'occuper des problèmes des autres. Comme à midi, j'aurai envie d'aller manger, donc, je vais vers la gare Cornavin et je passe à la rue du Mont-Blanc et je passe devant le Mac Donald. Je descends plus bas, je peux arriver aux quais. Et de toute façon au Mac Donald, il y a toujours les Somaliens qui sont là. Énormément de Somaliens. Une dizaine, une quinzaine de Somaliens. C'est les gens dont je m'occupe, pas tous, mais quelques-uns que je connais bien. Il y a celui qui est musulman, qui fait mourir sa femme. Des gens qu'on connaît autrement qu'à travers leurs pôles. C'est vrai que tous les jours, vous pouvez passer à n'importe quelle heure, ils sont toujours là-bas en train de discuter, boire des cafés. C'est vrai qu'on peut s'énerver et dire : bon je bosse toute la journée, je ne vois pas le soleil. Les mecs, ils sont tranquilles. Et puis, il y a la valeur du travail qu'on a envie de leur inculquer, mais je vous défie de trouver n'importe quelle assistante sociale connaissant un Somalien qui travaille. Parce que la politique, elle est différente chez eux. Je suis somalien, j'ai une femme, je peux en avoir deux, je peux avoir trois, ça dépend du portefeuille que j'ai. Je peux en avoir jusqu'à quatre. Le principal pour une femme somalienne, c'est qu'elle a un homme, des enfants, qu'elle a l'argent qui tombe par mois. Le rôle du mari, c'est de ramener de l'argent, quelle que soit la nature de la provenance de cet argent. Elle s'en fout. Que se soit des aides publiques, de l'argent trouvé par terre, un braquage, n'importe quoi, pourvu que par mois, il puisse ramener tant d'argent. Donc, en valeur européenne, c'est partir le matin, arriver au travail, attendre sa paie à la fin du mois.

Q. : Les Somaliens qui vont suivre des programmes en groupe occupationnel…

R. : J'en rigole d'avance.

Q. : Donc la baisse des prestations ça impliquerait ça ?

R. : Non, la baisse des prestation suivant les nationalités, les Kosovars vont retourner chez eux. Les Bosniaques vont se débrouiller avec les gens qui sont en Bosnie, qui sont depuis longtemps ici. Tous les pays africains, ils vont très bien s'en arranger parce que c'est des gens très démerdes. Et les Somaliens, ils vont immigrer en Angleterre ou au Canada. Pour eux, c'est ce qui se passera.

Q. : Donc, les assistants sociaux, ils n'ont pas besoin de bouger par rapport à ces mesures ?

R. : On peut voir ça comme ça. Mais, enfin, c'est quand même ennuyeux. On peut faire abstraction des gens somaliens de 40 ans qui ne bossent pas. On s'occupe quand même de toute leur famille. Il y a énormément d'échec de scolarité. Des gosses de 16-17 ans qui arrêtent la scolarité maintenant, des Somaliens. Personne ne sais pourquoi. Nous, on s'occupe aussi des enfants. Quand on a les enfants qui sont quatre, cinq, six ans qui sont là, qui parlent bien français, qui ont leur amis et tout ça, que le père pour une histoire de 100, 50 fr-, voir de 200 fr. va partir en Angleterre ou au Canada pour avoir un papier, qui sacrifie du jour au lendemain l'avenir des enfants, on doit être protecteur de l'enfant. (silence)

Q. : Est-ce qu'à un certain moment les assistants vont demander au canton de mettre les pieds contre les murs ?

R. : Ouais.

Q. : Dire qu'il y a des situations limites et que le canton ne peut pas accepter les règles de Berne comme ça ?

R. : Ouais, tout à fait. Il va vous répondre : « bien non, on ne le fait pas ». Ce qui est faux. Mais, c'est pas en tant qu'assistante sociale de cette institution, parce que cette institution c'est l'État. Officiellement. Je ne peux pas, vous n'avez pas le droit. Je travaille pour l'État, je travaille pour lui. Par contre les œuvres caritatives peuvent le faire. C'est eux qui mettent les pieds au mur, c'est eux qui font ça. Nous, on est de tout cœur avec eux. On a les arguments, qu'on peut leur donner par téléphone. Mais officiellement, on ne pourra jamais le faire. Je prends l'ordinateur d'ici, j'envoie un message, voilà, à partir d'aujourd'hui, moi assistante sociale de l'institution, je vais contre la décision du conseiller d'État de baisser les prestations des requérants d'asile. Prière de diffuser ça dans toute la presse. Je vous garantis que dans la semaine qui suit je ne suis plus ici.

Q. : Justement, qu'est-ce que c'est la fonction publique ?

R. : Pour moi, la fonction publique, dans certains services, en tout cas ceux que je connais, ce sont des êtres humains qu'on met dans une situation, qui assument ou qui n'assument pas. Il y a des gens qui partent parce que ça leur est insupportable de faire ceci ou de faire cela. Ce sont des gens qui sont très compétents. Ils savent l'exploiter. C'est-à-dire qu'ils ont des compétences. On les met dans une situation insupportable. Et je pense que l'État, enfin, pourrait resserrer toutes les compétences des gens pour en faire quelque chose de souple, d'agréable pour le requérant d'asile, comme pour le chômeur aussi. J'ai été chômeur aussi donc je sais de quoi je parle. On pourrait faire des choses avec les compétences des gens.

Q. : C'est la hiérarchie qui empêche ça ou c'est quoi qui empêche ça ?

R. : Je crois que c'est la société qui empêche ça. C'est pas le conseiller d'État. Lui, il va écouter ses électeurs. Quand vous voyez , on comprend très bien que moi si, quand je fais des réunions, il y a 95 % des gens qui sont contre moi et qui disent non, vous faites trop pour les requérants, je n'ai pas envie de faire l'avocat du diable.
Q. : On peut se demander s'il n'y a pas une autre vision de service public, plus autonome ?
R. : Alors, que l'État, il fasse une chose. Moi, je serais le conseiller d'État, je me doterais d'une commission de communication, d'explication aux citoyens avec des fonds. Et puis, j'établirais un plan éthique qui se baserait, peut-être pas sur le modèle suisse en lui-même, même si on a toujours tendance à regarder chez soi voir comment ça se passe, mais de façon globale dans le monde, en disant, je ne sais pas l'ONU, si les bases sont encore bonnes encore, en disant telle charte de l'ONU, on se base là-dessus. Elle dit que tout être humain est égal. Eh bien là, chers concitoyens, on fait passer un message à travers la presse, des émissions à la télévision et tout ça. C'est un long travail, c'est pas comme ça qu'on change de société. Qu'être humain ce n'est pas ça. Qu'on peut faire mieux. Et, d'un autre côté, bien je donnerai les moyens aux assistants sociaux d'écouter les directives et tout, mais aussi d'avoir la possibilité de remettre en cause une directive sans que celui-là perde sa place.
Q. : Et qu'est-ce qu'il faudrait proposer là, je reviens à mon juriste du travail dans la recherche, est-ce qu'il faut lui soumettre cette question ?
R. : Ouais, on pourrait. On m'a fait une démonstration, de quelqu'un de l'entreprise Swisscom qui est venu là, m'expliquer pendant une heure comment fonctionnait ce téléphone. Il y a plein de numéros qui sont en mémoire. Pourquoi est-ce qu'on n'aurait pas un numéro jurisprudence ? J'ai une question éthique à poser ? Est-ce que dans le cas de ma fonction d'assistante sociale, on me demande de retirer 50 fr- d'une femme qui est enceinte, je prends toujours le même exemple. Est-ce que vous en tant que juriste, vous considérez qu'en m'opposant à cette directive qui impose ?... Et on me donnera une réponse. Avoir une commission d'éthique ce n'est pas suffisant.
Q. : Il manque un contenu, des références ?
R. : Ouais et du genre tout ce qui brûle toujours là. Je veux dire que le feu d'artifice, ça veut dire : ouais, vous avez une commission, mais ça existe et puis il y a machin. C'est bien beau, mais des rapports, il y en a des kilomètres sur des projets Jeunes, sur la commission éthique, sur les machins, sur les trucs. Appliquons-les. Voir ce qui permet à la direction de gagner du temps entre guillemets. Mais, à un certain moment, il faut savoir appliquer les choses.
Q. : Et puis dans cette charte éthique est-ce qu'il faudrait avoir la possibilité de ne pas obéir à un ordre limite, injuste ? Comment il faudrait empoigner ce problème ?

R. : Ça c'est très difficile. Moi, je ne peux pas considérer une décision limite. Et quand on a refusé d'appliquer une décision, pour eux, c'est une grande défaite, pour nous, c'est une grande victoire. Et on en a fait plusieurs dans l'année.
Q. : Si on regarde ce système d'asile, on se demande si tout n'est pas insupportable. Là, il y a une situation, je dirais de crise. La limitation des budgets, c'est un pas de plus de limitation des droits. Et tout le système est rôdé et tourne. Et refuser une facture, ce n'est plus possible ?
R. : Peut-être que ça ne sera plus possible.
Q. : Et en même temps, c'est là, on respire. L'apartheid, il est dans le quotidien de tout le monde, comment est-ce que vous ressentez ça ? Ou bien est-ce que c'est moi qui force le trait ?
R. : Moi, je crois qu'une façon de forcer le trait, le côté social et humain des choses, de se dire moi, j'aimerais bien aider les autres. Je m'aide moi-même aussi. Il ne faut pas se leurrer. Je gagne ma vie à travers la misère des autres aussi. S'il n'y a plus de misère, je n'ai plus besoin d'exister en tant qu'assistante sociale. Je ne suis pas si pessimiste, mais je crois que c'est toujours pareil. Je ne suis pas certaine que dans dix ans, quand je serai plus vieille, je serai aussi battante. À vingt ans, j'étais comme ça. À trente ans, j'étais comme ça, à quarante je suis comme ça. À cinquante ans, à soixante ans, j'aurai peut-être envie d'être plus tranquille. Je ne sais pas, avoir une dizaine de papiers sur mon bureau qui concernent pleins de gens, plus de numéro de téléphone. Prendre une multitude de choses. J'aurais peut-être envie d'avoir un travail où j'aurais envie de m'occuper de gens qui vont pas bien, une dizaine par semaine pas plus. Pas m'occuper de la politique, pas m'occuper de tous ces côtés-là. Plus de tranquillité. D'un autre côté pouvoir participer à ce mouvement, pouvoir porter mon mot, pouvoir faire évoluer les choses ou contenir les choses pour que ça ne déborde trop, je le fais tant que j'ai la pêche. Et j'en tire profit aussi. Je gagne ma vie à travers ça. Je peux, même si je suis, comme tout le monde, oppressée par les impôts, oppressée par ceci ou oppressée par cela… j'essaie de me créer ma propre liberté. Je lis le journal, je peux voyager où je veux. Je mange Où je veux. Je m'habille où je veux. C'est ma liberté. La liberté, c'est d'avoir des choix. Ensuite, le manque de liberté, bien ça sera quand je n'aurai plus de choix. Là, j'ai encore des choix. Je sais que par la valeur du travail, je le pense. Je suis peut-être un peu naïve, je peux téléphoner demain et trouver du travail. Parce que j'ai encore l'âge. Parce que j'ai la pêche et je peux le faire. Je ne suis pas certaine que dans dix ans, avec l'âge, on me laisse autant de chance.
Q. : On m'a raconté que certains qui étaient partis n'avaient même pas de travail ?
R. : Ouais, ça c'est un choix.
Q. : Donc, quel acte, c'est prendre des risques ?
R. : C'est suicidaire aussi. Parce que dire je n'ai pas de travail…

Q. : Mais, il faut en avoir vraiment ras-le-bol pour faire ça ou bien qu'est-ce qui se passe?
R. : Moi, la seule fois où j'ai démissionné de ma vie, sans avoir de travail derrière, c'était dans un autre travail. Je trouvais ça insupportable et j'ai décidé, je suis parti.
Q. : Mais, là vos collègues qui ont quitté une institution importante ?
R. : Chacun avait des histoires différentes. Alors, de ceux que je connais dans les cinq ans, il y a des gens qui étaient révolutionnaires. C'est-à-dire, on peut être révolutionnaire, je peux dire, je peux être révolutionnaire en créant, je ne sais pas, et puis je peux dire : la société me fait chier et puis je vais casser un carreau. Je peux être aussi très intelligent, sans casser le carreau, inscrire quelque chose sur la vitre avec un truc qu'on va pouvoir laver après. Et je peux écrire sur la vitre : « j'en ai marre de cette société, enfin j'en ai marre de cette institution qui ne respecte pas les requérants d'asile », je peux le faire en cassant et puis je peux le faire en écrivant avec quelque chose que je peux effacer. Voilà, c'est deux façons de faire. Je pense qu'il y a des gens qui amènent les idées. Il y a des gens qui ont été trop rebelles. Il y a peut-être des gens très compétents qui sont partis. Je ne peux pas me prononcer pour eux. On est plus ou moins usé.
Q. : Justement, il y a l'usure qui est une réalité. Mais vous avez l'air de dire que, pour répondre au "défi humanitaire", il faut développer une capacité de penser.
R. : Ah ! oui, c'est indéniable.
Q. : Donc, vous diriez que l'outil principal, si je vous entends bien, pour résister, c'est la pensée ?
R. : C'est la valeur de la liberté aussi. La liberté de penser, c'est une des conditions, pas la seule, mais une des conditions. Ceux qui sont partis, je dirais que c'est très courageux de leur part. Quelque part, c'est une forme de courage qu'on travaille ici, vu les actes qu'on porte pour savoir ce que pense l'autre avant, est-ce qu'il va le faire, est-ce qu'il ne va pas le faire. Est-ce qu'on l'applique, est-ce qu'on ne l'applique pas. C'est toujours très courageux de le faire. Moi, je respecte beaucoup les gens qui sont à la Commission du personnel, parce qu'ils sont courageux justement d'exposer leurs idées ou de nommer les idées des autres. « N'ayez pas peur de me le dire, je n'aurai pas peur de le répéter à la direction. » Je trouve que c'est courageux. Nous, on hésite à demander aux gens vraiment ce qu'ils pensent. Ouais. Il faut savoir faire quelque chose.
Q. : Donc, vous leur demandez de continuer dans leur courage ?
R. : Voilà, tout à fait.

Entretien no. 14

Q. : quel est votre travail ?
R. : je travaille dans la santé. J'ai travaillé comme infirmière et je travaille actuellement dans la formation du personnel de santé. Je peux parler, à partir des expériences que je peux avoir dans l'approche sur des problèmes de santé publique de population, dans des situations de patients hospitalisés. Dans ces services j'ai rencontré des situations particulières et aussi des personnes d'origines différentes. Je vous donnerai un exemple d'une situation qui m'est remontée, qui m'a fait dire que j'avais quand même rencontré des situations qui m'avaient beaucoup touchées à l'époque en tant que soignante dans des populations précarisées.
Q. : Vous vous rappelez un souvenir précis?
R. : Oui, je vais vous raconter un souvenir qui m'est revenu. Il faut toujours savoir que quand on est soignant on rencontre les gens à un moment précis de leur histoire, mais que ce moment s'inscrit dans une histoire beaucoup plus large et qu'on aborde qu'un volet, la situation que moi je conçois d'être une professionnelle en santé c'est de se dire qu'on est un maillon d'une chaîne, on peut ni accompagner les gens du début de leur vie jusqu'à la fin de leur vie, mais qu'en tout cas on doit avoir une éthique, une réflexion et un questionnement en lien avec quelle position j'ai, comment j'aborde ces situations à ce moment là.
Q. : Comment vous voyez cela dans la pratique professionnelle ?
R. : le premier souvenir qui me revient est celui de mon expérience clinique professionnelle dans le domaine où je travaillais à l'époque. Un soir, j'ai dû préparer, parce que c'est comme ça qu'on le nomme, un jeune patient d'origine chilienne, réfugié politique, à une intervention sur le crâne. Ce qui signifiait que dans la préparation je devais le raser, alors ça se pratique en général comme ça, les gens sont valides, on leur dit venez, je vais vous préparer à l'intervention. On se retrouve dans une salle de bains, quand on rase quelqu'un au niveau d'un crâne on est en général derrière lui, on n'est pas face à lui comme chez le coiffeur. Au moment où j'ai pris ce qu'on appelle une tondeuse qui permet de raser, j'ai vu son dos se crisper complètement. J'ai arrêté la tondeuse sans avoir commencé. Je suis revenue devant lui en lui disant qu'est ce qui se passe ? Alors certes je savais qu'il était d'origine chilienne, je savais qu'il était réfugié politique. Il m'a dit combien le bruit même de la tondeuse lui rappelait son incarcération et les tortures. Quand vous êtes seule dans une salle, le soir, la veille d'une intervention lourde pour la personne, ça demande d'être très rapide sur les réactions que vous pouvez avoir. Vous n'avez pas trois semaines pour vous demander ce que vous allez faire. C'était impossible dans la période préparatoire de lui raser la tête, c'était un stress trop important et qui avait aussi une signification très différente. Alors la question c'est, comment, en tant qu'infirmière sortir de ce qu'on appelle le protocole. Je me suis dite à un

moment donné, non je ne le ferai pas. C'est pas anodin, parce que, quand vous prenez cette décision, vous n'impliquez pas que vous et la personne qui est soignée, mais vous impliquez tout un service de collaborateurs, puisque vous avez demandé à d'autres de changer leur propre pratique. Si vous changez votre pratique, vous allez forcément demander à d'autres de la changer. Donc là il a fallut interpeller le chirurgien, l'anesthésiste et la salle d'opération du lendemain pour dire, parce que je l'avais négocié avec la personne, qu'il pouvait être rasé en salle quand il était endormi et que le rasage serait très localisé. C'était la négociation. Il était impossible pour lui d'imaginer qu'il serait avec la tête à zéro. Vous devez faire des négociations qui sont souvent plus longues, plus ardues que faire le soin tel qu'il était prescrit. C'est une expérience qui m'a beaucoup frappée, parce que les autres ont compris l'enjeu de la démarche. Je dirai aussi que le patient a été très reconnaissant. Il s'est rendu compte que la négociation n'était pas du tout anodine. Et ça s'est bien passé. On le mesure le stress pré opératoire, dans les risques de complications post opératoires. Le patient n'a fait aucune complication ni pré-opératoire, ni pendant l'intervention, ni post opératoire.

Q. : Ce souvenir, il renvoie au fait qu'il faut être mobile, actif, imaginer qu'on peut faire autrement les choses que comme elles ont été prévues par le protocole ?

R. : Oui c'est ça, mais je vais vous raconter un fait qui renvoie lui, à une attitude cognitive dans une relation interculturelle. Dans ma fonction actuelle, je vais voir les étudiants sur le plan clinique dans la formation, donc, je suis habituée à rencontrer des personnes d'autres cultures. Il y a plusieurs choses, qui m'ont surprise, qui m'impressionnent dans l'approche des professionnels de la santé des populations étrangères et dans les difficultés de rencontre entre ces populations et les professionnels. C'est d'abord de ne pas comprendre qu'un patient qui vient et qui est réfugié, même s'il est depuis dix ans ici, d'Erythrée, ou depuis six ans, de Bosnie, relève d'un cadre culturel différent du nôtre, donc il y a cette première appréhension de l'autre comme étant différent de par son histoire, de par son parcours, qui est souvent complètement occultée. C'est un patient qui vient se faire opérer ou qui vient parce qu'il a un traitement particulier. Donc souvent la première violence se situe dans la négation de la différence de l'autre de par son histoire, et quand on s'adresse à ces personnes.

Q. : Qu'est-ce qui se passe en termes de comportement que l'on observe ?

R. : Ces gens qui sont niés dans une identité qui est parfois très douloureuse - donc j'imagine bien que les professionnels, ils n'y sont pas très à l'aise parce qu'ils ont peur de ce qu'ils vont pouvoir réveiller chez l'autre de son passé - parce qu'ils le savent l'origine dans le nom, dans les documents qui sont transmis. Il y a chez les professionnels cette crainte d'éveiller chez la personne qu'ils sont en train de soigner, des choses dont ils ne sauront pas quoi faire, ni maîtriser. Donc il vaut mieux faire comme si de rien n'était, comme si c'était Monsieur tout le monde. Je donnerai en exemple deux situations cliniques que je trouve assez significatives. Quand on a cette attitude avec ces personnes, finalement, elles se murent dans une forme de silence qui ne nous permet pas de comprendre ce qui se passe pour elles. Et, moi, je suis toujours très impressionnée : quand tu entrouvres la porte en disant "Mais, qui êtes-vous ? D'où vous venez ?" ben, tout d'un coup, il y a des choses qui se passent, totalement différemment. J'ai vu une personne qui était réfugiée érythréenne et moi j'ai été sensibilisée au mouvement des réfugiés érythréens parce que j'ai travaillé quand j'étais responsable avec plusieurs aides qui étaient eux-mêmes réfugiés érythréens, qui avaient trouvé un lieu pour travailler professionnellement. C'est avec eux ou en les côtoyant au quotidien que je m'étais intéressée à leur culture, à ce qu'ils étaient, d'où ils venaient. On a accueilli une jeune femme, une fois, avec une étudiante à l'hôpital, quand je dis que c'était une jeune femme, elle devait avoir 36 ans, quand je lis son dossier. Je voyais qu'elle avait eu des hospitalisations à répétitions pour des motifs chirurgicaux différents. Et puis ça m'a beaucoup frappée, je ne comprenais pas du tout. Quand on faisait l'anamnèse avec elle, on a vu des faits assez importants: problèmes cardiaques, problèmes centraux, au niveau neurologique. Mais le diagnostic n'était pas très clair. J'ai commencé à discuter avec cette femme, d'abord en lui disant que je connaissais des Erythréens, que je voulais savoir si elle connaissait les gens avec qui j'avais travaillé. Il y avait toute une relation qui pouvait faire prendre confiance parce qu'ils se connaissent tous entre eux. Donc je savais qu'en évoquant ça, elle connaîtrait les gens avec qui j'avais travaillé et puis, tout d'un coup, je lui ai dit « je suis assez intriguée là par rapport à votre parcours, de si multiples hospitalisations, qu'est-ce qui se passe ?. Elle m'a dit « mais c'est vrai que depuis que je suis arrivée ici, je suis tout le temps malade ». Et puis tout d'un coup je lui dis « mais je sais que dans votre culture le nom a une signification » et là, on avait trouvé sur ses papiers d'entrée deux orthographes différentes. Alors, je lui ai dit « comment s'écrit véritablement votre nom ? » Il y avait une voyelle qui changeait, une fois c'était un *e*, et l'autre fois c'était un *i*. Alors elle m'a dit « ben, c'est avec un *i*, mais sur les papiers officiels quand je suis arrivée, on m'a changé mon nom et puis j'ai pas osé dire que ce n'était pas la bonne signification, donc j'ai gardé celle qu'on me donnait, qui donnait une sorte de légitimité à ce que je sois là ». Et puis je lui dis « oui, mais alors, dites-moi, moi, je sais que dans votre culture le nom a un sens, une signification ». Elle m'a regardé complètement émue et je lui dis, « comment s'écrit votre nom ? qu'est-ce qu'il signifie dans votre langue érythréenne ? ». Avec la lettre d'origine ça signifiait « en bonne santé ». Je lui ait dit « quand on ôte cette voyelle, qu'est-ce que ça veut dire ? » Elle me dit « ça ne veut plus rien dire ». Alors elle m'a regardée un peu stupéfaite, et puis elle m'a dit « je crois qu'il faut que j'aille demander que le patron change mon nom ». C'est un exemple qui montre comment tu t'interroges, comment tu interroges des lettres qui changent, comment tu interroges des réalités quand tu observes un cursus de

santé chez une personne. J'a vu ensuite qu'elle était venue seule, et elle m'a expliqué que c'était les habitudes ici. J'ai été chercher sa famille pour qu'elle soit accompagnée, pour que quand elle sorte du bloc il y ait quelqu'un qui soit là pour être avec elle. Et tout d'un coup, l'hospitalisation avait un autre sens, c'était un soin qui était donné par rapport à sa culture, aux connaissances. Je pouvais voir de l'importance du groupe, par rapport au fait qu'il y ait une vision à la fois de mes savoirs médico-chirurgicaux et qu'on ne peut pas vivre sans être soutenu. Et là j'ai trouvé que ça demande souvent d'être un professionnel qui mouille sa chemise et pas seulement qui voit des choses mais qui agit, qui va au-delà - parce que je pense qu'il y a des professionnels suffisamment intelligents et fins pour percevoir des choses, mais la difficulté est souvent de trouver des modes d'action -. Moi, je travaille souvent avec les étudiants sur un respect et sur le discours d'intention et puis sur comment passer de l'intention à l'action. L'étudiante, avec qui je travaillais ce matin-là m'a dit « c'est impressionnant, on vient d'avoir une année, des modules anthropologie ». Je lui ait dit, « vous pouvez avoir vingt ans d'anthropologie et puis être un piètre accompagnateur des gens de culture différente, si ça reste que là-haut dans la tête ». Donc, la question c'est comment je comprends oui et surtout comment je passe à l'agir, comment j'utilise le réseau, comment j'utilise mes connaissances d'expérience autres et ça je trouve que c'est extrêmement fondamental.
Q. : La pratique hospitalière aide à cela ?
R. : non, il faut être très actif. Je veux dire, l'hôpital aide dans la mesure où, si on a des ressources en interne face à d'autres situations de patients, par exemple Bosniaques qui ne parlent pas vraiment le français - ça sera le autre exemple que je te donnerai parce que je trouve qu'il est assez parlant - il y a des aides qui travaillent qu'on peut solliciter, qui se dégageront d'une activité, donc l'hôpital offre la possibilité de solliciter des professionnels d'autres unités pour venir s'adresser à un patient, donc met à disposition comme des interprètes qui ont atterri dans le milieu de manière assez active. Mais le problème c'est bien qu'ils fassent appel, c'est-à-dire qu'ils aillent jusqu'à demander.
Q. : parce qu'ils ne demandent pas ?
R. : il y a le problème du passage à l'action. Les professionnels qui travaillent savent qu'il y a des traducteurs pratiquement de toutes les langues et dialectes existants donc ils savent qu'il y a un outil qu'on utilise tout le temps, qui est l'informatique, tu passes un message, ça s'imprime sur l'écran de toutes les unités savent que tu cherches un traducteur de telle langue ou tel dialecte, et puis tu as une réponse... Mais il faut le faire, il faut lancer le message et moi ce que j'observe c'est que les gens qui reçoivent le message disent « tiens, il y a ce moyen qui peut aller dans les unités » Et puis ils prennent contact, ils disent « soit je peux venir maintenant, est-ce que c'est urgent ? » Et ça marche, mais il faut que le professionnel qui rencontre la

personne et qui identifie qu'il y a un problème de communication fasse la démarche.

Q. : il ne la fait pas pourquoi ? parce qu'il est stressé ? pourquoi ?

R : parce que des fois il n'en voit pas le sens. Des fois il ne se rend même pas compte que ça peut être important pour l'autre de comprendre. J'ai vu ça avec des patients afghans, avec des patients bosniaques où l'infirmière ne réalisait pas. Je leur disais souvent « mais imagine-toi, t'es en Afghanistan, dans un hôpital, il n'y a personne qui parle le français, tu fais comment ? essaie de t'imaginer ce que ça veut dire ». Les gens imaginent que, même s'ils disent et font des gestes, l'autre va comprendre ou bien que, de temps en temps, vraisemblablement, les patients n'ont pas à comprendre, ils n'ont qu'à subir. Et puis je pense que ces patients sont souvent des gens qui manifestent très, très peu. Tu peux difficilement lire leur état de stress et de désarroi parce que ça se traduit souvent par une forme de mutisme, donc si tu ne traduis pas cette espèce de silence par une forme d'anxiété assez importante, tu dis « mais il n'a rien à dire », je veux dire, il ne demande rien, il ne manifeste rien.

Q. : Dans la formation, ces points sont abordés ?

R. : Oui, mais les étudiants ont de la peine à dépasser une forme de comportement très normé, où les choses sont comme ça et pas autrement. Je ne me pose pas beaucoup de questions pour bousculer l'air ambiant…

Q. : pourquoi ?

R. : Il y a l'autre situation que j'ai rencontrée. J'ai eu l'occasion avec un étudiant très sensibilisé aux questions des approches interculturelles, qui va faire un stage à l'étranger en Bolivie, qui est dans un milieu un peu alternatif parce qu'il fait beaucoup de théâtre. J'étais en stage avec lui et on a eu l'occasion d'accueillir un patient réfugié d'origine bosniaque qui avait été hospitalisé pour un accident assez important et assez douloureux pour lui. Il avait fui l'armée, déserté l'armée, il était venu ici sans encombre avec sa femme, ses deux filles. Il avait tout perdu. Il était maçon dans une entreprise. Ici à Genève, il déchargeait des commissions de sa voiture et il s'est fait emboutir par derrière et bousiller une jambe. Il s'est retrouvé avec un fixateur externe, on a pu lui sauver *in extremis* sa jambe mais on a failli l'amputer.

Q. : qu'est-ce que c'est un fixateur?

R : c'est des broches métalliques qui transpercent les os de part en part.

Q : Ho la, la

R: Il avait ce fixateur depuis plus de six mois. C'est un long traitement et il ne savait même pas si on finira pas par amputer sa jambe, quelle motricité il retrouverait. En tout cas il était handicapé. Il s'est trouvé, ayant vécu et vivant un traumatisme qui est de l'ordre du même traumatisme qu'il aurait pu vivre dans la guerre, dans une situation qui a vraisemblablement chez lui beaucoup réactivé un syndrome post-traumatique assez important. Il nous a été amené par un médecin privé. Ce Monsieur d'une cinquantaine d'années -

il est arrivé avec sa fille et puis - je me souviens toujours - il est arrivé avec une attelle-mousse, avec de la mousse, comme une gouttière, qui permet de poser le pied dedans. C'était une attelle-mousse qui appartenait à l'hôpital, donc vraisemblablement il était sorti il y a quelque temps avec, et la bataille des professionnels que j'ai vue, m'a absolument sidérée. La question pour eux c'était de récupérer cette attelle. Je ne comprenais pas du tout l'enjeu, c'est-à-dire pourquoi c'était important de la lui reprendre en lui faisant comprendre que ça ne lui appartenait pas et que ça appartenait à l'hôpital et que si tous les patients sortaient avec l'attelle-mousse c'était pas possible. Et puis moi j'assistais ahurie, à quelque chose que je ne comprenais pas du tout, parce qu'il y avait sa fille, qui était présente, qui était débordée émotionnellement par rapport à la situation de son père, qui était depuis plus de six mois en train d'accompagner un être vraisemblablement fort et jusque-là, autonome. Et là, elle le voyait totalement dépendant. L'homme regardait ce qui se passait sans manifester quoi que ce soit. Alors le premier temps ça a été de tempérer entre ces gens qui s'arrachaient cette attelle. La fille et le père s'accrochaient à l'attelle en disant « mais si on ne l'a pas, ça va être terrible, il ne pourra plus dormir ». Et dans la négociation, il a fallu trouver une sorte de compromis qui faisait que les professionnels récupèrent l'attelle et puis par ailleurs donner des moyens autres à la personne pour se réinstaller. C'était sa fille qui faisait la traductrice. Le patient avait un fixateur dans un état terrible. On a passé plus d'une heure à nettoyer le pansement et tout, le risque étant un risque infectieux très important. Donc il y avait une négligence sur le plan des soins, par rapport à lui. Enfin quand on regardait un peu, c'était assez kafkaïen comme histoire. En plus ces personnes avaient été amenées par un chauffeur bénévole qui était sans arrêt en train de dire « mais c'est bientôt fini ? ». C'était assez chaud comme ambiance. Il s'est trouvé que ce patient est revenu un jour après, une semaine après et que j'étais de nouveau là, par hasard, avec le même étudiant qui voulait de nouveau s'occuper de ce patient, qui avait plein d'attention. On revoit ce patient arriver, la fille était épuisée. Je commence à m'adresser à la fille en disant « moi, je vous trouve un peu mieux, mais je vous sens extrêmement fatiguée, qu'est-ce qui se passe ? ». Elle me dit qu'elle a deux petits enfants dont la dernière vient de faire la varicelle, qu'elle n'a pas dormi la nuit, qu'elle est épuisée. Et je lui dis « est-ce que je peux vous proposer, d'aller prendre cette heure où on va s'occuper de votre papa, pour aller boire un café, lire un journal et puis vous détendre ? » Elle m'a regardée complètement ébahie... Et je lui dis « on prendra soin de votre papa, ne vous inquiétez pas, mais maintenant prenez soin de vous, allez juste un moment ». Alors là, elle était tout à fait soulagée, elle disait que oui, ça faisait longtemps qu'elle n'avait plus pensé à elle. Elle habitait à Onex et son père habitait à Meyrin, alors je sais pas comment elle faisait tous les jours les trajets avec deux petits enfants sans voiture pour aller soigner son père.
Q. : qu'est-ce que vous avez fait alors ?

R. : la fille est partie, assez soulagée, je lui ai dit « ne vous inquiétez pas, votre papa, on va s'occuper de lui, vous verrez, ça se passera bien ». Et puis le père, en fait, mon hypothèse c'est qu'il parlait le français, il n'avait rien dit mais j'étais sûre qu'il parlait parce que, je veux dire, depuis six ans qu'il était ici, ça m'aurait étonné qu'il ne sache pas un peu le français. Sa fille partie, je lui dis « écoutez, c'est vrai que c'est un peu exprès que j'ai demandé à votre fille de partir, aussi par rapport à vous, parce que je suis sûre que vous me comprenez parfaitement et que vous pouvez même nous dire des choses en français ? Il m'a regardée avec des grands yeux. Et puis il m'a dit « oui, je parle français ». Et je lui ai dit « maintenant, j'ai envie de savoir ce que vous auriez envie de nous dire de ce que vous vivez, que vous ne pourriez pas dire parce que ça serait trop charger votre fille de ce que vous êtes en train de vivre ». Et il a commencé à décrire des états douloureux le soir, qui faisait que sa fille et sa femme étaient très inquiètes parce qu'il perdait complètement le contrôle de la réalité. J'ai essayé de voir avec lui qu'est-ce qui se passait. La douleur augmentait en fin de journée, mais il y avait d'autres choses qui se passaient. Et ce patient a évoqué ce qu'il avait vécu pendant la guerre. Pendant les phases un peu crépusculaires, la douleur arrivant, le fait d'être très centré par rapport à lui et d'être un peu isolé dans une activité, faisait que tout d'un coup il avait des angoisses par rapport à ce qu'il avait vécu quand il était militaire dans l'armée. En fait, il n'était pas bien du tout et il y avait des moments où il délirait complètement.
Q. : Alors, comment vous avez continué les soins ?
R. : en fait, j'ai refait le pansement, et aussi parlé avec lui. Et après j'ai aussi parlé avec sa fille de ce que le père avait dit, en disant « votre papa m'a dit que vous aviez été très inquiètes, et votre mère et vous, d'événements qui s'étaient passés juste avant qu'il aille s'endormir où il commence à délirer, où il est excessivement mal et vous avez très peur ». Et au père, « est-ce que vous lui racontez ça le lendemain ? » Alors on a réussi à faire que le toubib, qui venait juste voir les broches, se rende compte que la situation était un tout petit peu plus complexe, qu'il fallait absolument qu'on fasse un bilan de santé complet par rapport à cette personne. J'ai pu demander à une autre collègue qui travaillait aux urgences et qui réalisait ce relais-là d'envoyer une infirmière de santé publique, le lendemain de la consultation, pour qu'elle aille voir où il vivait, comment il vivait, pour discuter et voir quelle approche on pouvait proposer à cette personne de manière plus globale. Le père et la fille sont rentrés. Ils étaient différents. Donc ça veut pas dire que d'avoir plus de temps c'est une mauvaise excuse, soit un mauvais alibi.
Q. : c'est une autre manière…
R. : Je pense que ça veut aussi souvent dire qu'il faut mouiller sa chemise, c'est-à-dire qu'il faut oser aller au-devant dans certaines situations, faire dans le potentiel humain. Cet homme aurait pu, un jour, péter les plombs et moi je pense que c'est plus dans une approche qui est de dire « plus les choses seront dites, partagées, ouvertes, plus le travail est complet». Cet homme, il

a commencé tout d'un coup et il nous disait « ça fait six ans que je suis en Suisse et jamais je n'ai parlé de mon pays ». Il a commencé à raconter. Il disait qu'en fait ça lui permettait de dire tout ce qu'il avait perdu, et aussi de reconnaître que même s'il n'avait pas les mêmes conditions de vie, ici, il avait des conditions importantes, combien il avait été bousculé par l'accident qu'il avait eu parce que la sécurité n'était pas totale en Suisse. La fille disait « mais je n'ai jamais entendu mon papa raconter ça, je ne l'ai jamais entendu dire, parce que chez nous on parle peu de ça ».

Q. : Oui, c'est important la parole pour comprendre des situations différentes.

R. : Je pense à un autre souvenir à l'hôpital. C'était une personne qui m'a beaucoup touchée, j'étais à l'époque responsable dans un service, c'était une femme âgée, réfugiée vietnamienne, venue en Europe par un *boat-people,* qui souffrait d'un cancer de la joue en lien avec le fait qu'elle chiquait de la coca. C'était une femme très touchante. Elle ne comprenait pas le français, elle ne parlait pas le français, contrairement à ce qu'on peut imaginer, parce que la plupart des vietnamiens plus âgés par rapport à la présence des français savent le français, mais elle non. Il était impossible de l'opérer ou de la traiter et on l'a accompagné dans une fin de vie, dans le service dans lequel elle était. Sa fille qui était présente et parlait français, elle avait souhaité pouvoir accompagner sa mère. C'était extrêmement difficile pour elle. Alors imaginez dans un milieu hospitalier universitaire, admettre, faire admettre à beaucoup de gens, le fait que cette femme avait besoin pour sa commodité, d'abord un matelas par terre et non pas sur un lit. On le fait facilement dans le service des enfants, c'est beaucoup plus admis d'un enfant qu'il soit à quatre pattes par terre, une adulte c'est autre chose. C'était d'admettre aussi que cette femme, et ce n'était pas anodin, voulait un hôtel bouddhique à côté de son lit par rapport à la fin de la vie qu'elle pressentait. Et en même temps cette femme avait exprimé une autre demande, elle ne voulait pas mourir seule. Donc on l'a mise dans une grande chambre à sept lits. Donc le regard social et le regard des visites, le regard des autres personnes sur un aménagement du territoire très différent de celui qui est très codifié… On a passé par de nombreuses négociations. C'est un accompagnement très riche d'enseignement. C'est aussi un travail d'équipe, il faut que tout le monde puisse adhérer. Ce qu'on a eu comme écho des visites, en particulier des familles qui n'étaient pas de la même culture, c'est que cette garantie de montrer qu'un exemple pouvait se vivre, leur permettait d'imaginer que leur proche avait le même type de considération, c'est-à-dire que si on le faisait pour une, il y avait de forte chance qu'on le fasse pour les autres avec d'autres subtilités, qui étaient peut être moins manifestement visibles.

Q. : qu'est-ce qui vous frappe dans les liens aux patients étrangers d'autres cultures ?

R : Ce sont toutes des situations et des rencontres extrêmement fortes, souvent très marquantes, qui sont ni étudiables dans une formation, ni étudiables dans des livres, quoique moi j'ai beaucoup appris en lisant, par la suite. Je pourrais dire, qu'il y a des effets divers chez les professionnels de la santé. Il y a une forme d'attrait. Il y a beaucoup de gens qui croient qu'ils connaissent beaucoup les situations des patients hospitalisés, mais quand on leur dit « mais tu lui as demandé ? Tu as discuté avec lui ? » On a l'impression que les gens ont échafaudé ou ils ont entendu dire ou on a dit et, en fait, quand tu vas vers la personne, c'est encore une autre chose. Après ça, il y a vraisemblablement quelque chose qui est de l'ordre d'un système de défense et de mise à distance où la situation médico-chirurgicale va prévaloir comme dans une forme de neutralité. Alors dans un tel cadre, chaque personne a droit au même protocole que tout le monde. On n'arrive plus à tenir compte de la différence ou très peu; finalement. Le patient doit s'adapter; il est ici, chez nous c'est comme ça et puis, finalement, on n'a pas à se poser trente-six questions. Et puis s'occuper de sa culture ça devient encore plus compliqué. Donc finalement, souvent c'est l'appendice, c'est l'estomac et c'est tout, je veux dire, ça ne se dit pas comme ça, mais ça se traduit dans les faits comme ça. On s'interroge très peu sur les besoins spécifiques, est-ce qu'il y a une réalité spécifique qui fait qu'il faut qu'on soit attentif à telle chose ou telle autre ?

Q : Et maintenant... les chômeurs est-ce qu'on en voit à l'hôpital ?

R : les chômeurs c'est un peu plus compliqué, c'est une problématique différente. D'abord parce qu'il y a, vraisemblablement, toutes les connotations du « pauvre, victime du chômage » ou du « tire-au-cul qui, en fait, est bien content d'y être », mais les gens participent aussi pour beaucoup à l'étiquette qu'on peut leur donner. Il y a aussi une forme de dignité de ces populations-là qui fait que souvent, si tu n'abordes pas ces questions-là tu ne le sauras pas. Les gens l'évoquent très peu

Q. : c'est écrit sur le dossier, si quelqu'un est chômeur ?

R : moi, je ne l'ai pas repéré. Je crois que les gens donnent toujours un emploi, peut-être le dernier; c'est rare qu'ils mettent « chômage ». Par contre, on en rencontre et puis, quand on en rencontre, la problématique c'est très souvent le sentiment d'impuissance, par les professionnels, de travailler sur une petite dimension qui est celle du soin, alors qu'ils perçoivent que la situation est beaucoup plus complexe. Quand il y a une somatisation chez ces personnes, on a l'impression que tout fout le camp. Sans prendre des cas dramatiques parce que les gens ils n'ont plus besoin d'avoir des cas dramatiques, j'étais avec un jeune patient, il devait avoir, 27 ou 28 ans, marié, père de deux mimis, tout-petits, et qui venait pour la deuxième fois se faire opérer de la main, suite à un accident de volley-ball. Quand tu le voyais, il n'avait pas les stigmates d'un chômeur. Jeune, beau, bien bronzé, avec un beau survêt. Il n'avait pas les stigmates vestimentaires extérieurs. J'ai abordé la question de sa situation par rapport à la main, en abordant celle de son emploi, donc qu'est-ce que ça représente. Et tout d'un coup, ce type dit qu'il avait perdu son emploi suite à cet accident de sport parce que, suite à son accident de sport, il était en arrêt maladie. Il faisait de la saisie de données informatiques. Quand il est revenu en emploi, alors qu'il était encore en rééducation pour ce problème de main, l'engagement et le maintien à son poste étaient liés à son rendement. Mais comme sa main était beaucoup moins habile et qu'il avait perdu un entraînement, très vite, il est rentré dans une spirale infernale. Il ne remplissait pas les quotas. Il a commencé à avoir extrêmement peur, il les remplissait encore moins et il s'est retrouvé licencié, au chômage. Alors, on peut regarder ça et on peut se dire "mais c'est dramatique, c'est vrai que c'est terrible". O n peut rester là et on soigne sa main et puis il s'en va et c'est tout. En fait, il y avait deux choses qui étaient importantes, c'est la confiance qu'il avait en son opérateur qui était un élément, parce qu'il avait entendu des bruits qui n'étaient pas très clairs. Alors là, c'était de renforcer l'image positive qu'on pouvait avoir du bonhomme qui le suivait. Et puis, ensuite, c'était de lui demander « qu'est-ce que vous souhaiteriez faire maintenant ? ». Il m'a regardée un peu effaré parce qu'on venait de voir qu'il était au chômage et tout. Et il m'a dit, « on rêve, avec ma femme qui a fait du dessin de mode, de monter une boîte pour faire des T-shirts avec des impressions de T-shirts », puis j'ai dit "ouais, alors ça c'est le rêve, qu'est-ce qui pourrait faire que ce soit la réalité ? Et tout d'un coup on a commencé à discuter.

Q. : Est-ce qu'il y a d'autres éléments qui ressortent dans les pratiques professionnelles ?

R. : Une des choses que je relève très souvent c'est qu'il semble qu'il faille toujours dramatiser une situation pour justifier une impuissance qui justifie une non action. Donc souvent ce que je dis "arrêtons de dramatiser, restons au ras du sol pour agir". Quand on discute avec les professionnels, rendre les choses encore plus tragiques, ça justifie l'impuissance.

Q. : dans la profession d'infirmier aujourd'hui, que sont les plus grosses difficultés liées à l'action ?

R : au niveau de la connaissance, c'est la distanciation à la problématique de l'autre ou alors la projection, comme j'ai essayé de le dire. Mais c'est aussi une profession qui est en souffrance actuellement, dans les conditions de travail

Q. : ça veut dire quoi, "en souffrance dans ces conditions de travail" ?

R. : actuellement, on est en dessous du seuil de sécurité sur le plan de la législation du personnel dans les unités. On est vraisemblablement aussi une profession qui est actuellement en souffrance - mais je ne pense pas que les gens en soient forcément très conscients -. Je pense au système qui fait que les aides-soignants montent, les médecins recherchant une activité plus près des patients, les infirmières se trouvent coincées dans des zones de conflits. C'est quotidien. Les aides qui ont de plus en plus de formation, de compétences, coûtent moins cher. Il vaut mieux les engager qu'un personnel qui coûte plus cher. C'est le poids de la hiérarchie. On est aussi coincés. On nous donne de plus en plus de responsabilités, de plus en plus de décisions à prendre, mais pas de légitimité. Quand tu vois la politique de santé décrite par le Département, le pôle central reste celui du médecin, dans le moment de la décision.

Q. : Et alors ?

R: il y a un énorme besoin de reconnaissance dans la profession alors qu'on augmente les exigences sur le plan de la responsabilité. Il y a une souffrance des professionnels liée à un manque de reconnaissance. En plus, ils ne sont pas reconnus en tant qu'individus pour leurs besoins les plus fondamentaux, par exemple de repos. Je connais des gens qui font cinq nuits et, le lendemain de leur cinquième nuit, on leur dit "ce soir vous êtes encore là, parce qu'on a personne pour faire les nuits" et les gens disent "on n'en peut plus, ce n'est pas possible; j'ai droit à mon congé, c'était prévu comme ça"; si vous n'êtes pas là, à votre poste vous pouvez dire au revoir. Donc, il y a des pressions sur le plan des conditions de travail qui sont, actuellement, vraiment extrêmement graves dans l'irrespect des personnes.

Q. : Ils ne disent rien ?

R. : je pense que les gens sont actuellement dans un état de fatigue tel qu'ils démissionnent. Ils n'en peuvent plus. Quand tu viens de l'extérieur, ils disent toujours qu'on leur amène de l'oxygène, je veux dire que quand on parle des situations, qu'on aborde, qu'on leur décrit et tout, tout d'un coup, ils disent : "mais tu devrais venir plus souvent, tout d'un coup on a l'impression qu'on peut à nouveau croire à des choses", ils sont dans une absence totale de projets, aussi dece qui me préoccupe le plus, de passivité. Je leur dis : "je n'ai aucun jugement de valeur, vous avez des conditions de travail inacceptables, mais qu'est-ce que vous faites ? moi je ne supporterais pas"

Q. : Vous êtes à l'extérieur, tandis que vous devriez être dedans ?

R. : alors ça, je ne suis pas sûre pour y avoir travaillé longtemps, il y a eu des mouvements de révolte et d'action

Q. : il y a des traces ?

R. : alors les traces elles étaient au mur dans les années 1978-1980

Q. : et il n'y a pas de traces écrites de cette mémoire-là ?

R. : non, on est un peuple qui écrit peu.

Q. : C'était quand il y a eu, tous les mouvements des infirmières en France ?

R. : ouais, tout à fait.

Q. : et puis quoi d'autre ?

R. : il y a le cadre et puis après, vraisemblablement, l'absence de rapports interpersonnels. Il y a ces outils qui font que tu communiques très différemment

Q. : c'est-à-dire ?

R. : c'est toute l'organisation du travail qui devient de plus en plus technique et de moins en moins humaine.

Entretien no. 15

Q. : Quel est votre travail ?
R. : J'ai un poste de direction. J'ai toujours travaillé avec des personnes dans la marge. Les requérants d'asile sont dans la marge. La politique n'est pas une politique d'intégration des requérants d'asile. C'est une politique de non-intégration. Elle est volontaire, elle est voulue, puisque on part de l'*a priori* que ce sont des personnes de passage. Là, je parle de la politique fédérale. J'ai une expérience professionnelle depuis les années 1980.
Q. : Depuis le début de la crise de la politique d'asile ?
R. : C'est là que la situation a commencé à exploser. J'ai repris un service d'hébergement. Nous avons traversé une zone de turbulences dans l'institution.
Q. : Quelle vision vous avez de votre propre fonction ?
R. : Alors, écoutez, c'est le tiraillement entre ma fonction et ma profession, c'est-à-dire le métier que j'avais choisi qui était un métier d'assistante sociale. Ensuite, je suis devenue responsable, donc en devenant responsable, vous ne travaillez plus avec l'individu, vous travaillez avec un ensemble d'individus. Je n'étais plus en contact direct avec le client, mais je devrais traiter des problématiques d'un ensemble de clients. Et le premier tiraillement que j'ai eu, c'est que je gardais cette image d'assistante sociale confrontée aux individus. Et moi je devais mettre en œuvre une politique générale. Finalement la politique générale doit faire abstraction du client en tant que tel. Et par exemple, quand vous définissez quelle doit être la meilleure politique d'hébergement, compte tenu que vous avez une politique de la Confédération que vous devez appliquer et que vous avez une réalité du client, vous vous apercevez de l'immense distance qu'il y a entre ces deux, c'est terrible. Je dirais, en tant que responsable, j'ai souvent été confrontée à cette difficulté. Et je comprenais la réalité des assistants sociaux et en même temps je devais faire en sorte de renter dans un cadre qui était déjà prédéfini, qui n'était pas toujours humanitaire pour être tout à fait honnête.
Q. : Et ce cadre, si on prend des exemples concrets, ça voulait dire ?
R. : Alors, ça voulait dire, parfois j'ai dû ouvrir des séances pour organiser le travail en l'espace de vingt-quatre heures avec des afflux de requérants d'asile. Ça voulait dire que dans un même abri de protection civile, on mettait les gens sans distinction à cause de la nécessité. On est tout le temps comme ça avec l'horizon sur le nez. Devoir ouvrir une protection civile en vingt-quatre heures et mettre ensemble des ethnies qui ne sont pas faites pour être ensemble dans ces conditions. Seulement chaque fois qu'on est en contact avec quelqu'un d'autre, on est en face de quelqu'un qui est étranger. Même s'il est de la même couleur. Mais là, avec des ethnies, des cultures, des coutumes qui étaient différentes, les mettre ensemble. Je prends des exemples, on pouvait rencontrer des musulmans qui côtoyaient des chrétiens, qui côtoyaient des orthodoxes ou je ne sais quoi. Des bouddhistes, pourquoi

pas. Je prends des exemples très caricaturaux. Là-dedans, dans l'urgence, devoir mettre des mesures comme ça sur pied, on crée des conflits avec des gens qui arrivent, qui sont stressés, déconnectés. Ils sont dans une phase d'angoisse extrême, de mal-être. Vous voyez qu'ils ont tous les ingrédients pour exploser quelque part ou pour imploser, je ne sais pas. Eh bien travailler dans un contexte comme ça, c'était extrêmement pénible. Et je me rappelle au début, organiser à l'helvétique. Et quand vous vous en apercevez, au moment des repas, il y en a un qui ne veut absolument, ni se doucher, ni toucher le couteau, s'il est musulman et que le chrétien touche. On est extrêmement démunis par rapport à ça. C'est vrai que, fort heureusement, on a fait un bout de chemin. Et au niveau de la Confédération, c'est un milieu ! Vous allez leur parler de chose comme ça, ils vous regardent, et c'est allô la terre, on est une autre planète. À l'époque, c'est comme ça que je vivais les choses. Donc, vous voyez, en étant sur place dans la protection civile, en ayant un rôle de responsable, en comprenant parfaitement bien à quoi et à quelle violence aussi on expose les collaborateurs. Parce que les mettre dans une situation pareille, c'est les mettre dans une situation d'agression potentielle. À un certain moment, vous ne supportez pas, quand les personnes accueillies quelque part, elles se sentent agressées. Donc, la réponse, c'est souvent l'agression. Alors, qu'est-ce que c'était, c'était des bagarres, des bagarres violentes et des bagarres avec des manières dont on n'a pas l'habitude en Suisse.
Q. : Et qu'est-ce que vous aviez comme moyen? Comment ça se passait les réunions à Berne ?
R. : Mal.
Q. : Et concrètement vous faisiez le lien avec qui ?
R. : L'Office fédéral des réfugiés. Il n'était pas organisé comme maintenant et le canton n'était pas organisé comme maintenant. Et l'institution n'était pas organisée comme maintenant. Donc, en clair, il y avait beaucoup d'improvisation, c'est-à-dire qu'on avait une situation nouvelle, et je dirais que l'institution était, à mon sens, relativement seule dans cette histoire. Notre angoisse le matin, c'était de voir les manchettes des journaux, de *la Suisse* à l'époque ou de *la Tribune*. Et on ne manquait en tout cas pas une quinzaine sans avoir une manchette. En même temps, on avait un problème. On était seuls pour régler ce problème et les accusations, les remarques, les critiques, ça venait tout azimut. Ou est-ce qu'on pouvait mettre les gens, ouvrir une protection civile en 24 heures ? Et quelle protection civile, il n'y avait aucune instruction cantonale pour obliger une commune à mettre à disposition une protection civile. Il y avait des communes qui disaient : « des requérants d'asile en tout cas pas. On n'en veut pas ». Et l'institution était seule dans cette démarche. Alors, il y a eu aussi l'arrivée du nouveau conseiller d'État à l'époque, je dirais, pour remettre de l'ordre dans cette musique. Et là il y a eu aussi une organisation cantonale. Il a aussi mis sur pied, il y a eu un rapport, enfin, c'est ce qui a valu la situation un peu

explosive dont je vous ai parlé, avec le départ du directeur par rapport à l'asile, c'était vraiment explosif. Et puis, une réorganisation cantonale, à savoir le premier accueil on le confie à une institution, le deuxième accueil à une deuxième institution. Un Comité de suivi a été désigné. La répartition des tâches a été clairement faite. Avec un appui cantonal, mettre une infrastructure à notre disposition. Et le Département des travaux publics qui a dû s'impliquer dans cette histoire. Mettre à disposition un certain nombre de locaux. Il y a eu une interpellation des communes. Donc, un peu plus de moyens. On était un peu moins seuls. Donc, à partir de ce moment-là, les choses se sont un peu organisées.

Q. : Ça c'était au niveau du canton ?

R. : C'était au niveau du canton.

Q. : Et au niveau de Berne ?

R. : Eh bien au niveau de Berne, le problème de l'afflux de requérants d'asile dans les années 90-91, jusqu'à 92, bien qu'en 92 ça ait stoppé, enfin, diminué. Les trois années, l'Office fédéral des réfugiés était un chantier et ils ont dû eux aussi se réorganiser. Ils ont dû aussi prendre en compte, même si c'est relativement difficile ; encore aujourd'hui, je ne sais pas, je doute encore de temps en temps de la manière dont ils voient les choses. Ils ont dû prendre en compte que c'était un afflux. Il se passe quelque chose avec lequel on va devoir faire et devoir faire longtemps. C'est pas du coup par coup, il faut essayer d'avoir une politique exemplaire. Je dirais qu'eux aussi, ils se sont organisés à leur niveau. Avant il y avait une division Assistance qui s'occupait de tout, et puis ils ont fait une section Hébergement, ils ont fait une section Assistance et puis ils ont commencé à travailler sur un nouveau concept. Et puis, mais pour d'autres raisons, ils ont travaillé sur le concept du forfait, c'est-à-dire donné des forfaits aux cantons.

Q. : Vous avez l'impression que vous avez influé sur la politique fédérale? Que Genève a pu influer ?

R. : Ah, je dois dire que Genève a, oui alors, Genève a été un des cantons... Mais nous sommes avec les cantons romands et puis il y a les cantons suisses allemands. À la lumière de ce qui se voit la plupart du temps, Genève est minoritaire. On peut faire de temps en temps pression. Et nous avons fait pression. Mais il est vrai que dans bien des domaines, je dirais, les cantons romands, nous nous sommes associés. Nous nous sommes mis ensemble pour avoir une position romande au moins. Parce qu'avant on avait chacun sa position, on était isolé. D'ailleurs moi j'allais à Berne rencontrer l'Office fédéral des réfugiés de la même manière qu'un de mes collègues valaisans, fribourgeois, allait à Berne pour traiter son problème. Donc, là on a commencé à ne plus traiter son problème tout seul, mais on a essayé d'avoir une position romande. Déjà une position cantonale, qui était une chose assez importante, et puis ensuite romande. Tout en sachant que c'était chaotique au départ. Actuellement, c'est quelque chose qui fonctionne relativement bien, parce qu'on a aussi essayé d'harmoniser nos pratiques, d'échanger un petit peu sur la manière dont on procède, les problèmes. On est confrontés aux mêmes problèmes. Donc, à un certain moment, certains avaient des idées qui étaient intéressantes, qu'on pouvait utiliser. Pourquoi on ne pourrait pas faire comme eux ? S'inspirer, parce qu'on avait un problème qui était tout à fait nouveau, auquel on n'était pas préparé et auquel on ne s'attendait pas.

Q. : Et vous avez l'impression que l'état d'esprit est en train de changer à Berne ?

R. : J'ai l'impression d'une grande rigidification. La seule chose positive que je perçois un petit peu, c'est qu'ils sont plus rapides. Regardez la situation du Kosovo, une fois de plus. Moi, je trouve désastreux. Le Kosovo, les travailleurs, on a expulsé. Les travailleurs de l'ex-Yougoslavie aussi, ça m'a franchement déconcertée. Je suis mal à l'aise, je ne cache pas. Alors, par rapport au défi humanitaire, je suis claire, je dis : il y a quelque chose qui me gêne, qui me dérange en tant qu'individu. Et vous voyez, je crois que ça fait bien ressortir le dilemme à un certain moment dans lequel nous nous trouvons. Qu'est-ce que moi je fais quand je suis responsable d'un service comme celui-là ? Qu'est-ce que je fais à propos des Bosniaques, que j'ai rencontrés ici, que je connais ? À des situations, j'entends, qui m'ont fait frémir. Qu'est-ce que je fais quand je vois que je dois faire entrer des cas particuliers dans la moulinette, dans une politique générale ? C'est un non-sens. Humainement parlant comment est-ce qu'on peut faire ça ? Et comment je vais pouvoir faire ça ? Et en même temps, je dois le faire. Est-ce que je peux le faire ou est-ce qu'il faut que je démissionne ? C'est un travail qui n'est pas fait pour moi.

Q. : Est-ce que ça vous est arrivé de penser à la démission ?

R. : Ah ! oui, oui. Je me suis demandée : qu'est-ce que je suis venue faire dans cette galère ? C'est pas pour moi, c'est insupportable. Ça m'étouffe, quoi, je n'arrive pas à le faire. Ça m'est arrivé, oh, vous savez, ça m'arrive souvent d'avoir des tiraillements. D'ailleurs le tout c'est d'arriver à réfléchir. Est-ce que là ça touche mes valeurs personnelles ? Est-ce que ça touche mon intégrité personnelle ? Parce que je ne peux pas, moi je ne peux pas. Je ne peux pas faire quelque chose si je ne sens pas un minimum de cohérence. Et je dois faire des compromis dans tout cela. Quand les ex-Yougoslaves sont arrivés à l'époque, c'était en 1993, ça a commencé, 1991-1992. Toutes les personnes ont fait des camps, avec des histoires, quelque chose d'inimaginable, et moi, j'ai eu le sentiment que c'était pas possible. Et là, ça m'a été extrêmement pénible. J'avais le sentiment que nos collaborateurs qui étaient au front et en première ligne, je me disais : mais quelle masse d'angoisse, c'est pas possible. Ils reçoivent tout ça. Il faut faire attention. Là attention, c'est dangereux. Parce que nous ne sommes pas préparés, ils ne sont pas préparés. Vous savez quand quelqu'un arrive et vous dépose les choses aussi énormes, aussi importantes, c'est pas possible. La Confédération, c'était le déni total. Je me suis sentie submergée. C'est trop, c'est trop violent. Et des fois j'avais envie de changer de camp. Enfin, je ne sais pas comment vous expliquez ça. Je me suis dit : je ne suis pas du bon côté.

Q. : Et puis, qu'est-ce que vous avez pu faire, vous avez eu des demandes des professionnels ?

R. : Je me suis dis, dès l'instant où j'ai commencé à avoir connaissance de cette situation qui était extrêmement douloureuse, je me suis dis : attention, par rapport aux collaborateurs, là on ne peut pas les mettre en danger. Il faut qu'ils soient des bons professionnels. Et pour être un bon professionnel, il faut prendre un recul. Il faut comme dans les catastrophes, pouvoir se débriffer. Donc, je me suis dit : il faut que toutes les équipes puissent avoir des supervisions, parler de ces histoires. Donc, j'ai rendu la supervision obligatoire.

Q. : Et ça a donné des résultats ?

R. : Écoutez, ça a été extrêmement apprécié des collaborateurs. Ça c'est une première chose. La deuxième chose, et là je dois dire qu'il y a eu quand même une attente, une écoute de la part des Autorités fédérales, ça a été de faire un peu pression pour des cours, pour des formations. Alors là, il y a eu tout un processus qui a été engagé. Je dois dire que ça, c'est quelque chose qui est relativement satisfaisant de la part des Autorités fédérales. Alors moi, j'avais mis sur pied des cours par rapport aux ethnies. Et j'avais rendu ces cours obligatoires avec un certain autoritarisme, je dois dire, mais les collaborateurs qui travaillent dans le milieu de l'asile, qui sont confrontés à des coutumes et à des cultures différentes, doivent être au moins informés à défaut d'être formés, en tout cas, sensibilisés à des cultures qui sont différentes. On ne peut pas travailler avec une population, dès l'instant où elle commençait à devenir importante, par exemple musulmane, sans connaître l'abc, l'islam, qu'est-ce que ça signifie pour une femme musulmane. Parce qu'on était confrontés et on allait y être de manière quotidienne à ce type de problème, à ce type de malentendu, vous voyez.

Q. : Et ces cours ont été financés par qui ?

R. : Payés d'abord par l'Hospice général. Et le relais a été pris par Berne, mais avec un temps de décalage comme toujours.

Q. : Alors le relais pris par Berne, ça veut dire au niveau budgétaire ou au niveau du contenu des cours ?

R. : Au niveau du contenu et au niveau budgétaire, c'est-à-dire qu'ils ont mis à disposition la possibilité pour les collaborateurs de se former. Ils ont mis une infrastructure en place et nous avons pu ensuite envoyer des collaborateurs se former dans des cours qu'ils prenaient en charge.

Q. : Et vous avez eu l'impression que le contenu des cours était adéquat ?

R. : On a été très attentif par rapport du contenu des cours. Là, il y a eu aussi des ajustements comme tout prototype. Ils nous ont donné des cours au départ, c'était une catastrophe. C'était donné par des gens de l'ODR. Donc, on a refusé.

R. : Ils ont travaillé avec une liste d'intervenants. Donc, là il y a eu

collaboration. Je dirai, il y a eu un effort, ils se sont rendu compte de la problématique et ça a débouché sur quelque chose de satisfaisant.
Q. : Et ça continue maintenant ces cours ?
R. : Oui, les collaborateurs y vont et c'est apprécié. Alors évidemment, comme tout cours, vous avez de temps en temps des intervenants..., mais, ils sont analysés. On fait une analyse régulière, on fait une analyse avec eux. Donc, le cycle étant fini, on fait un peu le bilan.
Q. : Donc vous avez quitté cette fonction parce qu'on vous a appelé dans d'autres fonctions ?
R. : Oui.
Q. : Et vous étiez heureuse de quitter ?
R. : Quand j'ai quitté, j'étais contente, ça marchait un peu mieux. J'avais le sentiment qu'on allait pouvoir s'en sortir. Vous savez, c'est quand même un long chemin, c'est un long travail. J'avais des objectifs et j'avais aussi une stratégie : Je voulais arriver à un certain point, et j'ai dû passer par plusieurs étapes. Pour construire ce service, pour le rendre performant, pour que les collaborateurs qui travaillent dans ce domaine gardent finalement une certaine objectivité et aient les outils nécessaires. Et pour pouvoir finalement bien vivre cette manière de travailler qui est quand même une manière particulière parce que, quand quelqu'un doit partir, il doit partir. Et dans l'institution, on avait pris un principe. Nous n'entrons pas dans la procédure. On ne peut pas être juge et parti. Nous sommes une institution qui distribue l'assistance donnée par la Confédération suisse à Berne. À un certain moment, pour ne pas être trop psychotique, il faut distinguer. Donc la position fondamentale, c'est de dire : nous prenons acte quand quelqu'un arrive, nous prenons acte quand quelqu'un s'en va. Et tout notre travail est entre ces deux moments, le moment où il arrive et le moment où il s'en va. Nous faisons en sorte que cette période se passe le mieux possible pour cette personne, dans la mesure où l'on savait à l'époque que nous avions un peu près 5 % des personnes qui restaient. C'est mince. Donc, dans la mesure où nous savons que la plupart du temps ces personnes sont de passage, nous devons en même temps leur permettre d'exploiter au mieux ce moment de vie, ce moment de passage, mais tout en n'entretenant pas l'illusion qu'ils vont rester. Tout en étant toujours assez clair et assez cohérent pour dire : tant que nous n'avons pas de décision définitive et tant que vous n'avez pas de décision définitive, il est vrai qu'il est assez difficile de faire des projets. Or, vivre sans faire de projets, c'est vraiment difficile. Donc, vous voyez dans quel dilemme nous nous trouvons. Alors, par contre quand quelqu'un voulait faire un recours, nous donnions les conseils nécessaires pour qu'il puisse s'adresser à un service complémentaire au nôtre, Caritas, le Centre social protestant, pour qu'ils puissent faire leurs démarches dans un autre lieu. Contester la procédure, etc. Et nous, c'est vraiment prendre acte de cela.
Q. : Et vous avez eu connaissance de personne concrètes ? Vous avez des souvenirs précis ?

R. : C'est difficile parce que dès l'instant où vous savez l'histoire, c'est une règle humaine normale et professionnelle de séparer. Je dirais qu'un bon professionnel, il doit être capable de gérer ça. Quand on est en contact avec quelqu'un, il se passe quelque chose d'affectif, qu'on le veuille ou non. Tout le professionnalisme, c'est finalement l'art d'arriver à bien gérer cela, à bien dire : attention c'est pas mon histoire, c'est son histoire, de bien se restituer là où on est au niveau de notre profession. Mais ce qui n'empêche pas qu'on ressente des choses et qu'au contraire ces choses que l'on ressent, il faut être capable de les identifier, de les verbaliser, de les analyser. On est avec des personnes, je dirais, comme avec n'importe quelles autres personnes, à un certain moment avec lesquelles on a un minimum d'identification, ça pourrait très bien nous arriver. J'entends, un père qui a perdu sa femme, ses gosses, etc. On s'imagine. Une femme qui a vécu à un certain moment tout ce qu'elles ont vécu, on se dit : mais mon Dieu, et si ça m'arrivait. Une jeune qui arrive, qui n'a plus de nouvelles de sa famille, je pense particulièrement, c'est vrai, aux ex-Yougoslaves, à un certain moment vous vous dites : c'est épouvantable. Il faut se retenir pour ne pas pleurer. Bon, ce qui est important, c'est de se dire : j'ai envie de pleurer avec parce qu'on a toutes les raisons de pleurer avec franchement.
Q. : Ils sont venus dans votre bureau ?
R. : Oui, ça m'est arrivé. Ça m'est arrivé pour plusieurs raisons. Ils venaient me voir, parce que des fois il y avait des litiges, parce que je devais traiter à mon niveau quelque chose et j'avais ainsi affaire à des clients. Et puis, je dois dire, je dois avouer, j'ai toujours aimé, j'entends rester dans le contact avec la réalité du terrain, pas être décollée. Être finalement une responsable qui devient irresponsable parce qu'elle ne sait même plus de quoi est fait le quotidien. Donc, c'est vrai, et en même temps c'est mon métier, donc ça me permettait de dire de temps en temps, de me dire : on est où là ? Et pour les assistantes sociales, de rester quelque part, de contrôler si je restais un point de référence. C'est aussi important. Alors, voilà maintenant ce que je vous dis, en vivant ce que je vivais, en étant responsable à un certain moment, donc je pouvais d'autant mieux comprendre ce que pouvait vivre un collaborateur, qui quotidiennement était confronté à des histoires. Quand on travaille dans un autre Service social, on a quand même pas un cumul de drames humains aussi important. Vous pouvez avoir un drame humain. Chaque histoire est un drame humain au fond, mais pas aussi grave et pas aussi important que ce que vous voyez. Quand on travaille dans l'asile, vous imaginez qu'il n'y a pas une histoire qui est banale parce que c'est toujours des histoires de déchirement, de rupture, de drame, de catastrophe, de mort, de violence, de guerre, de torture, des fois. Ils ne disent pas si spontanément que ça, c'est clair, il faut être lucide. Et je dirais que même les assistants sociaux ne rentrent pas aussi facilement dans leur histoires. À mon avis, il y a une énorme protection, que j'ai regrettée du reste, parce que je pense que pour faire du bon travail, il ne faut pas avoir peur d'entendre la douleur de

l'autre. Et c'est justement ce qui m'a interpellée, je me disais : mais pourquoi elles se protègent comme ça. Elles se protègent parce qu'elles ont besoin d'être protégées. Mais alors, attention, c'est la mauvaise protection de ne pas entrer dans l'histoire du client. La bonne protection, c'est d'avoir les outils qui vous permettent de prendre le recul, la distance, l'analyse nécessaire, mais qui vous permette de faire votre travail comme vous devez le faire. C'est-à-dire que si un client a besoin de poser son fardeau sur la table, qu'il puisse le faire et que je puisse l'entendre. Et non pas que je me protège parce que ça va être insupportable pour moi. J'avais tendance à avoir ce mouvement de protection, que l'on peut comprendre, c'était aussi pourquoi je pensais que la supervision, l'analyse de situation en commun était bénéfique.

Q. : Quand vous aviez des litiges alors avec vos collaborateurs, ça portait sur quoi ?

R. : Ce n'était pas sur le contenu, c'était pas sur le travail social. J'ai eu des fois des litiges avec des collaborateurs sur leur manière de travailler. Il y avait un autre problème, il faut toujours le nuancer, c'est que je rencontrais de temps en temps des clients. Ce n'était pas mon pain quotidien. Et c'est vrai que c'est facile quand on rencontre de temps en temps un client d'être extrêmement ouverte. Moi, j'ai essayé d'être honnête. Si j'avais tous les jours cette masse de souffrance humaine sur mon bureau, peut-être que je ferais aussi comme certains de mes collaborateurs. Le seul moyen de me protéger, c'est des fois de dire : parons au plus pressé, donnons l'argent, mais n'entrons pas dans l'histoire. Vous voyez comment. Je ne porte pas de jugement. Je me rends bien compte que c'est un travail extrêmement difficile. Et il est difficile parce qu'il est douloureux. Il fait mal.

Q. : Et si on accepte d'entrer en matière, après il faut bien poser le fardeau ailleurs ?

R. : Alors, là aussi, si on accepte d'entrer en matière, il faut savoir. Quelqu'un qui vient vous raconter son histoire, est-ce que ça lui fait du bien de raconter son histoire, est-ce qu'on est la bonne personne pour entendre cette histoire ? Est-ce que, dans certains cas, je dirais, ce sont des personnes qui, sur le plan psychologique, ont besoin d'un appui, d'une aide aussi. Ce que je souhaiterais avec mes collaborateurs, c'est ne pas se substituer et ne pas non plus entrer dans une histoire de manière malsaine, parce que on en fait quoi ? Si on ne doit rien en faire, vaut mieux ne pas entrer dans l'histoire. Et par contre, si on a le sentiment que c'est une personne qui a besoin de déposer quelque part son fardeau, c'est peut-être pas chez nous non plus qu'elle doit le déposer. Mais au moins correctement l'orienter – parce que c'est ça le rôle de l'assistante sociale – vers celui qui pourra peut-être l'aider à mieux porter son fardeau.

Q. : Alors une aide psychologique ?

R. : Une aide psychologique.

Q. : Qui donne des conseils dans quel sens ?

R. : D'une part, on a aussi une infrastructure avec le Centre santé Migrants, Appartenances, Pluriel. J'avais une sensibilité particulière pour l'aspect psychologique, mais à l'époque ça n'intéressait personne. Ce n'était pas un marché non plus. On ne mettait pas les requérants d'asile sur un divan pour faire une psychanalyse. Donc, ce n'était pas tellement intéressant. On était extrêmement seuls. Jusqu'au moment où ils se sont aperçus que c'était un bon marché qui allait durer. A partir de là, alors, ça a fleuri un tout petit peu.
Q. : Mais qui paie ?
R. : Oui, voilà, qui paie ? Il y a eu ceux qui ont voulu médicalement s'occuper du problème parce qu'il y avait la nouveauté. Et puis, maintenant, on est dans le canton, en ce qui concerne le Centre de santé Migrants, c'était une nécessité, il fallait qu'on ait l'infrastructure médicale. À partir de là, ça s'est un tout petit peu multiplié.
Q. : Donc, c'était un problème d'assistance et en plus un problème médical ?
R. : Non, c'était un problème psychologique. Comme je le précise bien, nous étions extrêmement seuls dans l'institution par rapport aux possibilités d'envoyer ces gens chez un psychiatre, chez un psychologue, parce que personne n'en voulait à l'époque. Et j'entends la psychiatrie, on s'est drôlement bataillés pour essayer d'ouvrir des portes. Jusqu'à un certain moment, et puis après il y a eu la polyclinique de médecine.
Q. : Et puis du côté du Centre psychosocial et de l'hôpital psychiâtrique *Belle-Idée,* comment était la collaboration ?
R. : Comme je vous le dis, elle était inexistante. Là, je dirais, il y a encore du travail à faire. On arrive à développer des collaborations. C'est souvent avec des individus. Quelqu'un qui a une sensibilité un peu particulière, un peu plus fine, vous voyez. Mais néanmoins, c'est souvent aussi des gens qui créent des brèches.
Q. : Des institutions et des hommes ?
R. : Oui, absolument. Et quand on a des hommes dans les institutions, des vrais dans les institutions, ça s'élargit.
Q. : Donc, une manière de répondre au défi humanitaire, c'est d'avoir des hommes ?.
R. : Oui, des hommes qui ont une certaine approche humaine.
Q. : Mais avant de revenir là-dessus, quand on se trouve devant un problème sans solution comme c'est le cas du droit d'asile, on le refile à une supervision, on fait appel à la psychologie. Mais la population, vous pouviez faire partager ce fardeau à l'ensemble des gens qui prennent ces décisions ?
R. : C'est souvent en terme d'argent que le problème se pose. Ou alors, la question est décourageante. Enfin, ça me remet dans la situation de découragement. C'est parfois la non-connaissance, mais c'est un travail gigantesque. De temps en temps, vous vous dites que ce qu'on est en train de faire, c'est un goutte d'eau dans la mer. Et néanmoins, il faut que cette goutte d'eau dans la mer, elle constitue la mer. Il ne faut pas se décourager. Quand vous dites la population, c'est qui la population ? C'est tout et rien à

la fois. C'est le voisin d'à côté. C'est dingue le nombre d'imbécillités que j'entends quotidiennement, pour tout sur tout et rien que de mes voisins, de mes connaissances, parfois de mes amis. Je frémis. Alors, évidemment, des fois je me dis : je suis qui moi ? J'ai ma vision du monde, j'ai ma vision de l'homme, j'ai ma vision de l'individu, j'ai ma vision de la politique, j'ai ma vision de la société, etc. À un certain moment, ça m'est insupportable ce que j'entends parce que c'est de la bêtise, c'est des imbécillités. C'est des choses au premier degré et chez des personnes qui ne sont pas les moins cultivées. C'est incroyable. Et des fois c'est désespérant. Des fois je me dis que je suis une optimiste désespérée. Mais, malgré cette désespérance, il faut continuer à espérer parce que des fois quand vous avez une masse de béton, il suffit qu'il y ait une fissure et il y a de l'herbe qui pousse. Eh bien voilà, cette brindille d'herbe dans la masse de béton, c'est la preuve que la vie des fois elle peut soulever le béton. Alors, continuons d'espérer parce qu'on n'a pas le choix.

Q. : Mais par rapport à la population, c'est vrai que les préjugés sont énormes, vous avez sûrement essayé de mettre de l'herbe dans le béton ?

(...)

R. : On a installé un immeuble avec des Yougoslaves. En tout on ne pouvait pas mettre des Croates avec des Bosniaques, des Bosniaques avec des Serbes, des Serbes avec des Croates, etc. C'était impossible. On créait une guerre ici. Donc, il fallait qu'on les sépare. Moi je ne voulais pas mettre en danger mes collaborateurs. Donc on a ouvert un immeuble où, entre guillemets, on a concentré des Bosniaques parce qu'eux aussi ils pouvaient se rendre service. Chaque fois on faisait un prototype et une expérimentation parce qu'on ne peut pas se baser sur une expérience déjà vécue. Il fallait qu'on essaie. Et on a fait peut-être des erreurs, c'est un petit peu comme quand on élève des enfants. On s'aperçoit après que ce n'est pas ce qu'on aurait dû faire, mais, en toute honnêteté, avec les éléments que nous avons en ce moment, c'est ce qui nous semblait être la meilleure décision. Alors, quand on a commencé à discuter par rapport à l'immeuble, la première chose que nous avons faite, c'est prendre contact avec les autorités cantonales, la police, l'école, pour donner l'information que nous allions nous implanter. J'entends, c'était vraiment faire une campagne. Et je vais vous dire, ça s'ajoute quand dans le feu de l'action, vous devez vous occuper des gens, essayer d'éviter qu'on ait un tollé, qu'on ait une pétition, un remous, il faut qu'on jalonne, qu'on informe. Prendre notre bâton de pèlerin. Eh bien, ça c'est bien passé. Et ensuite, les voisins. On est allé frapper à chaque porte. Le premier voisin avait un berger allemand. C'était un policier à la retraite. Le chien qui mettait le nez contre le grillage. On s'est dit : hou ! là là, les gosses. Quand on s'est implantés, ça c'est plus ou moins bien passé. Mais il ne se passait pas quinze jours, trois semaines sans qu'on ait une lettre de quelqu'un qui nous disait : « les gens jettent des trucs par la fenêtre, les gosses font du bruit, on laisse traîner les gamins jusqu'à dix heures le soir ».

Donc, dans une petite zone où il y avait des petits accrochages avec des gens qui avaient l'habitude d'une certaine tranquillité. Avant, ils avaient des travailleurs saisonniers. Les saisonniers ne faisaient pas le bazar. Ils étaient tellement crevés le soir qu'il dormaient et que le lendemain matin, ils partaient à cinq heures, on ne les voyait pas la journée. C'était confortable. Et tout à coup on a une population qui vit, qui bouge, qui existe, qui se déplace, qui dérange. Alors, avec certains ça se passe bien, tandis qu'avec d'autres ça se passe pas bien. Les critères, pour que ça se passe bien, ce n'est pas ce qu'on a vécu. Et les efforts que nous avons fait pour que ça soit vivable, ils étaient démesurés. Alors, on a eu tout, des lettres anonymes, une pétition. À côté, il y avait deux, trois villas, et des HLM (habitat subventionné par l'Etat). Vous voyez le type d'intolérance. Le retraité qui vit dans un certain confort dans sa petite villa, et juste l'immeuble d'en face une zone de quatre HLM. Eh bien, voilà, ça c'est notre pain quotidien quand on travaille.

Q. : C'est un travail très important.

R. : C'est un travail de titan. On n'a pas toujours les forces. Parce que ce qu'il ne faut pas non plus oublier, c'est que les postes donnés à tant de personnes par la Confédération, etc., on ne les a pas comme ça. Ils ont sous-estimé, je dirais. C'est négligé, on ne voit pas l'intérêt. Eux, pour encadrer les requérants d'asile, il faut un requérant d'asile. C'est vite vu, c'est lapidaire.

Q. : Problème de personnel, d'effectif ?

R. : Dans un premier temps, il a fallu engager à tour de bras, dans des conditions que je n'ai jamais vues. J'ai vécu une expérience extraordinaire d'une certaine manière comme expérience. J'ai engagé des gens que je ne connaissais pas. J'ai engagé des gens pour demain : « Écoute, il y a Untel qui est d'accord de travailler pour ouvrir la protection civile. C'est un type que je connais. – Ah tu le connais, alors d'accord. Tu me donneras les papiers demain parce que les papiers… tu lui donneras les papiers dont j'ai besoin. » J'engageais des gens avant de les voir. Voilà en toute honnêteté comment j'ai travaillé durant la première année. Dans des conditions que je n'avais jamais imaginées. Et j'ai découvert des gens. C'était incroyable. Ce n'était pas une plaisanterie. Alors, heureusement, ça n'a duré qu'un temps et après, il a fallu que j'assainisse la situation.

Q. : Qui étaient les gens qui se présentaient ?

R. : Il y avait des étudiants. Bien, je vais vois dire, j'ai eu de bons collaborateurs. C'était par la bande, par un responsable qui connaissaient beaucoup de monde, dans un milieu pas traditionnel, il faut le reconnaître. Parce que dans un milieu traditionnel, vous n'engagez pas les gens comme ça. Donc, ils disaient : « on a 24 heures pour ouvrir une protection civile ». Et le gars se débrouillait. Moi j'aime bien travailler comme ça. Je dirais, il y a quelque part le défi, qui n'est pas forcément humanitaire, mais le défi de réussir des choses dans des conditions qui ne sont pas traditionnelles, ça me plaît beaucoup. Et j'aimais bien me dire : voilà, on a réussi à ouvrir une protection civile et on peut recevoir les gens qui étaient dehors. On a réussi à n'avoir personne dehors. Et voilà, ils sont ici, nourris, logés. On a paré au plus pressé. Et puis maintenant deuxième étape. Qui on a engagé cette nuit, vous voyez. Et au bout du temps, quand on a pu un peu plus s'organiser, mais surtout quand la baisse s'est amorcée, on a pu nous réorganiser. À situations d'urgence, mesures exceptionnelles.

Q. : Et puis la baisse, vous avez commencé à analyser ?

R. : Là aussi, ça a été une expérience intéressante parce que, en terme de relation humaine, c'est une chose que je ne refais plus. Je suis devenue beaucoup plus stricte, il faut dire que je ne suis plus dans les mêmes conditions. Mais c'est un engagement humanitaire aussi quelque part avec quelqu'un. Et quand vous enfilez quelqu'un dans une histoire comme ça, même si c'est pour deux jours, un mois, il y a toujours l'espoir qu'on soit engagé à plus long terme. Ils prennent aussi de l'intérêt, du plaisir. Ils ne correspondent pas forcément au profil que nous aurions voulu, mais vous avez pris un engagement avec quelqu'un qui vous a dépanné à un moment donné. Donc vous avez un autre problème. Est-ce que ce que je fais est correct ? Je ne veux plus qu'on travaille comme ça. Je veux qu'on ait à la limite des réserves. Parce que tout le monde ne peut pas faire n'importe quoi.

Q. : Vous faisiez des contrats de six mois renouvelables ?

R. : Oh ! je faisais des contrats d'un mois. On ne savait pas combien de temps ça allait durer. Vous imaginez, je ne les voyais pas tous. Je les voyais, ils étaient déjà là. Alors là, c'était une manière de travailler qui ne me convenait pas sur le plan professionnel. Et j'ai pu réglementer parce que tout simplement il y a eu une baisse. Quand j'engage des gens actuellement, ils ont quatre objectifs. Ils savent que dans trois mois on fera le point au terme du temps d'essai, où on aura fixé la barre à tel endroit. Et ils savent exactement ce qui les attend.

Q. : Ils ont des cahiers des charges ?

R. : Ah ! oui. À l'époque, ça n'existait même pas les cahiers des charges. Donc il a fallu que je les établisse. Enfin, j'entends, tout ça en même temps. Il faut un minimum de règles. Qu'est-ce qu'on lui demande ? À quel moment il doit être là, à quel moment il doit partir ? Dans cette période-là, avec ma responsabilité, le défi humanitaire se plaçait à tous les niveaux. Pour moi, je dis bien pour moi, c'était un défi, il fallait qu'on accueille des gens qu'on avait pas prévu d'accueillir. On n'avait rien pour les accueillir, donc il fallait trouver des structures pour pouvoir les accueillir, les nourrir, parer au plus pressé. C'était vraiment une situation de crise et d'urgence. Il fallait trouver des collaborateurs et je n'avais pas des collaborateurs. Et il fallait un peu tout inventer. C'est fabuleux.

Q. : Donc vous avez eu par moments l'intention de démissionner ?

R. : Ouais. Je ne pouvais plus. J'ai un exemple. J'ai commencé cette expérience en ayant la responsabilité d'un groupe de blessés de guerre qui sont venus se faire soigner, qui sont venus se faire opérer à l'hôpital cantonal. Donc, ma mission, elle consistait à les accueillir au moment où ils arrivaient à l'aéroport, à l'hôpital et au moment où ils partaient de l'hôpital. Et à assurer, je dirais, la convalescence éventuelle, pour que le traitement soit commencé de A jusqu'à Z. C'était un de mes premiers contacts avec les Bosniaques. C'était des blessés de guerre. Et là, je me suis sentie ratatinée, aplatie. D'abord des blessures incroyables et l'hôpital ne fait pas de médecine de guerre, ils ne font pas de chirurgie de guerre ici. Donc, des blessures que je n'ai jamais vues. Des séquelles que je n'avais jamais vues et des histoires que je n'avais jamais entendues. Et là, je les ai connus personnellement puisque j'allais les voir à l'hôpital. C'est moi qui était responsable de ce programme. On en avait douze à l'époque. Après, il y a eu un autre programme. C'était en collaboration avec l'OIM (Organisation internationale des migrations). Et ça a été mon premier contact avec les ex-Yougoslaves. Il y avait des Croates, des Bosniaques, pas de Serbes à l'époque. Je me suis dit : mais enfin, moi, je ne suis plus faite pour ça. Peut-être parce que j'arrive pas à accuser le coup, ça me poursuivais dans ma vie. Les premiers quinze jours, c'était terrible. Tout revenait, tout était remis en question. Ma manière de travailler, la manière dont on travaillait, la politique fédérale, la politique cantonale. Je devenais agressive, je devenais enragée. Je supportais très mal ce que je devais vivre. Alors là oui, j'ai eu honte moi, j'ai eu honte. J'ai eu toute une phase de ma vie où j'ai eu honte de la lâcheté des pays, des pays européens. J'ai eu honte. Et à ce moment-là, curieusement, j'ai eu envie de partir dans l'humanitaire, pour dire : tiens, je pars à Calcutta. C'était une fuite aussi d'une certaine manière. Je veux échapper. J'avais honte de parler avec ces gens. J'avais honte de dire que j'étais d'ici. Je me sentais mal. Des gens qui venaient, qui étaient blessés, on savait que ça allait se dégrader, on n'était pas intervenus. On n'avait rien fait parce qu'on n'a rien fait. Et j'avais honte. J'avais honte de leur dire que je les comprenais.

Q. : Et vous n'avez pas eu envie de faire une conférence de presse pour dire tout ça publiquement ?

R. : Ah ! non, je ne pouvais pas. Alors là, ma fonction me l'interdit. Vous voyez, peut-être que ça aurait été courageux, mais alors je n'ai pas été courageuse. C'était pas seulement être courageuse, est-ce que ça je pouvais le faire ? Quand on parle du défi humanitaire, qu'est-ce que je fais ? Je suis une fonctionnaire. Au vrai sens du terme. Je dois recevoir des blessés de guerre. C'est vrai que j'ai a eu envie, mais je suis une fonctionnaire. Je suis désolée, si j'avais fait une conférence de presse, peut-être que j'aurais eu un écho, peut-être que j'aurais fait un grand éclat, est-ce que ça aurait changé la position de la Suisse, de la France, de l'Europe ? Très honnêtement, est-ce que ça l'aurait changée ? Par contre, ça aurait changé ma situation, ça c'est certain. Je me serais fait virer. Alors, je vous dis, je me suis sentie impuissante, déprimée. Quand on se sent impuissante, on est déprimée.

Q. : Je pense au cas Grüninger du canton de St-Gall, ça vous est revenu en mémoire ?

R. : Ça m'est revenu souvent en mémoire parce que dans vingt ans, qu'est-ce qu'on dira de nous dans vingt ans ? Est-ce que finalement j'ai eu mon rôle là ? Je suis responsable et je suis une exécutante. Est-ce que je suis une exécutante ? J'ai mes sentiments personnels. Et à un certain moment, je fais des choses qui sont contraires à ce que je sens, à ce que je pense, à ce que je crois, à mes valeurs. Qu'est-ce que je dois faire dans ces conditions-là ?

Q. : Et vous n'êtes pas allée dans le bureau du conseiller d'État pour dire : ça ne va plus ?

R. : Je n'aurais pas fait ça. Le problème, je le lui ai de temps en temps dit, je le lui ai dit et je l'ai dit aussi à la direction. Ils partageaient de temps en temps des sentiments identiques. Le problème, vous comprenez, ça dépassait l'institution. Et moi, dans cette histoire-là, je recevais des blessés, on s'en occupait et dire au conseiller d'État : ça ne va plus ? Il avait accepté ce travail pour aider les blessés. Il avait fait quelque chose. Il ne faisait pas rien, et il vaut mieux faire ça que rien du tout d'une certaine manière. Mais moi, quand j'étais confrontée à l'hôpital avec quelqu'un qui était dans un état extrême, d'un courage extraordinaire, jamais une plainte, j'étais morte de honte parce que je me disais : je suis qui moi ? D'abord, je peux lui dire quoi à ce type, je ne suis autorisée à rien lui dire. Je ne peux rien lui dire. Je peux lui dire : « voilà, Monsieur, vous avez le droit à tant et tant ». Il me dit : « Madame, merci beaucoup ». Il s'attendait pas à ça d'ailleurs. Le dilemme est dans la question que je me suis posée.

Q. : Quelle question ?

R. : Je me suis posée une question : pourquoi c'est pas Papon ? C'était qui, Papon, dans l'histoire, c'était qui ? Concrètement, je me dis des fois, en toute honnêteté : je ne sais plus. Je me dis : on juge Papon, mais est-ce que c'était Papon ? C'est un système, d'une certaine manière, parce que si on juge Papon, on devrait juger tous les autres. Papon, on cristallise sur Papon. Ah ! quelle horreur ! On défoule d'une certaine manière. Bien sûr qu'il a joué son rôle, mais le système, les Français au fait, ils avaient un gouvernement avant Vichy. C'était Papon ou c'était ce gouvernement ? Et si c'était ce gouvernement, et bien, tout ce qui était en dessous était coupable d'une certaine manière. C'est là que ça devient subtil. Vous avez un devoir de désobéissance. À ce moment-là, est-ce qu'on tombe dans l'anarchie ? Moi, je vous dirais aujourd'hui, en toute honnêteté, je ne sais pas quoi vous dire. Je sais encore moins de choses, parce que plus j'avance, moins j'en sais, plus j'ai à apprendre d'une certaine manière, mais en tout cas, plus j'ai de questions qui restent sans réponses. Dans le fond, c'est quoi, qu'est-ce qui est le plus juste là ? Qu'est-ce que c'est la vérité, elle est où la vérité ? C'était nul ce qu'on a fait.

Q. : Et ça vous est arrivé que des collaborateurs vous disent : « moi je ne fais plus ce boulot » ?

R. : Non.
Q. : Ça ne vous est pas arrivé ?
R. : Je le savais, oui, on est dans une situation incohérente. C'est arrivé probablement que des collaborateurs disent « je ne fais plus, je m'en vais ». Mais ils ne le disaient pas comme ça. Peut-être qu'ils partaient, je ne sais pas. Moi, j'ai toujours vu qu'il y a des limites que je ne dépasserais pas. Parce que nous aussi, il y a des limites qu'on ne peut pas dépasser. Vous voyez par exemple, pendant un temps, je disais : « on fait une politique, c'est vraiment une hypocrisie, je ne me sens pas bien, je ne me sens pas à l'aise ». Et de manière un peu provocatrice, je disais « donnez-moi la responsabilité d'un camp ». C'était très provocateur ce que je disais et en même temps c'était très juste. On prenait ça pour de la plaisanterie, je ne plaisantais pas. Et en réalité, on nous fait appliquer une politique de camp, avec des simagrées humanitaires. Donnez-moi un camp parce qu'au moins dans un camp, je pourrais m'organiser de telle manière que je pourrais tenter d'être humanitaire. Vous comprenez ce que je veux dire ? Alors, je préférerais qu'on me donne un camp et je ferais le quartier des Bosniaques, je ferais le quartier des Libanais, etc. Je m'organiserais. Mais là vous ne me donnez pas les moyens de faire une politique, ni humanitaire, ni de camps. Mais, avec des principes qui sont des principes de camps, de kapos. Voilà, c'est tout. C'est treize francs par jour et par personne, voilà.
Q. : C'est un peu ce qui se passe avec le centre des Tates pour les requérants d'asile?
R. : Ils sont dans la même situation que nous. Moi, je crois qu'à l'AGECAS, ils tentent d'être le plus humanitaires possible avec une politique donnée. Mais c'est un tiraillement permanent.. On a un cadre qui ne tient pas compte de la réalité humaine, mais d'un cadre économique, politique. Et puis là-dedans c'est une masse. C'est plus l'individu. C'est la masse qui est traitée. Alors, au centre des Tates, ils tentent avec les moyens qui sont les leurs de faire en sorte que ça soit vivable correctement, enfin, j'entends, dans des limites correctes.
Q. : Il y a différentes manières de gérer un camp ?
R. : Absolument, il y a différentes manière de gérer un camp. Mais l'autre chose, le problème aussi auquel on est confrontés, c'est la revendication permanente des requérants d'asile. Quand on met vraiment le zoom sur la personne humaine, qu'est-ce qu'on voit ? Les ambivalences, l'agressivité, la colère, la frustration, je dirais ce qui se développe chez une personne humaine, on le sait. Le problème ensuite, c'est que les collaborateurs sont aussi confrontés à ça. À des clients agressifs, revendicateurs. Je vais vous dire, on arrive plus à dépasser ça. C'est quoi la solution la plus gérable, c'est de dire : ils nous cassent les pieds après tout. On n'est pas aller les chercher. Ils sont ici. On leur donne à manger, ils sont nourris, ils sont logés. Il y en a certains qui vivent sous une tente. Ici, ils ont un appartement. Bon, ça suffit. Vous comprenez ce que je vous dis ? C'est la contre-réaction. Elle est

naturelle. On est dans un drôle de système, on devient fous, nous, d'une certaine manière.

Q. : On est dans un drôle de système dans ce pays en matière de politique d'asile. Et vous n'avez jamais pensé à écrire un livre ?

R. : Ah ! j'ai pensé à écrire un livre souvent, c'est le temps qui me manque. Je dirais, quand je prendrai le temps, je le ferai. J'en ai besoin. Ce que je vous transmets c'est l'expérience que j'ai de ces 10 ans. C'est riche, parce que c'est complexe. Mais en même temps, ça me pose plein de questions. On n'en sort pas indemne. Ça vous remet en question dans vos propres valeurs. Moi, je me suis trouvée dans la situation, je dirais en toute honnêteté, d'être tellement agressée par la revendication de l'autre, d'avoir l'impression qu'il fallait qu'il retourne chez lui. Et en toute honnêteté. Je ne porte pas un jugement, vous voyez, sur ceux qui peuvent penser ça, parce qu'à un certain moment… Vous voulez que je réponde quoi ? Je veux dire : attention là, avec toi surtout. Mais il faut la capacité d'arriver à prendre du recul. Sinon, il y a une rigidification. Et moi, j'ai observé que de temps en temps, c'est ce qui se passe quand on tombe sur le requérant d'asile. Dans le travail quotidien – c'est ce qui ouvre des portes et des dimensions au point de vue de la réflexion, qui sont immenses – quand des fois, il y a des bons requérants d'asile, c'est-à-dire, on les catalogue, on les catégorise, vous voyez. Celui-là, on a le sentiment que c'est le vrai requérant d'asile. À un certain moment, on est en face d'un requérant d'asile, lui, il se fout de notre figure. Et quand on a le sentiment qu'un requérant d'asile se fout de notre figure, c'est vrai que là… Et quel que soit le collaborateur, quel que soit le responsable, on fait déjà un tri, vous voyez. Il y a finalement le vrai et le bon dans notre sentiment, indépendamment de la procédure. Par exemple celui qui mène la grande vie, de temps en temps, on a quelques Africains comme ça. Je les catalogue aussi parce que je les repère comme ça. C'est vrai. On voit que ces mêmes Africains, ils sont pris dans la contrebande, dans des filières organisées, etc. On aurait tendance après à mettre tous les Africains dans la même catégorisation. Donc, on a aussi tendance avec l'habitude et il faudrait avoir l'habitude de ne pas avoir l'habitude. Mais l'habitude c'est de catégoriser. Voilà, ceux-là, c'est des Africains. C'est vrai que des fois il y a des tendances qui ressortent. Ceux envers lesquels on a le plus d'empathie, c'est ceux qui ont des souffrances. Et vis-à-vis des autres, on aurait tendance à être plus stricts. Moi, je dois dire en toute honnêteté, c'est vrai, et là aussi, il n'y a pas le courage politique suffisant, moi, je préférerais que tout se qui est trafiquants, etc., là, on soit plus strict parce que ça dénature ceux qui sont ici, qui souffrent, qui sont des requérants d'asile et qui ont été persécutés, qui ont fui leurs pays pour des raisons multiples, avec quelques touristes, j'entends. On a plutôt tendance à voir les touristes, les trafiquants plutôt que ceux pour lesquels on devrait vraiment faire de l'humanitaire.

Q. : C'est l'instrument du droit qui a des limites ?

R. : Absolument. Et puis de la non-exécution des renvois. Moi, je veux dire, avec la politique fédérale il y a des trucs incompréhensibles. On se dit : « Mais attends, pourquoi il est là celui-là ? » Et là, on ne comprend pas. Autre problème. À un certain moment, ils envoient dans des cantons différents. Là aussi, mais quelle politique stupide ! C'est aussi une méconnaissance de comment on pourrait gérer mieux un certain nombre de choses en y croyant. Il faut casser les familles. C'est une volonté délibérée de la politique fédérale. Et on en envoie un de la famille à Zoug et on en envoie un de la famille à Genève.

Q. : Et si vous étiez Madame Réfugiés, qu'est-ce que vous feriez ?

R. : Je trouve qu'en Suisse on est un peu lents. Et on est pas très ouverts sur l'extérieur. On a des clivages. On le voit bien quand on regarde comment on agit. Genève est particulier. On est toujours un peu séparés du reste. Moi, à plus d'un titre, je me sens minorisée. Je ne pense pas comme une grande majorité. Et dès l'instant où je suis en contact avec des Suisses allemands, la manière de penser n'est pas la même. Des fois, je me dis : on est sur deux planètes différentes. En tout cas, en ce qui concerne les réfugiés, l'Office fédéral des réfugiés. Dans les contacts professionnels que j'ai eu l'occasion d'avoir durant presque dix ans, j'ai eu souvent affaire à des fonctionnaires, que je ne vous le cache pas, j'ai trouvé stupides. C'était l'angoisse d'aller à Berne. De voir qu'on est pas branchés sur la même longueur d'onde.

Q. : Ils trient leurs fonctionnaires à Berne ?

R. : Je ne sais pas, en toute honnêteté, je ne sais pas. Je les comprends mal. Je comprends mal leur mentalité, leur construction mentale. C'est vrai qu'ils ont plein de qualités, je ne veux pas dire. Je ne m'entends pas bien, c'est tout.

Q. : C'est plus compliqué à comprendre un Suisse allemand qu'un réfugié ?

R. : Le réfugié, il n'y a pas de problèmes. Un fonctionnaire suisse allemand, en tout cas un fonctionnaire de l'Office fédéral des réfugiés, c'est difficile. Une rigidité de fonctionnaire, c'est le règlement. Alors, par exemple, moi aujourd'hui, je ne vous parle pas beaucoup du règlement. Il y a le règlement. Je vous parle de ce que je vis. Et je n'ai jamais réussi, en tout cas dans les contacts professionnels que j'ai eus, à sentir l'être humain derrière le fonctionnaire. C'est le règlement, oui mais le règlement on peut le faire changer, quand on pense. Vous, vous en pensez quoi ? J'ai jamais réussi. Et je peux vous dire que je me suis bagarrée. Je vais vous donner un exemple, quelqu'un à qui j'ai eu envie de foutre des claques, en disant : qui j'ai en face de moi ? « Écoutez, voilà, nous avons un problème. On a une femme, elle avait pris un taxi pour aller accoucher. Donc, vous êtes fonctionnaire fédéral et en tant que fonctionnaire fédéral, écoutez. Pour aller à l'hôpital, vous êtes d'accord de payer une ambulance, pour autant qu'on avise préalablement. Quand on appelle une ambulance, c'est qu'on n'a pas pu planifier son déplacement. – Il fallait prévenir préalablement. – D'accord, je lui disais, elle a dépensé 30 balles de taxi, pourquoi on n'accepterait pas dans certains cas, plutôt que de prendre l'ambulance, de prendre le taxi ? Le taxi, ça coûte 30 francs, l'ambulance ça coûte 500 francs. Ça ne vous semblait pas logique ? » Et bien, elle, elle ne répondait pas. « Ouais, je comprends bien ce que vous dites, Madame, mais c'est le règlement. – Oui, mais le règlement, est-ce qu'on ne pourrait pas... vous avez un supérieur à qui il faudrait éventuellement qu'on demande ? Est-ce que vous ne pourriez pas ? » Mais le supérieur, c'est du même acabit. « Ah ! Madame, si on commence à faire comme ça, vous voyez un peu, après c'est pas seulement le taxi, c'est le voisin qu'il faudra payer. – Je ne vous demande pas pour le voisin. Vous préférez foutre par la fenêtre 500 balles plutôt qu'un taxi à 30 francs ? La femme, elle n'a pas mis 30 francs pour aller, et elle devait sortir. Donc, quelque part, on ne peut pas assouplir ? – Non, c'est le règlement. » Voilà, et je n'ai pas d'explications de comment on peut faire changer le règlement. Parce que pour changer le règlement, c'est extrêmement compliqué. C'est horrible. En réalité pour changer le règlement, il faut changer la loi sur l'asile. Voilà où vous remontez. Tout doit être prévu.

Q. : On arrive à la fin de l'entretien. Comment vous le définissez, le "défi humanitaire" dans votre fonction ?

R. : Alors, là, j'aurais de la peine à vous définir comment on le définit. Je réfléchis là.

Q. : Comment vous le ressentez ?

R. : Ça paraît être l'objet d'une analyse pointue. Mais, quelque part, je dirais : il faut qu'on change nos schèmes de penser. Et en même temps, quand on pense à nos schèmes, à notre manière de penser, il faut dans les situations concrètes une plus grande considération. Je dirais : on n'est pas ans un monde où on considère l'être humain. C'est terrible. C'est de pire en pire. Alors, c'est un des éléments, on a parlé des réfugiés, on a parlé du chômeur, on peut aussi parler du marginal, de celui qui a décidé de vivre d'une manière un peu différente de la norme. On est dans une société... Ce qui nous vient avec des décalages des États-Unis, nous devrions le rejeter au lieu de nous approprier des choses franchement qui sont négligeables. C'est cette société à deux vitesses, vous avez les gens qui sont dans la norme et puis vous avez tous ceux qui sortent de la norme qui sont éjectés. On est dans un monde, qui devient un peu dur. Il a toujours été dur le monde, mais il devient assez impitoyable. C'est Dallas. C'est mon sentiment tout à fait personnel. C'est une analyse peut-être un peu simpliste. Moi, je me dis : attends, est-ce que je suis franchement au bon endroit ? Des fois je me dis : est-ce que je suis dans le bon monde ? Est-ce que je suis bien sur la bonne planète ou est-ce que je ne suis pas dépassée ? Ou est-ce qu'il n'est pas temps que je la quitte ? Parce que franchement, il y a certaines choses, ça me déconcerte. Toute proportion gardée.

Q. : C'est une sacré question?

R. : Oui.

Q. : Donc, c'est une interrogation sur le progrès ?

R. : Sur le monde, voilà. Sur la société dans laquelle nous évoluons et à laquelle nous participons. Et là encore, où on n'a pas le choix. Je dirais : regardez, dans trois ou quatre ans, tout marchera avec des cartes magnétiques. Tout fonctionnera avec des cartes à puces, avec des cartes magnétiques, Internet, etc. Alors, en même temps, c'est magique, c'est merveilleux. Ce que l'homme est capable de faire en terme de progrès, c'est merveilleux. Et jusqu'où ? Jusqu'où on n'est pas complètement déshumanisés et robotisés ? Est-ce qu'on pense encore ? Quand je vois l'histoire, toute proportion gardée, d'un pays comme les États-Unis qui est en expansion, qui est rétrograde, ce qu'ils sont en train de devenir, j'entends, pudibonds avec leur histoire de Clinton en dessous de la ceinture, qui vous désespère. Mais, attends, on en est où là ? Je trouve qu'on touche des extrêmes des moments. Alors des fois c'est inquiétant et puis des fois, bon bien voilà, c'est l'évolution, c'est le monde dans lequel on est. Mais je crois quand même qu'il faut qu'il y ait un équilibre, c'est-à-dire que les voix, y compris quand on est confronté à un Bosniaque – mais attends, là, j'ai honte – il faut que les voix se fassent entendre, en disant : « Mais attendez là, eh ! On va où ? »

Q. : C'est important ce que vous avez dit.

R. : On ne m'a jamais demandé de parler de ça.

Entretien no. 16

Q. : Quelle est votre fonction ?

R. : J'ai une fonction de cadre intermédiaire concernant le personnel dans une institution de la place.

Q. : Vous avez un poste privilégié pour observer les problèmes du personnel, quels sont les problèmes les plus importants que vous constatez ?

R. : Il n'y a pas de problème plus important qu'un autre. Une des difficultés actuellement que vit le personnel c'est la mutation de la fonction publique, la charge de travail, sachant que depuis 1991 nous avons dû réduire les postes, nous avons aussi subi l'augmentation de la précarité de toutes les couches de la population sur les cantons de Genève et une augmentation aussi de l'exigence des politiques en matière de chiffres, en matière de justification des prestations que nous allouons aux personnes en difficulté. Donc il y a eu une complexification d'une part de la gestion administrative des dossiers en matière de suivi social pour une partie de notre personnel. Il y a eu une diminution du nombre de postes mis à disposition, ceci en parallèle avec une augmentation du nombre de cas, et s'ajoute à cela une augmentation de la complexité des situations depuis 1991. Maintenant ça touche tout le monde, son beau-frère, son ami, ses enfants qui se déscolarisent et les situations de précarité qui sont traitées et aussi ce qu'on appelle les pauvres du travail qui malgré un ou deux salaires à 100 % sont en dessous du minimum vital, et ça c'est quelque chose qui se développe aussi, des personnes de la classe moyenne, voire supérieure, qui sont touchées par la précarité. Quand je parle de complexification, on pense au divorce, augmenté d'une situation d'alcool, d'endettement, de chômage, de difficultés avec des adolescents, les problématiques de drogue, etc. Écouter des personnes, porter sur les épaules les malheurs du monde. Une des problématiques qui survient en ce moment, c'est la violence. Il y a une augmentation de la violence dans les centres d'action sociale et de la santé, une augmentation de la violence aussi par rapport aux requérants d'asile.

Q. : Et comment réagit le personnel, quel type de problèmes il vous pose ?

R. : Il ne me les pose pas directement à moi, mais c'est vrai qu'il y a des problèmes de personnel. Le personnel peut démissionner, c'est un manière de régler le problème. Il se sauve. Le personnel peut se mobiliser et dire les choses, le personnel peut aussi, avec l'appui de la hiérarchie, aider à mettre en place des moyens de gérer les situations. Il est confronté à des situations de violence, à des situations de plus en plus complexes de jeunes qui se déscolarisent, entrent dans la marginalité, vivent des situations de violence.

Q. : Les démissions, comment vous avez pu analyser ce problème ?

R. : Oui, il y a eu dans un des secteurs l'année derrière une crise de démission. Il y a eu huit ou neuf démissions en quelques mois. C'est vrai que quand tout le monde est surchargé de travail, et là je ne lance la pierre à personne, quand tout le monde est surchargé de travail...

Q. : Et qu'est-ce qu'on a su qu'elles exprimaient comme problème ?

R. : Ce sont des personnes qui toutes avaient plus de sept ou huit ans d'institution et même jusqu'à quinze ans d'activité, qui disaient : « on a on a tenu, on espérait du mieux et puis on a tenu, tenu, tenu et on croyait toujours que ça allait s'améliorer et puis finalement on arrête ».

Q. : Une grosse fatigue ?

R. : Une grosse fatigue par rapport à un domaine d'activité. Je vais vous parler d'un autre domaine d'activité qui sont les requérants d'asile. Les personnes qui s'occupent de requérants d'asile, ce sont des personnes qui s'investissent dans ce domaine d'activité par rapport à leur intérêt pour le domaine, à l'asile, au monde. Elles ont une ouverture au monde, elles ont une éthique personnelle et puis elles sont contraintes d'appliquer des règles imposées par l'Office fédéral des réfugiés, par Berne. Certaines ont de la peine à trouver leur équilibre en se trouvant face à des situations qu'elles auraient envie de régler autrement à titre personnel et elles sont obligées d'appliquer des règles avec lesquelles elles ne sont pas forcément à l'aise.

Q. : C'est une contradiction éthique ?

R. : Voilà, une espèce de contradiction, sans compter qu'il y a de plus en plus un racisme qui ose s'exprimer au quotidien dans les milieux privés. Donc ces gens en plus sont confrontés à leur famille, à des membres de leur famille, à des amis, à des connaissances, à des proches qui les renvoient : « oui mais vous êtes trop généreux, la Suisse, etc. » alors qu'eux ne font qu'appliquer des règles et sont dans une dynamique perverse par rapport à leur ouverture, alors il y a une espèce de dichotomie.

Q. : Mais quels sont les moyens d'action pour tenter de résoudre la contradiction ?

R. : Un des moyens, c'est d'être clair à l'engagement, de procéder à des entretiens de recrutement qui permettent d'investiguer sur les motivations profondes des personnes, la capacité des personnes à vivre la frustration, certains types de frustrations, et à l'inverse que ce ne soit pas des personnes qui ont une idéologie plus marquée que celle de Berne. Donc il y a une cohésion à trouver ici. Et ensuite c'est d'aider ces personnes, leur permettre d'exprimer leurs difficultés, soit en groupe au sein des services, soit pour permettre à ces personnes d'exprimer leur mal-être, quitte à ce qu'elles nous quittent, mais à ce qu'elles restent aussi.

Q. : Est-ce qu'il n'y a pas une différence de nature entre votre institution et le Département fédéral de justice et police ?

R. : Oui, il y a une différence de nature. Le type de profession induit des types de comportements. D'autres départements avec une autre, d'autres valeurs professionnelles et une autre déontologie professionnelle induisent des comportements différents mais ce n'est pas lié au statut de la fonction publique, c'est plutôt lié aux valeurs, à des choses beaucoup plus profondes pour autant qu'on ait trouvé son équilibre et trouvé sa place dans sa profession.

Q. : Est-ce qu'il n'y a pas une contradiction entre les objectifs de votre institution et les objectifs de Berne le cas échéant ?

R. : Non parce que la mission de l'institution, c'est d'appliquer les directives fédérales et les directives cantonales. Où il y a contradiction, c'est lorsque la personne est mal avec ça, mais c'est à titre individuel, dès le moment où la personne accepte ceci, elle en est intimement convaincue, si elle est mal, il faut pas qu'elle continue, mais la contradiction n'est pas au niveau de l'institution, la contradiction ne peut être à mon avis qu'au niveau des individus. On adhère aux objectifs de l'institution ou on n'y adhère pas. Donc ça coince quand on n'y adhère pas, et puis c'est à nous d'être attentif à ça, c'est à nous de donner les moyens, des espaces d'expression, et puis de faire en sorte que les choses puissent s'exprimer, les choses puissent se vivre, plutôt que de les occulter. C'est le rôle d'une hiérarchie proche du terrain.

Q. : Est-ce que vous voyez émerger des problématiques éthiques chez les professionnels de l'institution ?

R. : C'est toujours dans des histoires de respect de personnes, de qualité d'écoute par contact direct et aussi de travail de prévention.

Q. : Pourquoi la direction de l'institution ne dirait pas à Berne qu'il y a un problème pour appuyer son personnel ?

R. : Je ne peux pas répondre à la question.

Q. : Pour vous formuler la question d'une autre manière, est-ce que toutes ces interrogations éthiques remonteraient plus haut à la direction pour être éventuellement formulées comme des questions politiques ou pas ?
R. : Je suis emprunté pour vous répondre, parce que ça c'est le rôle des politiques et c'est pas forcément le rôle de la direction générale. Maintenant il y a les partenaires sociaux qui font un travail énorme, les syndicats, la commission du personnel. Ces questions remontent auprès du Conseil d'État, remontent aussi à travers les syndicats.
Q. : Je comprends, en vous écoutant je pensais par exemple à cet exemple historique du cas Grüninger, et je me disais : mais est-ce qu'il y aurait un haut fonctionnaire de votre institution, pas seulement quelqu'un de la base, un fonctionnaire intermédiaire, un haut fonctionnaire, voire la direction, qui a un certain moment pourrait dire « écoutez, il y a des problèmes tellement graves que ça pose des dilemmes énormes », est-ce que vous vous êtes trouvé dans cette situation-là ?
R. : De nouveau moi j'ai pas la qualité pour en parler, je peux vous dire ce que j'ai entendu, mais à l'époque des Kosovars. Ce qui s'est passé, c'est qu'il y avait des requérant d'asile qui disparaissaient dans la nature, sans qu'on les renvoie, les appartements qui étaient vides, c'étaient des choses qu'il fallait gérer administrativement, maintenant ce que je sais, mais de nouveau j'ai pas qualité pour en parler, c'est que l'institution ne dénoncera pas à la police des personnes. C'est une question éthique qui est débattue au sein des équipes. Si une personne est sur le territoire du canton de Genève illégalement, on sait que s'il se fait arrêter par la police il est refoulé, l'assistant sociale l'orientera vers d'autres organismes, le Centre social protestant et d'autres organismes mais en aucun cas il ne le dénoncera ; ça fait partie de la déontologie professionnelle, ça fait partie de l'éthique, on renseigne la personne, on lui donne des pistes, on ne l'inscrira pas parce que ça sort de notre mandat mais en aucun cas on ne leur dit « attendez là, on appelle la police ».
Q. : Il y a des moyens précis à ce propos ?
R. : Je ne peux pas répondre
Q. : Je pensais au renvoi forcé des Bosniaques qui sont des traumatisés, est-ce que vous-même, si on revient à Grüninger, vous vous seriez senti à un moment ou à un autre dans la position de Grüninger ?
R. : Non. premièrement parce que je ne suis pas en contact direct avec les gens. Grüinger était en contact direct, il faisait partie de la police St-Galoise, sauf erreur, et il avait une partie du pouvoir pour décider. Maintenant les histoires du pouvoir que peuvent avoir certains chefs de secteur dans ce domaine et les conflits de loyauté qu'ils pourraient avoir vis-à-vis de l'institution, de nouveau, j'en ai pas entendu parler et, connaissant bien un certain nombre de personnes et les connaissant à titre pour certains privés et connaissant leur déontologie professionnelle et leur valeur, je douterais qu'ils soient encore dans l'institution si elle leur avait imposé de tels actes, et

ça je peux l'affirmer, par contre ce qu'ils ont vécu au quotidien quand ils ont été confrontés à leur propres valeurs, ça il n'y a qu'eux qui peuvent en parler.

Q. : Par rapport à la politique du personnel, est-ce que vous vous auriez été amené à avoir des conflits de loyauté ?

R. : Je pense qu'il est important de séparer l'action ou l'acte de la personne. On peut sanctionner une personne pour un acte, elle a des possibilités de recours, tout ceci est prévu dans la loi, les règlements, et ça n'enlève rien à la qualité de personne. On peut se trouver dans des situations ou des personnes ont dysfonctionné, et c'est même plus respectueux de leur dire ce qui se passe. Je pourrais me trouver mal par rapport à mon activité professionnelle si je me trouvais face à une situation ou on se sépare d'une personne sans jamais avoir osé lui dire qu'elle dysfonctionnait et qu'elle ne sache pas comment se positionner par rapport à ce qu'il lui arrive.

.**Q.** : Et les démissions ?

R. : Ce sont des personnes extrêmement loyales vis-à-vis de l'institution, des personnes qui avaient une grandeur professionnelle, un grand respect de l'institution et qui ont pris sur elles une certaine charge émotionnelle et professionnelle qui ne leur appartenait peut-être pas.

Q. : En rapport à la surcharge dont vous parliez tout au début, est-ce qu'il y aurait un type de maladie qui ne serait même pas répertorié dans les normes de Berne et qui apparaîtrait ?

R. : La commission du personnel et les syndicats vous diraient : la dépression, la fragilisation, la somatisation, c'est lié au travail en partie. Je pense qu'une personne qui est en surcharge professionnelle, il y a de tout dans tout. Il y a deux positions. Soit on dit : « la personne est fragile parce qu'elle vit une situation privée extrêmement difficile, elle devient fragile professionnellement elle n'est pas capable d'assumer la surcharge et il faut bien prendre en considération même si c'est pas notre rôle sa vie privée ». Soit on dit : « la surcharge de travail fait qu'elle finit par se trouver dans une situation personnelle précaire ». L'histoire de la poule et de l'œuf. Et moi je ne peux rien dire. Je crois qu'il y a les deux extrêmes possibles et toutes les situations intermédiaires, entre le noir et le blanc, il y a tous les gris possibles.

Q. : Le niveau de responsabilité par rapport à la surcharge de l'employeur, il se situerait où ?

R. : Il y a des textes de loi, dont un qui dit notamment, je vais essayer de le trouver facilement, c'est le règlement sur les cadres intermédiaires de l'administration cantonale, c'est la B50506, qui s'appelle règlement sur les cadres intermédiaires de l'administration cantonale et qui dit dans son article 3 : « Relations avec la hiérarchie – c'est tout l'article 3 – en collaboration avec leurs supérieurs hiérarchiques directs, les cadres intermédiaires veillent à la bonne exécution des tâches qui découlent de la fonction de leur service et participent à l'élaboration des objectifs de leur service, ils doivent être à même de justifier de l'utilité du bon usage des moyens mis à leur disposition et de ceux qu'ils sollicitent d'avoir, le pouvoir d'utiliser ces moyens de manière efficace, de s'engager personnellement aux besoins par des propositions et des suggestions dans le cadre des compétences qui leur sont déléguées, d'établir des prévisions dans le domaine dont ils ont la responsabilité en prévoyant des moyens propres à les adapter à de nouvelles situations, de donner leur préavis lors de l'engagement du personnel – et pis relation avec les collaborateurs – responsables du personnel travaillant directement sous leur autorité les cadres intermédiaires ont pour tâche de créer et de maintenir un climat favorable au sein de leur service, d'organiser le travail dans leur service en tenant compte du principe de la délégation des tâches et des compétences afin de conférer à chacun une responsabilité personnelle dans un soucis d'efficacité plus grande, de veiller à la réalisation des tâches confiées, etc. » Alors tout ça c'est de la théorie, et puis tout d'un coup il y a de plus en plus de boulot, il y a de plus en plus d'exigences politiques et puis il y a de plus en plus de pression de la hiérarchie et puis le cadre intermédiaire il exige toujours plus du collaborateur. C'est une histoire de marteau et d'enclume et il y a plusieurs marteaux et plusieurs enclumes et on est toujours l'enclume de quelqu'un ou le marteau de quelqu'un. Il se trouve qu'on a eu dans notre institution au début de l'année dernière, sauf erreur, une manifestation de collaborateurs dans la rue, je ne parle pas de grève, je parle de manifestation. Ils étaient tous habillés en rouge, avec des photos dans les journaux. Et puis parallèlement la direction générale, pour demander des postes supplémentaires parce qu'il y avait trop de travail, demandait aux politiques de leur octroyer des postes supplémentaires et dans la séance du Conseil d'État, sauf erreur du 25 juin. Le Conseil d'État, ou le Grand Conseil je ne sais plus très bien, a octroyé vingt-quatre ou vingt-cinq postes supplémentaires à l'institution. Ce que je veux dire par là, c'est que les situations arrivent à un tel point où il n'y a plus de dialogue possible entre les différents acteurs, qu'ils soient politiques, hiérarchiques, collaborateurs. Et tout d'un coup ça pète où ça risque de péter, les gens l'expriment à leur manière parce qu'ils n'ont plus d'autre moyen que de le dire, c'est l'histoire de la colère et ils descendent dans la rue.

Q. : Et vous dans ces situations, vous vivez des dilemmes ?

(silence)

R. : Moi, un des dilemmes que j'ai, c'est qu'on dit : un cadre intermédiaire, c'est quelqu'un qui doit pouvoir prendre un certain nombre de responsabilités. Et j'ai l'impression que l'on ne s'inquiète pas suffisamment de son savoir-être, on s'occupe plus de son savoir-faire que de son savoir-être. On pourrait éviter passablement de problèmes si, dans l'art et la manière de faire et de dire les choses, certaines personnes étaient plus performantes et on imagine que les personnes qui n'ont pas ce type de compétences peuvent les acquérir à coup de formation et moi je suis intimement convaincu que c'est quelque chose qui est de l'ordre de l'inné, pas de l'ordre de l'acquis, et pour évoluer dans ce sens-là il faut une vie et c'est pas en quelques années qu'on va faire une manière d'être de quelqu'un, voilà. C'est mon intime conviction ; et ça se trouve dans tous les niveaux d'une institution. Il faut pas oublier que notre seule richesse au sein de l'institution ce sont quand même le personnel qui la compose, à part les immeubles. On n'a rien d'autre et les valeurs des personnes, la capacité de s'investir, la capacité de croire à ce qu'ils font c'est ça notre richesse et c'est comme ça qu'on arrive à bosser.

Q. : Je réfléchissais au prolongement de ma question, quand on est cadre intermédiaire on doit faire passer un message qui est lourd, alors ?

R. : On est représentant de la direction générale, tous les cadres intermédiaires si vous prenez la littérature, ils sont pris entre le marteau et l'enclume tout le temps. On représente la direction générale, on est corvéable et puis on doit aussi reconnaître les personnes qui travaillent avec nous, et les respecter. On est pris en sandwich, c'est pas un rôle facile. Où est notre loyauté ? Je me rappelle d'une personne qui disait : « du point de vue de la loyauté, il y a deux personnes, il y a deux loyautés, une vis-à-vis de soi-même et l'autre vis-à-vis de l'institution, peu importe les personnes ».

Q. : Qu'est-ce qui change quand la conjoncture change ?

R. : Dans la période de haute conjoncture, tout roule. Et puis, si on cherche à améliorer quelque chose, c'est un peu la cerise sur le gâteau, quand on se trouve dans une situation de compétition exacerbée. Regardez ce qui se passe dans la banque et l'assurance où chacun s'observe, plus personne ne sait comment il s'appelle, il ne sait plus pourquoi il bosse, par rapport aux valeurs, dans un environnement de précarité. Moi, je me souviens par rapport à mes parents, j'apprenais un métier et je savais que j'allais avoir du boulot et j'ai eu du boulot et on est venu me chercher parce que on était dans le plein emploi. Actuellement on parle de chômage, on parle de précarité, on parle d'ultra-libéralisme. Regardez les adolescents qui galèrent, suicide des jeunes, les personnes d'âge mur qui avaient une situation qui coûte trop cher et qu'on largue dans des histoires de fusion, des histoires de reconnaissance, des histoires d'appartenance à des sociétés... on ne sait même plus le nom de sa société parce qu'elle est rachetée par une autre et rachetée par une autre, des histoires de la firme Novartis, des histoires de banques, et dans ce contexte compétitif, les riches deviennent plus riches – je tiens presque un discours de gauche – comment voulez-vous qu'une institution ne vive pas des crises.

Q. : Et dans un tel contexte, ça veut dire quoi, savoir être pour vous?
(long silence).

R. : J'ai pas de réponse. C'est permettre aux gens d'exprimer leurs difficultés, d'échanger, ne pas leur faire porter ce qui ne leur appartient pas, ne pas accepter moi-même de porter ce qui ne m'appartient pas, accepter que les gens se positionnement professionnellement et disent clairement les choses, avoir du respect de soi-même, et c'est soi-même être clair avec sa

hiérarchie. Et puis à partir d'un certain moment avoir la capacité de dire : « C'est aussi insupportable pour moi. Je pars. » Je ne dis pas que c'est facile.
Q. : Donc c'est accepter de vivre un conflit, si je traduis ?
R. : C'est accepter de vivre quelque chose qui est de l'ordre du conflit. Le conflit n'est pas forcément négatif, le conflit permet de grandir, la crise permet de grandir, mais il ne faut pas non plus qu'elle soit à répétition et qu'on tourne en rond.
Q. : Chez vous-même, dans votre vécu, vous les trouvez où ?
R. : Pour moi c'est une question d'équilibre de vie, tant sur le plan privé que professionnel. Si on commence par reconnaître la nécessité d'équilibre personnel des collaborateurs, c'est déjà une manière d'avancer vers un meilleur équilibre professionnel. C'est la chose pour laquelle je me bats. Et c'est la chose que je reconnais chez les autres comme étant légitime, que j'essaie de reconnaître, c'est des mots que je dis et pis il y a le quotidien. Pour être présent au travail il ne faut pas être complètement crevé.
Q. : Donc savoir être c'est se protéger soi-même ?
R. : C'est être à l'écoute des autres, être acceptant des autres, ça ne veut pas dire être complaisant à l'égard des autres, c'est être respectueux des autres mais respectueux c'est aussi leur dire les choses clairement.
Q. : Mais dans votre fonction, vous devez être des fois dans une position difficile, quand vous traduisez, dans des fonctions subalternes où les gens sont plus super-chargés, et ne peuvent pas appliquer ce que vous dites ?
R. : La difficulté c'est qu'ils sont face à des êtres humains et ils se placent dans une situation d'aide par rapport à ces personnes, donc le temps qu'ils passent avec ces personnes, par rapport à leur déontologie, ils n'ont pas forcément envie de le compter. Et ils prennent sur leur temps privé en faisant des heures en plus pour régler leurs questions administratives. Et le conflit, le dilemme, il est là pour certains. Pour les personnes qui ont démissionné c'était de cet ordre-là le dilemme ; c'étaient des questions de loyauté. Je suis loyal avec quoi, avec ma vie, avec celle de la personne que je reçois ? Si j'ai choisi ce métier c'est pour essayer d'accompagner ces personnes, pas forcément essayer de trouver des solutions à leur place, j'entends les accompagner et déontologiquement c'est cohérent d'être présent pour des personnes qui ont besoin de nous puisque c'est le métier qu'on a choisi. Et puis en plus il y a cette pression administrative et il y a des comptes à rendre et ça, c'est une difficulté.
Q. : C'est une transformation du contenu du travail, si je comprends bien ?
R. : Oui, c'est juste.
Q. : Et donc avec la transformation du contenu du travail, on a forcément un autre savoir-être qui apparaît ?
R. : Je ne sais pas.
Q. : Écoutez, face à un papier ou à, je dirais, des démarches administratives, savoir être… compétent, c'est très différent de savoir être dans un rapport social.

R. : Alors ça c'est le savoir, savoir remplir un papier correctement avec tous les liens et pis savoir être, c'est plutôt par rapport à… c'est plutôt entre soi et soi, entre soi et les autres, pas forcément.
Q. : On a l'impression qu'on est en face des choses plus qu'en face des gens ?
R. : Ce qu'on appelle aussi – je ne suis pas très bon là – ce qu'on appelle aussi ou qu'on commence à reconnaître comme étant l'intelligence émotionnelle.
Q. : C'est plus difficile d'avoir une intelligence émotionnelle dans ce contexte ?
R. : Je ne sais pas, je n'ai pas de réponse, vous me poussez dans des retranchements, c'est de la philosophie pour moi (rires).
Q. : J'essaie de comprendre où sont les questions.
R. : Une des difficultés, ce sont les décisions du politique actuellement où les gens ne savent pas de quoi sera fait demain. On vit une période de mutation intense où les personnes perdent leurs repères. Il y une transformation de l'État social, et on est l'un des acteurs. Et le personnel a besoin de repères, il s'accroche à son contrat de travail.
Q. : Quelque part vous interpellez le monde politique ?
R. : Pas nous, le personnel à travers les syndicats, à travers la commission du personnel. Nous, on fait l'intermédiaire, on est toujours pris entre marteau et enclume dans les décisions.
Q. : Mais cette courroie de transmission entre le monde professionnel et le monde politique, puisque c'est eux finalement qui dégagent les budgets et puis qui donnent un accord sur l'ensemble, donc ça passerait par la commission du personnel et des syndicats ?
R. : C'est un des éléments de transmission. Vous savez, quand il y a des décisions qui sont prises, eh bien nous on doit les appliquer. Quand il y a des lois qui sont votées, on doit les appliquer.
Q. : Et les gens en arrivent à démissionner ?
R. : On a touché des limites. Toutes les personnes qui sont parties m'ont dit parfois des choses difficiles à entendre. Elles m'ont toujours dit « c'est une institution que j'ai aimée. Et c'est une institution qui a de la valeur pour moi. Ce que je vis devient impossible et je suis obligé de partir ». C'est des choses fortes qui sont ressorties. Et je crois que la richesse de l'institution c'est d'avoir été fondée il y a très longtemps, d'être inscrite dans la constitution, de n'être pas seulement le service machin qu'on restructure. Je pense que les personnes ont besoin d'avoir une identité professionnelle, de se reconnaître, c'est un facteur important de motivation, de reconnaissance.
Q. : Il y a un dilemme au niveau de la définition du service public ou je me trompe ?
R. : Oui, les gens ont besoin de repères, j'en suis intimement convaincu. Il y a une dynamique d'appartenance. Je me dis pour avoir eu pas mal d'échanges aussi avec des personnes de l'Office du personnel à l'État : la

difficulté d'identification à l'État de Genève est réelle. Les personnes ont besoin d'une identité, un lieu. On sait qu'on a une mission de service au public. Mais la personne dans une institution qu'on est en train de restructurer, elle est fonctionnaire de l'État mais elle ne sait pas trop dans quel département. Il y a une votation, on restructure les départements, la personne ne sait plus qui est son chef du personnel, son directeur. Je pense qu'il y a une perte de substance. Les gens sont dans une question de reconnaissance de métier et de déontologie professionnelle.

Q. : Mais n'est-ce pas aussi cela le service public ?

R. : Non, parce qu'on peut avoir une reconnaissance de métier, qu'on fasse de la mécanique à l'usine Tavaro pour autant que ça existe encore

Q. : Faire du social ou de l'assistance, ce n'est pas du service public ?

R. : Ouais, mais on peut faire du social au Centre social protestant qui n'a rien à faire avec un service public.

Q. : Alors quelle serait la différence précisément ?

R. : Je me lance dans des trucs que je ne connais pas et je sais mal les exprimer. Quelle est la possibilité de reconnaître des identités professionnelles au niveau du service public ?

Q. : Si vous regardez les fonctions types de l'État, c'est quoi l'identité professionnelle d'un commis administratif 1, commis administratif 2, commis administratif 3, commis administratif 4, commis administratif 5 ?

R. : Cela s'échelonne entre des classes de fonction, sauf erreur, 5 à 18. L'un il peut être coursier et puis le dernier il peut être chef de service, c'est quoi son identité ? Alors quelqu'un qui est horloger, par exemple, ça c'est une identité forte.

Q. : Dans une transformation de l'État, actuellement, est-ce qu'il n'y a pas une exigence de définition du service qui permette aux gens de s'y retrouver ?

R. : Oui, pour autant qu'ils s'y retrouvent avec cette notion de service public. Mais néanmoins, c'est un raccourci un peu fulgurant. Prenez les chroniques nécrologiques. Quand vous regardez la personne, elle a été médecin, avocat, juriste reconnu, directeur de ceci, chef de cela. Moi je trouve que ça donne du sens à une vie d'avoir une reconnaissance, d'être quelque chose dans sa vie.

Q. : Pour le service public, dans un avis nécrologique, on dirait quoi ?

R. : Fonctionnaire de l'État.

Q. : Si on disait cette personne a travaillé pour le service public dans telle responsabilité ?

R. : Je me suis un peu perdu dans cette histoire.

Q. : Non. Vous dites que la reconnaissance se définit par une tâche et vous dites qu'il y a un problème réel à ce niveau dans votre institution et même dans l'État?

R. : Comment est-ce que vous voulez que des personnes qu'on passe son temps à critiquer publiquement, y compris le politique, on passe son temps à dire qu'ils pourraient être plus rentables, on passe son temps et dans tous les domaines de la population à dire qu'ils sont inutiles à dire qu'ils coûtent cher publiquement, comment voulez-vous que ces personnes-là arrivent à s'y retrouver elles-mêmes ? Qu'est-ce que c'est servir le public, qu'est-ce que c'est fonctionner ? On a besoin, enfin moi j'ai besoin, de savoir d'où je viens, où je suis.

Q. : Vous le sentez dans le personnel aussi ?

R. : Il y a des questions d'identité. Pour moi, c'est une question assez fondamentale. Si on élude cet aspect-là on va perdre en motivation, en rentabilité. Tout ce qu'on arrivera à écrire sur le papier avec des chiffres, avec des graphiques, avec tout ce qu'on veut, alors je ne dis pas que je propose de refaire le monde, je dis simplement que le monde est en train de changer, qu'il y a déjà une perte d'identité globale et que ce que je viens de vous dire y participe aussi. S'il y a une réflexion à faire, c'est la question que je me pose, ça rejoint les régionalistes, l'Europe des Régions.

Q. : Mais dans ce cadre, il y aurait quelque chose à faire, une construction positive du service public ?

R. : Oui, une construction positive.

Entretien no. 17

Q. : Quelle est votre fonction ?

R. : J'ai une fonction de responsabilité dans le domaine du chômage. Alors moi j'ai deux fonctions, une fonction de coordination et de contrôler le travail, qu'ils fassent bien leur travail. La qualité du travail, la qualité des entretiens, la qualité du nombre d'entretiens aussi bien quantitatif que qualitatif, savoir si les mesures du marché du travail sont accordées, si les gens contrôlent bien leur chômage, sont bien renseignés sur l'emploi sur le marché du travail, savoir si on leur a proposé une mesure, un emploi temporaire fédéral, cantonal, étudier les présentations infructueuses, une personne qui ne se présente pas auprès d'un employeur, qui ne vient pas à des entretiens, qui refuse un cours du marché du travail, une personne qu'on pourrait éventuellement déclarer inapte parce que pour le chômage, il faut être apte. C'est un travail très lourd puisqu'on met des sanctions qui vont de 1 jour jusqu'à 60 jours.

Q. : Et c'est vous qui décidez mais on vous propose une sanction ?

R. : Non, on a un barème émis par le SECO à Berne, mais on peut s'en détacher, on peut descendre ou bien on peut monter. Ce barème est très lourd parce que si la personne ne se présente pas auprès d'un employeur, la sanction c'est 31 jours, soit un mois et demi de salaire. Alors souvent on descend plus qu'on ne monte le barème. Toutes nos décisions partent directement au SECO.

Q. : Vous avez vécu vous-même une expérience de chômage ?

R. : Je me suis retrouvé au chômage en fin de droit, j'ai fait ce qu'on appelle un délai cadre, puisque j'avais retrouvé une place dans les programmes d'occupation. J'ai toujours réussi à travailler sur les deux ans de chômage, j'ai quand même eu des périodes d'inactivité. Je connais le chômage de l'autre côté de la barrière, si j'ose dire.
Q. : Comment vous l'avez vécue cette expérience de chômage ?
R. : Moi je l'ai bien vécue pour la bonne raison que j'ai planifié mon chômage, c'est-à-dire je m'accordais des plages de travail au sens recherche d'emploi, faire du bénévolat, faire des choses que je n'aurais pas pu faire si j'avais pas eu le chômage, mais c'est vrai qu'au bout de quelques mois... C'était très lourd à l'époque puisqu'on timbrait deux fois par semaine. Maintenant on timbre deux fois par mois, mais à l'époque c'était deux fois par semaine.
Q. : Et qu'est-ce qui vous a frappé dans cette époque de chômage ?
R. : Je suis arrivé à une période, c'était le gros boum des années 1990. Le chômage a commencé à grimper toujours très fort. Il y avait la queue. Moi j'ai attendu une journée pour me faire inscrire, on était quelques dizaines mais plutôt vers la centaine à attendre.
Q. : Et de toutes sortes de professions ?
R. : Toutes sortes de professions, on était dans les escaliers à attendre.
Q. : Et quelle était l'ambiance ?
R. : C'était pas très sain, parce qu'on avait pas le temps de s'occuper de nous. Actuellement le conseiller en personnel a 100, 120 dossiers, à l'époque ils devaient en avoir 600 à 700. Quand je suis arrivé à l'Office de l'emploi en tant que conseiller en personnel, j'avais 500 dossiers. Du jour au lendemain.
Q. : Comment vous avez reçu le message que la société vous envoyait là ?
R. : Moi je n'ai pas été me présenter tout de suite parce que j'ai été licencié quasiment sur l'heure, en me disant « voilà on est racheté vous avez un trop gros salaire ». J'avais la honte d'aller me présenter au chômage et c'est des amis qui m'ont amené. Ils m'ont levé le matin, j'étais ni lavé ni rasé rien du tout. C'était une période où je me suis un peu laissé aller. Et dès que je suis rentré dans le système du chômage, j'ai tellement vu comment c'était que j'ai organisé mon temps, mon planning du lundi jusqu'au samedi. Je ne me suis pas écouté et j'ai tout de suite voulu retrouver du travail.
Q. : Ça fait un choc quand même ?
R. : Ça fait quand même un choc Mais moi qui était une personne très active, j'ai tout de suite repoussé les murs, je me suis replongé pour pas me laisser aller comme j'aurais eu tendance au début si on m'avait peut-être pas poussé. C'est assez dur surtout qu'il faut aussi réadapter son train de vie.
Q. : Et vous en êtes arrivé comment à entrer dans le système du chômage ?
R. : Alors comment je suis arrivé ? Par un emploi temporaire comme contrôleur, timbreur si vous préférez, qui tape toute la journée sur une carte de timbrage. J'ai vu l'agressivité des gens. Ils étaient très nerveux, l'attente,

la structure n'était pas mise en place, c'est ça que j'ai... c'est là ou j'ai... disons ce que moi j'ai senti, je dois dire, je paie des impôts quelque part mais il n'y a pas de structure qui m'accueille. Ce qui maintenant n'est plus tout à fait le cas. Tout était très lourd. La machine était très lente et surtout ça pénalise les contribuables. Dans le privé si vous n'êtes pas content de quelqu'un vous vous en débarrassez, à l'État on peut pas. Vous avez des structures qu'on peut pas toucher pour des raisons politiques.
Q. : Pour des raisons politiques, ça veut dire ?
R. : Politiquement, c'est incorrect de changer une structure parce qu'au mauvais moment le conseiller d'État est de tel parti et la politique est très proche partout. Chaque fois qu'on veut faire changer la structure il faut qu'ils fassent changer la loi, ou il faut changer de règlement.
Q. : Les gens suivis pour des raisons médicales, quel type de maladie ils avaient ?
R. : Environ 60 % des gens venaient du bâtiment, des gens très usés par leur métier, souvent des problèmes dorsaux ou de colonne lombaire, c'était de l'usure des gens. Et les jeunes gens à cette époque-là, dans les années 90 il y avait tous les cas de sida qui arrivaient. C'était lourd, très lourd, jusqu'à la personne qui a des problèmes psy.
Q. : Y avait-il beaucoup de cas psychiques ?
R. : Il y avait les gens qui buvaient, les gens qui se droguaient, les gens qui ne supportaient pas leur chômage au bout d'un moment, les gens qui venaient déjà en ayant des problèmes depuis des années. Il y avait beaucoup ces gens, vous savez les entreprises avaient une espèce d'éthique en disant « nous, on a un employé qui a des problèmes ». Les grandes sociétés avaient un ou deux employés. Ils avaient leur toxicomane, leur cas psy. Et puis quand est arrivé la récession, ce sont les premières personnes qui se sont retrouvées au chômage. Il y avait un manque de moyens des conseillers en personnel pour aider les gens. Avec les moyens du bord. Pas de moyens. Et je crois qu'actuellement il y en a toujours pas beaucoup. C'étaient des gens qui étaient vraiment pour l'AI et qu'on va adapter à la population des chômeurs en difficulté.
Q. : Au bout de trois ans vous avez été nommé fonctionnaire à un poste de responsabilité.
R. : Pour moi ça n'a pas changé grand-chose parce que quand je suis rentré à l'État je me disais « jamais je serai fonctionnaire » et pis je le suis. Mais ça m'apporte rien de plus ou rien de moins parce que la sécurité de l'emploi je suis pas très sûr qu'on l'ait aussi en tant que fonctionnaire. Si on veut nous licencier, on peut. Si la personne fait pas l'affaire, quand on est fonctionnaire c'est plus difficile puisque vous passez par l'enquête administrative. Mais si on a des gens qui ne font vraiment plus l'affaire on arrive très bien à les licencier. On a des gens chez nous qui avaient des problèmes d'alcool, on a fait un ou deux avertissements et on a fini avec des procédures. Ils sont pas nommés, ils sont soumis sous contrat du travail renouvelable.

Q. : Et votre travail actuel ?
R. : Les sanctions qui ont été réorganisées. Il y a eu un audit, on a rattrapé le retard, parce qu'avant les dossiers traînaient. Le travail actuel c'est plus de responsabilités parce que quand on signe une décision de 60 jours, ça fait 3 mois sans salaire.
Q. : Ça a changé un peu cette question des sanctions ?
R. : Non ça n'a pas changé, on a simplement établi un barème plus souple, mais aussi plus rigide. Avant entre deux cas on savait jamais si on mettait tel montant ou tel montant. On a établi un barème tout en gardant les marges du SECO mais souvent en descendant. Il fallait remotiver une équipe qui était complètement démotivée.
Q. : Et pourquoi ils étaient démotivés ?
R. : Il y avait beaucoup d'absentéisme. Certains collaborateurs n'étaient pas forcément à leur place, parce que faire aussi ce genre de métier c'est pas toujours facile, il font aussi un peu des états d'âme, on veut pas forcément sanctionner une personne qu'on trouve sympa, qui a commis une faute.
Q. : C'est des gens qui sont aussi passés par le chômage, ceux qui travaillent là ?
R. : Dans l'Office il y a plus de la moitié des collaborateurs sont passés par le chômage.
Q. : Donc ils savent ce que ça veut dire très concrètement ? Si on prend alors ces questions de sanctions, quand on doit prendre des décisions, c'est délicat ?
R. : C'est délicat mais c'est pas un lieu de dilemme, c'est un lieu, contrairement à ce que les gens croient de l'extérieur de notre service, où les gens viennent nous casser la gueule. Finalement nous n'avons jamais d'esclandre parce qu'on sait approcher les gens. On sait leur expliquer pourquoi ils vont avoir une sanction.
Q. : Donc les gens ne protestent pas contre les sanctions ?
R. : Non, s'ils ne sont pas d'accord, ils ont toujours un droit de recours.
Q. : Il y a quelle proportion qui passe à la réclamation ?
R. : 20 %. Oui, mais ce qu'il faut savoir, c'est qu'avec la réclamation ils peuvent aussi augmenter la sanction, ils peuvent la baisser. On rend toujours attentifs les gens : « faites attention, on vous explique pourquoi on a pris la décision ». On essaie de rendre attentifs les gens, ils peuvent aussi augmenter la sanction, ce qui se fait très rarement, il faut l'avouer. Ils maintiennent, ils essaient pas d'augmenter, on n'est pas là pour taper sur les demandeurs d'emploi. En principe les gens, sauf exception, corrigent leur comportement.
Q. : Pourquoi ils sont pénalisés ?
R. : Ne pas se présenter auprès d'un employeur, ne pas suivre un cours de marché du travail, ne pas se présenter aux entretiens de son conseiller, refuser un emploi convenable. La personne fait une faute, elle met son chômage en péril.

Q. : Ça veut dire quoi un emploi convenable ?
R. : Un emploi convenable, c'est donc l'emploi convenable, par exemple la personne nous dit : « écoutez, moi je veux gagner 5 000 francs, le poste que vous m'avez proposé est à 4 000, je ne veux pas, je veux au moins gagner 5 000 », mais selon les conventions 4 000 est un salaire convenable pour ce genre de poste donc elle ne peut pas le refuser. Parce que même si elle touche moins qu'avant elle peut se faire verser la différence par le chômage et comme elle doit tout faire pour contribuer à limiter son chômage elle doit accepter le poste. C'est aussi une personne qui voudrait refuser parce qu'elle finit après 18 heures le soir par exemple, 20 heures ou 21 heures ou 22 heures. Ou bien l'emploi convenable dit qu'on peut assigner quelqu'un à deux heures de trajet le matin et deux heures de trajet le soir, c'est beaucoup.
Q. : Donc Berne retour en train, par exemple.
R. : Ouais. On ne le fait pas beaucoup, mais on le pourrait alors la personne qui nous dit : « je suis désolé mais j'ai une heure de trajet parce que j'habite Hermance » et puis on la met à Meyrin, par exemple, elle peut pas refuser le poste.
Q. : Comment les gens arrivent à la sanction ?
R. : La personne, on l'envoie chez un employeur, on envoie à l'employeur un formulaire à remplir. Si l'employeur ne reçoit pas la personne, il nous retourne le document en disant que la personne n'a pas pris contact. Ou bien ils se présentent dans des tenues pas possibles pour ne pas être engagés, si vous vous faites raser le crâne le jour ou vous vous présentez dans une banque et puis vous mettez un jeans déchiré je peux vous dire en avance que la banque ne va pas vous engager. Tout ça c'est des motifs de sanction.
Q. : Donc pour vous il n'y a pas de difficulté particulière au moment où vous devez prendre la sanction ?
R. : Non, parce qu'on est clair, précis, on a une loi qui est quand même bien faite, on a des jurisprudences à outrance, on s'y réfère, des fois c'est vrai que c'est pas facile.
Q. : Il y a une augmentation et un durcissement des sanctions ?
R. : Oui, parce que c'est qu'on nous a imposé un barème et qu'on doit quand même s'y référer. Le durcissement date déjà d'une année et demi. Je vais vous dire pourquoi. Le chômage baisse, les gens qui nous restent, c'est pas les plus faciles à placer, c'est les catégories les plus difficiles. Dans le bâtiment, il y a actuellement entre 4 et 500 demandeurs d'emploi, donc c'est plus rien du tout, mais ceux qui restent sont soit des mauvais ouvriers soit ceux qui n'ont pas envie de travailler, ceux qui ont des difficultés. Bon, ceux-là ils viennent pas aux sanctions en principe, mais je veux dire, c'est quand même ce qui est en train de se faire gentiment. Avec cette histoire que si on a moins de gens, on a plus le temps de contrôler les gens. Avec 120 dossiers, on contrôle les recherches d'emploi, on les convoque plus souvent.
Q. : C'est un message de Berne qui est arrivé, qui a pesé quand même ?

R. : C'était une des mesures de Berne. Donc il y a une faute légère, une faute moyenne et une faute grave. Le barème est fait comme ça, on retrouve ça dans la loi. La faute grave commence à partir de 31 jours. Des fois ça nous fait mal, mais on doit prendre la sanction et on sait pourquoi on la prend.
Q. : Donc si je traduis, c'est plutôt que ça ne vous plaît pas forcément de prendre la décision plutôt que d'avoir l'impression d'être injuste?
R. : Tout à fait.
Q. : Si j'entends bien, vous ne vivez pas de dilemme ?
R. : Il n'y pas de dilemme, non, parce qu'on a travaillé sur le dossier et on ne donne pas une sanction de 31 jours.
Q. : Et ça vous fait mal pourquoi, parce que la loi est trop dure ?
R. : Ça nous fait mal pour certaines catégories d'assurés, celui qui au bout de la troisième fois ne se représente pas auprès d'un employeur, mais non, on n'a plus d'état d'âme.
Q. : Qu'est-ce qui donne des états d'âme ?
R. : Là, c'est quand la personne est limite ou elle a eu un problème qui n'aurait pas dû intervenir et qu'il y a une jurisprudence qui va à l'encontre de ce qu'elle dit. Je prends un exemple : la personne arrive à un rendez-vous à dix-sept heures. Elle vient pas parce qu'elle a été prise dans la circulation.
Q. : C'est un motif de sanction ?
R. : Ah ! bien sûr, parce qu'il y une jurisprudence qui dit que la personne doit faire tout son possible.
Q. : Vous dites en clair : les erreurs sont rares, mais on a des états d'âme parce que la loi nous pose parfois des problèmes.
R. : C'est la lourdeur de la sanction qui nous pose des problèmes.
Q. : Comment vous comprenez cette lourdeur du cadre légal fédéral ?
R. : Ils veulent économiser le chômage. Je pense qu'il y a eu aussi passablement d'abus, il ne faut pas se le cacher, même si des fois on dit pas les choses justes.
Q. : C'est vraiment une question d'abus ou c'est une question de philosophie de la loi ?
R. : Je pense que c'est aussi une question d'abus. Un abus de la personne qui a trop tiré sur la corde pour bénéficier du chômage. Je dis pas que c'est la majorité des gens, loin de là. Il y a les professionnels du chômage, c'est pas la majorité, loin de là. C'est toujours l'exception qui confirme la règle, et après on fait une règle de l'exception. L'exception est devenue la règle.
Q. : Et les mesures de Berne, vous les comprenez comme une volonté d'économie ?
R. : On est dur avec des chômeurs, parce que si on était plus souple, le chômeur comprendrait peut-être mieux sa faute. Il faudrait trouver un barème qui soit pas trop dur, mais qui soit pas non plus trop léger pour lui montrer le coup qu'il a fait une faute, qu'il est quand même embêté. Mais là actuellement, avec les 31 jours de pénalité, les gens sont obligés d'aller à l'Hospice général, finalement c'est pas le chômage qui paie, mais c'est

l'assistance. Un mois sans salaire, il faut bien qu'il vive. Il va à l'Hospice général qui leur donne de quoi vivre pendant le mois. Finalement, c'est nos impôts quand même, c'est un autre financement.

Q. : Tout à fait, sauf que le chômeur change de catégorie, il devient un assisté ?

R. : Il deviennent des assistés pendant un certain temps.

Q. : Quel effet ça a d'être... de devenir assisté pendant un certain temps ?

R. : Moi, je l'ai jamais connu mais ça doit jamais être facile.

Q. : Si je comprends bien la logique du système, on les pousse vers l'assistance un petit peu ?

R. : Un petit peu par ce biais-là. Bon, ça c'est clair et net, les gens, d'ailleurs dans les recours du groupe réclamation, je les lis, le premier argument c'est : « je ne sais pas comment vivre jusqu'à la fin du mois ».

Q. : C'est une forme d'exclusion, de déplacement ?

R. : De déplacement, je dirais, plus que d'exclusion, personne n'est exclu puisqu'ils sont pris en charge par une autre assurance sociale ou bien par l'assistance. C'est toujours les exceptions qui remontent et vous savez pas comment faire.

Q. : Mais pourtant la loi elle est faite pour la majorité ?

R. : Bien sûr.

Q. : Donc une loi, elle ne doit en principe pas être faite à partir des abus, elle doit être basée sur une philosophie d'ensemble.

R. : Je ne crois pas qu'elle soit faite sur les abus, elle est faite sur une philosophie d'ensemble. Même si vous refusez l'ensemble, vous allez économiser x milliers, voire millions, de francs par année. Même si on ne faisait que rajouter un jour de sanction à 100 francs, disons, de moyenne par jour, si vous en avez je sais pas combien, 6 000 dans l'année dans x cantons, ben vous voyez le million que ça fait.

Q. : On économise et en même temps on exclut, alors que la philosophie du chômage serait de réinsérer ?

R. : De réinsérer, mais là ce sont les gens qui ont voulu à la limite, c'est eux qui ont fait une faute.

Q. : Mais les fautes, comme on dit, ça s'appelle comme ça dans les textes ?

R. : Selon la sanction, vous avez commis une faute selon l'article tel et tel de la loi sur le chômage.

Q. : Qu'est-ce que ça veut dire faute ?

R. : Vous avez pas observé, pas entrepris tout ce que vous pouvez faire.

Q. : Comment dire, pour dire ça d'une autre manière ? Est-ce que c'est parce qu'on ne connaît pas la loi ou parce qu'on n'a pas été assez actif, quel est le message qu'on envoie au chômeur ?

R. : Je ne pense pas que la loi... Je pense que l'Office de l'emploi fait très bien son travail au niveau de l'information sur les droits et devoirs. Les gens reçoivent une brochure qui dit « faites attention, il y a toujours l'avertissement avant qu'on arrive à la décision ». Une faute, ça peut aller de l'oubli jusqu'à la faute intentionnelle à la limite.

Q. : Il y a des gens qui oublient ?

R. : Il y a des gens qui oublient, d'ailleurs ces gens-là on les sanctionne très peu, parce que malgré que notre hiérarchie supérieure dise « vous descendez un peu trop dans les barèmes », il y a des conseillers qui ne veulent pas céder, qui ne veulent pas mettre des sanctions, ce qui nous pose problème parce que c'est dans leur cahier des charges.

Q. : Ah ! bon, ils ont refusé de signer ?

R. : Soit ils n'en mettent pas soit ils veulent pas la signer. Alors à ces conseillers-là, la fonction a été réévaluée. C'est le chef de chaque ORP qui signe.

Q. : Et donc vous voyez arriver des décisions où il manque une signature ?

R. : Il manque une signature, on se met aussi à la place du conseiller.

Q. : Donc la hiérarchie peut se rendre compte que le conseiller n'a pas signé ?

R. : Bien sûr.

Q. : Qu'est-ce qui se passe avec ces gens ?

R. : Le problème, c'est que c'est dans leur cahier des charges. Si la personne commence à ne pas faire son travail, il y aura un avertissement. J'ai là par exemple un collaborateur qui classe systématiquement les recherches d'emploi sans même les vérifier parce qu'il ne veut pas mettre de sanction. Même la plus minime. Il ne veut pas, c'est pas dans sa philosophie, c'est pas dans son rôle. Il le dit clairement.

Q. : Vous l'avez en clair averti verbalement ?

R. : On l'a averti verbalement cette fois.

Q. : Et qu'est-ce qu'il vous a dit?

R. : Non, il ne veut pas.

Q. : Il est fonctionnaire nommé ?

R. : Oh ! depuis très longtemps... C'est souvent les fonctionnaires nommés depuis très longtemps qui nous posent problème. C'est cette ancienne génération qui était avant, quand c'était l'Office cantonal de l'emploi au sens cantonal, et le travail a complètement changé pour ces gens-là.

Q. : Donc ils ne voyaient pas trop Berne ?

R. : Pas du tout Berne. Donc tous les anciens conseillers en personnel, ils sont devenus conseillers en personnel ORP certifiés parce qu'on doit passer un examen, et c'est ces gens-là qui n'ont pas su évoluer avec leur travail. Et nous on a des *controlling* très sévères de Berne.

Q. : Il vient d'où le mot *controlling*, c'est Berne ?

R. : Ouais.

Q. : Je ne connaissais pas.

R. : Ça vient de l'anglais.

Q. : Alors concrètement, qu'est-ce qui va lui arriver à ce conseiller, s'il continue ?

R. : Il aura un avertissement, un deuxième avertissement et puis un blâme et pis après il ira en procédure de licenciement. C'est quand même le SECO qui paie son salaire.
Q. : Et là du point de vue du droit du travail, parce que dans ma recherche il y a un juriste du travail, elle peut dire « mais moi, c'est pour des raisons éthiques que je ne veux pas signer ça », alors c'est ce qu'elle vous a dit ?
R. : Alors cette personne sera déplacée dans un autre département. Ce qui voudrait dire qu'on devrait la changer de fonction.
Q. : Mais si en avez trop et vous ne pouvez plus les changer, qu'est-ce qui se passe, pour que le dilemme éthique soit intégré dans le travail, est-ce que vous trouvez que le cadre légal du droit du travail est suffisant ?
R. : Alors si on était dans le privé, il n'y aurait pas de problème, ils donneraient une prime de licenciement, ils licencieraient.
Q. : Le conseiller serait donc licencié pour raison éthique ?
R. : Il serait licencié parce qu'il ne remplit pas son cahier des charges, il a été engagé pour ça à l'État. Si on avait trop de refus, il faudrait qu'on revoie le système. Je sais pas, là vous me posez une colle.
Q. : Le conseiller pourrait estimer, par exemple, qu'il doit s'occuper de l'intégration des chômeurs et défendre les droits des chômeurs.
R. : Oui, d'accord mais comme ça en fait partie, bien sûr que ça pourrait être injuste.
Q. : En tout cas ce serait le type d'argumentation. Ou bien les gens vous disent autre chose ?
R. : Non je pense que les gens n'ont pas envie. Ils ont peur que ça fasse du mal aux assurés. C'est exactement ça. C'est de l'injustice, ils le perçoivent comme ça parce que c'est des gens qui n'ont pas compris le but de la sanction. Le but de la sanction, c'est de changer un comportement, c'est pas pour enlever de l'argent aux gens, c'est pour qu'ils modifient leur comportement le mois d'après. Alors ça voudrait dire peut-être qu'il faudrait qu'on baisse le barème de nouveau. À ce moment-là, il faudrait demander à Berne. S'il y en avait beaucoup trop, à ce moment-là ce ne serait plus les conseillers qui signent mais leur hiérarchie qui prend la chose en main, et pis on leur baisse leur salaire. Vous ne faites pas cette partie de votre travail, on accepte que vous ne la fassiez pas mais en conséquence vous avez droit qu'à une ou deux classes inférieures. Dans le temps les conseillers ne prenaient pas de sanctions. Ils étaient en classe 12, depuis qu'ils ont pris les sanctions ils ont une classe 14, avec certification à la clé.
Q. : C'est les sanctions qui ont changé la classe ?
R. : Avec la certification du SECO.
Q. : Ça veut dire combien de salaire par mois la différence entre la classe 12 et la classe 14 ?
R. : 400 francs, 3 ou 400 francs, ça dépend.
Q. : Avec l'introduction de la sanction, c'est le contenu de leur travail qui a changé en même temps que le salaire ?

R. : C'est aussi le fait de responsabiliser aussi le conseiller en personnel.
Q. : C'est-à-dire qu'il soit à même de prendre une décision de sanction ?
R. : Parce que leur fonction, ça équivaut quand même à un huissier de justice à l'Office de poursuite, c'est pas commis administratif, classes 7 à 9.
Q. : Si je comprends bien, quelque part la personne, elle participe à la logique de subordination, à la hiérarchie de l'État ? Vous avez senti, vous, cette transformation de la responsabilité ?
R. : Oui.
Q. : Jusqu'à quelle classe on est hors de l'implication de devoir entrer dans la sanction de l'État d'après vous ?
R. : Classe 12 ça y était pas, 14 ça l'est.
Q. : Ah ! donc, ça veut dire qu'il y a un franchissement là ?
R. : Oui, dans certains services de l'État, la classe 14 c'est déjà, ou bien chef d'unité, ou chef de section.
Q. : Donc on est au début d'un poste de cadre ?
R. : Au début d'un cadre intermédiaire plutôt, cadre supérieur, ça équivaut à un mandat, je pense que classe 14 ça équivaut à un mandataire commercial. Après, au-dessus, ça voudrait dire jusqu'à 20, ça équivaut peut-être à un fondé de pouvoir.
R. : Mais il y a la signature individuelle.
Q. : Ah ! ouais, il y a la signature individuelle.
R. : Ils signent leur courrier, ils signent leur décision… décision, quand on parle de sanction, c'est aussi les décisions de refus, la personne veut un cours, on dit « non vous avez pas droit au cours ».
Q. : C'est combien de personnes ?
R. : Classe 14, ça fait quand même 170 collaborateurs sur 480 à l'Office.
Q. : Donc ils sont avec ce statut, il assument.
R. : Il faut qu'ils assument dans tous les domaines. Vous savez, quand vous envoyez quelqu'un, je ne sais pas, à l'Hospice, il faut aussi l'assumer quelque part. C'est un pouvoir aussi, il faut faire très attention. Même la police ne peut pas vous arrêter dans la rue et vous dire « je vous enlève deux jours de salaire », parce que c'est un pouvoir important. Parce que vous avez aussi des gens qui auraient trop tendance à sanctionner à tout va.
Q. : vous le voyez, ça aussi ?
R. : Ah ! oui, bien sûr, c'est pour ça qu'on a une vérification, un *controlling,* pour aussi éviter les abus dans l'autre sens.
Q. : Et quel est le profil de celui qui sanctionne trop ?
R. : À nouveau, c'est quelqu'un qui n'a pas compris le système des sanctions, qui n'a pas compris l'utilité parce que si vous massacrez la personne avec la sanction, ça veut dire que de l'autre côté elle a des problèmes qui se rajoutent, et elle sera encore moins apte à retrouver du travail. Les sanctions doivent être adaptées pour modifier le comportement. Si vous mettez une sanction trop importante et la personne ne peut plus payer son loyer, trois mois après vous l'aurez à l'assistance. Elle aura

d'autres problèmes qui se seront rajoutés à son chômage qui feront encore empirer la situation.

Q. : Et ceux-là vous en avez eu, qu'est-ce qu'ils vous disent quand vous leur dites : vous avez trop sanctionné trop fort ?

R. : Ben eux, ils méritent.

Q. : Ça veut dire quoi ils méritent ?

R. : Ils méritent selon eux. Ce sont des gens qui sont de l'ancienne génération, des gens qui n'ont pas connu le chômage, des gens qui étaient là dans un système avant cantonal, qui n'était pas le système fédéral, ils ne se sont pas adaptés.

Q. : Donc dans l'ancienne génération vous en avez des trop souples et des pas souples du tout ?

R. : La nouvelle génération, ce sont quand même plus des gens qui ont connu le chômage, on a aussi engagé chez Manpower, donc c'est en principe des gens assez jeunes.

Q. : Assez jeunes, ça veut dire qu'ils ont autour de quel âge ?

R. : Ils ont entre 30 et 45 ans. Mais on engage aussi les gens de 60 ans et plus, pour essayer d'équilibrer des forces. Mais c'est vrai qu'on est plutôt dans les nouvelles générations, surtout des jeunes, surtout dans le domaine tertiaire.

Q. : Et là, bon, vous avez toute la panoplie des positions ?

R. : On a aussi des gens qui sont racistes, on a de tout.

Q. : Si on revient à la question de la subordination ?

R. : Je pense que c'est à plusieurs niveaux de l'État, c'est pas spécialement à l'Office de l'emploi, vous allez à l'Office des poursuites, ils vous disent qu'ils ont des problèmes. Alors c'est vrai qu'à l'Office cantonal de l'emploi, avec les sanctions on a un gros pouvoir, mais je veux dire, si vous prenez un gendarme, y'a celui qui va vous arrêter, vous avez grillé un feu rouge. C'est comme si le gendarme d'un seul coup, pour revenir aux sanctions, le gendarme dit : « mais moi j'arrête plus personne, lui, il a volé, mais moi j'ai plus envie, moi maintenant, mon équipe, moi, je ne veux plus personne en prison ». Je vous prends des exemples dans d'autres domaines pour la comparaison.

Q. : Mais, pour parler d'une autre manière, est-ce qu'il faudrait inscrire la possibilité de pouvoir vivre un dilemme éthique dans la loi ?

R. : Peut-être. Ou bien alors mettre dans le contrat à la base, en disant : « attention, vous avez un cahier des charges, du moment que vous en sortez. Vous devez ou vous pouvez, si vous ne rentrez plus dans le cahier des charges, on ne peut plus vous vous garder dans ce poste-là ».

Q. : Bon il y a toujours les situations extrêmes, vous connaissez le cas Grüninger pendant la Deuxième Guerre mondiale, qui a post-daté des documents, qui a été licencié ?

R. : Oui, je connais. Mais ça, on le trouve encore à l'heure actuelle, on n'a pas besoin d'aller jusqu'à la Deuxième Guerre mondiale. Il y a des

personnes qui ont utilisé nos fichiers et qu'on a dû licencier. C'est un problème qui est toujours là, qui est toujours l'actualité.
Q. : Et de l'autre point de vue, est-ce qu'il y aurait un Grüninger du chômage ?
R. : Non.
Q. : Donc le fait de désobéir n'est pas un problème, c'est gérable par l'État en terme de déplacement et comme ça les gens ne risquent pas leur poste de travail ?
R. : Y'a désobéissance et désobéissance, mais je pense que la formule actuelle de l'enquête est une bonne formule.
Q. : L'enquête, ça veut dire ?
R. : Enquête administrative par une personne externe et on peut demander à être déplacé.
Q. : Une personne peut dire aussi « je ne signe pas, je ne me sens pas bien dans cette fonction, je ne fais pas la formation, je ne signe pas » ?
R. : C'est 400 francs par mois pour le saut, après quand vous êtes dans une classe plus élevée, chaque année ça augmente un peu plus, l'annuité est plus élevée, le fond de retraite est plus élevé aussi.
Q. : Donc il faut un gros courage pour faire ça.
R. : Il faut un gros courage.
Q. : Et comment vous ressentez les rapports entre le canton de Genève et Berne ?
R. : Genève, on est toujours le petit mouton noir. On est l'exception qui confirme la règle, elle fait jamais comme les autres.
Q. : C'est-à-dire les sanctions, il y en a moins à Genève qu'ailleurs ?
R. : Y'en a moins à Genève qu'ailleurs.
Q. : Donc il y a une petite tension, mais en même temps Berne affirme sa présence avec le barème ?
R. : Ah ! bien sûr, c'est eux qui paient tout. Des stylos jusqu'à nos salaires. Donc à la limite on pourrait être complètement indépendant.
Q. : Du canton ?
R. : Du canton.
Q. : Donc ça pourrait être un scénario s'il y a trop de résistance ?
R. : On pourrait aussi dire – M. Lemprecht pourrait dire – « maintenant, l'ORP les offices régionaux de placement, on les sort de l'Office cantonal de l'emploi et ils deviennent indépendants ».
Q. : Et c'est une discussion qui a eu lieu ça ?
R. : Pas à ma connaissance parce qu'on fait faire des économies aux cantons. Quand on voit les salaires que verse le SECO… Si on passait pas par le canton j'aurais 1 000 francs de plus. Mais bon, on a la protection, le canton de Vaud actuellement le chômage baisse et ils licencient.
Q. : Tandis que vous, vous êtes permanent.
R. : Nous on est permanent et même si le chômage devait baisser à zéro ou même à 30, on n'a pas besoin de 170 collaborateurs, on serait bien obligé

d'être remis, en tout cas pour les gens fonctionnaires, être redistribués dans d'autres départements.

Q. : Donc il y a de gros intérêts à collaborer avec Berne.

R. : Bien sûr.

Q. : Et là, est-ce que ça vous pose des dilemmes éthiques, quant à l'orientation de la loi et tout ça ?

R. : Non, parce qu'on a toujours le droit d'écoute, là on ne nous impose pas sans prendre le droit d'écoute. Ils sont en train de changer l'ordonnance, on a quand même le droit de s'exprimer sur le projet de modification.

Q. : Mais si tout d'un coup vous êtes très minoritaires dans votre point de vue ?

R. : Oui, mais alors ça, c'est le peuple suisse qui vote.

Q. : Oui, mais après vous devez appliquer une loi qui n'a pas été fabriquée par vous.

R. : D'accord, mais c'est la démocratie.

Q. : Ça veut dire, si je vous entends bien, que sur la durée c'est Berne qui gagne.

R. : C'est Berne qui gagne mais ils tiennent compte quand même de nous. Ils nous demandent notre avis, donc on ose espérer qu'ils en tiennent compte, ils en tiennent compte, on le voit.

Q. : Donc les liens entre cantons et Confédération, ce n'est pas un problème ?

R. : Non, je ne pense pas, même pour les sanctions. Je peux résumer en disant : on sait que c'est lourd, on sait les conséquences que ça va faire quand on met une sanction, on la met pas les yeux fermés, mais elle est justifiée, contrôlée et appliquée, on pense faire bien notre travail et nous on descend toujours au-dessous du barème. Ou si on le descend pas on met au minimum du barème proposé.

Q. : Votre manière de vous protéger d'une possible injustice, c'est d'appliquer la loi au minimum.

R. : Au minimum. On va quand même pas se mettre en porte-à-faux vis-à-vis de Berne, il y a un canton qu'il l'a fait, Neuchâtel, qui n'applique pas du tout le barème SECO. Ils en assument aussi les conséquences.

Q. : Ils ont remis en cause carrément l'outil ?

R. : Ils ont remis en cause carrément l'outil

Q. : Neuchâtel-Genève, il y a une bonne collaboration, mais là pas ?

R. : Oui, mais je ne suis pas à la tête du département, c'est pas la même politique à Neuchâtel qu'à Genève.

Q. : Vous avez été devancés par Neuchâtel ?

R. : On a été devancés par Neuchâtel. Mais nous on peut au moins dire qu'on fait notre travail en fonction de l'implication qu'on nous impose, on n'est pas hors la loi, je n'aime pas ce terme mais j'en ai pas d'autre. On a dû signer un accord

Q. : Vous n'aimez pas le terme hors la loi, vous disiez, pourquoi ?

R. : Parce que ça fait un petit peu sauvage, un petit peu prison, c'est un terme que j'aime pas.
Q. : Mais en tout cas ce n'est pas ce qui se passe d'après ce que vous me disiez.
R. : Non, mais je vais quand même vous dire qu'on a un mandat de prestation qui nous a été imposé par Berne. Ce fameux mandat de prestation pour 2000, Genève l'a signé. Actuellement je crois qu'il n'y a plus que deux cantons qui ne l'ont pas signé.
Q. : Pour finir, je vais vous soumettre une image aussi dont on parle autour du chômage, l'homme jetable, c'est une image qui vous parle ?
R. : Non.
Q. : Ce n'est pas ça qui est en train de se passer avec le chômage ?
R. : Non, heureusement parce que ça deviendrait grave.
Q. : Ce n'est pas une image qui vous parle ?
R. : Non, moi les images, c'est toujours la différence entre le riche et le pauvre, entre la qui sait se débrouiller et celle qui sait pas se débrouiller, celui qui est un petit peu paumé. C'est celui qui est un peu tête en l'air ou celui qui ne sait pas trop à quelle porte sonner, celui qui n'a pas de contact. Moi je suis un pessimiste alors, non un optimiste, moi je vois plus du bon côté alors, moi je serais plutôt une personne avec deux têtes, vous voyez ?
Q. : C'est-à-dire ?
R. : C'est-à-dire qu'elle a une tête qui est des mauvais jours mais qui peut se voir parce qu'on peut être chômeur mais on peut aussi avoir sa tête qui rit ou qui pleure. Ou alors la comédie, vous avez l'image du masque qui rigole et du masque qui pleure. Et moi c'est plutôt ça, c'est-à-dire que certains jours ça peut très mal aller, mais rien ne veut dire que le lendemain on peut avoir un autre masque. Parce que moi j'ai aussi vu des gens qui étaient arrivés très bas au chômage, qui étaient dans des situations de drogués, qu'on a réussi à remonter, à faire faire des apprentissages et qui maintenant vivent normalement, qui s'en sont sortis et c'est ça qu'il faut montrer.

Entretien no. 18

Q. : Quelle est votre fonction ?
R. : Notre travail ici, mon travail ici, c'est la répression des trafiquants de stupéfiants.
Q. : La répression de trafiquants, ça veut dire quoi concrètement ?
R. : C'est très simple, nous sommes un pays démocratique qui se défend contre les nuisances du monde par des lois démocratiques, dont la loi sur les stupéfiants qui a pour vocation d'empêcher que les drogues dangereuses atteignent, disons les éléments les plus faibles de la société, l'État étant à mon avis une notion de protection des plus faibles, je pense que cette loi s'inscrit tout à fait dans cette logique, dans cette démarche, comme dans tous

les pays du monde. Je crois que c'est une des seules lois où tous les pays du monde démocratiques ou pas ont la même philosophie. On s'occupe des drogues dures évidemment, celles qui provoquent les pathologies les plus graves, c'est-à-dire la mort, mais bien avant ça la rupture sociale, les maladies, les maladies sociales, physiques et privées également. Ce sont les produits qui mettent en danger la société et l'individu.

Q. : Et drogues dures, c'est lesquelles ?

R. : Oh ! c'est héroïne et cocaïne, on peut dire que le monde entier actuellement se bat contre ces drogues principales.

Q. : La structure des trafiquants, elle est complexe ?

R. : Pas du tout, c'est un marché simple libre, sauvage, illicite uniquement parce que les États ne l'ont pas intégré à leur loi. Un petit exemple, en 1900 il n'y avait pas de loi qui défendait l'opium en Suisse, c'est pas pour ça qu'il y a eu beaucoup d'opiomanes, alors disons que c'est les principales drogues qui mettent en danger notre sens de la démocratie, de la liberté et du citoyen.

Q. : Comment est organisé le marché et où vous intervenez dans ce marché ?

R. : C'est un marché complètement et totalement sauvage, c'est le prototype de l'OMC si vous voulez, c'est un marché qui touche les individus dans leur vie la plus intime, donc la demande est très forte, la demande est absolument incontrôlable, donc il y a une offre, c'est pas compliqué. On intervient à tous les niveaux.

Q. : Les grands trafiquants comme les petits ?

R. : Tous les niveaux, je m'explique. On s'est posé la question récemment, que se passe-t-il entre le moment ou un individu plante au Pérou une graine de cocaïne et où un individu à Genève meure d'une overdose de cocaïne ? Qu'est ce qui se passe ? C'est très simple, il y a une production d'un produit, il y a une transformation chimique du produit, il y a une translation transport du produit, il y a un négoce du produit et il y a une consommation du produit, c'est pas compliqué, mais tout ça de façon illicite, alors on ne peut pas intervenir sur le pauvre petit Péruvien qui n'a pas beaucoup d'argent, on a très peu d'impact sur le toxicomane puisque on ne va pas refaire l'éducation de tous ces gens, c'est pas le rôle de la police. Donc aux deux extrêmes peu d'argent, beaucoup de misère, pas d'impact. Sur les grands transporteurs, sur les grands trafiquants qui négocient ou transportent on a un impact par les douanes évidemment, par les grandes polices internationales, par les organismes avec lesquels on collabore, par les commissions rogatoires et autres, dès que la marchandise et sur notre territoire, c'est là qu'on intervient. C'est le moment précis où le produit quitte la main du dernier trafiquant et touche enfin le premier consommateur, c'est là que la drogue est pour la première fois payée et consommée, et c'est là qu'on intervient.

Q. : Et sur le marché financier ?

R. : On a suivi le produit maintenant jusqu'au dernier pauvre type qui donne ses 100 Fr. pour mourir, et ces 100 Fr. on va les suivre maintenant, sur la marche inverse, alors on se rend compte à partir d'un certain moment, il y a une capitalisation déjà locale, et c'est de l'ordre de 20 à 30 000 Fr., c'est pas encore sur place, une partie de cet argent est investi sur place par les achats, appartements, voitures, etc. Une petite partie. Une autre partie repart dans les pays de production pour mettre de l'eau au moulin, par des moyens de transport physique, une grande partie est envoyée chez des grands trafiquants par les transferts de fonds parallèles, légaux ou pas légaux, et l'autre partie très importante également est capitalisée dans les réseaux financiers. Si vous voulez, nous avons le consommateur de base, mais nous avons également le blanchiment au plus haut niveau, c'est obligatoire. Les banquiers ne sont pas des criminels mais ils brassent de l'argent dans lequel il y a une partie de l'argent du crime. On sait qu'on blanchit en Suisse tant de milliards par année. La Suisse est un grand centre financier de blanchiment d'argent, involontaire la plupart du temps, c'est un réseau financier très sûr, les banques, mais comme cet argent vient de services financiers *off shore,* on ne peut pas déterminer quelle partie d'argent sale arrive, on sait simplement qu'on blanchit une partie.

Q. : Et vous avez identifié ceux qui font ce trafic à Genève ?

R. : On arrête tous les jours des trafiquants. Alors ça peut être... le plus bas c'est le revendeur local, ça c'est le plus bas, on peut pas arrêter un toxicomane, il n'y a pas de loi qui permette d'arrêter un toxicomane, mais le revendeur local, celui qui consomme et qui revend, qui fait d'autres délits pour consommer, ça coûte cher. On arrête beaucoup de dealers. Pour nous le dealer c'est le dernier trafiquant, c'est celui qui a un contact avec les consommateurs et qui ne consomme pas lui-même. On en arrête beaucoup, on arrête un peu moins de semi-grossistes, c'est encore local, c'est les appartements dans lesquels vont se ravitailler les distributeurs de rue, les dealers. Et là on en arrête pas mal aussi quand même, on saisit là beaucoup plus de monnaie, d'argent et de came. Au-dessus alors, c'est l'importation, c'est un problème de douane, donc c'est les mules qui amènent la cocaïne en Amérique du Sud, c'est les transporteurs de drogue depuis les Balkans. En règle générale, maintenant on n'a plus que la drogue de Turquie qui passe les Balkans et qui arrive chez nous. Jusque-là on a un certain impact, mais au-dessus évidemment on va pas pouvoir investir un laboratoire en Turquie qui fabrique de l'héroïne, on ne va pas non plus pouvoir investir l'Afghanistan et ses champs de pavots qui fournissent l'opium aux laboratoires turcs, c'est un problème de géopolitique et de développement des pays. Actuellement on connaît bien l'ennemi à tous les échelons.

Q. : Et du côté des banques, du côté du blanchiment ?

R. : Du côté des banques, il y a des lois qui obligent tous les banquiers transporteurs de fonds, sociétés de transfert de fonds ou même La Poste, à signaler au ministère public de la Confédération tout suspect qui aurait des fonds qu'il ne peut pas justifier, c'est une bonne loi. C'est peut-être dissuasif à un certain niveau, mais là on ne peut pas estimer l'impact pour le moment, c'est trop récent.

Q. : Ce n'est pas vous qui faites ce travail ?

R. : On ne fait plus ce travail, c'est Berne. Chaque canton est une république indépendante. Les banquiers doivent dénoncer à Berne, et si c'est une banque à Genève, on est maintenant sur une affaire de transfert de fonds, une entreprise de transfert de fonds internationale, c'est nous qui recevons le mandat du Procureur de Genève, qui l'a reçu de la Confédération, pour enquêter.

Q. : Et là, c'est quoi la filière d'argent, si on la décrit ?

R. : Alors c'est à l'inverse. Le toxicomane va donner, je prends un exemple tout bête, 100 Fr. au trafiquant, au dealer de cocaïne, on prend là ceux qui ont le monopole dans la rue, celui-là va retrouver le grossiste où il va mener l'argent. Ce grossiste, qui sera un membre installé dans un appartement sécurisé ou un foyer, vous allez avoir là 10, 15 000 Fr. dans la semaine, et lui va aller dans un office de transfert de fonds et il va envoyer ça, un office transfert de fonds qui reçoit en Guinée, c'est pas une banque ce sont des entreprises de transfert de fonds et de change. Et vous pouvez vous-même, beaucoup de gens utilisent ces offices. Vous avez un ami qui a besoin d'argent au Panama, ou de la famille, vous pouvez aller dans cette agence, vous donnez 2 000 Fr., dans les minutes qui suivent la personne les assure à 140 pays par exemple, transfère n'importe quelle somme jusqu'à 10 000 dollars en sécurité, rapidement et à la bonne personne. Alors c'est un système qui est très bien, licite, mais qui est utilisé aussi par les gens qui ont de l'argent illicite à transporter, l'argent du travail au noir, la fraude fiscale, etc.

Q. : Et plus haut ? Ça ne va pas plus loin ?

R. : Alors plus haut, c'est arrivé bien sûr que cet argent arrive en Guinée, par exemple, il y a une maffia guinéenne qui va capitaliser et eux vont investir, dans des réseaux financiers qui les touchent de nouveau, probablement, pas toujours. Et vous avez vu l'argent de Mobutu, Marcos, tous les petits maffieux aussi. Vous avez également la maffia russe. On est un pays très stable politiquement depuis longtemps, où la monnaie est forte, où il n'y a pas de remous politiques, donc c'est évident que la capitalisation est idéale chez nous. On travaille là-dessus aussi, mais là il y a une Brigade financière spécialisée, mais disons qu'on est dans les parties prenantes. Alors si vous voulez, on a suivi le produit de la graine de cocaïne, qui est venue jusque chez nous et avec l'argent qui repart et qui revient. Alors c'est la mobilisation à outrance, c'est le plus bel exemple de marché sauvage, parce qu'il y a une demande excessive, vu que le produit provoque cette accoutumance, il y a une offre qui répond et stimule la demande. Alors voilà, faut-il l'interdire, à quel niveau ? Il faut interdire la consommation. On peut pas, c'est incontrôlable. Faut-il interdire la production ? Les Américains ont laissé faire une guerre, ça n'a servi à rien. Est-ce qu'il faut faire une guerre aux pays producteurs, est ce qu'il faut faire une guerre aux consommateurs ? Nous, on pense qu'effectivement on a eu un problème typique, libanais par exemple, pendant la guerre du Liban on avait un trafic énorme de pavot, d'opium, d'héroïne du Liban ; dès que la situation s'est normalisée, on a pu renvoyer ces trafiquants, expulsés chez eux, on n'a plus eu de problèmes, ça veut dire que ça passe par la stabilisation des États, ça passe par la répartition des richesses. Plus il y aura de différentes richesses, comme un pays du tiers-monde, du Sud, et un pays du Nord, plus on aura cette problématique. On sait bien que maintenant les Albanais qui contrôlent le marché, la distribution d'héroïne en Suisse, on sait bien que le jour où l'Albanie ou le Kosovo sont normalisés, les gens vont pouvoir vivre normalement chez eux, on n'aura plus ces problèmes. Pour l'instant ça fournit les moyens à l'UCK , ça nourrit les styles maffieux, le jour où ces gens vivent normalement en démocratie, ce sera fini le problème.

Q. : Donc la référence finalement pour vous, c'est la démocratie ?

R. : C'est la démocratie bien sûr chez nous pour les consommateurs, parce qu'on est des consommateurs finalement, on demande donc une éducation, une information et une prévention. Et de l'autre côté une normalisation économique, une harmonisation politique, et là c'est évident qu'on n'aura plus ces différences de potentiel énormes. Mais pour l'instant on en est, vu la situation, à attaquer les laboratoires turcs pour le moment, puisque la Turquie dans le temps a accepté l'intervention au Kosovo, à condition qu'on livre Ocalan, à condition qu'on leur foute la paix avec cette came, à condition qu'on leur foute la paix avec les Kurdes, donc ils ont maintenant une espèce de liberté d'action maffieuse pour des raisons purement de la politique américaine, alors tout ça c'est de la géopolitique et c'est extrêmement intéressant. Et chaque fois qu'il y a des problèmes politiques dans un pays, vous voyez tout à coup surgir ces maffieux, ces maffias qui utilisent la prostitution ou la drogue. Par ici c'est un bel exemple de déstabilisation économique politique et sociale et il faudra longtemps, il faut que les gens vivent de nouveau normalement et heureux, ça, ça disparaît automatiquement avec la démocratie.

Q. : C'est un peu compliqué le problème éthique alors avec le cadre que vous décrivez ?

R. : Non, parce que, au contraire, c'est évident qu'on ne va pas changer le monde, par contre on a une conviction intime. Tous les gens qui bossent aux stups, sinon on ne peut pas tenir le coup des années, on voit qu'on peut pas changer le monde à ce niveau-là. Par contre, la première mission qu'on a, c'est pas tellement d'arrêter les trafiquants de stups. La deuxième mission la plus importante, c'est la sécurité publique. En regard des stups. 50 % de tous les crimes et délits sur notre territoire sont engendrés directement, ou indirectement, par la drogue, donc notre première mission à nous, flics, c'est de nouveau comme notion de protection, on considère qu'on est des soldats payés par les gens, comme vous, qui avez le droit de vivre en paix et en sécurité, pour vous protéger. Et on s'est rendu compte que plus on met les pieds dans les endroits d'activité des trafiquants de tous les ordres de délits, plus il y a de sécurité. Si vous voulez finalement on fabrique un produit, et c'est important de le savoir, c'est au niveau de la sécurité. Voilà notre éthique de base, c'est d'abord la sécurité publique, parce qu'on se rend bien compte qu'on n'est pas responsable d'un toxicomane, mais notre société fabrique un déchet, entre guillemets. Il y a des alcoolos, des malades, des dépressifs ou autres, et on a un pourcentage, c'est pas beaucoup, c'est trois pour cent en Europe, c'est un plafond, de toxicomanes dépendants. Donc on a l'impression qu'on fabrique un déchet qui plafonne quelque part, qui est renouvelé par les jeunes. Donc c'est un déchet qu'on fabrique et qu'on doit maîtriser. Maintenant ce qui devient vraiment un exemple en Europe, c'est les 4 piliers, donc la prévention, l'aide à la survie, la thérapie et la répression. Je pense que nous, on est le seul pilier qui peut utiliser la force physique et la violence, dans la société civile, dans un pays démocratique en paix. Il n'y a aucun autre métier, alors d'un côté c'est très valorisant au niveau de l'éthique, mais il y a toujours une tendance à dépasser, quand on commence à utiliser la force on a tendance, peut-être parfois la tentation, de vouloir maîtriser et de vouloir faire justice. Le plus grand danger c'est de vouloir faire justice, ça c'est un problème, si les flics dans une brigade ne sont pas bien encadrés, s'ils n'ont pas une vie privée équilibrée, il y a tendance à porter les problèmes sur l'ennemi, l'ennemi naturel, le trafiquant ou le... on s'en fout, c'est égal.

Q. : Mmm.

R. : Il y a tendance à faire justice, c'est classique, vous avez l'exemple dans la littérature, au cinéma, de flics ou d'équipe de flics, qui disent : « maintenant c'est nous les patrons, il y en a marre de ces voyous, c'est leur faute si on a des problèmes, ou d'étrangers, c'est la faute des étrangers », vous imaginez, c'est un peu facile hein ! ça c'est le dérapage le pire au niveau éthique, c'est faire justice.

Q. : Comment vous vous protégez ?

R. : Alors nous, on a beaucoup voyagé dans le monde pour voir les polices d'autres pays, on a un arsenal juridique qui est fantastique, et qui garde la notion d'opportunité. C'est pas une loi totalitaire. Il y a la notion d'opportunité, ça c'est très important au niveau éthique aussi, sinon on est bloqué dans un règlement et on applique le règlement. On a matériellement, déjà... les salaires des policiers, les policiers vivent dans la norme. C'est clair que s'il travaille à Bervely Hills il faudra une Cadillac. À Genève, le policier il est dans la norme, ni riche, ni pauvre, il s'en sort pas mal. On a une sécurité, subjective ou objective, parce qu'on n'a pas affaire à un milieu qui abat les flics, parce qu'on n'a pas une politique totalitaire envers ce milieu, donc la sécurité c'est ça aussi. C'est clair qu'on peut dire, sinon il n'y a plus un dealer à Genève si on fait du terrorisme policier, mais alors on va

avoir un contrecoup, alors une force plus dangereuse, et ça va remonter jusqu'à la guerre civile. C'est un équilibre de pouvoirs.
Q. : Il n'y a pas de problème ?
R. : Il y a toujours des tendances ou des déviances, ça dépend aussi des hommes qu'on élit, quand on élit un Blöcher, on risque d'avoir une tendance, ça va peut-être créer une dynamique, une population anti ou pro, je sais pas, on sait pas, alors c'est clair que la stabilité politique, on dit que Berne c'est un peu figé, mais ce système magique comme on l'appelle, n'est pas mal, il y a des contrôles, à tous les niveaux il y a des contrôles.
Q. : Qu'est ce que ça voudrait dire alors équilibre de pouvoir entre justice et police, puisque c'est ça que vous décrivez ?
R. : Il faudrait d'abord l'indépendance, parce que ça existe en Suisse, il y a une grande indépendance. Écoutez, moi j'ai jamais, c'est pas compliqué, quelle que soit la cible, sur le plan travail ça peut être un avocat, ça peut être, on a jamais eu de directives politiques, jamais quelqu'un a dit : « non celui-là il ne faut pas le toucher, attention c'est un copain à ma femme ». Ce qui se passe en France, pas loin d'ici. C'est un autre système, c'est plus grand. En tout cas Genève, avec un procureur comme Bertossa, c'est exclu, il n'y a pas de différence. Il va arrêter un Mikaëlov, le chef de la maffia russe. Il a fait arrêter Gelli qui est la loge P2 hyper-catholique, donc vous voyez que ça, c'est très bon au niveau éthique. On le ressent bien, on a l'impression de pas être utilisé par un pouvoir ou l'autre, on a l'impression d'une grande liberté, même si on reproche toujours à la justice de ne pas être aussi parfois tranchante, parfois elle le devrait avec les gros trafiquants.
Q. : Et puis au niveau interne, des contre-pouvoirs, je dirais, ou bien du contrôle qu'on peut avoir dans l'organisation du travail ?
R. : Ça fonctionne de deux façons. Tous les chefs ont été policiers avant, on les connaît, on a travaillé avec eux dans la rue, ensuite moi ça fait 2 ans que je travaille moins dans la rue, mais tous mes patrons, ceux qui sont plus haut que moi, je les ai connus dans la rue, je les ai connus au travail, je sais ce qu'ils sont, je les respecte. Ça arrive qu'il y ait une brebis galeuse que personne ne peut blairer parce qu'il a un comportement relationnel pas bon, ça arrive, mais comme justement on n'engage pas des super-flics, on fait pas de troupe d'élite, ça c'est très dangereux. On est tous de la même école pratiquement, même niveau social, il n'y a pas de politique, en tout cas peut-être le grand état-major, mais on sent pas.
Q. : Il y a une distinction nette entre police judiciaire et police administrative ?
R. : Non, c'est pareil pratiquement, entre la Gendarmerie, donc d'uniforme et la Police judiciaire, donc l'inspecteur de police en civil. Tous les gendarmes sont dans des postes de ville, on va le soir boire un coup, on discute, ils nous aident, on les aide, par contre il semblerait qu'il y ait au niveau état-major des conflits. Il faut aussi dire qu'il y a une dévalorisation du policier en uniforme. Il est moins valorisé, même dans les films ou la

littérature, et Dieu sait si maintenant… l'image qui joue un rôle. Le flic en civil, un peu voyou, un peu solitaire, c'est le héros moderne ou le contre-héros moderne. Alors c'est évident que l'inspecteur, surtout aux stups, c'est très particulier. On est habillé, on est fondu dans le milieu, on correspond à l'image que se font les gens d'un flic un peu aventureux, en jeans, qui fait un peu sa loi.

Q. : Mais qu'est ce qu'elle signifierait en terme d'évolution, la structure, parce que vous semblez quand même réfléchir pas mal sur le cadre ?

R. : Oui, c'est très important.

Q. : On peut se demander s'il faut intégrer ou laisser séparés ces types de service ?

R. : Il y a toujours eu la Gendarmerie et la Sûreté.

Q. : Oui, et donc ça continue à être séparé ?

R. : Mais c'est des missions différentes.

Q. : Oui ?

R. : La Sûreté a une mission de police judiciaire, tandis que les gendarmes c'est la sécurité publique et l'uniforme, tout simplement il faut qu'ils soient visibles, les gens ont besoin d'un tampon pour accrocher leur mauvaise humeur ou n'importe quoi. Mais c'est quand même rassurant quelque part. Donc la sécurité subjective c'est eux, la sécurité objective c'est nous.

Q. : Et là, entre parenthèses, vous trouvez que c'est une bonne chose qu'il y ait cette séparation ?

R. : Oui parce que c'est pas possible de mélanger, on peut pas travailler en uniforme comme on travaille en civil, c'est impossible, on peut pas infiltrer en uniforme, c'est deux missions différentes. À la base la mission globale veut fabriquer la sécurité publique, bien entendu, mais la Police judiciaire c'est une chose et la Police de la sécurité c'est autre chose. Il y a des missions communes bien sûr.

Q. : Mais alors, où est-ce qu'il y a des difficultés dans votre boulot ?

R. : Moi j'en trouve pas.

Q. : Donc mon enquête, elle n'a pas de sens ?

R. : Mais si elle a un sens, c'est pas une antithèse que je vous fais là, mais tout dépend de la perception qu'on en a. Si on vient dans ce métier pour résoudre des problèmes, alors ça sert à rien, si on n'a pas de problèmes, alors à quel moment, à quel niveau le stress devient négatif ?

Q. : Qu'est ce que ça voudrait dire résoudre des problèmes ?

R. : Vous avez une enquête, vous êtes dans une équipe, dans une brigade pour enquêter sur des gens qui font des hold-up par exemple, c'est un problème à résoudre. Le cas typique c'est un meurtre. C'est Maigret qui va analyser tous les indices. C'est formidable au niveau intellectuel et passionnel aussi, même émotionnel. C'est combattre, c'est un jeu, le gendarme et le voleur, c'est combattre les trafiquants, et ils inventent des astuces, ils sont toujours un petit peu en avance sur les astuces, et c'est à nous donc de trouver, de jouer aux échecs avec tout ça.

Q. : Résoudre le problème là, ce serait quoi ?
R. : C'est en gros résoudre le problème, c'est d'abord réduire l'offre dans sa plus petite dimension possible, sur notre territoire. On est vraiment les responsables, donc un des problèmes c'est réduire l'offre à sa plus petite dimension possible. Les trafiquants ne deviennent pas des patrons. Dans certaines villes où on laisse tout faire où ils font le racket, la prostitution, les jeux, ils achètent des bistrots, il y a même des zones de non-droit en France, où les flics peuvent plus aller. Premièrement c'est ça, et deuxièmement on revient toujours à la mission de sécurité publique. Dès qu'il y a une emprise d'une maffia quelconque, petite, grande, moyenne, ou des bandes de voyous des banlieues françaises, il n'y a plus de sécurité. Et là, alors là, ils savent plus pourquoi ils paient leurs impôts.
Q. : Quand ils sont arrêtés ces trafiquants, qu'est-ce qui se passe ?
R. : Ils sont jugés et ça nous intéresse plus. Il n'y a aucune haine personnelle. Donc nous on les a en enquête, longtemps parfois, deux, trois semaines en surveillance. Quand on a un flagrant délit, on intervient, on neutralise, on a vingt-quatre heures pour finir les auditions, la paperasse et tout, ça va chez le juge d'instruction qui refait l'instruction et ensuite ça va au Tribunal, ils sont jugés, condamnés et pis voilà.
Q. : Et ils disparaissent de la circulation ?
R. : Les petits sont toujours là. On a le cas des faiblesses qui sont utilisées par ces gens. Un requérant d'asile, quoi qu'il fasse, ne peut pas être expulsé chez lui, notamment les Albanais actuellement. Ils ont trouvé la contre-mesure, c'est qu'ils connaissent parfaitement nos lois, donc s'ils n'ont pas beaucoup de drogue sur eux, mais souvent on les arrête avec peu de drogue, ils ressortent un mois après, on n'arrive pas à neutraliser pour l'instant, c'est un vrai problème.
Q. : Et là qu'est ce que vous faites ?
R. : Le problème actuel le plus intéressant, c'est comment neutraliser cette masse, cette armée de dealers ?
Q. : Alors expliquez là, pour voir un peu en détail, que je comprenne mieux ?
R. : Alors c'est simple, cette fois je vais oublier la cocaïne, on va partir sur l'héroïne. Afghanistan, Pakistan, géopolitique, vous avez la guerre de l'Afghanistan, où l'Amérique a favorisé les cultures de pavot pour contrer les Russes en Afghanistan, en gros. Évidemment c'est de la *realpolitik.* Ces cultures sont développées, la Turquie qui est dans le croissant prend cet opium, transforme en héroïne, c'est un revenu énorme pour l'État, pour tous les systèmes maffieux qui fournissent l'État. Là également géopolitique, *realpolitik*, la Turquie, c'est vraiment le pays de l'OTAN le plus à l'est, bon. Donc vous voyez l'opium, les transports jusqu'en Turquie, laboratoires afghans, et là les clans yougoslaves, surtout kosovars et albanais. Ils vont en Yougoslavie chercher 1 à 20 kilos de drogue au laboratoire, en Turquie, ça passe par la route des Balkans, par l'Allemagne, ça va en Allemagne, en

Italie, en Suisse et partout, et ça arrive, en Suisse on a surtout les gros stocks, les grossistes qui sont à Berne et Zürich plutôt, parce que là ils peuvent se fondre. Genève vient juste ensuite. On a des semi-grossistes, on en a arrêté pas mal cette année, ils vont chercher 1 kg à Zürich et ils se font livrer à Genève, dans des appartements sécurisés ou dans un foyer d'étrangers, beaucoup de foyers d'étrangers qui sont utilisés pour ça.

Q. : Le foyer des Tates ?

R. : Le foyer des Tates par exemple, tout à fait, et là vous avez les semi-grossistes qui sont sur Genève, qui cloisonnent complètement avec les dealers, parce qu'il faut bien qu'à un moment donné le produit arrive en main des toxicos, et c'est là le danger. C'est là qu'il y a la police, c'est là qu'il y a la faiblesse de la filière, donc là il y a un cloisonnement total avec les dealers de la rue, c'est-à-dire qu'il y a qu'un dealer qui va à l'appartement, il y a que lui qui connaît. Il y a des choses qui se font aussi ailleurs, dans les parcs ou ailleurs, n'importe où la nuit, impossible à suivre, heureusement qu'on a les écoutes téléphoniques, et ce dealer va distribuer à 4-5, va travailler par bandes, chez les requérants d'asile qui n'ont aucun risque en fait, parce qu'ils ont peu de came à la fois avec eux, mais ils distribuent beaucoup et souvent. Et là vous avez un premier contact avec les toxicomanes, là ils essaient de cloisonner et c'est pour ça qu'ils donnent pas aux toxicomanes leur numéro, ni rien, simplement ils leur disent à tel endroit, tous les jours je suis là-bas, à Versoix par exemple, à la gare. Alors le toxicomane il va prendre de l'argent à cinq, six autres, il va aller avec ses mille balles chez ce type là qui prend les mille balles, les 2 000 Fr., 20'000 Fr., ils vont mettre ça dans l'appartement en haut. Donc on essaie toujours d'attendre, d'être patient, pour qu'on ait l'appartement où vont les dealers, où va l'argent de la drogue, alors là c'est efficace, c'est un flagrant délit, là ils sont condamnés à plusieurs années.

Q. : Vous disiez qu'il y avait ce problème des lois d'asile, qu'est ce que ça veut dire ?

R. : On a une minorité de requérants d'asile qui profitent de la situation, c'est un faible pourcentage, pour faire leur trafic, ils viennent pour ça d'ailleurs, parce qu'on se rend compte, ils partent de chez eux et restent six mois en Suisse. C'est bon, avec ça ils peuvent s'acheter une petite épicerie.

Q. : Et là qu'est ce qu'il faudrait faire ?

R. : Alors le but c'est de neutraliser, c'est-à-dire soit la prison mais c'est pas possible, parce qu'on a pas des condamnations, le type qui a dix g. d'héroïne il va pas prendre des années de tôle. C'est pour ça qu'on prend des requérants jeunes, c'est parce que c'est dangereux mais ils ne risquent pas grand-chose dans la distribution massive, alors ceux-là évidemment, la meilleure solution c'est de les renvoyer chez eux, mais là on peut pas pour l'instant. Un jour on pourra les renvoyer chez eux simplement, pour l'instant, vu la situation dramatique qu'il y a dans leur pays, on peut pas les renvoyer. Le plus frappant pour moi c'était les Libanais. Au Liban pendant

dix ans de guerre on a eu ce problème, la situation s'est arrangée, on a pu expulser les plus durs et les autres sont rentrés chez eux.
Q. : Dans ce débat sur la transformation de la loi d'asile, vous en pensez quoi, il faudrait durcir cette loi par rapport à ce problème ?
R. : Non, la loi est bonne, vu la situation qu'il y a dans ces pays, pour l'instant elle n'est pas applicable mais elle existe et on va le faire, une fois que c'est possible légalement de renvoyer quelqu'un chez lui, il n'y a pas de problème. Que faire de plus, qu'est ce qu'il faut faire de plus ?
Q. : Certains disent : « il faut durcir les refoulements, faut accélérer ».
R. : C'est facile à dire ça, mais si on pouvait refouler les trafiquants maintenant au Kosovo, mais c'est bien de pas le faire, il y a le droit humanitaire, on peut pas renvoyer ces gens-là dans ces pays en ce moment, ça viendra.
Q. : Donc ça présuppose qu'il faut respecter ces lois humanitaires ?
R. : Si le flic, le soldat, ne respectait pas les lois humanitaires ou les lois de son pays, je vous dis, moi en six mois avec mon équipe, j'arrive et il n'y a plus un dealer à Genève, mais ils sont massacrés. C'est le terrorisme, c'est le moyen le pire, mais c'est clair qu'il faut pas non plus refouler cette idée.
Q. : Je vois bien.
R. : Et pis comme certains flics disent, « j'en ai rien à foutre maintenant, on peut rien faire c'est le bordel, excusez-moi du terme, j'ai plus confiance aux politiques, on fait plus rien », alors c'est des extrêmes qui sont rares, et il y a tout un fonctionnement démocratique qui me semble correct. Si vous voulez la Suisse est quand même un pays fantastique, mais on voudrait avoir l'argent du crime sans le crime, l'argent de la drogue sans la drogue. Quelque part, c'est inconscient peut-être, mais c'est ça. Alors c'est évident qu'on va pas attaquer les capitaux, on va pas attaquer les membres des finances parce que ce serait injuste, mais tout le monde sait qu'ils profitent également, quelque part, les commerçants aussi, de l'argent de la drogue. Est-ce qu'il faut en profiter sans vergogne et puis quand même essayer de maîtriser le problème des malades ? C'est ce qu'on fait, c'est ce qu'on fait, il n'y a pas un toxico en Suisse maintenant qui abandonne de lui-même, je parle des drogues dures, ceux qui fument leur joint on en parle même pas, c'est pas un problème, il n'y a pas non plus un alcoolo qui a abandonné tout seul. L'alcool tue beaucoup plus que la drogue, alors certains sont légalisés, c'est aussi un réflexe qu'il faut étudier, si on légalise on doit produire, on doit vendre, on doit taxer, commercialiser, vu les conventions internationales qu'on a avec les autres pays, est ce qu'on peut s'isoler de nouveau et on attirerait tous les trafiquants du monde ? C'est très dangereux et d'ailleurs le peuple suisse a réagit contre Droleg. Tout défendre c'est idiot et tout permettre aussi, c'est absurde, alors pour l'instant on a une politique d'une grande souplesse, mais toujours le barème, la boussole, le compas de route. C'est la sécurité publique, tant que vous n'êtes pas forcément agressé en traversant Genève la nuit c'est tolérable et on a beaucoup de petits délits qui

sont pas très méchants sur le patrimoine, vol à l'étalage, mais on a peu, on n'a pas de racket systématique. On n'a pas de prostitution organisée par des bandes maffieuses, on a peu de plaintes de violence sur les personnes. Par contre on arrive à la sécurité subjective, parce que les gens plus ils voient de flics, plus ils pensent qu'il y a des voyous. C'est assez particulier, s'ils voient une bande de toxicomanes agglutinés, il faut la police. S'ils voient une bande de policiers qui sont vers la gare sans arrêt, ils vont se dire « là il y a beaucoup de problèmes ».

Q. : Vous avez pas un discours catastrophique sur la situation genevoise ?

R. : Non, parce qu'il faut toujours comparer au reste du monde, quand on voyage et qu'on va ne serait-ce qu'en France, c'est catastrophique ! Comment peut-on tolérer qu'on brûle un bus – c'est arrivé encore l'autre jour, on attaque le chauffeur –, que plus personne ne paie un billet de bus, c'est quand même des symptômes assez graves, on est loin de ça, on est très loin. Donc on a encore un niveau de sécurité élevé. Je crois qu'on est au deuxième plan dans le monde, deuxième ville de plus de 100 000 habitants après Helsinki, au niveau sécurité, alors statistique.

Q. : Donc vous vous sentez bien à Genève ?

R. : Si on garde toujours... si on relativise toujours par rapport... on se sent bien. Si on focalise sur un problème, c'est clair que c'est toujours mauvais.

Q. : Certains de vos collègues n'ont pas du tout ce discours, ils sont assez catastrophés, ils ont peur, ce serait subjectif ?

R. : C'est subjectif, oui bien sûr. On peut les reprendre, selon les patrouilles, et on peut vous montrer tout ce qui est noir, ça dépend ce qu'on focalise.

Q. : Et qu'est ce que ça veut dire sécurité pour vous alors ?

R. : C'est comme je vous ai dit avant, c'est que vous soyez pas sur le qui-vive en ville, vous êtes pas forcément agressé, il y en a beaucoup qui disent « mais Genève c'est formidable, aucun problème pour mes gamins à l'école ».

Q. : Certains disaient « mais autour de la gare ça devient terrible ».

R. : Alors de nouveau c'est très marrant, ça c'est subjectif, on n'a pas plus de statistiques, de plaintes objectives dans la région de la gare, malgré les milliers de personnes qui passent par année, il y en a des dealers là-bas, on a des voyous, on a des petits voleurs à la tire, on a des revendeurs d'héroïne, mais on n'a pas plus d'insécurité objective qu'ailleurs, encore moins qu'ailleurs. C'est possible de vous piquer le sac une fois, c'est possible, mais jamais vous aurez un couteau sous la gorge. Tout ce qui est mystérieux fait peur, en tout cas un Noir un peu baraqué c'est clair qu'il y aura un rejet, automatique, c'est humain. Et quand on commence à discute avec, on les a des fois maîtrisés, arrêtés, on se rend compte que c'est beaucoup moins grave, mais on banalise peut-être. Si vous voyez un alpiniste qui monte une roche, vous avez peur pour lui, si vous êtes dans la roche vous avez pas peur. Dès qu'on est dans le terrain, il faut pas quitter le terrain, c'est ça le problème.

Q. : Si vous deviez me dire où sont les difficultés de votre personnel, vous diriez quoi ?
R. : Ils ont envie d'être plus efficaces, ils aimeraient que les lois, la justice soient plus percutantes pour les trafiquants, pour qu'ils restent plus longtemps en tôle, parce que c'est vrai que des fois c'est un peu léger. Pour les gros oui, pas les petits, hein. Ils aimeraient plus d'efficacité, plus de prise de risque des pouvoirs publiques, des politiques peut-être.
Q. : Ça veut dire quoi ça ?
R. : Des prises de position beaucoup moins politiquement correctes, peut-être. On a le Grand Conseil qui est en majorité à gauche, on a l'impression que nos députés sont, c'est pas un défaut, tiers-mondistes et un peu trop à gauche, un peu droit de l'homme et pas assez devoir de l'homme.
Q. : Vous auriez des exemples ?
R. : On a le trafiquant qui roule en Mercedes, qui a manifestement beaucoup d'argent, qui profite en plus des services d'allocations normaux quoi, alors là il y a une espèce de sentiment d'injustice, par rapport à un vieux monsieur qui ose à peine demander ce à quoi il a droit, là il y a quelque chose qui rend les gens blocheriens parfois. C'est pas du tout leur couleur de peau, leur coutume, au contraire dans ce milieu il y a des jolies filles, des mecs très sympas, ils sont très bons en sport. C'est surtout le respect des lois par rapport au bon con de Suisse qui les respecte un peu trop parfois même. C'est pas dire que les Suisses sont meilleurs que d'autres. On n'est pas meilleurs qu'eux, on a pillé ces pays depuis 150 ans, on continue à les piller, on prend l'argent de leurs dictateurs, alors si ils prennent un peu de notre pognon, quelque part, ils font une espèce de colonisation à l'envers en venant vendre de la drogue ici.

Entretien no. 19

Q. : Quel est votre travail ?
R. : Nous, on intervient en fin de processus. C'est à partir du moment où un étranger, des Suisses ça peut arriver, mais c'est des cas très particuliers, a été arrêté, que par rapport à cette arrestation les décisions ont été prises et que suite aux décisions prises il sort, disons sa période de détention se termine. Sa détention peut aller de quelques heures si c'est une personne qui a été arrêtée le soir, ou même dans la journée, qui est libérée le jour même, ou dans les vingt-quatre heures pratiquement, ces fameuses vingt-quatre heures d'officier de police, jusqu'à plusieurs années s'il s'agit d'une personne qui a commis un crime, dans le sens large du terme et qui va sortir de prison après, je dirai jusqu'à plusieurs années de détention. C'est donc des gens dont nous devons nous occuper, parce qu'ils n'ont plus d'autorisation, ils n'ont pas, ou plus, d'autorisation de séjour en Suisse. C'est donc des gens, bon je fais le cadre théorique, après il y a toute la pratique de ce qu'on fait, de ce qu'on

peut faire et de ce qu'on ne peut pas faire. Nous, c'est effectivement d'assurer le refoulement, le départ de personnes qui ne peuvent plus séjourner en Suisse, et qui donc ont fait l'objet de mesures judiciaires ou administratives. C'est le cadre dans sa définition. Évidemment que notre position, que la position du policier qui est chargé du travail, elle est largement conditionnée aussi par l'attitude de la personne qui est en face, bon la personne qui est en face est aussi conditionnée par la position du policier.

Q. : Mmm...

R. : C'est aussi pour dire que ça nous amène d'une manière générale à des rapports relativement brefs avec ces personnes.

Q. : Mmm... donc vous les voyez, vous allez les chercher à Champ-Dollon, c'est ça ?

R. : On nous les amène, techniquement il y a un service, des convoyeurs, qui les prend à la prison de Champ-Dollon, qui nous les amène à l'Hôtel de Police et puis après depuis l'Hôtel de Police nous les reprenons pour les acheminer pour en faire quelque chose.

Q. : Mmm...

R. : On pourra peut-être venir là-dessus après.

Q. : Mmm...

R. : On les voit pratiquement, c'est clair, entre le moment où on les prend, jusqu'au moment où on les amène là où ils doivent aller (pouffe), enfin bon !

Q. : Mmm...

R. : Donc le contact est très bref la plupart du temps, c'est un contact qui génère très peu de dialogues.

Q. : Mmm...

R. : La plupart du temps, et je dirai très souvent, une approche qui dès le départ aura plutôt tendance à être conflictuelle.

Q. : Mmm...

R. : Déjà que, comme je vous ai dit au départ, c'est pas un travail qui est très gratifiant, qui est très plaisant.

Q. : Mmm...

R. : Donc, bon, ben les gens si c'est pas très plaisant, ils ont pas très envie de le faire, donc si on n'a pas très envie de faire un travail...

Q. : Mmm...

R. : On n'est pas forcément très ouvert, très avenant.

Q. Mmm...

R. : Donc alors maintenant, pour situer le problème, donc les gens qu'on nous amène, alors, vous avez ceux qui peuvent partir tout de suite, une catégorie d'entre eux, c'est des gens qui viennent de France voisine, que l'on ramène en frontière la plupart du temps. On remet aux mains de la Police française, c'est des accords internationaux. Puis il y a ceux dont on peut assurer le départ sur le pays d'origine au moyen d'un transport aérien. On les amène à l'aéroport, ils sont pris en charge par les collègues de l'aéroport, ou c'est nous qui le faisons, on les met dans un avion pour leur pays, ou pour une destination pour laquelle ils peuvent être acceptés.

Q. : Mmm...

R. : Il y a ceux aussi, les quelques cas qu'on refoule sur l'Italie, ou sur l'Allemagne, bon ça on les amène au train, c'est la même chose. Il y a ceux, je pense aux requérants d'asile, tous ceux que l'on achemine, que l'on peut acheminer, que l'on doit acheminer sur leur canton d'attribution.

Q. : Ah ! oui ?

R. : Des gens qui, dans le cadre de la procédure d'asile sont attribués à un canton confédéré, et ce canton confédéré a des questions à poser, à des aspects administratifs à traiter avec ces gens, donc ceux-ci, on les achemine en train.

Q. : Mmm...

R. : Et puis il y a tout le reste, ce sont des gens que nous ne pouvons pas refouler, qui ne sont pas réclamés par un autre canton, qui sont attribués au canton de Genève, ça, ça concerne énormément de gens. Pour qu'on puisse renvoyer une personne à l'étranger, il faut qu'elle ait des papiers, si c'est un Français, un Allemand, un Italien, il faut qu'on ait une bonne information, je pense surtout aux Français ; il y en a beaucoup qu'ont pas de papiers, mais à partir du moment où on peut établir par un contrôle qu'ils sont français, on les refoule sur France.

Q. : Mmm...

R. : Autrement tous les étrangers qui n'ont pas de papiers, ben on doit les garder en Suisse, en tout cas dans l'état actuel des choses. Alors c'est des gens que, systématiquement, on met sur le trottoir, c'est ce qu'on appelle mettre sur le trottoir.

Q. : Vous les sortez de Champ-Dollon et vous les mettez sur le trottoir ?

R. : On les sort de Champ-Dollon, ils viennent chez nous, pis nous on fait deux, trois contrôles, s'ils sont pas réclamés, si on sait pas quoi en faire, ben la sortie est là. On les met sur le trottoir. Alors sachant que c'est des gens, surtout pour certains qui ont quand même commis des délits plus où moins importants, que ça soit en matière de stupéfiants ou de cambriolages, je pense surtout aux stupéfiants et cambriolages, c'est quand même les deux délits principaux qu'on voit passer. C'est clair que c'est le tonneau des Danaïdes, c'est-à-dire que. vous avez des collègues, où même des gens de la brigade, quand ils peuvent qui vont essayer de faire des arrestations pour des infractions à la loi fédérale sur les stupéfiants, pour des cambriolages, on les arrête, ce qui nécessite un certain travail. Même si on travaille vite, si on a des moyens informatiques, mais le travail il faut le faire, ça prend du temps, ça nécessite de l'énergie. Et quelques jours plus tard, ces mêmes gens, vous les prenez et puis vous les mettez sur le trottoir, alors **le travail est frustrant.** Donc c'est clair que dans ces conditions-là, même si le rapport n'est pas conflictuel dans le sens strict du terme, l'approche n'est pas bonne. Par la force des choses, les gens sont frustrés dans leur travail. Suffit encore que la personne qui sort commence à avoir des récriminations, à poser des questions pour des choses, à la limite surtout des choses qui paraissent infondées, voire qui le sont, alors là c'est la grogne, ça râle, pour résumer.

Q. : Donc il y aurait ces deux problèmes, d'un côté mettre les gens sur le trottoir, de l'autre côté de la difficulté de certains refoulement ?

R. : Donc les refoulements, tout ce qui se fait sur la France, même si c'est des gens qui font un peu des phrases, pas qui s'opposent, mais qui sont réticents, ben ça c'est des cas faciles, mais c'est rare, notamment pour la France, c'est rarissime même qu'on doive utiliser la force, par la force j'entends le menottage. Le menottage on le fait par principe, mais qu'on doive disons un peu insister, ça je dirai que c'est des choses pas très faciles. Donc il y a le problème remise sur le trottoir, alors après vous avez encore, je dirai le problème refoulement. À partir du moment où il s'agit de personnes qui sont d'accord de quitter la Suisse, je pense surtout par exemple, ce qu'on a passablement dans ce domaine, c'est des délinquants, des voleurs à la tire latino-américains. Ces gens-là, ils sont la plupart du temps tout à fait d'accord de rentrer chez eux. C'est des gens qui ont des papiers, bon faut leur prendre des billets d'avion, mais on les met à l'avion, ils font pas d'histoire, c'est une chose qui est d'une manière générale très neutre. C'est ni sympathique, ni antipathique, ça passe comme ça.

Q. : Mmm...

R. : Il y a le problème des gens, c'est quelque chose qui se passe beaucoup plus chez nous en tout cas avec les Africains, quand on peut les refouler, c'est des gens qui veulent pas partir, et très souvent il faut utiliser la force, voire des moyens assez lourds pour les refouler, alors on a eu récemment un refoulement qui s'est fait sur la Côte d'Ivoire, avec un vol privé, et là c'est des collègues qui, pendant douze heures, ont subi les injures, les crachats et autres comportements très pénibles des personnes qui étaient refoulées. On en a bien discuté après, ils sont restés calmes, parce qu'ils voulaient pas non plus, bon c'est clair que c'est des gens qui étaient dans notre pays, mais on avait pris des mesures propres à assurer notre sécurité. Notre sécurité c'est aussi la sécurité des pilotes, évidemment.

Q. : Si on prend ce cas précis, et on essaie de le détailler, pour quelqu'un qui est extérieur à votre travail. Donc vous prenez un contact avec une compagnie privée.

R. : Là, en l'occurrence c'était la compagnie *Speed Wings*.

Q. : Une compagnie, un avion privé, ça veut dire qu'il y a combien de places ?

R. : Ben là c'était un petit avion, un petit bi-réacteur, qui comportait 10 places. Donc on a mis 3 personnes refoulées et 5 personnes d'escorte.

Q. : Et pis comment ça se passe très concrètement, comment cela s'organise ?

R. : La première chose c'est une chose qui s'est faite à la demande de l'Office cantonal de la population. Dans un cas comme ça, le requérant c'est en fait l'Office cantonal de la population qui a obtenu de l'Office fédéral des réfugiés, étant donné que les 3 personnes, il y avait trois personnes, un pour Dakar, deux pour Abidjan. L'autorité requérante de base c'est l'Office cantonal de la population, et c'est eux qui doivent gérer les dossiers de ces gens, ça se fait avec l'Office fédéral des réfugiés, étant donné que c'étaient des requérants d'asile, et c'est exécuté par la Police, étant donné que c'est la Police qui est habilitée, puisqu'il faut utiliser de la contrainte, en l'occurrence.

Q. : Qui a payé la facture ?

R. : Ça n'a pu se faire qu'à partir du moment où c'est l'ODR qui s'engage à payer la facture. C'est l'Office fédéral des réfugiés, étant donné qu'il s'agit de requérants, donc les demandes ont été étudiées, analysées, refusées.

Q. : Et pourquoi ils pouvaient pas être refoulés par Swissair ?

R. : Parce qu'ils voulaient pas partir. Pour qu'on en arrive aussi à des vols privés, ça veut dire que c'est des gens qu'on n'arrive pas à faire partir par des moyens classiques. C'est des gens qui veulent pas partir. Que si c'est des gens qui veulent partir, on les met dans l'avion, et ils partent.

Q. : Vous avez compris pourquoi ils ne voulaient pas partir ?

R. : Je précise aussi que pour les deux qui ont été refoulés sur Abidjan, c'était des gens qui ont fait l'objet de condamnation judiciaire pour trafic de stup. C'est pas non plus, disons, des infractions, je dois dire franchement je sais pas la quantité, mais ce n'est pas non plus de l'infraction simple, ou c'est pas le vol à l'étalage de quelques lames de rasoir, ou quelques produits de beauté, ou quelques aliments dans un commerce. Et puis il y a une action répétitive. C'est d'autre part des gens, il y en avait surtout un dont le comportement, d'une manière générale, était, disons, bon il était carrément violent dans certaines circonstances. On essaye évidemment toujours de faire au plus simple, et puis après de prendre des mesures un peu plus marquante, et puis si vraiment on peut pas, à ce moment-là c'est les grands moyens.

Q. : Qu'est ce que c'est les grands moyens ?

R. : Alors les grands moyens, c'est immobiliser physiquement la personne, c'est-à-dire la menotter, lui entraver les jambes, l'attacher à son siège d'avion, lui mettre un casque de manière à ce qu'elle ne se blesse pas. Et qu'elle ne blesse pas les gens à côté, et puis du temps.

Q. : Un casque, il y a des casques spéciaux ?

R. : Non, non ce qu'on a pris là, il y a eu des essais, il y avait eu un premier essai qui était avec des casques genre motocycliste, et puis, là j'ai vu ça avec des collègues zurichois qui pratiquent beaucoup ce genre d'exercice, et on les a suivis dans ce domaine, on a pris des casques qui sont utilisés par les gens qui font les arts martiaux. C'est des casques souples, donc qui, si la personne se tape, je veux dire c'est pas comme un, je veux dire si il se tape contre un obstacle, je veux dire ça limite les dégâts pour tout le monde ; pour lui, parce que ça amortit les chocs pour la personne, pour l'objet qui reçoit le choc, parce que ça amortit aussi, ça amortit dans les deux sens, plutôt qu'un casque rigide genre motocycliste, ou même un casque de cycliste, ça serait mal pratique parce qu'il est gros, encombrant, ça c'est des casques qui vraiment claquent sur la tête et puis bon. Donc du temps, ceci était possible sur des vols Swissair, de manière à ne pas perturber les autres passagers, eh bien il fallait bâillonner la personne avec tous les risques que ça comporte.

Q. : Et bâillonner ça veut dire très concrètement ?

R. : Ben un bâillon, il y en a à qui on met une patte, puis on met un scotch sur le casque pour pas qu'il puisse hurler, pis il faut le rouvrir régulièrement pour qu'il puisse respirer. C'est ce que font nos collègues zurichois, j'ai vu, c'est qu'eux ils prennent un casque, pis ils serrent les mâchoires. Ma foi, à un moment donné quand ça hurle, il faut. Je veux dire, les gens qui font ça, en principe ne le font pas de gaieté de cœur.

Q. : J'imagine, oui.

R. : Alors par contre dans le cas du vol privé, y a eu, parce qu'on sait aussi notamment avec les Africains, qu'une des pires choses qu'on puisse leur faire, c'est justement de les bâillonner, parce que ça les empêche de s'exprimer, ça, dans le vol privé qui a été fait, ils n'ont pas été bâillonnés. Puisque y a pas de perturbation. Et la perturbation c'est pas seulement le fait que ça perturbe le vol des autres passagers, c'est qu'il peut se produire ce qui c'est produit sur un vol Swissair récemment, c'est-à-dire que le refoulé a hurlé, il y a d'autres Noirs qui sont venus, et puis finalement, c'est les policiers Suisses qui ont dû se défendre, et puis qui ont eu beaucoup de peine à se défendre vis-à-vis de l'agression qu'ils subissaient des passagers noirs de l'avion. C'est des situations qui sont très dures à gérer.

Q. : Et ces casques des Zurichois ils ont été fabriqués spécialement, ou c'est des casques...

R. : C'est des casques, ben le casque des Zurichois, eux ils ont pris un casque de boxeur et puis ils l'ont adapté à leurs besoins, et pis nous on a simplement pris des casques de *full contact,* ou je sais pas si c'est de *full contact* ou d'un art martial, quoi, qu'on trouve dans le commerce.

Q. : Et c'est moins dangereux que de bâillonner, au niveau de la respiration ?

R. : Ce casque, vous l'avez simplement sur la tête, il prévoit rien au niveau de la bouche. Le bâillon c'est vraiment, c'est disons que, si on peut l'éviter on le fait, mais il y a un moment donné... Bon, en général, ce qu'on a eu, je sais qu'il y a des collègues qui ont fait deux refoulements de ce genre-là sur le Nigeria au début de l'année, une fois qu'ils étaient partis après une heure de vol, je crois que tout d'un coup le refoulé, bon, il a compris qu'il pouvait plus rien faire, alors ça c'est assez bien passé puis ils ont pu progressivement alléger les mesures. Disons que là, c'est dans ces situations-là qu'on se trouve dans la situation la plus conflictuelle et c'est celle dont la durée est la plus longue.

Q. : Et ça par exemple ça dure combien de temps ?

R. : En l'occurrence ils sont partis pour ce vol sur Abidjan, ils sont partis de Genève à 22 heures, ils se sont arrêtés à Dakar pour déposer une première personne, là je crois que ça a été assez bien. Ils sont arrivés à Abidjan vers 11 heures, 10 heures du matin, donc ça fait 12 heures. Ca veut pas dire que les 12 heures ont été la même chose parce que ça monte, ça descend. Mais disons que pendant 4-5 heures, enfin la durée même faudrait voir avec eux, je veux pas dire de bêtise, mais même si ça se calme un peu, la pression est toujours là.
Q. : Parce qu'il faut manger, faut aller aux toilettes ?
R. : Disons que là, le problème sur un vol privé comme ça, les toilettes vous oubliez, parce que de toute façon l'avion il est pas prévu pour. Alors manger ils avaient prévu, ils avaient pris. Les gens n'ont pas voulu manger parce qu'ils ont dit « vous avez empoisonné la nourriture ».
Q. : Mais avec le casque pour manger ?
R. : Le casque lui-même n'empêche pas, il passe simplement là-dessous, donc ça aurait été possible. Au pire, si ça c'était bien passé, on enlevait les casques.
Q. : S'ils ont des malaises physiques, il n'y a pas de médecin ?
R. : Non, pas dans des cas comme ça. On fait quand même avant une appréciation de situation, où l'état sanitaire de la personne intervient.
Q. : Donc vous avez un médecin qui vérifie le cas ?
R. : Non.
Q. : Pourquoi il n'y a pas de médecin ?
R. : On part de l'idée, c'est peut être… effectivement, ça pourrait être une erreur, mais sachant que c'est des gens qui viennent d'un milieu pénitencier, si on devait se trouver confronté avec des problèmes médicaux que ces gens ont rencontrés au cours de leur détention, on serait avisé, on serait informé et on prendrait nos décisions en conséquence. Si on nous dit « attention, telle personne, on sait qu'il est diabétique, on sait que c'est un toxicomane ».
Q. : Ou du point de vue nerveux ?
R. : Je veux dire qu'à la limite suivant le cas de nervosité, à ce moment-là suivant le type de nervosité et ce que ça peut engendrer, je pense qu'on renoncerait carrément à la conduite. Disons que là on présuppose que la personne est physiquement apte à faire le voyage et ça va de soi que si c'est une personne qui manifestement n'est pas apte à le faire, on ne part pas. Ou alors on le sait d'avance et on prend des dispositions pour le faire.
Q. : Mais si quelqu'un mourrait, prenons le cas, qui est responsable si quelqu'un meurt dans le voyage ?
R. : C'est une très bonne question.
Q. : Qui est responsable si quelqu'un tout à coup vous meurt entre les mains ?
R. : Je sais qu'il y a une affaire qui est pendante à Berne actuellement, on sait pas où ça en est, ben faudra voir d'après les résultats de l'enquête. C'est un cas bernois, mais il est mort à Zürich je crois, mais sous la surveillance

des Bernois. Ce sera un problème d'enquête pénale, administrative, enquête pénale il y aura de toute façon puisqu'il y aura un décès. Bon, je dirai que très globalement ça fait aussi un peu partie des risques du métier, je veux dire que le policier qui est armé, au moment où il sort son arme et qu'il l'utilise, il sait aussi qu'il peut, enfin il le sait parce qu'il y pense pas, mais il devrait savoir qu'il peut faire l'objet d'une enquête, si jamais il tue un innocent, de toute façon dès qu'il y a usage de l'arme, il y a à la limite forcément enquête ou début d'enquête. Alors évidemment qu'à partir du moment où on fait des refoulements comme ça, on a toujours le risque que ça tourne mal. Mais on peut aussi amener quelqu'un à Moillesulaz ou à l'aéroport, pis tout d'un coup il nous fait un infarctus, il nous fait un malaise dans la voiture. On peut le mettre dans une cellule ferroviaire pour l'acheminer à Berne, à Zürich ou a Lausanne et pis il nous fait un malaise, je dirai qu'à la limite on va d'autant mieux se renseigner qu'il s'agit de faire un refoulement loin, on aura peut être beaucoup plus de risques d'avoir un problème dans une cellule CFF pour la Suisse, que dans le cadre d'un refoulement aérien.

Q. : Parce que vous arrivez, d'un point de vue interculturel, vous arrivez à décoder ? Les gens n'expriment pas des malaises comme nous ?

R. : Bon, disons que ceux qui sortent, c'est des cas particuliers, c'est des gens qui sortent de détention, ou en détention, surtout à Genève, ils ont quand même tout un suivi médical. Alors, enfin bon, le loupé, objectivement le loupé on peut l'avoir un jour, on l'aura je pense un jour, j'espère le plus tard possible, j'espère jamais, mais on peut avoir effectivement une fois un problème. Même à la limite si on prend nos précautions, mais je veux dire, même, on a eu des cas justement de gens qu'on a dû extrader, qu'on a dû conduire, où comme ça, c'est même des fois si on connaissait un peu le cas au niveau police, où on était même peut-être des fois plus attentifs encore que la prison à ce qu'on n'ait pas un problème au moment où il faut assurer un départ, ou qu'on prend, par exemple, même si c'était quelqu'un qu'il faut acheminer en Suisse simplement, si on sait que c'est une personne qui est susceptible d'avoir des problèmes, on l'escortera, on l'enverra pas seule en cellule. Mais je veux dire, on n'a pas envie de se faire taper sur les doigts logiquement, non mais c'est quand même... y a quand même une notion de respect, ne serait-ce que ça, et puis il y a le fait aussi qu'on veut, je dirai crûment, on veut pas d'emmerdements. On veut pas d'ennuis, avoir des problèmes pour des choses qui de toute façon n'en valent pas la peine, parce que ça ne nous apportera rien sur le plan professionnel et puis ça nous obligera à un gros gain, à une grosse perte de temps, d'énergie, d'influx nerveux, pour aucun apport.

Q. : Dans tout ce boulot de refoulement, si on essaye de repérer où peuvent se passer les emmerdements ?

R. : Y a tous les emmerdements, je vous dis globalement, d'ailleurs c'est assez curieux parce que justement il y a un groupe de travail qui parle de ça, d'une unification ou de prendre des mesures sur le plan suisse pour pouvoir activer, faire un certain niveau de formation dans ce domaine, justement. Ils on fait la liste de tout ce qu'il y avait comme problèmes. Alors en gros, bon je dirai, si on prend sur le plan administratif pur, alors on a déjà tous les ennuis purement administratifs pour obtenir des papiers. Il y a des fois c'est simple, des fois c'est mission pratiquement impossible. Évidemment que, je dirai que subjectivement on aura une meilleure appréciation d'un pays avec lequel on a de la facilité à obtenir des papiers, hein ! Le pays avec lequel on n'arrive pas à avoir des papiers, c'est tous des cons, tous des emmerdeurs, je résume.

Q. : Tout à fait, oui, et si vraiment on n'arrive vraiment pas à avoir des papiers, là vous allez décider quoi ?

R. : Ben là, c'est des gens qu'on doit laisser sur le trottoir, on pensait que c'était Genève, mais tous les cantons suisses ont le même problème.

Q. : Mais vous les avez fichés ceux-là, finalement ?

R. : C'est les gens qui, de toute façon, il y en a certains, on les voit tous les mois parce qu'ils se font arrêter au Jardin anglais pour des ventes de haschich, ou dans d'autres endroits, on les a, on les connaît, chaque fois on redemande des papiers, chaque fois on les a pas.

Q. : Comment vous faites pour repérer la personne si vous n'avez pas de papiers ?

R. : Oh ! ben, alors là, on se base sur ce qu'elle nous a dit.

Q. : Vous ouvrez un dossier ?

R. : Ben, on les connaît. Ils sont enregistrés sous une certaine identité, donc après chaque fois, même s'il y avait un doute…

Q. : Et comment vous inscrivez l'identité ?

R. : C'est-à-dire que c'est un moment où on lui prend ses empreintes digitales. Ils vont s'inscrire dans tous les cantons, alors c'est l'utilité d'avoir une centralisation suisse de ces empreintes digitales, qui nous dit « attention, telle personne, vous la connaissez comme ça à Genève, elle ressort dans tel canton, aussi comme requérant d'asile ».

Q. : Donc il y a ce fameux problème des papiers, ça c'est le premier problème administratif ?

R. : Ensuite, il y a tout le rapport qui pourra y avoir avec la personne pendant le refoulement. Il y a évidemment la préparation de tout le refoulement, parce que ça nécessite passablement de travail, hein ! il y a beaucoup de démarches administratives, faut obtenir des papiers, des billets d'avion, ça fait partie du travail de base, on aime ou on n'aime pas, ça marche plus ou moins bien. Il y a tout le rapport que vous pourrez avoir avec la personne, bon, qui en général si on l'accompagne c'est que c'est quelqu'un qui a pas envie de rentrer, donc il y a forcément un moment donné où il y aura conflit. Et puis après vous avez tout ce qui se passe sur place à l'arrivée, qui peut aller de la simple formalité administrative, suivie de 2-3 jours de vacances, parce que ça arrive. Plus la destination est loin, plus on

peut, enfin essayer de s'arranger de ce côté-là, c'est des fois un petit peu la récompense. Jusqu'à la détention pure et simple pour les fonctionnaires suisses qui font le refoulement, c'est arrivé une fois. On a deux collègues qui se sont retrouvés, disons, j'sais pas s'ils étaient vraiment en prison ou s'ils ont été retenus en Gambie.
Q. : Ah ! oui, les journaux en avaient parlé.
R. : Puis après vous avez l'accueil, donc je veux dire que il y a même des fois l'accueil très sympathique, l'accueil totalement indifférent, l'accueil où il faut essayer de se débrouiller.
Q. : Comment ça se passe dans la tête quand on fait tout ça ?
R. : Disons que, ben ça dépend tout des buts qu'on se fixe. Moi je vois ça dans la mesure où que ça se passe le mieux possible pour tout le monde, c'est-à-dire ben, que le refoulé, on arrive à le refouler, parce que c'est quand même le but de l'exercice, c'est qu'il soit plus là, et qu'au niveau des policiers genevois qui font la mission, ça se passe le mieux possible pour eux du point de vue confort intellectuel et physique et puis de sécurité. Si on a des gens qui veulent pas y aller pour tout un certain nombre de raisons, ben on les envoie pas.
Q. : Et pourquoi ils ont pas tellement envie d'y aller ?
R. : Objectivement je sais pas.
Q. : Mais vous en parlez ?
R. : Moi, j'ai encore jamais eu vraiment de conversation avec des collègues qui veulent pas partir sur le sujet, leur dire « pourquoi tu veux pas partir ? » Bon, je dois dire qu'en toute objectivité moi j'ai pas très envie, s'il y en a d'autres qui préfèrent le faire à ma place, je les laisse volontiers y aller.
Q. : Et pourquoi vous n'avez pas très envie ?
R. : Disons que me bagarrer avec un Noir dans un avion, j'ai aucune envie. Je veux dire si je devais, j'irai. Mais, bon, parce qu'il y a peut-être certaines autres choses que mes collègues ont pas du tout envie de faire, et qui me gênent pas, alors je leur dit : « ben, écoute, je fais ça ».
Q. : C'est l'usage de la force qui vous gêne, c'est quoi qui vous gêne ?
R. : Oh ! je pense un peu l'usage de la force, oh ! j'aime pas m'bagarrer, physiquement j'aime pas, je veux bien le conflit verbal, certain nombre de choses ça me gêne pas trop, mais bon fondamentalement j'aime pas, il y a des gens qui adorent ça, moi non, j'aime pas. Si je peux éviter, j'évite.
Q. : Parce que j'essaye de me mettre dans votre peau presque.
R. : (rire).
Q. : Quand on est dans l'avion, on n'aime pas…
R. : Je vous dis franchement, j'essaye, bon, du moment, et puis même des fois dans d'autres brigades où il y avait des opérations comme ça à faire, si y en a qui disaient : « moi j'ai envie d'y aller »…
Q. : Mmm…
R. : Je me suis jamais battu pour prendre leur place.

Q. : Et les problèmes humanitaires, ils seraient où dans toute cette opération, d'après vous ?
R. : Ben, le problème humanitaire, c'est que la personne arrive en bon état. Le problème humanitaire, je veux dire sur le fond, vis-à-vis du respect pour la personne. Il y en a un que je connaissais pour avoir, enfin on avait dû aller le chercher à l'Office cantonal de la population, il faisait du scandale, il se roulait par terre, il était injurieux, il était pratiquement impossible à maîtriser. Quand vous avez quelqu'un qui hurle pendant une demi-heure, je dirai, enfin comme je vois la chose, le problème je sais que Monsieur Walpen *(chef de la Police genevoise)* n'aime pas le terme éthique chez nous, il préfère déontologie parce qu'il trouve que l'éthique c'est trop général. Je pense aussi déontologie va mieux, c'est-à-dire là c'est au niveau déontologique de ne pas lui flanquer une baffe, de pas le castagner.
Q. : D'accord, oui.
R. : C'est de ne pas utiliser la violence physique, voilà.
Q. : Ce n'est pas évident.
R. : Ça nécessite une grande maîtrise de soi. Il y a un moment donné, il faut être honnête, pis là je pense, en tout cas les collègues, ceux qui ont fait ce refoulement, ont pris ce parti de subir. Bon ils ont subi. Tant que ça restait verbal, ils se sont pas exposés, eux, aux violences physiques qu'ils auraient quand même pu recevoir, parce qu'en dépit de toutes les mesures prises, les gens ont quand même pu bouger un peu. De manière aussi à ce qu'au moment où ils arrivent sur place, ça se passe le moins mal possible.
Q. : Il y a une petite phase délicate à l'arrivée ?
R. : Il y a une phase très délicate, parce que suivant comme vous arrivez, suivant dans quel état sont les gens, en l'occurrence c'étaient des gens de Guinée-Bissau qu'on refoulait à Abidjan où ils étaient pris en charge par un avocat africain qui travaille pour la Mission suisse et qui devait s'occuper, lui, de leur trouver des papiers, des documents, pour assurer leur départ sur la Guinée-Bissau, donc les gens ils vont quand même dans l'idée, je veux dire si on arrive et puis qu'on a été trop durs, trop brutaux, qu'ils disent : « ils m'ont tapé, ils m'ont battu, ils m'ont fait ci, ils m'ont fait ça », c'est peut-être nos collègues qui se trouvent mal avec les autorités locales et ça on doit éviter quand même et c'est pour ça aussi que le personnel chez nous est formé – je veux dire c'est pas spécialement Berne, c'est toute la Police – est formé dans l'optique, disons d'éviter ce genre de situation. Dans le cadre d'une escorte, ben il faut le prendre du début jusqu'à la fin, alors la fin ça veut dire livraison sur place et si ça c'est mal passé avant, il peut y a voir des problèmes sur place, donc l'approche sera différente, parce que là on arrive jusqu'à la conclusion finale. Dans le cadre d'une escorte il faut l'assumer jusqu'à la fin, sur un terrain où on n'est vraiment pas chez nous, en terrain pas du tout sûr.
Q. : Mmm...

R. : Dans le groupe de travail, ils discutent surtout des escortes difficiles. Du personnel sera formé au niveau surtout du savoir-faire pour assurer la sécurité de la personne lors du refoulement, et sur place pour avoir les contacts, pour savoir comment est ce qu'il faut faire sur place. Ils sont en train d'aborder le domaine des solutions, ils appellent la *bevertung*, je crois que c'est l'estimation des solutions, c'est une démarche lourde, qui est faite selon le système de pensée, d'analyse allemand. Pour des Latins, c'est peut-être pas tout à fait la même méthode.
Q. : Ah ! bon, ça veut dire quoi le système de pensée allemand ?
R. : La différence, où y a-t-il des problèmes, pis après quelles solutions, pis après on met toutes les solutions, pis après on regarde ce qui peut jouer, ce qui peut pas jouer, alors que les Suisses romands auraient plutôt tendance à dire quand on propose des solutions, surtout dire « il y a telle solution, qu'est ce qu'elle a de plus, qu'est ce qu'elle a de moins, est ce qu'on la garde, est ce qu'on la garde pas », mais on y ferait tout de suite, tandis que là... et puis bon, il faut dire, ça se passe tout en allemand. Déjà pour les praticiens, la théorie c'est pas évident, mais alors la théorie en allemand (grand rire).
R. : Le travail, c'est quelque chose qui doit être fait pour la Conférence suisse des présidents de Départements de justice et police, c'est clair qu'il faut qu'il y ait une argumentation, une construction du dossier qui soit élaborée.
Q. : Le travail va continuer avec les petits avions ?
R. : On pourrait très bien admettre qu'une fois on décide de faire, comme ça c'était fait de manière assez dure, de prendre un DC 10 pis de le remplir, c'était avec des Zaïrois, donc un DC 10 a été rempli de Zaïrois, ils avaient été refoulés sur Kinshasa. On pourrait admettre, j'imagine, que dans le cadre du Kosovo par exemple, il y a un moment donné les liaisons ou le refoulement sur le Kosovo peuvent être envisagés d'une manière, je dirai sûre, ou aussi sûre que possible, et que là on fait un charter Kosovo, pis on prend des gens un peu partout en Suisse, la Confédération affrète un avion, on le remplit de Kosovars et on les achemine sur Pristina. L'un n'empêche pas l'autre, parce qu'après, vous avez encore évidemment tout ce qui est l'aspect économique, l'aspect politique.
Q. : En tout cas ce serait une grosse opération ?
R. : ça serait une grosse opération, mais je veux dire qu'à un moment donné, surtout le Kosovo. Pristina ça fait peut-être deux heures de vol, donc là ça pourrait encore être quelque chose de pas mal. Mais ça pourrait, par exemple, ça pourrait très bien être une fois, admettons qu'il y ait un ras-le-bol, que ça redevienne possible. Vous avez un puissant ras-le-bol politique sur le plan suisse, le Conseil fédéral décide de faire une démonstration de force, alors on décide de faire quelque chose comme ça, et pis ça passe ou ça casse, ou ça se fait pas. Là je dirai que c'est typiquement le genre de domaine où, à la limite, même un organe tel que la Conférence suisse des présidents de départements de justice et police pourrait même proposer

quelque chose, et finalement c'est le Conseil fédéral qui va décider. Ça va être, à mon avis, une décision au niveau Conseil fédéral pour un gros truc comme ça, qui décide en fonction de la considération politique du moment. Savoir à qui on veut faire plaisir. Et puis Le Conseil fédéral donne mandat à la division des renvois de l'Office fédéral des réfugiés d'organiser, de mettre ça sur pied avec les cantons suisses, par exemple.

Q. : Quand vous parliez tout à l'heure du Chef de la Police de Genève, en parlant des questions déontologiques, en Suisse allemande vous avez l'impression que ce dossier déontologique , il existe ?

R. : Ouais, ben, c'est un chef de service qui s'occupe exclusivement de ça, qui évidemment par la force des choses appliquera toujours ses principes déontologiques parce qu'il veut pas que son personnel ait des problèmes sur place. Tous les jours, ou toutes les semaines pratiquement à Zürich, ils font des refoulement sur des tas de pays, notamment l'Afrique, et ils savent, par expérience, ce qu'il faut faire pour que ça se passe bien. Et ils savent ce qu'il faut pas faire, mais ils savent ce qu'il faut faire pour que ça se passe mal aussi, ce qui fait que dans certains cantons, je prends un exemple tout bête, nous, quand les collègues sont arrivés sur place à Abidjan, ils ont des problèmes.

Q. : La déontologie, on en parlait justement, je vous demandais si dans cette commission de travail à Berne, le problème est posé ou pas posé ?

R. : Mais au niveau déontologique, je veux dire qu'il se pose même pas, pour être précis.

R. : Puisque de toute façon le but est que ces gens arrivent, le but, c'est que ça se passe bien pour tout le monde, donc si vous voulez que ça se passe bien pour tout le monde, bon, c'est peut être ma vision personnelle des choses, mais c'est que le refoulé il doit arriver dans le meilleur état possible, et puis les collègues ou les policiers qui font le refoulement doivent avoir le moins de problèmes possibles, donc un aspect déontologique, c'est-à-dire que ça se passe bien, et pis ça veut dire qu'on va pas torturer la personne, et on va rester à peu près correct ou aussi correct que possible, j'dis à peu près, c'est pas déontologique, aussi correct que possible avec, ça va de soi aussi, surtout il s'agit quand même de gérer des situations qu'on pourrait presque qualifier de crise, ou de pénible, donc c'est pas quelque chose que vous pouvez résoudre comme dans un bureau où on ferme une porte un moment. Là, vous êtes pendant un certain nombre d'heures dans un avion avec une personne que vous devez remettre à des autorités locales sur place, vous avez tout l'environnement, je pense surtout à des vols, quand c'est des vols de ligne, vous avez tout l'environnement des passagers autour avec lesquels ça doit se passer le mieux possible pour les passagers, pour vous, et tout. Par contre, l'un des buts de ce groupe de travail, c'est aussi effectivement, j'y vois comme ça maintenant, j'y voyais pas, mais c'est clair que ça va de soi, c'est de faire en sorte, si on veut fixer des normes pour tous les cantons suisses, c'est de faire que dans tous les cantons suisses, où qu'on soit partout en

Suisse, ou qu'on puisse gérer, disposer sur le plan suisse de personnes qui soient formées pour faire ça comme il faut, parce qu'effectivement maintenant, par rapport aux expériences notamment faites à Zürich, quand ils reçoivent des gens qui viennent de certains autres cantons, les gens ne sont pas prêts du tout. Ceux qui sont refoulés, il y a des cas, des choses presque effarantes, ou impressionnantes.
Q. : C'est-à-dire ?
R. : On nous a expliqué une fois, il y a eu des gens, des policiers ou des administratifs, qui étaient allés chercher une personne, un Serbe ou un ex-Yougoslave qu'il fallait refouler sur la Yougoslavie. C'était un bûcheron qui travaillait sur un chantier de bucheronage, ils l'ont pris avec ses habits de bûcheron pour l'amener à Kloten. Non, on fait pas comme ça, alors non, alors effectivement, quand je vous dis que je sais pas ce qui se passe au niveau déontologique, en fait c'est un peu faux, puisque le but ce serait au moins de mettre des normes qui permettent que ça se passe bien.
R. : Mais où c'est clair que le but quand même d'arriver à un certain... je dirai même que quand on a discuté par exemple avec ces collègues zurichois, ils disent par exemple suivant ce qu'il faut refouler... ben, c'est des gens, on leur donne 100 francs, ils sont contents, parce qu'ils ont quelque chose quand ils arrivent. Alors bon, c'est clair par contre que ça suppose une certaine connaissance, ça fait partie aussi des qualités, des connaissances des caractéristiques culturelles de la personne qu'on refoule.
Q. : En situation de crise vous êtes parés ?
R. : Le problème, qui n'a pas encore vraiment été abordé, il faut que le personnel soit formé, bon évidemment aussi physiquement pour pourvoir se défendre, ou maîtriser une personne, mais ça, ça fait partie du cahier de base du policier, il doit pouvoir le faire et puis je pensais surtout, à la connaissance, ou en tout cas possibilité de connaissances sur les pratiques culturelles de la personne.
Q. : Et pour éviter des questions de mort ? Parce que l'affaire du coussin en Belgique là, vous en avez parlé ?
R. : J'étais pas à la Brigade à l'époque, donc on en n'a pas parlé, euh...
Q. : Ou l'affaire de Zürich ?
R. : Alors ça, je vous dirai franchement, on en a peu parlé, mais c'est clair, on part de l'idée de tout faire pour que ça n'arrive pas, bon de prendre toutes les mesures qu'il faut, c'est pour ça que moi, quand on parle de problèmes de bâillon ou autre, le but ce serait d'éviter. De toute façon on pouvait plus le faire avec Swissair puisqu'il nous veulent plus. C'est par exemple typiquement pour ça que quand on a fait ce dernier refoulement avec un vol privé, on n'a pas, on n'a volontairement pas utilisé de bâillon, ou d'entraves vocales pour éviter un problème de ce genre. Le but, c'est pas de tuer les gens, ça c'est clair. Je dirai que ça fait presque partie des conditions de base.
Q. : En même temps, c'est arrivé une fois, ça veut dire que ce n'est pas simple.

R. : Non, c'est pas simple, mais je vous dit, ça peut… je veux dire, on prend un certain nombre, je veux dire qu'au niveau par exemple fouille des détenus, je parle, point de vue Police genevoise, on fouille des détenus, on prend toujours un certain nombre de précautions, de manière à ce que les gens soient dangereux ni pour les autres, ni pour eux-mêmes, qu'ils puissent pas agresser ou se suicider. On a bien eu une fois une personne qui s'est pendue dans les violons de l'Hôtel de Police, simplement en se pendant avec son T-shirt. Il devait malheureusement avoir très envie de mettre fin à ses jours, parce que fallait le faire, y avait rien de très pratique pour le faire. Donc il avait pas de ceinture, pas de lacet, le minimum d'habits qu'on laisse, enfin les habits qu'on doit laisser à une personne. Il y est arrivé, ben là, vous pouvez jusqu'à un certain point. Puis c'est clair que dans un refoulement on va prendre toutes les mesures pour que la personne… je veux dire mettre un coussin ou faire des choses comme ça, de toute façon même si ça se fait, on sait qu'il faut, y a un moment faut la laisser respirer. On sait que ça pose des problèmes. Il y a d'autres cantons qui ont moins d'expérience, nous on le sait, on a peut-être quand même une approche qui est déjà plus, qu'on essaye d'avoir plus adaptée, à tous les aspects du problème.
Q. : Il y a un autre aspect auquel je pense en vous écoutant depuis un moment, le vécu des gens qui vont faire ce boulot, ça ne va pas être simple ?
R. : Vous savez, c'est le vécu, disons, non, c'est pas simple.
Q. : Dans leur famille, autour de leurs amis, comment ?
R. : Vu sous un certain angle, c'est le vécu de tout policier parce que celui qui est au commissariat, qui doit régulièrement toutes les semaines aller faire, je dis en moyenne, qui fait à peu près une levée de corps, au niveau du vécu, et c'est peut-être encore pire, il y en a à qui ça fait rien. Bon, on a aussi l'avantage que c'est un métier qui a beaucoup de rotations. Les gens, ils se disent : « je suis là pour un certain temps, je fais ça ». Là je pense que d'une manière générale, bon, les escortes c'est clair que c'est un moment pénible, je dirai qu'au moins par rapport aux restes des activités pour ceux qui y sont, ça les sort, ça leur fait faire autre chose, c'est déjà un côté un peu plus aventureux, plutôt que le côté purement administratif et très statique des autres activités. Bon, faudrait peut être pas en faire tous les jours, ça dépend aussi des conditions. Oh ! puis bon, c'est clair qu'il y en a peut-être une fois une qui va se passer très mal pour quelqu'un, il va dire « je veux plus en faire pour telle ou telle raison ».
Q. : Dans ce cas-là, comment est-ce que vous envisagez qu'il faudrait faire ?
R. : La mise sur pied de cellule, on appelle ça *debriefing,* c'est d'avoir une discussion, à la fin, au retour, pour savoir ce qui a marché, ce qui a pas marché et pour en discuter.
Q. : Les sentiments qu'on a eus, comment est-ce qu'on s'arrange avec ses sentiments ?
R. : Alors là franchement, ces derniers temps, les gens ont pu s'exprimer sur ce qu'ils avaient vécu. On n'a pas mis d'entrave à la discussion, alors bon,

est-ce qu'ils ont discuté de tout, est ce qu'ils n'ont pas discuté de tout ? On en a encore parlé hier, puisqu'ils sont en train de faire un rapport pour expliquer un certain nombre de choses qu'il faut améliorer sur le plan technique et autre. De ce côté-là, ça c'est fait. Maintenant j'ai pas l'impression que sur le plan psychique ou mental, ça leur pose problème, finalement, ça je dirai que c'est un problème de fonctionnement hiérarchique.

Q. : D'accord, oui, je comprends.

R. : (rire) Alors, que ça soit pour un refoulement ou pour autre chose, de dire aux gens, « bon, s'il faut gueuler, faudra gueuler, quoi ».

Q. : Mmm, tout à fait, oui.

R. : Dans l'élite aussi, mais c'est un problème qui alors là, à mon avis, n'a pas forcément directement à voir avec la problématique particulière, qui est plutôt un problème général de fonctionnement d'essayer de prendre, ou en tout d'avoir une certaine ligne de conduite, de s'y tenir et puis une certaine manière de se comporter qui, sans être laxiste, soit acceptable.

Q. : Comme on arrive gentiment vers la fin, comment vous voyez l'évolution de cette politique des étrangers, à partir de votre fonction et toute cette histoire des refoulements ? Comment vous percevez ça quand vous réfléchissez ?

R. : Y a des fois, des refoulements, ça va tout d'un coup peut-être changer en fonction de 2-3 contingences politiques, on pourra de nouveau tout d'un coup en faire facilement sur certains pays pour lesquels on n'a pas de papiers ou des choses comme ça, ce qui me fait un peu plus peur, ou souci, quand même c'est tous ces gens qu'on met sur le trottoir parce qu'on peut pas les refouler parce qu'on n'a pas de papiers. Là on a un changement de mentalité, un changement d'approche. C'est les effets de l'arabisation et tout. C'est, je dirais, le côté un peu invasion, pour être très cru, disons tout d'un coup être confronté à ça, je dirai à un problème d'invasion. De voir des Russes qui ne parlent pas le français, c'est pas étonnant, mais c'est tout d'un coup des Algériens qui viennent, qui sont là, et qui ne parlent pas le français. Et puis bon, c'est tous ces gens qu'on met sur le trottoir, parce qu'on peut pas en faire, parce qu'on n'a pas de papiers, à la limite ça me fait un peu peur, c'est que finalement on subit, on subit, on subit, on a rien pour réagir.

Q. : Ça, c'est un problème que vous voyez dans l'avenir ?

R. : Enfin c'est un sentiment, j'ai le sentiment, vous me demandez mon sentiment, c'est pratiquement ça, mon sentiment, on subit cette pression de gens qui n'ont pas de papiers, qu'on peut pas refouler et qui glandent, c'est un peu une forme d'invasion, ça me fait un peu souci.

Q. : Tandis que pour les refoulements comme ça, c'est...

R. : Ah ! les refoulements, je crois qu'on peut les faire si on peut en faire plus, bon, au niveau de la gestion, c'est clair que ça coûte, enfin je veux dire ça coûte du temps, ça coûte de l'argent, mais je dirai que c'est des problèmes techniques, alors il faut trouver une autre technique pour les résoudre. Moi,

ce qui me fait le plus peur, c'est des problèmes techniques de trouver des papiers, d'avoir une volonté de refoulement, mais il me semble qu'on l'a pas, et qu'on subit. Quand je dis « on », c'est le pouvoir politique. On pourrait, certainement, aller bien de l'avant puis pouvoir dire avec les auditons linguistiques, avec un certain nombre de choix, il est de telle tribu, donc il peut venir de tel pays, donc on regarde, on fait, je pense, si on voulait vraiment, je pense que techniquement ça devrait être possible.
Q. : Mmm…
R. : Techniquement, il doit certainement être possible d'avoir des moyens d'investigation qui nous permettent d'identifier tous ces Africains de l'Ouest. Donc on pourrait dire, voilà techniquement on veut, maintenant est-ce qu'économiquement on le peut, est-ce que politiquement on le veut ?
Q. : Là est la question pour vous ?
R. : Là est la question, et pourtant non.
Q. : Et pourquoi non ?
R. : C'est du laxisme, un laxisme pur et simple, ça peut être une considération politique générale en disant « si on a, admettons, je sais pas combien de réfugiés en Suisse, bon je prends un chiffre, 600 000, si on a sur ces 600 000 si on a 15 000 cas pénaux qui nous emmouscaillent, c'est finalement trois fois rien ». Donc on fait ce qu'on peut, pis on s'arrête là. Donc ça peut être aussi une appréciation de situation, une estimation, dire « voilà, le jeu ne vaut pas la chandelle, hein ! ». Est-ce qu'il pourrait y avoir d'autre politique en disant « on veut pas froisser la susceptibilité des États, on repousse à d'autres », ça je sais pas si ça va jusque-là, franchement je sais pas.
Q. : Mmm…
R. : Je dirai que techniquement il doit être possible de faire quelque chose en s'en donnant les moyens, on ne les a pas, est-ce qu'ils s'agit de se dire « ça n'en vaut pas la peine », ou est-ce qu'on veut pas parce qu'on n'en a rien à foutre, j'sais pas.
Q. : Donc c'est ouvert ?
R. : C'est ouvert, alors personnellement je n'ai pas de réponse, parce que je connais pas assez, et pis bon, après c'est clair que plus ça va de l'avant, plus y a d'informations et puis plus on est loin de la source du problème, parce que c'est clair, c'est des fois ce que j'essaye d'expliquer à mes collègues, c'est de se dire que par rapport au nombre de cas traités par la section des départs de l'Office cantonal de la population, ceux qui viennent au niveau police, c'est une minorité, je suis sûr que c'est une minorité, le pourcentage je sais pas, j'ai pas posé la question, on n'a pas pu me dire. Quand même, par rapport à tout ce qui part sans problème, ça doit être une minorité, c'est clair que pour nous la minorité, comme on voit que ça, elle est énorme.
Q. : C'est le bout de la lunette.
R. : Oui, le bout de la lunette, alors évidemment que ce qu'on voit nous c'est beaucoup, pour nous c'est gros, pour le chef de la Sûreté c'est moins gros, le

chef de la Police encore moins, le président du Département… et puis à Berne ça diminue, bon c'est clair, ils condensent de tous les cantons, mais si on y replace dans un contexte général, c'est peut-être pas si important que ça.

Q. : Vous avez quelque chose à dire au Conseil d'État par rapport à vos préoccupations, que vous auriez envie qu'ils entendent ?

R. : (réfléchit) C'est surtout qu'on nous donne, je vais être très prosaïque, mais surtout qu'on nous donne les moyens, ou qu'on ne nous enlève pas des moyens de travailler, où disons, bon je parle Police, c'est d'être aussi plus général, qu'on arrive globalement à mieux pouvoir connaître, ou identifier, les gens qu'on a en face de nous, qu'on arrive à savoir, c'est une question bêtement militaire, il faut qu'on connaisse notre ennemi.

Q. : D'accord.

R. : Si on considère que c'est des ennemis.

Q. : Tout à fait.

R. : C'est pas forcément des ennemis.

Q. : Mmm…

R. : M'enfin, ou la partie adverse. Je veux dire, à part le souci que j'ai dit avec cette espèce de… d'invasion qu'on ressent, ce sentiment d'invasion je dirais, ou de gens qu'on doit laisser aller dans la rue, sans pouvoir les gérer.

Q. : Donc de dire : « prenez des mesures là-dessus » ?

R. : Oui, mais ça rejoint un peu ce que je disais avant, parce qu'il faut que l'on sache d'où viennent les gens finalement, et après regarder ce qu'on peut faire. Je dirai peut-être une chose, quand même, c'est une réflexion qui m'est venue l'autre jour quand je voyais, je sais plus où j'ai vu, il y avait des écritaux, des drapeaux, enfin des oriflammes, qui étaient affichés, est-ce que c'était par rapport à la Journée mondiale des réfugiés, où je sais plus, où il parlait des réfugiés. Je crois qu'il y en a un, j'sais même plus où je l'ai vu. Je crois que je l'ai vu à la place du Molard ; Genève cité du refuge, réveille-toi, et pense à ce que t'ont apporté tous ceux que tu as accueillis. Donc il faisait référence, je pense à la Réforme, à la révocation de l'Édit de Nantes.

Q. : Tout à fait.

R. : Aux Huguenots et tout ça. Déjà, moi je me pose la question, est-ce que les Huguenots ont été si bien accueillis que ça ? On pourrait des fois se poser la question.

Q. : Tout à fait, bonne question.

R. : (grand rire) Parce que quand on sait finalement sur quoi ça a débouché, c'est-à-dire les révoltes genevoises, ou la révolution genevoise qui était peut-être pas aussi sanglante que la Révolution française, enfin après, il y a avait quand même cette société à deux vitesses qui s'est mise en place à Genève, où il fallait je crois depuis cinq générations habiter Genève pour pouvoir…

Q. : (petit rire).

R. : Non mais, je crois que le père de Jean-Jacques Rousseau, il pouvait pas se faire genevois parce qu'il était pas à Genève depuis assez longtemps, enfin j'sais plus, donc ils ont aussi eu quand même à cette époque…

Q. : Mmm…

R. : Et puis je pense qu'y avait peut-être, ou alors on a peut-être gardé, qu'on a voulu garder que l'apport des Huguenots. au niveau des cultures maraîchères, au niveau de l'horlogerie, au niveau d'un certain nombre de choses, ce que en tout cas on ne ressent pas actuellement au niveau du policier genevois. C'est-à-dire qu'on a l'impression que ces gens ne nous apportent rien si ce n'est des ennuis.

Q. : C'est ce que vous ressentez ?

R. : Et qui nous coûte ?

Q. : Et votre expérience, c'est ça avec les étrangers ?

R. : Alors mon expérience avec les requérants d'asile, puisqu'on voit que ceux-là, on voit pas… bon justement c'est moi qui vous avait posé la question, je sais pas si vous vous rappelez quand vous êtes venue sur les enseignants ?

Q. : Tout à fait, je me souviens bien.

R. : Parce que ma femme est enseignante.

Q. : D'accord.

R. : Et c'est pour ça. Elle a une classe enfantine, ça fait 12 ans qu'elle y est maintenant, avant elle était ailleurs, et elle commence à avoir des problèmes. Justement cette année, avec une 1re enfantine, donc des 4-5 ans, elle a 1/3 de francophones à 100 %, 1/3 de plus ou moins francophones, pis 1/3 de pas francophones du tout, et là-dedans elle a, bon elle a trois Kosovars, elle dit « eux ils sont encore… socialement, finalement c'est pas encore les plus mauvais ». Mais c'est clair que ça lui pose aussi des problèmes, parce que les gens, elle disait quand elle avait 2/3 de francophones, et 1/3 de non francophones, « le tiers qui reste il s'assimilerait facilement », maintenant, dans la situation actuelle, elle a les Kosovars qui jouent très bien entre eux, mais ils parlent en kosovar.

Q. : C'est pas simple.

R. : C'est pas simple, il y a tout d'un coup, je crois qu'elle à 23 élèves en classe quand ils sont tous là, ce qui fait du monde à gérer, donc ça fait en gros 3 x 7, donc un peu plus même, bref le nombre importe peu, mais enfin ça fait tout ce monde, et là aussi ça pose des problèmes de fonctionnement de travail.

Q. : Oui, tout à fait.

R. : C'était dans cette optique-là, je dirai… les étrangers dans l'état actuel, c'est clair que moi je vois au niveau professionnel, je vois l'étranger délinquant, et le requérant d'asile délinquant, j'en vois pas beaucoup d'autres, ce qui ne va forcément pas aider.

Q. : Oui tout à fait, ce n'est pas évident.

R. : Mais c'est clair que je parle pas du frontalier qui fait un excès de vitesse ou un truc comme ça. On est tout en bas de l'échelle, on voit le gros bout de la lorgnette, on voit que la délinquance commise par les étrangers. Mais, je dirai par rapport à cette, je veux pas dire parabole, mais enfin, ce mot, cette affiche, je me disais « mais finalement, en tout cas ceux que je vois, j'ai pas l'impression qu'ils apportent quelque chose, voilà ».
Q. : D'accord.
R. : C'est ce qui ferait la différence pour moi par rapport à la référence qu'on fait avec les Huguenots, hein !
Q. : Tout à fait, je comprends.

Entretien no. 20

Q. Quelle est votre fonction?
R. : J'ai une fonction de responsabilité dans la police. Bon…Je vais être franc avec vous, je vais vous dire ce que je pense. Je ne vais pas essayer de jouer au politique parce que je sais comment faire. Je vais essayer de vous dire la vérité dans la mesure du possible. Nous sommes des policiers, ça il ne faut vraiment pas du tout le perdre de l'esprit quand je vais vous parler, parce que le fait d'être policier, c'est vrai qu'on a aussi souvent une action en grande part préventive, mais qui est aussi répressive. Il y a des personnes qui s'occupent de ce travail spécifique d'exécuter les renvois, les expulsions, contrôler les travailleurs clandestins.
Q. : Et ça c'est nouveau, ou bien ça existe depuis toujours ?
R. : Non, non, ça existe depuis toujours. Ca existait sous d'autres formes, mais maintenant ça existe comme ça.
Q. : Et ça a été réorganisé comme un service spécifique ?
R. : Ouais.
Q. : Et ça depuis quand ?
R. : C'est un service qui change tout le temps d'organisation parce que les lois changent, les directives sont en constante mutation. Il y a des nouveaux règlements qui viennent et on adapte le travail par rapport à l'événement, ça c'est typiquement une structure de travail qui est style accordéon, avec une structure souple et puis qui s'agrandit ou qui diminue par rapport aux problèmes auxquels on est confronté.
Q. : Et le budget, il vient de la Confédération ou du canton ?
R. : Non, c'est le canton parce que la compétence d'expulsion et de refoulement, c'est vraiment le canton. L'exécution de tout ce qui est refoulement c'est le canton.
Q. : Plus ou moins, combien ça coûte ?
R. : Plus ou moins, je crois que c'est le bon chiffre, un million. Là c'est un peu moins parce qu'il y a eu la guerre de Yougoslavie, on n'a pas pu

renvoyer les Albanais, les Kosovars et autres, notamment les Bosniaques. Donc ça, ça concerne uniquement les billets d'avion de retour.
Q. : D'accord, ça c'est les billets. Et ça, c'est payé par le canton ?
R. : Ça, c'est payé par le canton.
Q. : Les salaires de ce travail sont payés par le canton ?
R. : Ouais.
Q. : Est-ce qu'il y a d'autres frais qui interviennent, d'après vous ?
R. : Alors, énormément. Déjà, rien que les transports à l'intérieur de la Suisse, qu'on transporte. Parce que là on est bien d'accord qu'on ne parle que des immigrés.
Q. : Tout à fait. Immigrés, vous dites donc, clandestins, réfugiés ?
R. : Oui, il faut bien qu'on fasse la distinction. C'est assez difficile à dire parce qu'un réfugié pour nous, c'est pas du tout un délinquant. Un clandestin, c'est à la limite, et puis vous avez tous les délinquants étrangers qui sont alors là, le gros lot qui nous donne énormément de travail. Bien, le clandestin, en principe, c'est une affaire qui se règle assez rapidement. Il part de lui-même la plupart du temps. Le requérant d'asile, la plupart, vous avez vu les statistiques fédérales, partent en grande partie d'eux-mêmes quand on leur demande de rentrer. Et puis, vous avez toujours cette minorité qui fait obstruction, qui ne veut pas, qui fait opposition, qui ne veut pas retourner. Et puis, bien sûr, les délinquants. Les délinquants, ils font tout pour ne pas retourner, ça c'est clair.
Q. : Ceux qui s'opposent ?
R. : Oui, ceux qui s'opposent. Notre souci, il est principalement au niveau des gens qui s'opposent.
Q. : Mais, quand vous dites souci…
R. : Là, on a vraiment de très grands soucis. Parce que les soucis financiers, à la limite, c'est pas bien important, il suffit de décrocher les budgets, de toute manière, ces budgets, on peut les obtenir. On sait très bien que, si on met les moyens, on obtient ce qu'on veut. Le problème de la police, c'est qu'on est qu'un bras. On est que le bras armé en définitive. L'exécutant des décisions fédérales en l'occurrence. Et même parfois l'exécutant des décisions cantonales, qui prennent des interdictions d'entrée sur des requérants. Vous savez, ça c'est le gros problème du conflit de compétence entre la Confédération et les cantons. Alors, il faudrait vraiment sortir à la fois le budget du canton, budget de la Confédération. La police étant là-dedans qu'un bras armé qui vient et qui fait son boulot. Dans les renvois musclés, notamment, on ne fait pratiquement que des renvois à escorte ou des renvois musclés. La plupart du temps, les gens partent d'eux-mêmes. Et ça, ça a été dit par le directeur de l'ODR. La plupart des réfugiés déboutés partent d'eux-mêmes.
Q. : Et si on revient à votre souci, peut-être encore pour concrétiser un peu plus.

R. : Bien, celui qui ne veut pas partir actuellement, on ne peut plus le renvoyer.
Q. : Comment ça ?
R. : Bien, le problème il est le suivant, c'est-à-dire que les compagnies, bien, elles ne nous acceptent plus. Celui qui crie dans les avions, bien on ne le monte plus dans les avions. Dans la plupart du temps parce que des fois il y a des exceptions, c'est des délinquants. Des délinquants durs qui veulent absolument rester chez nous pour des tas de raisons que vous pouvez imaginer, puisqu'on a des justices tellement sympathiques. Ils veulent rester là, donc, ils font du scandale dans l'avion, ils font du scandale sur le tarmac. On ne peut pas les refouler. On veut les mettre en mesures de contrainte, on ne peut plus appliquer les mesures de contrainte comme elles devraient être appliquées au niveau de la Confédération. Parce que là, encore une fois, c'est une loi fédérale et le mode d'application est cantonal. Alors, pour moi, cette loi d'application, elle a été sabotée et on ne peut pas utiliser les mesures de contrainte par exemple pour garder une personne quatre-cinq jours jusqu'au prochain vol. Si cette personne a déjà été fait l'objet de mesures de contrainte, on ne peut pas les appliquer deux fois, donc qu'est-ce qu'on fait ? On fait des remises-trottoir et puis c'est quelqu'un qu'on retrouve bien souvent en prison ou, comme c'est un délinquant, d'habitude, automatiquement il nous retombe dans les pattes.
Q. : Et vous disiez les lois d'application sabotées...
R. : Les lois d'application, elles ont, pour Genève, d'ailleurs, c'est connu dans toute la Suisse, été politiquement sabotées. Il faut dire les choses comme elles sont. Parce qu'elles étaient prévues ces lois d'application pour retenir une personne jusqu'au prochain vol. Ce qu'il faut savoir, c'est que cette loi nous laissait le temps d'obtenir un laissez-passer, ce qui est pratiquement, je vais le dire, très dur suivant les pays. Je peux prendre l'exemple de la Chine, la Chine vous n'avez même pas besoin de mettre quelqu'un au trou, vous n'aurez jamais de laissez-passer. Quelqu'un sans papiers, les Chinois ne le reprennent pas. Et puis ils ne vous donnent même pas de laissez-passer. Mais pour les pays africains, notamment, il faut quelques semaines, voire quelques mois pour obtenir ce laissez-passer. Donc ce qui équivaut à un passeport quand la personne n'a pas de passeport. Il faut trouver des places sur l'avion. Il faut trouver des collègues qui soient d'accord d'y aller parce qu'il faut faire des vaccins. On a quand même des collègues qui ont fini en prison en Afrique.
Q. : Oui, j'ai lu ça dans les journaux.
R. : Donc, il y a tout un paramètre de difficultés qui arrivent sur ce genre de truc, sur ce genre d'actions et à mon avis, là, on arrive contre le mur. Si on arrive pas, si on ne peut pas préparer une fois pour toutes, c'est vilain le mot, des charters, mais une fois pour toutes des voyages organisés de retour dans un cadre humain, vraiment top. Parce qu'on peut tout à fait le faire. Et je pense que ça sera mieux à ce niveau-là. C'est comme ça qu'on pourra

retourner les gens. Sinon, ces gens-là, il faudra les garder chez nous jusqu'à la fin de leurs jours.

Q. : Donc, ça c'est un projet qui est à l'étude ?

R. : C'est un projet qui est à l'étude, mais malheureusement politiquement, ça ne passe pas bien.

Q. : Donc, qui est à l'étude à Berne ou qui est à l'étude à Genève ?

R. : Parce que je pense que les gens préfèrent se cacher les yeux et puis laisser les délinquants dans la rue continuer leurs petits ouvrages, plutôt qu'organiser une fois pour toute des rapatriements sanitaires, humains et tout ce qu'on veut de ces gens-là. Parce que, moi, ce que je trouve dommage, les requérants d'asile qui sont des braves gens la plupart du temps, eh bien eux retournent d'eux-mêmes. Si on les renvoie, eh bien ils viennent avec nous. Et on les encadre et ils retournent. Et les délinquants, ils restent.

Q. : Ce n'est pas simple.

R. : Non, c'est pas simple. On a vraiment le reste du panier qui reste malheureusement. Alors, après on dit « les statistiques, c'est terrible. Il n'y a que des Yougoslaves ». Vous avez 250 Yougoslaves qui ont été arrêtés depuis un mois pour des affaires de stups. Il y en a 230 Africains des pays de l'Ouest, de Centre-Afrique, c'est pas normal. Mais, c'est comme ça puisqu'on les garde. Alors, on en est à peu près à ce niveau-là.

Q. : Donc vous êtes en train de travailler sur ce souci de renvoi, pour pouvoir les renvoyer ?

R. : On est en train de travailler sur ce problème.

Q. : Donc, le canton ou bien la Confédération ?

R. : La Confédération, au niveau de la Confédération avec les cantons. Il y a une séance de travail à Zürich prochainement. Mais on va toujours s'opposer à ces grandes discussions politiques parce que là, le pouvoir politique a vraiment une incidence importante là-dedans. Il ne fait pas la distinction entre l'ivraie et le bon grain, comme on dit. À un moment donné, il faut quand même utiliser la force, il faut les renvoyer parce que sinon on va se retrouver face à une situation catastrophique dans le domaine de la délinquance.

Q. : Et puis, c'est Swissair qui va travailler avec vous ?

R. : Swissair, eux, ils ont un gros problème parce que, bien entendu quand on monte à trois policiers plus une personne qui hurle dans un avion… On ne peut pas utiliser le bâillon. Bon, la première fois, on monte. Bon, on redescend parce que le capitaine nous fait sortir. La deuxième fois, on réessaie de nouveau avec beaucoup de gentillesse pour qu'il veuille bien se taire. Il recommence son cirque. Et puis, la troisième fois, bien, on utilise, donc la méthode dite de catégorie trois, mais qui n'est plus utilisée maintenant, puisque Swissair ne veut plus ou alors, on attache carrément la personne et on prend des mesures pour qu'il ne puisse pas hurler. Mais, ça c'est pas possible, quoi.

Q. : Et qu'est-ce que ça veut dire la méthode de catégorie trois ? C'est quoi concrètement ?
R. : C'est ficeler, tout bêtement entraver, voilà.
Q. : Donc, vous ficelez la personne, vous la bâillonnez ?
R. : Sinon, il gesticule, il vous casse tout dans l'avion. On a des difficultés où un Africain a arraché la jupe d'une hôtesse. Je vous garantie que ce n'est pas drôle pour les policiers qui vont avec. Alors, il faut savoir, la bonté humaine elle va pour qui, elle va pour les fonctionnaires ou pour le bonhomme ? Nous, on transporte des bêtes humaines parfois, vraiment des gens qui sont des saloperies, des crapules. Alors, on essaie de le faire dans des conditions les plus humaines possibles et c'est pas toujours possible. Et je pense qu'avec des convois médicalisés, humains, tout à fait normal, ça se fera dans des bonnes conditions. Comme si on ramène un détenu.
Q. : Et là, ça avait été utilisé longtemps cette méthode de catégorie trois ?
R. : Mais ça a toujours existé pour les gens. Bien, vous en avez entendu parler en Belgique.
Q. : Oui, tout à fait, pour qu'ils étouffent pas, vous avez fait comment ? Parce que vous n'avez pas eu une affaire de coussin en Suisse ?
R. : Bien non, parfois on étouffe, bien non, c'est, on fait comment, pour qu'il ne pousse aucun cri, vous voulez faire comment ? Ces choses sont laissées à l'appréciation du policier qui monte dans l'avion. S'il veut exécuter sa tâche et puis l'autre hurle, au bout d'un moment, il faut bien trouver une solution pour lui clouer le bec, alors, qu'est-ce que vous faites. Qu'est-ce qu'on peut faire ? Mais vous avez deviné, je ne veux pas dire les méthodes qu'on utilise, mais c'est les méthodes les plus bêtes du monde, quoi. On lui boucle le caquet ou bien on lui met quelque chose dans la bouche. Je n'en sais rien, peu importe quoi, ça c'est à l'appréciation du policier qui est chargé du transport.
Q. : Vous aviez des médecins aussi qui intervenaient, qui faisaient des piqûres ou des choses comme ça ?
R. : On ne peut pas. C'est interdit.
Q. : Ah ! oui, ça ne se faisait pas ?
R. : Bien oui, parce que dans le temps, on pouvait le faire, la personne était relaxée. On allait avec elle sans trop de difficultés, quoi.
Q. : Et en même temps, bâillonner sans étouffer, comment on peut faire ?
R. : Bien, c'est à dire que quelqu'un qui traverse la rue en face, alors qu'il y a des voitures qui passent, il se fait tuer, d'accord. Alors, celui qui hurle alors qu'il est dans un avion, et puis qui se fait étouffer, s'il meurt, bien tant pis pour lui. Des fois, on allait jusque-là parce que, ça dérange pas du tout, je vous le dis franchement parce que je vous dis ce que j'ai sur le cœur, parce que si vous avez vécu ça deux ou trois fois dans votre vie, je vous garantis, parce qu'on voit toujours le côté bonté, humain, sympathique et tout. Il faut venir avec nous. Venez, vous allez voir, vous allez vous emmerder, j'allais le dire, parce que, prenons le cas donc d'un Africain dernièrement qui s'est fait

dans les culottes, qui en a pris et qui en a mis sur tout le monde. Donc, tout le monde était content, ça sentait les excréments partout. C'était formidable. Je vous garantis que là, même si vous êtes très humain, vous avez vraiment envie de cogner. On ne le fait pas, parce que je vous garantis que les policiers qui font ce genre de travail, sont des types hors pair. Et ils ont une maîtrise d'eux-mêmes que moi-même je ne serais pas sûr d'avoir parce que le type je l'assommerai sur place. Bien non, ils l'ont ramené tout plein d'excréments. Ils ont été se laver. Ils ont lavé Monsieur et puis il est retourné en prison. C'est extraordinaire.

Q. : Ce n'est pas simple, en effet.

R. : Moi, je vous dis qu'il y a vingt ans en arrière, le type, il y passait parce qu'il se faisait prendre une secouée comme à l'époque c'était de rigueur. Alors, heureusement ça n'existe plus. Mais bon, pour lutter contre ces gens-là, il faut bien qu'on fasse quelque chose. Alors, j'estime qu'on pourrait les laisser crier ces gens-là, mais dans un avion où il n'y a pas de passagers. Le problème c'est les passagers parce que les passagers rouspètent et le commandant dit « bon, bien, maintenant dehors ! ». Alors, comment vous voulez les retenir ?

Q. : Je me suis demandée pourquoi vous aviez abandonné cette méthode ?

R. : C'est Swissair qui nous autorisait et puis il ne nous autorise plus. C'est Swissair qui a décidé, bon, bien on utilise plus. La méthode du bâillon, elle est pratiquement jamais utilisée parce qu'à un moment donné l'individu comprend que ça ne sert à rien de hurler, surtout quand on est à dix mille mètres. Et, bon, certaines fois, les passagers sont un peu plus loin. Ca ne se passe pas trop mal et puis bon.

Q. : Et puis le nouveau plan, ça serait des avions spéciaux ?

R. : Ouais, il n'y a pas d'autres solutions.

Q. : Avec quel type de compagnie ?

R. : Bien, la compagnie de la Confédération. On a une armée. On a une Confédération. On prend des arrangements diplomatiques avec les pays d'origine.

Q. : On utilisera les avions Mirages qu'on a payés ?

R. : Non, il y a d'autres utilités. Non, les Mirages, ils arrivent au bout. Il arrivent au bout, ils les vendent. Non, ils ont déjà acheté les avions. Il existe déjà l'avion. C'est les avions de transport de l'armée. Alors, on peut le louer. Les Belges ont acheté un avion dans le cadre des accords de Schengen, ils ont un Airbus fait pour ça. Actuellement, ils ne l'utilisent pas parce qu'il y a une forte pression politique intérieure. Cet avion, il n'est pas destiné à refouler des requérants d'asile. Il est destiné à refouler des indésirables dans tous les sens du terme, qui sont des délinquants. Parce qu'en Suisse, il y a des milliers qu'on n'arrive pas à refouler. Et ça, je crois que les gens ils ne s'en rendent bien compte que s'il se font cambrioler tous les jours. On a des gros problèmes au niveau de la délinquance, de ce type-là parce que c'est souvent des gens qui sont venus comme requérants d'asile. Ils se sont

installés ici, bien, pour se faire leur galette. Et puis vous savez comment ils se font leur galette. Donc, ça trafique la drogue, ça fait des cambriolages, ça fait.... C'est toute cette petite délinquance qui nous envahit et où tous les jours, on en a je ne sais pas combien dans les violons. Il n'y a pas un jour sans qu'on ait des requérants d'asile dans les violons. Mais, ceux-là c'est une partie des requérants d'asile, c'est cette petite partie minoritaire qu'on doit déjà vis-à-vis des requérants, qu'on doit régler. D'ailleurs, c'est eux-mêmes qui nous le disent. Les vrais requérants, ils nous disent « essayez de nous débarrasser de ces gens-là ».
Q. : C'est surtout des hommes ?
R. : Beaucoup, pratiquement que des hommes.
Q. : Ou il y a des femmes aussi ?
R. : Bon, bien la délinquance féminine, c'est rien du tout. S'il n'y avait que des femmes, ça serait merveilleux. Le monde serait génial.
Q. : Donc, c'est surtout des hommes...
R. : Je suis très féministe là-dedans parce qu'un policier, même s'il est un peu macho sur les bords, il se rend bien compte que la femme est largement meilleure que l'homme.
Q. : Donc, c'est surtout des hommes.
R. : C'est beaucoup des hommes.
Q. : Et vous-même vous avez fait ce travail, ou vous l'avez coordonné ?
R. : Non, non, je l'ai coordonné. Je l'ai fait, oui pour voir. Juste avant de passer officier, j'ai fait deux renvois.
Q. : Comment ça s'est passé concrètement pour vous ?
R. : Oh ! c'était musclé. Mais moi, en principe c'est bon, quoi. Question muscle, il n'y a pas de problèmes.
Q. : Vous êtes grand.
R. : Pas de problèmes, mais on a dû faire usage de la force. Et je vous garantis, un métier où on vous oblige. Non, vous êtes obligé d'utiliser votre force pour exécuter le métier, c'est pas facile. Alors, quand on dit les policiers, c'est tous des brutes. Non, ils ont aussi une femme et des enfants. C'est aussi des gens très libéraux dans beaucoup de domaines. Mais, à un moment donné, quand on doit exécuter la mission, c'est pas facile d'user la force contre un individu. Même si c'est un délinquant.
Q. : Et c'est quoi, utiliser la force ?
R. : Oh ! bien, c'était un... c'était utiliser la force.
Q. : Ça veut dire quoi ?
R. : Bien, il y a des méthodes, je ne peux pas vous en parler comme ça.
R. : Une utilisation de la force, ça peut être une clé de bras, ça peut être une clé de nuque, ça peut être n'importe quoi. Ça peut être n'importe quoi. Ça peut être un étranglement au cas où il faudrait faire un étranglement. Les trafiquants de boulettes qui mettent les boulettes dans la bouche, si vous voulez les faire cracher les boulettes. Si vous leur tapez un coup de poing dans les reins, vous risquez de leur faire éclater des vaisseaux ou je ne sais

pas quoi. Un coup de poing dans le ventre, ça pourrait les léser sur les parties internes. La tête, vous pouvez les léser autrement. Qu'est-ce que vous faites ? Vous les étranglez jusqu'à ce qu'ils crachent les boulettes. Bon, alors, on étrangle. Voilà, ça paraît un peu violent, mais c'est comme ça se fait.

Q. : Mais vous êtes formé pour ça ? Vous avez des cours spécialisés là-dessus ?

R. : Bien sûr. C'est comme pour bloquer un type qui fait le fou dans un avion, c'est clair qu'on a des cours. Pour certains, c'est un problème. Il y a des policiers qui ont peur. C'est clair que ce n'est pas facile pour tout le monde. Alors, en principe on y met le nombre et puis on y va.

Q. : Drôle de risque du métier, quand même.

R. : Là il y a beaucoup de risques. Alors, si on ne le fait pas dans des normes administratives, tout à fait sanitaires, correctes, ça ne se passera plus. Et puis, ces gens-là il faudra les garder et puis on les mettra dans la rue et puis ils nous feront des cambriolages.

Q. : Et qu'est-ce que ça voudrait dire dans les normes administratives et, comment vous dites, sanitaires ? Ça veut dire quoi sanitaire ?

R. : Dans le droit, sanitaire avec des médecins. Il faut un encadrement médical, ça c'est tout à fait indispensable. Ce n'est pas possible autrement. Si vous mettez dans un avion dix personnes à renvoyer avec cinq policiers, il faut au minimum un médecin, deux infirmières ou un médecin, un infirmier pour le moins. Il peut arriver un malaise. Déjà, un policier peut avoir un malaise. Mais, j'entends, il peut arriver un malaise. Déjà, c'est une norme, je ne sais pas ce qu'est la norme, mais je sais que le médecin qu'on a là peut le dire, quand il y a un groupement de tant de personnes pour une action administrative, il faut un médecin ou une infirmière. Il y a un cadre médical obligatoire.

Q. : Parce qu'il y aura beaucoup de places dans ces avions ? Il y aura beaucoup de monde ?

R. : Je n'en sais rien. Je sais que les Belges ont un gros avion, mais je pense que pour un renvoi, il ne faudrait pas mettre plus que tant. Non, les petits renvois seront plus intéressants que les gros renvois. Et puis, c'est très difficile à faire. Avec les mesures de contrainte qui ne nous permettent de retenir les bonshommes, le jour où l'avion se pose il n'y a plus une personne qui répond aux convocations. On trouvera personne. Et puis le lendemain ils seront tous dans la rue en train de nous narguer. Il y a plein de difficultés à ce niveau-là.

Q. : Donc, il y a des aspects budgétaires, des aspects d'organisation, des aspects…

R. : Moi, je pense que les aspects budgétaires, il faut mettre un peu de côté parce que quand on veut faire quelque chose on y met le prix. Et, à mon avis, une fois le faire comme il le faut, décrocher un bon budget pour ce genre d'action-là, ça rapportera à tout le monde. Déjà, un, ça rapportera aux autres

étrangers parce que c'est eux-mêmes qui nous demandent souvent de renvoyer ces gens-là. Et à tout le monde, à la société. Et puis nous aussi on sera un petit peu plus calmes. Alors, on me dit « oui, certains reviendront ». Bien oui, certains reviendront, certains ne reviendront pas. Mais, pendant qu'on les renvoie, ils ne nous commettent pas les délits.
Q. : Et puis ça viendra plutôt de Berne là l'argent, je pense, à ce niveau-là ?
R. : J'espère que oui, mais, là il faudra une décision du Conseil fédéral parce que normalement ces frais, ça dépend, comme je vous l'ai dit, si c'est des requérants d'asile en mesure de renvoi, c'est la Confédération. Si ce n'est pas le cas, c'est le canton. Donc là, on a déjà des disputes à ce niveau-là. Et puis, il suffit d'une interpellation au Grand Conseil, je ne sais pas, Tartanpion, parce que c'est ça la démocratie suisse, Tartampion pose une question, stop on suspend tout le monde. Pas de renvoi, il faut qu'on puisse répondre en commission à la question et puis là on avance plus. Alors, pendant ce temps, nous on remet les gens dans la rue.
Q. : Et puis la formation de tous ces policiers pour faire ce travail ?
R. : C'est-à-dire que les policiers, ils marchent aussi à la satisfaction personnelle et puis aussi à la motivation, d'abord parce que vous ne pouvez pas toujours dire « Messieurs, vous allez faire ça et puis faire ça », ça, c'est ce qu'on nous disait à nous quand on est entré dans la police, mais maintenant ça ne fonctionne pas comme ça. Maintenant, ça fonctionne avec le participatif. Avant, c'était disciplinaire et puis on obéissait. Et puis maintenant, ils obéissent tout aussi bien mais il faut expliquer pourquoi. Alors, un jeune ou même un plus ancien, vous lui présentez le cas d'un renvoi où vous n'êtes pas sûr d'avoir la personne. Le type, il vous dit « oui, oui, je m'en occupe » et il va au bistrot. Et puis votre gars, vous ne le verrez jamais. Donc, dans l'application même du travail, il faut quand même un peu plus de sérieux. Je suis encore étonné de voir ce que font les bonshommes. Bien, c'est étonnant parce qu'il y en a déjà beaucoup qui auraient largement déjà démissionné depuis longtemps.
Q. : Et puis, motivation, ça veut dire financière ? Ça veut quoi ?
R. : Non, pas du tout, de faire le travail. Un policier, s'il ne veut pas travailler, il ne travaille pas. Surtout dans ce domaine-là. Si vous lui dites « viens ici, voilà, le dossier machin, tu t'en occupes », il dit « oui chef, je m'en occupe ». Tout de suite, il prend le dossier et puis vous voyez rien du tout. Et puis, il revient le lendemain et puis il vous dit « bien, j'ai fait des recherches formidables, pas trouvé. J'ai cherché partout ». Vous ne pouvez pas être derrière lui s'il a passé tout l'après-midi, même à la maison ou bien à boire des verres. C'est qu'il y a une liberté dans le travail du policier, en police judiciaire notamment. Le gendarme, à la limite, on peut encore le contrôler parce qu'il est en uniforme. Il est sur radio, on peut l'appeler, il revient. On sait plus ou moins où il est. Même lui, s'il veut rien voir, il ne voit rien. Donc, le jour où les policiers fermeront leurs yeux, eh bien on sera bien embêté. Alors, avec ça, on est en train de les décourager à fond. Je

pense qu'on passera par dessus, mais avec le système actuel, on est en train de décourager tout le bras administratif qui devrait exécuter ces mesures de renvoi.
Q. : C'est-à-dire ?
R. : Le bras administratif, c'est l'Office cantonal de la population (OCP), c'est l'ODR à Berne et c'est en dernier la police qui exécute, quoi. Mais on peut trouver, à tous ces niveaux-là, une baisse de motivation énorme.
Q. : C'est vrai ?
R. : Ouais, parce que, en fait les gens, le soir à 6 heures... Quatre heures moins vingt. À six heures, je vais à la maison, je m'occupe de ma femme et de mes enfants, de ma villa et tout. Je m'occupe d'autre chose. Donc, on arrive à dégoûter par notre système ce bras administratif qui a été mis en place pour exécuter ces mesures de renvoi. Par entraves juridiques, par entraves, possibles, mais inimaginables. Par exemple les entraves au niveau des ambassadeurs, qui ne nous délivrent pas des laissez-passer.
Q. : Ils traînent un peu les pieds ?
R. : Ils se disent « c'est des délinquants, qu'ils se les gardent, les Suisses ».
Q. : Et puis là, vous travaillez avec le Département des affaires étrangères ou pas ?
R. : On essaie, mais c'est pas toujours facile. Parce que Berne se repose beaucoup sur le canton dans pas mal de domaines. À mon avis, notre système, il est complètement dépassé. On est complètement hors course. Dans tous les domaines. Dans le domaine de la sécurité routière, dans le domaine de la sécurité en général du territoire, dans le domaine justement de ça, de la délinquance, dans le domaine de l'immigration. Il faudrait changer complètement notre système et donner des compétences uniquement fédérales. Les cantons ne devraient avoir rien à dire en ce qui concerne l'immigration en Suisse. Chaque canton fait sa cuisine. On a des quotations, c'est des décisions fédérales les quotas. Mais l'application, elle est encore une fois cantonale.
Q. : Donc il faudrait être plus directif du côté de Berne ?
R. : C'est-à-dire que comme toute démocratie qui se respecte, à un moment, il y a des décisions qui sont prises, voilà, il y a un problème, il faut le régler. Et puis c'est à Berne que s'est décidé et puis Berne donne des directives. Et puis les cantons suivent ces directives. Alors, le problème, notamment dans ce dossier-là, c'est que Genève ne suit pas, malgré tout ce qu'on aimerait bien faire, avec le bon vouloir des policiers qui sont encore d'accord de faire, de l'OCP, du président du département, du département lui-même qui met tout en place pour qu'on puisse travailler. Si vous fréquentez certains milieux, vous verrez, ils vous expliquent. Le patron [de l'institution X] m'a dit : « Tout ça c'est l'asile-business. Il y a beaucoup de gens qui vivent de ça et puis qui n'aimeraient pas voir disparaître tous ces gens-là parce qu'ils en vivent. Ils sont éducateurs, ils font de l'encadrement médical, ils font de l'encadrement, surtout de ces réfugiés qui ne veulent pas partir. Ils en vivent,

donc voilà. » Je le crois assez parce que quand on voit certains, l'énergie qu'ils mettent pour nous empêcher de faire notre travail, avec des arguments complètement faux parce que parce que pour moi un délinquant, c'est un délinquant. Et un délinquant étranger, qu'il ait de la famille ou pas en Suisse, il doit partir. Il doit partir. En plus, si c'est un récidiviste, il doit partir.
Q. : Et qu'est-ce que c'est un délinquant ?
R. : C'est un cambrioleur qui a été condamné. C'est un trafiquant de drogue qui a été condamné. Le mot délinquant veut bien dire ce qu'il veut dire, c'est quelqu'un qui commet des délits. Donc ce n'est pas quelqu'un qui va passer sur le pied avec sa voiture ou qui a brûlé un feu rouge.
Q. : C'est un délit administratif ?
R. : Ah ! non, pas du point de vue administratif. Le domaine des renvois des requérants d'asile, souvent il est mélangé avec les délinquants parce qu'énormément de délinquants sont à l'origine requérants d'asile, ce qui ne veut pas dire... il ne faut pas interpréter mal ce que je dis... c'est que la très grosse majorité des requérants d'asile sont des gens bien. Mais, il y a cette forte minorité, notamment pour certains pays bien ciblés. Ce sont des délinquants qui utilisent le droit d'asile pour venir chez nous faire leur trafic de drogue et on en arrête tous les jours trois, quatre, cinq par jour, hein ! Je vous dis franchement, c'est un chiffre que vous pouvez garder en tête. C'est trois Yougos, trois Africains par jour. Et puis, en Suisse, vous multipliez par le nombre de gros cantons. Vous voyez le nombre de personnes qu'on arrête par jour, uniquement, c'est pratiquement tous des requérants. C'est tous des gens qui sont venus ici pour faire la galette et aussi pour faire de l'argent.
Q. : Est-ce que ça pose pas un peu un problème d'une zone grise entre clandestins, délinquants, requérants d'asile quand vous devez trier pour renvoyer ?
R. : Non, parce que, déjà par leur comportement... Le requérant d'asile, quand il sait qu'il doit partir, en principe je vous dis, pratiquement tous ils partent. Et puis, s'il veut rester, il trouve d'autres moyens parce qu'il a des sursis. Il vient pas chez nous à la police. Il va à l'OCP, il va au Centre de contact Suisse-Immigrés. Il discute, il dit « voilà, ma fille, elle a encore une année ou deux ans à faire l'école », alors on donne des sursis encore une année, encore deux ans. Je crois que plus tolérant que la Suisse, vous n'avez pas en Europe ou ailleurs dans le monde. Je crois qu'on est vraiment les plus tolérants possible dans ce domaine. Donc, ça concerne les bons gars, les bons types, les réfugiés qui arrivent en bout, qui ne sont pas acceptés et puis qui doivent rentrer chez eux. Le délinquant, c'est tout autre chose, même s'il est requérant d'asile. À un moment donné, on lui refuse son droit d'asile ou bien même on annule son dossier de requérant parce que c'est un délinquant. Il prend une mesure d'expulsion. Et puis ceux-là, c'est vraiment de gros soucis parce qu'ils font disparaître leurs papiers. On ne sait pas d'où ils viennent. Toutes les semaines, toutes les deux semaines, ils sont en bas au violon *(prison)*. C'est ceux-là qui à moi me font souci. Ça concerne en

Suisse quelques milliers de personnes qu'on aimerait bien se débarrasser une fois pour toute.
Q. : Et tout ce système, donc qui est en train de se mettre sur pied, ça concernerait…
R. : Ces gens-là.
Q. : Donc, pour vous, si je vous entends bien, c'est un souci d'efficacité au fond ?
R. : Oui, uniquement. On avait avant ce souci d'agressivité justement parce qu'on nous entrave tout le temps. On pouvait penser que les collègues allaient se retourner un peu contre les clients, en disant « Dieu de Dieu, on va t'en coller une et… ». Pas du tout, pas du tout. Et étonnamment les jeunes générations de policiers sont vraiment excellents dans le domaine.
Q. : Et dans ce souci d'efficacité, dans ce nouveau plan qui est en train de se mettre en place, où seraient les problèmes éthiques ?
R. : Le problème éthique ? À mon avis, il n'y en aura pas. À mon avis il n'y en aura pas parce que les gens sont formés maintenant d'une manière professionnelle. Je ne veux pas dire excellente, excellente. Mais, vraiment bonne, voire très bonne. C'est quand même des gens qui sont sélectionnés sur un plateau. Quand vous voyez maintenant, il faut trois cents personnes pour engager dix policiers. Ces dix policiers qui font l'école, c'est le dessus du panier.
Q. : Mais, dans votre responsabilité, vous devrez mettre où les clignotants rouges pour faire attention ?
R. : À la connaissance du personnel des collaborateurs qui travaillent dans le domaine, je pense qu'il n'y aura pas de soucis, qu'il n'y aura pas de, comment dire… Le projet, non la structure. Moi, ce qui m'embête c'est actuellement le droit fédéral qui se marche sur les pieds avec le droit cantonal. C'est notre système politique qui, à mon avis, est complètement dépassé. Nous sommes dépassés. Actuellement, au milieu de l'Europe, déjà rien qu'en en faisant pas partie de l'Europe, on est complètement dépassés, puisque que les pays européens qui nous entourent règlent les problèmes et refoulent les gens chez nous. Et ils ne nous les prennent pas en retour. Parce qu'on ne fait pas partie des accords de Schengen, ceux de Dublin non plus, donc on est complètement en dehors de la course et pour nous c'est grave. Il faut absolument qu'on trouve une solution à ce niveau-là. On est isolé. Disons, il y a un problème de droit. Il y a un problème de droit et puis un problème d'exécution de ce droit. Et puis, vient interférer là le problème effectivement des budgets, est-ce que c'est un budget fédéral, est-ce que c'est un budget cantonal ? Et on se tire dans les pattes. Quand on va discuter avec les gens de l'ODR : « ah oui, ça c'est typiquement un problème qui vous concerne. Moi, je parle uniquement de ça et puis moi, je parle de ça ». Pour finir, on ne sait plus où on en est. Alors que là normalement ça devrait être le chef de projet, c'est un gars de l'ODR. On crée une cellule, disons Zürich puisque c'est depuis là que les départs se font le mieux. On a besoin

de main-d'œuvre de tous les cantons, c'est-à-dire chaque canton détache des policiers pour nous donner un coup de main pour faire ces renvois. Les renvois normaux où les gens ne gueulent pas. Des délinquants, par exemple, qui sont d'accord de rentrer, mais on a quand même quelques doutes quant à leur comportement dans l'avion, on les encadre. Alors, on rentre deux policiers, la personne. Là, il y en a pas mal qui se font encore comme ça. Donc, on le fait. Et puis, tout ce qui est musclé, eh bien on utilisera des charters. Et on le fera dans les normes. Une fois que le type il est assis, qu'on lui a mis sa ceinture et puis s'il ne fait pas le fou, on n'a pas besoin de lui mettre des menottes, bien on le laissera comme ça. Et puis, s'il faut lui mettre des menottes, on lui mettra des menottes. Et puis, il y aura un médecin qui sera là si jamais il a un problème de santé. Il y aura des collègues en suffisance pour qu'il n'y ait de bagarre entre eux, parce que le pire c'est qu'il y a des fois des bagarres entre eux. Et puis le vol se fera dans les meilleures conditions, et puis voilà. Mais le but, c'est qu'ils aient à manger, qu'ils aient à boire, qu'ils soient traités convenablement et correctement. Voilà, c'est la règle de base.

Q. : Ça serait la règle éthique, je dirais, que vous voulez ?

R. : Ouais. Et puis c'est une règle tout à fait, qui passe bien partout, sans problèmes. Les collègues sont à un niveau maintenant… je m'imagine il y a 20 ans en arrière. Je dirais aux vieux : « On va faire un voyage comme ça. – Mais c'est pas possible. » C'était, à l'époque, pas une haine, mais c'étaient d'autres coutumes. Un cambrioleur, il se faisait attraper, il se prenait une secouée. Pourquoi ? Parce que s'il ne se prenait pas une secouée, c'était pas normal. Déjà, dans sa mentalité à lui. Il se disait « mais, qu'est-ce qui se passe, je ne suis pas… ». Parce qu'il voulait se vanter, dire « ah ! les flics m'ont fait, t'as vu ». Dans les bars au Pâquis, c'était tous les soirs la bagarre. Rue Rossi, l'Hôtel-bar, le Léman, l'Aiglon. Au Pâquis, c'était tout le temps la bagarre. Ça faisait partie. On voyait pouf, tac dans tel bistrot, ping, une chaise qui partait. Maintenant, il y a où des bagarres ? Nulle part. Vous avez deux personnes qui se donnent des coups de couteau pour se tuer pour une dispute de drogue, oui parce qu'on a beaucoup de meurtres maintenant. Gentiment, on a des meurtres qui viennent. Je crois qu'on est au neuvième, bientôt le dixième meurtre depuis le début de l'année, ce qui est énorme pour des histoires entre Yougoslaves, entre Turcs qui se battent entre eux, ça on avait pas à l'époque. Mais, les bagarres. Les gens se tapaient dessus pour un rien et puis après ça se réglait derrière une bière et puis après c'était fini. Les gens même, des fois, n'intervenaient même pas.

Q. : Et maintenant ?

R. : Maintenant, on met les moyens, on met la force. On encadre les gens. On est correct. Si on doit les entraver, on les entrave. On les met dans l'avion, on part et ça se fait dans de bonnes conditions. Voilà, c'est ce qu'on veut. Moi, je n'ai pas envie de venir au boulot le matin en me disant « il va falloir que j'use de ma force pour sauter sur quelqu'un ». Il n'y a rien de plus

désagréable que ça. Ce n'est pas un plaisir. Les policiers, ils doivent utiliser la force, mais il n'y a rien de pire. Mais on attend toujours l'ultime moment pour surtout pas utiliser la force.
Q. : Mais, alors, c'est les états d'âme qui vont poser problème chez ceux qui vont faire ce boulot.
R. : Ouais. Enfin, des états d'âme, je pense qu'ils n'en auront pas parce que les professionnels, vous savez, ils agissent dans un cadre professionnel. Dans une mission bien mise au point, il n'y a pas de discussion, il n'y a pas une question de problème mental. Il n'y a pas de problème de conscience. Au contraire, ils auront l'impression de rendre service à la nation et à tout le monde en retournant ces délinquants chez eux. Là, je parle de délinquants, je ne parle pas de requérants d'asile.
Q. : Et puis, en même temps, quand on a des hommes en face de soi, forcément, il y a des choses qu'on ne contrôle pas.
R. : Ouais, mais quand vous avez un homme bon en face de vous, ça va. Mais, quand vous avez un mauvais, alors, comme je vous dis, ce que les collègues arrivent à résister face à des gens comme ça, bien chapeau. Parce qu'il faut tenir.
Q. : Je me posais la question : est-ce que vous n'auriez pas des psychologues pour travailler les états d'âme de vos hommes ?
R. : Non. On est encadré psychologiquement
Q. : Non, mais je me posais la question parce que je me disais : si je faisais ce boulot pendant des années, je déprimerais non ?
R. : Non, parce que vous avez grande satisfaction quand même. Il y a un jeu parce qu'il n'y a pas que ça. Celui-là, le fait de refouler, c'est un travail temporaire pour un policier. Il va faire ça une année, maximum deux ans dans sa carrière. Il ne va jamais faire plus.
Q. : Ah ! vous faites des tournus ?
R. : Ah ! oui, c'est pas possible. C'est pas notre job. Nous, on fait du boulot parce qu'on a besoin de l'usage de la force au cas où on a besoin de l'usage de la force. La plupart, je vous dis, repartent d'eux-mêmes sans l'encadrement d'un policier. Non, là on a vraiment affaire à une grosse minorité qui nous embête, quoi.
Q. : Ouais, en tous cas, ce n'est pas un problème simple.
R. : Non, ce n'est pas un problème simple.
Q. : Et les policiers, ils aiment faire ce travail ?
R. : Il y en a qui aime ça, d'autres qui aiment moins, mais bon. Des refoulements notamment, il y a des gens qui n'aiment pas du tout ça.
Q. : Ça ne doit pas être évident.
R. : Non, parce que ça les emmerde. C'est un boulot qui ne trouve pas de satisfaction personnelle en faisant ce travail. Et puis, il y en a d'autres qui se prennent au jeu en disant « ouais dans le fond, c'est des délinquants... ».

Q. : Parce que ce n'est pas la même chose de chercher un criminel ou de chercher à résoudre une énigme à la Simenon que de mettre quelqu'un dans un avion ?
R. : Tout à fait, ça n'a rien à voir. Par contre, si vous refoulez un gros délinquant, là ça devient, pour eux, c'est un challenge quelque part. Le policier, il est toujours en train de faire un challenge. Il faut aimer ça. Si vous n'aimez pas le challenge, il faut rester, il ne faut pas faire ce métier. Il faut toujours être face à quelques éléments, à une feuille blanche. Et puis, c'est un peu comme l'écrivain, lui, ça doit sortir de sa tête. Mais, l'autre, il doit aller chercher des éléments. Mais c'est un challenge. Il dit : « Voilà, le problème il est là. Il y a une victime ici qui s'est faite agresser. Voilà, les éléments. Maintenant, système D, vas-y, trouve qui c'est. » Donc, c'est un challenge et les policiers aiment ça. Là, le fait de refouler un de ces gros délinquants, pour eux, c'est quand même un challenge et s'ils arrivent à le faire, ils sont quand même satisfaits. Maintenant, le reste du temps, les sorties de prison, les mecs qui sont là, je vous dis, ils sont en train de se miner avec ces gens qu'on met tout le temps sur le trottoir.
Q. : Ça c'est quoi, si vous dites…
R. : C'est les gens irrefoulables. C'est le problème des irrefoulables, qu'on ne sait pas identifier, qu'on ne sait pas d'où ils viennent parce que personne ne veut leur donner de laissez-passer. Ces délinquants qu'on remet à tout bout de champ sur la rue.
Q. : Et puis là, il est où le problème, si vous essayez de m'expliquer le problème, il est où ?
R. : Bien, le problème c'est que, quand ça fait la dixième fois dans l'année que cette personne sort de prison et puis vous la remettez sur le trottoir. Et puis, vous savez très bien. Parce que quand vous allez faire des constats de cambriolage chez des personnes âgées qui se font agresser ou bien qui se font voler leurs propres affaires, violer leur intimité. Eux aussi, ils ont une sphère privée. Des fois, j'ai envie de le dire à certains gauchistes qu'ils nous sortent par les oreilles. Les personnes âgées, quand elles se font cambrioler, c'est rien le cambriolage. Vous avez décidé que pour vous, un cambrioleur, c'est quelqu'un qui a besoin, donc il se sert. C'est pas grave, c'est pas grave. Bien, un jour, vous venez avec moi. Vous allez chez les personnes âgées et puis vous verrez que quand une personne âgée, elle se fait violer toute sa mémoire, parce qu'elle se fait violer sa mémoire, elle se fait prendre un petit bijou qui était à sa mère, qui date du XIXe siècle, elle se fait prendre une photo de son mari, alors que peut-être c'est la dernière qui lui reste. Eh bien, ça, je l'ai vécu pendant des années et ça, moi, je ne peux pas tolérer. Et moi, un cambrioleur, pour moi, celui qui fait ça, il faut le punir sérieusement. Il y en a d'autres qu'il faut le remettre dans la rue. Enfin, on les remet dans la rue. Voilà. Alors, le policier, qui est là, qui fait des refoulements, lui il sait ça parce qu'il est passé par là. Il se dit « nom d'un chien, ce mec, ça fait des années qu'il nous vend de la drogue, qu'il nous tue nos gamins. L'autre, il

nous fait des cambriolages dans les appartements. Il viole la sphère privée. Enfin, ils nous emmerdent, quoi ». Et, on les remet sur la rue. Et ça fait la dixième fois. Ça serait un Suisse, le Suisse, lui, il reste en prison. Pour finir, on ne sait plus où on va, quoi.

Q. : Et en terme éthique, alors, qu'est-ce qu'il faudrait faire pour améliorer la situation ?

R. : La justice, moi, je ne la manipule pas. Il faudrait simplement les refouler et faire en sorte qu'on puisse les refouler. Et je suis sûr qu'au niveau diplomatique, notamment pour certains pays d'origine, on peut obtenir des laissez-passer. Il faut simplement insister un peu, quoi. Mais, le problème c'est que des fois on obtient le laissez-passer et le type on l'a remis dans la rue parce qu'on ne peut pas le garder. Et puis, après, vous le rechopez, vous avez le laissez-passer. Vous vous rendez compte que le laissez-passer est échu. Donc, vous le remettez. Vous redemandez un autre laissez-passer. Vous refaites le gars, vous êtes dans le temps. Vous n'avez plus de place dans l'avion. Et puis, c'est arrivé, c'était la quatrième fois. C'est les cas classiques. Tout d'un coup, vous avez à nouveau ce bonhomme, vous avez de nouveau ce laissez-passer parce qu'ils sont bonnards tout d'un coup. Je pense que dans le pays, il est recherché aussi, c'est pour ça qu'ils nous donnent le laissez-passer. Laissez-passer, bonhomme, billet, place dans l'avion et tout. Et vous n'avez pas de volontaire parce que les gars, ils partent en vacances. Dieu-Dieu, et puis vous devez désigner quelqu'un et puis ça marche quand même. Parce que, au fait, on désigne et puis ça marche. Mais c'est pas facile.

Q. : C'est pas évident, donc…

(silence…)

Q. : Qu'est-ce que vous auriez envie de dire aux autorités politiques, au niveau des problèmes éthiques qui se posent, quand on s'occupe d'étrangers. De votre point de vue, de votre expérience ?

R. : Donc il ne faut pas mélanger éthique et éthique. On parle d'éthique au niveau police. Dans le comportement des policiers, vous parlez éthique, ou vous parlez éthique au niveau politique. Comment on pourrait agir vis-à-vis de ces délinquants durs ?

Q. : Il y a les deux niveaux. Il y a dans votre action…

R. : Parce que, moi, j'estime qu'au niveau éthique-police, il n'y a pas de problème. On ne peut plus maintenant utiliser les méthodes fortes qu'on utilisait à l'époque. Par contre, ça, il faut le compenser par des lois qui nous permettent de faire notre travail. Alors, on n'a plus ces lois parce que ces lois on est en train de nous les démolir. Alors, on ne peut plus. Par exemple les mesures de contrainte, pour marquer les mesures de contrainte, ne sont pas applicables comme elles devraient être applicables. Les mesures de contrainte, en plus ces gens-là ne sont même pas dans une prison. Ces mesures de contrainte, elles sont faites justement pour palier ces manques, nous permettant d'attendre pour pouvoir obtenir d'autres possibilités pour renvoyer les personnes.

Q. : Et dans ce nouveau plan, que vous allez mettre sur pied, comment vous tiendrez compte du facteur éthique ? C'est un des critères ?

R. : Le critère le plus simple, c'est hiérarchiquement, il y a un contrôle qui se fait. Et puis, de toute manière, moi, j'ai une confiance totale dans les collaborateurs, ça je le sais pas expérience parce que je les vois agir. Il y a un contrôle hiérarchique de toute manière qui se fait. Il faut se baser là-dessus. On n'est plus avant la guerre. Des moyens de pression sur un délinquant, par contre, je ne vois pas où est le mal. Quelqu'un qui a commis un délit, il faut peut-être un peu qu'on discute et puis qu'il nous raconte un peu son histoire. Mais, j'entends, qu'on utilise la force ou la terreur pour faire parler quelqu'un, ça fait longtemps que c'est terminé. Parce que maintenant les gens, de toute manière, vous leur faites peur, ils vous racontent n'importe quoi. Et du temps que vous avez contrôlé ce qu'ils vous racontent la vérité ou pas, vous avez perdu votre temps. Donc, professionnellement, c'est nul. Donc, ça sert à rien. Comme, je vous ai dit tout à l'heure, un cambrioleur, s'il prenait une claque, c'était normal parce que ça faisait partie de la coutume. Donc, pour en revenir au point de vue éthique, moi, je n'ai plus aucun souci. Le type, il se conduit normalement. Les policiers encadrent ceci d'une manière tout à fait correcte. Les entraves, s'il doit y avoir des entraves, elles sont agréées par les Droits de l'Homme. C'est des entraves en plastique qu'on connaît. C'est ce qu'on connaît d'habitude. Il n'y a pas de bâillon, ni rien du tout. Et ça se fera dans des normes tout à fait acceptables, avec en plus, ça on le sait, dans ces avions il y aura de toute manière un encadrement médical au cas où quelqu'un perd connaissance.

Q. : Donc, ils vont les faire dormir, si je vous entends bien ?

R. : Pas du tout, non. Simplement, ils ne pourront pas se balader de droite à gauche dans l'avion pour semer la zizanie. Ils seront assis, fixés sur leur siège, je ne sais pas de quelle manière. Ils auront à manger, ils auront à boire. Parce que je pense que c'est des vols qui quand même dureront plusieurs heures. Ils pourront aller aux toilettes accompagnés par des policiers, ça se fera tout à fait normalement, quoi. À mon avis, le médical, il sera là uniquement, en cas de malaise. Normalement on n'utilise pas le médical. D'ailleurs aucun médecin ne s'y prête. Je peux vous dire. On a essayé depuis longtemps. Je vous dis, ça fait longtemps qu'on essaie de voir si un médecin voudrait bien nous assister, lui faire une piqûre de calmant. C'est exclu. On perd notre temps. Et puis, leur faire boire des machins, ça fait longtemps qu'ils boivent rien. Dès qu'ils arrivent, le coup de la cuillère à café, c'est dépassé. Les gars, ils rigolent.

Q. : Non, non, mais je pose la question, comme je vous poussais un peu jusqu'au bout tout à l'heure sur comment vous avez fait, mais là, dans votre fonction hiérarchique, avec cette commission qui va se mettre en place à

Zurich, si vous devez faire une planification, comment vous intégrez la question éthique ? Il y aura où des difficultés, où il faudra faire attention ?
R. : Il n'y en a pas, pour moi il n'y en a pas.
Q. : Alors qu'est-ce que ça veut dire contrôle hiérarchique ? Ça veut dire quoi dans l'organisation du travail ?
R. : C'est l'auto-contrôle. Déjà un individu se contrôle de lui-même parce qu'il est formé pour ça. Il sait très bien que quand il va lever la main pour mettre une gifle, il ne doit pas le faire. Donc là, c'est déjà quelque chose qui va se régler entre son collègue et lui, voire un troisième collègue. En principe, ça doit marcher. Et puis, en plus, il y aura des gens sur place. Il y aura un encadrement, il y aura Et puis, je vous dis, c'est une question de confiance. Vous savez, c'est ce genre de difficultés, si d'un coup, il faut voir les choses comme elles sont. Si vous renvoyez dix à quinze personnes par avion. Qu'il y ait des coups qui pleuvent. Et puis, effectivement, s'il y a des exactions de la part des policiers, je vous garantis qu'il n'y en aura plus d'avions. Politiquement, ça ne passera pas parce que ça va se savoir. Et puis, notamment, comme il y a des médecins sur place, il y aura même des avocats sur place. Il y aura des gens qui seront là. De toute manière. Il n'y a rien de plus simple que de transporter d'un point A à un point B une personne en entravant. En étant poli avec et en entravant. Pour l'entraver, vous l'asseyez sur le siège et puis vous vous mettez à côté et c'est tout.
Q. : Donc ça veut dire que vous êtes ouvert à ce qu'il y ait des représentants des Droits de l'Homme par exemple qui soient dans les avions ?
R. : Bien, à la limite pourquoi pas. Moi, je m'en fous pas mal, ça ne m'intéresse pas. Du moment qu'ils entravent pas le travail des collaborateurs. Le collaborateur, il est tout content qu'il y ait un gars des Droits de l'Homme qui est là. Parce que l'agression, elle vient du bonhomme. Elle ne vient pas du policier. Vous voyez ce que je veux dire. Bon, nous on comprend toujours parce que nous, on a une sorte de complexe.
Q. : Mais on réfléchit, on a peur.
R. : Mais moi aussi. Ne pensez pas que je n'ai pas peur. Moi aussi, quand il y a des policiers qui me suivent derrière dans la voiture, « qu'est-ce qu'ils me veuillent ces cons ? ». Mais, au fait en faisant ce travail-là, c'est pas les policiers qui agressent la personne, puisque eux ils font un voyage. Ils doivent monter dans l'avion. Ce n'est pas évident. Il y a des policiers qui ont peur de l'avion. C'est des voyages qui sont longs. C'est pénible. Pourvu que ça se fasse dans les meilleures conditions possibles. Moi, je vois les policiers, s'ils pouvaient prier, je leur mets une chapelle là-bas dans le bureau. Comme ça, ils vont prier avant de monter dans l'avion. C'est comme ça qu'il faut voir les choses.
Q. : Non, mais moi quand je vous interroge jusqu'au bout, j'essaie de penser la situation jusqu'au bout. Et pas seulement le policier. C'est-à-dire des situations extrêmes.

R. : Mais le policier, s'il veut vivre correctement son travail et son transport, il a intérêt que ça se passe dans les meilleures conditions possibles. Donc c'est donnant-donnant.
Q. : Je vous pose un autre ordre de question : dans toute cette structure fédérale, vous ne pensez pas qu'il faudrait une présence d'une interrogation éthique systématique dans tout le processus ?
R. : Non parce que je pense qu'on a affaire à des professionnels qui sont formés pour ça. Parce qu'à ce moment-là, vous mettez sur les épaules d'un policier un professeur d'éthique. Ou un contrôleur d'éthique.
Q. : Non, mais comme vous avez la commission d'éthique dans le domaine scientifique par exemple, vous voyez ?
R. : Moi, je fais confiance aux scientifiques.
Q. : Vous leur faites confiance ?
R. : Bien sûr. Peut-être pas forcément à tous, mais en tout cas ceux que je connais. Sinon, vous n'en sortez plus, parce que ça devient invivable. Vous vous rendez compte si toute personne qui a un pouvoir quelconque, à commencer par les hommes politiques ou les juges, vous y mettez un système d'observatoire, entre guillemets éthique, pour contrôler s'ils font bien leur boulot ou pas, mais on en est où ? On est dans un pays civilisé. On va entrer dans le troisième millénaire, on en est où ?
Q. : Je ne sais pas, je vous pose la question.
R. : Mais on revient au Moyen Age.
Q. : Mais au Moyen Age, ils ne le faisaient pas ?
R. : Bien justement, ça veut dire qu'on est au Moyen Age, alors. Si on le fait, ça veut dire que les méthodes n'ont pas changé. Moi, j'estime que les méthodes ont largement changé. Moi, je suis un féru du Moyen Age. Donc je sais qu'au Moyen Age, il a existé entre guillemets des commissions d'éthique, ça ne s'appelait pas comme ça. Mais il a existé. L'Église a délégué des gens pour voir si ça se passait bien au niveau du Comte de Genève. Pour voir s'il avait pas commis quelques exactions. Mais ça c'est fait. Y a qu'à lire l'histoire pour voir que quelque part dans les conciles, il a été discuté de cela. Notamment pour les tortures. On a quand même un peu trop abusé dans tel domaine et puis on n'a peut-être pas assez fait là. Mais ça existait. Bien sûr que c'est complètement différent de maintenant. Mais ça existait. On se posait déjà des questions à l'époque, à savoir si on avait vraiment utilisé tous les moyens. Est-ce que c'était bien une sorcière ? Est-ce que ça s'est fait dans les normes acceptables du point de vue du droit de l'époque. Bien sûr, ils n'avaient pas les mêmes soucis que maintenant. Mais ça se faisait. Alors, maintenant, je ne sais pas.
Q. : On peut se poser ces questions parce que ça devient de plus en plus complexe, non ?
R. : Mais justement, je crois qu'on est aussi en train de créer des besoins, là. On veut placer des contrôleurs, philosophes, psychologues un peu partout parce qu'on ne sait pas quoi en faire.

Q. : Ou policiers ?
R. : Parce qu'on ne sait pas quoi en foutre. Parce qu'on ne sait pas quoi en foutre. Alors, moi, mon avis, il est le suivant : je fais confiance aux personnes qui sont mandatées pour accomplir la mission. Si la mission n'est pas accomplie, il y aura enquête et je peux vous garantir que les sanctions vont pleuvoir. Et c'est là qu'il faut agir, ça ne sert à rien d'envoyer des observateurs de droite à gauche. Vous empêchez les gens de travailler, vous empêchez les gens d'avoir de l'initiative pour aller. Parce que c'est comme je vous ai dit tout à l'heure, vous donnez la mission. Vous leur dites : « vous allez faire un transport, vous verrez, il y a une dame qui va vous... ». Ils ne la trouvent pas. Ils ne la trouveront jamais. Il faut laisser les policiers faire leur boulot. Parce que sinon, vous n'aurez plus de boulot. Les gens, ils vont rester au bureau comme ça et puis ils vont dire « non, l'entrave... ». Moi, ça ne m'intéresse pas.
Q. : Je comprends...
R. : Parce que, vous voyez, tout fonctionne sur l'automatisation. Le boulot du policier fonctionne essentiellement là-dessus. Le gendarme, vous le mettez sur un carrefour, il contrôle. Un policier de la brigade criminelle ou bien des stups, il va. Donc, si vous lui dites, notamment dans le cadre de son travail : « mais tu vas être contrôlé parce que du point de vue éthique... », déjà, le fait d'avoir établi le code de déontologie, ça a fait un tollé chez nous. Nous, un code de déontologie ! mais, mettez-vous à la place des policiers qui représentent l'ordre, qui sont le bras armé de la république. Ils sont l'exemple, l'élite. Vous leur dites « vous avez un code de déontologie ». Heureusement qu'on l'a fait, ce code. Mais c'est quand même 99,9 % des collègues qui le respectent. Alors, pour 0,1 qu'il faudrait faire un code. Alors, on l'a fait. Mais, alors pour 0,2 ou pour 0,02, il faudra envoyer des observateurs. Non, on ne s'en sort plus. Vous voyez, moi, je vois la chose autrement.
Q. : Moi, je la voyais d'un autre point de vue. C'est-à-dire dans ce que vous avez décrit de vos 20 ans de pratique avant, ça semblait être, je dirais, une logique cohérente.
R. : Il ne faut pas abuser dans l'autre sens.
Q. : On a l'impression que vous êtes, enfin on est tous, dans une société qui a une logique complexe, imprévisible.
R. : Ouais, mais on va trop loin dans l'autre sens, pour pouvoir toujours se justifier. Et on n'a pas besoin de se justifier.
Q. : Pas dans le sens de la justification. C'est marrant, c'est pas dans ce sens-là que je réfléchis avec vous.
R. : Revenons sur un cas pratique. Vous avez cet avion. Dans cet avion, il y a un cas médical qui se justifie puisque il pourrait y avoir un malaise. Vous avez des policiers formés. Alors, à ce moment-là, si vous voulez mettre quelqu'un qui les observe, moi, je prendrai un médecin de la Croix-Rouge, comme ça il fait à la fois représentant de la Croix-Rouge, action humanitaire

et *tutti quanti*. Plus médecin, ce qui serait parfait. Mais si vous voulez mettre quelqu'un d'une autre organisation, qui vient là, comment justifier son action sans dévaloriser les policiers en leur disant « vous, on va vous enlever. On vous a formés pour des actes humanitaires. On vous enlève cette partie. Vous oubliez que vous êtes formés dans ce qu'on appelle l'appréciation des différences ethniques et compagnies parce qu'on vous a donné des cours. Vous oubliez. Tous ces cours, vous, loin. Vous redevenez le Brutus bête, qui tient le gars par les menottes et c'est tout ce qu'on vous demande. Alors, du point A au point B vous conduisez cette personne et puis vous le conduisez d'une manière mécanique. Vous ne posez pas de questions. En revoir monsieur, bonjour ». Les policiers, c'est pas ça.

Q. : Mais si vous voulez…

R. : Vous avez vu le niveau des policiers qui rentrent chez nous ? C'est des universitaires. Et puis, vous allez leur demander « dis donc, tu vas transporter ». Déjà eux, ça les embête de faire du muscle. Mais ils vont quand même le faire puisqu'ils sont policiers, ils sont obligés de faire du muscle. Et puis, ils vont être contrôlés par quelqu'un qui va leur dire « non, mais je suis là pour vous donner bonne conscience ». Non, à mon avis, ça c'est exclu, quoi.

Q. : Non, un tel travail, il a un statut de présence attentive. C'est justement pas un contrôle. C'est une attention.

R. : Mais extrêmement vexatoire pour les policiers qui font leur travail. Je crois qu'on ne se met pas à la place du policier.

Q. : Parce que le scientifique, il dit : « Moi je sais ce que je fais. Laissez-moi faire ma bombe nucléaire. »

R. : Par rapport à la finalité de ses travaux, on l'interroge, mais pas sur son action.

Q. : Aujourd'hui on l'interroge aussi de plus en plus sur son action.

R. : Vous allez vous mettre la tête sur l'épaule du scientifique en lui disant : « Vous faites quoi, là ? » ?

Q. : Oh ! non les commissions d'éthique, elles réfléchissent sur justement l'action de professionnels dans différents secteurs.

R. : Ce que vous faites là, c'est bien, vous vous questionnez, vous posez des questions. Vous allez prendre plusieurs personnes pour leur demander ce qu'ils pensent, c'est bien. Mais, venir sur le terrain, à côté du policier, parce que c'est ça quelque part, nous, on l'a eu avec l'association X. Vous verrez, vous allez avoir de gros problèmes. Des policiers, ils ne vont pas pouvoir faire leur travail à côté de vous parce que vous êtes en train de les vexer.

Q. : Oui, j'entends ce que vous me dites.

R. : Vous ne vous rendez pas compte que vous les vexez. Il y a un type à côté de vous, ça fait 20 ans qu'il est en service. Il a jamais levé la main sur quelqu'un et puis vous êtes en train de lui dire… vous expliquez ça comme vous voulez. Il a rien à branler ce gars, excusez-moi ma terminologie. Il en a rien à faire ou rien à foutre. Mais vous êtes en train de le contrôler. Il va se dire : « mais qu'est-ce qu'elle fout cette pétasse à côté de moi ? Pendant vingt ans, j'ai fait ça... »

Q. : Ce sera peut-être un homme ?

R. : C'est les femmes qui me contrôlent, je suis habitué, mais çà peut être un homme. Je pensais à une femme. Elles passent mieux les femmes. Elles passent mieux parce qu'elles représentent la non-délinquance. Très peu de délinquance féminine. Minime. Pour dire que ce policier, il n'acceptera pas. Et ça ne rentrera jamais dans la culture d'entreprise chez nous. Par contre leur donner des cours, leur expliquer les problèmes... S'il y a une plainte, ça existe puisqu'on a maintenant un médiateur. S'il y a des plaintes pour des coups ou quoi que se soit à l'intérieur de l'avion parce que ça s'est mal passé. Parce qu'on revient toujours sur le même sujet. Il y aura une étude qui sera faite. Et c'est clair que s'il y a eu violence, si elles sont reconnues et puis ça vient de la part des policiers, c'est clair qu'il y aura punitions. Tout en sachant que la plupart du temps, les violences proviennent des individus, non des policiers. Parce que, comme je vous dis, le policier, il n'a qu'une seule chose à faire, c'est s'asseoir dans l'avion. Pourvu que ça se passe bien, je vais boire un whisky à l'arrivée, salut petit. Donc, lui, ce qu'il veut, c'est rentrer à la maison et s'occuper d'autre chose.

Q. : C'est pas un boulot très drôle ?

R. : Non, c'est pas drôle du tout. Alors, si en plus il faut se bagarrer. Donc, ce n'est pas drôle. Donc, au fait, si en plus vous lui dites qu'il va y avoir une étude sur les éventuelles exactions lors de ces refoulements, bien c'est clair que le type, il va terriblement se vexer, ça ne va pas passer chez nous.

Q. : L'état d'esprit, quand j'essaie de poser cette question du défi éthique, il est vraiment d'un autre ordre. Si vous voulez, la société devient de plus en plus complexe. Dans l'action professionnelle, vous avez des situations complexes. Et même ce qu'un philosophe, Jaspers, appelle des situations limites. Et on pourrait considérer que le refoulement, c'est une situation limite.

R. : Oui, le refoulement musclé, oui.

Q. : C'est très délicat. C'est très intéressant le problème du refoulement, au-delà de ce qui se fait de bien, de mal, de tout ce que vous voulez. On peut repérer une situation délicate et repérer dans les situations délicates et complexes, qu'est-ce qu'on fait, qu'est-ce qu'on fait pas, comment on se protège de certaines choses, etc. Vous voyez ?

R. : Le refoulement de délinquants fait partie d'une protection. On se protège en refoulant ces indésirables, ces criminels, ces gens qui nous détruisent, parce que quelque part ils nous détruisent. Ils détruisent notre jeunesse en faisant circuler de la drogue. Si c'est pas eux, c'est quelqu'un d'autre, mais peu importe. Il faut neutraliser ces gens-là. Nous sommes envahis. Plusieurs milliers de personnes en Suisse, je le dis, de nuisibles, il faut dire, peu importe l'origine, qu'ils soient noirs, jaunes, verts, les couleurs je m'en fous. Ce sont des nuisibles qu'on arrive pas à refouler chez eux. Et

ces gens-là, on est en train de les incruster ici, de les entretenir, de les encadrer et ça devient des professionnels de la cambriole, des professionnels du vol, du détournement de biens sociaux et tout ce qu'on veut. De l'AI, voilà.
Q. : Alors que faire ?
R. : Moi, je dirais une chose. Déjà, il faut renverser ce Grand Conseil. Et puis, qu'on le remette à 50, 50 parce qu'il y a beaucoup trop d'influence. Il y a beaucoup trop quelque part. Bon, c'est entre nous. Il y a beaucoup de gens qui sont, comment dire, juges et appliqués. Vous avez par exemple dans les manifestations de l'OMC. Moi, je n'admets pas. Moi, je n'admets pas qu'on puisse être juge et partie. Ce n'est pas possible. Dans notre système, moi, je suis policier. Je pourrais faire de la politique. Je pourrais m'engager. Je ne le fais pas, pourquoi ? Je suis militant pourtant. J'appartiens à un parti. Je ne suis pas un extrémiste, ni de droite, ni de gauche. Je me suis mis là-dedans depuis toujours, mais je ne suis pas quelqu'un qui se met sur une liste, pourquoi ? Parce que j'estime qu'en tant que policier, je représente une partie du pouvoir exécutif. Je n'ai pas à aller m'asseoir sur un banc où on décide, que ça soit mon salaire ou d'autres avantages. Donc, je suis au service de la collectivité. Je suis un serviteur. Donc je ne peux pas être serviteur et en même temps aller au législatif, à l'exécutif. Eh bien malheureusement, dans cette société, il y a beaucoup trop de gens à gauche et à l'extrême gauche, et voir même certains à droite, qui participent et qui mangent à tous les râteliers. Vous avez des employés communaux qui sont députés, ce que je trouve inadmissible. Vous avez maintenant des fonctionnaires qui vont pouvoir être députés aussi. Donc on va discuter de nos salaires, alors, c'est bien on va être fonctionnaire. On va discuter de nos salaires et en même temps on va discuter comment on va s'aménager. Non, ça ne va plus. Là, ce n'est plus respecter le système de la démocratie comme elle a été une fois inventée par nos ancêtres. Donc il faudrait déjà mettre un petit peu les pendules à l'heure au niveau du Grand. Et puis, bon, de toute manière, il faut réformer nos droits politiques. À mon avis, on a beaucoup trop de possibilités de recours et d'initiative. On n'avance plus. C'est fini Genève. On est en train de mourir de maladie démocratique de notre démocratie, alors qu'elle est tellement belle.
Q. : Alors, vous êtes pas très partisan de la démocratie directe ? Monsieur Blocher y est très favorable.
R. : Il faut la modérer. Bien, oui parce que ça lui sert. Lui, il va aller jusqu'au bout parce qu'il pense s'en servir contre tout. Pour tout ce qu'il veut bloquer, il va s'en servir. Donc, c'est un outil qui lui servira. C'est un outil qui sert aux minoritéx et aux gens qui veulent semer la merde. Qui ne sert plus à la majorité de la population. Elle ne travaille plus dans l'intérêt général notre démocratie. C'est ça le problème. Donc, je leur reproche rien du tout. Mais, pour dire dans le système, ça ne va pas. Il faut vraiment qu'on emploie les lois sur l'immigration jusqu'au bout et qu'on les exécute. Ces

délinquants, il faut les renvoyer. C'est le seul message que j'aie à dire. Il faut utiliser toutes méthodes pour les renvoyer. Et puis, tous ceux qui se mettent au travers, ces gens de gauche qui nous emmerdent, eh bien il faut leur dire que c'est jouer contre eux de ne pas renvoyer ces gens-là. Les délinquants, il faut les renvoyer.

Q. : Mais qu'est-ce que vous avez envie de leur dire aux gens de gauche alors là-dessus ?

R. : Arrêtez d'utiliser le système pour toucher un salaire. Vous n'êtes pas là pour créer des besoins et toucher des salaires par rapport à un besoin qu'on vient de créer. On a des lois. Il faut utiliser ces lois, c'est tout. Eux, ils sabotent les dossiers pour pouvoir continuer à voir tant de personnes dans tel groupe de réinsertion. Moi, ce que je soupçonne, c'est ça. J'ai assez d'expérience. Les types, ils doivent être mécontents quand, tout d'un coup, il y a une baisse des arrivages de requérants d'asile. Bien, c'est triste. Moi, j'aimerais qu'il y en ai pas. Comme ça tout le monde vit heureux. S'il n'y en a pas, ça veut dire qu'il n'y a pas de guerre. Ca veut dire que c'est merveilleux. Alors, quand ils viennent, on est là. On les accepte dans de bonnes conditions. On les encadre bien. Et puis, quand ils doivent être renvoyés chez eux, bon, on les ramène chez eux. Je ne parle que des requérants d'asile. Ils repartent chez eux dans de très bonnes conditions. D'après les moyens, en tous cas, j'estime que ce qui est fait par le gouvernement, c'est excellent. On dit qu'on leur donne de l'argent. Bien, c'est vrai, eh bien quelqu'un qui retourne dans son pays, il a besoin de se réinsérer. Donc, il a aussi besoin de pognon. Et je suis tout à fait d'accord de participer dans tous les domaines à ce niveau-là. Mais, moi, c'est que les délinquants. Ce qui est malheureux, c'est qu'on renvoie des gens qui sont des familles, qui sont des gens qui sont des braves gens, qui ont dû quitter pour la guerre. Et les délinquants, on ne fait pas la différence. Et les délinquants, ils viennent ici. Ils se la rigolent. On n'a pas de passeport, on ne peut pas les renvoyer. Ils détournent les lois. Ils sont aidés par des avocats. C'est là qu'il faut mettre les points sur les « I ». Et là, ça sera positif pour les requérants d'asile en général.

Q. : Qu'est-ce qu'on va faire à Genève si on enlève ce business ?

R. : Ouais, il y a tellement d'autres choses à faire.

Q. : Mais, vous diriez quoi au Conseil d'État là-dessus?

R. : Mais, moi, je dirais que quand on gère un État, on crée des services pour encadrer des requérants d'asile. Le jour où il y a plus de requérants d'asile, on dissout le service. Et puis, les gens qui se sont engagés avec beaucoup de croyance, enfin certains, beaucoup de disponibilité pour encadrer ces gens-là, ils vont dans d'autres domaines. Le jour où on aura plus besoin de la police, on enlèvera aussi des policiers. Mais ça sera merveilleux parce que c'est ça le but. C'est que tout d'un coup il y ait beaucoup moins de délinquance et qu'on soit tout d'un coup tenu à ne plus engager dans les dix prochaines années 50 policiers. On diminue l'effectif. Formidable. Moi, je

vois l'État comme ça. Et il y en a qui voient l'État autrement et puis qui disent « ah, je suis un chef de service, j'ai 100, mais j'aimerais 150 employés comme ça, quand j'irai à la maison, "dis donc chouchou, j'en ai 150" ».
Q. : Mais comment il faudrait gérer l'État justement dans des situations d'urgence et de changement ?
R. : Moi, je vais vous donner la clé. Donc pour ce qui concerne les refoulements, il faudrait déléguer tout à la Confédération. L'immigration, c'est fédéral et on le sait puisque les règles sont étiquetées par la Confédération. Donc, l'exécution doit être fédérale. Et nous, on ne ferait que déléguer du personnel pour faire les refoulements. Il faut être pris en main par la Confédération.
Q. : Donc, la police deviendrait des employés de la Confédération ? Si je traduis.
R. : Oui, comme on l'est d'ailleurs dans les avions. Comme on est béret jaune en Bosnie. Pourquoi tout d'un coup en Bosnie, on travaille pour la Confédération et puis les refoulements, on travaille pour le canton ? C'est n'importe quoi. Alors que l'immigration, c'est vraiment un problème confédéral. C'est pas un problème de canton. Donc c'est simple comme bonjour. Il suffit de déléguer ce pouvoir à la Confédération. Elle prend tout en main.
Q. : Même Blocher (chef de l'UDC)?
R. : Je m'en fous de Blocher. Blocher, on en fait toute une tartine. Il vaut rien du tout Blocher. Il nous fait du vent. Blocher, c'est comme les Vigilants à l'époque. Je ne sais pas pourquoi tout le monde s'excite avec ce Blocher. Blocher, il est pas si terrible que ça. Si vous regardez bien un petit peu qui est Blocher, peut-être on leur a raconté des conneries. On leur a dit que... Mais, c'est un malin, Blocher. Il est en train de se faire. Il se marre, lui. Et puis, il est pas plus nazi que vous et moi. C'est le bon Suisse allemand qui a trouvé le meilleur moyen de faire parler de lui et de faire bouger un peu cette Suisse. Après tout pourquoi pas, mais dès qu'on va régler les problèmes d'immigration, il n'y aura plus de Blocher. On ne saura plus qui c'est. Non, on saura parce qu'il va rester dans l'Histoire. Blocher, qui c'est qui l'a fabriqué ? En grande partie le parti socialiste. C'est eux les coupables. Le parti radical aussi.
Q. : Comment, je ne comprends pas ?
R. : C'est eux qui fabriquent des gens comme Blocher, parce qu'ils le mettent sur un piédestal. C'est comme Mitterrand a fabriqué Le Pen. Le Pen n'a jamais été aussi fort que sous Mitterrand. Parce que vous créez un mécontentement en n'exécutant justement pas ces lois sur l'asile, ces lois sur l'immigration. Si vous faites rien dans le domaine, les gens... Quelque part, le souverain, c'est le peuple. Et ce peuple-là, vous savez très bien comment il agit. Des fois, 30 % il va voter. Des fois, 60. Un jour, il pourrait se fâcher, il pourrait monter à 70. Voire à 80. Vous vous rendez compte le réservoir de voix qui reste. C'est comme ça que les fascistes passent. Parce qu'à force de

mécontenter ces gens en leur disant « mais de toute manière du boulot, vous avez qu'à attendre. Et puis que les appartement, 10 %... ». Je vous donne un exemple typique. 10 % des appartements neufs, c'est la loi genevoise, des immeubles neufs, sont attribués au service social. Bon, le Genevois, qui c'est ? C'est quelqu'un qui est fonctionnaire en classe 12 en moyenne. Il gagne trop. Il n'a pas le droit à l'appartement. Alors, on va lui faire passer un Portugais. Il est gentil, le Portugais, mais, le Suisse, il a les boules. Alors, ça fait la troisième ou la quatrième fois. Moi, j'ai vécu ça. Ça fait la troisième ou la quatrième fois qu'on veut cet appartement ou un autre, ou un petit peu plus loin dans l'immeuble. On nous dit « non, ça c'est attribué à l'Office social du logement, mais vous gagnez trop ». Et puis, vous revenez et puis vous dites « Nom de Dieu, Macumba, Machin-Truc, c'est un Africain qui a l'appartement ». Moi, je dis « non, mais oh ! Moi je suis né ici. C'est mes attaches, c'est mes racines, Pourquoi on ne m'a pas donné l'appartement ? ». Bien, ça, c'est un client à Blocher. Et ça c'est des lois sociales. Pas sociales, c'est des lois socialistes. On a abusé dans l'autre sens. Plutôt que de dire que c'est un style d'appartement, on va les attribuer aux services sociaux. Pas forcément, l'immeuble. Eux, c'est les immeubles entiers, alors ça c'est une erreur parce que vous mettez, dans un immeuble, vous mettez toujours le même type de personnes. Plutôt que de mélanger. Vous avez deux appartements des gens de classe moyenne et puis vous avez quelqu'un avec une famille plus nombreuse. C'est beaucoup mieux. Moi, j'estime que c'est l'encadrement comme ça qui se fait. Mais si vous mettez trois soûlauds et deux assistés, ça ne va pas. Il faut plus mélanger les gens qui ont des problèmes avec des gens qui vivent bien. Il faut faire un peu le mélange. (....) Et puis, en plus si on veut régler le problème de l'immigration, eh bien subdéléguons, aidons ce pouvoir d'exécution qu'ont les cantons. C'est dans notre Constitution. Mais ça doit être la Confédération qui doit les prendre en main. Nous on n'a ni les moyens, ni les possibilités. Déjà, par le simple fait qu'il y a que deux aéroports qui peuvent faire en Suisse ces refoulements. C'est Zürich et Genève. Donc c'est les deux cantons pénalisés. C'est toujours eux qui exécutent. Ça ne va pas. Surtout les Zurichois, ils en ont ras-la-casquette. Donc il y a des policiers qui font que ça. Alors que, normalement, tous les cantons devraient participer parce que tous les cantons sont, comment dire, commis dans cette affaire. Il faut détacher du personnel. Et puis, au niveau fédéral, on prend les décisions. « Voilà monsieur, vous avez été condamné à tant. On vous renvoie dans votre pays. Bonjour, votre avion sera tel jour. Pendant ce temps, vous restez détenu et puis hop ! hop ! ». Et puis c'est fini, terminé. Moi, je parle que de délinquants.

Q. : Tout à fait.

R. : En principe, les musclés, c'est uniquement les délinquants. Il y en a qui ont l'habitude plus. Toujours d'habitude, c'est pas le petit voleur, c'est celui qui est déjà tombé dix fois pour vol.

(...)

Q. : Je vous pose la question de la fin, c'est plus une question philosophique : est-ce qu'on pourra toujours refouler ?
R. : Moi, je crois que oui.
Q. : La logique du bout du refoulement, elle est où ?
R. : De toute manière on refoulera parce que le jour où on est dans l'Europe, on refoulera d'autant plus fort qu'on fera partie de l'Europe.
Q. : Mais si on pense comme Kafka, si vous voulez, on dit : d'accord, on refoule, on refoule, on refoule.
R. : Non parce que bon, je vous parle vraiment en connaisseur. C'est vrai que vous pouvez dire « vous refoulez, mais il revient ». Ce n'est pas vrai. Pas toujours. Parce que rien que le fait qu'il soit ici un voleur, qui vient par exemple de l'Afrique de l'Ouest, là, il est déjà déraciné, donc il manque assez de repères. Des fois, il s'est fait une petite galette entre deux. Quand vous le refoulez, bien sa galette, il la retrouve là-bas et puis il continue sa vie là-bas tranquille. Et puis pendant qu'il est là-bas, il ne fait pas le fou ici et puis nous on a beaucoup moins de vols. Donc, quelque part, non, je crois qu'il faudra l'appliquer toujours et puis on l'appliquera. Mais, vous voulez faire quoi ? On ne peut quand même pas éliminer des gens. Un délinquant, il faut le neutraliser. On le neutralise comment ? Pour utiliser le terme juridique, pour protéger les victimes. Parce que je suis là pour protéger les victimes. On est d'accord. Donc, on le neutralise. Il n'y a pas trente-six mille solutions. On l'enferme entre quatre murs ? On lui met une balle dans la tête ? Ou on le renvoie chez lui ? On le renvoie chez lui, c'est quand même plus humain, non ? La prison, moi, ça ne me plaît pas beaucoup. Et puis, mettre une balle dans la tête, ça fait quand même… ça n'existe pas. Surtout pour un voleur, ça serait beau.
Q. : Mais ça va toujours marcher, à votre avis, ce système des refoulements ?
R. : Bien sûr, il suffit d'y mettre les moyens. Bien sûr que ça marchera. Pourquoi ça ne marcherait pas ?
Q. : Je ne sais pas, s'il y en a beaucoup trop, si c'est trop cher, si là-bas ils ne les veulent plus…
R. : C'est-à-dire qu'il faut savoir ce qu'on veut. Mais vous voulez quoi ? Vous voulez créer une population délinquante en Suisse ? Une souche délinquante ? Mais quelque part vous allez avoir un veau fabriqué de toute pièce par notre propre volonté, il faut savoir. Quand on fait de la politique ou quand on doit prendre des décisions, il faut savoir ce qu'on veut. Gérer un pays, c'est prévoir. Prévoir, c'est donc écarter ces gens qui nous gênent. Ces gens-là, ce sont des délinquants et ils sont en infraction avec la loi. On les vire.
Q. : Oui, tout à fait, je vois bien.
R. : Si vous les laissez là, on fait des St-Étienne, des banlieues du Bronx et compagnies. Si c'est ça qu'on veut, alors allons-y, ça occupera des assistants sociaux, on aura du boulot pour la police. On aura du boulot pour tout le

monde. Mais, c'est ça. Il y a des policiers qui vont dire le contraire : « Alors, oh ! c'est bonnard, on a eu des hold-up et tout, sympa ! » Non, je trouve que c'est pas bien un hold-up. C'est vrai que la réussite du policier, c'est d'empêcher le délit. Alors, le refoulement est un des instruments, à mon avis le moins dangereux, le moins répressif, pour éviter que ces gens nous causent du tort. Et pour éviter même qu'ils récidivent. Voilà, alors, utilisons-le puisqu'il existe encore. Et à mon avis, il existera longtemps.

375 EXTRAITS D'ENTRETIENS

Partie II

LE PROFESSIONNEL AU TRAVAIL. LA TENSION ENTRE L'IMPUISSANCE ET LA PUISSANCE D'ACTION

La tension entre la hiérarchie et la responsabilité dans l'Etat

La dialectique du commandement et de l'obéissance

« Le jour où vous arrivez à endoctriner, parce que c'est de l'endoctrinement, n'importe quelle fonction, qu'elle soit militaire ou policière, et bien d'abord c'est un grand danger pour la démocratie, et ça je ne pense pas que cela soit un souhait en Suisse. Et puis ça peut se retourner contre vous aussi. Donc il faut bien faire attention, faire des robots c'est bien, mais le jour où les robots n'obéissent plus comme on veut, ça peut se retourner dans l'autre sens. Donc moi je pense que c'est comme les enfants, ils ont le droit de désobéir, ils ont le droit de s'exprimer, parce qu'on peut maintenir quelqu'un sous une joute comme ça, mais le jour où la personne, elle explose et elle se rend compte que, ma foi, elle a obéi à tort, je pense qu'on ne peut plus rattraper. » (I), 157.

C'est dans la logique de l'État qu'on lui obéisse ?

Q. : C'est dans la logique de l'État qu'on lui obéisse ?

R. : Oui bien sûr, mais il n'y a pas seulement l'obéissance, il y a la manière dont on obéit. Au poste où je suis, je n'ai rien à perdre, donc je dis les choses relativement clairement. Y a pas seulement l'obéissance, l'obéissance moi je la comprends, l'obéissance oui, c'est normal, on est une institution qui dépend de l'État pour son financement, il est logique que l'État nous demande des comptes et qu'on en rende, ça c'est normal, je ne le conteste pas.

Q. : S'il y a des désaccords profonds sur l'orientation ?

R. : Oui, mais à ce moment-là on peut partir, ou on peut le dire, parce qu'il y a des consultations, c'est pas ce qui manque les consultations, simplement il faut savoir à quoi sert la consultation et ce qu'on en fait ; ça sert à rien de le dire si la consultation ne sert à rien. On a quand même pu parfois se rendre compte que les consultations servaient à rien. (E), 159.

La frustration à cause de la hiérarchie

« Je constate beaucoup de frustrations à cause de la hiérarchie. Je suis persuadée que la fatigue ou bien le climat malsain de travail où les gens sont mal, ça augmente le taux d'échec parce que les gens sont moins efficaces, parce qu'ils sont perturbés, à partir du moment où une personne est perturbée, c'est sûr elle travaille moins bien, c'est sûr qu'après on peut lui reprocher des erreurs, bon, tandis que s'il l'on est dans un climat sain, avec des gens reposés, on diminue l'absentéisme. Bon, le travail doit être fait, ça c'est sûr, mais moi je pense qu'il faut trouver la bonne ligne entre une souplesse où c'est le chaos (les gens ne sont pas à l'heure, ne sont pas là) et une rigidité qui ne tient pas compte que c'est une personne dans sa vie globale qui doit travailler ; c'est pour ça que quand il y a des jeunes femmes qui ont décidé de faire des bébés, on a adapté, mais toujours en tenant compte de l'équipe, donc ça donne des temps partiels. » (I), 180.

Je travaille dans une institution totalitaire
« L'institution où je travaille est une institution totalitaire dans sa structure, elle n'a aucun organe de recours. Les usagers ont un droit de recours, mais pas le personnel. Par exemple, si je refuse d'obéir à un ordre, je n'ai aucun droit de recours. C'est le chef lui-même qui tranche, il est juge et partie. Nous ne pouvons que fonctionner dans des rapports de subordination ou de soumission, ou alors ça pète. Il n'y a aucun dialogue entre les dirigeants et la commission du personnel parce qu'elle est refusée par les dirigeants. Il y a des démissions, les gens s'en vont, ils ne tiennent pas. » (E), 160.

La hiérarchie dans le social liée aux changements économiques
« Il y a des choses structurelles, qui datent peut-être de l'époque de Calvin. C'est pas par hasard si dans notre Institution il y a aucune possibilité de recours de la part des subordonnés. C'est voulu, c'est une vieille tradition. C'est une structure qui se veut protestante à l'origine, et après elle a été organisée comme l'église catholique. Elle est parfaitement hiérarchisée. C'est une politique, une culture non démocratique pour gérer la classe laborieuse, classe dangereuse, classe pauvre encore plus dangereuse et ainsi de suite. Et actuellement avec nos dirigeants, il y a une caricature de toute la pensée unique qui accompagne l'avancée du néolibéralisme. Dans notre Institution, on peut attribuer un nouveau style de commandement à cette évolution. » (E), 164.

La hiérarchie dans la police et les conditions de travail
« La police a un immense déficit, en matière de conditions de travail, parce que ça a toujours été axé sur le "Fais ce que je te dis et puis tais-toi". C'est très militarisé. Cela dit, je suis contre l'armée. Je n'aime pas l'armée, donc je ne sais pas si je suis totalement objectif dans ce que je dis, je n'ai pas un amour profond pour l'armée, surtout parce qu'elle est capable de générer un effet négatif sur l'homme. On a chez nous des chefs qui sont directement issus de l'armée et qui viennent dans une organisation civile. La gendarmerie, ce n'est pas militaire. On est salarié, on a des vies privées, donc ils viennent avec des idées reçues, très militaires, et puis ça ne passe

pas. Ce qui nous manque, c'est des vrais chefs d'entreprise qui ont des formations différentes, d'une autre culture que militaire. » (E), 176.

Les classes de fonction et la hiérarchie

« Les classes de fonction de l'État, ça me rappelle ma dernière entreprise où on avait douze niveaux hiérarchiques, mais ça me rappelle surtout des logiques militaires. » (I), 156.

Le combat de tous contre tous pour le pouvoir

« Avant on savait que l'ennemi était dehors, mais maintenant il est à l'intérieur même, alors il y a des gens qui se volent des affaires, si un collègue sent qu'un autre à un tuyau, il essayera de lui voler, pour se faire bien voir et se dire je vais assurer mon avenir et de me faire bien voir aux yeux des chefs, l'atmosphère a dû beaucoup changer » (E), 172.

La compétition

« Je le dis à qui veut l'entendre, c'est lamentable, c'est ce que disent mes collègues, avant on savait que l'ennemi, il était dehors, mais maintenant avec la concurrence, avec la pression, avec la logique du mérite, il est à l'intérieur même, il y a des gens qui se volent des affaires, si un collègue sent qu'un autre à un tuyau, il essayera de le lui voler, pour se faire bien voir et se dire : je vais assurer mon avenir, et se faire bien voir aux yeux des chefs. » (E), 171.

La hiérarchie intermédiaire et supérieure

Q. : Qu'est-ce que c'est la différence entre cadres intermédiaires et cadres supérieurs ?
R. : Mais les cadres intermédiaires, c'est ceux qui sont là pour gérer le personnel, pour faire appliquer...nous on travaille. (E), 181.

Le problème des petits chefs arrivistes

« Moi, ce que j'ai trouvé plus pénible, c'est quand même le personnel. Comme à l'armée les petits chefs, c'est souvent avec des petits chefs que j'ai le plus de problèmes, les petits chefs arrivistes. » (D), 183.

La soumission pour obéir et l'absence de pluralisme

R. : Je ne me suis pas dit : peut-être que les gens qui choisissent d'aller à l'État, c'est peut-être justement des gens qui sont dans cet état d'esprit d'obéir à quelque chose de lourd et de difficile à remettre en question, et pourtant si les fonctionnaires ne se sentent pas libres de s'exprimer, mais qui peut l'être ?
Q. : On peut envisager l'État autrement qu'en terme de soumission ?
R. : Comme un lieu de débat en tout cas de discussions, d'échange d'idées et je dis même pas d'opposition, mais en tout cas de remise en question, parce

que bon, l'État il a les services sociaux, il a les universités, enfin il est à la tête de plein d'endroits où les choses se passent, où les choses se réfléchissent, où on peut faire des constats, on peut tirer des conclusions.
Q. : Vous dites « il peut y avoir un État pluraliste où les choses se disent, où on dit les désaccords à l'intérieur même de l'État » ?
R. : Ouais, et où on se dit : plutôt que d'être dans le ronron, soyons dans la réflexion. Mais dans mon travail c'est pas comme ça. Quand il y a des personnes, des instances du personnel qui s'expriment, il y a blocage. On rend la vie assez impossible aux personnes qui parlent pour qu'ils décident de partir eux-mêmes. (E), 184.

Le dilemme entre la soumission et l'action dans l'État
Q. : Quand on est employé d'État, on est dans une logique de soumission. Vous parliez beaucoup de liberté, de pouvoir être actif, créatif, de pouvoir motiver les gens etc., est-ce qu'il y a une contradiction ?
R. : Ça dépend peut-être des services où on travaille, il y a peut-être d'autres services à l'État où les choses sont beaucoup plus rigides. Dans le lieu où je travaille, on a une autonomie très large. Tout en restant encore une fois dans le cadre de la loi, mais malgré tout on a une autonomie de travail très importante. À partir du moment où vous connaissez bien la loi, vous avez toujours une marge d'interprétation à partir d'une loi. C'est pour cela que chaque prise de décision est un dilemme, il y a toujours un dilemme à partir du moment où tout est réglé, c'est vrai, mais tout est interprétable et vous pouvez, il faut être très vigilant. (E), 162.

Pas seulement la hiérarchie et les privilèges
« On devrait pas rester dans la culture de la hiérarchie et des privilèges qui sont le corollaire. On se rend compte de plus en plus que le spécifique, n'importe quel couillon est capable de l'apprendre, d'être un spécialiste. Par contre de se comporter correctement en situation parce que se comporter correctement quand on est bien, il n'y a pas de problème, mais quand on est dans une situation d'urgence, où on doit intervenir à un endroit et puis que tout d'un coup on a quelqu'un qui parle et on lui envoie à travers la figure n'importe quoi. Eh bien ça, c'est le problème. » (I), 182.

L'appréciation de la hiérarchie par un responsable de la police
« Tout ce qui est très hiérarchique, au fond, empêche toute confrontation d'idées à l'intérieur d'un Département, d'un Service et les gens sont frustrés, ils se démotivent, même s'ils savent que c'est la règle de plier, d'obéir. » (D), 168.

La perception des rapports hiérarchiques par un décideur
Q. : On peut craindre qu'il y ait un problème avec la hiérarchie ?

R. : Chez nous c'est pas ça. Ce n'est pas une question des rapports hiérarchiques parce qu'on est assez, très individualiste quelque part. Et puis, la hiérarchie ne pèse pas trop sur les épaules d'un inspecteur. Et tout ça, un gendarme un peu plus, mais un inspecteur non. C'est simplement parce qu'ils sont formés comme ça. » (D), 169.

La hiérarchie vue d'en bas
« Ceux d'en haut, c'est ceux qui doivent être le moins au courant de certaines pratiques et principes dans toute l'échelle. Parce que bien souvent c'est comme on dit, le cocu, c'est celui qui est le dernier au courant, donc l'avantage des conciliateurs, c'est qu'ils ont accès directement au haut de l'échelle. Nous en étant tout en bas, on n'y a pas accès, quand on émet une opinion. Elle est obligée de traverser toutes les couches et il y a bien des chances soit qu'elle arrive déformée en haut, soit qu'elle arrive pas du tout. Bon maintenant ce qu'ils en font en haut, si ça se trouve bien souvent, ils sont même pas au courant de comment ça se passe en bas. » (E), 170.

Le poids de la hiérarchie et les exigences du changement
« Elle est très lourde la hiérarchie dans la fonction publique, elle ralentit le processus de changement, je l'ai constaté dans deux Départements où j'ai travaillé. C'est une conception très patriarcale. » (I), 158.

L'État, la hiérarchie et la prise de risques
« Je pense qu'à l'État plus qu'ailleurs, c'est le constat que j'ai fait depuis quelques mois, je le savais parce que j'ai un frère qui y travaille depuis longtemps, il m'avait un peu expliqué, mais je ne m'en doutais pas à ce niveau-là, je pense que tout est extrêmement compliqué, je pense que cette capacité à prendre des risques, elle n'existe tout simplement pas au niveau hiérarchique, ou alors si elle existe, elle existe dans des cas isolés. » (E), 155.

La responsabilité de la base et de la hiérarchie
« Ce n'est pas à la base de faire prendre conscience en haut qu'il y a des problèmes, ce serait plutôt en principe le haut qui devrait se rendre compte qu'à la base il y a des problèmes, parce que c'est en principe le haut qui doit drainer le bas par le haut, ce n'est pas le contraire. Ce n'est pas à moi d'aller voir mon chef et de lui dire : écoutez, vous dirigez ce bateau n'importe comment, c'est le foutoir. Il va me dire : vous êtes gentil, mais il va falloir chercher du travail ailleurs. » (E), 173.

Le taux de frustration de la police
« Le taux de frustration augmente de plus en plus chez les policiers, pour toutes sortes de raisons, je crois qu'on court le risque alors d'avoir maintenant des propos racistes, voire des bavures. On se trouve devant un gros problème, c'est que si la personne qui est frustrée est jeune dans la

boîte, lui il va trouver personne sur qui se défouler, parce que hiérarchiquement parlant il est trop mal placé. Il faut savoir qu'on a encore une structure militarisée assez forte. Alors, eh bien il lui reste plus qu'une solution, voire deux solutions, et les deux sont mauvaises, soit alors il va se défouler sur sa famille, ce qui est grave surtout s'il a des enfants, ou son épouse, ou alors il va se défouler carrément sur les gens à qui il a affaire. » (E), 175.

Les rapports de travail et la hiérarchie

R. : Je ne crois pas du tout en la justice de notre pays. Je ne peux pas vous raconter certaines choses, mais il m'est arrivé pendant des mois d'avoir quelqu'un qui m'a pris de haut, a voulu m'écarter de ma fonction. Et j'ai reçu une lettre comme quoi j'avais des problèmes. Moi, je n'ai pas apprécié, j'ai dit : de quel droit une personne vient s'immiscer dans ma vie privée en me disant que j'ai des problèmes ? J'ai demandé à cette personne des explications. Elle a refusé de me répondre. Je suis tombée malade. Au retour, je suis descendue chez le chef. Il m'a dit : « Ne le prenez pas comme ça. » J'ai dit pardon. J'ai dit : qu'est-ce qu'on me reproche ? Quelque chose que je n'ai pas fait dans ma fonction ? Est-ce que je me balade avec un entonnoir sur la tête dans mon travail ? Non, je suis retournée vers la personne qui avait écrit la lettre. Je l'ai provoquée et c'était très dur parce que c'était quelqu'un de très haut placé. Et vous savez ce qu'il m'a reproché ? En fait c'était un détail [*la confidentialité oblige à ne pas préciser de quoi il s'agit*].
Q. : Qu'est-ce qui devrait changer pour que ça aille mieux dans le travail ?
R. : Avec vous c'est facile de parler. C'est votre métier d'être à l'écoute des gens. Mais quand vous avez un problème au travail, vous allez parler avec votre supérieur et il vous fait des beaux discours et puis vous dit « oui, oui, oui ». Et puis il y a rien derrière. Moi, je peux vous dire que ce qu'ils m'ont fait, je ne l'oublierai jamais. (E), 177.

Faux dialogue

« On vous entend, on discute, on argumente, etc. et puis quand vous arrivez à la fin d'une discussion il n'y a rien de changé. » (E), 161.

Le licenciement comme outil de règlement des conflits

« Il faut voir pourquoi les gens sont licenciés, comment ils ont été amenés à devenir des licenciés potentiels, parce que malheureusement ils sont pas toujours coupables, si les outils ne sont pas mis en œuvre, on peut aussi se poser la question de la responsabilité en tant que responsable des ressources humaines, les outils on doit les proposer, s'ils ne sont acceptés on a aussi une part de responsabilité. Donc le licenciement n'est pas simplement le fait de dire à une personne que c'est terminé avec l'institution, mais c'est de se poser la question de savoir pourquoi elle en est arrivée là. Et puis de constater que malheureusement l'employé souvent n'est pas coupable. Il y a des intrigues de pouvoir. Est-ce que les personnes ont encore le droit de dire ce qu'elles pensent, ou est-ce qu'elles sont des esclaves ? » (I), 178.

Une autre conception de la politique du personnel

« On pourrait avoir des améliorations dans la compréhension, le comportement des policiers pour autant qu'on les écoute un peu. Il faut qu'on revoie complètement notre approche de la gestion du personnel. Il faut qu'on les écoute, qu'on les prenne au sérieux. Il y a aussi la notion de respect. Comment demander finalement à ce que ses collaborateurs respectent les étrangers si lui-même n'a pas l'impression d'être respecté dans sa propre organisation ? » (I), 167.

Il faut des contre-pouvoirs

« Moi, j'ai constaté qu'ils ont introduit les ressources humaines pour affaiblir les syndicats et les autres structures du personnel, et ce qu'ils n'ont pas compris, c'est que c'est là que se trouvent les thermomètres, qu'il faut des contre-pouvoirs, que les gens sont pas des esclaves. » (I), 165.

Le rapport à la hiérarchie quand on est professionnel et militant

Q. : Quel est votre rapport à la hiérarchie dans le travail ?

R. : Quand on est un professionnel et un militant, moi j'ai toujours posé le problème en termes de rapport de forces sur ces questions-là, c'est-à-dire que ce n'est pas un problème individuel, c'est le problème de savoir comment, individuellement, on peut assumer des conflits dans un risque raisonnable, et ce risque raisonnable, c'est avoir un blâme ou un truc comme ça – moi, ça ne me pose pas trop de problèmes. Risquer le licenciement, évidemment, c'est beaucoup plus délicat, surtout si vous êtes connu comme engagé politiquement, pour retrouver un boulot ailleurs, ce n'est pas simple, mais vous savez que vous avez du monde derrière vous, ça aide. Et puis le respect du droit dépend toujours d'un rapport de forces et d'organisation des gens sur le terrain, pour moi les deux choses sont étroitement liées. Et puis la reconnaissance des droits syndicaux c'est fondamental. Ce qui n'est pas assez explicite dans le droit du travail est la possibilité, justement, pour les salariés de s'exprimer à travers leurs organisations syndicales, non seulement sur leurs conditions de travail au sens étroit du terme – salaires, temps de travail, toutes ces choses-là – mais sur le contenu de leur travail. (E), 179.

La pyramide qui s'inverse ou qui s'élargit ?

Q. : Pourquoi certains de vos collègues partent-ils ?

R. : Bien, les responsables ne veulent pas discuter. Des personnes, quand elles essayaient de faire passer une idée au niveau du conseil d'administration et de la direction, elles se faisaient ramasser. On nous a dit : j'inverse le sens de la pyramide hiérarchique. Mais nous, on l'a pas compris comme ça quand on a vu ce qu'on a vu. La direction est arrivée, s'est encadrée de cadres supérieurs. Elle s'est fait une armada de gens qui bossent pour elle. Alors, bon, l'inversion de la pyramide effectivement. Le socle de la pyramide hiérarchique est en train de s'élargir, alors que les gens de terrain diminuent. Effectivement la pyramide hiérarchique, elle est en train de s'élargir mais pas dans le sens qu'on imaginait. (E), 163.

Expérimenter la distinction entre le pouvoir et l'autorité

Les chefs, ils ont le pouvoir, mais ils n'ont pas l'autorité
« Oh ! vous savez, les chefs, ils peuvent parler, ils peuvent exiger... ils ont le pouvoir, mais ils ont pas l'autorité et ça, nous, on le sait. » (E), 221.

La délégation de responsabilité et la police au bout de la chaîne
« On peut parler de démission générale. Les parents démissionnent. Ce n'est pas le travail des profs, et malgré tout, la police, on se trouve sur une chaîne de prestations que fournit une société, finalement, on se trouve au dernier maillon, hein ? Quand tous les autres maillons ont pété, c'est-à-dire quand la famille n'a pas réussi à contrôler, quand l'école n'a pas réussi à contrôler, quand les services sociaux, quels qu'ils soient, n'ont pas réussi à contrôler, eh bien, finalement, ça nous arrive sur nous, la police, quoi; on est vraiment le dernier maillon. » (E), 222.

État et dilution de responsabilité
R. : C'est l'État et aussi certaines institutions en particulier, il faut diluer la responsabilité, les gens ne peuvent pas être responsables individuellement, c'est l'institution qui est responsable, donc les individus ne peuvent pas avoir de responsabilité. C'est la peur que le personnel fasse des conneries et puis que ça retombe sur l'institution ; s'ils ont trop de liberté, d'autonomie...
Q. : Et pourquoi il ne faut pas avoir trop d'autonomie ? (rire)
R. : Je vais vous répondre par un exemple. Une personne est en bonne santé, elle n'a pas de problème physique particulier et puis elle est assistée pendant 10 ans, si dans le public, dans la presse – par exemple – il y a un article qui dit : « Comment ça se fait que cette personne reçoive de l'argent depuis 10 ans sans que rien n'ait été fait pour qu'elle soit autonome ? » Qui c'est qui est responsable ? C'est l'institution ou le travailleur social ? Qui assume ? Donc pour pallier ça, on dilue les choses, il ne faut pas qu'il y ait de problèmes; il ne faut pas que ça coûte cher; il ne faut pas que ça fasse de vagues. (E), 223.

Plus personne ne veut se mouiller
« Le système social, personne ne veut se mouiller, tout le monde se protège beaucoup, on se renvoie la balle, et moi j'ai besoin de savoir où j'ai les pieds, ce qui est correct, pas correct, j'ai besoin d'être cohérente. Et ce qui me frappe en même temps, dans ce système suisse, il roule et, quelque part, le système d'asile, il fait partie du système global » (E), 224.

Reprendre les délinquants, une délégation de responsabilité
« J'en ai ras-le-bol d'être obligée de réintégrer des personnes qui sont allées dix fois à la prison de Champ-Dollon pendant l'année et qui font du trafic de drogue et qu'on arrête et que je suis obligée de les remettre dans le centre, je n'ai pas étudié, je n'ai pas été formée, je n'ai pas été engagée pour m'occuper des trafiquants de la mafia. C'est du social ? Pas vraiment. C'est pas notre responsabilité. Ils nous refilent un problème qui devrait être pris en compte ailleurs ; c'est un problème que nous vivons très mal. » (D), 225.

On met quelqu'un d'autre, ma mission sera exécutée
« On a des problèmes disciplinaires, mais ce n'est pas de désobéissance, c'est les moments où on a des états d'âme, parce que désobéir, vous ne pouvez pas désobéir. Vous pouvez toujours dire sur une affaire : non moi là, je ne veux pas le faire, quelqu'un d'autre va le faire à votre place, c'est ce qu'il faut savoir. Si moi je ne veux pas faire une mission ici, tout d'un coup parce que ça me gêne, on va dire : bon, eh bien d'accord. On met quelqu'un d'autre, mais la mission sera quand même exécutée, donc finalement… mais si ça se reproduit on me dira : « eh bien écoutez, vous n'êtes pas fait pour la fonction. » (E), 226.

Douter de l'appartenance et de la reconnaissance

On ne reconnaît pas mon travail
« Il n'y a pas de reconnaissance du travail, on me salue pas, les chefs te passent à côté, ne te saluent pas, alors forcément comment est ce que la base nous avons réagi, eh bien nous avons fait quatre grèves. » (E), 230.

La reconnaissance
« Finalement, qu'on fasse bien, qu'on fasse mal, ça ne change pas grand-chose à l'affaire, on ne reconnaît pas notre travail. » (E), 235.

Quelqu'un dit quelque chose, on n'écoute pas
« Quelqu'un dit quelque chose, on n'écoute pas ce qu'il dit, on écoute ce qu'il est, ou on regarde ce qu'il est et on se repose en fonction de ce qu'il est et non pas en fonction de ce qu'il dit. » (E), 229.

La surcharge de travail, la hiérarchie et la non-reconnaissance
« Pour moi, les deux problèmes principaux dans mon travail, c'est la surcharge de travail et la hiérarchie, le fait qu'on ne soit pas reconnus, que notre travail ne soit pas reconnu à sa juste valeur. Par moments, avec un excès de fatigue, on a du vague à l'âme, on est un peu usé. » (E), 231.

Le souci du contrôle et pas de confiance
Q. : La hiérarchie, vécue dans le travail, est-ce quelque chose qu'il faut penser autrement ?
R. : On a l'impression que la direction ne pense qu'à contrôler ses collaborateurs et ne les soutient pas assez, ne les croit pas assez, ne les prend pas assez en considération. On a besoin que la direction ait confiance, qu'elle délègue plus, qu'elle responsabilise plus les gens. (E), 234.

Reconnaissance et hiérarchie dans le social
Q. : Vous ne sentez pas trop la logique de soumission hiérarchique ?
R. : Je la sens un peu moins que d'autres, j'y échappe par le fait qu'on est un petit groupe. Mais d'un côté j'en ai quand même besoin. La hiérarchie, elle est là pour imposer un cadre et une manière de fonctionner, mais elle est aussi là pour reconnaître le travail effectué. (E), 232.

La reconnaissance, la hiérarchie, les postes
R. : Il y avait un besoin de postes. On était surchargés sur le terrain. Il y avait des malades. On est même allés dans la rue pour le dire. Puis ils en ont donné. Mais avec la multiplication de la hiérarchie intermédiaire, des postes nécessaires au terrain ont été pris pour la hiérarchie. Cette réalité-là, elle est là maintenant dans l'institution. On nous met des gens qui sont formés pour encadrer le personnel, qui sont formés pour écouter, former, aborder, résoudre les problèmes. Mais avec la hiérarchie, les cadres, ils doivent défendre leur place. Et les intermédiaires, ils n'osent pas piper mot. Au contraire, ils se couvrent. Ils mettraient deux imperméables pour être sûr. Et puis au niveau du terrain, c'est des gens qui paient les pots de tout ça.
Q. : Qu'est-ce que ça impliquerait pour qu'on ne reproduise pas les difficultés du système hiérarchique actuel ?
R. : Qu'on réduise la fourchette des salaires et que ça soit des fonctions en rotation. Les gens prendraient une fonction de responsabilité pendant un moment donné et puis ensuite, c'est quelqu'un d'autre. On retourne au terrain et on coordonne de manière horizontale.
Q. : Mais quand on a reçu pleins de privilèges ?
R. : Le retour n'est pas possible, parce qu'après on est aspiré vers le haut. Ce qui est dramatique aujourd'hui dans l'institution où je suis, c'est qu'on hiérarchise au lieu de valoriser, de reconnaître le travail, les responsabilités des gens qui travaillent. Prenons les travailleurs sociaux. Ils sont à la classe

13. Leur fonction pourrait être mieux reconnue, valorisée. Je ne dis pas qu'il faudrait la classe 17 ou 18, mais je pense qu'il faudrait, comme les infirmières disent, être au même niveau que la gendarmerie, au niveau de la classe 15. Brut, à peu près, les travailleurs sociaux toucheraient alors à peu près 6 000. Ce n'est pas hyper haut comme salaire en regard à la responsabilité. Bon, comparativement aux correspondants informatiques, qui sont en classe 17, qui n'ont pas de formation professionnelle, je me dis : il a peut-être des choses à rééquilibrer. Mais moi, où je voulais en venir, c'est autre chose. Pour beaucoup de collègues, maintenant, une des perspectives d'avenir professionnel, vu qu'il n'y a pas de reconnaissance, c'est de devenir cadre intermédiaire. Moi, je trouve ça dramatique, surtout dans la société dans laquelle on se dirige aujourd'hui, tout le monde glisse vers le haut, essaie de se placer dans la hiérarchie. Autant revaloriser la profession, et puis les gens se remotiveront pour bosser, sans rêver de grimper et sans quitter le terrain.
Q. : Comment vous voyez l'alternative à l'amplification de la hiérarchie ?
R. : Pour moi, c'est la transversalité partagée. Il faut trouver d'autres mécanismes qui évitent ce *mobbing* fou, quoi, qui évitent les dysfonctionnements dans la politique du personnel. Il faut une co-gestion avec une réduction de la fourchette de salaires et une rotation des responsabilités, comme je vous disais, plutôt qu'une hiérarchie des fonctions et toujours plus de cadres intermédiaires et toujours moins de terrain.
Q. : C'est une profonde transformation de l'État que vous préconisez là ?
R. : Oui, mais on s'approcherait d'un vrai travail de service public. Le mot dit bien ce qu'il veut dire, service public. Il fallait un changement, c'est sûr, mais dans ce qui a été fait, on a oublié, on a perdu le sens du mot. (E), 236.

Je vais me faire bien voir aux yeux du chef

« Avant on savait que l'ennemi était dehors, mais maintenant il est à l'intérieur même, alors il y a des gens qui se volent des affaires, si un collègue sent qu'un autre à un tuyau, il essayera de le lui voler, pour se faire bien voir et se dire : je vais assurer mon avenir et me faire bien voir aux yeux des chefs, l'atmosphère a dû beaucoup changer. » (E), 233.

Avant, on avait peur de la police. Plus maintenant

« Avant, on avait peur de la police. On acceptait le jeu. On essayait un peu de filouter, dans l'audition, mais en tout cas pas par des gestes violents. Maintenant ça a beaucoup changé, maintenant, alors il faut se prévenir. Il faut essayer de penser à tout et effectivement le plus souvent quand on intercepte, quand on fouille la personne, il arrive maintenant, alors très souvent, surtout pour les gens de l'ex-Yougoslavie, qu'ils aient en mains, en poches, les armes, soit une arme blanche, soit une arme à feu. Alors bon, par la suite, ils nous disent que c'est pour se prémunir, c'est pour se défendre des Serbes, etc., parce que dans le fond, pour beaucoup, la guerre continue ici.

Ils se sentent toujours menacés par quelqu'un d'autre. Alors ils nous disent, ils nous garantissent que c'est pas contre la police, c'est pour se défendre contre leurs propres ressortissants. Il y a eu des agressions physiques, c'est un problème qui va en s'amplifiant. On a de plus en plus de blessés en service. Il faut toujours se méfier, c'est des habitudes qu'il faut changer, c'est un stress aussi supplémentaire. » (E), 220.

Craintes devant l'identité professionnelle bouleversée (gestion, technique)

L'identité professionnelle, le changement, la formation

Q. : Qu'est-ce que ça veut dire la résistance au changement ?

R. : Tout changement dans le travail social, c'est un monde. Le moindre truc que vous introduisez, l'informatique, c'est la panique. Avec des prétextes de confidentialité. L'histoire du travail social mérite une attention particulière. Pourquoi cette catégorie socioprofessionnelle est particulière ? Je pense qu'historiquement c'est une profession qui n'a pas dépassé le cap de l'adolescence. Elle est née après la deuxième guerre mondiale. Déjà avant, mais essentiellement après la deuxième guerre mondiale. Avant, c'était un amalgame curieux entre la santé sociale et surtout la religion. On faisait du social, on soignait quand on était généreux, fille de bonne famille, bonne sœur. On allait visiter les pauvres. On a beaucoup de peine à se dégager de ça. Ou bien on s'en dégage en rejetant le passé et en restant de toute façon dans les environs. Sans arriver à en faire une profession structurée comme les infirmières. Les infirmières ont plus évolué, elles ne sont plus à leur adolescence mais à leur maturité, tout en ayant des problèmes d'identité qui sont quelquefois similaires à ceux du social. Les assistants sociaux sont restés figés à leur adolescence. Ils sont toujours dans des mouvements d'ambivalence, tant par rapport à leur histoire passée, c'est-à-dire « être bons et il faut qu'on nous aime », tout en revendiquant qu'ils sont des professionnels. Ambivalence par rapport à la hiérarchie aussi. Nous, attention, on ne dépend de personne, on n'a pas de hiérarchie, mais en même temps, on demande tout à la hiérarchie.

Q. : Et la formation ?

R. : La formation n'est pas adaptée au changement du monde, de la société et de ce à quoi nous devons répondre. Et à quoi on doit répondre, au fait, quand on est assistant social ? Quand on est assistant social, la première chose que vous devez faire, c'est répondre à des besoins vitaux. C'est-à-dire un assistant social, il va en tout cas garantir un toit à quelqu'un, à manger et qu'il soit soigné. Et ça, c'est les besoins vitaux fondamentaux. Et on ne va pas voir un psychologue pour ça, on va voir un assistant social. Or, là aussi, ils ont une ambivalence, parce qu'en même temps ils disent qu'ils portent

une part de la souffrance du monde, or ils sont chargés de régler les problèmes qui sont d'ordre ménager, administratif. Et ça, ils ne l'acceptent pas. Quand quelqu'un a des problèmes psychologiques, c'est pas l'assistant social qui va les traiter, on est bien d'accord. Alors, j'ai des fois l'impression d'une frustration parce que des fois, ils voudraient bien être des psychologues, des fois ils voudraient bien être des psychiatres, et puis les psychiatres aimeraient bien être Dieu.
Q. : Vous avez des propositions concrètes concernant la formation ?
R. : Que les travailleurs sociaux sachent analyser, synthétiser concrètement les situations. Et je reviens à mon premier propos, qui est cette résistance au changement. Ils sont dans un tournant. Ils sont dans des sables mouvants. Ce qui est sécurisant, ce sont les normes, les règles, vous voyez comment. Chaque fois qu'on change un peu ces choses-là, c'est ajouter à la déstabilisation.
Q. : Vous voyez des différences quand vous engagez des gens qui sortent de l'Université ou des gens qui sortent des Écoles sociales ?
R. : Ce que j'attends des professionnels dans le social, c'est qu'ils aient des outils pratiques, concrets. Vous sortez de l'Université, je vais vous dire, on apprend pas vraiment la vie à l'Université. (I), 196.

La crise d'identité professionnelle des travailleurs sociaux
« Les démissions, moi je pense que c'est toute la question sur l'identité du travail social qui est en cause. » (E), 197.

La modernisation
« Qu'est ce qui a fait que les gens ont grimpé ces dix dernières années dans le social ? Ils ont tous une chose en commun, c'est que tous ils te disent « c'est vrai que le social coûte cher, donc, il faut diminuer le social » et ils prennent des cours de management à ne plus en finir, et en pesant tant que possible sur les assistants sociaux qui travaillent avec le moins d'argent et de moyens possible. » (E), 202.

La contractualisation à l'américaine qui transforme le travail
R. : Il y a un autre volet qui transforme notre travail, c'est la notion de droit contractualisé, mais la notion de droit en tant que tel. À mon avis, c'est un des effets pervers du système américain, c'est qu'aujourd'hui on arrive dans des principes de droit pour tout. Le principe de droit fait que la personne fait des réclamations et des recours pour tout et pour rien. Donc le pendant de tout ça, c'est que nous, on passe beaucoup de temps en tant que travailleur social à faire des lettres d'explication, des rapports auprès de la commission de réclamation. Est-ce que c'est notre travail de faire ça, je ne sais pas. On passe notre temps, on passe trop de temps par rapport à notre mandat de travailleur social.
Q. : Les personnes réclament souvent ?

R. : Oui.
Q. : Pourquoi ?
R. : Alors, souvent c'est bien fondé, c'est-à-dire qu'ils pensaient que la loi n'était pas complète, ou qu'il y a inégalité de traitement, donc la personne fait réclamation. Il y a nous pour leur expliquer. Et puis, il y a un autre effet pervers qui tient à la hiérarchie, qui est ancien et qui se mélange avec cette vision du contrat. L'instance de recours fait partie de l'institution qui prend la décision et qui octroie le droit. (E), 199.

La technologie du contrat social
« Dans notre travail, on considère qu'il y a exclusion que s'il y a alcoolisme, donc il y a une tare. Là on est d'accord, ils sont exclus parce qu'ils sont toxicomanes ou alcooliques, immigrés analphabètes, des choses comme ça. Mais quand on essaie de démontrer que non, que les gens à l'Assistance ne sont pas tous des alcooliques, des toxicomanes, des immigrés, alors là le débat est impossible, parce que la direction se rend compte que si le RMCAS est mis sur pied, on va avoir des affrontements terribles avec les gens, donc ils essayent de nous former à une technologie du contrat social. Au demeurant c'est très bien, mais c'est absolument incroyable de comprendre comment on peut à la fois gérer l'assistance comme on est en train de le faire, c'est-à-dire d'une manière aussi catastrophique, et comment tout d'un coup par le biais du fait que tout ce qui changera pour les gens, c'est que ça va devenir un droit, alors qu'autrement ça n'en n'est pas, pourquoi tout serait mieux ; ça va pas permettre de résoudre le fait qu'un assistant social vient nous dire « on va vous filer le minimum vital. Et puis il faudra faire une contre-prestation ». C'est sympa, OK. Mais personne ne me fera croire, à moi, que ce qu'on est en train de me filer là n'est pas un succédané de ce que je pourrais être moi par rapport à mes compétences et mes possibilités de travailleuse sociale. C'est oublier qu'on est déjà dans une société qui n'a pas résolu le problème du sous-emploi, ni de l'absurde qualification des intellectuels, ni tout ça. Donc ça vient s'ajouter en plus de tous ces autres problèmes non résolus. Les gens manquent du minimum vital, voilà quel est le vrai problème, en inventant des concepts vieux de trois siècles, on va relire Rousseau puis on va reparler du contrat social. » (E), 200.

La philosophie du contrat américaine qui remplace la relation dans le travail social d'assistance
Q. : Mais qu'est-ce que ça veut dire un droit contractualisé ?
R. : On passe d'un système paternaliste d'assistance à un système de droit avec tous les effets pervers.
Q. : Mais c'est pas mal le droit, non ?
R. : Oui, mais la philosophie du contrat qui est en train d'être appliquée, elle a quelque chose de pervers. En tant que travailleur social, on a toujours été formés à faire du contrat social avec les gens par écrit. On avait toujours un

contrat social. C'était faire du travail social avec un objectif de réinsertion des gens. Il a un but. Mais la vision du droit et du devoir dans un contrat qu'on est en train de mettre en place, elle implique pas qu'il y ait une relation de réciprocité contractuelle. Elle implique que la personne est toute seule dans son droit et que la collectivité n'a plus de responsabilité par rapport à ce qui lui est arrivé. Elle oublie, ou plutôt elle cache qu'il n'y a pas d'égalité devant le droit entre la personne et l'État.
Q. : C'est un droit à sens unique si j'entends bien ?
R. : Pour moi, c'est pas un contrat entre deux partenaires, même si on dit ça, c'est le modèle américain, chaque personne est un individu et elle est responsable de ce qu'elle fait. Elle est au chômage, c'est de sa faute. Et c'est l'État qui lui dit ça en parlant de droit.
Q. : Pourquoi vous dites américain ?
R. : Parce que c'est un modèle américain, la liberté à tout crin. Chacun a toutes les chances de son côté pour réussir et puis chacun se bat individuellement pour obtenir ce dont il a besoin pour vivre ou survivre. (E), 201.

Je suis dirigée par quelqu'un qui m'envoie des messages par e-mail
« Moi je suis dirigée par quelqu'un qui vient deux heures par semaine ici, qui le reste du temps m'envoie des messages, en messagerie là, qui me dit « fermez ce dossier ouvert », j'ai des dizaines de personnes qui vérifient en permanence ce que je fais comme écriture fausse ou correcte et tout. Moi ce que je sais c'est que ma hiérarchie à moi ne produit rien, ils ont pas un seul cas social. Il y a bureaucratisation complète qui est en train de faire exploser les coûts. Nos chefs de secteur sont en classe 18, donc nous, les assistantes sociales, nous sommes en classe 13, c'est-à-dire nous sommes en dessous des instituteurs. » (E), 203.

L'ordinateur au chômage
R. : Les directives sont transmises informatiquement et nous, on est obligé de les appliquer. En plus de la loi il y a l'ordinateur et ça c'est l'horreur, avant je vous dis, des fois on faisait semblant de pas avoir reçu des décisions.
Q. : Ah ! oui ?
R. : Oh ! vous savez, la poste, hein ! c'est une très mauvaise poste (ton ironique). Quand on fait d'une manière un peu illégale, c'est vrai qu'il y a des décisions qui se sont perdues dans la nature, maintenant avec l'informatique, on a aucune prise. Les décisions, elles sont là sur l'écran, nous on n'a pas la possibilité de les supprimer, rien du tout, et les jours qu'ils mettent ils se déduisent automatiquement, nous on peut rien faire. (E), 204.

La transformation du travail à cause de l'ordinateur
Q. : Qu'est-ce que c'est le cahier des charges ?

R. : Le cahier des charges pour l'assistance aux chômeurs, il était totalement différent de celui d'un travailleur social dans un secteur d'assistance. On était là pour instruire le dossier, décider de lui octroyer le droit ou pas, et puis agir et accompagner toutes les mesures possibles pour la réinsertion des personnes. Donc, cahier des charges intéressant. Et en plus l'outil informatique prend une ampleur qui transforme le travail.
Q. : Qu'est-ce que ça veut dire ?
R. : Ça veut dire qu'une personne donne un certain nombre de documents officiels, qui sont loyers, caisse maladie, fortune, relevé bancaire, attestation de fin de droit au chômage, carte d'identité, etc. La plupart de ces données, on les rentre dans l'informatique. Donc là, on touche au respect des données des personnes. On a essayé de le dire, de l'énoncer, on n'a pas été entendus. Et puis la machine, à partir de là, calculait toute seule le droit de la personne, et puis bon on prenait une décision qui tombait à la personne. Et puis la personne avait des questions, il nous était impossible d'y répondre sans passer par la machine, sans aller consulter pour savoir pourquoi la machine avait fait ce type de calculs. Quand on travaille, tous les renseignements et données sont dans l'ordinateur. Donc, on passe notre temps devant cet écran.
Q. : Quand la personne est là ? Donc, il y a l'ordinateur, vous et la personne durant l'entretien ?
R. : Oui. Chacun a ses méthodes, c'est vrai que moi je demande à la personne de venir à côté de moi à mon bureau pour qu'elle puisse regarder avec moi parce que je n'avais pas trouvé d'autres solutions en tous cas.
Q. : Vous avez l'impression que le travail informatique et administratif augmente ?
R. : Oui, moi je l'ai dit aux responsables, mais selon eux c'est normal. Et c'est l'avenir de notre travail. Je crois que l'introduction de l'informatique génère un besoin de fournir des données pour tout et pour rien, pour tirer des statistiques sur tout et sur rien. Ce qui fait qu'on la nourrit cette machine. On est tout le temps en train de nourrir cette machine, tout le temps, tout le temps. Je pense que quelque part l'Institution, elle n'aura pas besoin de bénéficiaires. Elle pourra tourner sur elle-même, tellement on la nourrit de données, de chiffres. (E), 205.

La dépendance à l'informatique

« Si l'informatique tombe en panne, on ne peut pas travailler. » (I), 206.

Il faut nourrir la machine qui tournera toute seule

R. : L'informatique nous a conduit à dialoguer avec la personne par l'intermédiaire de l'outil informatique. Une personne pose une question, on sera à 60 ou 70 % des cas incapables de traiter sans passer par l'outil. La machine a la réponse. Dans ce modèle-là, on ne prend plus la personne dans sa globalité. Il est en train de s'appliquer au niveau de l'aide sociale.

Q. : Et c'est parce que l'informatique fonctionne mal ou c'est le système en lui-même ?
R. : L'introduction de l'informatique génère un besoin de fournir des données pour tout et pour rien, pour tirer des statistiques sur tout et sur rien. Ce qui fait qu'on la nourrit cette machine. On est tout le temps entrain de nourrir cette machine, tout le temps. Quelque part l'Institution elle n'aura pas besoin de bénéficiaires. Elle pourra tourner sur elle-même, tellement on la nourrit de données, de chiffres. (E), 207.

Je travaille bien avec cet outil
Q. : Vous avez des problèmes avec l'informatique dans votre travail ?
R. : Non, je travaille très bien avec cet outil, en plus il me permet d'être créatif dans mon travail. Je sais qu'il y en a qui en ont peur, mais c'est parce qu'ils ne savent pas s'en servir. (E), 208.

J'ai pas de problèmes avec l'ordinateur
« Moi, j'ai pas de problèmes avec l'ordinateur, ça va. Il y a la protection des données, là il faut faire attention. » (E), 209.

L'informatique et les faits qualitatifs du social
« On peut mettre toutes les cases qu'on veut, il y a toujours une case qui manque. Vous voyez, par exemple, remettre une date ici, c'est écrit « parti de Suisse, Asile, permis B ou décédé ». Bien ça fait un, deux, trois, il y a quatre possibilités. Il y en a bien d'autres. On peut être marié aussi, par exemple. C'est ça qu'on va nous donner comme travail, c'est bien ce qu'on nous donne comme outils. Ce qu'on nous donne comme travail, c'est pour rationaliser, compter, savoir où on est. Enfin, à un autre niveau, c'est combien ça coûte tout ça ? Il faut. On ne peut pas être utopiste non plus. On ne peut pas tout mettre dans un moule. » (E), 210.

L'impact de l'informatique
R. : J'ai l'impression que l'informatique en tant que telle est un outil qui va à une telle vitesse, un outil sur l'information, qui de toute façon nous dépasse. Nous, on n'a pas le moyen de travailler au même rythme que lui. De toute façon on est toujours en train de lui courir derrière. Donc, à un moment donné, soit on continue à lui courir derrière et on ne réfléchit plus à ce qu'on fait. Là, on est collé sur le mur. Soit on s'arrête et on se dit « qu'est-ce qu'on peut faire, qu'est-ce qu'on fait ? », et puis là c'est le discours qu'on avait au niveau de la commission du personnel. Mais de l'autre côté, on entend qu'on est réticent aux changements, qu'on est des rétrogrades, qu'il faut s'adapter aux nouveaux outils de travail. Je crois que l'informatique, elle nous dit ça, c'est qu'elle va trop vite pour nous. Pour nous humains.
Q. : Donc il y a une temporalité de l'informatique et une temporalité des humains qui ne vont pas ensemble ?

R. : Le message Internet et tout ça, c'est la transmission de milliards d'informations en quelques secondes, qu'on n'a pas la capacité d'assimiler, qu'on n'a pas la capacité de suivre. Et c'est vrai qu'on est aussi un être de réflexion. Donc, on ne peut pas toujours être en train de remplir cette machine à nourrir, on doit aussi réfléchir à ce qu'on lui met dans les tripes.
Q. : Donc réfléchir à ce qu'on lui met dans les tripes et, d'autre part, contrôler des temporalités différentes, ça donne des chartes complètement différentes ?
R. : Tout ce qui touche à l'informatique nécessite une réflexion sur l'outil et pas seulement un usage de l'outil. On se perd là-dedans parce que l'outil informatique, d'un côté il nous facilite le travail quelque part, enfin c'est comme ça qu'on nous le présente, il doit nous faciliter la tâche, mais il va trop vite.
Q. : Ça produit quoi quand ça va trop vite pour le personnel ?
R. : On ne travaille plus sur une prise en compte d'une personne dans sa globalité, dans une réflexion de travail social, de recréer le lien social. On est dans une logique administrative, on nourrit une machine, parce qu'à mon avis c'est ce qu'on fait, on nourrit une machine pour lui permettre de pénibles prestations financières par le biais d'exigences administratives. On n'est plus du tout dans une logique de travail de réseau, de travail communautaire, de lien social, etc. C'est l'informatique qui induit ça. Elle induit une autre prise en compte de la vie de la société dans laquelle on est. (E), 211.

Les nouvelles contraintes informatiques pour décrire sa pratique
Q. : Mais est-ce qu'on pourrait imaginer qu'une proposition de mesure serait de suggérer que les gens puissent décrire leur pratique avec l'outil informatique, les questions que ça leur pose.
R. : Je pense que ce serait important. Les gens se plaignent de passer trop de temps à l'ordinateur, devant l'écran, mais il n'y a pas de réflexion pourquoi. Je n'ai pas l'impression, en tout cas, j'ai peu de collègues qui me font un retour « voilà pourquoi je passe trop de temps ». J'ai croisé peu de collègues qui avaient cette réflexion-là. Mais il y a eu plainte, on passe trop de temps devant ces machines-là.
Q. : Si je vous entends bien, la plainte, elle est au niveau de l'espace que prend l'outil, mais pas au niveau que pose son utilisation dans les transformations du contenu et du sens du travail. Sauf quand ça ne marche pas.
R. : Sauf quand ça ne marche pas, ça c'est encore un autre volet. On nous dit que ça fait gagner du temps, mais on perd beaucoup de temps, parce que la machine est toujours réparée, elle est souvent en panne. (E), 212.

Les barèmes de Berne inapplicables

Q. : Vous décrivez une surcharge énorme et aussi les barèmes de Berne inapplicables, alors quels outils faut-il pour renforcer votre travail ?
R. : On se débrouille avec les barèmes, mais c'est compliqué, toujours plus compliqué et plus restrictif. Les barèmes de Berne sont inapplicables. C'est la bureaucratie, le contrôle. Alors comment lutter ? C'est individuel toujours et c'est du cas par cas. Un outil à ce niveau, ici dans l'Institution, pour moi ici c'est exclu, je ne peux rien faire, je suis totalement impuissant, il faut vraiment intervenir au niveau politique, mais les politiques, ils ne comprennent rien aux outils de notre travail. (E), 213.

L'éthique

« Notre institution on est noyé sous l'éthique, on a des commissions d'éthique à n'en plus finir, tous ceux... enfin bon, mais moi je sais pas ce qu'on met là derrière. » (E), 214.

Comment détecter les besoins de formation des professionnels ?

Q. : Quels sont les besoins de formation des collaborateurs ?
R. : En toute honnêteté, je pense que les professionnels sont les mieux à même de dire ce dont ils auraient besoin. Vous voyez, moi, je pars de ce principe-là. C'est pas les chefs qui décident de manière toute-puissante. En réalité, c'est les professionnels qu'il faut interroger. C'est vrai, est-ce que la caisse à outils est pleine, est-ce qu'il y a toute la palette ? Je dirais, c'est à eux de le dire. (I), 215.

La formation

« La formation ? T'as ces braves professeurs qui mettent sur pied un cours où on oblige à aller toutes les mauvaises têtes du moment et puis on les fait déballer tout ce qu'ils ont à déballer, pis ça reste là, puis tu retournes sur ton lieu de travail. C'est des vieilles méthodes de gestion de l'institution, ça existe partout à l'État. Pendant ce temps, on ne réfléchit pas sur ce qu'on voit dans notre travail. » (E), 216.

Le besoin de formation en communication « interculturelle »

R. : Une fois, je m'en souviens, un Africain de je sais plus quel pays, qui avait fait des études de psychologie en Europe, nous tenait des grandes théories avant qu'on le refoule. Il est arrivé un moment où j'en avais marre de l'entendre parler, je lui ai dit : « Mais écoutez, vous croyez pas que dans votre pays, plutôt que de faire de grandes études de psychologie, il aurait mieux fallut faire des études d'agronomie ? Ça leur servirait à quelque chose, à manger. » Et puis ça m'avait énervé, donc j'ai clos la discussion à ce niveau-là.
Q. : Et qu'est ce qu'il a répondu ?
R. : Bof, qu'est-ce que vous vouliez qu'il réponde ? (E), 217.

La formation interculturelle
R. : Moi, je peux vous dire franchement, je crois que dans notre institution, il y en a beaucoup qui auraient besoin de formation interculturelle. Je trouve, il ne faut pas cacher comme on dit la merde au chat. Dans la police, on peut dire que 80 % du personnel est raciste. C'est un peu normal quelque part, c'est vrai qu'on n'a pas toujours affaire aux étrangers les plus faciles.
Q. : Comment la faire cette formation ? (E), 218.

Subir des paradoxes dans le travail

Travail : je fais de la « merdologie »
« Moi, je dis souvent que je fais de la "merdologie" pour définir mon travail *[rire]* parce que très souvent c'est ça du matin au soir et c'est un travail dangereux pour soi-même, je pense. » (D), 56.

L'arrivée du *new management*
« C'est l'arrivée dans le social de la modernité, du *new management,* d'un néolibéralisme, de cette nouvelle droite à la tête des institutions qui ne comprend pas la contraction entre assurer la dignité humaine des gens et les mettre en contre-prestations. Moi, ça me rappelle les prêtres du tiers-monde qui viennent donner l'absolution juste avant qu'on meure. Il y a une sorte de bonne conscience qui n'est pas un truc religieux, ça c'est le néolibéralisme. Plus on est dans la merde, plus tu dois être heureux, plus tu dois être digne, plus tu dois être excellent et plus tu dois être toutes ces notions de l'excellence. C'est un cynisme total et froid. » (E), 77.

Le problème principal des travailleurs sociaux
« Le problème principal c'est que les travailleurs sociaux, aujourd'hui, doivent s'occuper de gens avec des critères légaux et administratifs qui visent tous à une non-intégration, parce que les décisions en matière d'asile doivent être, en théorie, rendues rapidement et que, potentiellement, 95 % d'entre eux devront partir, donc pas d'intégration. Et puis la réalité fait qu'une bonne partie d'entre eux – les demandes étant traitées avec beaucoup de retard – finissent par se retrouver (entre guillemets) "non intégrés" alors qu'ils sont là depuis 5, 10 ans, voire plus. » (E), 57.

Le travail social, un travail d'écoute et... d'administration
Q. : Qu'est ce qui vous a motivé dans ce travail ?
R. : Ça a été un peu un défi personnel, je me suis dit : dans cette marge de manœuvre qu'est ce qu'on peut construire avec des gens qui sont dans la pire situation qui puisse exister ? En étant à l'assistance, qui est en dessous du

minimum vital, en étant dans la précarité au niveau du statut. Je me suis dit dans cette mission impossible en tant que travailleur social, peut-être on peut construire quelque chose.
Q. : Quel bilan vous faites ?
R. : Pour moi mon bilan c'est dans la relation que moi je peux instaurer avec ces gens, quand je vois une reconnaissance, quand il y a une certaine qualité de relation personnelle. C'est des gens qui ont fait des bureaux, qui ont fait des services, et ça se voit. Quand ils arrivent, un peu agressifs, ils arrivent ici, on leur demande leur nom, y en a qui réagissent très fort, nous on continue à leur demander leur nom pour l'inscrire, moi la seule chose importante, c'est d'essayer de créer un réseau social. Il y a des gens qui ont un très bon réseau, qui se débrouillent tout seuls, il y a des gens qui sont seuls un peu perdus, donc il faut travailler le réseau social, je crois que c'est le but de la mission de l'assistante sociale.
Q. : Ça doit être difficile ?
R. : C'est pas toujours facile, parce que quand on passe des après-midi, par exemple s'il y a une traductrice serbo-croate, je vais la prendre l'après-midi, donc là j'enchaîne les Bosniaques qui sont en réexamen, donc ils sont tous suivi pour des stress post-traumatiques, donc là c'est des après-midi un petit peu glauques.
Q. : Mmh…
R. : Alors mon bilan jusqu'à maintenant, j'ai passé beaucoup de temps à gérer les dossiers et enfin, l'important ici c'est que les dossiers soient en ordre.
Q. : C'est ce qu'on vous demande ?
R. : C'est ce qu'on me demande, j'ai l'impression que tant que les dossiers sont en ordre, tant qu'au niveau financier ça joue, pas de problème, ça m'a pris beaucoup de temps parce que j'avais beaucoup de dossiers et aussi beaucoup d'énergie parce que c'est un domaine que je connaissais pas.
Q. : Mmh…
R. : J'ai fait le minimum, c'est-à-dire les gens qui n'ont pas de rendez-vous et qui viennent, moi je les prends, donc si je suis en rendez-vous ils attendent, mais je dis jamais « revenez demain », le minimum c'est d'être disponible, d'être là en cas de besoin, les gens qui viennent ici on doit les écouter. (E), 58.

Ce qui a changé, le sens du travail
« Ce qui a changé, ce pourquoi j'ai été formé, c'est l'esprit de mon travail. C'est le sens de mon travail. L'approche de mon travail. Ce que j'aime à dire, c'est que je suis formé au travail social et que, dans l'activité que j'avais durant les dernières années, j'étais devenue une police des contrôles administratifs. Et puis, pour moi, ça devenait trop grave pour que je puisse continuer à le pratiquer. Et ça, ce n'était pas entendu. On me répondait qu'on était obligé de faire ça avec les gens. » (E), 71.

La nouvelle situation du chômage et les préjugés
« Dans notre société, on avait plein emploi. En tout cas, moi, j'ai connu cela parce que je suis né après la guerre. J'ai connu une société qui était en expansion. On avait l'impression d'avoir l'éternité devant nous. Dans ma jeunesse, en tout cas. Tout était possible. Si jamais j'étais pas content dans mon boulot et ça m'est arrivé, je partais, mais trois jours après j'en avais un autre. Donc, la perception du chômeur, elle avait une certaine connotation. Et je crois que beaucoup de personnes ont intégré cette connotation, le chômeur, c'est celui qui ne veut pas travailler. Aujourd'hui, on est dans un contexte socio-économique radicalement différent, et la connotation n'a pas changé. Là encore, c'est comme avec les requérants d'asile, vous avez des chômeurs qui sont des chômeurs et des chômeurs en fin de droit, bien malgré eux, et puis vous en avez quelques-uns qui peuvent être des roublards et des tricheurs, je dirais, mais qui ne doivent faire pencher l'analyse de l'ensemble de la population de ce côté-là, enfin de faire des généralités de quelques cas qui sont peut-être des cas isolés ou des cas particuliers. Alors, j'ai le sentiment que d'être chômeur, on n'en ressort pas aussi indemne que ça. Et nous dans le travail, on doit être attentif à ces préjugés. » (E), 72.

Le conseil et la marge d'action dans le chômage
« La marge de conseil est large, la marge d'action est étroite ; conseiller n'est pas forcément agir. Il y a la LACI, qui est le cadre légal de l'exercice de la profession du conseiller en personnel dont il peut pas déroger. Donc il ne peut pas faire ce qu'il veut, il y a un cadre de loi qui lui impose telle ou telle chose. (...) C'est comme si, pour une ordonnance, vous appliquez la recette de médicament, eh bien, ça c'est exactement ce qu'ils doivent appliquer aux demandeurs d'emploi, ce qu'ils doivent respecter comme cadre légal, c'est de la transmission d'information, au-delà ils ne peuvent pas déroger *[à la loi]* quelle que soit la personne (...). Ils ne peuvent pas discuter les critères, c'est une question d'appréciation, c'est tout. Quand la loi est respectée tout se passe bien, le demandeur d'emploi est parfait, quand il sort du cadre légal, le conseiller devient un flic, il perd sa casquette de conseiller pour prendre une casquette où il est obligé de sanctionner. » (E), 59.

Les paradoxes de la réinsertion des chômeurs
R. : J'ai l'impression qu'on leur donne une certaine illusion d'avoir une prestation à donner et puis concrètement c'est très illusoire cette histoire, c'est donner l'illusion qu'il y a un boulot à effectuer et concrètement, il n'y a rien à faire souvent.
Q. : Pour les gens au RMCAS ?
R. : La contre-prestation au RMCAS n'est pas financée par le lieu où la personne est placée, c'est financé par l'État. Donc le lieu, tout d'un coup, on demande « est-ce que vous êtes prêt à accepter quelqu'un du RMCAS ? –

oui mais j'en n'ai pas tellement besoin ». J'ai vu des cas aussi dans une institution où la personne arrose les plantes, l'assistante sociale qui était là disait « mais moi je peux les arroser moi-même les plantes ». Il n'y a pas besoin d'inventer au RMCAS, on peut déjà parler les emplois temporaires fédéraux. Ça revient au même, c'est une occupation vécue comme du travail forcé comme des choses qui ne correspondent pas du tout aux attentes des personnes. (E), 61.

Conseiller et contrôler les chômeurs

Q. : Vous, en d'autres termes vous vous sentez presque culpabiliser d'avoir du boulot et de vous occuper de ces gens ? C'est ça que ça veut dire ?
R. : Non. Parce que l'ennui que j'avais par rapport à ce service, j'essayais de travailler avec les gens. C'est ce que je disais, en tant que travailleur social, comme on était conseiller social et non travailleur social parce que souvent, les gens je leur disais « vous m'envoyez une carte de timbrage, vous faites une recherche d'emploi, moi je m'en fiche, ce n'est pas là-dessus que je travaille avec vous ». Ce que je cherchais, le domaine sur lequel je cherchais à travailler, c'est sur la revalorisation de soi. Et puis, je crois qu'un des aspects problématiques de l'éthique de notre travail-là, c'est qu'on n'a plus le respect de l'autre. Quand on lui demande de se mettre à nu par le nombre de papiers qu'on lui demande, par la suspicion qu'on a toujours parce que lui envoyer une lettre de rappel, ça veut dire qu'on le suspecte de travailler ou de rien faire. Être un fainéant. *(silence)*. Et puis, je crois, un des principes, un axe de mon travail, était celui-ci, essayer de découvrir les fleurs qu'ils ont en eux, de revaloriser leur personne. Mais en même temps, le temps que je passais à faire le policier, à contrôler, cassait peut-être la relation de travail de revalorisation que j'essayais de faire avec eux. Il y a quelques personnes avec qui j'ai pu faire un bout d'accompagnement, à qui j'ai pu expliquer ce que je ressentais par rapport au contrôle, que j'étais mandaté. (E), 73.

Des problèmes éthiques dans les refoulements ?

Q. : Le problème éthique *[dans les refoulements] ?*
R. : À mon avis, il n'y en aura pas parce que les gens sont formés d'une manière professionnelle. Je ne veux pas dire excellente. Mais, vraiment bonne, voire très bonne. C'est quand même des gens qui sont sélectionnés sur un plateau. Quand vous voyez maintenant, il faut trois cents personnes pour engager dix policiers. Ces dix policiers qui font l'école sont vraiment... c'est le dessus du panier. Maintenant, les jeunes, ils arrivent avec un autre bagage. Et c'est vrai qu'ils ont une culture, ils ont un degré d'acceptance beaucoup plus grand en ce qui concerne l'étranger, la différence. Et puis, c'est tant mieux parce que sinon on deviendrait fou. (I), 60.

Le prisme déformant du métier de policier

« Le policier a un prisme déformant dans son activité quotidienne. Même le moins raciste des policiers, même le plus honnête, à force d'être toujours appelé il se dit : mais moi ma statistique personnelle me conduit à penser que 100 % des Kosovars que je rencontre, ou 95 %, sont impliqués dans des trafics de drogue, ou pour le moins sont des gens qui profitent du système de la ville. Donc à priori les policiers sont des êtres humains qui sont de bonne foi de bonne composition et puis même avec un souci humanitaire, parce qu'on entre pas dans la police si on n'a pas un souci humanitaire. Je pense que le policier qui s'engage pour de justes motifs, qui a une vocation classique, est quelqu'un qui est préoccupé, qui a le souci d'autrui, le souci de la société, d'un bon fonctionnement. C'est clair que c'est pas un assistant social, quoiqu'on travaille sur les mêmes terrains, parfois avec les mêmes outils. On n'est pas forcément que le bras armé de l'État de droit et puis les assistants sociaux ne sont pas que ceux qui donnent la main et l'argent. Il y a des fois les rôles se confondent un peu. Le problème c'est que le quotidien nous amène à voir que des étrangers qui posent problème. Ceux qui sont correctement intégrés, qui travaillent, qui ont même peut-être une activité communautaire, il y a des gens très bien dans tous les milieux. Nous on n'est pas amené à voir ceux-là, on va voir que ceux qui posent problème, et puis si on n'a pas dans sa vie personnelle l'occasion de faire d'autres rencontres qui viendraient nous corriger cette déformation professionnelle qui s'installe petit à petit, on tire des conclusions erronées. » (E), 62.

On doit mettre à la porte des gens…

R. : Ce que je trouve paradoxal, c'est qu'on doit mettre à la porte des gens qui sont là illégalement, qui est quand même une tâche très dure à faire, mais en même temps, on est les seuls à aller dans ce sens-là parce que les impôts, ils leur ponctionnent des impôts, même s'ils sont là illégalement, l'AVS, ils payent l'AVS. Ils vont à l'école. Ils ont accès aux hôpitaux, on les traite, à part le permis de séjour, à part le papier où il y a marqué permis B dessus, comme des étrangers tout à fait en règle. On leur fait payer des impôts, tout ce qu'il faut, mais quand ils sont appréhendés et qu'ils sont en situation irrégulière, on nous demande à nous de les renvoyer. C'est un système qui est aberrant.

Q. : On n'a pas vu beaucoup de mesures d'amnistie, vous en pensez quoi ?

R. : Il y a une motion Angélique Frankhauser [parlementaire fédérale], mais ça n'a rien donné. Mais, disons, ça marcherait si après on ferme les robinets et puis on est sévère et on est strict, mais on ne peut pas être strict quand on fait tout ce que je vous ai dit et qu'on se donne juste 4 enquêteurs pour aller voir dans les bistrots combien il y a de travailleurs au noir. (I), 89.

Accompagner les gens vers quoi ?
« La problématique à la fois des étrangers, des chômeurs, on la retrouve dans l'assistance sociale, mais elle est toujours en second plan, puisque le premier plan c'est les difficultés que les gens rencontrent à subvenir à leurs besoins. Alors ensuite que cette problématique ne soit que l'émergence d'autres difficultés ; culturelles, professionnelles, de fin de droit de chômage, c'est une évidence (...). On est tous potentiellement des jetés de l'existence (*rire).* Et puis les valeurs qui fondent un petit peu notre société, le travail tout ça, on n'est plus vraiment tout à fait là-dedans, et on peut se retrouver alors en tant que travailleurs sociaux, face à des personnes de 50, 55 ans qui ont fondé toute leur vie sur le travail, qui se retrouvent au milieu d'une fusion, qui se retrouvent à la rue, et puis qui ont beaucoup de difficultés à redonner un sens à leur vie, alors que vraisemblablement ils ne vont pas retrouver du travail. Il y a tout un phénomène d'exclusion qui est très difficile à vivre pour la personne, mais aussi pour l'assistant social qui accompagne des gens, on ne sait pas toujours vers quoi. Et puis il y a toute une sorte de révolution philosophique que les gens doivent faire. » (I), 64.

Je ne fais pas de l'humanitaire dans mon travail
Q. : Mais donc, si on posait le problème du point de vue de la recherche de... au fond, du défi humanitaire, pour améliorer le travail, qu'est-ce qu'il faudrait faire ?
R. : Pour améliorer notre travail ?
Q. : Pour vous donner plus de marge de manœuvre en matière d'égalité de traitement, si on veut ?
R. : Mais on n'a pas de marge de manœuvre par rapport à notre rôle ici. C'est la direction qui peut éventuellement avoir une marge de manœuvre. Moi, je dépends de la direction, donc c'est elle qui signe les décisions. Donc, moi ce que je peux faire c'est apprécier par rapport à des critères assez précis, pas plus.
Q. : Donc, votre marge de manœuvre, c'est de pouvoir convaincre la direction ?
R. : Voilà, mais encore faut-il qu'elle puisse être convaincue.
Q. : Mais ça veut dire que c'est compliqué du point de vue du défi humanitaire quand même ?
R. : Moi, j'ai pas l'impression de faire de l'humanitaire ici.
Q. : Ouais, ah ! vous, non ?
R. : Non, ben pas vraiment, non.
Q. : Vous faites quoi, au fond, si vous deviez définir votre travail ?
R. : Je sais pas... Bon, ben, je prends plutôt un rôle de conseil par rapport à tout l'extérieur, tous les gens qui nous téléphonent. On a un rôle de conseil par rapport aux collaborateurs, en discutant avec la direction de la façon de traiter les cas pour qu'ils soient le plus conformes possible, le plus proportionnés, le plus adaptés. Pas qu'il y ait des décisions trop dures ou

disproportionnées ou illégales, donc là on peut freiner un petit peu, et ensuite, on a de toute façon tout le reste de la hiérarchie qui va prendre la décision. Bon, on peut toujours tenter de faire peser la balance d'un côté ou d'un autre si un cas est bon, mais pour des cas pas bons du tout, ben, c'est clair qu'on va maintenir la décision.
Q. : Un bon cas, c'est quoi ?
R. : Ben, on assure un respect de la loi, là on fait vraiment un rôle juridique. Du point de vue juridique dans une administration, on contrôle l'application de la loi, mais pour la petite partie de personnes considérées par la loi. (I), 64.

À la longue, on se robotise
Q. : Quelle vision vous avez de votre travail de renvoi ?
R. : Je m'adapte, j'essaie d'avoir les meilleures conditions. À la longue je me suis robotisé. À la limite on se sent agressé. Je me suis fait une carapace. Au début j'avais des sentiments. J'ai voyagé... J'ai vu la misère. Ils ont raison. On est assez con de tout leur donner : les Droits de l'homme, le social. Les petits vieux en Suisse, eux, ils osent pas. Tout ce qu'ils gagnent ainsi, c'est de notre faute, c'est nous qui leur donnons. Et pas seulement en Suisse. Dans tous les pays européens, c'est pareil. Mais en Suisse c'est mieux. J'ai connu le cas d'un professeur iranien avec sa femme et ses quatre enfants qui était venu de Suède parce qu'il était maltraité là-bas, « j'ai pas de travail, etc. ». Il avait reçu l'asile. C'était un intellectuel. On a chopé la mère et le bébé, on a fait une première escorte, puis les autres enfants, puis le père. Chacun tout seul. Isolés, ils n'avaient pas la même force pour s'opposer. On a réussi. En Suisse, l'argent est par terre. La première génération ne retourne pas. Quand on est né avec un régime militaire, on fait avec. (E), 66.

La tâche de la police, c'est quoi ?
« Au fait il faut voir que la police genevoise, elle joue un rôle. On a beaucoup de tâches qu'on fait finalement parce que petit à petit ce sont des tâches qui nous ont été attribuées parce que personne ne voulait les faire. Alors, on a donné à la police. Alors, la police, par exemple, elle dispache les commandements de payer. C'est pas vraiment un boulot pour la police. C'est civil ça, c'est pas pénal. Nous, on doit plus se concentrer sur des actions pénales. La prévention, la répression quand c'est nécessaire, mais là c'est un problème civil. » (E), 67.

L'impuissance face à la délinquance
« Contrôler, on la contrôle la délinquance, enfin non, on ne la contrôle pas puisque si on la contrôlait on n'aurait plus de délinquance, mais l'impuissance, c'est de ne pas pouvoir agir puisque pour moi, nous avons affaire, par rapport aux délinquants, non il y a des bons requérants d'asile et il y en a des mauvais, mais nous avons affaire, pour les délinquants, à une

catégorie de menteurs qui ne nous révèlent pas leur véritable identité, alors que selon la loi sur l'asile, ils devraient le faire et ce qui nous rend pour nous techniquement impossible à renvoyer, malgré qu'ils nous jurent par monts et par vaux que c'est bien leur nom, qu'ils viennent bien de ce pays-là et qui comprennent pas pourquoi les autorités ne le reconnaissent pas. » (E), 13.

Subir le racisme quand on est policier
« Bon moi, je n'ai pas d'animosité envers les autres couleurs de peau, ni de religion, ni de mœurs. Au contraire, je suis ouverte à beaucoup de choses. Je dirais la chose qui est difficile, c'est, étant donné que je suis une femme en uniforme et je suis blanche, souvent le raciste, je le vois dans l'autre sens. Il y a quand même... moi je ne suis pas insensible, voilà. Des fois de se faire traiter de sale blanche, de sale fliquette, ou bien de... bon je ne dirais pas tous les mots que j'entends. Tout ça parce que j'ai un pistolet et que je suis en uniforme. Je dirais que ce n'est pas facile. Mais le raciste, on le voit dans les deux sens. Moi, je crois qu'ils en profitent encore plus quand c'est une femme. Parce que suivant les religions... Malgré le fait que je suis ouverte. Disons que moi, je mets pas de veto à tout ça, mais j'ai remarqué souvent avec les musulmans, c'est très difficile de se faire respecter. Et malheureusement, il faut montrer une personnalité des fois un peu dure. Il faut être un peu sèche parce qu'autrement c'est des gens qui ont tendance à vous écraser. Mais je crois que c'est aussi le fait est qu'on a un uniforme. Je suppose que si on était en civil, il y aurait beaucoup moins de problèmes. » (E), 68.

La sécurité, c'est l'affaire de qui ?
« La sécurité, c'est un problème qui concerne tout le monde, pas uniquement les professionnels. Nous on va au front, mais on ne peut pas compter uniquement sur notre travail de policier pour se sécuriser. Il y a une prise de conscience à faire dans la génération montante pour leur expliquer que le monde n'est pas aussi simple que ce qu'on a eu pendant les belles années. » (E), 69.

Les gens dont on s'occupe à l'assistance
« Les gens dont nous nous occupons à l'assistance n'ont plus rien, donc on donne l'argent pour que ces gens aient le minimum vital, et c'est le minimum vital, c'est-à-dire de quoi manger, de quoi se vêtir, de quoi se loger et de quoi payer l'assurance-maladie, hein ! parce qu'on applique le subside LAMAL. Le reste, tu fais du soutien psychologique pour que ces personnes continuent malgré tout à avoir une sorte de recherche permanente de quelque chose qui puisse ressembler à un petit boulot, ou pourquoi pas une mission par Manpower ou quelque chose comme ça. » (E), 70.

L'espace de négociation pour les départs : très mince
Q. : Donc l'espace de négociation est très mince ?
R. : L'espace de négociation est très mince.
Q. : C'est un référent la loi, mais il faut l'appliquer, il faut la faire traiter.
R. : Oui, là on est bien d'accord. (E), 74.

Pour les renvois, on est une agence de voyages
R. : J'dirai pas qu'on est un peu une agence de voyages, mais on essaye de trouver où renvoyer ces gens qui sortent de prison, qui sont souvent des récidivistes qui se moquent de nous très souvent en ne voulant pas collaborer, en ne disant pas qui ils sont.
Q. : Mmh… c'est pas très gratifiant ?
R. : Je vois rien de triste là-dedans. (E), 75.

L'imprévisibilité, la non-maîtrise de la situation posent un problème éthique
Q. : Vous avez des conditions de travail qui par moments peuvent poser des problèmes éthiques ?
(silence)
R. : *(longue réflexion)* Oui, on a un travail très imprévu, ça n'arrive JAMAIS comme vous aviez prévu les choses.
Q. : Donc pas de possibilité de maîtriser une situation ?
R. : Il faut pas le perdre de vue.
Q. : Donc de ne pas prendre en compte le côté imprévisible, ça poserait une question éthique ?
R. : Ah ! ça oui, c'est aussi un métier qui devient de plus en plus dangereux, d'une part parce qu'avec ces gens-là on ne peut pas parler, le dialogue est impossible, quasiment impossible, ils répondent au dialogue par la violence, donc il faut vraiment qu'il y ait un rapport de force, donc de plus en plus on va travailler, avant on travaillait à deux, maintenant on travaille à 4, 5 pour les mêmes circonstances, cette violence elle existe. À certaines personnes vous leur parlez, vous arrivez à leur arracher des aveux, par le raisonnement, mais ces gens-là *[délinquants actuels]* c'est impossible. (E), 76.

Urgence
« …Un médecin qui fait de la pratique médicale dans son cabinet ici à Genève, maintenant il la fait d'une certaine façon. S'il se trouve avoir des patients dans un pays en temps de guerre, il devrait faire une autre médecine. » (E), 131.

Urgence et crise
« Je vais prendre un élément de comparaison que je n'aime pas beaucoup, mais je n'en ai pas d'autre. Je dirais qu'en état de guerre, on a un commandement général qui a un pouvoir d'intervention sur plusieurs

Départements de fonctionnement d'un État. Pour moi, il faudrait avoir quelque chose de ce type-là dans un temps de crise. » (I), 132.

L'habitude, l'inertie face à la crise
« Chacun dans son secteur vit l'ici et le maintenant et n'a pas l'information nécessaire ou suffisante pour se rendre compte qu'il y a crise, parce qu'elles sont de l'extérieur. Et puis les choses passent. Je dirai, c'est comme l'image de la boule qui tape l'autre boule qui repousse l'autre boule. Il y a l'information mais avant que ça produise un effet, ça met du temps, donc le problème aujourd'hui, c'est il n'y a rien et on verra bien quand on y sera. On n'a pas anticipé. On est dans une politique de non-anticipation, pas seulement au niveau politique, des partis, mais aussi au niveau de chacun à sa place de travail. » (I), 133.

On médicalise les gens
« Les gens par exemple que j'aide depuis neuf ans se portent de moins en moins bien, c'est-à-dire qu'on les médicalise. » (E), 78.

Être au bout de l'entonnoir
R. : Et il y a la violence.
Q. : Ça veut dire quoi violence ?
R. : La violence, ça peut être des menaces, ça peut être un sentiment de menace aussi. C'est vrai qu'on a des situations pas facilement gérables avec les requérants d'asile, on se retrouve en fait au bout de l'entonnoir. On est les intermédiaires entre les demandes des requérants et je dirai l'ensemble du système suisse. Et on est là, c'est vrai qu'on a une politique d'ouverture, on a donc les bureaux qui sont dans les lieux d'hébergement des requérants, on est là un peu à leur disposition, et des fois, on est les seuls interlocuteurs. Donc ils déchargent leur agressivité sur nous. (E), 79.

Au dernier échelon, le sale boulot des refoulements
« On est au dernier échelon, à faire toujours le sale boulot, c'est-à-dire "Monsieur, voilà, maintenant vous allez devoir partir ces jours, il faut faire vos bagages", etc., amener les gens à l'aéroport. Je me rappelle avoir amené cette mère, qui était évidemment en pleurs avec ses deux enfants en bas âge – un qui ne marchait pas encore et puis une petite fille – et c'est vrai que moi, j'ai presque eu les larmes aux yeux de voir cette scène, j'entends, c'était quelque chose… c'était terrible. Et puis, bon, mon collègue étant plus âgé, qui était en charge du dossier, je ne sais pas s'il a vu que j'étais un petit peu ému, il m'a dit "eh ben, ça forge le caractère" et c'est vrai, c'est… des choses, et finalement après, ben, on se blinde, finalement on se blinde. » (E), 80.

Pâtir l'ambiguïté et les injustices dans le travail

Être en contradiction avec le système d'assistance dans son travail

« Mon travail, c'est un travail ouvrier, je le définis comme ça. Et dans ce système d'assistance qui rend les gens passifs, moi là, je suis plus en contradiction avec ce type de choses, c'est ce qui m'interpelle le plus. Il y a les gens qui vont vous dire "mais c'est scandaleux ce qu'on donne au requérant d'asile", etc., mais moi ce que je sens, c'est qu'on lui dit : "tiens, bouffe et reste tranquille". » (I), 81.

Induire des comportements criminalisés

« Avec les coupures d'assistance, on induit des comportements chez les requérants qui, à terme, sont susceptibles de se retourner contre eux, du type… travail au noir, du type… potentiellement, augmentation de la petite délinquance qui va dans le sens de la criminalisation des requérants d'asile, qui à son tour encourage la xénophobie. » (E), 82.

Des cas d'école qui condensent les ambiguïtés

« Parlons d'un cas d'école qui additionne les ambiguïtés : le renvoi forcé d'étrangers exigé par la politique fédérale qui s'est déroulé en différentes phases. Rappelez-vous les Bosniaques avant. Et puis, la première phase des renvois des Kosovars s'est faite sans accrocs pour les réfugiés de la violence. Pour la deuxième phase, entre le 1er et le 15 juillet 1999, il y a eu environ une centaine de certificats médicaux, dont une dizaine seulement ont été acceptés par l'ODR. Il y a donc eu 90 renvois forcés. Je me demande comment les médecins qui ont fait les certificats ont vécu cela. On ne les a pas entendus. » (E), 83.

L'ambiguïté d'un système de contrat

« Dans le RMCAS et le RMR, les gens sont contents parce qu'ils sont sortis de l'assistance. Ce qui est difficile, c'est que le salaire est très modeste et qu'ils ne sont pas reconnus et qu'on leur donne une place aléatoire qui n'est pas une vraie réinsertion. Ce n'est pas un vrai poste de salarié. Ils ne sont ni dedans ni dehors du système. Alors par qui et comment est définie leur place ? Est-ce qu'on va la définir par la contre-prestation et avec le discours du droit et du devoir, qui est en fait un nouveau type de contrôle et de contenance déguisé ? C'est intéressant de savoir que le RMCAS au début n'impliquait pas de contre-prestation et qu'elle a été introduite pour des raisons politiques. Mais est-ce qu'elle est réelle pour les gens dans son contenu et son sens ? La question c'est : qu'est-ce que c'est le contenu de la contre-prestration ? Ce n'est pas un vrai travail, ce n'est pas une vraie réinsertion, c'est un drôle de message qu'on envoie aux gens. Ce n'est pas un vrai salaire, c'est un salaire d'exclusion avec le contrôle modernisé en plus. La question c'est : qui décide vraiment et dans quel type de contrat ça se décide, et là le contrat, il n'est pas égalitaire et donc ce n'est pas un contrat. » (E), 84.

Le flottement entre chômeurs et assistés, de qui je m'occupe ?

R. : Moi, je sais jamais si je m'occupe du chômage ou de l'assistance. Parce que le RMCAS appartient à l'Hospice général, c'est de l'assistanat et on s'occupe de chômeurs en fait.

Q. : Donc l'argent du RMCAS, c'est de l'argent de l'assistance. Et en même temps on dit : mais vous êtes inscrit au chômage.

R. : Vous êtes inscrit au chômage.

Q. : Qu'est-ce que ça veut dire ça ?

R. : Parce que vous êtes demandeur d'emploi, donc on doit vous aider à retrouver un emploi. Bon ça fait 5 ans que vous en avez pas eu, d'accord, mais euh... mais c'est comme les gens, je comprends.. On s'occupe des gens de l'AI qui ont fait une demande d'AI, parce que de nouveau la structure veut qu'il n'y ait pas de lien entre nos différentes structures, ce qui veut dire que tant que la personne a fait une demande d'AI avec les retards qu'a actuellement l'AI à Genève, cela équivaut à entre 2 et 3 ans d'attente, ben c'est le chômage qui doit s'en occuper. C'est écrit dans la loi. Bon on pourrait se dire : mais ces gens, pourquoi ils ne seraient pas à l'Hospice général par exemple.

Q. : Et la tendance est à inclure le plus possible du côté du chômage ?

R. : Oui.

Q. : Donc à augmenter le travail de M. Lamprecht ?

R. : C'est ça, enfin de son Département, mais là de nouveau je pense que c'est politique. Mais il faudrait revoir tout, il faudrait revoir déjà trois lois, la loi sur le chômage, sur l'AI et sur l'assistance.

Q. : Et il y a une zone grise là ?

R. : Il y a des groupes de travail qui travaillent là-dessus.

Q. : Est-ce qu'il y a un dilemme derrière ce flottement, cette zone grise, d'après vous, vous êtes sur le terrain, vous voyez des gens qui glissent de chômeurs à assistés avec tout le dispositif ? Ce flottement, il ne vous dérange pas ?

R. : C'est les statistiques qu'on sort peut-être pas sous le bon répertoire, c'est la mauvaise... la méconnaissance des gens c'est aussi le fait que souvent les gens qui sont passés par le chômage sont encore considérés comme des pestiférés. Alors c'est vrai que cette barrière me dérange un tout petit peu et d'après moi on devrait dire « soit on est à l'assistance soit demandeur d'emploi ».

Q. : Donc il devrait y avoir une séparation claire entre les réinsérables et les pas-réinsérables ?

R. : Tout à fait. Entre les gens qui sont indemnisés et les gens qui sont pas indemnisés.

Q. : C'est un drôle de message qui passe là ?

R. : C'est un message qui n'est pas juste, on confond un peu tout. Il ne faut pas mélanger les deux.
Q. : Et à qui elle sert la confusion ?
R. : Elle sert aux politiques, elle sert au grand public (I), 85.

Une histoire très parlante
« Je vais vous raconter une histoire que peut-être vous connaissez. Elle est très parlante pour vous expliquer ce que je sens avec les changements, la centralisation. Eh bien, dans un pays imaginaire, il y a une route avec pas mal de trafic. La route aboutit à une rivière où il y a un bac, avec deux passeurs qui font traverser les voitures. Bon, les voitures passent. Les deux passeurs font leur travail. Puis il y a une augmentation du trafic, les deux passeurs ont beaucoup de travail. L'un des deux propose d'engager un caissier pour compter l'argent du péage. Le comptable arrive. Ça va mieux, ils sont moins surchargés. Le trafic augmente encore. Il faut un administrateur, bon "engageons un administrateur". L'administrateur arrive et peu de temps après, il dit "il me faut une secrétaire". La secrétaire arrive. On lui achète un PC et une imprimante. Elle écrit, elle écrit. Elle fabrique des formulaires. Tout le monde travaille et dans le colloque administratif ils discutent. "Il faut qu'on soit plus performants, il faut qu'on fasse mieux connaître notre lieu de passage." On engage un directeur commercial. Le directeur commercial arrive, il fait des prospectus, il parle à la radio, il faut même une pub à la TV. Le trafic augmente. Les deux passeurs sont surchargés, ils se plaignent. Le directeur commercial dit "on va régler le problème, il nous faut un chef du personnel pour gérer le personnel". Le chef du personnel arrive, ça discute, mais les deux passeurs sont toujours autant surchargés. Les voitures attendent. Les gens s'énervent. Il y a une ambiance pas possible. Certains conducteurs cherchent un autre passage plus rapide. Le trafic baisse. Et puis… il y a moins d'argent. Réunion d'urgence pour diminuer les coûts. Un des deux passeurs reçoit son congé. Vous voyez, c'est un peu ce qui se passe ici. » *(rires)* (E), 86.

L'ambiguïté, travailler dans un système de réinsertion qui n'en est pas un

R. : Les critiques que je pose par rapport au système font que la personne dans son cas individuel, elle a un bonheur certain, et j'utilise le mot bonheur, de faire ça. D'être utile à nouveau. Par contre, c'est comme dans le cadre d'une occupation temporaire, au bout d'un certain temps, la désillusion arrive parce qu'il n'y a pas, parce que les gens ont toujours l'espoir qu'il y aura un contrat à la clé. Et le contrat ne venant pas, il y a désillusion.
Q. : Donc vous sentiez que ça ne servait pas trop les chômeurs ?
R. : Non, et ce que je disais, c'est qu'on ne nous a pas donné de moyens. Je pense que pour insérer des gens, il faut qu'on ait les moyens de faire la formation en cours, type apprentissage. Qu'on nous donne des moyens

financiers pour financer des formations d'informaticiens, s'il le faut. Mais, là, on n'a rien, on n'a pas de moyens. On avait un montant, qu'on appelle petite formation de 1 000 francs. OK, on paie un cours d'anglais, un cours de français, mais c'est tout. Et puis les gens qui se décarcassent pour reprendre des formations universitaires ou pour rentrer à l'école sociale, on leur ferme le droit. Vous retournez à l'assistance ou vous cherchez des bourses, parce qu'ils sont étudiants. (E), 87.

L'ambiguïté dans le chômage à propos des chômeurs de longue durée
« Je n'ai pas fait d'analyse systématique, mais il me semble que c'est souvent le cas. Et puis l'autre aspect, c'est qu'on a assimilé peut-être les chômeurs de longue durée à des cas sociaux. Et la loi sur le chômage ne donne pas de droits réels aux chômeurs de longue durée. Au fond, c'est une certaine forme d'inclusion exclusive des chômeurs de longue durée du droit au chômage. » (E), 88.

Le traitement inégal des clandestins et des requérants d'asile
Q. : Vous avez l'impression d'avoir vécu des situations paradoxales dans votre travail ?
R. : Paradoxales, oui par rapport par exemple au domaine de l'asile. Lorsque je vois ce qu'on doit se battre, par exemple pour un cas de clandestin depuis des années, mais qui est quand même là, on doit se battre, on doit écrire à Berne, on doit encore intervenir pour obtenir un permis ; et puis paradoxalement, il y a des gens qui viennent ici dans le seul et unique but de trafiquer de la drogue, qui passent par la procédure d'asile, parce qu'ils ont la nationalité qui leur permet d'accéder à cette procédure. Ils font une demande d'asile et ils restent là pendant des années parce que les procédures sont très lentes. Ils font recours avec effet suspensif, cela peut durer des années. Ils trafiquent de la drogue. Ils commettent des infractions. Ils ne sont encore pas renvoyés parce qu'ils sont dans le cadre d'une procédure d'asile, on ne peut pas les renvoyer. Je trouve paradoxal, parce que quelqu'un de bien, même si au départ il a eu une démarche abusive, parce qu'il est arrivé illégalement, mais qui n'a commis aucun crime, aucun délit, s'est toujours comporté comme il faut, on a l'impression de devoir vraiment arracher un oui à l'Office fédéral des étrangers ; alors qu'il y a des cas, parce que les procédures le permettent, les gens sont là, alors qu'ils… finalement, et puis c'est au détriment des vrais requérants d'asile, des personnes qui ont réellement des motifs d'asile. (E), 90.

Je ne fais pas mon travail
« On peut pas résoudre en plus le problème de la réinsertion sociale, moi ce que je fais tous les jours. Je reçois des gens pour leur faire un chèque pour qu'ils puissent aller manger, payer leur loyer, payer leurs habits. Je n'ai

même pas les moyens de faire mon boulot qui est d'appliquer la loi sur l'assistance. » (E), 91.

La relance, qui est concerné ?
« L'autre jour nous avons eu la visite de la Direction, c'est la première fois qu'on voyait un directeur général dans un centre. Une des premières questions posées c'est "est-ce que vous voyez déjà la baisse du nombre de dossiers ?" Les bras m'en sont tombés ! Je lui ai dit : "mais qu'est ce qui vous permet de dire une chose pareille ?" Et il me dit : "ah ! mais d'après tous les chiffres que le Département de l'économie nous donne, il y a une relance." Je lui ai dit : "mais la relance, elle va jamais concerner nos personnes qui sont à peine capables d'arriver jusqu'au centre social une fois par mois." » (E), 92.

Les zones grises

Rêves et absence de rêves
Q. : Et vous auriez des exemples où vous vous êtes senti en difficulté dans le sens de la recherche ?
R. : Difficultés d'exécution ?
Q. : Voilà, difficultés d'exécution. Vous ne vous sentez pas à l'aise, vous en avez rêvé la nuit où ça vous a posé problème ?
R. : Si vous voulez, moi je rêve la nuit, bon maintenant un peu moins vu les médicaments, même nettement moins.
Q. : Mais vous rêvez de quoi la nuit ?
R. : Écoutez, ça peut aller de « mais qu'est-ce que j'ai à faire demain ? » Je me réveille et je me dis : qu'est-ce que j'ai à faire demain ? Je veux dire, j'ai oublié ce dossier-là ? qu'est-ce qui va m'arriver après ? Des tas de choses comme ça ou ne serait-ce que : qu'est-ce qui va bien pouvoir m'arriver demain avec tout ce que j'ai déjà eu aujourd'hui ?
Q. : Donc une impression d'être débordé par trop de choses ?
R. : Débordé, ça c'est sûr.
Q. : Donc vous vous voyez avec des montagnes de dossiers comme ça dans les rêves ? Et puis les rêves, c'est surtout ce genre de rêves ?
R. : Ce genre de rêves. Je ne rêve pas que j'ai peur de quelqu'un.
Q. : Et vous avez rêvé de gens que vous avez renvoyés ? Il y a des gens qui vous ont marqué, qui vous ont fait rêver ?
R. : Non. Je n'ai malheureusement pas ce genre de scrupules.
Q. : Sans scrupules, mais dans le sens que quelqu'un peut vous marquer, vous laisser une image puis d'autres pas.
R. : Il y a des gens, c'est vrai, je trouve dommage qu'ils partent, qui sont des travailleurs, mais malheureusement ils ont une décision, donc ils doivent

bien quitter la Suisse par rapport à certaines personnes qu'on ne peut pas renvoyer pour des raisons techniques, puisqu'on ne sait pas qui ils sont et qui sont des délinquants. (E), 94.

La zone grise de la clandestinité connue par l'administration
« Ce que moi j'appelle les zones grises, c'est la personne qui est connue au fait de l'administration, mais qui ne peut pas légitimer son séjour. » (D), 93.

Une zone grise : les statuts temporaires
« Je vois une zone grise au niveau du personnel. Il faudrait la suppression des statuts temporaires, d'auxiliaires parce qu'avec ce système de limitation du nombre de postes par institution instauré par le Conseil d'État qui chaque année envoie à chaque institution le nombre de postes, son budget, etc., eh bien vous contraignez les institutions à déjouer la norme, à jouer sur les postes auxiliaires. Cet automne, pour dire comment les choses sont pernicieuses, alors qu'on prévoyait une augmentation drastique du nombre de dossiers, qu'il nous fallait des postes, que nous sommes déjà surchargés, en plus on ramenait nos quotas de travail à des quotas qui empêchent de faire du bon travail dans de bonnes conditions. On ne peut pas continuer à travailler comme ça. Donc ce qu'on devrait faire, c'est finalement ligoter des enveloppes. » (E), 100.

Le poids différencié des criminalités
R. : La criminalité en col blanc, c'est des choses qui nous passent un petit peu au-dessus de la tête, je dirai, d'abord parce que, c'est un sentiment personnel, c'est une valeur en hausse à l'heure actuelle. Je crois qu'il est plus facile de détourner des fonds ou prendre des fonds de la prostitution pour les passer ailleurs, par des opérations bancaires, que de se risquer à transporter de la drogue comme le font les petits délinquants. Il y en a qui ont fait vite le choix et puis qui ont compris où c'était plus lucratif.
Q. : Cette criminalité, elle vous échappe ?
R. : Oui. Je veux dire, ce n'est pas notre travail. (E), 95.

Les grands et les petits criminels
Q. : Qu'est-ce qui vous inquiète ?
R. : Vous savez il y a 150 Mercédès qui passent la frontière et qui viennent faire des affaires à Genève, ceux-là, ils passent, personne leur demande un visa. Mais les autres, on les coince à l'aéroport et on les met dans l'avion suivant. Qui est plus dangereux pour la Suisse, je vous demande ?
Q. Mm.. (E), 96.

L'exploitation des requérants d'asile
R. : En ce qui concerne les requérants d'asile, on a tous les abus possibles et inimaginables du côté des employeurs, hein !

Q. : C'est vrai ?
R. : On a beaucoup d'abus, on a déjà beaucoup de travail au noir, on a des salaires minimum qu'aucun Suisse ne voudrait jamais percevoir. Dans la restauration et l'hôtellerie, c'est des secteurs vraiment dédiés aux requérants, il y a des salaires des gens qui travaillent à plein temps qui ont 1 800 francs par mois net. Bon, en plus on les pénalise encore plus parce qu'on leur fait payer du 10 %, je sais pas si vous êtes au courant que Berne leur fait payer une taxe de 10 % sur le salaire brut pour soi-disant leur payer leur billet de retour. (E), 96.

L'exploitation des requérants d'asile par des employeurs
R. : En ce qui concerne les requérants d'asile, on a tous les abus possibles et inimaginables du côté des employeurs. On a beaucoup d'abus, on a déjà beaucoup de travail au noir et puis, on a des salaires minimum qu'aucun travailleur suisse ne voudrait jamais percevoir. Dans la restauration et l'hôtellerie notamment, c'est des secteurs vraiment dédiés aux requérants. Des gens qui travaillent à plein temps ont un salaire de 1 800 francs par mois net. En plus on les pénalise encore plus parce que Berne leur fait payer une taxe de 10 % sur le salaire brut pour soi-disant leur payer leur billet de retour ou rembourser partiellement l'assistance, ce qui fait qu'on a des gens qui seraient indépendants de l'assistance et à cause du 10 % ils ne le sont pas. Donc ils cotisent 10 % d'un côté, puis ils viennent ici pour avoir un complément de salaire.
Q. : Est-ce que ça vous est arrivé d'aller aux Prud'hommes, de dénoncer un patron ?
R. : Personnellement non, je vois avec les syndicats. Je ne suis pas assez au courant de toutes les choses.
Q. : Donc vous dénoncez le cas au syndicat quand vous connaissez ?
R. : Oui, je dénonce au syndicat, j'accompagne éventuellement la personne au syndicat. (E), 98.

Les coupures d'assistance et la qualité du travail
« C'est une économie du système en fait, juste donner le minimum, mais c'est pas dans l'intérêt des gens, c'est pas dans la qualité du travail. Au contraire c'est juste donner une assistance financière, le minimum strictement nécessaire et puis le reste, on s'en occupe pas. Là on touche une limite » (E), 99.

La précarisation et les contrats d'auxiliaires de l'État
« Il faudrait avoir davantage de contrôles sur ces contrats auxiliaires. Et puis aussi sur les OCE, donc les personnes en fin de droits qui sont en occupation temporaire, qui viennent de plus en, qui normalement ne devraient pas remplacer des postes. Donc ils ne devraient pas servir à remplacer des postes effectifs, et c'est de plus en plus le cas. » (E), 101.

Les « situations limites »

La situation limite, ne plus réfléchir à ce qu'on fait

Q. : Est-ce que vous avez un exemple de situation limite dans votre travail social, où vous avez l'impression que c'était vraiment une situation limite

R. : C'est devenu tellement banal, on réfléchit plus. Y a tellement de choses, que ce soit au niveau institutionnel, dans les circulaires, dans les réponses qu'on donne, dans des interactions qu'on a avec les gens, on réfléchit plus, on se rend même plus des fois compte de ce qui se passe. (E), 102.

Le sens des refoulements ?

Q. : Quel sens ça a les refoulements pour vous ?

R. : Qui a imposé les frontières ? Rome. Dieu a créé la Terre, les animaux, les hommes. J'ai fait un exposé là-dessus quand j'étais à l'école primaire. Les poissons sont sortis de l'eau, tout avait sa place. Le reste, c'est l'homme qui a fait et qui a fait le mal. Je fais avec. Le suicide, c'est quelqu'un qui a loupé sa vie. La vie, c'est une page quelque part.

Q. : Est-ce qu'il faudrait des mesures éthiques spéciales ?

R. : On a assez d'éléments dans le code pénal. Vous savez dans le travail de refoulement, on se sent agressé. Ce n'est pas un travail éthique, c'est un travail technique. C'est pas une question éthique, c'est une question technique. Oui, technique, pas éthique. Je propose que les pays viennent chercher leurs ressortissants. Imaginez l'aspect financier. Si on continue les refoulements, le porte-monnaie, ça va casquer. Je ne sais pas, ça sert à rien. Je suis pour la peine de mort. Il n'y a que les riches forts qui arrivent, les autres, ils sont dans les camps. (E), 103.

Le renvoi forcé, situation limite

Q. : Vous avez des situations complexes. Et même ce qu'un philosophe, Karl Jaspers, appelle des situations limites. Et on pourrait considérer que le refoulement, c'est une situation limite. C'est très délicat.

R. : Oui, le refoulement musclé, oui. (D), 104.

La référence de l'affaire du coussin en Belgique

Q. : Quand vous avez eu l'histoire du coussin en Belgique, qu'est-ce que vous en avez pensé ?

R. : Moi je pense que la méthode est scandaleuse, c'est pas des méthodes à prendre. On a d'autres méthodes qui permettent de renvoyer les gens qui refusent de partir par la force. Là, c'est encore une fois les services de police qui doivent s'en occuper, mais je connais passablement de cas où on a dû agir par la force et voir quatre ou cinq fois des tentatives de mise en avion pour que la personne finisse par partir. (E), 105.

L'affaire du coussin, je n'ai pas de réponse

R. : C'est ce que je dis toujours à mes collaborateurs : ça ne sert à rien de se bagarrer. Il y a une tension lors d'un refoulement : on redescend de l'avion.

Q. : Et vous faites quoi avec ces personnes ?

R. : On les garde jusqu'à ce qu'elles repartent.

Q. : Puis si elles refusent de partir ?

R. : On a pas eu de cas.

Q. : Le plus de répétitions que vous avez eues, c'était combien ?

R. : C'était trois fois. Mais c'est arrivé une fois cette année. Deux fois c'est souvent, je ne tiens pas de statistiques... Alors le problème du coussin en Belgique, ce qui s'est passé je ne sais pas, mais je me suis bien évidement posé la question si ça pouvait arriver, et je n'ai pas de réponse. (I), 106.

La situation limite dans les refoulements

Q. : Je voulais vous demander... ce cas à Zurich, cette personne qui a été refoulée et puis qui est morte au moment de son refoulement, alors de votre point de vue ?

R. : C'est sûr que c'est grave. Mort d'homme, c'est ce qui est le plus grave au niveau du code pénal. Et puis, pour nous, je veux dire l'humain, c'est la fin. Mort d'homme, c'est la fin. C'est le plus grave.

Q. : D'un point de vue politique, la mort c'est une situation limite ?

R. : C'est sûr. Mais, ce qui s'est passé à Zurich, je ne sais pas, je n'ai pas les détails. Je ne juge pas. Mais, comme j'ai entendu qu'il s'était passé ce genre de chose, c'est mieux que ça arrive à eux qu'à moi. Comme en Belgique, la même chose aussi. (I), 107.

La situation limite du renvoi forcé : l'atteinte à la vie

Q. : Je ne sais pas si vous avez entendu parler, par hasard, du film qui s'appelle *Le Spécialiste,* qui va sortir sur l'affaire Eichmann ?

R. : Oui, voilà, mais moi je n'ai renvoyé personne à la guerre. Je n'ai envoyé personne à la mort. Moi je pense que si maintenant on me dit : « vous devez renvoyer ce Kosovar à Pristina », je pense que non, je ne le ferai pas. Le dossier restera là. Je ne le ferai pas. On me dit « les gens de Bosnie doivent rentrer. Il n'y a pas de guerre en Bosnie ». En Bosnie, c'est la merde, c'est pauvre, il faut reconstruire sa maison. Il faut partir avec un camion avec des briques, des tuiles et des couvertures donc je vais bien encore me démerder pour trouver des sous pour acheter des frigos et du matériel pour reconstruire le toit de la maison et puis en faire une maison vivable, mais je n'ai renvoyé personne à la guerre. Pour moi, les gens qui sont rentrés en Bosnie, dur, ça c'est sûr, et Dieu sait si dans ma famille... J'ai une famille extrêmement pauvre. Il y a des gens qui n'ont pas le Smig dans ma famille, donc pour moi ces gens, je ne les envoie pas à la mort, je les envoie certes vers quelque chose de difficile, mais difficile parce que la vie est difficile, donc pour moi

je n'ai pas l'impression de faire quelque chose de mal à ces gens. À la limite s'ils ne veulent pas y aller, ils n'y vont pas.
Q. : En d'autres termes, si vous voulez, si je vous comprends bien, il n'y a pas de défi humanitaire pour autant qu'il n'y ait pas une remise en cause de la vie ?
R. : Pour moi, c'est ça. La Bosnie va bien au niveau sécurité, mais c'est certainement très très dur. Mais moi, il m'arrive d'entendre parler des gens de Bosnie ou des gens qui sont allés voir sur place comment cela se passait et de me dire : finalement chez moi, il y a des gens de ma famille qui vivent aussi dur que ça et qui, à la fin du mois, calculent pour manger quelque chose, donc là, je n'ai pas l'impression d'envoyer des gens à la mort, ou de commettre des injustices. Je n'ai pas de dossier où je me suis dit : cette personne va à la mort. J'ai eu une famille d'Irakiens qui est partie volontairement, donc là où peut-être qu'ils allaient à la mort, mais c'était un départ volontaire. Ils en étaient conscients. Je ne pouvais pas les empêcher de partir. C'était leur souhait. Il fallait qu'ils rentrent et advienne que pourra. Ils sont partis. Mais autrement, je n'ai jamais eu de dossier où je me dis : j'envoie des gens à la mort. (E), 108.

Coupures d'assistance aux requérants d'asile et situation limite

R. : Il y a une situation de dégradation, dégradation, dégradation, du bricolage, bricolage, mais on n'est pas au bout de la chaîne.
Q. : Pour vous, ça serait quoi le bout de la chaîne ? Vous avez le dos au mur et vous dites : « là non, ça ne va plus » ?
R. : (silence) Si on ne développait plus ces projets d'occupation. Alors la solidarité qu'ils ont entre eux, ils n'auraient plus d'interface avec notre société. Oui, c'est là.
Q. : C'est la solitude, si je vous entends bien ?
R. : Oui.
Q. : Si ça devenait un simple problème administratif ?
R. : Oui. Tant qu'il y a encore le social ou qu'il y a la possibilité d'avoir un interlocuteur.
Q. : Pour vous, quand il n'y a plus de relation quelconque entre les gens ou à l'extérieur, c'est là la situation limite ?
R. : Oui. (E), 109.

La surcharge de travail

« Comme condition de travail, il y a de plus en plus de surcharge, ça c'est partout pareil à l'État. C'est dû à la dimension des postes, mais moi je trouve pas que ça atteint des proportions limites. » (E), 110.

Kafka ou Zola ?
Q. : Est-ce que vous sentez Kafka dans votre bureau quand vous travaillez parfois ?
R. : Je dirais plutôt Zola, parce qu'on a des fois vraiment l'impression que c'est des situations de grande détresse. Alors Zola, quand même, il a bien décrit le monde des gens qui luttent beaucoup. (E), 111.

On déshumanise les problèmes
« Je trouve qu'une chose qui fait qu'on déshumanise les problèmes, je l'ai vécu personnellement, c'est le fait d'être totalement submergé de travail. » (E), 112.

La crainte de déshumanisation
« Il faudrait que notre travail d'assistance puisse faire le lien des populations les plus fragiles au reste de la population. Il faut que chacun puisse s'y reconnaître. J'ai une immense crainte de déshumanisation. » (E), 113.

La violence raciste, une situation limite
Q. : C'est quoi une situation limite pour vous ?
R. : La situation, c'est pas tout à fait une situation limite, mais c'est ce qui se passe, ce qui peut se passer par rapport aux étrangers, c'est tout simplement d'arrêter des personnes étrangères qui commettent des délits et puis à moment-là le policier va pouvoir peut-être, entre guillemets, vider son sac. C'est-à-dire des propos racistes, xénophobes. En faisant état de ses propres émotions, de ses propres réflexions. Et ça n'a rien à faire dans la situation. La situation s'est arrêtée à une personne qui a commis un délit, il se trouve qu'elle est d'origine étrangère et il se trouve qu'en plus de ça elle n'a pas de papiers. Bon, ce sont les faits. Ce qu'on demande au policier, c'est d'investiguer pour amener des éléments à la justice pour que la justice puisse trancher. On ne lui demande pas encore son avis et il n'a pas à émettre et à faire transparaître ses émotions ou ses ressentiments, à la limite racistes ou pas, c'est sa vie. En tant que professionnel, il n'a pas à intervenir et montrer ses états d'âme. Mais, si on regarde l'aspect humain, on ne peut pas demander au policier toujours, c'est très difficile. Donc, à un moment donné les choses sortent, mais il y a peut-être des choses qui sortent parce qu'au niveau politique il y a des choses qu'on n'a pas suffisamment comprises. C'est très difficile humainement parlant. (I), 114.

Vivre la dynamique de l'obéissance et de la désobéissance dans le travail

Réfléchir, on n'a pas forcément l'énergie et la motivation nécessaire
« Voilà, c'est un peu vouloir s'arrêter, réfléchir. Bon, c'est des choses évidemment qui nous suivent tout le temps. Je me dis toujours : il faut absolument prendre le temps. Et on pose certains problèmes lors de réunions qu'on a une fois par semaine. Mais on a pas forcément le temps de le traiter et on est seul face à ce problème, on a pas forcément l'énergie et la motivation nécessaires pour poursuivre. Mais c'est vrai qu'il y a des questions. » (E), 63.

Appliquer la politique de l'employeur ou partir
Q. : Vous devez appliquer la loi du chômage, est-ce que ça pose des problèmes ?
R. : Non, parce qu'au départ les règles sont claires, vous êtes engagé pour aider les gens. Vous avez plusieurs casquettes en fait, vous avez la casquette sociale pour les gens qui font le nécessaire, mais pour leur donner un coup de main, les encadrer, les écouter et vous avez la casquette un petit peu réprimandeur pour ceux qui font pas ce qu'il faut et pis les encadrer, les cadrer en fait, et je pense que, bon il y a des conseillers qui sont plus l'un que l'autre. Il y en a, ils sont complètement social et pas du tout.
Q. : Mais en même temps vous disiez : mettre une sanction à un certain moment ou retenir une information, c'est clairement mettre en cause cette logique de soumission ?
R. : C'est clair, la loi c'est la même pour tout le monde. C'est toujours un problème, dans tous les domaines, parce que la loi c'est la même pour tout le monde. Il y a que des cas particuliers, et c'est vrai que si on doit juger cas par cas avec un juriste, ça va pas, parce que ça va coûter une fortune.
Q. : J'imagine un autre contexte où ça se durcit un peu plus, et vous vous sentez mal à l'aise, vous dites quoi ?
R. : Je pense que si ça devient quatre fois plus sévère, et puis je suis pas d'accord avec, je pense que je partirai.
Q. : Et si vous ne pouvez plus partir parce qu'il n'y a plus de travail, si on pousse la logique jusqu'au bout, vous feriez comment ?
R. : J'ai peut-être une soumission, par rapport à l'employeur, je me dis que l'employeur, il vous rémunère par rapport à un cahier des tâches que vous êtes censée absorber entre guillemets, vous êtes censées absorber certaines tâches, si vous êtes plus capable de le faire, ou si vous êtes plus d'accord avec la politique de l'entreprise, eh bien vous partez. Dans le privé c'est la même chose, si dans le privé, j'sais pas moi, je supporte pas tout ce qui est fumée…
Q. : Mais l'État, vous payez vos impôts ?

R. : Alors là oui, il faut se battre de l'extérieur. C'est pas la même chose. Je trouve que votre employeur, il vous donne un salaire, il vous dit « voilà ; par rapport à, en échange de votre salaire, vous devez faire ça et ça. (E), 30.

Choisir de partir ou de rester

R. : Il ne faut pas se le cacher, le défi humanitaire existe dès le moment où une personne, pour des raisons économiques décide de partir de son pays et de venir ici et d'utiliser notamment des passeurs pour l'aider à venir, bien sûr que c'est un dilemme.

Q. : En d'autres termes, vous comprenez pourquoi parfois elle peut chercher du travail, si je traduis ?

R. : Mais tout à fait, alors si je n'accomplissais pas ma mission, bien évidement je ne la remplirais pas, il faudrait que je choisisse, soit remplir au plus près de ma conscience, avec tout le respect humain que l'on doit à ces gens, ou soit on choisit de partir et de ne pas accomplir cette mission, je crois qu'il faut être clair. (I), 31.

Des positions diverses dans l'action professionnelle

« Il y a un discours conformiste ou qui consiste à dire à l'usager : "ben voilà, c'est comme ça, on ne peut rien y faire, j'applique la loi, on ne peut pas faire autrement" et, je dirais, un deuxième discours qui vise à dire à la personne : "au fond, adaptez-vous à la situation !", et puis un autre discours qui ne peut être qu'un discours plus collectif, politique, qui consiste à dire : "effectivement, moi comme employé de cette institution, je suis contraint d'appliquer ces normes, parce que ce n'est pas moi qui les décide... cependant, je peux être d'accord avec vous sur le fait que ces normes sont insuffisantes ou ne vont pas dans le sens de votre autonomie et donc d'une amélioration de votre situation et peut-être il faudrait que vous essayiez de réagir" ; c'est un discours qui n'est pas facile à tenir parce que, souvent, on est face à des gens qui sont tellement submergés par leur propre problématique... et qui sont, par conséquent, centrés sur leur situation individuelle et qui ont peu une vision collective, ou alors tellement générale, la centration sur leur problématique individuelle et puis, par rapport à des éléments collectifs, alors remise en cause très globale, très générale mais, entre les deux, rien, pas d'élément d'organisation, etc. En fait, c'est la difficulté qu'on rencontre dans ce travail, de trouver des lieux où les usagers peuvent s'organiser et se mobiliser par rapport à leurs propres conditions de vie; alors il y a parfois le syndicat, mais encore faut-il que l'usager soit inséré professionnellement et puis il y a toujours eu des idées ou des tentatives d'organisation d'usagers, comme ça s'est produit avec les chômeurs, mais avec tous les problèmes que ça pose; on l'a vu avec les organisations de défense de chômeurs, où souvent, ceux qui s'engagent dans une organisation de défense de chômeurs sont des gens qui ont aussi tellement de problèmes individuels et personnels que ça crée des dynamiques pas faciles à gérer au sein de ces organisations et, en tout cas, au niveau de l'assistance publique, on n'a jamais pu avoir des créations d'organismes de défense des usagers, quoi ; contrairement à d'autres secteurs, comme les personnes âgées, qui ont réussi à s'organiser à certaines périodes, contre des baisses de prestations. » (E), 1.

La bonne conscience et la justice
« La bonne conscience n'a pas grand chose à voir avec la justice, ça a toujours existé, c'était les bonnes œuvres à l'époque. On fait les choses pour soi plus que pour les autres, c'est devenu à la mode l'humanitaire, c'est un peu utilisé à toutes les sauces. » (E), 2.

La culpabilité, moi je vois pas
Q. : Vous parliez aussi de cette question de la culpabilité ?
R. : Je pense que ça fait partie du type de ce discours que la Suisse n'en fait jamais assez. On met toujours l'accent sur ce que la Suisse ne fait pas. Et s'il y a eu une fois un dérapage, ça fait la « une » de tous les journaux. On met toujours l'accent sur la Suisse qui garde ses frontières, cette fameuse xénophobie rampante, ça fait 10 ans qu'on dit ça. Moi, je vois pas. Donc la Suisse n'en fait pas assez, la Suisse devrait être plus ouverte. Mais la Suisse, qu'est-ce qu'elle est en fait ? Si vous allez en Espagne, en Italie, en Angleterre, en France… (E), 3.

Demander à être déchargé du dossier
« Si c'est vraiment contraire à vos croyances, il faut changer de travail. Ou alors vous allez voir vos supérieurs et vous dites : "Écoutez, ce dossier, je peux pas m'en occuper à cause de ça, à cause de ça, où j'en sais rien." Si vous avez un directeur intelligent, il comprendra très bien, il donnera le dossier à quelqu'un d'autre. On peut pas quand on est employé pour l'État, ou pour une maison, mais à ce moment-là vous vous rendez compte, la police et le droit, alors ils arrêtent un trafiquant, et puis parce que ce trafiquant il a l'air gentil, on va le relâcher. » (E), 227.

Ils mettent dans un placard doré
Q. : Face à certaines situations que vous trouvez injustes, que feriez-vous ?
R. : Démissionner peut-être, mais tricher je ne pense pas.
Q. : Et si vous démissionniez vous trouveriez du travail ailleurs ?
R. : On est souvent déçu dans notre travail et on se dit : bon, je vais aller voir ailleurs. Les gens, ça bouge passablement dans notre service, mais les gens restent quand même un certain temps, on bouge plus comme on veut.
Q. : Et si un jour il y avait un groupe qui décidait de ne pas faire quelque chose, qu'est-ce qui se passerait ?
R. : Ce serait très intéressant, moi j'aimerais bien que ça se produise une fois. Je me dis : mais vraiment, on est des moutons, on dit jamais rien, on

déprime tous dans notre coin mais personne fait rien et c'est vrai que des fois je trouve que ça vaudrait vraiment la peine.
Q. : Et quels seraient vos droits dans ce cas-là ?
R. : Je pense pas qu'ils me mettraient à la porte, mais bon, l'État on sait comment ils fonctionnent, ils mettent pas à la porte mais ils mettent dans un placard doré, ce qui est aussi assez humiliant et dégradant pour la personne. (E), 228.

S'abstenir de juger les autorités pour ne pas craquer
Q. : Si vous deviez faire une synthèse, vous me diriez : « Voilà, dans mon travail, c'est là que ça me pose des problèmes éthiques », vous diriez quoi ?
R. : Les problèmes éthiques ? Vous savez, je pense aussi que ça c'est quelque chose qui vient du CICR. Dans les visites des prisonniers, il faut se garder parce que sinon ce travail est impossible. Ici c'est moins éprouvant mais c'est quand même pareil et puis j'ai toujours considéré que cela ne sert à rien de pleurer avec les types. Au contraire, il faut, quand vous sortez de taule, que le type se dise : « Bien lui il est solide, je sais qu'il va revenir, il m'a promis qu'il allait essayer de faire ça. Il n'est pas aussi désemparé que moi. »
Q. : Et vous avez l'impression ici ?
R. : Alors ici, il y a un peu de ça aussi. Il y en a qui ont craqué. C'étaient des personnes qui ont du cœur, qui sont sensibles aux situations.
Q. : On peut craquer dans ce travail parce que c'est dur. Et vous faites quoi pour ne pas craquer ?
R. : Bien, je pense, comme je disais tout à l'heure, moi je m'en tiens à la neutralité, c'est-à-dire que je m'abstiens de juger, en tout cas officiellement, la décision des autorités. Je travaille sur les délais, sur les négociations, parce que c'est clair que même si ce n'est pas la prison qui attend une famille, même si c'est leur pays, même s'ils vont trouver leurs racines quand même, mais moi, je n'aimerais pas devoir rentrer en Ouzbékistan. (E), 4.

J'exécute, je contrôle purement et simplement
Q. : Vous avez une marge de manœuvre pour trouver des solutions ?
R. : On ne prend pas de décision. Moi, j'assume une tâche qui est de contrôler la sortie de Suisse de ces gens. Et plutôt d'exécuter, de contrôler purement et simplement. (E), 6.

Je suis responsable des deniers publics
« Des deniers publics j'en suis responsable, je prends la décision d'allouer, de pas allouer, la collectivité, même si elle sait pas toujours ce que je fais, a quand même aussi une attente. Combien de fois on entend qu'il y a des gens qui bénéficient de prestations sociales, qui trichent. Donc on a quand même une certaine responsabilité. On décide, cette responsabilité je la prends pas, oui je la prends. » (E), 7.

La soumission et la démotivation dans le travail de renvois forcés
R. : Dans la Brigade où je suis, au bout de même pas une année, tout le monde se dit : à quoi bon ?
Q. : Ah ! bon ?
R. : À quoi bon, parce qu'on fait tout ce travail, on se lève à 4 heures du matin pour aller chercher des gens, on essaie de les refouler, et puis on croise les gens sur le trottoir qui nous narguent, qui rient, qui brandissent le papier avec la prolongation d'autorisation, on se dit : à quoi bon venir travailler ? (E), 8.

Nous, on n'a pas d'états d'âme
« Pourquoi certains pays ne reconnaissent pas leurs propres ressortissants, alors que si on les payait peut-être un petit peu pour les frais administratifs, ils seraient plus enclins à les reconnaître, donc on a fait des suggestions dans ce sens-là aussi. Mais nous n'avons pas d'états d'âme, nous ne souhaitons pas refouler pour refouler parce qu'on est persuadé que la personne habite dans ce pays pour des questions judiciaires, si c'est pas possible, si elle s'y oppose, on ne prendra jamais une prise de sang à un individu qui s'y refuse. Jamais vous n'avez vu deux policiers immobiliser quelqu'un pendant qu'un médecin essayait de planter une seringue dans le bras de la personne. Non, ça c'est le respect de l'intégrité physique, de l'Habeas Corpus et tout ce que vous voulez. » (D), 9.

Au lieu de tout ramener à soi, on est là pour appliquer la loi
Q. : D'après vous, ça vient d'où ce problème des stéréotypes dans l'action et le jugement ?
R. : Cela vient du caractère des gens. Il y a beaucoup de gens qui ont tendance à ramener ça à eux-mêmes, c'est-à-dire « voilà, il y a telle personne vit ça, c'est pas juste parce que moi je ne bénéficie pas des mêmes choses ». Au lieu de prendre du recul et de se dire « il y a des lois qui permettent à certaines personnes de bénéficier de certaines prestations, moi pas ». Au lieu de tout ramener à soi, il faut prendre du recul. On est là pour appliquer des lois, on n'est pas là pour juger des gens ou juger le système ou juger le fonctionnement. (I), 10.

Le respect de la hiérarchie
Q. : Au niveau de la nécessité d'être subordonné à son employeur, est ce qu'il faudrait de votre point de vue introduire quelque chose dans le droit du travail ?
R. : C'est pas tellement dans ma façon de voir les choses. Pour moi j'ai encore ce respect de la hiérarchie, hein ! et je vois la différence avec mes tout jeunes collègues qui ont un tout autre rapport à la hiérarchie. (E), 11.

On n'applique pas la loi de gaieté de cœur, mais on a peur

R. : Nous faisons un sale boulot, les fonctionnaires de l'État, ils n'appliquent pas tous la loi de gaieté de cœur. C'est vrai que nous ça devient de plus en plus dur, la semaine dernière j'ai a eu un contrôleur, moi j'étais effondrée et je me disais « je vois de moins en moins à quoi ça sert mon travail, parce que la loi elle devient précise, il y a des directives, finalement on a plus de marge de manœuvre ». Ils ont fait une liste de sanctions. On en est là maintenant, ils ont tout, parce qu'en plus ils ont décidé, ça fait depuis longtemps, ils veulent tout centraliser et pis alors ils se sont aperçus qu'il y a des cantons qui étaient plus laxistes que d'autres.

Q. : Mmh…

R. : Alors maintenant il y a des directives, tous les cantons sont tenus d'appliquer les mêmes sanctions pour les mêmes fautes.

Q. : Oui ?

R. : Alors ils ont répertorié les fautes et tout le monde est tenu d'appliquer ça. Pour eux les problèmes c'est qu'il y ait pas la même pratique dans toute la Suisse, pour eux le problème c'est que par exemple Genève soit trop libérale, trop gentille entre guillemets vis-à-vis des chômeurs.

Q. : Ça veut dire que ça coûterait plus cher à la caisse fédérale ?

R. : D'être trop gentil ?

Q. : Oui.

R. : Oui parce que plus on pénalise, c'est tous ces jours qui sont pas payés. Parfois on ne notifie pas les sanctions, mais il ne faut pas se faire attraper par les contrôleurs.

Q. : Vous connaissez le chômage à fond, quelle vision on a du chômage quand on est professionnel et qu'on prend les décisions ?

R. : Je crois pas qu'il y ait d'aggravation. Et puis moi j'ai l'impression que finalement les gens qui sont au chômage, quelque part ils sont le reflet de l'ensemble. Maintenant les contraintes qu'on impose aux gens pendant le chômage, les gens sont plus fliqués qu'avant. Avant ils étaient moins sous pression perpétuelle, moins convoqués à gauche à droite. Maintenant vraiment on les balade, on leur impose des trucs, je trouve que ça frise bientôt l'esclavage. J'ai l'impression que maintenant on n'arrive pas à sortir de cette mentalité de croire qu'il y a du chômage parce qu'il y a une bande de fainéants et pis de profiteurs.

Q. : Donc la logique des abus ?

R. : Oui il y a la logique des abus et puis aussi le fait que du moment qu'on est au chômage, on peut être disponible 24 h sur 24 h pour son placeur, on doit aller n'importe où à partir du moment où on vous ordonne d'y aller, on doit suivre n'importe quel cours, n'importe quel stage, parce que ma foi on va pas recevoir des indemnités comme ça sans rien faire. Ils appellent ça mesures actives.

Q. : C'est marrant comme mot ça, mesure active.

R. : Oui c'est ça, il faut que les gens ils aillent à gauche à droite.

Q. : Est-ce que c'est de l'action ça ?
R. : Moi je trouve pas. Surtout que c'est pas ciblé, c'est un non-sens quelque part, c'est une mauvaise application, je trouve que cette loi elle est peut-être bonne dans l'idée, mais on en a fait une application qui est absurde.
Q. : Il faut plutôt être passif qu'actif, *grosso modo* il faut obéir ?
R. : Oui, il faut y aller, voilà.
Q. : Et comment les gens réagissent à ça ?
R. : Mais moi ce qui m'étonne, c'est la passivité. Il y a très peu de révolte, les gens nous disent « c'est comme ça ». Les gens ont peur, c'est bientôt un régime de terreur quelque part. Ils acceptent.
Q. : Si on regarde d'un point de vue à long terme, ça veut dire : plus ils sont passifs plus ils apprennent à obéir et moins ils sont adaptés au marché du travail ?
R. : Exactement. C'est absurde, oui, sur le fond ce serait juste, mais comme il y a ces contraintes de fixer, c'est une aberration. Oui, regardez là ces directives, c'est des termes très militaires. C'est quasiment la moitié du salaire mensuel qui peut gicler parce qu'ils ne vont pas à un cours.
Q. : Vous espérez que le système se bloque par lui-même ?
R. : Quelque part moi je voudrais bien, parce que c'est très difficile de ne pas suivre la machine. (E), 12.

L'impuissance dans les renvois forcés

Q. : Le renvoi des Bosniaques, c'est de l'éthique ?
R. : Oui, c'est sûrement de l'éthique. Mais que voulez-vous qu'on nous réponde, si on me dit... moi je me sens pas de dire à cette dame... de lui dire que je peux rien lui dire d'autre, qu'elle doit partir. Que peuvent-ils nous répondre à la Commission d'éthique ? Quand nous, nous racontons nos situations à des collègues, les gens ils disent « mais c'est pas possible, vous pouvez pas travailler là, on peut pas demander ça à des gens ». Et pourtant, vous voyez, on vous met dans une telle situation où on vous demande ça et puis vous le faites. Moi je dis pas à la dame « il faut partir », je lui dis « ma foi, les autorités ont décidé comme ça, je n'ai pas le pouvoir de faire autrement ». Et quand nous allons avoir les Kosovars, comment nous allons renvoyer les gens chez eux qui ne veulent pas y rentrer, qu'est-ce que nous allons faire ? (E), 14.

L'usure et la dépression

« Je dirai qu'aujourd'hui les gens sont fatigués. Ils ne sont pas déprimés. Il n'y en a pas qui sont en congé maladie pour dépression liée au professionnel. Mais aujourd'hui on est usé. » (E), 15.

Le climat de peur de perdre son travail

« Il y a un climat de peur, les gens ont peur, tu te fais virer pour n'importe quoi. On t'appelle et on te dit « on veut votre démission, sinon on déclenche une enquête administrative avec enquête pénale », par exemple des dépassements dans les dossiers, si tu t'es trompé, par exemple t'as donné 400 francs de plus que ce que tu devais par rapport à la loi. On te suggère que ça peut être de la malversation, ce qui est absurde du point de vue légal. C'est des pressions, pour que les gens craquent, un jour ils cèdent. C'est arrivé à des collègues. » (E), 16.

Est-ce qu'il y a des choses tristes dans le travail ?
Q. : Des situations humaines qui étaient difficiles, vous en avez rencontrées ?
R. : Oui, mais pas forcément dans le cas des requérants d'asile, pas forcément.
Q. : C'était dans quel cadre ?
R. : Je sais même pas si c'était avec des étrangers, ça arrive qu'il y ait des situations humaines tristes oui, mais j'ai pas d'exemple qui me vienne *[longue réflexion],* non je n'ai pas d'exemple qui me vienne à l'esprit.
Q. : De gens qui vous sont restés marqués, même s'ils sont partis ?
R. : *[longue réflexion]* Donc toujours dans le contexte étranger ?
Q. : Oui.
R. : Des souvenirs, bien sûr qu'on en a des tas, on fait du travail, je sais pas,des levées de corps, des interventions.
Q. : Ça doit pas être évident ça ?
R. : Non, vous voyez des cadavres, vous voyez, de toute façon en tant que policier vous intervenez toujours dans une situation compliquée, de conflits ou de problèmes, mais bon ça devient un peu la routine. (E), 17.

Ce qu'on voit dans la police
R. : Mon travail m'a appris énormément de choses, parce qu'on voit des gens justement dans des situations où ils sont vraiment eux-mêmes. On va pas à des soirées mondaines où tout le monde parade. Quand vous entrez dans l'intimité des gens, ou qu'ils viennent vers vous ou que vous allez chez eux, c'est toujours en situation de crises ou de difficultés. Donc on a une approche des gens qui est très directe et très vraie, on les voit vraiment dans leurs réactions pures, alors ça, ça m'a beaucoup appris.
Q. : Mmh... Et qu'est-ce que vous avez appris alors ?
R. : Qu'il fallait pas avoir d'illusion, j'en n'avais pas déjà *[pouffe],* ça m'a confirmée. Bon si je vous dis que mon philosophe préféré est Schopenhauer, vous comprendrez peut-être mieux *[rire].* Le vrai côté de la vie, vous le voyez dans la police tous les jours.
Q. : Mmh...
R. : Il y a des choses qui font rire aussi de temps en temps parce qu'il y a des farfelus qui viennent à la police, heureusement parce que ça nous détend un peu, mais en général c'est des situations de crise. Il y a des gens qui le supportent mal à la longue. (E), 18.

Le cadre de la politique des étrangers, vivre l'impuissance

Q. : Au bout de tant d'années de pratique, qu'est-ce que vous avez comme regard sur la politique des étrangers ?

R. : Hum... Je pense que c'est surtout une question politique.

Q. : Donc de décisions politiques. Vous êtes, en fait, si je comprends bien, vous êtes coincée ?

R. : Ouais, nous on applique une loi, on analyse des directives, etc. mais les grands problèmes, ils sont politiques. Les liens avec les pays d'origine, les liens avec l'Europe, les pressions, la gestion du marché du travail... Nous, on est coincé dans notre travail, on n'a très peu de marge de manœuvre, on peut pas prendre la place des politiques. (I), 19.

La soumission passive des exécutants cantonaux face à Berne

« J'ai le sentiment qu'on marche avec le gouvernement, il y a peut-être l'institution qui représente le personnel qui ne le fait pas. La position de Genève par rapport à la Confédération en matière de droit d'asile, je me demande si nous, assistants sociaux, on se mobilise assez. Alors qu'on a la pratique pour le faire. Quelque part on représente ce gouvernement, on confie à une œuvre d'entraide privée de dire que ça ne va pas parce qu'elle est un petit peu en dehors. Alors que nous on est dans la pratique et qu'on pourrait parler. On pourrait soulever des problèmes concrets dans la vie à Genève, des choses qui ne vont pas ou des choses qu'il faudrait revendiquer au niveau de la Confédération. On se tait. Je pense beaucoup là-dessus. On pourrait se plaindre auprès de nos supérieurs, mais on ne fait pas, on n'a pas ce réflexe. On pourrait se poser la question : qu'est-ce que moi, professionnel sur le terrain, je pourrais apporter à ces personnes qui discutent avec la Confédération du sujet que je traite directement dans mon travail ? Est-ce que vraiment moi je suis entendue en tant que professionnelle sur le terrain des problèmes auxquels je suis confrontée ? Et quoi faire pour être écoutée ? Mais c'est une autre culture de professionnalisme. » (E), 151.

On est usé, on est des êtres humains quand même

R. : À l'accueil, j'ai un travail difficile, parce qu'il y a un côté chaud tout le temps, on est branché dans un cadre très administratif, voyez nos bureaux. On n'a pas besoin de faire tout un cinéma avec les gens, il suffit de leur parler. On a trop de paperasses, pourquoi autant de papiers ? Et d'autant plus que souvent ils sont angoissés. Il ne faut pas recevoir les gens n'importe comment. Et après toutes ces années, il y a une usure dans le travail, on est usé, on est des êtres humains quand même.

Q. : Vous ne disiez qu'on vous reproche de trop faire du social ?

R. : On vous dit de ne pas faire du social et vous en faites de toute manière. Je crois que la chaleur humaine, on essaie de débrouiller quelqu'un, c'est du social. (E), 20.

Le dialogue, c'est leur faire comprendre que la Suisse leur ferme les portes

« Le dialogue, c'est de leur faire comprendre que finalement la Suisse leur ferme les portes parce que c'est une réalité. Il ne s'agit pas de mentir à ces gens. » (E), 5.

J'ai honte

« Dans l'assistance, il y a un fort contrôle qui a toujours existé, moi j'ai honte à chaque fois, je m'habitue pas, quand les femmes apportent un ticket, je dois regarder s'il y a des slips, des soutien-gorge dans les tickets, parce que je dois contrôler comment la personne dépense la misérable somme qu'on lui remet par mois. Est-ce que c'est du travail social ça ? » (E), 21.

Pas le courage de changer de paradigme

Q. : Si je vous entends bien, quelque part, si l'on voulait répondre au défi humanitaire, être simplement réaliste, il faudrait presque changer de paradigme, d'approche des phénomènes, ou vous n'allez pas jusque-là ?
R. : Je ne m'en sens pas le courage. Non, je dirais, je ne m'en sens pas le courage. (E), 22.

La prise en charge paternaliste dans l'accueil

« J'ai des collègues magnifiques, qui sont bons comme le bon pain et qui sont capables de travailler 24 heures pour faire du bien, mais quelque part c'est le même paternalisme que la colonisation – je ne sais pas si je m'exprime bien. » (E), 23.

Refoulement, on est tous des larbins

R. : J'ai pas envie de prendre le risque de me retrouver sans emploi du jour au lendemain. Mais par contre, ça n'empêche pas qu'au fond de moi-même je ne suis pas du tout d'accord avec notre justice. Je ne suis pas du tout d'accord avec notre politique. Et je ne suis pas du tout d'accord avec la police. Je vais vous dire franchement, moi la police, c'est mon métier. J'en suis quelque part fière. J'essaie de le faire bien. Ce n'est pas facile. C'est toute une remise en question. Tuer quelqu'un pourquoi, parce qu'il a fait ça, parce qu'il est juif, parce que… Et là, on ne vous demande pas de tuer, mais dans certains cas… Il y a des cas qui passent, je pense, où il peut y avoir des suites et puis il y a tout l'enchaînement de toutes les personnes qui ont pris les décisions. On ne sait pas qui a pris la décision d'ailleurs… Disons, le refoulement, on a peut-être l'avantage, même si ça paraît dur de pas savoir tout le dossier. Vous savez nous on est que des exécutants de quelque chose. Par contre, si j'étais peut-être au courant du dossier, peut-être que j'aurais du mal à exécuter l'ordre qu'on me donne. Mais, étant donné que je ne suis pas

au courant de toute l'histoire, que je ne suis pas au courant de la part de vérité et la part de mensonge aussi, on a plus de facilité à exécuter un ordre.
Q. : Donc, c'est toute l'organisation du système, si je vous entends bien.
R. : Vous savez, nous on est que des larbins. On exécute ce que Berne nous dit. On ne dépend pas de Berne pourtant. On dépend de Genève, du conseiller d'État, chef de la Police et tout ça. Mais on exécute seulement ce qu'on nous dit de faire. (E), 24.

Refoulements, il y a des cas de conscience
« Je jette pas la pierre à mes collègues qui sont sur le terrain qui font des refoulements, qui me disent clairement qu'au Kosovo, ces derniers temps, ils savaient très bien que ça se passait mal et ils ont peut-être dû refouler certains alors qu'on savait que ça se passait pas très bien quand même. Donc, je dirais qu'il y a dans la profession des cas de conscience. » (I), 25.

Le respect du cadre légal et les doutes
R. : Je n'ai jamais alloué une aide à quelqu'un qui par exemple n'entrait pas dans le cadre de la loi. Par exemple quelqu'un dont j'aurais estimé qu'il est effectivement dans une situation de besoin financier. Personnellement je n'ai jamais dépassé, je dirais techniquement, le cadre légal, c'est-à-dire décider « ben tiens, il me semble que je vais allouer, j'sais pas, je ne peux pas d'après les barèmes ». Mon cadre me dit, enfin la loi me dit, que je peux pas intervenir.
Q. : Est-ce que vous avez eu des doutes par moment ?
R. : À Genève, y a quand même un réseau social assez développé. Donc c'est vrai que moi, si le cadre légal me permet pas d'attribuer une aide financière, y a quand même des alternatives qui existent ici à Genève. Parce que c'est vrai que dans le cadre de l'Assistance, on est dans un minimum vital.
Q. : Mmh…
R. : Donc la question, c'est effectivement par rapport à quelqu'un qui dirait « mais j'ai plus de quoi manger », ou « j'ai plus de quoi nourrir mes enfants » par exemple.
Q. : Mmh…
R. : Comment est-ce qu'on répond à ce genre de chose, parce que bon, le cadre légal nous dit qu'on peut pas. Alors c'est vrai que je dirai que la chance, entre guillemets, qu'on a un peu à Genève, il y a encore un filet derrière, on peut pas, je crois pas qu'on puisse dire que la personne va mourir de faim ou va être à la rue. (E), 26.

Parfois je reste un homme, je ferme les yeux
« Parfois c'est vrai, je reste un homme et je ferme les yeux. » (E), 27.

Donner des chances au chômeur, c'est des fois sortir du cadre légal
« Donner des chances au chômeur, c'est tout simplement des fois sortir d'un cadre légal quand on est convaincu que ça peut être un peu plus significatif pour la personne. » (E), 28.

Les dilemmes dans le travail
« Le dilemme que nous vivons dans notre travail est partout présent dans les schémas qui sont à l'arrière-fond de la restructuration de l'État, du mandat, des cahiers des charges, des outils, dans les restrictions, dans la redéfinition de ce qu'est le "social". Les travailleurs sociaux avaient la réputation de poser des questions, de beaucoup réfléchir. Mais il y a une acculturation due aux conditions de travail. Aujourd'hui vous pouvez poser une question et passer pour un extraterrestre aux yeux de votre voisin, et ça pour moi c'est significatif de l'acculturation. Les travailleurs sociaux qui deviennent d'ailleurs des collaborateurs sociaux, je constate un appauvrissement plutôt qu'un enrichissement et ça me préoccupe. On pose des questions de sens et on crie dans le désert. » (E), 29.

Le gilet pare-balles ou la soumission, le départ
« C'est moi le gilet pare-balles, mais à partir du moment où le gilet pare-balles est loin, où ils vont accepter de s'aligner, de s'adapter… ou alors ils ont une forte personnalité et ils partent. » (I), 32.

Être soumis et utiliser sa marge de manœuvre
« Il y a la loi, le cadre juridique, et puis il y a la marge d'appréciation, et donc on peut faire usage de cette marge d'appréciation, avec le souci de l'égalité de traitement, essayer d'avoir toujours le même regard. » (I), 33.

On ne peut pas annuler la décision, on leur a dit…
« C'est dur parce que nous, on peut pas prendre la décision. On peut pas annuler le refoulement, parce que c'est des décisions qui viennent de Berne donc on est tributaire de leurs décisions. Et derrière, quand on change de service, qu'on va travailler pendant 2,3 jours chez les demandeurs d'asile, parce qu'avant on s'occupait des demandes d'asile aussi, en transit et qu'on voit des gens qui n'ont rien à faire là, que c'est purement économique et pis qu'on est obligé de refouler une famille comme ça qui elle vraiment on pourrait prendre en compte leur demande, c'est difficile, c'est pénible. (…) Celui avec qui j'étais, qui n'est plus chez nous maintenant, on s'est regardé, on s'est dit "bon ben faut y faire, on peut pas prendre la décision d'annuler ça, ce n'est pas de notre ressort", donc on les a mis dans l'avion, on leur a dit de retenter le coup à Zürich pendant leur transit. On devrait pas le faire, mais, ben voilà quoi, on l'a fait. » (E), 34.

J'ai discuté avec les gens de manière ouverte
« Je ne vous cache pas que dans beaucoup de cas, j'ai discuté avec les gens de façon très ouverte. Aujourd'hui mon rôle, c'est de vous arranger un départ bien, maintenant si vous ne désirez pas partir, ou vous disparaissez, ou le dossier est pris par la direction et puis c'est un départ police. » (E), 35.

Retrouver l'aspect humain du dossier
« Moi ce qui me préoccupe, c'est de trouver, non seulement une motivation, mais de retrouver l'aspect humain du dossier. » (I), 36.

Pour dépasser l'impuissance, une vision globale
« J'ai toujours pensé qu'un travailleur social, qui n'a pas une vision totale globale, donc une vision politique des problématiques sociales, il est amené soit. à se sentir impuissant, soit à adopter des attitudes d'intégration des valeurs dominantes du moment et à avoir un rôle de type "répressif" et être vraiment l'agent de l'application des normes. » (E), 37.

Je ne suis pas pour suivre le changement
« C'est une époque difficile. Rien n'est évident. On ne voit pas clairement où ça va. Le dilemme, c'est qu'il y a des changements institutionnels qui se font qui ont l'air positifs, et ils aboutissent complètement au contraire de ce qui était soit-disant visé. Alors, je ne suis pas pour suivre le changement. Je vois les gens, je travaille avec eux quand ils viennent, je réfléchis, j'analyse. Il faut garder la tête froide, il faut pas s'enflammer. Je pense toujours aux personnes, à ce dont elles sont besoin. Moi j'ai une culture, une mémoire, mais pour les plus jeunes c'est difficile, ils arrivent et ils ont peur, ils sont plus soumis. » (E), 38.

Transmettre la passion de l'action
Q. : Votre personnel, comment vous arrivez à lui transmettre cette passion de l'action ?
R. : Ben, il y a une partie du personnel qui a la même passion et puis il y a une autre partie du personnel qui ne l'a pas du tout et qui s'accommode ou qui, des fois, essaie de faire avec, etc. mais… Je ne prétends pas que chaque personne soit parfaitement enthousiasmée – j'ai renoncé depuis longtemps – c'est un travail titanesque, mais moi, il y a des choses que je me suis mises comme normes et je n'admets pas qu'elles ne soient pas parfaites, par exemple, le respect au requérant d'asile, d'où qu'il vienne. Ce sont tous des êtres humains à qui nous devons un respect, et le respect passe par : les traiter correctement, leur dire bonjour, les accompagner et avoir, si possible, un tout petit peu d'estime, hein ? ça je ne peux pas l'exiger, je n'aime pas le mot « amour », c'est trop, mais l'estime de la personne est très sympa, si c'est possible, et il va aussi aller donner une chambre en parfait état de propreté quand on reçoit et pas – parce que ça je n'admets pas, mais des fois

ça se fait – de recevoir quelqu'un vraiment dans la merde, alors quand on reçoit quelqu'un dans la merde, on est en train de dire « Monsieur, vous êtes une merde, on vous reçoit dans la merde ». Ça, je ne veux pas; ça ce sont des trucs sur lesquels je suis extrêmement exigeant, stricte à ce niveau-là comme, par exemple, des choses très, quotidiennes, le courrier, hein ? quand arrive un courrier, on n'ouvre jamais le courrier d'un requérant. (D), 39.

Agir pour nos droits et ceux des requérants

« C'est d'abord les valeurs de la profession qu'on essaie de mettre en avant, ce qu'on ressentait en tant que professionnel, d'abord une identité en fait liée à l'employeur, ensuite une identité en tant que travailleur social, se défendre pour faire un bon boulot, et en dernier point vient le requérant d'asile. Ils vont baisser les prestations, ils vont vivre dans des conditions incroyables, mais d'abord on s'est dit : ça va nous toucher nous. » (E), 40.

Résister, c'est comprendre d'un point de vue général

« Résister, c'est mettre en évidence les problèmes sociaux que rencontrent les gens, essayer de les analyser et de comprendre comment ils se posent d'un point de vue général et pas seulement d'un point de vue individuel, sinon on est piégé. » (E), 41.

Tenir en renversant l'usure

« J'affûte mes arguments. Je veux obtenir quelque chose, je vais l'obtenir. Si je ne l'obtiens pas, je reviendrai une semaine plus tard. J'aurai d'autres arguments. Je travaille à l'usure, je dirais. » (E), 42.

Résister, se donner soi-même un sens dans son travail

« Je dirais, alors là, que j'y crois au travail. Je crois que c'est au travers du sens que vous donnez à votre travail, vous-même, dès le moment où l'institution ne vous en donne pas ou ne vous en donne plus, que c'est vous-même qui le définissez. » (E), 43.

Je ne suis pas responsable de la décision, mais je ne me soumets pas à tous les coups

Q. : Quand vous avez des cas difficiles, vous arrivez encore à dormir la nuit ?

R. : Oui, parce que de toute façon, je suis pas responsable de la décision. C'est clair que je peux accentuer, mais en général, si vraiment il y a un cas une fois qui me pose un problème, je ne peux pas faire de préavis négatif. Si la direction veut que je fasse un préavis négatif, et que moi je trouve que c'est injuste, je refuserai.

Q. : Et ça vous est arrivé ?

R. : Non, mais je sais que je ne mettrai pas mes initiales sur un préavis avec lequel je suis pas du tout d'accord. (I), 44.

Je continue à rêver d'une société juste

Q. : Aujourd'hui être inventif ?

R. : Ben l'impression qu'on ose plus quelque part.

Q. : Oui mais ça tient à quoi ça ?

R. : On n'ose plus être fou. Il y a une espèce de fatalisme. Je pense que l'échec de la Chine, de l'Amérique latine, et des gens qui ont fait rêver, je pense à ces échecs quand même retentissants, je pense qu'il y a quand même des choses qui ont refroidi un petit peu.

Q. : Et le rêve alors il est où, il est comment le rêve ?

R. : Mais moi, je continue toujours à rêver d'une société juste et à y croire, je suis convaincue qu'on y arrivera un jour, j'verrai pas moi, je sais pas si mes filles verront ou pas, mais je continue à y croire et à essayer de me battre pour et puis avoir toujours la révolte présente. J'ai toujours une capacité de révolte, mais en même temps j'ai l'impression d'une capacité d'intervention qui semble plus difficile.

Q. : Et de rêver ça semble plus difficile ?

R. : C'est vrai aussi que je suis étonnée que les jeunes ne rêvent pas plus, mais c'est aussi compréhensible. Il y a des fois, j'ai même l'impression que la situation empire, par rapport à la question des femmes, j'ai l'impression qu'on est de nouveau dans une phase de régression totale. Et puis c'est clair qu'on est dans un État qui devient de plus en plus fort et puis avec la mondialisation, toutes les contraintes, je trouve qu'on est vraiment dans un monde de fous. Je trouve que c'est grave ce qui se passe, je trouve qu'on est un peu inconscient. Et c'est vrai que le lieu du chômage, c'est un bon lieu d'observation de l'évolution. (E), 45.

Il y a des choses qu'on ne pourra pas me faire faire

« Je n'ai pas du tout l'esprit du fonctionnaire Grüninger de St-Gall. Je ne sais pas, non, je dois fonctionner dans un système de travail que j'ai choisi finalement. Je sais faire la part des choses. Mais il y a des choses qu'on ne pourra pas me faire faire. » (D), 46.

Des petits Grüninger de l'interprétation

Q. : Quelque part, il n'y aura pas de Grüninger avec ces coupures d'assistance ?

R. : Je pense qu'il y a des petits Grüninger. Je pense qu'il y a des gens qui interprètent et qui le font en toute conscience et qui savent dans quoi ils s'engagent. Bon, ce n'est pas des choses qui vont chercher très loin, mais je pense que chacun à son niveau à une marge de manœuvre. Les directives sont très rigides, mais il y a quelquefois des petits points qui peuvent être interprétés.

Q. : Donc, on peut être Grüninger dans la petite marge de manœuvre que l'on prend, d'interprétation ?

R. : Mais quant à dépenser et à donner plus d'argent, non, puisque j'aurais du mal à le concevoir. Je crois, moi, que la seule chose que je ferais, c'est partir en dénonçant, mais partir. (I), 47.

Vous pourriez être Grüninger dans certains cas ?
Q. : Vous avez l'impression que vous pourriez être Grüninger, pour certains cas ?
R. : À mon niveau, je n'aurais pas la latitude, en tout cas, disons, au niveau technique, je n'aurais pas cette compétence.
Q. : Vous n'arriveriez pas à sauver quelqu'un en prenant une décision ?
R. : Oui, je pourrais le faire, mais peut-être davantage sur proposition à ma hiérarchie, mais pas forcément en prenant la décision et en l'appliquant moi, tout seul.
Q. : Donc vous êtes dans une chaîne bureaucratique plus forte que Monsieur Grüninger à l'époque ?
R : Voilà, une chaîne hiérarchique, tout à fait, exactement. Il y a quand même une différence fondamentale dans les structures telles que celles de cette époque-là et celles qu'on vit à l'heure actuelle. Disons que notre système hiérarchique ne me permettrait pas, par exemple, d'établir un document quelconque en faveur de quelqu'un pour lui sauver la peau, hein ? bon, on pourrait éventuellement voir présenter le cas d'une certaine manière à qui serait compétent dans ce domaine ; ça c'est possible mais, bon, maintenant le résultat final ne pourrait pas dépendre de moi. (E), 48.

Est-ce que c'est mieux de désobéir pour plus d'humanité ?
Q. : Et vous avez en quelque sorte, tout à coup, ici dans votre institution aujourd'hui des fonctionnaires comme Grüninger ?
R. : J'ai l'impression que malheureusement pas. Il faut faire les choses comme ça. Et c'est des fois inquiétant, parce que est-ce que c'est mieux de faire ce qu'on fait ici que de désobéir pour plus d' humanité ? Moi ici, je suis tout en bas de l'échelle, mais j'y pense souvent, même si je suis secrétaire, j'y pense. (E), 49.

Il y a des choses où j'ai dit non
R. : Il y a des choses où j'ai dit non. Dernièrement, j'ai eu un ressortissant d'un pays X qui était ici, qui était très malade, qui avait un délai de départ, et moi, j'ai fait la recherche dans son pays pour voir les conditions de soin. Le traitement était possible, mais l'accès au traitement n'était pas possible, surtout dans son cas. Moi, je lui ai suggéré… J'ai fait même plus que suggérer, j'ai pris des rendez-vous pour des démarches.
Q. : Vous êtes sorti de votre cahier des charges ?
R. : Oui, mais je perçois cela comme faisant aussi partie du mandat. Moi, je ne me sens pas complice des autorités. Une fois que le titre de voyage est

arrivé pour le départ, j'ai fait partir la personne de manière clandestine. (E), 50.

Résister, c'est aider les gens pour qu'ils puissent parler
« Ma philosophie, moi, je dis : je fais ce que je peux, j'essaie de faire de mon mieux pour aider les gens, pour qu'ils puissent parler; ce qui est déjà beaucoup pour eux de dire : "Bon" – ils me tutoient souvent parce que ce sont des gens de la campagne – "Bon, tu ne peux rien faire, on le sait, mais au moins tu comprends" et moi je sentais que ça les aidait d'être compris. » (E), 51.

Désobéir : l'être humain n'est pas une machine
« Je pense que n'importe quel règlement peut réglementer quelqu'un dans le fait qu'il ne doit pas désobéir, mais je pense que l'être humain, si tout d'un coup il se sent intimement persuadé de quelque chose, même s'il se trompe, il va désobéir, parce que l'être humain n'est pas une machine. » (E), 52.

J'ai donné ma démission, ça me portait trop à cœur
« J'ai travaillé pendant sept ans dans un lieu comme policier, au service des demandeurs d'asile et des refoulements. Et j'ai quitté, j'ai donné ma démission de là parce que des fois ça me portait trop à cœur de travailler avec des familles, avec des enfants. » (E), 53.

Comment pouvoir dire non à ce dossier, plutôt qu'une approche positive
« Voilà ce qui me gêne, c'est qu'il y a pas mal de collaborateurs qui se disent "comment est-ce que je vais pouvoir dire non à ce dossier, comment est-ce que je vais pouvoir empêcher le séjour, au lieu d'avoir une approche positive". » (I), 54.

Je suis d'accord pour organiser le retour des étrangers
« Depuis plusieurs années, je me rends compte que finalement les séjours sans statut légal se prolongent de plus en plus et souvent c'est dans cette catégorie-là de personnes que les problèmes d'intégration et de violence se présentent et qu'ils ressurgissent finalement sur l'ensemble de la communauté étrangère. Ce qui n'est pas bon. Il est clair qu'on est pas dans un État de droit. Il y a des autorités compétentes pour prendre les décisions. Simplement il ne suffit pas de prendre des décisions. Il faut en assumer l'exécution si on veut rester crédible et si on veut qu'une politique d'immigration reste crédible. Contrairement peut-être à une étiquette qu'on m'a donnée, je ne suis pas quelqu'un de dur. Je suis pour organiser le retour des étrangers parce qu'un retour organisé qui fait que la personne ne reviendra pas... C'est également démontré dans les faits qu'un renvoi de police brusqué équivaut pratiquement à un retour assuré dans la clandestinité. » (I), 55.

La loi, c'est pas moi qui l'ai faite

« La loi, c'est pas moi qui l'ai faite et je suis là pour l'appliquer, pour l'interpréter lorsque c'est possible, dans un sens ou dans l'autre, et quand je vois les manipulations que j'ai en face, prenez les mariages blancs, il y a une probabilité assez importante de se faire rouler. On peut essayer d'être un peu plus rigide, mais on n'est pas là non plus pour prendre le risque de détruire la vie de quelqu'un. » (E), 253.

La possibilité de souplesse et d'être dur, très dur

Q. : Vous avez une marge de manœuvre réelle dans la manière d'appliquer la loi ?

R. : Oui, mais là, ça se prend plus haut les décisions hein ! donc c'est ceux qui prennent les décisions en haut. C'est toujours avec l'aval d'un supérieur hiérarchique. Justement c'est à ce niveau-là qu'on peut influencer quand même un peu. Quand il faut téléphoner à Berne et suivant comment vous empaquetez votre discussion, vous arrivez à influencer la décision quand même.

Q. : Donc il y a une certaine souplesse ?

R. : Il y a une possibilité de souplesse mais il y a aussi la possibilité d'être dur, très dur. (E), 150.

ÉTAT ET SERVICE PUBLIC : DE LA PROTECTION À LA CONTRAINTE

Les contraintes du régime et du cadre politique en place

L'importance du cadre

« Les choses sont devenues très incertaines. Plus on est bas dans l'échelle, plus on a besoin d'une structure solide, de savoir que les choses sont bien encadrées et que ça marche, ou alors on augmente l'absentéisme, la maladie, les paresseux. » (E), 115.

L'ambiguïté du cadre politique

« L'ambiguïté, pour moi, elle existe dans l'être humain... mais je suis, je me dis qu'au niveau politique ça devrait exister moins... normalement, les systèmes politiques devraient donner des cadres plus solides que la psychologie individuelle, peut-être j'exige trop des hommes politiques. » (E), 116.

Les dangers pour la démocratie

Q. : Qu'est-ce qu'il y aurait de commun aux affaires de la mafia russe et au flux migratoire complètement incontrôlés ?

R. : Ils remettent tous les deux en cause la démocratie, parce que l'argent sale qui nous vient, pas nécessairement de la Russie, mais d'autres pays, le blanchiment d'argent d'Amérique du Sud aussi. Et puis si après nous assistons ici à un règlement de compte entre ethnies, il y a notre démocratie qui est en jeu. Et les ethnies en tant que telles, les bagarres ethniques ont existé dans certains cantons, à Bâle notamment. Et puis l'ex-Yougoslavie, des ethnies différentes ici ? Des Serbes, des Kosovars, des Albanais, tout ce mélange, on voit des groupes rivaux, et là c'est peut-être aussi un élément déstabilisant. Et puis quand vous avez sur la place des Nations des groupes extrêmement forts où il y a des milliers de Kurdes qui viennent manifester, c'est en Suisse un contre-pouvoir, ils sont domiciliés en Suisse, ils viennent manifester à Genève, mais quelque part c'est un contre-pouvoir organisé. Les Kosovars en Suisse, qui sont des milliers qui manifestent, c'est aussi quelque part un contre-pouvoir, quand ils ont envahi l'ONU, et bien on a reproché aux forces de police de ne pas avoir été à même de pouvoir contrôler cela, donc c'est aussi ça des défis contre notre démocratie. (I), 117.

La Suisse, c'est une communauté d'intérêts

« On pourrait toujours faire la révolution en Suisse, ça ne ferait pas de mal, il y a des choses à changer dans ce pays, ça j'en suis persuadé, c'est un pays qui est tellement conservateur. Et c'est quoi la Suisse ? Moi je dis souvent : c'est très drôle quand on parle de la Suisse et qu'on voit les autres pays. On parle très facilement de la nation française, de la nation allemande, on ne parle jamais de la nation suisse. Ce n'est pas une nation, la Suisse. Moi je dis souvent : la Suisse, c'est une communauté d'intérêts, et le jour où elle n'aura plus ces intérêts... d'ailleurs, ça se lézarde. C'est une identité très particulière. Le jour où elle n'aura plus d'intérêts économiques en commun, d'une façon fondamentale, c'est un pays qui éclatera. » (E), 118.

La Suisse a quand même un bien-être financier

« La vraie réalité c'est qu'en fait la Suisse a quand même un certain bien-être financier qu'on a peur de perdre et puis on s'accroche un peu à ça et puis c'est clair que l'étranger est menaçant parce qu'il risque de nous prendre notre travail, et même nos femmes. Je vous dis, quand on a 18 ou 22 ans, j'entends des gens qui s'énervent quand une femme suisse se marie, bon à l'époque c'était avec un Italien, on disait que c'était pas normal, maintenant ils sont complètement intégrés, c'est des gens qui ont des commerces, qui participent au tissu social, qui ne posent plus aucun problème. Maintenant on a ce même type de réaction un peu épidermique, par rapport à une Suissesse qui se marierait avec un Africain, ou avec quelqu'un qu'on ne considère pas comme une population intégrée. On entend de tout, moi je trouve qu'il y a peu de gens neutres en fait, il y a soit des gens qui sont assez ouverts, qui ont des idées d'intégration, qui ont des propositions à faire ou alors des gens qui sont un peu réactifs. Je trouve qu'il y a peu de gens qui ne sont pas concernés ou pas intéressés. » (E), 119.

Des propositions de réforme en contradiction avec la démocratie

« Le nombre des dossiers d'assistance est exponentiel, il explose en quelques années. C'est un des secteurs qui coûtent cher. On le sait, les députés veulent savoir pourquoi ça coûte si cher, on veut des contrôles. Et le contrôle génère des effets pervers. L'effet pervers, c'est que les gens qui contrôlent se sont formés dans des instituts qui inculquent une notion de nouvelle gestion publique qui fait qu'on en arrive à ce que les coefficients sont au centre des préoccupations. On applique une autre théorie, des contrôles, des tableaux des personnes, des outils de pilotage... On pourrait faire un lien avec le rapport Andersen. On saucissonne tout. On essaie de parquer les gens dans des espèces de cloisonnements. Ce qui est très frappant, le rapport fait des propositions en faisant totalement abstraction des lois cantonales, des lois fédérales et des votations démocratiques. C'est-à-dire qu'il fait des propositions de restructurations, d'aménagements, etc. qui sont souvent à l'envers de ce que permet la démocratie et de ce qui a été voté par le peuple. » (E), 120.

La démocratie est faible
R. : La démocratie, elle est faible, parce que l'État de droit, ça veut dire qu'on a un certain nombre de garanties qui sont faites pour protéger le justiciable d'un arbitraire, mais en fait, on se rend compte que ces règles qui ont été faites pour protéger l'individu de l'arbitraire de l'État, elles vont se retourner et accorder une protection qu'on a pas voulu, à des personnes qui ne la méritent pas.
Q. : Comment est-ce qu'on s'en sort ?
R. : Ben, écoutez, faut voir ce que font les autres pays européens. On pourrait s'inspirer des autres pays européens. Comment expliquer que la Suisse ait le même nombre de demandes d'asile que la France, qui compte 10 fois plus d'habitants ? Il faut rendre la Suisse moins attractive. On parle tous les jours dans la presse que la Suisse n'est pas attractive, je suis navré, c'est faux : la Suisse est attractive. Nous avons un niveau d'assistance pour les requérants d'asile beaucoup trop élevé. (I), 121.

Respecter les barrières
R. : Moi ce qui me fait peur, à force de laisser les portes ouvertes on peut pas, on est dans un système, on peut pas enlever toutes les barrières. Il faut des garde-fous et moi ce qui me dérange c'est que trop souvent on enlève ces barrières et après quand le mal est fait on essaie de faire un retour en arrière en disant : Alors là on a mal joué. Pourquoi pas éviter d'en arriver là ?
Q. : Vous avez l'impression qu'il n'y a pas assez de barrières aujourd'hui ?
R. : Il n'y en a pas assez, déjà qu'on respecte les barrières mises en place, ce serait déjà pas mal. (E), 122.

La politique, ça ne change rien du tout
Q. : Vous dites qu'il faut que le monde change, vous faites de la politique ?
R. : Ah ! non, quelle horreur. Politique c'est une étiquette, c'est des jeux de pouvoir, mais ça ne change rien du tout à la politique. (E), 123.

Quand l'humanisme devient un motif politique
« Quand l'humanisme devient un motif politique, c'est très drôle, parce qu'on a souvent vu ça en France. Quand la droite était au pouvoir, elle prenait certaines mesures par rapport aux étrangers parce qu'ils ont aussi plein de problèmes. Avec des illégaux on criait tout de suite que c'était dégueulasse. Et puis après, quand c'était la gauche qui le faisait, personne disait rien : "ah ! si la gauche le fait, c'est normal, c'est que, effectivement, il y a un problème". Après, les gens prennent des positions parce que c'est le jeu politique. Il y en a qui vont voter contre un projet même s'il est bien

parce que, deux semaines auparavant, les autres ont voté contre un autre projet qui était bien de leur parti. » (E), 124.

Protéger les habitants de ce pays contre quelles criminalités ?
Q. : Quelles sont les criminalités que vous percevez comme les plus dangereuses ?
R. : C'est la criminalité économique d'une part, et la criminalité liée à la drogue, aux stupéfiants, au trafic de stupéfiants d'autre part.
Q. : Plus que le travail au noir ?
R. : Écoutez le travail au noir, la police genevoise... la lutte contre le travail au noir n'est pas une priorité de la police genevoise, on ne fait pas des actions contre les travailleurs au noir. Cela étant il serait peut-être bon de faire des actions contre les travailleurs au noir. Parce que les travailleurs au noir, il y en a combien qui sont exploités ?
Q. : C'est les patrons alors qu'il faudrait poursuivre ?
R. : Nous ne faisons pas la chasse à cela, mais lorsqu'il y a des travailleurs au noir qui sont contrôlés, le patron, eh bien il va être poursuivi aussi.
Q. : Vous avez l'impression qu'on a les moyens suffisants pour lutter contre la criminalité, celle qui menace la stabilité de ce pays ?
R. : Je ne crois pas qu'on a les moyens. Mais on avance, on se donne certains moyens, mais nous sommes pauvres, quand on pense que nous avons 26 États en Suisse, 26 codes de procédures pénaux différents, c'est la croix et la bannière pour pouvoir travailler là-dedans. (I), 125.

Ils écoutent trop Blocher à Berne
« La bureaucratie du chômage de Berne, le Conseil fédéral, ils écoutent trop Blocher à Berne. Ils font du zèle et ils oublient que la solidarité ça a été un des piliers d'union de ce pays. Ils détruisent ce pays. Et moi, il faut que je croie à ce que je fais et je suis coincé dans ma tête sans arrêt. C'est fou, c'est absurde. Qu'ils viennent et qu'ils voient les chômeurs qu'on reçoit. Et ils veulent qu'on applique les sanctions, qu'on leur obéisse quoi… » (E), 126.

Comment vous voyez Blocher ?
Q. : Comment vous voyez Blocher ?
R. : Je pense que c'était inévitable Blocher, ça devait en arriver là.
Q. : C'est-à-dire ?
R. : C'est un passage obligatoire.
Q. : C'est-à-dire ?
R. : Justement les gens disent : maintenant assez.
Q. : Blocher exprime un problème ?
R. : Il exprime un problème, il est la concrétisation du mal-être des gens qui sont victimes physiquement ou autre des délinquants dont on vient de parler.
Q. : Mmh…

R. : Pis on se dit ben puisque le gouvernement actuel laisse aller, essayons avec un autre
Q. : Mmh…
R. : Je pense que c'était obligé, son succès pour moi s'explique très bien. (E), 127.

Blocher vu par un policier genevois
« Oui, bien sûr Blocher a une influence parce qu'il y a des choses qu'on aime bien entendre, mais dès qu'on gratte un peu plus loin, de toute façon, il dit des choses qui ne sont pas possibles à réaliser. Qu'il vienne au pouvoir et puis, après, il va faire quoi ? Il ne sert à rien, le discours de Blocher c'est nul, c'est vraiment du populisme. En plus de ça, ses idées, elles sont fascistes. C'est ce genre de personnes complètement focalisées sur leurs idées et leur monde à eux. Ils ignorent totalement le monde extérieur. Il y a une anecdote à propos de Blocher où on lui montre une photo de Jospin et puis il dit : ah ! oui, c'est ce socialiste de Soleure, je crois ? En plus, il me hérisse le poil parce qu'il défend la Suisse *alleingang* et puis avec son industrie, il fait un maximum d'argent à l'extérieur. Je trouve terrifiants les scores qu'arrive à faire cet individu. » (E), 128.

L'évolution de la société suisse
Q. : Comment vous la voyez évoluer la Suisse, à partir de tout votre travail ?
R. : Il y a maintenant une crainte qui s'installe par rapport à la délinquance, à tous les niveaux.
Q. : Une crainte que vous sentez dans la population ?
R. : Oui, de plus en plus les gens ont une crainte et aussi une espèce de colère, en disant : mais ces gens-là, on les garde, on les assiste, pourquoi ?
Q. : Mmh…
R. : Puisqu'ils se soumettent pas eux à la loi du pays dont ils viennent demander l'asile, pourquoi est ce que c'est nous qui bastons ?
Q. : Mmh…
R. : On l'entend de plus en plus. C'est pour ça que je vous disais le Département de l'instruction publique, parce que les parents aussi sont très inquiets pour l'avenir des enfants dans des classes.
Q. : Vous avez des amis enseignants ?
R. : Ouais.
Q. : Mmh… donc il y a une crainte ?
R. : Oui, bien sûr, de la violence aussi. Il y a des enfants, ça je l'ai vu dans le cadre du travail, ou la Brigade des mineurs là aussi pourrait vous le dire, maintenant le travail de cette Brigade, c'est presque principalement du racket sur les autres enfants et c'est aussi presque tous des enfants de Kosovars, d'Albanais qui sont nés avec le couteau à la main, qui vont à l'école avec le couteau, puis qui continuent.
Q. : Ça vous préoccupe ?

R. : Ah ! oui, beaucoup, parce qu'il y a une violence terrible à la Brigade des mineurs maintenant, on a à faire qu'avec des jeunes violents.
Q. : Comment vous voyez l'évolution de Genève ?
R. : Ah ! moi, mal, j'ai qu'une envie, c'est d'en partir.
Q. : Et vous êtes genevois d'origine ?
R. : Oui.
Q. : Donc quand vous allez partir à la retraite, vous allez partir de la Suisse ?
R. : Oui.
Q. : Et qu'est-ce qui vous ferait partir ?
R. : Beaucoup de choses, des choses à la fois personnelles, mais en plus quand je vois qu'ici on se laisse un peu dominer par ces gens-là, je me dis : à quoi bon ?
Q. : Mmh…
R. : Et ça c'est des gens qui sont là, qui sont venus clandestinement, où on a dû faire une enquête de longue haleine, on a pu prouver que l'homme avait fait un mariage blanc avec une Suissesse pour rester là dans un premier temps.
Q. : Mmh…
R. : Après il a fait venir en douce sa femme, il a fait venir ses enfants, il a encore fait un troisième enfant avec sa femme clandestine qui le cachait dans le placard à balais. La Suissesse, elle est partie, il était violent avec, il la battait.
Q. : Mmh…
R. : Parce qu'il avait repris l'autre, donc il voulait plus celle-là, elle a déposé plainte, il y a tout eu, et ce type est toujours là.
Q. : Mmh…
R. : Et puis comme il y avait le côté humanitaire du regroupement familial, alors sa femme est là entretenue par l'Hospice général, les deux enfants aussi, bon je parle pas du tout petit qui a 4 ou 5 ans qui peut encore rien faire, le pauvre, alors voilà des gens qui occupent un bel appartement à Meyrin, qui sont entretenus largement et dont les enfants tapent sur tout le monde, rackettent, volent, le père vole aussi. Alors, les gens qui cohabitent avec ces gens ne peuvent pas trouver ça normal.
Q. : Ça vous préoccupe, ce genre de situation ?
R. : Ben oui. (E), 129.

Urgence, crise, modification des lois, de l'État par le politique

« Il y a presque une loi pour prendre mon verre, pour boire de l'eau. Je caricature, le parle… Je me trouve confronté aujourd'hui à avoir un mandat et à avoir toute une série d'éléments, de papiers que je dois remplir dans les détails et ne pas pouvoir avoir de dérogations qui sont liées au pouvoir politique, et je dis politique parce que c'est le politique qui peut modifier aussi un certain nombre de pratiques. » 130.

La capacité d'action de la Suisse
« Je ne sais pas si la Suisse arriverait à faire ce que font la Macédoine et l'Albanie. » (E), 134.

La logique du bricolage
« La logique du bricolage, je la sens pratiquement tout le temps dans le domaine de l'asile, il n'y a pas de politique d'anticipation. On travaille sur la bonne volonté des gens engagés... la conscience professionnelle des gens faisait qu'on se débrouillait et qu'il n'y a jamais eu personne dans la rue, on les a tous logés, mais à quel prix. C'est peut-être que c'est nous qui crions comme la chèvre de Monsieur Seguin, on crie au loup, et puis finalement par une dépense énorme d'énergie, on arrive tant bien que mal à notre mandat, mais à quel prix ? » (E), 135.

État, centralisation, décentralisation
« Si j'écoute les anciens, ce n'est que la troisième fois qu'on centralise et décentralise, parce que c'était centralisé, on a vu que ça ne marchait pas, donc on a décentralisé et on a recentralisé et puis on a complètement décentralisé et puis maintenant on recentralise. Tout cela, sur une période de huit, dix ans. » (I), 136.

L'État qui se privatise
R. : Considérons la rareté des ressources. Maintenant, est-ce peut en arriver à l'idée de dire : finalement on fait une fondation de droit privé pour l'assistance aux réfugiés, aux requérants d'asile ? Ils ont commencé à privatiser à Berne certaines opérations. Il y a eu toute la réforme de l'État discutée en disant, il y a des choses que l'État doit absolument maintenir comme centrales, c'est la fiscalité c'est la justice, c'est...
Q. : L'éducation ?
R. : Mais même pas.
Q. : La police ?
R. : La police voilà, police, justice, impôts, on maintient une centralité et on dit : la fonction publique c'est ça. Et ensuite on fait des contre-prestations avec l'école, avec la santé, avec le chômage. En clair, on privatise. L'État ne fait plus que mettre en concours en disant qui est le meilleur pour remplir ce mandat. C'était écrit dans la réforme de l'État tel qu'elle était proposée dans un important rapport. Et l'assistance aux requérants ça participe un bout à une telle logique, peut-être qu'on en arrivera à une structure privatisée. Est-ce que ce sera encore de l'assistance qu'on fera ? (E), 137.

L'assistance, la paix sociale, la soumission, la déresponsabilisation
R. : Je vois la Suisse un peu comme une petite ville de gens gentils, les gens sont bons en Suisse, moi j'ai des sentiments un peu bizarres, en me disant

"mais ils sont fous, franchement, ils accueillent tout le monde et ils donnent de l'argent et puis les gens acceptent".
Q. : Pourquoi ils font ça ?
R. : Je pense que la fonction, pour les requérants d'asile, c'est la même que pour les Suisses, c'est les soumettre. On s'habitue rapidement au bien-être. Il y a une attitude de déresponsabilisation personnelle. Je le vois avec mon enfant, il n'a pas la même mentalité. On est dans un pays où de toute façon, il y a toujours l'esprit de sauvetage. Vous êtes au chômage, vous recevez les indemnités chômage. Vous finissez le chômage, il y a le RMCAS, et dans la dernière des limites, l'assistance vous garantit un niveau de vie qui, dans d'autres pays, est le niveau de vie de la classe moyenne, donc moi ce qui m'atterre par rapport aux requérants d'asile, c'est l'assistance inactive.
Q. : Pourquoi cela ?
R. : D'abord parce qu'ils peuvent se le permettre et après je pense que c'est une manière d'obtenir une paix sociale ; je dis "tant mieux qu'en Suisse tout le monde ait un minimum vital pour vivre". Évidemment que je suis d'accord, mais je parle là pour l'être humain. Bon, le Suisse qui naît ici et qui va mourir ici, c'est son pays, c'est le système qui a été mis en place. Mais le Kurde qui ne va pas rester en Suisse, il sera renvoyé, il devra partir clandestin en France, etc. C'est là où je dis qu'il y a une contradiction parce que ces gens, ils ne sont pas accueillis comme des hommes, des femmes. Je ne sais pas, des citoyens suisses, des citoyens du monde, avec le droit de pouvoir se débrouiller dans la vie, de trouver un travail, de subvenir à leurs besoins, etc. Et une immense majorité ne va pas obtenir l'asile, ils devront, à un moment ou à un autre, partir de Suisse, mais entre-temps cette assistance c'est un système qui tue la liberté, la capacité d'action des gens par l'argent. Et je trouve que c'est très développé en Suisse et je trouve que ça c'est grave pour une société. (I), 138.

L'assistance dissuasive : urgence, maîtrise, lenteur, manque d'espace public pour les gens

Q. : Vous parliez, à propos des Bosniaques, de cette impression d'ambiguïté, il y aurait quelque chose à faire ?
R. : Oui, lorsque je vois maintenant ce qui se passe au Kosovo où on veut contenir, régler, faire. Mais en même temps, je me dis ce que vivent les gens, il faudra mettre du temps. C'est pour cela qu'à un moment donné, j'ai arrêté de faire des missions. J'ai vu beaucoup de choses et il faut du temps pour intégrer ces choses-là et je ne veux pas me faire une carapace et continuer à agir et enchaîner mission sur mission. Il y a beaucoup de choses et je pense que c'est peut-être pour cela, là j'en viens à l'anesthésie générale, que quelque part, on est dans une société où ce qui est valorisé c'est ce qui se voit, ce qu'on entreprend et il faut être efficace, rapide, mais en même temps, l'individu est lent. On acquiert les choses petit à petit et c'est important d'avoir toujours cet espace où qu'il soit, déjà ici dans cette

Institution, à l'extérieur dans sa famille, dans différents lieux pour pouvoir partager et appréhender la réalité et trouver des mots pour dire.

Q. : Si je vous comprends bien, plus il y a de l'urgence, plus on aurait besoin d'une sorte de prudence, de lieu où on réfléchit, où on élabore les choses qui sont liées à la pratique ?

R. : C'est important bien sûr de mettre en place un certain nombre de mesures pour venir en aide et, en même temps, il ne faut pas oublier que tout ne s'arrête pas là, qu'il y a encore un espace, autre chose à offrir aux personnes.

Q. : Si j'entends bien, il y a quelque chose de l'ordre d'un besoin d'élaboration de la réflexion, de compréhension ?

R. : Moi, j'ai le sentiment... en tout cas, par rapport du domaine de l'asile, on veut que les autorités prennent des mesures, on veut contenir les phénomènes et il faut qu'il y ait des résultats très vite. On met en place un certain nombre de choses. La loi sur les mesures de contrainte, elle ne fonctionne absolument pas ou à peu près pas mais, plus personne ne le dit, plus personne ne relève les contradictions et il y a des effets pervers à chaque mesure parce que l'on vit dans une société complexe et c'est très difficile de trouver des voies. Et cette réflexion est longue parce qu'elle doit se faire à différents niveaux.

Q. : C'est un autre rapport à la maîtrise qu'il faudrait trouver ?

R. : On vit dans une société où on veut beaucoup contrôler et moi je pense qu'on ne peut pas tout contrôler. C'est un autre lieu du paradoxe, c'est l'impossibilité de contrôler, puis en même temps le contrôle. En même temps, je pense, c'est d'arriver à poser un regard différent. Moi je trouve, par exemple, que rien n'est fait par rapport aux requérants. Déjà les requérants, je les trouve très isolés. Certains, après quelques années, se retrouvent isolés. Les communautés, cela pourrait être des ressources, où l'on pourrait retrouver de la solidarité. Cet espace-là, cela pourrait être des gens de leur culture qui peuvent apporter cela, pas forcément l'État ou des institutions ou des ONG. Les gens eux-mêmes ont des ressources. Ils peuvent se ressourcer mutuellement. Les personnes, quand elles viennent, je les trouve très isolées dans leur histoire, dans ce qui leur arrive, ou elles ont leur assistant social, leur avocat mais c'est rare, sauf peut-être les Chiliens, qui avaient passé énormément de temps ici, c'est rare de les entendre dire : « je me sens impliqué ici, j'ai vécu ici, j'aime ce pays, j'aimerais y rester, j'aimerais avoir les mêmes droits que... ». Je trouve qu'il y a tellement de choses qui font que, au niveau de l'estime de soi, le requérant, il est traité... On le met en doute. Les fonctionnaires sont très soupçonneux, il faut donner des dates précises. C'est très difficile pour eux de s'en ouvrir finalement.

Q. : On les pousse à l'isolement ?

R. : Moi, je les trouve très isolés et tout est fait pour les maintenir isolés. Enfin, rien ne facilite... Il faudrait casser ces logiques d'isolement et faciliter des mises en commun, pas seulement pour les professionnels, mais aussi pour les requérants. Permettre aussi des lieux où, à travers, je ne sais pas, des activités, des contacts entre les requérants et la population... On lit tous les jours des articles « qu'est-ce qu'un réfugié ? » Il y avait eu une affiche du HCR avec plein de petits bonshommes, c'était comme un Légo, puis ils cherchaient un réfugié, je trouve intéressant Et je suis étonnée, à quel point, à partir du moment où les gens connaissent, mettent un visage sur ces logos... C'est toujours tellement anonyme. À partir du moment où l'on connaît l'histoire, à quel point le discours change, à quel point cela apporte des nuances. On sort du général et puis on entre dans des histoires humaines concrètes, qui concernent des personnes. Et là, il n'y a plus cette anesthésie. Je trouve qu'au niveau de tout ce qui a été mis en place, des choses dissuasives, moi je pense... Certains Bosniaques disaient : « Ah ! mais moi si je travaille, je reçois plus mon salaire, on va me donner cinq cents francs en moins, donc j'ai intérêt à ne pas travailler où alors à travailler au noir. » Et je me dis : mais finalement comme dès le début, il y a tellement d'isolement, tellement d'atteinte au niveau de l'estime de soi, c'est très dur de passer au travers de la procédure d'asile parce qu'on est questionné, on met en doute. On sent toujours les limitations. Les gens me disent « mais je n'ai pas le droit de faire cela ». Alors, je pense que de donner des droits et aussi de dire bien il y des devoirs. Il y a des droits et les devoirs, de responsabiliser plus... (E), 139.

Le régime politique et la gestion du personnel

« Une gestion respectueuse du personnel serait inscrite dans une économie qui dépasserait à mon avis les propositions du rapport Andersen, dans le sens où dans les nouvelles gestions du personnel, il y a l'absentéisme. Des fois, il y a *mobbing,* des fois il y a des choses plus graves qui se passent. Et tout ça, c'est des coûts à tous les niveaux de la société. Et puis, à mon avis, une gestion du personnel respectueuse des gens fait aussi que les services, les structures fonctionnent mieux. Et offrent d'autres prestations à la population. » (E), 140.

Le régime politique et l'ordinateur

R. : Je joue avec l'outil, mais c'est vrai que là derrière, je comprends pas très bien comment c'est utilisé, comment c'est exploité, ce qu'on doit mettre dans l'ordinateur.

Q. : On est dans un système post-industriel ?

R. : On est dans un système post-démocratique, plutôt. (E), 141.

Le service public et les pressions

Q. : Le service public, c'est quoi pour vous ?

R. : Mais qui en veut encore du service public ? Partout, on attaque le service public. Tous les gouvernements attaquent les services publics. Le monde politique attaque le service public. Et puis comme on sert des arguments

bateaux, les avantages des fonctionnaires, le salaire au mérite, de toute façon, les retraites assurées, les places de travail assurées, etc., la population finalement…
Q. : Et pourtant, en quoi c'est important le service public pour vous ?
R. : Le problème du service public, en tout cas pour ce qui est de la Police, c'est un refus complet du salaire au mérite, c'est d'empêcher la corruption, les dysfonctionnements, c'est d'empêcher la hiérarchie d'exercer des pressions, des pressions sur le policier quand il mène une enquête. S'il y a un salaire au mérite, après c'est la progression au mérite, on rentre dans un système qui est complètement perverti. Vous avez une enquête sur quelqu'un. Le Chef vient vous voir : « ah ! mais écoutez, ça c'est un copain à moi, j'aimerais bien que vous le mettiez sur la pédale douce », à ce moment-là, qu'est-ce que je vais faire ? Si je dis non, si je fais mon enquête et puis qu'après, sur l'évaluation, je vais gagner quoi, 200 francs de moins et puis, si je le fais comme il faut, j'en ai 200 de plus : c'est quoi cette histoire ? On va où ? (E), 142.

Les rapports entre l'Etat fédéral suisse et le canton de Genève

Rapport canton/Confédération
« Genève, c'est le souffre-douleur qui est toujours critiqué par les parents et qui est toujours frappé, mais c'est celui qui se coupera en quatre pour ses parents. On est un peu dans cette situation-là vis-à-vis de Berne. Il y a une logique consciente et inconsciente à l'autorité. » (I), 143.

Canton/Confédération, politique du droit d'asile
« Genève ne suivait pas vraiment ce mouvement. Il y avait des mouvements forts pour dire stop à Berne. Tout récemment, un autre ton est adopté. On entend dire aussi dans les milieux un peu politiques : « écoutez, si on donne plus aux requérants, on fait le jeu de l'extrême droite ». Alors on anticipe l'extrême droite, on suit l'extrême droite de fait. Vous voyez la logique, il y a 11 millions qui manquent à la Confédération, le canton en couvre encore 5, on augmente nos subventions cantonales pour maintenir les prestations. Et là, ils ont fait peut-être même pire en anticipant des choses qui n'ont même pas été dites au niveau de la droite genevoise. Pour l'instant les libéraux, qui des fois sont proches de l'UDC, n'ont pas ce discours-là sur les requérants d'asile. Ils l'auront jamais. C'est un dossier politique chaud. » (E), 144.

On transige toujours sur les plus faibles
« Berne évalue les sanctions du chômage et certains cantons, dont Genève, sont jugés mauvais parce qu'ils ne sanctionnent pas assez. Il y a des pressions. Berne transige et on transige presque toujours, c'est une

constatation et pas un jugement, on transige toujours sur les plus faibles. » (E), 145.

Résister aux directives fédérales injustes

« On pourrait imaginer des confrontations sur le rôle de la police dans la société. Sur le rôle de l'autorité en général. On pourrait imaginer des confrontations sur le droit à l'insurrection, c'est-à-dire le droit à refuser pour toute collectivité publique toute forme d'ordres qui sont imposés d'ailleurs, par exemple des directives fédérales injustes. Je ne vous cache pas que je travaille dans ce sens. À certains moments, dans certains cas, c'est tout à fait légitime. L'histoire suisse, la pratique de certains cantons, même parfois de Genève, l'a montré, qu'une collectivité cantonale s'oppose à une décision des directives fédérales. Le problème depuis quelque temps, c'est que Genève s'aligne sur Berne pour la politique d'asile. » (D), 146.

Discuter, trouver des aménagements, la goutte dans l'océan

« Au niveau des autorités cantonales, on a de bons contacts avec les autorités cantonales et bien qu'elles aient un rôle très particulier, nous avons le nôtre. Il y a toujours moyen de discuter, de trouver des aménagements, en tout cas au niveau du temps, lorsque nous essayons de trouver des solutions pour certains cas médicaux, je pense à des situations "cas médicaux" ou alors des dossiers dont nous pensions qu'ils allaient aboutir favorablement, par exemple le regroupement familial, je trouve qu'on a trouvé auprès des autorités cantonales souvent une écoute et un soutien réel, du temps. Ils ferment les yeux, ce qui est très étonnant quand même. Au niveau des autorités fédérales, c'est très difficile, quand on réussit, que c'est presque la goutte dans l'océan. » (E), 147.

À Berne, c'est que des paroles

R. : À Berne, c'est que des paroles. Ils ne sont jamais venus regarder comment ça se passe, comment on travaille.
Q. : Eux, c'est qui ?
R. : Les politiciens du Conseil national, du Conseil des États. À la limite j'aurais changé la formule magique au Conseil fédéral… Nous on s'adapte aux moyens performants, on prend les moyens les plus performants. Pour le coût, c'est le Grand Conseil à Genève. À Berne, ils ont augmenté le budget pour les requérants, la détention, le social, les nourrir… Ils ont diminué l'armée… C'est bientôt l'Amérique en Suisse, les détenus ont plus de droits que nous. Les avocats, les financiers se spécialisent, ils cherchent la faille. (E), 148.

La marge de manœuvre face à l'autorité fédérale en matière de permis

R. : La pratique des permis, c'est assez strict, comme pratique. Il y a toujours un contrôle de l'Office fédéral des étrangers par-dessus.

Q. : La pratique est assez dure, en fait ?
R. : Pour certains cas, oui. Pour les permis humanitaires, c'est clair qu'ils sont assez stricts. C'est vrai qu'y a certains cas refusés, c'est quand même assez étonnant. Mais disons qu'à notre niveau, donc je parle de mon institution, on a un pouvoir limité, parce que les décisions sont prises et ensuite on a la Commission de recours. Tout dépend quand même de la direction et puis les directeurs ont le droit de signer ou non la décision. Puis, une fois qu'elle est signée par le directeur, si on veut revenir ou si on estime qu'y a quelque chose qui tient pas, de toute façon, il faudra attendre la direction...
Q. : Donc, il faut convaincre votre directeur pour commencer ?
R. : Voilà, tout à fait. Mais y a des cas aussi qui nous semblent aussi sévères, mais on sait pertinemment que nous si on revient, ça sera refusé à Berne, à l'Office fédéral des étrangers, donc, finalement on s'adapte quand même à la pratique de l'Office fédéral des étrangers, ça sert à rien de dire aux gens oui, tout est bien, puis après ils ont refus. Et puis, ce qu'on peut contrôler, parce que là j'ai constaté une inégalité de traitement, on peut, nous, en voyant des dossiers qui arrivent, on a les dossiers qui arrivent et qui sont traités un peu par toutes les personnes différentes du Service, par exemple, on peut voir que dans un cas, quelque chose a été refusé, et admis dans l'autre. Bon, en général, y a pas trop d'inégalités de traitement. Là, on pourrait, à notre niveau, déjà veiller à ce que tous les dossiers soient traités la même chose, donc on fait une séance avec les membres de la direction qui sont responsables du service, pour discuter justement les cas sur lesquels j'aimerais revenir, pour rappeler quelques principes, voilà !
Q. : Est-ce que vous avez l'impression que vous arrivez à faire passer ce que vous ressentez, ou bien que c'est difficile ?
R. : Ça dépend des cas, mais... ça va pas trop mal maintenant. Y a des fois, des périodes, où c'est difficile.
Q. : Ça doit être compliqué quand on a un cadre aussi strict pour trouver des petits espaces ?
R. : Ah ! c'est clair.
Q. : Et quand vous dites c'est clair, ça veut dire ?
R. : Ça veut dire, bon, que la décision est assez fondée par rapport à la pratique du Tribunal fédéral, on est obligé de s'adapter.
Q. : Je pense qu'il y a des choses qui sont légales, mais sont-elles légitimes ?
R. : Bon, c'est toujours difficile. Bon, avec mes collègues, ça va. On a un peu la même vision des choses pour les dossiers. Bon, alors on discute beaucoup entre nous, de tel ou tel dossier. Bon, si la direction décide que pour tel cas, ils maintiennent la décision, c'est une décision qui doit être plus politique, je veux dire qui doit être prise par les gens qui en prennent la responsabilité, par exemple le juge avant c'était le Conseil d'État, donc, y avait certains cas que la Direction souhaite passer en Commission de recours

pour que la Commission de recours prenne ses responsabilités, mais c'est quand même un cas important.
Q. : Vous discutez beaucoup, mais c'est où que vous allez sentir le conflit entre légitimité et légalité, dans votre pratique et puis dans celle de vos collègues ?
R. : Ben, par exemple, les clandestins qui sont là depuis dix ans avec toute leur famille et leurs enfants, là l'Office fédéral des étrangers pourrait donner un permis humanitaire.
Q. : Et tout ça c'est des directives, des ordonnances ?
R. : Ça ressort de la pratique de l'Office fédéral des étrangers, ensuite y a la pratique du Département fédéral de justice et police, c'est l'autorité de recours pour ce genre de cas, pis après, il y a encore le Tribunal fédéral. Donc, là on a des choses assez précises. C'est pas à la tête du client quand même. Y a des critères précis qui sont définis pour…
Q. : Et vous avez souvenir d'un cas où vous avez eu des problèmes, qui vous a fait réfléchir ?
R. : Moi, je trouve qu'y a plusieurs cas qui font réfléchir. Je crois que les cas qui sont difficiles c'est quand y a des enfants parce qu'ils subissent, ils sont pas responsables forcément des actes des parents. Il y a des cas souvent que je trouve un peu difficiles et que j'ai dû passer à la Commission de recours. Des fois, vous savez après moi, il y a toute une procédure…
Q. : La loi en matière d'étrangers est légitime ?
R. : Je pense que la loi est assez stricte, mais on peut faire pas mal de choses avec. Maintenant, il y a quand même pas mal de pouvoir d'appréciation, donc tout dépend de la pratique des autorités. (I), 149.

Les contacts entre le canton et Berne, entre l'administration et les politiques

R. : Moi, j'estime que nos cadres supérieurs devraient être plus en rapport avec nos parlementaires fédéraux. Et eux aussi devraient aussi réunir de temps en temps les cadres supérieurs de l'administration.
Q. : L'administration fédérale ?
R. : Moi je pars du principe que nos hauts fonctionnaires, nos chefs d'office devraient avoir des réunions avec les parlementaires fédéraux genevois. Et les parlementaires devraient de temps en temps poser des questions à nos hauts fonctionnaires, qu'est-ce qui ne va pas à Genève, qu'est-ce qui fonctionne, est-ce qu'on peut vous aider, est-ce que vous avez le sentiment qu'on devrait faire une démarche ? Est-ce que vous avez besoin d'un soutien ? Je trouve qu'il y a très peu de contact à ce niveau-là.
Q. : D'après vous pourquoi ?
R. : Je ne sais pas.
Q. : Parce que Genève est loin de Berne ?
R. : Ou alors, ça se fait et je ne suis pas au courant. Mais, je n'ai pas l'impression. En tout cas, moi je n'ai jamais vu la Direction…

Q. : Ou bien on a une perception de l'État fédéral qui est peut-être différente à Genève ?
R. : Les représentants de Genève à Berne sont quand même là pour défendre notre canton ou au niveau du pouvoir de trouver des solutions à nos problèmes. (D), 152.

On en use de l'énergie pour rien
« Il y a des messages qui arrivent de Berne, ça passe par la hiérarchie depuis le haut vers le bas, mais nous on a toujours respecté la verticalité en allant du bas vers le haut. Je vous dis pas combien c'est difficile, on en use de l'énergie pour rien. » (I), 153.

La bureaucratie quand on n'a pas les gens en face
« Oui, aussi à Berne ils sont assez obtus pour certaines choses. Et Berne, ils ont le grand défaut qu'ils n'ont pas les gens en face. Ils n'ont que du papier, que des dossiers, donc ils ne se rendent pas du tout compte ce que c'est d'avoir une personne en face qui vient pleurer dans notre bureau ou qui nous téléphone sans arrêt matin, midi et soir pour savoir où ça en est. Cela, ils ne l'ont pas. Ils n'ont pas le contact avec les gens, donc du coup c'est une procédure très abstraite. Ils ne se posent pas trop de questions au niveau humain. Ils sont très distants. » (I), 154.

Le statut du personnel dans l'État de Genève

La solidarité et les conditions de travail
« On fatigue beaucoup et je dirais que ce sont des choses qui demandent beaucoup de temps, d'énergie pour démarrer, beaucoup de contacts, de discussions, d'informations, et on est épuisé par le travail tel qu'il est conçu, organisé aujourd'hui, par nos conditions de travail. » (E), 185.

De plus en plus de cadres, de moins en moins de gens sur le terrain
« Dans notre institution, il y a de plus en plus de cadres et d'employés à ne plus en finir, et sur le terrain il y en a de moins en moins de monde. Autrement dit, il y a une dichotomie de plus en plus immense entre les gens qui produisent dans les centres et puis les gens qui vérifient, y compris des cadres, c'est grotesque. Ils n'arrêtent pas de nous inventer des systèmes de contrôle, des comptabilités de plus en plus complexes. Pour un travailleur social sur le terrain, il y en a trois dans les bureaux. Ce qui se tient au centre des institutions, c'est les administratifs qui ne produisent rien, qui ne font que vérifier ce que nous faisons. » (E), 186.

Dépasser le rapport Andersen dans la gestion du personnel
« Une gestion respectueuse du personnel serait inscrite dans une économie qui dépasserait à mon avis les propositions dans le rapport Andersen, dans le sens où dans les nouvelles gestions du personnel, il y a l'absentéisme. Des fois, il y a *mobbing,* des fois il y a des choses plus graves qui se passent. Et tout ça, c'est des coûts à tous les niveaux de la société. Et puis, à mon avis, une gestion du personnel respectueuse des gens fait aussi que les services, les structures fonctionnent mieux. Et offre d'autres prestations à la population. » (E), 187.

Une vision du changement pour le personnel
« Il faut que les collaborateurs apprennent à se déprogrammer pour envisager une autre manière de pouvoir vivre le quotidien imposé. » (I), 188.

Je ne me reconnais plus dans les méthodes d'intervention produites
Q. : Qu'est-ce que ça veut dire ne plus prendre la personne dans sa globalité ? Ça veut dire que j'essaie de comprendre.
R. : Eh bien, quand on arrive chez nous, ce n'est plus une personne qui a un passé à Genève ou un passé à l'étranger, qui a créé sa famille ici ou qui l'a créée à l'étranger, qui a créé des dettes, qui est malade de telle ou telle chose, c'est une personne qui est chômeuse en fin de droit. Et on s'arrêtera là. Maintenant la perversité, c'est qu'on veut introduire le même système dans d'autres lieux du système, c'est-à-dire qu'une personne vient et la personne, on va d'abord lui donner un formulaire pour savoir si elle répond aux critères. On ne va pas savoir si elle cherche l'information sociale, on veut savoir si elle veut de l'argent ou pas et si on peut lui donner autant. Et ça, pour moi, c'est un des glissements qu'il y a eu dans mon travail, qui fait que je ne me reconnais plus dans les méthodes d'intervention qui sont produites au travers de projets qui se mettent en place. (E), 189.

Des conditions de travail ou alors la corruption
Q. : Vous avez posé un cri d'alarme en disant : « faites de manière à ce qu'on ait des conditions de travail honnêtes pour ne pas être corrompus » ?
R. : Le débat, il est venu de lui-même à partir du moment où on a commencé à nous bloquer les salaires, depuis les années 1993, donc nous, on s'est retrouvés en prise directe à défendre nos salaires, nos acquis, nos conditions de travail, eh ben, forcément, quand on réfléchit à tout ça, eh ben... D'ailleurs, il y aurait une étude très intéressante à faire, une étude universitaire sur les années 1990 et la montée du syndicalisme à la police. (E), 190.

Politique du personnel face à l'urgence, aux fluctuations de l'arrivée des requérants

« Oh ! ils ont aussi fait des calculs parce qu'ils disaient « c'est évident qu'on ne peut pas travailler sans essayer d'avoir une projection du nombre de requérants qu'il y aura dans trois ans », donc ça c'est toujours le problème de l'asile, c'est d'essayer de se dire combien on engage de personnes ne sachant pas la fluctuation du nombre de requérants qui arrivent. D'où la tentation extrêmement forte d'engager des auxiliaires, donc si vous travaillez dans le domaine de l'asile, souvent on a plutôt envie de vous mettre en auxiliaire parce que tout à coup y'en a moins, alors vous savez, on ne vous renouvelle pas votre contrat, les postes fixes ça gêne parce qu'après qu'est-ce qu'on en fait ? Donc y'a quand même une bonne difficulté à gérer le flux. » (E), 191.

Les conditions de travail des infirmières

Q. : Quelles sont les plus grosses difficultés liées à l'action dans la profession d'infirmière ?

R. : C'est la distanciation à la problématique de l'autre, on est souvent dans une projection ; c'est une profession qui est en souffrance avec des conditions de travail difficiles. Actuellement, on est en dessous du seuil de sécurité sur le plan de la législation du personnel dans les unités. Je ne pense pas que les gens en soient forcément très conscients. C'est un système qui fait que les aides-soignants montent, les médecins recherchant une activité plus près des patients, on se trouve coincé. Il y a des zones de conflits, les aides ont de plus en plus de formation, de compétences, elles coûtent moins cher. En plus il y a la hiérarchie. (E), 192.

Les marges de manœuvre selon les Services et Départements

« Je n'aimerais pas vraiment travailler dans un secteur de police. Non, parce que j'aurais vraiment l'impression d'avoir la casquette de police et déjà ici, quand même, malgré tout, on travaille quand même très proche, donc on a quand même des liens, mais je me dis : on a quand même un petit plus, je pense qu'on peut quand même aider certaines fois les gens, peut-être qu'on n'aurait moins de marge de manœuvre en étant à la police. » (E), 193.

La culture économique : la hiérarchie remplace la culture syndicale

R. : J'ai vécu un sentiment d'isolement, mis à part les deux ou trois personnes qui étaient autour de moi. Au niveau de l'instance du personnel. Tellement violent au niveau des rapports humains que l'angoisse remonte rien que de se rappeler.

Q. : Comme s'il n'y avait pas de code, de code de communication en tant que partenaires reconnus.

R. : Ouais, un manque de culture de débats. Et puis, l'autre aspect qui était grave à mon avis, c'était un systémique déni de ce qui est amené par le personnel. Mais bon, la question de fond que ça pose, c'est la logique économique. On est dans une logique de rationnement de tout, donc l'humain, il n'a plus grand-chose à dire. Il doit se soumettre à des impératifs économiques. Et puis l'État providence, il est entrain de fondre. Ce qui fait que peut-être on tombe dans les rapports où effectivement de toute façon l'interlocuteur en face, toute la richesse de ce qu'il peut amener, c'est pas important parce que ce n'est pas la priorité. Il y a un transfert de terre de service du personnel aux ressources humaines. On utilise de plus en plus dans des logiciels informatiques. On met plus d'argent dans les logiciels informatiques que dans l'engagement de personnel, à mon avis ça va encore faire partie d'un ensemble, d'une logique. (E), 195.

La puissance et l'impuissance de l'État de droit

Une loi, ça reste une loi

« Une loi, ça reste une loi. Est-ce qu'on a une marge de manœuvre par rapport à une loi ? Voyez le chômage. » *(rire)* (E), 237.

Les lois

« Les lois, elles sont bonnes dans le sens que cela laisse une grosse marge d'appréciation. Ce n'est pas des lois où tout est réglementé de A à Z, cela laisse quand même une certaine ouverture. On a des directives de l'Office fédéral des étrangers. Le cadre juridique est bon. À mon avis, on a les instruments pour lutter contre les abus, on a tout ce qu'il faut, mais il faut l'appliquer avec du bon sens, avec de l'objectivité. Il ne faut pas l'appliquer avec un regard trop subjectif où en généralisant les situations. » (I), 238.

Le modèle des cercles, son application

« Le modèle des cercles a été très contesté. C'est vrai qu'il n'avait pas tellement de fondements. Maintenant on arrive à un système binaire. Ils l'appellent un système binaire, cela n'a pas changé grand-chose si ce n'est que les Américains et les Canadiens font partie maintenant du deuxième cercle. On fait quand même toujours cette distinction entre les Européens et les non-Européens. On essaie de justifier cela en disant : "Mais finalement on est plus proche des mentalités européennes que des mentalités des autres pays, puis finalement, si on veut obtenir quelque chose de l'Union européenne, on doit être plus gentil avec les Européens qu'avec les autres pays. Ce n'est pas ce qui me choque le plus… Mais c'est vrai que dans la pratique, nous-mêmes, on est beaucoup plus attentif aux dossiers des non-Européens qu'aux dossiers des Européens, mais c'est sûr aussi, par exemple un Européen n'a pas besoin de faire un mariage blanc pour obtenir un permis. Donc quand on voit un Européen qui se marie avec une Suisse, on ne va pas examiner son mariage. Alors qu'on sait que malheureusement, vu le cadre légal, sachant que peut-être un Africain ou un ressortissant du deuxième cercle ne peut pas obtenir un permis de travail de manière aussi facile qu'un Européen et que la seule manière de pouvoir accéder au marché du travail est la voie du mariage, on est beaucoup plus attentif au mariage contracté par les non-Européens avec des Suisses, mais c'est le système qui veut ça. » (I), 239.

Le cadre de la loi, inégalité de traitement, les cercles, où le changer ?
Q. : C'est où, d'après vous qu'elle coince le plus cette loi, si vous deviez changer la loi ?
R. : Je sais pas. Peut-être les permis de travail, je dirai.
Q. : Il faudrait plus de souplesse pour octroyer des permis ?
R. : Peut-être plus d'unité pour établir le contingent. Mais quand on voit... je suis pas bien placée pour juger. Quand on voit le chômage qui augmente... mais en même temps, ça éviterait peut-être d'autres formes d'émigration parce qu'on a pas mal de mariages blancs, on a pas mal de procédures d'asile qui n'ont rien à voir avec l'asile, et puis des gens qui essaient aussi d'avoir un permis de travail, mais comme ils viennent pas d'un pays de recrutement traditionnel, ils ont aucune chance et puis ils essaient par d'autres moyens, soit par le permis pour études, pour travailler. Et puis, éventuellement, on pourrait faire des priorités pour les Européens et pourquoi pas, une seul grande entrée pour tout le monde, puis regarder de cas en cas ? Mais là, encore une fois, ça n'attirerait que des grands spécialistes.
Q. : Puis l'intérêt ?
R. : Ça ne toucherait pas les gens qui viennent par permis de complaisance, parce que ceux-là, c'est des grands spécialistes.
Q. : En même temps, il faut bien que quelqu'un fasse le boulot en Suisse ?
R. : Je veux dire, ça ne résoudrait pas le problème de traiter tous les pays sur le même pied. Et forcément les autorités économiques privilégieraient les spécialistes. (I), 240.

La pratique des ordonnances et des directives contre la loi
R. : C'est une nouvelle directive.
Q. : Vous êtes obligée de l'appliquer ?
R. : On est obligé, mais moi j'ai des doutes sur la légalité.
Q. : Donc la pratique des directives devient de plus en plus courante et elle resserre de plus en plus les critères ?
R. : Elle resserre de plus en plus les critères et il y a des directives qui modifient carrément la loi et l'ordonnance. Là on se dit : mais est-ce qu'ils ont le droit, parce que quand la loi est plus favorable, ils décident en rétrécissant le plus favorable. Ils renversent l'esprit de la loi.
Q. : Où trouve-t-on cette pratique ?
R. : C'est dans certaines directives et aussi dans l'ordonnance de la loi sur le chômage, de la LACI. Ce sont des pratiques nouvelles, c'est assez récent.

Avant ils précisaient des choses, mais comme ça. Là ils interprètent en renversant l'esprit de la loi. (E), 241.

Les zones de hors droit

Q. : Vous avez l'impression que les gens hors statut augmentent ?
R. : Ouais, il y a les clandestins aussi qui apparaissent de plus en plus dans les centres, et pour lesquels on ne peut pas intervenir. (I), 242.

Un paradoxe juridique : une loi de protection qui n'est pas une loi de protection

« Je pense que le cadre des réfugiés de la violence, c'est un cadre qui est encore plus précaire parce que vous voyez, par exemple, les Bosniaques qui ont été admis de manière collective. Certains ont des motifs d'asile, ont déposé l'asile et d'autres pas. Et puis, une fois la situation à peu près rétablie, moi, je ne suis jamais allée en Bosnie. J'ai pas l'impression d'après ce que j'ai pu lire et entendre qu'il y ait une situation de sécurité satisfaisante. C'est quand même tendu, ça peut reprendre. Il y a là une admission provisoire. Cela permet de contenir les grands flux migratoires. Mais ce n'est pas satisfaisant, ça n'a rien à voir avec la protection. » (E), 243.

Un État de droit qui n'applique plus ses décisions, la frustration de la police

« Il ne faut pas rêver, ça demande une réflexion permanente et vous avez vu au niveau des refoulements que Swissair refusait, systématiquement, de refouler les personnes qui ne voulaient pas partir, ça complique beaucoup de choses. Ce n'est pas facile s'ils ne veulent pas être renvoyés, c'est très difficile. À un moment donné, on peut se poser la question : est-ce qu'un État de droit ne peut pas ne pas appliquer ses décisions ? Ou alors, est-ce encore un État de droit ? On arrive à la situation où on n'arrête plus personne. Je crois à la démocratie, mais à un moment donné, est-ce qu'elle peut quand même se donner le droit de dire à des gens : "bien, pour des raisons x, y, z, on ne vous veut plus chez nous". C'est une décision. Ou bien alors il suffit qu'on dise non. Alors, bien, à ce moment-là, je ne paie pas mes impôts parce que j'ai décidé de ne pas payer. C'est un véritable débat de société. Et puis, moi je pense qu'à un moment donné le laxisme ne nous mène à rien. Et quelquefois les policiers ont l'impression qu'ils font les frais parce qu'eux ils ont l'impression d'être moins laxistes. Il y a de la frustration, là. », (I), 244.

Le non-respect de la loi par les politiques

« Je trouve que cela devrait être géré dans un cadre purement légal et qu'il ne devrait pas y avoir d'intervention politique, qu'il y ait une ligne de conduite dictée éventuellement par le Département, par exemple dans la manière de traiter au niveau cantonal le problème des Kosovars, je trouverais bien qu'on ait une directive, même si elle émane du Conseil d'État, pourquoi pas, mais pour tout le monde pareil. » (I), 245.

Constater l'inégalité de traitement dans son travail
« Un policier, un gendarme, ça doit servir à assurer la justice, qu'il y ait une justice, surtout qu'elle soit la même pour tout le monde, mais j'en doute fort qu'elle soit la même pour tout le monde. On devrait être là pour protéger le faible, le pauvre, l'orphelin. On devrait être les remparts à tout abus, mais ce n'est pas vraiment ce que je ressens, c'est pas ce que je vois. » (E), 246.

Partager le gâteau avec tout le monde
« Je le vois dans mon travail, il faut partager le gâteau avec beaucoup de monde. Et là, la part des chômeurs, elle est bien petite et ils n'arrêtent pas de la réduire à Berne par toutes sortes de mesures, alors nous, on est freiné dans notre travail, on peut pas bien faire notre travail de réinsertion. » (E), 247.

Inégalité de traitement à l'arrivée
« Le paradoxe, c'est que bien évidemment une personne, si elle a des sous, et puis qu'elle obtient un visa en partant de son pays, eh bien forcément elle va rentrer en Suisse et disposer de nos droits. Et puis celui qui veut essayer de venir, mais qui n'a pas les moyens, il pourra difficilement rentrer. » (I), 248.

La médiatisation de certains cas, le rôle des médias, inégalité de traitement, frustration
Q. : Entre la cohérence juridique et puis le travail d'information, ça ne colle pas toujours ?
R. : Je pense à l'égalité de traitement. Des fois, y a des interventions... parce qu'une personne connaît Monsieur Machin... ça passe des fois mieux. Je pense aussi à ce qui arrive dans la presse... ça arrive par l'extérieur et pas par notre institution, y a le cas des gens qui interviennent... Mais des fois, ce sont sûrement des bonnes volontés, je veux dire... on leur présente une situation de telle manière qu'effectivement ils sont choqués, mais quand on connaît la vraie situation, quand on a le dossier sous les yeux, y a des fois il y a quand même une sacrée différence, quand on connaît la situation générale et qu'on voit l'inégalité de traitement... Et là, je suis choquée. Si une personne vient de tel pays, c'est plus médiatique que si elle vient de tel pays. Il y a aussi beaucoup de choses avec les médias où là, je suis un peu dégoûtée, je veux dire. Il y en a d'autres qui sont dans leur coin, qui travaillent, et à qui personne ne vient en aide. Et puis, lui, parce qu'il vient de tel pays, parce que c'est médiatique, parce que c'est à la mode... Et là, des fois, je me dis : s'ils savaient... c'est pas moi qui vais leur dire, je veux dire, mais c'est vrai, des fois, ça fait un peu sourire qu'on accepte souvent le

méchant loup dans la bergerie, mais y a pas que des loups dans les dossiers que je vois. C'est complexe, et puis c'est clair, y a des situations qui mériteraient peut-être plus d'intervention, et que personne regarde. Les gens veulent se donner bonne conscience ? Vous en voyez tous les jours à la télévision…

Q. : Ça veut dire quoi ?

R. : Ils ont l'impression d'avoir fait quelque chose pour quelqu'un, même si c'est complètement à côté et puis, des fois, on devrait dire, si vous voulez vraiment aider quelqu'un, ben écoutez, y a telle ou telle personne de tel pays, il est de telle couleur, en le défendant, vous allez défendre tout le pays en cause, parce que c'est vrai, on est un peu mal à l'aise actuellement, je veux dire quand on refuse pas assez certains pays alors que pour d'autres pays, il n'y a pas tant que missionnaires. J'ai toujours un malaise.

Q. : Au fond, la bonne conscience, elle a pas grand-chose à voir avec la justice ?

R. : Non, puis bon, ça a toujours existé, je veux dire… c'est les bonnes œuvres de l'époque.

Q. : Les étrangers, vous avez l'impression que c'est plus qu'un problème de bonnes œuvres, au fond ?

R. : Non, même s'il y en a qui vous disent ça.

Q. : L'humanitaire n'est pas forcément la justice, si je comprends bien. ?

R. : Je veux dire… Le monde humanitaire est utilisé des fois… Euh…

Q. : Des fois dans le sens bonnes œuvres, puis des fois dans le sens justice ?

R. : Ouais, des fois dans un sens où on fait ça plus pour soi que pour les autres… donc, c'est devenu un terme à la mode, je crois, « humanitaire », il est un peu utilisé à toutes les sauces.

Q. : Il a beaucoup de sens différents.

R. : Voilà, exactement. C'est ça que je dirais mais ça c'est un point de vue personnel. (I), 249.

Il y a dix ans, on pouvait se permettre certaines pratiques…

« Il y a 10 ans en arrière, on pouvait se permettre certaines pratiques, pas très respectueuses et regardantes des lois, par exemple, telle personne peut être renvoyée sans trop de formalités et plus voilà, et puis personne le conteste et la personne était loin le lendemain. Maintenant, ça se passe plus du tout comme ça. On a un cadre juridique très clair. Il faut prendre des décisions formelles. Il y a des voies de recours. Il y a des associations qui s'occupent des étrangers, qui sont très regardantes du respect des droits des étrangers. On ne peut plus agir comme ça, en dehors du cadre juridique et ça il y a certains "vieux de la vieille", je dirais, qui n'ont pas encore, ne sont pas encore rentrés dans cette mentalité-là. Avant on était beaucoup plus efficace, on pouvait faire les renvois comme ça, on pouvait agir comme ça, comme ça… maintenant pourquoi on est obligé de mettre des voies de recours, pourquoi on est obligé d'entrer en matière sur des demandes de réexamen, pourquoi on ne peut pas supprimer l'effet suspensif du recours, pourquoi on doit respecter le droit d'être entendu ? Cela a évolué. » (I), 250.

L'économie, les normes fédérales et le devoir d'accueil

« On est très lié à l'économique, puisqu'on est lié aux enveloppes financières basées sur les normes fédérales et qui ne sont pas toujours en relation avec le contexte cantonal et le devoir d'accueil. C'est une violation de la loi et des valeurs du travail social. Je prends un exemple : pour loger les gens aujourd'hui, j'ai 12 francs 57 à disposition. J'ai 7 francs au maximum pour le loyer pur. Cela veut dire que je dois trouver pour loger une personne seule, en gros 200 francs. Sur le marché du logement, je ne vais pas trouver une chambre ou un studio à 200 francs, ce qui veut dire qu'économiquement, je suis contraint à faire cohabiter deux personnes qui ne vont pas s'entendre ou je vais avoir rarement deux personnes qui vont être différentes, une personne qui se lève tôt et une qui se couche tard et qui vont devoir cohabiter. Un qui a une copine et l'autre qui n'en a pas. Un qui veut recevoir sa copine et l'autre qui ne veut pas. La contrainte économique fait que je ne sais pas comment gérer ce problème-là. » (I), 251.

Les contraintes et les limites du droit aux prestations du chômage

« Il y a des personnes qui ne connaissent pas leurs droits. Et puis en raison aussi du marché du travail, il y a les nouvelles formes de travail avec des contrats à l'appel, des petits bouts de jobs ici et là, on a une population différente d'auparavant, des personnes qui ont peut-être des droits, ou bien avec lesquelles on peut faire un autre type d'accompagnement. Simplement déjà en matière de recherche de travail, d'appui, dans certains cas de figure effectivement elles auraient peut-être droit à du chômage, on se rend compte tout à coup qu'elles ont eu des petits bout de 3 mois de travail ici, 4 mois là. En additionnant le tout, eh bien elles peuvent aller faire valoir un droit. Donc il y a ces cas de figure-là et puis il y a tous les cas de figure de gens qui ont déjà fait tout un parcours et qui en fait ont épuisé toutes sortes de droit et qui n'ont plus de droit. » (E), 252.

Le légal et le légitime

« Pour moi, ce qui est illégitime, c'est de ne pas appliquer la loi jusqu'au bout, de ne pas appliquer les décisions. » (I), 254.

L'État de droit, la règle générale et le cas particulier

Q. : Comment vous ressentez vous ça à partir de votre expérience, ce consensus ?

R. : Ce consensus en fait, moi je dirais que le Suisse, il est quand même respectueux des lois. Ici, si le requérant doit partir, il a quand même dans son esprit, il se dit quand même : la procédure a été respectée. On a des instances de recours, le droit a été respecté. Nous, on doit aussi respecter les lois en tant que Suisses. On est assez rigoureux à ce niveau-là. Mais, par contre, après il y a un deuxième réflexe. Il y a quelqu'un qu'on connaît et puis tout d'un coup on est plus d'accord que cette généralité s'applique à la personne qu'on connaît. (D), 255.

La loi et les exceptions pour les privilégiés, les chanceux

« Moi, je trouve qu'il y a plein de contradictions. La loi sur l'asile... il y a une justification de la loi qui est nette avec les révisions successives et je dirais qu'on cherche, à travers la loi sur l'asile, à contenir les mouvements migratoires, mais qu'on devrait peut-être envisager autre chose que simplement la répression. Et, par ailleurs, je vois qu'il y a quand même un certain nombre d'exceptions, par exemple, avec les Bosniaques, on voit, il y a quand même la tolérance. Il y a des décisions qui sont prises qui font que, à la fois il y a un cadre très rigide, et ça je trouve que c'est très propre à la Suisse. Ça paraît très rigide. Il y a des règlements pour tout et puis après il y a toujours des exceptions. Enfin, il y a souvent des exceptions ou quand même, on peut trouver des aménagements pour des privilégiés, pour des chanceux. » (E), 256.

On ne refoule pas les bonnes personnes

« Le problème, c'est qu'on a conscience que souvent on doit refouler des gens et on refoule pas toujours les bonnes personnes dans le sens qu'il y a des personnes que, si on regarde moralement pour nous, ce sont des gens qui viennent travailler, ils viennent essayer de vivre, ailleurs ils peuvent pas, dans leur pays c'est la catastrophe. Donc ces personnes-là, c'est pas des délinquants. Et pour nous moralement c'est difficile de dire à ces gens : on va vous refouler; alors qu'on sait très bien que des délinquants, des crapules qui commettent des délits réguliers en Suisse, ceux-là on les refoule pas parce qu'ils sont suffisamment malins pour n'être pas refoulés, ils jettent leur passeport, ils font des recours à droite à gauche, ils utilisent toutes les filières, je dirais, il y a des avocats qui sont très présents, etc. Ils savent exactement ce qu'ils doivent faire pour rester. Et eux commettent des délits alors que la petite Portugaise ou le ressortissant d'ex-Yougoslavie qui essaie de gagner sa vie, de nourrir sa famille, ceux-là tombent dans un contrôle, on va les refouler. Le policier, il se rend compte qu'on va refouler des gens, oui la loi, on doit les refouler, mais c'est pas correct, c'est pas cohérent, moralement c'est difficile. » (I), 257.

Les petits délinquants qu'on ne peut pas refouler

« C'est un processus que les étrangers connaissent bien parce qu'ils savent qu'on ne peut pas les refouler s'ils n'ont pas de documents. Ils ont l'art de nous narguer parce qu'ils savent très bien qu'en dealant de petites quantités ils n'ont jamais assez pour véritablement purger de longues peines. Ils savent donc pertinemment qu'après quelques jours en prison, ils ressortent et ils vont pouvoir recommencer leur manège. Donc, ça ce n'est pas fait pour donner de l'étranger une image positive et le collaborateur, bien c'est un être humain, qu'est-ce que vous voulez faire, il réagit en conséquence. » (D), 258.

Les rapports ambigus entre la réalité et le droit

Q. : À la police, on pourrait penser que vous êtes une agence pour tourisme spécialisé ?

R. : Non, pas une agence de tourisme, non. Les agents de tourisme c'est les passeurs, c'est ceux qui se font de l'argent sur le dos des pauvres gens qui croient qu'ils arrivent en Suisse ou en Europe et ils vont vers le paradis.

Q. : Alors vous êtes un hôtel de passe, je continue la métaphore ? (rire)

R. : Hôtel de passe, oui, mais sans possibilité de dire non. Donc dans un hôtel de passe quand c'est complet, ou quand c'est trop dans le sens que les gens qui rentrent ne paient pas la facture ou ne respectent pas le minimum de règles, ils peuvent toujours dire non. Tandis que dans l'asile, ils laissent passer les gens, c'est le discours suisse, et là c'est particulier à la Suisse, je trouve qu'il n'est pas clair.

Q. : C'est un discours ambigu ?

R. : L'ambiguïté fait que le rapport avec les autres, il est pas si évident.

Q. : Et d'après vous, pourquoi on fait cela ?

R. : Parce qu'on n'a pas... parce qu'on ne sait pas comment régler ce problème, parce qu'on se culpabilise, parce qu'on est malade de juridisme, pour tout, pas seulement pour l'asile. D'abord on demande au juriste de nous faire une loi, pour savoir si on s'assied par terre ou sur une chaise. Et c'est vrai que ça va à une telle vitesse, que la loi c'est un soutien, mais c'est un soutien ambigu. Prenez la loi sur l'asile, c'est probablement le record au niveau de l'histoire des lois en Suisse, c'est le record de révisions.

Q. : Mmh...

R. : On en est à la troisième ou la quatrième révision en vingt ans.

Q. : En effet, ce n'est pas une loi très stable.

R. : Voilà, elle est pas très stable, ça signifie aussi que malgré tout il faut qu'elle s'adapte à une réalité hyper-changeante. Et pourtant elle ne le fait pas. Et nous alors, qu'est-ce qu'on fait ? (D), 259.

L'ambiguïté dans la hiérarchie des valeurs dans les référents (lois)

« L'ambiguïté, c'est de devoir avoir le même discours, mettre dans un même étage *[dans un centre d'accueil]* une personne que je sais avoir souffert de la guerre, qui était traumatisée, qui était profondément traumatisée par la guerre, à côté d'un type qui vient peut-être de France, qui demande aussi l'asile, qui vient trafiquer en Suisse pour se faire quelques sous et qui n'a rien à foutre et qui va l'embêter toute la nuit parce qu'il met la musique, alors que l'autre à côté il a les bombardements qui résonnent encore dans sa tête, ça me pose un problème de valeur. C'est la non-clarification de la politique à un niveau plus global, l'immigration, l'asile. » (E), 260.

L'ambiguïté institutionnelle

Q. : Votre œuvre d'entraide qui a un contrat avec l'État est aussi une œuvre d'entraide ?
R. : Oui, mais nous on ne fait pas de juridique. On n'est pas des défenseurs du droit d'asile.
Q. : Dans la structure suisse, votre institution fait partie des œuvres d'entraide ?
R. : Oui, tout à fait. Disons œuvre d'entraide, mais pas défenseur du droit d'asile.
Q. : Donc il y a des types différents d'œuvres d'entraide ?
R. : Oui, et bien nous on ne fait pas de juridique. (E), 261.

Une décision de tolérance ambiguë : pouvoir rester sans papiers

R. : C'est un gros dossier qui a passé dans tous les services, qui a abouti à ces deux décisions rendues le même jour, une qui disait oui, l'autre qui disait non.
Q. : Sur le même dossier ?
R. : Oui. Parce qu'ils ont estimé que cela ne se justifiait pas de leur donner un permis, mais que toutefois, compte tenu des circonstances, il fallait tolérer leur présence ici. Cette tolérance a pris la forme d'un permis. Ce qui pose problème c'est que ces gens sont là. Ils sont bien là. Ils vivent la vie que vit n'importe quel étranger à Genève, mais ils n'ont pas les papiers en main pour pouvoir agir, parce que la décision a été rendue de telle manière qu'ils n'ont pas de papier. Ils sont tolérés, mais à chaque fois qu'ils doivent faire une démarche administrative, ils n'ont pas de papier en main et je trouve que c'est absurde, parce que c'est les mettre dans une situation encore plus critique qu'avant, parce qu'il vaut mieux leur dire non et puis les renvoyer ou il vaut mieux leur dire oui, mais que cela soit clair, mais de laisser comme ça dans la nature pendant des années sans un permis sans rien, en les tolérant… (I), 262.

Une logique ambiguë de réinsertion

Q. : Le RMCAS qu'est-ce que vous en pensez ?
R. : À mon avis, alors qu'il se présente comme un outil formidable du changement, le RMCAS est en fait un nouveau rouage dans le système d'exclusion. Tout d'abord, ce qui est dangereux, c'est que les collaborateurs font souvent du travail entre guillemets social. Sans la formation sociale, donc avec tous les risques que comporte l'approche des populations qui doivent être encadrées. La seule cotisation qui est payée c'est l'AVS. À part ça, le deuxième pilier, c'est des années de cotisation perdues. La personne, ce qu'elle perd aujourd'hui aura des répercussions dans les années à venir.

Donc, bien, le chômage la loi a été modifiée, mais à l'époque c'était la même chose. Il n'y avait pas de cotisation pour le deuxième pilier. Et puis, on est dans un système d'exclusion parce que les gens entrent dans un système de contre-prestations et pour certains y trouvent un certain confort. C'est entre guillemets l'élite. C'est des gens qui répondent aux critères, aux exigences de la loi. On rentre dans une contre-prestation et ils se satisfont de ça. Au bout d'un moment, il y a le phénomène des placements temporaires, c'est le coup de blues. C'est que ces gens se retrouvent effectivement dans un tunnel. C'est un système d'exclusion parce qu'il ne donne pas les moyens aux collaborateurs pour réinsérer réellement les gens. Il n'y a aucun moyen financier pour payer des formations sur le long cours, des apprentissages, des compléments d'informations. Et puis facteur aggravant, il y a toutes les structures de l'État qui ont vu leur effectif baisser, qui vont puiser leur force dans le RMCAS. À l'origine, ils disaient que les contre-prestations viennent s'inscrire dans une plus grande qualité de service. Et puis, on se rend compte petit à petit que les contre-prestations viennent combler des postes qui ont été dilués au sein de l'État. Et les secteurs subventionnés, comme les associations qui ont vu l'aide de l'État diminuer à cause des finances en rouge de l'État font le même calcul, font appel aux contre-prestataires pour combler le manque de subventions. Les gens sont mal payés pour travailler et ils ne sont pas réinsérés, ils sont utilisés. (E), 263.

Le traitement inégal des petits délinquants et des travailleurs clandestins

« Ce sont ceux qui ont fait de la prison pour petit trafic de drogue et qu'on remet sur le trottoir. Il faudrait une ligne de conduite. Ce qui pourrait sauver les autres, les 97-98 % des autres qui sont là tranquillement, qui bossent, qui vivent et puis qui travaillent, les travailleurs clandestins. » (E), 264.

La cohérence politique dans les mesures de contrainte

« On n'est pas cohérent. On a voté les mesures de contrainte, alors on pouvait être pour ou contre, peu importe, il y a eu de nouveau un débat idéologique par rapport à ces mesures de contrainte qui a de nouveau complètement dépassé le cadre général de ce que ça représentait, malheureusement. Finalement, le peuple a voté les mesures de contrainte – est-ce que c'est bien ? Enfin, peu importe, toujours est-il que ces mesures de contrainte sont là, mais elles ne sont pas appliquées. » (I), 265.

Le serpent qui se mord la queue

Q. : Qu'est-ce qu'il faudrait faire autour de ça, comment vous verriez un plan d'action pour la sécurité ?

R. : À mon avis, il faudrait qu'il y ait un message clair et puis que tout délinquant soit traité de manière égale, qu'il vienne de partout, qu'il soit Suisse, qu'il soit Français, qu'il soit Algérien, qu'il soit des Balkans, que le délinquant soit traité de manière égale et puis que les lois soient appliquées, c'est-à-dire que si un étranger commet un délit grave, parce qu'on ne peut pas non plus systématiquement renvoyer dans un pays, surtout un pays en guerre, des étrangers, mais à ce moment-là bon, on avait voté ces mesures de contrainte ? Certains sont pris et ne recommenceront pas mais beaucoup sont récidivistes. On sent bien que c'est le serpent qui se mord la queue. (E), 266.

Les changements, la précarisation, la perte de sens

Ceux qui comptent
« Il y a ceux qui comptent et ceux qui ne comptent pas. Il y a les personnes âgées qui valent plus rien ou bien des gens qui sont inactifs. Et quand on rencontre quelqu'un dans la rue, on ne lui dit pas "comment tu vas dans ton cœur ?" on lui dit : "tu fais quoi maintenant ? Ah, tu fais rien". Déjà moins intéressant. Par contre, si tu es directeur à Firmenich, ah ! tu peux peut-être être intéressant. Je dirais que nos rapports, la plupart des rapports humains, je dois que le regretter, mais je le constate, ils sont souvent axés là-dessus. C'est-à-dire "qu'est-ce que tu fais ?" et c'est pas "qu'est-ce que tu es ?". » (E), 267.

Défendre quelle société ?
« Qu'est-ce qu'elle va défendre la police, c'est la question que je me pose. On défend quoi ? Quelles valeurs au siècle prochain ? La famille ? Je m'excuse, mes parents couillent depuis longtemps. La société, elle est basée sur quoi, à l'heure actuelle ? Elle est basée de moins en moins sur le respect, elle est basée de plus en plus sur des comportements individuels. » (E), 268.

La police qui suit la société avec des valeurs relatives
« J'ai tendance à dire, en fait, que la police c'est un peu le SECO de la société. On a l'impression qu'on accompagne, finalement, la société où elle va, avec les moyens qu'on veut bien nous donner, avec des codes pénaux. De toute façon, est-ce qu'on a une influence tellement visible, hein ? Une personne fait une bêtise, nous, on l'a vingt-quatre heures, ensuite elle passe dans les arcanes judiciaires, avec le juge, l'avocat, les services sociaux. Par ailleurs, ils vont s'évertuer à défendre la personne en lui disant que ce n'est pas grave ce qu'elle a fait, alors la police… » (E), 269.

Est-ce qu'on n'est pas en train de vider l'océan avec une cuillère ?
« En termes de société, on pourrait quand même se poser la question : est-ce qu'on est pas à un point de rupture ? On a différentes sociétés, à différentes vitesses qui se côtoient. Et est-ce que finalement le problème n'est pas là ? Il se situe peut-être là l'enjeu de notre État de droit ici. La Suisse, c'est un pays très développé, avec un haut niveau de vie, avec beaucoup de choses. Voir l'Europe de façon générale. Est-ce qu'on peut encore envisager de côtoyer

des sociétés nettement plus défavorisées, en retard, des systèmes politiques archaïques, avec peut-être aussi des polices archaïques en ce qui concerne justement les droits démocratiques ? Et est-ce que, finalement, il n'est pas illusoire de vouloir maintenir ces sociétés qui se tolèrent ce qui finalement crée un déséquilibre permanent ? Est-ce qu'on n'est pas en train tout simplement de vider l'océan avec une cuillère ? Est-ce qu'on va pas être conduits à terme à devoir, d'une façon inéluctable, repenser notre société ? Faire en sorte que les pays, comme on dit émergeants ou sous-développés entre guillemets, aient accès à plus de choses ? Enfin, nous on a un peu l'impression de vivre ça en terme policier. C'est pour ça qu'il y a un peu de la désillusion, de la frustration. » (I), 270.

On vit dans une société complètement déséquilibrée
« Le problème, c'est pas forcément le racisme ou la xénophobie, le problème, c'est qu'on vit dans une société qui est complètement déséquilibrée et on est au point de rupture. Il n'y a pas de miracles. Regardez les télécoms. On se fait des *auto-goals,* mais finalement est-ce que ce n'est pas un retour du bâton dans le sens que c'est le retour d'une certaine logique ? Donc la police par rapport à ça, elle ne peut pas résoudre ces problèmes. C'est un problème de société. » (I), 271.

On va droit à la catastrophe
« Je peux pas vous dire où va le monde, je sais qu'on y va très vite et tout droit à la catastrophe. J'ose espérer qu'il n'y aura pas de séisme nucléaire pour remettre les pendules à l'heure. Je comparerais le chômage à n'importe quel cataclysme, ou la planète Terre crie au secours. Arrêtez de me foutre en l'air, arrêtez de me massacrer. Le chômage est une sonnette d'alarme pour dire à la mondialisation du capital et des profits qu'on ne peut pas continuer à danser, à piétiner les gens comme on l'a fait. » (E), 272.

Je vis dans la peur
« Dans mon travail, je vous garantis que je vis dans la peur, j'ai une famille, des responsabilités, je vois les gens qui giclent tous les mois, tu vois. Et moi je vais vous dire ce qui terrorise le plus les gens, c'est qu'on ne sait pas quand ce qu'on fait c'est bien ou mal. On sait plus, on fait un truc, on a un chef qui nous engueule, on fait le contraire, il y a un autre qui nous engueule. On sait jamais comment on applique cette loi, est ce que je dois aider ou pas aider, est ce que je dois donner beaucoup ou pas ? C'est une forme d'autoritarisme qui est nouvelle, j'sais pas comment l'expliquer, c'est pas les dictatures d'autrefois. Là on savait où étaient les critères et puis on obéissait ou on était dans le camp d'en face. Mais là c'est la dictature de la main invisible, du marché. Comme personne ne sait ce que c'est le marché, quand on doit appliquer une soi-disant loi sur l'Assistance dans laquelle pour trois situations semblables on voit trois décisions différentes de la part de la

hiérarchie, on se perd. Quand on va regarder en plus dans la jurisprudence c'est la même chose, tout est flou. » (E), 273.

La mondialisation vue dans la pratique du travail

R. : La mondialisation de l'économie, c'est une sorte de retour presque à l'ancien régime, où les riches deviennent toujours plus riches, les moyens et les pauvres toujours plus pauvres, alors c'est marrant parce que la semaine dernière, j'ai reçu deux demandes, j'entends qui se suivaient, je les lis comme ça en diagonale, alors vous aviez une hôtesse de l'air au salaire pour Crossair qui est hors prix et qui disait qu'avec les difficultés de l'économie de la mondialisation, ils ne peuvent plus donner plus que 3 200 à une hôtesse de l'air qui parle quand même trois langues ; et la demande suivante : le directeur de banque, brésilien, 38 ans, le plus haut salaire que j'aie jamais vu dans mon travail et je vous le donne en mille, vous dites combien ?

Q. : C'est difficile...

R. : 3 700 000 francs. (E), 274.

Les clandestins, les rapports Nord-Sud, impuissance

Q. : Mais, si je vous entends, les cas les plus humanitaires les plus difficiles, c'est quand même les clandestins ?

R. : C'est le cas qui me vient, ouais.

Q. : Tout à coup, vous avez l'impression que vous êtes déchirée dans une décision...

R. : Je les vois par forcément, parce qu'ils sont transmis à Berne, et alors ensuite c'est Berne qui va transmettre directement la décision. Le canton est souvent favorable, mais il arrive que beaucoup de cas soient refusés à Berne.

Q. : Donc, quand je vous entends pis que j'essaie de m'imaginer le travail, je me dis que ça doit donner parfois l'impression que vous êtes pris dans une grande machine ?

R. : Ah ! moi je me sens complètement... J'ai très peu de marche de manœuvre. En plus si on voit plus large, je crois qu'y a un problème plus général. Sans rentrer dans de grandes explications, je crois que tant qu'y aura des pays pauvres, y aura des pays en guerre et puis des pays qui ont de l'argent, tant qu'y aura cette inégalité, les pays du Sud vont aller de plus en plus vers les pays du Nord. Il y a une inégalité dans le monde. Il y a l'apparition de richesses complètement fausses. C'est clair que les familles qui sont dans un pays en guerre vont chercher à partir avec leurs enfants. C'est clair que les gens qui n'ont pas de boulot essaient d'aller travailler un petit peu à l'étranger pour nourrir leur famille. Je crois qu'on pourra jamais l'éviter, c'est normal. Alors maintenant, qu'est-ce qu'il faut faire ?

Q. : Pourtant il serait là le défi humanitaire, non ?

R. : Il est là, ouais. Nous, on applique les lois, il faudrait revoir tout l'équilibre mondial. Mais c'est très utopique.

Q. : Et ça c'est bien au-delà de l'administration.

R. : Ah ! ben oui, nous là, on est impuissants, ça de toute façon, c'est clair. (I), 275.

Il y a une ambiguïté qu'on ne veut pas entendre

« La défense totale et absolue des requérants d'asile, c'est très bien théoriquement, ils ne veulent pas écouter, voir certaines choses. La discussion va au-delà de ça parce que maintenant les gens qui viennent demander l'asile, l'immense majorité, ce ne sont pas des gens persécutés politiquement dans le sens strict où ils défient la loi. Le problème c'est que c'est la seule porte qui existe aujourd'hui en Europe pour pouvoir immigrer, donc pour moi la discussion du droit d'asile, ça va au-delà. On ne va pas résoudre les problèmes d'immigration. Il y a des bateaux pleins de monde qui arrivent en Italie, ou dans le sud de l'Espagne avec les barques et tous les jours 3 ou 4 personnes meurent dans le détroit de Gibraltar. On ne va pas résoudre le problème avec une loi d'asile plus ouverte, plus tolérante, etc.

Un des directeurs a dit une fois "ça suffit dans notre centre, je suis le directeur d'un foyer de requérants d'asile, je ne suis pas un directeur de saisonniers, d'émigrants". Il dit "c'est comme si j'étais directeur d'un foyer de personnes en chaise roulante et puis 90 % des gens sont des aveugles, je n'ai pas les moyens pour m'occuper de ces personnes". Il y a une ambiguïté parce qu'on est en train de discuter de l'asile, mais on ne veut pas voir le problème. Si on veut accueillir tous ceux qui viennent, il faut être très réaliste. On pourrait construire des grands foyers de 2 000 et 3 000 personnes, et puis quoi ? Que va être la vie de ces personnes ? Et puis il y a des gens qui viennent organiser une mafia depuis le premier jour et ça on ne peut pas… C'est une vérité à laquelle on doit s'attaquer et les défenseurs des droits d'asile, s'ils veulent vraiment défendre un droit d'asile pour des gens qui sont persécutés, pour des gens qui luttent pour les droits de l'homme, pour des gens qui ont besoin d'une protection, au moins temporaire, ils ne peuvent pas ignorer cette partie de la question. » (D), 276.

Il faut faire respecter des temporalités différentes

« Dans la vie, dans le travail, il y a des temporalités différentes. Il y a la temporalité de l'informatique, la temporalité de l'Internet et il y a la temporalité politique, ça veut dire que ça va plus lentement la discussion et il faut inscrire les choses dans la durée. Et il faut avoir des moyens qui soient liés à l'inscription de l'action dans la durée. C'est une chose sur laquelle que je suis entrain de réfléchir ces temps. Le néolibéralisme impose un rythme du temps extrêmement rapide où on ne sait plus quoi faire pour freiner. Et en fait, il faut peut-être exiger qu'il y ait un respect des temporalités différentes, que les décisions, on les prenne pas comme ça à toute vitesse dans l'urgence, mais il faut qu'il y ait des lieux de débat, qui se créent avec les nouveaux cadres du changement. En plus de la culture de temporalité accélérée de la nouvelle économie, il y a la culture de la temporalité politique, de la temporalité humaine, de la temporalité des rapports humains. Résister, c'est tenir ensemble ces deux temporalités pour observer les contradictions et savoir quoi faire. » (E), 277.

L'humain et la transformation de l'humain

Peindre des voitures...

« Peindre des voitures toute la journée, c'est pas un problème, si vous vous trompez sur une on recommence, avec les individus c'est beaucoup plus dangereux. » (E), 278.

Pour le policier la matière première c'est l'homme

« Le policier, à la différence du menuisier pour qui c'est le bois, pour le policier la matière première c'est l'homme, donc le défi humanitaire, il est quotidien, il est permanent chez nous. Nous avons affaire à des hommes qui sont, pour la plupart, dans une situation de stress, qui sont victimes d'un crime ou d'un délit, ou qui sont dans une situation de désespoir parce qu'ils sont demandeurs d'asile. Ils sont en fuite, ils luttent pour leur survie, ou simplement ce sont des délinquants qui cherchent à échapper à la police. Alors vous imaginez bien que quand il y a une poursuite par les policiers, les gens sont dans une situation de stress extrême et, à un moment donné, il y a une confrontation avec la police. Elle se fait au niveau du cadre légal mais aussi à un niveau humain : c'est un humain qui est dans un pouvoir de puissance par rapport à un humain qui est dans un pouvoir, une relation d'obéissance. » (D), 279.

Nous on a affaire à des personnes

« À la fois, c'est important qu'il y ait un cadre légal et puis en même temps le cadre légal sert à contenir ou réguler ces flux de personnes. Mais malgré ce paradoxe, nous, on a affaire à des personnes, c'est ça qui est intéressant et qui est très problématique. La personne est un sujet. » (E), 280.

La loi, le pouvoir d'appréciation, la pratique, c'est des gens, c'est des vies

« Quand on arrive dans un domaine comme qu'on connaît pas, c'est pas facile. Au bout d'un moment, on commence à comprendre. Moi, je me suis formée en pratiquant, en voyant tous les dossiers, parce que les situations, elles sont tellement différentes d'un cas à l'autre... Il y a le pouvoir d'appréciation, il y a les situations tellement différentes d'une personne à l'autre. Et puis, on a tellement besoin de détails, il faut vraiment de la pratique pour savoir un peu si quelqu'un va être admis ou pas. Et encore, on a toujours des surprises, donc, c'est pas des chiffres, c'est des gens, c'est des vies. » (I), 281.

Des humains récupérables

« C'est la réalité contextuelle ici, en Occident, il y a une partie de la société, des gens qui sont "jetés", donc forcément ça se reflète, alors bien sûr que quand on est jeune et tout, on veut faire des trucs et puis, alors après, quand on devient plus vieux et plus contaminé par le système, les "jetés", on arrive quand même à en faire quelque chose parce qu'on est comme le système, on récupère ce qu'il y a à récupérer. » (E), 281.

Il faut regarder qui est cette personne

« À l'État, on ne voit pas qu'il faut soigner le chat là où il a mal à la patte. Avant de donner un travail à quelqu'un, il faut regarder aussi qui est cette personne, qu'est-ce qui se passe et pourquoi elle ne fonctionne pas. » (E), 283.

Le traitement humain

« Le traitement humain, c'est faire cette adéquation entre la loi et le traitement humain des dossiers. » 284.

Humanisme et histoire

« Humaniste, comment je pourrais le définir, maintenant ? Je crois que c'est encore un terme qui a été dénaturé, finalement, fondamentalement. On a traité d'humanistes ceux qui sont là pour aider, finalement, toute la misère du monde, j'entends. C'est vrai qu'il y a aussi des gens qui sont spécialistes, j'entends, pour s'auto-flageller avec la misère du monde. En Europe, on a aussi tout le poids des colonies, de notre Histoire, qui nous revient dessus. Et puis, ben voilà, il y en a qui aiment bien s'auto-flageller et tout. On a été mauvais pendant des siècles, maintenant il faudrait qu'on accueille toute la misère du monde, j'entends, donc il y a aussi tout le poids judéo-chrétien qui, malgré tout, est quand même bien là. Pour moi, ouais, "être humaniste", ça ne veut plus rien dire, j'entends. » (E), 285.

Il y a les faibles

R. : Je le vois dans le chômage, il y a les forts et les faibles. Je suis très exigeant avec mes enfants, parce que je pense que la vie ne fait pas de cadeau, qu'il vaut mieux être préparé à se battre.
Q. : Et puis en même temps il y a les faibles.
R. : Oui, malheureusement, il y a les faibles. (E), 286.

QU'AVEZ-VOUS À DIRE AU CONSEIL D'ÉTAT, À LA POPULATION ?

Qu'avez-vous à dire au Conseil d'État ?

Développer une vision prospective et stratégique
« J'ai l'impression que le Conseil d'État réagit un peu au coup par coup, à savoir qu'il n'y a pas vraiment une vision réfléchie, il faudrait qu'il développe une vision plus prospective et plus stratégique pour Genève, qui intègre l'ensemble des problèmes et ne focalise pas tous sur les étrangers. Il faudrait que le Conseil d'État dépasse cette politique de réseau et d'intérêts personnels qui m'écœure, parce que là je dirais c'est une société d'amis et d'affaires, dans d'autres sociétés, c'est carrément une société de corruption. » (E), 287.

Est-ce que le Conseil d'État va suivre l'économie ?
Q. : Donc, qu'est-ce que vous auriez envie de dire qui reste au Conseil d'État ?
R. : Que le Conseil soit plus clair vis-à-vis du rôle de l'État dans la société économique. (E), 288.

Prévoir, ne pas rester enfermé dans la gestion financière
« Si vous ne gérez la problématique que sur le plan strictement financier et que vous n'avez pas la capacité de percevoir ces changements et ce qui est en train de se passer, et pas la possibilité d'essayer d'apporter une aide sur le plan social aux gens, vous risquez de faire en sorte que ces gens, qui étaient sans problème au départ, se retrouvent avec beaucoup de problèmes après quelques mois. » (E), 289.

Il ne faut pas casser la machine
« Que le Conseil d'État prenne en compte qu'ils ont affaire à des individus qui ont un potentiel humain, un potentiel de travail, qui ne demandent qu'à croire à ce qu'ils font. Et attention à la politique. On casse la machine, donc, d'une part on a un beau jouet, et pis d'autre part on tape dessus parce que c'est politiquement porteur, parce qu'il faut plaire à une frange de son électorat et c'est pas comme ça qu'on arrive à motiver les cadres intermédiaires, à motiver des personnes à continuer de croire à la fonction publique. Il ne faut pas constamment les casser, il faut pas constamment les

blesser, il faut pas constamment les balader, il faut qu'ils deviennent crédibles aussi les politiques. » (E), 290.

Une reconnaissance des fourmis qui travaillent

« Il ne faut pas oublier que le Service public n'existe, n'a une valeur que par le travail que font les gens qui sont sous ses ordres ; c'est une notion qui est peut-être difficile à intégrer pour un homme politique parce que lui, il a été élu par une masse de gens, il devient tout de suite un petit peu le Bon Dieu, mais il prend un bateau qui est en marche, qui a été fait par d'autres et puis qui continuera à voguer quand il sera parti, lui ; alors il faut un petit peu de modestie et puis de reconnaissance pour toutes ces fourmis qui ont travaillé, qui ont laissé leur sueur. » (E), 291.

On est malade de la hiérarchie dans l'État de Genève

« Il y a un écart entre l'autorité politique et la réalité du terrain qui est très grand, et puis ensuite on vous bombarde des choses et on tient pas compte de vos conditions réelles et après vous travaillez mal, comment le Conseil d'État peut inculquer une culture plus dynamique et démocratique aux responsables qu'elle nomme ? On est malade de la hiérarchie dans l'État de Genève. » (E), 292.

S'intéresser à ce qui se passe dans leur Département

« Ce que je leur conseille *[aux conseillers d'État]* vivement de faire, c'est d'une fois vraiment, mais réellement, s'intéresser à ce qui se passe dans leur Département, non pas se laisser informer par leurs subordonnés directs, mais peut-être d'y aller voir eux-mêmes une fois sans se faire accompagner du directeur de tel service. » (E), 293.

Que le roi descende incognito dans le peuple

« Que le roi descende incognito dans le peuple, s'asseye, écoute, entende ; ça me rappelle quand j'ai fait ma formation d'infirmière, j'avais proposé qu'ils nous "mettent au lit strict", juste deux jours, faire comme si... demander pour pipi-caca, se faire laver, les grands défilés des "huiles", la promiscuité des chambres à six lits, les chlaps qui collent au lino des corridors avant de claquer sur les talons. Je m'arrête, il y aurait trop à dire. » (E), 294.

Pourquoi est-ce qu'ils se prennent la tête ?

« Pourquoi est-ce qu'ils se prennent la tête ? Pourquoi ils se déplacent en voiture de fonction ? Pourquoi ils ont si peu de contact, sauf juste avant les élections. Je leur dis : venez voir les gens, les problèmes. Le problème, c'est que beaucoup d'entre eux sont issus du monde de la politique, ils sont éloignés de la réalité (voyez X). Je dis au Conseil d'État : venez voir, venez sentir. » (I), 295.

Quand les gens entrent dans ce cénacle

R. : Ça fait partie du consensus helvétique qui dit que quand les gens sont élus, on a des gouvernements de concordance élus par le peuple, ce qui est assez rare dans le monde. Quand les gens rentrent dans ce cénacle, ils mettent leurs idées au vestiaire. Ils viennent et ils gèrent. Pour eux, au fond, les conseillers d'État c'est des administrateurs. C'est des super-administrateurs. C'est un conseil d'administration Et pourtant, quand on est conseiller d'État, il faut pouvoir agir (au plus près de sa conscience, se dire qu'on n'accepte pas de diktats étatiques quels qu'ils soient. C'est-à-dire qu'on mesure son action politique de pouvoir de décision par rapport à sa conscience.

Q. : C'est quoi la conscience ?

R. : C'est la reconnaissance de la pluralité de la société. Des droits humains. C'est le débat politique, sur des choses essentielles. Et puis, évidemment, pour moi, l'élément essentiel c'est la justice sociale, ça veut dire faire en sorte qu'on juge l'action politique. On agit politiquement en pensant toujours au droit du plus faible. En premier. Et puis ensuite, il y a une contingence politique immédiate, voir les intérêts pour savoir si on peut être suivi. Il faut aussi mesurer l'efficacité étatique, politique. Voilà ce qu'il faudrait qu'ils fassent mieux. (D), 296.

Que le Conseil d'État soit plus à l'écoute

Q. : Qu'est-ce que vous voulez lui dire en conclusion au Conseil d'État sur ce projet ?

R. : Bien qu'il soit plus à l'écoute. Vraiment beaucoup plus à l'écoute.

Q. : De qui, de vous ?

R. : Des professionnels qui travaillent, parce qu'il n'y a pas que les associations caritatives qui sont à l'écoute des gens. Il y a aussi nous qui somses à l'écoute, que ce soit je vous dis du côté comme moi peut-être ou bien l'opposé dans le sens, à l'écoute de tout le monde. (E), 297.

J'ai l'impression d'un mépris

« Moi, ce que j'ai envie de dire, c'est que j'ai… C'est totalement personnel, mais j'ai l'impression d'un certain mépris du politique par rapport au terrain. On parlait de fonction publique, de reconnaissance, de restructuration. Il y a des décisions politiques dans mon village de la politique, on ne se rend pas compte des conséquences que cela a sur le terrain par rapport à la motivation, à la reconnaissance, au sens pour les personnes. J'ai une image qui me revient à l'esprit. Les personnes qui prennent des décisions ont une corde et ils tiennent la corde comme ça et ils font comme ça, mais ils se rendent pas compte qu'à l'autre bout ça balaie de tous les côtés et c'est épuisant. » (E), 298.

Donner un peu de leur temps aux fonctionnaires

« Je crois que c'est peut-être donner de leur temps, ou un téléphone à un moment donné. Le Conseil d'État, deux heures par semaine, se met à disposition pour dire : "Nous sommes là, je suis là pour répondre à vos questions, à tour de rôle", pourquoi pas ? Voilà comment je verrais se traduire, non pas de nouveau des moyens financiers, mais plutôt le fait de donner quelque chose au niveau d'une écoute, d'une possibilité de communiquer. Je pense qu'on pourrait peut-être, c'est mon espoir en tout cas, améliorer ce côté de la communication par plus de reconnaissance de ce côté qui est la valeur d'un "fonctionnaire". » (E), 299.

Tenir compte de l'Europe dans la formation et la mobilité

« Il faudrait tenir compte de la problématique intercommunautaire européenne à moyen ou à long terme. Et puis on sera dans cette Europe ces prochaines années. Et puis il faudrait former le personnel avec des échanges avec l'Europe. Les gens formés pourraient nous amener déjà des solutions notamment au niveau politique. L'échange en Europe, ça devrait être pour l'ensemble de l'État. Il faudrait aller plus loin, aller faire des stages dans les administrations publiques étrangères. » (I), 300.

Des mesures sociales pour les plus pauvres

« Il faudrait des mesures sociales vis-à-vis de la population en général, maintenir un certain niveau social, sur les plus pauvres. Bon ça, c'est pas un scoop. » (E), 301.

Outil : développer un bout d'espace public interdépartemental par la formation

« Je dirais au Conseil d'État... Il faut vraiment repenser la formation des collaborateurs, l'actualiser. Et je pense que l'indispensable, c'est que les institutions se dotent de moyens de formation à terme importants. Il faut une formation plus moderne. Basée sur les problèmes réels des gens, les difficultés rencontrées au quotidien, aussi développer ce qu'on appelle, je crois, l'esprit d'équipe et d'écoute des collaborateurs. Je pense qu'il y a de toute façon un besoin de communiquer, un besoin d'approcher, j'allais dire les bases, des collaborateurs, de leur permettre de formuler un certain nombre de propositions. Il faut maintenir cette sensibilité, cette compréhension, cette capacité aussi à réfléchir et à proposer. Il faut développer des bouts d'espace public interdépartemental au travers notamment de la formation. Il faut être transversal plutôt que vertical. Les Départements sont trop cloisonnés. » (D), 302.

Un contact suivi du pouvoir politique avec le personnel du Service public
« Il faudrait faire plus de discussion, il faudrait se voir plus souvent, il faudrait faire plus de réflexion dans notre travail, avec la population et aussi au Conseil d'État, ne pas céder seulement à l'urgence et à l'électoralisme. » (D), 303.

On a l'impression d'être oublié
« On a l'impression d'être un peu oublié par le pouvoir politique, c'est-à-dire qu'on a pas toujours l'impression d'être bien compris par les politiques, soit le Parlement, soit le Conseil d'État (...). Mais il faut savoir que le policier, comme les enseignants, il est rarement vraiment content. Mais il faut l'écouter, sinon ça éclate. » (E), 304.

On est des fourmis
« J'ai pas l'habitude qu'on me pose une telle question. J'ai pas l'habitude de m'adresser directement au Conseil d'État. Nous, vous savez, on est très loin, on est à la base, sur le terrain, on est des fourmis, laissez-moi réfléchir. Il faudrait qu'on apprenne à penser comme ça aussi. » (E), 305.

Alléger la hiérarchie pour agiliser le travail
« C'est l'inertie et la lenteur qui me préoccupent. Je suis pour le système public, mais je pense qu'il faudrait peut-être y injecter un petit peu de l'esprit privé. On nous demande de faire des choses, et après c'est des années d'attente avant d'avoir une réponse. Et c'est dans tout le système, c'est comme ça, c'est-à-dire qu'il y a tellement d'étapes, de paliers, de hiérarchies, etc., de donner son aval, c'est ce qui me gêne le plus. Je demande d'alléger la hiérarchie pour agiliser le travail. » (E), 306.

Arrêter les privilèges
« Il faudrait arrêter une politique de privilèges dans les engagements et les carrières. Il faudrait moderniser l'État qu'on en arrive à avoir une politique cohérente du personnel. » (I), 307.

Améliorer la communication interne
« De manière générale, dans les institutions, il faudrait exiger une amélioration de la communication interne, décloisonner, supprimer des hiérarchies et donner plus de moyens pour le travail de terrain, la modernisation c'est ça, c'est pas le rapport Andersen » (I), 308.

Distinguer et respecter les rôles respectifs des associations de personnel et des ressources humaines
« Le Conseil d'État et les Chefs de Département et de Service devraient apprendre à distinguer et à respecter les rôles respectifs des associations de

personnel et des ressources humaines, dans la gestion du personnel de la fonction publique. » (E), 309.

Mieux utiliser les ressources humaines
« Si j'avais un message à faire passer, c'est que dans tous les services de l'État il y a des fonctions de ressources humaines. On les consulte très très rarement dans les mandats stratégiques, alors qu'on consulte beaucoup les directions générales, mais c'est les ressources humaines qui sont sur le terrain, et c'est elles qui connaissent mieux le personnel.
À ce niveau, il m'a été signalé à plusieurs reprises un manque crucial de ressources et de moyens pour travailler, pour que la fonction ait une véritable raison d'être et un sens. "Une telle fonction ne doit pas être un alibi" (I). "On a la charge de nous occuper des ressources humaines, mais on nous paie pour éteindre les incendies, pas pour inventorier, affronter, traiter les problèmes" (I). À plusieurs reprises a été signalé la nécessité d'une part d'être consultés par le Conseil d'État et d'autre part de pouvoir constituer de vrais bureaux du personnel. "Ils faut que les Conseillers d'État comprennent que leurs Services sont de véritables entreprises." » (I), 310.

Être reconnu dans le travail
« Être reconnu... C'est tellement une remise en cause de tout que de demander d'être reconnus dans notre travail. Vous rêvez. On n'est absolument pas reconnus. Vous savez l'État c'est une machine tellement lourde. Il faut qu'on respecte quand même les gens pour ce qu'ils font. » (E), 311.

Des laboratoires d'expériences du travail
R. : Au niveau de la formation, on a un bureau de l'égalité pour les femmes-hommes, mais est-ce qu'on ne pourrait pas un tout petit plus provoquer, mettre en place des personnes qui seraient amenées dans des ou hors Départements, une espèce d'endroit où les gens puissent venir en toute confidentialité pouvoir exprimer une situation vécue, être entendus. Je ne sais pas comment on pourrait appeler ça, mais...
Q. : Des laboratoires d'analyse d'expériences de travail ?
R. : Oui. (I), 312.

Améliorer la mobilité interne et la formation
« Il faudrait renforcer la formation, faciliter la mobilité interne à l'État, ça améliorerait beaucoup le travail et la créativité et aussi les relations de travail. » (I), 313.

Appliquer la justice pour sauvegarder la séparation des pouvoirs
« J'ai l'impression que le policier est quelquefois en porte-à-faux et la notion de justice lui échappe un peu. Je pense à la loi, quand elle n'est pas

appliquée. Il faut être cohérent, il faut appliquer la loi, sinon on met en cause à terme, la séparation des pouvoirs. » (I), 314.

Une politique du personnel alternative

« Dans la politique du personnel, il faudrait envisager une spécificité, une rotation des fonctions et un travail en réseaux avec une réduction de la fourchette des salaires entre les hauts et les bas salaires, plutôt qu'une hiérarchie des fonctions. Ainsi la carrière des professionnels garderait un lien plus étroit avec le terrain. » (E), 315.

Plus de femmes dans les cadres

« La structure ne permet pas à toutes ces convaincues d'envisager une carrière dans la fonction publique. La cause est connue, pas de postes de cadre à mi-temps, par exemple, donc effectivement dans la fonction publique aussi, j'ai un cas ici où on refuse un poste à mi-temps à une femme cadre et c'est le côté masculin qui... bon, il y a différentes raisons. C'est beaucoup d'énergie qui stagne, c'est des bonnes idées qui ne se concrétisent pas, il y a des déceptions et puis on n'avance pas suffisamment. » 316.

La mobilité dans les postes de base

« À mon avis, il y a une faiblesse dans les gens qui engagent le personnel, dans les gens qui placent certaines personnes, on devrait pas... à mon avis, quand on évolue dans sa vie, je réagis plus maintenant à plus de 50 ans comme je réagissais à 35 ans, il faudrait pouvoir faire des tournus dans les postes, les gens peuvent changer et ne plus voir les choses de la même manière. » (E), 317.

Penser un modèle pour l'encadrement des gens dans les situations à risques

« Je suis dans un secteur à risques. Il faut entourer beaucoup mieux les gens qui prennent des décisions, qui mettent la vie d'autres en jeu, qui ont un grand droit de regard sur l'avenir des gens. Je trouve que là ça pêche terriblement. On n'est absolument pas encadrés, il n'y a aucun encadrement et ça, c'est pas normal. Je crois faire mon boulot au plus proche de ma conscience, j'ai une ligne de conduite, mais on peut arriver dans des trucs absolument pas possibles et on est trop seul. Je peux à mon niveau avoir des décisions, faire quelque chose qui ne soit absolument pas conforme, parce que je pète les plombs, parce qu'on n'est pas encadré. On ne fait pas la différence entre ces gens qui prennent des décisions lourdes et qu'on laisse dans leur bain, sans aucun encadrement. Je trouve que c'est absolument pas normal. Il faut vraiment penser un modèle au niveau de l'encadrement des gens dans les situations à risques. » (I), 318.

Le productif et la motivation humaine
« Oui, il faut qu'ils le sachent, que les gens qui travaillent ce sont des gens importants ! Pas forcément qu'au niveau productif, parce que le productif, il vient si on a une motivation, humaine. » (E), 319.

Avoir une simple réponse
« Il m'est arrivé d'écrire aux responsables. J'ai pas eu de réponse ni accusé de réception. Je sens cela comme un manque de respect. Je dis à tous les responsables : ayez du respect dans le traitement des personnes et des dossiers. » (E), 320.

Que les politiques assument leur responsabilité
« En matière de droit d'asile, je pense pas que le problème est pris par le côté de la police, il faut qu'il soit pris du côté de la façon de faire des autorités, de la façon de laisser pourrir des situations. Il faut pas laisser pourrir les situations. Il faut que les politiques assument leur responsabilité. » (I), 321.

Une politique plus cohérente vis-à-vis des travailleurs clandestins
« Vis-à-vis des clandestins, il faudrait élaborer une politique moins hypocrite et plus tolérante. Ils vivent, ils travaillent à Genève. Ils font tourner le système économique. Il faudrait étudier des moyens de discuter sérieusement avec eux. » (I), 322.

Tenez un discours cohérent sur la politique d'asile
« Un message que j'aurais envie de faire au Conseil d'État c'est que l'on soit cohérent au niveau du discours politique que l'on a. J'ai l'impression de vivre dans un discours mensonger. Un discours mensonger c'est dire : il faut accueillir tout le monde, et je n'accepte pas qu'on nous mente. Arrêtez de nous mentir ou ayez le courage de votre politique, de la politique que vous voulez mener. C'est dire : on ne peut pas ou on ne veut pas accueillir de personnes supplémentaires parce que l'on n'a pas les moyens, mais soyez clairs, n'ayez pas ce discours pseudo... Ça, j'ai beaucoup de peine à accepter, c'est incohérent pour moi et ce n'est pas simplement lié au niveau du Kosovo, de la crise du Kosovo. J'aurais envie de dire aux politiques : "établissez une politique acceptable de l'asile par rapport à ce que l'on peut offrir aux gens" mais aujourd'hui, pour calmer les uns et faire plaisir aux autres, on a un discours où à la limite on fait rentrer tout le monde, mais peu importe ce que l'on va offrir aux gens. On veut offrir quelque chose de qualité, cela veut dire qu'on est obligé de limiter le nombre de personnes, ou peu importe la qualité de ce que l'on offre, c'est pas important... c'est accueillir des gens et à ce moment-là, on a un discours qui tient la route, mais aujourd'hui, le Conseil d'État a un discours qui ne tient pas la route. » (I), 323.

Lever l'interdiction de travail des requérants d'asile

R. : La politique d'asile actuelle augmente les coûts sur le plan financier et sur le plan humain.

Q. : Qu'est-ce que ça veut dire les coûts humains ?

R. : L'exclusion, la souffrance psychologique, les états dépressifs, le maintien d'un niveau d'angoisse élevé de somatisation de tout l'aspect malade pathologique, de santé qui va se greffer autour de cette exclusion et puis au niveau économique, moi je pense que quand même entretenir quelqu'un pendant 5 ans coûte plus cher que le voir travailler au bout de 6 mois. (E), 324.

De la réflexion et de la prévision dans la politique des renvois

« En cas de prévision d'arrivées massives, il faut professionnaliser davantage nos collaborateurs liés à l'exécution des mandats. Qu'on leur donne aussi suffisamment de temps dans l'exercice de leur fonction. C'est-à-dire que si on est un groupe de travail de quatre personnes aujourd'hui et puis qu'on se rend compte qu'il y a une arrivée massive de gens, à un moment donné, il faudra aussi s'en occuper en phase de renvoi. Et puis, si on a une problématique coûteuse au niveau moyen humain, eh bien il faudra encore donner des moyens supplémentaires pour rester dans le vrai. Et ne pas dire "on est dans l'urgence, maintenant on change notre méthode" et puis hop, départ, on envoie tout à la police. On doit se donner les moyens de pouvoir faire face à notre tâche sans précipitation. » (D), 325.

Appliquer le droit, l'améliorer et assurer l'égalité de traitement

R. : Il faudrait que la justice soit la même pour tout le monde, mais c'est pas souvent le cas, c'est dommage qu'on soit beaucoup trop à l'écoute dans le cas d'interventions. Il suffit que quelqu'un dise « voilà, je vais prendre ma plume et écrire au Conseil d'État, écrire à Monsieur Untel, ou Monsieur Untel, conseiller d'État », alors tout le monde se bouge. Telle personne a plus de chance d'obtenir quelque chose que quelqu'un qui ne sait pas ou qui n'a pas le courage d'écrire. Je trouve cela malheureux.

Q. : Donc, la politique, elle grignote l'application du droit, si je vous entends bien ?

R. : Oui.

Q. : Et comment vous expliquez ça vous, cette tendance ?

R. : Il faut demander au Conseil d'État pourquoi il n'entre pas en matière dans ce genre de cas où il se contente de dire qu'il transmet tout ça au service compétent et qu'ils traiteront de ça...

Q. : Et d'après vous, pourquoi ils le font ?

R. : L'intérêt politique.

Q. : Mais c'est quoi, l'intérêt politique si on le définissait là, dans ce cas-là qui les ferait bouger, bouger pour des étrangers ?

R. : Oui, mais derrière les étrangers, il y a souvent d'autres intérêts en cause, d'autres personnes en cause. Il y a souvent même des partis politiques qui soutiennent les démarches de certains étrangers.
R. : Je trouve que cela devrait être géré dans un cadre purement légal et qu'il ne devrait pas y avoir d'intervention politique, enfin qu'il y ait une ligne de conduite dictée éventuellement par le Département, par exemple dans la manière de traiter au niveau cantonal le problème des Kosovars, je trouverais bien qu'on ait une directive, même si elle émane du Conseil d'État, pourquoi pas, mais pour tout le monde pareil. Je suis juriste de formation, je suis sensible à cela. Si on applique pas le droit, il sert à quoi le droit ? S'il est trop restrictif, il faut le changer, mais il faut respecter l'égalité de traitement. (I), 326.

La tolérance cantonale pour des requérants déboutés
« Il y a le délai de départ, prenez le cas des Bosniaques, ça pourrait être un autre peuple. Beaucoup de ces personnes qui sont restées ici travaillent depuis longtemps et ont toujours voulu travailler. Pourquoi est-ce qu'on ne peut pas faire des exceptions puisqu'ils paient des impôts, ils travaillent ? Pourquoi est-ce qu'on pourrait pas imaginer un permis de tolérance cantonal, plutôt que de les renvoyer brutalement ? C'est vrai qu'il faudrait que le canton s'affronte à Berne, mais pourquoi on ne peut pas imaginer cela ? » (E), 327.

Un regard externe pour l'évaluation des situations à risques
« Du point de vue de la recherche et des situations à risques (refoulements, clandestins, détention), un système d'inventaire systématique et régulier des problèmes serait souhaitable de l'extérieur, type visite de prison du CPT, par exemple. » (I), 328.

Être plus actif dans le débat sur le LSEE (loi sur le séjour et l'établissement des étrangers)
« Pourquoi accepter la loi sur les étrangers avec des articles qui figent encore plus la vie en Suisse ? Le Conseil d'État devrait être beaucoup plus actif dans des propositions alternatives dans le débat sur la LSEE. » (E), 329.

Se donner les moyens de renvoyer les délinquants
« On dit aux policiers d'arrêter des types et le lendemain ils les revoient dans la rue, notamment le problème des étrangers sans papiers, hein ! ça les rend fous furieux. Pour eux c'est inconcevable. Moi on m'a éduqué pour arrêter les types, les gens qui sont sans papiers et tout et pis on les a libérés alors que je sais que c'est lui qui a fait le truc. Du point de vue justice, ils ont l'impression que la justice n'est pas avec eux. C'est des états d'âme, ils ont pas trop à se poser de questions, la justice a une autre mission que de s'occuper de ceux qu'ils pensent devoir condamner. Mais enfin, néanmoins,

c'est un dilemme, ils ont tous ce rapprochement de justice-police qui est non souhaitable du point de vue de la séparation des pouvoirs, pour eux il est souhaitable parce qu'ils aimeraient comprendre les mécanismes, pourquoi est-ce qu'ils les foutent pas au trou. Il faudrait que le Conseil d'État explique. » (I), 330.

Il faut changer de politique, il faut serrer la vis
« Au plan suisse, il faut changer la politique. Il faut serrer la vis. Ils vont dans l'autre sens. Ils rajoutent des lignes aux Droits de l'homme. Il ne faut pas les élaborer encore plus les droits de l'homme (ex. interdiction de fumer aux USA). La politique des étrangers, ça vient de Berne. Nous on applique. C'est là-haut qu'il faut changer. Serrer la vis. Chaque année on dit que le bateau est pas encore plein. Il y a longtemps qu'il a coulé le bateau. Je suis pour l'armée aux frontières. C'est le monde qu'il faut préserver et pas seulement les bandits, par exemple, le marché noir. » (E), 331.

Engager des étrangers dans la police
« Pourquoi ne pas engager des étrangers dans la police ? Dans certains cas, ils comprendraient mieux ce qui se passe que nous. Il y a bien eu dans le passé les Valaisans et les Fribourgeois, pourquoi pas maintenant les Zaïrois et les Colombiens, les Péruviens, je sais pas moi, d'autres nationalités ? » (E), 332.

Ne pas engager seulement des nationaux
« N'engager que des nationaux ? Là on est au cœur de quelque chose qui est le résultat d'une société ou d'un pays qui arrive à seuil limite. » (E), 333.

Engager des étrangers au chômage
« Une proposition à faire au Conseil d'État ? Eh bien, on doit renouveler notre réflexion sur le travail et le chômage. Il faut comprendre les étrangers qui viennent. Il faudrait engager des étrangers, ce serait plus facile, ils se comprendraient. Il y aurait tout un travail à faire avec les communautés et les pays d'origine. » (E), 334.

Mieux cibler les besoins des populations entre le chômage, l'assistance et l'AI (assurance invalidité)
« Il faudrait mieux cibler le type de prise en charge selon les besoins de la population, entre le chômage, l'assistance et l'AI, mieux collaborer entre les Départements et mettre encore mieux en place une réelle politique de réinsertion dans le travail pour ceux qui peuvent, veulent travailler. Il faut éviter de tout mélanger parce qu'on ne répond pas bien aux besoins et on favorise le tourisme institutionnel qui à la longue est coûteux pour les personnes et l'institution. » (E), 335.

Voir ce que recouvrent les heures supplémentaires dans le travail de réinsertion

« On nous dit "au chômage, ils sont pas obligés de faire des heures supplémentaires, on leur a pas demandé". Ça va plus loin, "s'ils font des heures supplémentaires, c'est qu'ils sont mal organisés dans leur travail" et c'est un peu comme si en travaillant avec des êtres humains on pouvait travailler avec des machines. On n'a pas 80 boulons à serrer dans la journée. Un entretien, vous pouvez le programmer pour une demi-heure et puis tout d'un coup la personne décompresse et vous partez pour deux heures. Donc c'est le traitement humain, c'est faire cette adéquation entre la loi et le traitement humain des dossiers. Que le Conseil d'État nous donne les moyens réels pour ça. » (E), 346.

Arrêter d'être hypocrite avec les sanctions

« J'aimerais dire au Conseil d'État : Genève fait beaucoup pour les chômeurs, mais il faudrait arrêter d'être hypocrite avec les sanctions. Ne plus suivre la pédagogie de la faute qui n'est pas un moyen efficace de réinsertion, comme tout le monde le sait, mais qui coûte cher à l'Hospice général quand les gens n'ont plus leur salaire. » (E), 347.

La recherche est utile

« Je pense que c'est un thème de la recherche utile, qui aurait dû être fait déjà avant, je pense que le Conseil d'État a eu une bonne idée, qu'il faut pas que les résultats se perdent. » (D), 348.

Élargir la recherche à d'autres départements

« Il faudrait faire élargir la recherche à d'autres départements, par exemple l'Instruction publique. Moi je connais des enseignants qui se posent les mêmes questions que nous, on ne les écoute pas. » (E), 349.

Diffusion de la recherche

« Il faut qu'il y ait un retour, qu'il faudrait penser en terme dynamique, pas seulement remettre un rapport, il faut réfléchir pour associer les gens à la diffusion des résultats. » (E), 350.

Rôle de la recherche

« La liberté académique dont se réclame votre recherche implique que les choses que disent les personnes qui ont accepté les entretiens remontent au Conseil d'État et puis qu'elles ne restent pas dans un tiroir. Et cela est d'autant plus important que l'impression qu'on a d'en bas est qu'il y a eu des structures, des instruments qui ont été mis en place sans nuances, sans prise de recul, et que ça induit des transformations importantes du sens de notre travail. Il y a une sorte de perversion dans le mécanisme même du changement. Il faut du changement. Mais il ne suffit pas d'avoir de la bonne volonté ou des idées générales pour que ça passe bien, il faut une sorte d'attention soutenue aux besoins des gens et y répondre. Parce que c'est une chose d'identifier les besoins, mais il faut encore y répondre. » (E), 351.

À quoi, à qui sert la recherche ?
« Quand on se trouve face à des contradictions qu'on ne sait pas comment gérer, on se dit : "on va faire une recherche là-dessus" et puis ça permet d'éviter aux gens de se poser un certain nombre de questions par rapport à la problématique. Donc on renvoie vers le chercheur, la réponse un peu magique va tomber de l'étude, il y a un peu cette tendance-là, moi je sens ; qui est l'approche un peu technocratique, je dirais, en sachant que, de toute façon effectivement, suivant les résultats de la recherche, on va en tenir compte ou pas en tenir compte, ou en tenir compte partiellement, je veux dire, on va en avoir un rapport utilitaire, c'est l'attitude des décideurs. » (E), 352.

Qu'avez-vous à dire à la population genevoise ?

La « fonction publique » et les clichés
« Parmi les fonctionnaires il n'y a pas que des clichés, il y a des personnes qui ont autant de valeur qu'eux et c'est de nouveau dans des histoires d'étiquette. C'est vrai que l'image du fonctionnaire hautain, lointain qui vous sert à un guichet, et puis il y a de multiples images du fonctionnaire, l'infirmière à l'hôpital est aussi fonctionnaire, et puis, excusez-moi, l'employé de maison aussi. Mais c'est marrant parce que quand on parle de fonctionnaire, et là je me place population, on pense surtout au fonctionnaire du bureau des autos ou au fonctionnaire du guichet des passeports. Ceux qui sont visibles, qui ont le rond de cuir au sens propre et figuré, mais je parle pas du flic qui fait ses rondes à deux heures du matin, je ne parle pas de l'infirmière qui fait ses veilles, qui est là, et surtout de l'assistant social qui a beaucoup de problèmes. C'est aussi ça la fonction publique. Les personnes sont identifiées par un métier. Elles sont identifiables par une action remarquable, remarquée, qui a une valeur au sens large du terme. On ne peut pas dire "c'est des fonctionnaires". Chaque fois qu'on met un qualificatif à un commis administratif, à une secrétaire des fois, ou une personne à un guichet, il y a cette notion de service public qui en prend un coup, mais moi je trouve dommage parce que ces gens font bien leur métier. » (I), 353.

La boussole de la sécurité publique doit intéresser le Grand Conseil
R. : On n'a pas l'impression d'un hiatus entre la tête et la base, par contre le monde politique oui, plutôt les députés, je vais pas entendre en commission de députés pour un problème de toxicomanie dans les rues basses, c'est notre

boulot, c'est un autre monde pour eux. Ils sont bien au-dessus des préoccupations.
Q. : Donc ça manque de communication ?
R. : On a l'impression que ce monde politique-là, on a l'impression que le monde politique, les députés, surtout ceux qui font les lois en fait, ils sont un petit peu au-dessus de la mêlée. C'est des guerres entre eux d'influence, c'est la Cour de Versailles. Il faudrait qu'on puisse les informer régulièrement. Ils ont leurs partis, ils ont leurs informations, mais nous on reste terre-à-terre, sécurité publique. Il ne faut pas oublier cette boussole, sinon on dérape. (I), 354.

Il faut renverser le Grand Conseil
« Moi, je dirais une chose. Déjà, il faut renverser ce Grand Conseil. Et puis, qu'on le remette à 50-50 parce qu'il y a beaucoup trop d'influence. J'appartiens à un parti gouvernemental. Je ne suis pas un extrémiste, ni de droite, ni de gauche. Par mon travail, je suis au service de la collectivité. Je suis un serviteur. Donc, je ne peux pas être serviteur et en même temps aller au législatif, à l'exécutif. Il faudrait déjà mettre un petit peu les pendules à l'heure au niveau du Grand Conseil. On n'avance plus. À mon avis, on a beaucoup trop de possibilité de recours et d'initiative, on n'avance plus. C'est fini Genève. On est en train de mourir de maladie démocratique de notre démocratie, alors qu'elle est tellement belle. Il faut vraiment qu'on emploie les lois sur l'immigration jusqu'au bout et qu'on les exécute. Ces délinquants, il faut les renvoyer. C'est le seul message que j'aie à dire. Il faut utiliser toutes méthodes pour les renvoyer. Et puis, tous ceux qui se mettent au travers, eh bien, il faut leur dire que c'est jouer contre eux de ne pas renvoyer ces gens-là. » (I), 355.

Qu'est-ce que vous dites à la population ?
« Moi je trouve qu'à Genève il y a une énorme… ça c'est normal parce que c'est une cité urbaine donc c'est un pôle très attractif, on a une très forte population à problèmes, que ce soit des gens qui sont à l'AI, qui sont pas insérables, des toxicomanes, des gens qui dysfonctionnent dans leur travail et puis qui sont un coût pour la société en termes de santé publique, de réinsertion, d'assistance et compagnie. Il faut une prise de conscience générale et personnelle. Il faut que les gens se prennent en charge, qu'on commence déjà soi-même un petit peu à sortir de l'ornière et pas être une population d'assistés, de rouspéteurs. Parce que ça, c'est un petit peu ce que je reproche aux Genevois. Je trouve qu'il n'y a pas beaucoup de gens qui prennent les armes, qui sont, disons, combatifs, à se fédérer, à se structurer. Ils vont même pas voter. » (E), 356.

Intéressez-vous au Service public
« Intéressez-vous au Service public. Il est important que les gens sachent ce qui se passe dans l'État, il faut être curieux. » (I), 357.

S'intéresser aux budgets de l'État
« Il faudrait que la population s'intéresse de plus près aux budgets, à l'utilisation des budgets dans les Départements, voir où passe l'argent. Il ne passe pas forcément toujours pour payer le personnel. » (E), 358.

Voir l'utilisation des budgets de la police
R. : Moi, la population, si j'étais eux, j'exigerais un œil beaucoup plus averti sur la problématique des budgets, non pas pour restreindre les budgets, mais voir l'utilisation.
Q. : Vous vous référez à quel budget ?
R. : Que l'État se cantonne dans les tâches de l'État. Concrètement, ça veut dire que des gendarmes font du travail de gendarme, qu'ils ne sont pas sensé aller amener les commandements de payer à la porte des gens, quand les postiers ne veulent pas le faire, ça c'est un exemple, y'en a beaucoup d'autres, à l'extrême parce que ça, ça se discute, le problème des ambulances. (I), 359.

À la population, qu'est-ce que vous avez envie de lui dire à partir de votre métier de policier ?
R. : Je dirais qu'il faut surtout être à l'écoute de tout le monde. Il faut être dans la tolérance, mais à tous les points de vue. Il faut que ça joue des deux côtés la tolérance. Pas seulement la Suisse par rapport aux étrangers. Les étrangers par rapport à la Suisse, le pays d'accueil où ils sont. Je dirais aussi que la Suisse, si elle veut continuer dans cette fameuse image de marque du droit d'asile, de l'ONU, de la Croix-Rouge, du CICR, il faut aussi qu'elle change un petit peu.
Q. : Vous avez l'impression qu'il y a un décalage entre l'image et la réalité ?
R. : Autant vous avez les associations Croix-Rouge qui envoient des médicaments, des personnes. Autant vous avez, bien, cette extrême droite qui persiste, qui flotte au-dessus. Ils ne sont pas énormément, mais le jour où ils augmentent, je ne sais pas où ça va. Il faut arriver à un juste milieu. La Suisse pour ça elle a toujours été... Je vous le dis comme ça... Moi, la Suisse, ça me fait penser à des petits soldats qui marchent bien en ligne. On ne peut pas être tolérant, c'est comme ça dans le règlement. (E), 360.

La population doit s'intéresser à ce qui se passe dans cette baraque
R. : La population doit s'intéresser à ce qui se passe dans cette baraque, elle doit voir ce qui se passe et juger des choses après avoir pris connaissance de ce qui se passe et non pas juger ou faire circuler des bruits. Vous allez dans les bistrots, vous entendez toutes les heures des gendarmes comme elles sont

comptabilisées, vous entendez qu'ils font des heures supplémentaires alors qu'ils ne les font pas.
Q. : Être un peu curieux ?
R. : Être intéressé et être critique, mais après avoir pris connaissance des choses. Parce qu'il y a des choses inadmissibles qui se passent, mais malheureusement ils se laissent manipuler certaines fois ou ils ont pas envie de s'intéresser. (E), 361.

Une anecdote
R. : Ce qui m'a fait le plus rire, c'est une anecdote, c'est une amie quand je lui ai dit que le samedi et le dimanche, on allait travailler.
Q. : Mmh…
R. : Ça a été très révolutionnaire, ou que je finissais à 8 heures du soir. ou que je décalais mes congés ou que j'en prenais pas pendant six mois, parce que ce n'était pas possible. Parce que c'était moi, on m'a cru, mais je trouve ça dramatique, parce que je suis pas la seule ici, et ça ne se sait pas.
Q. : Informez-vous, donc ?
R. : Informez-vous, venez voir nos difficultés, venez voir dans quel système complexe on est, ce qu'on a à traiter, quels sont nos problèmes. Les gens oublient ça, et quels sont nos ressources aussi, avec quoi on travaille. Parce que l'État est le plus mal loti, au niveau des salaires, au niveau des moyens. Moi je gagnerai beaucoup plus si je travaillais dans le secteur privé. (I), 362.

Vous avez des choses à dire à la population ?
« Je dois commencer par moi-même et je n'ai pas envie de commencer par le voisin. J'ai à faire preuve d'une très grande vigilance par rapport à comment est mon comportement, qu'est-ce que je fais quand je commence ma journée au travail, qu'est-ce que j'apporte, qu'est-ce que je reçois, qu'est-ce que j'en fais, donc ce sont des questions de fond qui font qu'il y a à réajuster chaque jour, travailler dans un sens qui soit plus vers le côté d'améliorer, de construire quelque chose, un monde qui rejoint plus ce côté de l'intériorisation, que ce côté du matériel. » (I), 363.

Les requérants sont « clean »
« À la population, je souhaiterais qu'on ne voit pas les requérants uniquement au travers des médias, c'est-à-dire au niveau du mini-groupe qui dérange et qui sont asociaux. Les requérants d'asile sont clean. » (D), 364.

Ne pas généraliser
R. : C'est un système qui est hypocrite, très hypocrite.
Q. : À la population, quelque chose des spécifique à dire ?
R : Je ne sais pas, par rapport aux étrangers, ne pas généraliser, fondamentalement, il ne faut pas généraliser. (E), 365.

On s'attaque toujours aux mêmes, c'est facile
« On s'attaque toujours au porte-monnaie des mêmes, hein ?, je dirais, parce que c'est facile, très facile. C'est difficile de pouvoir évaluer l'exercice d'une administration et puis d'émettre, n'employons peut-être pas le mot de "jugement" mais le, le mot "appréciation" – par rapport à des gens dont on ne connaît pas exactement ce qu'ils font quoi, hein ? C'est un petit peu le dernier qui a parlé le plus fort qui a raison. Qu'ils viennent se promener dans nos Services et qu'ils voient ce qu'on fait… » (E), 366.

Arrêtez de vous plaindre sans arrêt de la police
« À la population genevoise, je lui dirais : arrêtez de vous plaindre sans arrêt de la police que vous avez parce que vous avez une police de qualité, parce que le premier stade c'est des gens qui sont démotivés parce qu'ils sont en *burn-out,* le deuxième stade c'est des gens qui posent les plaques, et le troisième stade c'est des gens qui commencent à être corruptibles. C'est vrai qu'il y a quelques personnes qui sont fatiguées, qui sont submergées de problèmes parce que si vous avez tout ça et pis qu'en plus de ça vous avez des problèmes familiaux ou bien un problème de dépression qui est latent, vous devenez plus un policier qui est très compétent. Alors moi je trouve que la population genevoise a une très bonne police, qu'au lieu de faire tout le temps des choux gras de tout ce qui pourrait être incident, on ferait mieux de se concentrer sur tout ce qui fonctionne bien et pis aussi de temps en temps peut-être le dire. » (E), 367.

C'est qui la population ?
« En fait la population c'est les gens que je rencontre. Je parle pas des usagers, je parle de ceux qui ne sont pas usagers. Alors la plupart, ils veulent pas entendre ça, non c'est quand même mon argent, oui mais c'est aussi le mien. Je leur dirais peut-être d'être éventuellement un peu plus souples par rapport à certaines attitudes, mais je ne peux rien contre les mentalités. » (E), 368.

Ouvrez les yeux
« Enfin, oui, ouvrez vos yeux, ça peut vous arriver, à vous comme à moi le chômage, l'exclusion. Ouvrez vos yeux, demain vous pouvez être chômeur, exclu. » (E), 369.

Ne vivez pas dans la peur
R. : Vous êtes responsables de vos pensées, de vos actes, soyez très attentifs parce que très souvent vos actes découlent de vos pensées négatives. Je crois qu'on devient ce qu'on pense. Si on vit dans la peur, c'est le meilleur moyen d'avoir des événements négatifs qui arrivent, physiques ou psychiques ou professionnels.
Q. : Et quand le système vous envoie des messages de peur ?

R. : Ben, essayez de trouver en vous ce qui vous est possible avec vos moyens, de construire pour pas tomber dans ce panneau-là. (E), 370.

Les stéréotypes du chômage

« À Genève on entend encore trop souvent des attitudes sur le chômage et sur les chômeurs, des préjugés que même les chômeurs répercutent. Moi je ne suis pas comme ça mais je sais que la majorité des chômeurs abusent *(rires)*. Et les gens vous diront pas en face “vous êtes chômeur, vous abusez”, pas vous mais les autres. C’est horrible parce que ça n’aide pas les gens à sortir du chômage. Et puis n’oubliez pas que ça touche tout le monde, et puis ce que je regrette au niveau des employeurs, c’est la logique du marché. » (E), 371.

Il faut répondre au guichet pour s’imaginer

« Il faut répondre aux guichets, ne serait-ce qu’une journée, ou au téléphone pour imaginer... Donc on a trop l’habitude de penser à la place des autres et que c’est plus un besoin, faites confiance à la limite demandez-nous des comptes, vous avez le droit mais si en nous demandant des comptes on vous rend ces comptes clairement, alors en échange faites-nous confiance. Parce que le mandat, il est clair, c’est d’avoir une certaine justice dans le traitement. Et on n’est pas les gardiens de la paix, on est plutôt des garants d’un côté comme de l’autre. On ose dire qu’il y a encore de la tolérance. » (E), 372.

Réfléchir sur les préjugés

« Moi j’aurais envie de proposer que cette enquête aide la population à réfléchir sur pourquoi on utilise le réfugié comme bouc émissaire, l’image des réfugiés profiteurs, violents, criminels. Je discutais, il y a une année et demie, avec la responsable d’institution pour les victimes de torture à Berne. Elle faisait des demandes de fonds. Elle m’a dit qu’elle était surprise de voir le nombre de personnes qui répondaient : “mais vous savez un torturé y’a pas de fumée sans feu” *(rires)*. La victime devient responsable de ce qui lui est arrivé *(rires)*. Alors faisons un travail, quel est le bon réfugié, quel est le mauvais réfugié, pourquoi ? » (E), 373.

Il y a des professionnels qui font leur boulot

« Il y a des professionnels qui font leur boulot, à qui il faut faire confiance, et puis maintenant le blabla des hommes politiques, savoir si on fait un stade ou pas, etc., c’est en tout cas bien loin de ce que vivent les professionnels. Que ces citoyens essaient de s’intéresser davantage et s’informer plus sur la nature et les enjeux des choses, que de se laisser gentiment endormir par des histoires de stade, de traversée de la rade, etc., et puis qu’ils accordent peut-être un peu plus d’audience aux professionnels qui parlent, même si des fois c’est passionné, maladroit, partisan, qu’aux espèces de moulinets à paroles qui font mixture agréable pour flatter leur oreille et tirer leurs voix. » (E), 374.

Population genevoise, réveillez-vous

R. : Population genevoise, réveillez-vous, on vit dans une Genève magnifique. Il y a des défis, c'est clair que le processus de deuil de Genève centre du monde a été très lourd, mais on a encore un potentiel énorme. Croyez en vous. Parfois, je suis frappé parce que les plus grands ennemis de Genève, c'est les Genevois.

Q. : Vous avez quel âge quand vous dites ça ?

R. : J'ai 40 ans cette année.

Q. : Oui, c'est donc quelqu'un de 40 ans qui s'adresse à la population, réveillez-vous.

R. : Je crois que ça me paraît les messages en mots clé que je souhaiterais faire passer depuis mon travail au chômage. (E), 375.

ANNEXES

Lettre de G.-O. Segond du 1.12.1998
Code de déontologie de la police cantonale genevoise
Circulaire de la police cantonale genevoise sur les renvois forcés
Code Plasta utilisé pour le traitement des chômeurs
Modèle des cercles (extrait).
Affaire du coussin (Belgique), information

RÉPUBLIQUE ET CANTON DE GENÈVE
Département de l'action sociale et de la santé

LE CONSEILLER D'ÉTAT

Genève, le 1er décembre 1998

A l'attention des personnes intéressées

Concerne : recherche sur le défi humanitaire posé aux professionnels des services publics s'occupant du chômage, de l'immigration et de l'asile

Madame, Monsieur,

Je souhaite, par la présente, vous informer de ce qui suit :

1. Grâce à l'appui de l'Etat de Genève, de l'Université de Genève, de l'Université de Lausanne et de la Migros, une proposition de recherche élaborée par Mme Marie-Claire Caloz-Tschopp et appuyée par le Professeur T.-W. Harding, directeur du «programme plurifacultaire action humanitaire» (ppAH), a pu se concrétiser.

2. Une équipe interdisciplinaire de chercheurs des universités de Genève et de Lausanne mène donc à bien une recherche intitulée : «recherche sur le défi humanitaire posé aux professionnels des services publics s'occupant du chômage, de l'immigration et de l'asile».

   Les travaux ont commencé le 1er janvier 1998 et se termineront à fin mars 2001.

3. Le thème central de la recherche est l'action et le jugement dans le service public; en bref, les questions suivantes définissent les objectifs, le contenu et les résultats escomptés de la recherche :

3.1. A quelles conditions les employés du service public (médecins, infirmières, travailleurs sociaux, policiers, fonctionnaires d'administration) des secteurs de l'immigration, de l'asile et du chômage, tout en remplissant leur fonction, peuvent-ils avoir une position éthique, remplir leur fonction humanitaire et de justice en respectant la liberté et en intégrant les problèmes d'inégalité liés à la question dite «interculturelle »?

Rue de l'Hôtel-de-Ville 14 - Case postale 3984 - 1211 Genève 3 - Tél. (022) 319 29 00 - Fax (022) 310 99 65
E-Mail Segond-GO@ge-dass.etat-ge.ch

3.2. De quels champs et à quelles méthodes peuvent-ils se référer pour définir et évaluer leur action, définir les axes de travail préventif ?

3.3. A quelles conditions leurs actions et leur jugement professionnel peuvent-ils être définis comme action humanitaire ? La justice et l'humanité sont-elles compatibles dans l'action des professionnels du service public, dans ce cas, auprès des chômeurs, des migrants, des réfugiés, des requérants d'asile ?

4. Je vous saurais gré de réserver le meilleur accueil à Mme Caloz-Tschopp et à son équipe de recherche en leur facilitant l'accès aux données pertinentes.

Je vous remercie de votre collaboration et vous prie de croire, Madame, Monsieur, à mes sentiments les meilleurs.

Guy-Olivier SEGOND

<u>Copie</u> : - Mme M.-C. Tschopp
- Prof. T.- W. Harding
- M. M. Gönczy
- M. R. Cuénod
- M. B. Gut

Rue de l'Hôtel-de-Ville 14 - Case postale 3984 - 1211 Genève 3 - Tél. (022) 319 29 00 - Fax (022) 310 99 65
E-Mail Segond-GO@ge-dass.etat-ge.ch

Le code de déontologie

- **Préambule**
  Le code de déontologie vise à arrêter les principes généraux dans lesquels s'inscrit l'action de la police et fixe le contexte éthique de l'activité de la police.

- **Contexte général**
  Bras armé de l'Etat, la police agit, soit en fonction de compétences originelles, soit en concours avec les autorités compétentes de par la loi.
  En axant son action sur le respect des normes juridiques démocratiquement acceptées, la police contribue à l'affirmation de la souveraineté de l'Etat et au respect des libertés et droits fondamentaux des citoyens. Par là même, elle est la gardienne des valeurs intemporelles et universelles de notre culture.

- **Cadre d'action**
  La police est exercée sur l'ensemble du territoire de la République et Canton de Genève par un seul Corps de police dont les différents services contribuent, en étroite coordination, à assumer les missions fixées par la loi, respectivement ordonnées par le conseiller d'Etat chargé de la justice et de la police, les autorités compétentes en matière de poursuites pénales, le Chef de la police ou les Officiers de police.
  La police genevoise exécute les tâches qui lui sont imparties selon les priorités arrêtées dans le cadre des options stratégiques à moyen et long terme, respectivement des options opératives / tactiques.
  L'activité préventive fait partie intégrante du champ d'action de la police .
  Dans les cas de nécessité et en l'absence d'autres organismes pouvant intervenir, la police prête aide et secours aux personnes dans le besoin.
  En cas de besoin et en l'absence de dispositions légales particulières, la police agit selon les principes découlant de la clause générale de police.
  Au service de l'Etat et de la population, la police collabore, dans un esprit d'ouverture et de franchise, avec tous ses partenaires.

- **Devoirs des policiers**
  En qualité de serviteur des lois et de l'Etat, le policier se doit d'avoir en tout temps et en tout lieu un comportement exemplaire, impartial et digne, respectueux de la personne humaine et des biens.
  L'usage des pouvoirs conférés par la loi s'effectue toujours avec pondération et mesure, de manière opportune et adaptée aux circonstances.
  En service, le policier s'abstient de toute déclaration subjective de caractère politique, philosophique ou religieux.
  Hors service, le policier agit spontanément, dans la mesure de ses possibilités, pour prévenir la commission d'une infraction ou contribuer à l'interpellation de son auteur. De la même manière, il est également prêt à porter secours aux personnes en danger.
  Les personnes interpellées sont sous la protection de la police et doivent être traitées avec décence, conformément aux droits fondamentaux reconnus à tout homme.
  Professionnellement le policier tend vers la plus grande polyvalence qui garantit les changements d'affectation et le profil de carrière.
  L'intérêt de la mission l'emporte sur l'intérêt personnel.
  La disponibilité et la courtoisie caractérisent tout policier.

- **Droits des policiers**
  Tout policier faisant l'objet de poursuites ou représailles suite aux activités qu'il a accomplies dans l'exercice de ses fonctions est défendu par le commandement. Au besoin, le policier a droit à une assistance juridique. Le policier a droit à la protection de sa personnalité, respectivement de sa sphère privée pour les enquêtes et actes accomplis légalement dans l'exercice de ses fonctions. Cette protection peut inclure, le cas échéant, le droit à l'anonymat, la hiérarchie répondant au nom du policier pour les enquêtes et actes accomplis par ce dernier, conformément à la loi ou aux ordres donnés.
  Les procédures disciplinaires menées à l'encontre d'un policier doivent être franches et exécutées dans les meilleurs délais. Le policier a le droit d'être informé sur les principales étapes de la procédure le concernant.
  Le policier a le droit d'être entendu par son chef de service ou/et le Chef de la police avant toute décision qui le touche personnellement.
  Tout policier a le droit d'être syndiqué et d'exercer une activité syndicale.

- **Droits et devoirs des chefs**
  Dans l'exercice de leur fonction de commandement, les chefs prennent toutes les décisions utiles à l'accomplissement des tâches qui leur sont confiées ou sont de leur ressort.
  Le chef répond personnellement de la bonne exécution des ordres donnés, respectivement de la légalité des mesures et du contrôle de leur exécution.
  A l'exception des décisions de police judiciaire prises par les Officiers de police, les ordres sont transmis par la voie hiérarchique. En cas d'urgence, les ordres peuvent être immédiatement transmis pour exécution, avec information parallèle aux échelons hiérarchiques intermédiaires.
  Le collaborateur est tenu de se conformer aux ordres reçus, sauf si ceux-ci paraissent manifestement illégaux ou contraires au bon sens ou sont susceptibles de compromettre gravement l'ordre public. Dans un tel cas, le collaborateur doit faire part de ses objections à son chef et, si le doute persiste, au supérieur de ce dernier. Hormis le cas précité, tout refus d'ordre fait l'objet d'une enquête disciplinaire.

- **Exécution**
  Le Chef de la police et les Officiers de police assurent le respect des principes du code de

déontologie

Le Chef de la police
Laurent WALPEN

P	M. C. COQUOZ Chef de la Police	11
	Date : 01.01.2003	B
	Nouvelle teneur : dès le	6

A. INTRODUCTION

Le présent ordre de service est une application des directives émises par le groupe de "Passagers II" mandaté par le groupe de travail "Exécution des mesures de renvoi" formé de représentants de l'Office fédéral des réfugiés et des cantons pour établir des normes en matière de refoulements par voie aérienne avec usage de la contrainte.

Ces directives ont été soumises à la Conférence de chefs cantonaux des départements de Justice et Police (CCDJP) qui les a approuvées le 11 avril 2002.

1. DISPOSITIONS GENERALES

1.1 Champ d'application

1.1.1 Les présentes directives sont applicables à tous les rapatriements sous contrainte par voie aérienne effectués par des agents de police suisses, indépendamment des moyens de contrainte devant être employés et du fait qu'il s'agisse de vols réguliers ou charters à bord d'avions immatriculés ou non en Suisse ou d'Etat.

1.1.2 Les directives s'étendent de la préparation d'un rapatriement sous contrainte, sur le lieu de séjour de la personne intéressée jusqu'à la remise de cette dernière aux autorités du pays concerné.

1.2 Légalité des moyens de contrainte

1.2.1 Les moyens de contrainte constituent une atteinte à l'intégrité physique et psychique des personnes concernées. Par conséquent, la forme et la durée d'utilisation des moyens de contrainte doivent pouvoir se fonder sur une base légale, être proportionnelles et d'intérêt public.

1.2.2 Il convient notamment de prendre en considération:

- le respect du droit à la vie et à la liberté personnelle,
- la dignité de l'être humain inhérente à toute personne,
- l'égalité de tous les hommes devant la loi,

P	M. C. COQUOZ Chef de la Police	11
	Date : 01.01.2003	B
	Nouvelle teneur : dès le	6

- l'interdiction de torturer et d'infliger des traitements cruels, inhumains ou dégradants,
- l'interdiction de l'arbitraire et de la discrimination.

1.3 Du principe de la proportionnalité en particulier

1.3.1 L'utilisation des moyens de contrainte n'est proportionnelle que si elle est nécessaire, appropriée et proportionnelle au sens strict du terme.

1.3.2 L'utilisation des moyens de contrainte est nécessaire s'il s'avère que sans ces derniers, l'objectif fixé ne pourrait être atteint, à savoir que le rapatriement ne pourrait être effectué ou serait très certainement voué à l'échec.

1.3.3 L'emploi de moyens de contrainte est approprié s'il contribue concrètement à atteindre l'objectif fixé, ce qui n'aurait pas été possible autrement. Ainsi, les moyens de contrainte ne remplissant pas cette condition ne respectent pas le principe de proportionnalité.

1.3.4 L'utilisation des moyens de contrainte est proportionnelle au sens strict du terme lorsque la restriction de la liberté personnelle, notamment sa durée, est proportionnée avec l'objectif à atteindre dans sa globalité, et lorsque le rapatriement ne doit pas être reporté ou effectué d'une autre manière en raison de moyens disproportionnés.

1.3.5 Les moyens de contrainte permettant de restreindre au minimum la liberté personnelle pour atteindre l'objectif visé doivent être retenus.

1.4 De l'égalité des droits et de l'interdiction de discriminer

1.4.1 Les moyens de contrainte sont exclusivement utilisés en fonction de circonstances données, notamment du comportement de la personne concernée.

1.4.2 Les personnes à rapatrier doivent être traitées avec respect. Tous gestes, toutes railleries, remarques sexistes ou dégradantes sont à bannir.

1.4.3 Seules les femmes policiers sont habilitées à utiliser des moyens de contrainte à l'encontre des femmes.

1.4.4 S'agissant d'enfants et de personnes du troisième âge, il est recommandé de les traiter avec les égards qui s'imposent.

2. L'ESCORTE

2.1 **Choix des membres de l'escorte**

2.1.1 Les agents d'escorte habilités à procéder à des rapatriements sous contrainte doivent notamment :

- disposer de plusieurs années d'expérience au sein de la police,
- être équilibrés, posséder des qualités relationnelles supérieures à la moyenne et avoir du tact. De plus, ils doivent être stables psychiquement, savoir résister au stress et au sentiment de frustration,
- maîtriser des langues étrangères,
- être en bonne condition physique.

2.1.2 Par ailleurs, les chefs d'équipe

- sont à même de s'exprimer parfaitement dans la langue des Etats de transit ou de destination ou en anglais,
- possèdent des talents de négociateur et savent s'imposer.

2.2 **Formation**

2.2.1 Seuls les agents de police ou des fonctionnaires administratifs spécialement désignés pour cette fonction qui, après avoir été choisis sur la base des critères mentionnés au point 2.1, ont réussi une formation portant notamment sur les points suivants, sont habilités à effectuer des rapatriements sous contrainte :

- les bases légales relatives à l'exécution de renvois sous contrainte (droit international, droits fédéral et cantonal),
- le statut des agents d'escorte et les relations avec les commandants de bord,
- la gestion des conflits,
- l'attitude à adopter dans les situations de crise,

- l'autorisation de recourir à des moyens de contrainte et l'utilisation correcte de ces derniers.

2.2.2 Les chefs d'équipe doivent avoir suivi un cours spécial destiné aux cadres.

2.2.3 L'Institut suisse de police (ISP) organise et dispense les cours de formation et de perfectionnement.

3. MOYENS DE CONTRAINTE NON AUTORISES

3.1 **Principe**

3.1.1 Les moyens de contrainte inhumains ou dégradants sont interdits.

3.1.2 La légitime défense et l'aide apportée à une personne en danger demeurent réservées.

3.2 **Moyens de contrainte interdits**

3.2.1 Les agents d'escorte ne doivent jamais et ce, en aucune façon, entraver la respiration des personnes devant être rapatriées.

3.2.2 Il est notamment interdit, même pour une durée provisoire :

- de mettre un bâillon sur la bouche et / ou le nez de la personne concernée ou de lui mettre la main sur la bouche ou un objet dans la bouche pour l'empêcher de crier,
- de lui couvrir la tête (p. ex. avec un casque) lorsqu'il pourrait en résulter des problèmes respiratoires.

3.2.3 Les techniques visant à menotter, à maintenir au sol ou à transporter les personnes (« hog-tieing ») sont interdites, lorsque la position dans laquelle elles sont effectuées pourrait occasionner la mort par asphyxie (cf. mort par asphyxie positionnelle).

3.3 **Autres mesures non autorisées**

3.3.1 Il est interdit de mettre une couche à la personne concernée sans son consentement.

3.3.2 Pendant un vol de plusieurs heures, il est interdit d'empêcher d'office la personne concernée de se rendre aux toilettes

4. MOYENS DE CONTRAINTE ET METHODES AUTORISEES

4.1 Principe

4.1.1 Les moyens de contrainte et les méthodes autorisés ne doivent être employés que lorsque, en raison de la résistance opposée par la personne devant être rapatriée, leur emploi s'avère indispensable.

4.2 Moyens de contrainte autorisés

4.2.1 Eu égard au principe susmentionné, les moyens de contrainte ci-après sont autorisés pour autant qu'ils ne mettent pas en danger la santé de la personne concernée :

- attacher les mains, les bras, les pieds et les jambes au moyen de différents types de menottes (menottes ordinaires, menottes pour pieds, cuffbag, bandes de contorsion),
- utiliser ces instruments combinés avec d'autres moyens,
- attacher la personne sur une chaise roulante ou sur une civière,
- ceinturer la personne sur un siège ou lui mettre une camisole de force.

4.2.2 Si la résistance dont fait preuve la personne concernée nécessite que les agents d'escorte resserrent les liens, ils doivent protéger les articulations correspondantes des blessures ou d'une congestion.

4.2.3 A bord de l'avion, il ne sera pas employé de moyens auxiliaires en métal pour attacher la personne.

4.2.4 L'utilisation d'un casque spécial visant à empêcher la personne concernée de se mutiler est autorisée sous réserve du point 3.2.2.

4.3 Cas particuliers

4.3.1 Les enfants, les personnes handicapées physiques, psychiquement fragiles et/ou âgées opposant une résistance physique ne doivent être attachées que dans des situations spéciales (p. ex. danger d'automutilation).

4.4 Mesures médicales

4.4.1 Il convient de calmer, contre son gré, la personne devant être rapatriée au moyen de médicaments uniquement lorsque tous les facteurs ci-après sont réunis:

- le comportement de la personne laisse supposer qu'elle pourrait se blesser ou blesser autrui ou mettre sérieusement en danger sa vie et celle des autres,
- une visite médicale a été effectuée avant le renvoi et il n'existe, du point de vue médical, aucune contre-indication à une prise de médicaments,
- le médicament est administré par un médecin ou à sa demande expresse,
- une personne ayant une formation médicale (médecin ou secouriste) surveille l'intéressé pendant toute la durée du rapatriement.

5. PREPARATIONS DES RAPATRIEMENTS

5.1 Généralités sur les préparatifs

5.1.1 Avant de rencontrer pour la première fois la personne devant être rapatriée, les agents d'escorte et les chefs d'équipe en particulier sont tenus de s'informer, en étudiant son dossier, sur les motifs de son renvoi ou de son expulsion et sur sa situation personnelle.

5.1.2 Par ailleurs, les personnes compétentes en la matière travaillant pour les autorités chargées d'exécuter le renvoi doivent communiquer par oral au chef d'équipe tous les faits importants. Il s'agit notamment du comportement de la personne concernée au cours d'une éventuelle détention provisoire ou non ou en vue du renvoi. Ils doivent lui indiquer si elle est prête à coopérer ou si elle est plutôt susceptible de recourir à la violence.

5.1.3 Les autorités fédérales ou celles des autres cantons donnent également des informations aux autorités du canton chargé d'exécuter la décision de renvoi.

5.2 Entretien préparatoire

5.2.1 Avant de procéder à un renvoi sous contrainte, il importe de mener, sous la responsabilité du canton chargé d'exécuter le renvoi et à titre de mesure de confiance, au moins un entretien préparatoire avec la personne concernée. Au cours de cet entretien, elle sera également informée sur le déroulement de son rapatriement. Dans la mesure du possible, il faudrait qu'un membre de l'escorte y participe.

5.2.2 Si des indices mettent en évidence que la personne concernée opposera une résistance physique à son rapatriement, les conséquences d'un tel comportement lui seront expliquées, à savoir que des moyens de contrainte seront employés à son encontre.

5.2.3 Il ne faut renoncer à un entretien préparatoire que s'il s'avère que cet entretien n'occasionnera que des complications (supplémentaires) lors du rapatriement ou si un rapatriement avait déjà été effectué et avait échoué.

5.2.4 Avant que ne commence le rapatriement, il convient de donner à la personne devant être rapatriée la possibilité d'informer ses proches par téléphone et de liquider ses affaires personnelles urgentes.

5.2.5 Au cours de l'entretien, un bref procès-verbal sera établi. Ce dernier sera signé par la personne concernée et joint au log. Si, conformément au point 5.2.3, il n'est pas procédé à un entretien préparatoire ou si la personne concernée refuse de signer le procès-verbal, il faut le mentionner dans le log en précisant les motifs.

5.3 Examen médical

5.3.1 En présence de problèmes de santé manifestes ou si la personne devant être rapatriée fait valoir de tels problèmes, il sera procédé à un examen médical afin de savoir si la personne peut ou non voyager par avion.

5.3.2 S'agissant des femmes enceintes, l'examen médical, précisant si la personne est apte à prendre l'avion est obligatoire, lorsque le rapatriement doit être effectué six semaines ou moins de six semaines avant la date prévue pour l'accouchement.

5.3.3 Les résultats de l'examen médical seront communiqués par écrit à la direction de l'OCP ainsi qu'à la personne ordonnant l'exécution du renvoi.

5.3.4 Si, sur la base du rapport médical et tout au plus en tenant compte des conditions médicales, le renvoi est considéré comme exécutable, il importe de communiquer à la personne concernée, lors de l'entretien préparatoire, le contenu du diagnostic et de transmettre au chef d'équipe une copie du rapport au plus tard avant le départ de l'aéroport.

5.4 Conditions médicales

5.4.1 Si le médecin estime que la personne concernée peut voyager, il fixe les conditions médicales tout au plus nécessaires.

5.4.2 Le cas échéant, l'autorité décidant de l'exécution du renvoi est chargée de prendre les mesures visant au respect des conditions médicales.

5.4.3 Si le rapatriement doit être effectué en présence d'un médecin, la personne devant être rapatriée en sera informée à l'occasion de l'entretien préparatoire.

6. MISE EN DETENTION, FOUILLE ET TRANSPORT A L'AEROPORT

6.1 Planification

6.1.1 Selon les résultats de l'entretien préparatoire, les chefs d'équipe et les agents d'escorte doivent planifier, en coopération avec l'autorité ayant rendu la décision de renvoi et, le cas échéant, avec la police cantonale compétente, le transport à l'aéroport et, selon les circonstances, le type de moyens de contrainte nécessaires.

6.1.2 S'il est fort probable que la personne procède à une automutilation, cette dernière doit être surveillée dès la fin de son entretien jusqu'à son transport à l'aéroport ainsi que pendant la durée du voyage.

6.2 Log

6.2.1 Pour chaque personne devant être rapatriée, il importe de tenir un log (journal sur l'exécution de son renvoi).

6.2.2 Dans le log sont consignés tous les moyens de contrainte dont l'utilisation a été ordonnée, leur renforcement, leur assouplissement ou leur levée ainsi que les mesures médicales et autres dispositions importantes (p. ex. la distribution de nourriture). Il convient d'indiquer l'heure exacte, les motifs, ainsi que le nom de l'agent d'escorte ayant donné les ordres et de celui les ayant exécutés.

6.2.3 Un exemplaire de ce journal est annexé au présent ordre de service.

6.3 Arrestation et fouille

6.3.1 Si la personne concernée ne se trouve pas déjà en détention, son arrestation et les opérations effectuées immédiatement après (fouille des bagages et des vêtements, éventuellement fouille corporelle, etc.) ne sont en règle générale pas réalisées par les membres de l'escorte.

6.3.2 Des agents de police du même sexe que les personnes concernées doivent se charger de procéder aux fouilles. S'agissant des jeunes garçons, il convient de confier, de préférence, cette tâche à une policière.

6.4 Préparation du voyage

6.4.1 L'autorité chargée d'exécuter le renvoi doit permettre à la personne concernée de se vêtir et de s'équiper de manière adéquate pour le voyage.

6.4.2 Les listes spéciales de contrôle relatives à la préparation du voyage font partie intégrante des présentes directives. A ce titre, il convient de les respecter.

6.4.3 La police aéroportuaire compétente est habilitée à remettre les personnes non préparées au voyage aux autorités du canton chargé d'exécuter la décision de renvoi et à leur imputer les frais y afférents.

6.5 Transport à l'aéroport

6.5.1 D'une manière générale, le chef d'équipe ou un autre membre de l'escorte doit accompagner la personne concernée durant son transport à l'aéroport.

7. PROCEDURE A L'AEROPORT

7.1 Remise aux autorités chargées de l'exécution des décisions à l'aéroport

7.1.1 A l'aéroport, les agents de police remettent en personne l'intéressé, ainsi que ses bagages, aux autorités chargées d'exécuter le renvoi.

7.1.2 S'agissant de la remise des bagages, il sera établi un récépissé sur l'exactitude et l'intégralité de ces derniers. La personne concernée doit le signer, confirmant ainsi qu'il s'agit bien de ses bagages et qu'il n'en manque aucun. Si elle refuse d'apposer sa signature sur ce document, il convient de le signaler dans le log en indiquant le motif du refus.

7.1.3 Si le transport ne devait exceptionnellement pas être effectué en présence d'un membre de l'escorte, il importe de communiquer aux membres des autorités chargées d'exécuter le renvoi se trouvant à l'aéroport les informations relatives à la personne concernée ou au rapatriement, pouvant se révéler essentielles. Il convient également de transmettre à l'attention du chef d'équipe les copies des éventuels diagnostics médicaux, s'il ne les a pas déjà en sa possession.

P	M. C. COQUOZ Chef de la Police	11
	Date : 01.01.2003	B
	Nouvelle teneur : dès le	6

7.2 Responsabilité des autorités chargées de l'exécution des décisions de renvoi, d'expulsion et d'éloignement à l'aéroport

7.2.1 Dès la remise de la personne devant être rapatriée à l'aéroport, aux autorités chargées de son renvoi, il incombe à ces dernières d'appliquer toutes les mesures portant sur la préparation au vol et à l'assistance.

7.2.2 Lesdites autorités décident tant de l'éventuelle utilisation de moyens de contrainte (techniques) que de la place que doit occuper la personne concernée à bord de l'avion. Par ailleurs, elles informent les chefs d'équipe des mesures prises.

7.2.3 Toutes les mesures qui ont été ordonnées, modifiées ou levées doivent être consignées dans le log (cf. point 6.2).

7.3 Relations avec les compagnies aériennes et les membres de l'équipage de l'avion

7.3.1 La mission de mettre en place tous les règlements avec la compagnie aérienne choisie et de mener les entretiens nécessaires avec les membres de l'équipage incombe à la même autorité.

7.3.2 Ladite autorité se charge de mettre, dès que possible, le chef d'équipe en contact avec les membres de l'equipage.

7.3.3 Elle vérifie l'exactitude et l'intégralité des documents nécessaires au rapatriement que l'escorte doit emporter avec elle.

7.4 Dispositions diverses

7.4.1 Il convient d'autoriser la personne devant être rapatriée à aller aux toilettes juste avant de monter dans l'avion.

7.4.2 Dans les lieux publics, il importe d'employer des moyens de contrainte le plus discrètement possible.

7.4.3 Les dispositions correspondantes doivent être consignées dans le log.

P	M. C. COQUOZ Chef de la Police	11
	Date : 01.01.2003	B
	Nouvelle teneur : dès le	6

8. <u>ACCOMPAGNEMENT DURANT LE VOL</u>

8.1 Convention de Tokyo

8.1.1 Conformément à la Convention de Tokyo, le commandant de l'avion (capitaine) est le seul maître à bord pendant le vol, à savoir à partir du moment où les portes extérieures de l'appareil sont fermées jusqu'à ce qu'elles soient à nouveau ouvertes après l'atterrissage. Il appartient à cette même personne de prendre des mesures visant tant à garantir la sécurité de l'appareil, des personnes ou des biens à bord qu'à faire respecter l'ordre et la discipline à bord. Il peut requérir ou autoriser l'assistance des autres membres de l'équipage ainsi que demander ou autoriser celle des passagers en vue d'appliquer les mesures de contrainte qu'il est en droit de prendre.

8.1.2 Ce pouvoir de donner des directives s'applique également aux agents de police suisses dans la mesure où la sécurité de l'avion ou l'ordre et la discipline à bord sont menacés.

8.1.3 En cas de divergences entre le capitaine et les agents de police suisses concernant le fait d'imposer des moyens de contrainte à des personnes devant être rapatriées, de poursuivre, d'assouplir ou de suspendre leur utilisation, le capitaine conserve le pouvoir de décision dans la mesure où la sécurité, l'ordre ou la discipline à bord peuvent être menacés sous quelque forme que ce soit par l'emploi de tels moyens.

8.2 Nourriture

8.2.1 L'escorte veille à ce que la personne concernée ait constamment et suffisamment de nourriture et de boisson à disposition.

8.3 Besoins personnels

8.3.1 Il convient de permettre à une personne, devant être rapatriée et ne troublant pas l'ordre à bord, d'accéder régulièrement aux toilettes.

8.3.2 Dans les autres cas et, si besoin est, après entretien avec le commandant de bord, les agents d'escorte n'autorisent l'accès aux toilettes que s'ils estiment qu'avec les mesures préventives qu'ils ont prises, l'ordre et la sécurité à bord ne sont pas menacés.

8.3.3 Si les agents d'escorte ne permettent pas à la personne concernée de se rendre aux toilettes, il convient de permettre à cette dernière de satisfaire ses besoins naturels tout en restant à sa place en prenant les dispositions qui s'imposent.

8.4 Comportement à adopter lors d'incidents particuliers

8.4.1 En cas d'incidents particuliers pendant le vol, notamment lors de fortes perturbations ou lors d'un atterrissage forcé, il convient d'assouplir les moyens de contrainte ou le cas échéant de suspendre leur utilisation.

8.5 Aide fournie

8.5.1 Si une personne devant être rapatriée est blessée alors que les agents d'escorte emploient à son encontre des moyens ou méthodes de contrainte ou qu'elle ne se sente pas bien, l'escorte doit lui fournir les premiers secours et se charge, pour autant que cette démarche soit utile et possible, de l'assistance médicale.

8.6 Protection contre les agressions de tiers

8.6.1 Si des tiers agressent ou humilient de quelque façon que ce soit, notamment par leurs mots ou par leurs gestes, la personne devant être rapatriée, l'escorte doit, après entretien avec le capitaine, intervenir afin de la protéger.

9. COORDINATION DES MESURES APPLIQUEES LORS D'ESCALES ET DANS LE PAYS DE DESTINATION

9.1 Coordination avec le Département fédéral des affaires étrangères

9.1.1 Il n'est procédé à des rapatriements dans des pays où il n'est pas exclu que la liberté personnelle des agents d'escorte soit gravement menacée en raison de la situation politique y régnant, que si la représentation suisse dans le pays de destination garantit, à titre préventif, la liberté personnelle des agents d'escorte. Par ailleurs, elle doit être immédiatement en mesure de leur apporter le soutien nécessaire lorsqu'ils ont été sanctionnés par les autorités locales, ces dernières ayant néanmoins été saisies.

9.1.2 Ce règlement s'applique également aux pays de transit.

9.1.3 En utilisant les canaux prévus à cet effet, la Division Rapatriements ou swissREPAT se charge d'informer dans les délais les représentations suisses compétentes et, avant le début du voyage, renseigne les chefs d'équipe sur les accords convenus et sur les membres des représentations suisses compétents dans le pays tiers.

9.1.4 S'il existe des doutes quant à la garantie de sécurité dans le pays de destination, l'autorité cantonale compétente en matière d'exécution des renvois décide, après entretien avec la Division Rapatriements de l'ODR, de la marche à suivre pour exécuter le renvoi.

10. DISPOSITIONS PARTICULIERES

10.1 Règlement des frais

10.1.1 Les frais sont réglés selon l'ordre de service 4C3.

10.2 Hébergement dans un Etat tiers

10.2.1 Si les membres de l'escorte doivent passer la nuit dans un Etat tiers, ils ont droit de choisir un hôtel de la même catégorie que celui des collaborateurs consulaires des représentations suisses.

10.3 Rapport de fin de mission

10.3.1 Dès son retour, le chef d'équipe doit rédiger un rapport sur l'exécution du renvoi accompagné du log dûment complété. Par ailleurs, le rapport doit également contenir l'exposé de tous les incidents importants et être envoyé dans les deux jours à l'autorité cantonale compétente en matière d'exécution des renvois.

10.3.2 Pour autant que le rapport fasse état de problèmes importants avec une compagnie aérienne ou avec les membres de l'équipage ou des moyens de résistance utilisés par la personne devant être rapatriée, une copie dudit rapport sera remise à la Division Rapatriements de l'ODR ou à swissREPAT.

P	M. C. COQUOZ Chef de la Police	11
	Date : 01.01.2003	B
	Nouvelle teneur : dès le	6

10.4 Moyens mis à disposition

10.4.1 Dès leur arrivée en Suisse, les agents d'escorte doivent remettre à l'autorité compétente en matière de renvois à l'aéroport (swissREPAT et/ou la police aéroportuaire) tous les moyens qui leur ont été mis à disposition pour le voyage et ils doivent l'informer oralement du déroulement du rapatriement.

10.5 Encadrement

10.5.1 A leur retour et si elles en font la demande, les escortes ont droit à un soutien psychologique et/ou à un soutien spirituel accordé par le canton chargé d'exécuter les renvois.

11. DISPOSITIONS TRANSITOIRES ET FINALES

11.1 Dispositions transitoires

Dans l'attente de disposer de personnes formées selon point 2.2, il convient d'engager en qualité de chefs d'équipe et d'agents d'escorte des agents de police ou des fonctionnaires administratifs spécialement désignés pour cette fonction et ayant fait leur preuve dans ce type de mission.

11.2 Dispositions finales

Le présent ordre de service entre en vigueur le 1er janvier 2003.

LE CHEF DE LA POLICE

Signé : C. COQUOZ

(Annexes)

P	M. C. COQUOZ Chef de la Police	11
	Date : 01.01.2003	B
	Nouvelle teneur : dès le	6A

A. INTRODUCTION

Les documents ci-dessous sont des annexes de l'ordre de service 11.B.6 dont ils font partie intégrantes.

Ils sont à remplir lors de chaque refoulement par voie aérienne avec escorte et doivent être joints au rapport de refoulement établi pour la circonstance.

Confédération suisse Canton
Département fédéral de justice et police

Office ....

LOG relatif au RAPATRIEMENT

Nom: .... Prénom : .... Sexe: ....

Le log doit contenir toutes les décisions et les mesures (modifications ou levées comprises) prises depuis le moment où la personne a appris qu'elle allait être rapatriée jusqu'à celui de sa remise aux autorités du pays de destination. Après le rapatriement, l'original du log doit être joint aux documents de l'office cantonal compétent en la matière et une copie doit être jointe à ceux de swissREPAT.

Entretien préparatoire :

Effectué le .... de .... à ....

Effectué par ....

☐ n'a pas été effectué. Motif: ....

Escorte : ....

....

Compagnies aériennes :

.... Type d'avion .... de .... à ....

.... Type d'avion .... de .... à ....

.... Type d'avion .... de .... à ....

Incidents extraordinaires :

....

....

....

LOG terminé le .... à .... à .... par ....

Signature : ....

DIRECTIVES RELATIVES AUX RAPATRIEMENTS SOUS CONTRAINTE PAR VOIE AERIENNE

(Annexes)

P	M. C. COQUOZ Chef de la Police	11
	Date : 01.01.2003	B
	Nouvelle teneur : dès le	6A

Date	Heure	Ordres / Levées de mesures Remarques / Constats	Motif	Donneur(s) d'ordre Exécutant (s)

Bundesamt für Wirtschaft und Arbeit (BWA)
Office fédéral du développement économique et de l'emploi (OFDE)
Ufficio federale dello sviluppo economico e del lavoro (UFSEL)
Uffizi federal dal svilup economic e da la lavur (UFSEL)

BWA
OFDE
UFSEL

Bundesgasse 8
3003 Bern

le 10 septembre 1998

Ihr Zeichen
V. référence
V. referenza
V. segn

Unser Zeichen / N. référence / N. referenza / N. segn: B-ug-sc/cf 328.04/2671f

Rückfrage / Rappel / Richiamo / Reclom: Ueli Greub 031/322 29 95

Aux

- Offices cantonaux du travail
- Caisses de chômage

Circulaire relative à la protection des données dans les systèmes d'information PLASTA/SIPAC

Mesdames, Messieurs,

Les problèmes rencontrés avec la banque de données Internet des demandeurs d'emploi destinée aux agences de placement privées ont montré la nécessité d'accorder une attention accrue à la protection des données dans l'exécution de la loi sur l'assurance-chômage (LACI) et de la loi sur le service de l'emploi (LSE), en particulier par les utilisateurs des systèmes d'information PLASTA et SIPAC (inclue l'aide cantonale aux chômeurs).

La présente circulaire vise à faire en sorte que toutes les personnes qui participent à l'exécution de l'assurance-chômage soient à même d'appliquer correctement les règles de la protection des données dans leur travail quotidien. Nous vous prions de donner à vos collaborateurs et collaboratrices des consignes très précises en vous inspirant des considérations qui suivent.

1. Bases légales

La présente circulaire s'appuie sur les bases légales suivantes:

- Loi fédérale du 25 juin 1982 sur l'assurance-chômage obligatoire et l'indemnité en cas d'insolvabilité (LACI);
- Ordonnance du 31 août 1983 sur l'assurance-chômage obligatoire et l'indemnité en cas d'insolvabilité (OACI);
- Loi fédérale du 6 octobre 1989 sur le service de l'emploi et la location de services (LSE);
- Ordonnance du 16 janvier 1991 sur le service de l'emploi et la location de services (OSE);

¢ CDSPP 18.9.98 /MAH/MGG

Arbeitsmarkt und Arbeitslosenversicherung
Marché du travail et assurance-chômage
Mercato del lavoro e assicurazione contro la disoccupazione
Martgà e da lavur ed assicuranza per dischoccupads

Tel. 031/322 29 20
Fax 031/311 38 35

- Ordonnance du 28 novembre 1983 sur les systèmes d'information et de paiement de l'assurance-chômage;
- Ordonnance du 14 décembre 1992 sur le système d'information en matière de placement et de statistique du marché du travail (O-PLASTA);
- Loi fédérale du 19 juin 1992 sur la protection des données (LPD);
- Ordonnance du 14 juin 1993 relative à la loi fédérale sur la protection des données (OLPD).

2. <u>Principes régissant la protection des données</u>

La loi sur la protection des données définit, aux art. 4 à 11, les principes qui régissent la protection des données et qui sont valables également pour les collaboratrices et collaborateurs chargés de l'exécution de la LACI et de la LSE; à savoir:

- légalité de la collecte (art. 4, al. 1, LPD);
- traitement conforme aux principes de la bonne foi (art. 4, al. 2, LPD);
- proportionnalité (art. 4, al. 3, LPD);
- les données doivent être traitées uniquement dans le but indiqué (art. 4, al. 3, LPD);
- exactitude des données (art. 5, LPD);
- sécurité des données (art. 7, LPD);
- droit d'accès (art. 8, LPD).

3. <u>Enregistrements dans les systèmes d'information PLASTA/SIPAC</u>

3.1 <u>Principes à observer dans le maniement de données personnelles sensibles</u>

Dans l'esprit de l'art. 19, al. 3, en corrélation avec l'art. 3, let. c, LPD, aucunes données personnelles sensibles telles que:

- les opinions ou activités religieuses, philosophiques, politiques ou syndicales;
- la santé, la sphère intime ou l'appartenance à une race;
- des mesures d'aide sociale;
- des poursuites pénales ou administratives,

ne doivent être enregistrées dans les systèmes d'information PLASTA/SIPAC, même si ces circonstances de fait particulières ont une incidence sur les possibilités de réintégration du demandeur d'emploi concerné.

<u>Exception:</u> Pour autant qu'un champ de saisie ait été expressément prévu à cet effet, il est permis d'y enregistrer les mesures qui ont été décidées dans le cadre de l'exécution de la LACI et de la LSE et qui ont des conséquences directes sur les prestations de l'assurance-chômage (p. ex. sanctions au titre de la LACI et leur motivation, renvoi à un service de conseil spécialisé, demande de rente AI).

3.2 Champs de texte facultatif PLASTA 30[1] (Remarques personnelles de l'office du travail), 64[1] (Remarques), 70[1] (Remarques) et en particulier 243[1] (Réserve pour notes): gestion des cas SIPAC en suspens

En vertu de l'art. 4, al. 3, LPD, en corrélation avec l'art. 126 OACI, les données personnelles ne peuvent être traitées que dans le but indiqué lors de leur collecte, qui est prévu par la loi ou qui ressort des circonstances (en l'occurrence l'exécution de la LACI et de la LSE ainsi que l'amélioration des possibilités de réinsertion).

Parallèlement, l'exigence de proportionnalité énoncée à l'art. 4, al. 2, LPD, implique que seules peuvent être collectées les données absolument indispensables à l'exécution des tâches imparties par la loi.

Enfin, les exigences posées par la loi fédérale sur l'égalité entre hommes et femmes doivent également être prises en compte (RS 151).

En application du principe de proportionnalité, les données personnelles ci-après ne peuvent être enregistrées ni dans le champ PLASTA 243 „Réserve pour notes" ni dans la gestion des cas SIPAC en suspens :

- mariage, divorce;
- maladies;
- motifs et date du congé;
- plaintes ou sanctions pénales;
- procédures judiciaires en cours;
- alcoolisme, tabagisme, toxicomanie...
- religion.

Selon ces principes, il est permis d'indiquer la durée et le degré d'une incapacité de travail aux champs de texte facultatif PLASTA, en particulier au champ 243 „Réserve pour notes", et plus précisément dans la gestion des cas SIPAC en suspens. Il est par contre interdit d'en indiquer le motif.

Exemple

Une demandeuse d'emploi annonce au conseiller en personnel ORP qu'elle est enceinte. L'accouchement est prévu normalement pour la fin juin 1998. L'exemple ci-après montre les deux manières - l'une incorrecte, l'autre correcte - d'enregistrer cet état de fait dans le système d'information PLASTA et SIPAC.

Incorrecte: *Enceinte, date présumée de l'accouchement: fin juin 1998. Incapacité de travail jusqu'aux alentours de la fin septembre 1998.*

Correcte: *Incapacité de travail de la fin juin jusqu'aux alentours de la fin septembre 1998.*

En outre, il est permis d'indiquer les professions ou les activités qui n'entrent pas en ligne de compte pour un demandeur d'emploi bien qu'il possède une formation ou une expérience appropriées. Dans ce cas aussi, il est toutefois interdit d'indiquer des motifs.

[1] Selon annexe de l'O-PLASTA

Exemple:

Un chauffeur s'est vu retirer son permis, d'avril à fin septembre 1998, pour conduite en état d'ivresse. Durant ce laps de temps, il ne peut travailler comme chauffeur.

Incorrecte: *Retrait de permis d'avril à fin septembre 1998 pour conduite en état d'ivresse. Jusque-là, ne peut être placé comme chauffeur.*

Correcte: *Ne peut travailler comme chauffeur jusqu'à la fin septembre 1998.*

Afin d'être en mesure de remplir de manière optimale la mission de placement impartie par la loi, les organes compétents peuvent enregistrer en outre les informations suivantes au champ de texte facultatif PLASTA 243 „Réserve pour notes" et dans la gestion des cas SIPAC en suspens:

- expérience professionnelle;
- cours de perfectionnement suivis, diplômes préparés ou obtenus;
- connaissances professionnelles particulières (p. ex. connaissances des programmes informatiques, spécialisation);
- infrastructure disponible (p. ex. véhicule privé ou, en cas de travail à domicile, place de travail disponible).

Cette liste est exhaustive.

3.3 Enregistrements aux autres champs de saisie

A tous les autres champs de saisie des systèmes d'information PLASTA et SIPAC, il est interdit d'enregistrer d'autres données que celles prévues dans le manuel PLASTA. Les principes énoncés au point 1 doivent bien entendu être respectés.

Il est interdit en particulier de modifier l'objet des champs de saisies (v. aussi à ce propos la circulaire du 22 février 1996, chiffre 1)

3.4 Principe à observer dans l'enregistrement des emplois vacants

La Suisse a ratifié, le 21 décembre 1965, la Convention internationale sur l'élimination de toutes les formes de discrimination raciale. Ce faisant, elle s'est engagée entre autres à s'abstenir de toute action ou pratique susceptible de discriminer des personnes ou des groupes en raison de leur race et de veiller à ce que les autorités et les institutions publiques agissent en conformité avec cet engagement. La Suisse a formulé une seule réserve à cet égard, concernant l'accès des étrangers et étrangères au marché du travail. Or, nombre d'employeurs qui annoncent un emploi vacant précisent qu'ils ne veulent pas des ressortissants de certains pays, des membres de certaines ethnies, religions ou races. Ce genre d'exigences est incompatible avec ladite Convention et toute indication en ce sens interdite dans le système d'information PLASTA. (v. également à ce sujet notre circulaire du 22 février 1996, chiff. 2).

4. Dossiers écrits

Les principes énumérés aux points 1 à 3 valent également pour le traitement des dossiers écrits. Les ORP et les caisses de chômage peuvent néanmoins conserver dans les dossiers écrits les documents dont ils ont **absolument** besoin pour accomplir leur tâche.
En outre, des dispositions appropriées doivent être prises pour empêcher que des personnes non autorisées puissent accéder aux documents écrits.

Les documents dont le responsable du dossier n'a plus besoin ou les tirages défectueux doivent être éliminés par des moyens appropriés.

L'art. 106 OACI définit les règles relatives à la conservation des documents par les caisses. Ces prescriptions sont valables par analogie pour les autorités cantonales et les ORP.

5. Communication de données dans le cadre du placement

En ce qui concerne la communication des données des demandeurs d'emploi à des tiers, nous vous renvoyons à l'obligation de garder le secret définie aux art. 97 LACI,. 34 LSE et 57 OSE, ainsi qu'aux dérogations prévues aux art. 125 OACI et 57 OSE.

Il est interdit de communiquer aux employeurs des informations sur un demandeur d'emploi qui permettent de l'identifier - en particulier son nom - sans l'accord écrit, général ou limité au cas particulier, du demandeur d'emploi; il faut de surcroît que l'employeur ait un emploi vacant susceptible de convenir au demandeur d'emploi en question. En l'absence d'un tel accord, l'autorité compétente doit assigner le demandeur d'emploi à l'emploi vacant.

Les communes continuent à assumer des tâches importantes dans l'assistance aux chômeurs (inscription, organisation de programmes d'emploi temporaire, versement de l'aide cantonale aux chômeurs, aide financière aux chômeurs en fin de droits). L'art. 5, al. 2, O-PLASTA, prévoit que les offices du travail communaux peuvent être raccordés au système d'information PLASTA; mais, pour des raisons financières, il est rare qu'ils le soient. Aussi, pour permettre aux communes de faire tout de même leur travail, les ORP peuvent-ils fournir aux offices du travail communaux, dans l'esprit de l'art. 5, al. 2, O-PLASTA, une liste de toutes les personnes domiciliées dans la commune qui perçoivent des prestations de l'assurance-chômage. Seuls peuvent être communiqués aux offices du travail communaux les champs 1 à 24 selon la liste des données figurant dans l'annexe de l'ordonnance PLASTA et la date présumée de l'arrivée en fin de droits.

6. Droit des personnes concernées à être renseignées

En vertu de l'art. 8 LPD, de l'art. 58 OSE, de l'art. 126 OACI et de l'art. 3 O-PLASTA, les personnes concernées ont le droit d'être renseignées gratuitement, par écrit et sous une forme compréhensible sur les données les concernant enregistrées dans les systèmes d'information PLASTA et SIPAC.

Les organes d'exécution de la LACI sont tenus d'autoriser les personnes intéressées à consulter les documents écrits les concernant.

Si la personne concernée demande que les données soient rectifiées ou complétées, les organes d'exécution de la LACI ont l'obligation d'enregistrer la demande de rectification aux champs correspondants du système d'information ou de la conserver dans le dossier et, le cas échéant, d'effectuer les rectifications demandées (art. 5, al. 2, LPD, art. 126 OACI, art. 58 OSE, art. 3 O-PLASTA). Ils doivent également communiquer les rectifications effectuées aux services auxquels les données sont normalement transmises (art. 58, al. 3, OSE).

7. Conséquences en cas de violation de la protection des données

Le fait de communiquer indûment des données personnelles constitue un délit passible de poursuites pénales: il peut y avoir "violation du devoir de discrétion" au sens de l'art. 35 LPD, "violation de l'obligation de garder le secret" au sens de l'art. 105 LACI, mais aussi "violation du secret de fonction" au sens de l'art. 320 CP.

8. Remarques finales

Afin de vous simplifier la tâche, nous avons rédigé une feuille d'information pour l'instruction de vos collaborateurs. Ce document, que nous joignons à la présente circulaire, sera également envoyé par mail à tous les utilisateurs et utilisatrices PLASTA.

L'art. 37, al. 1, LPD, dit qu'en l'absence de dispositions cantonales le traitement de données personnelles par des organes cantonaux en exécution du droit fédéral est régi par les dispositions des articles 1 à 11, 16 à 23 et 25, al. 1 à 3, de la LPD. Le canton pourrait donc édicter des prescriptions qui diffèrent du droit fédéral. C'est pourquoi nous vous recommandons de prendre contact avec le préposé cantonal à la protection des données pour voir avec lui ce qu'il en est et discuter des autres questions qui restent éventuellement à clarifier.

A l'avenir, l'OFDE procédera à des contrôles réguliers des banques de données , afin d'assurer le respect des directives présentes.

Nous vous remercions de votre collaboration et restons bien entendu à votre disposition pour tout complément d'information.

Veuillez agréer, Mesdames et Messieurs, l'expression de nos sentiments distingués.

OFFICE FEDERAL DU DEVELOPPEMENT ECONOMIQUE ET DE L'EMPLOI
Chef du marché du travail et de l'assurance-chômage

D. Babey

Annexe: feuille d'information

Copies:

- Office fédéral de la formation professionnelle et de la technologie
- Office fédéral des étrangers
- Office fédéral des assurances sociales
- Office suisse du travail à domicile

Le modèle suisse des "trois cercles"
pour la politique à l'égard des étrangers (1991)

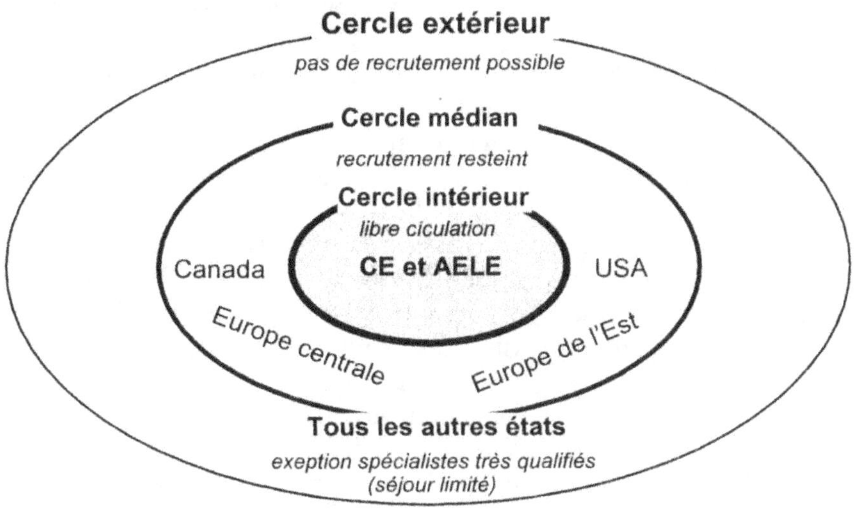

Source: Rapport du Conseil fédéral sur la politique à l'égard des étrangers et des réfugiés du 15 mai 1991, Berne (no. 91.036).

« Principes de la nouvelle politique suisse à l'égard des étrangers.

La nouvelle politique à l'égard des étrangers aura pour objet principal l'intégration de la Suisse dans son environnement européen. Notre pays doit pouvoir garder sa place, reconnue par les autres Etats, au sein de l'Europe. Cela exige une ouverture progressive pour aboutir finalement à la libre circulation des personnes entre la Suisse et les Etats de la CE et de l'AELE.

La deuxième priorité consistera à maîtriser la pression migratoire croissante du Sud vers le Nord et de l'Est vers l'Ouest. Une politique d'admission restrictive est ici impérative.

La nouvelle politique suisse des années nonante à l'égard des étrangers sera donc la suivante :

a) Afin de préserver notre identité nationale, de sauvegarder la paix sociale et de conserver l'équilibre démographique, il importera de maintenir un rapport équilibré entre Suisses et Etrangers. L'effectif de la population étrangère résidante continuera à être placé sous contrôle. Une clause de protection devra permettre d'empêcher d'éventuels mouvements de migrations massifs et imprévus en provenance des Etats de la CE et de l'AELE.

b) Il importera de coordonner les efforts sur les plans européen et mondial afin de maîtriser la pression migratoire.

c) La Suisse a besoin comme auparavant de recourir à la main d'œuvre étrangère pour pouvoir conserver ses avantages en tant que place économique.

d) Ces raisons ont conduit à l'élaboration **d'un modèle des trois cercles** :

  - Dans le cercle intérieur (libre circulation), qui ne comprend que les Etats de la CE et de l'AELE, les limitations actuelles en matière de politique à l'égard des étrangers et de marché du travail qui touchent la libre circulation des personnes sont progressivement abolies.
  - Le cercle médian (recrutement restreint) comprend les pays qui ne font pas partie ni de la CE, ni de l'AELE et qui ne font donc pas partie du cercle intérieur ; néanmoins, nous souhaitons y recruter de la main-d'œuvre dans le cadre d'une politique restrictive. Dans l'optique actuelle, les USA et le Canada font notamment partie de ces pays. Dans les années à venir, il sera possible d'admettre d'autres Etats (d'Europe centrale et d'Europe de l'Est essentiellement) dans le cercle médian. Il conviendra de faciliter l'admission de main-d'œuvre particulièrement qualifiée provenant de ce dernier cercle. Il devra être possible de procéder à des simplifications d'ordre administratif, d'améliorer le statut juridique, d'aider au perfectionnement professionnel et à l'intégration des intéressés. Toutefois, il faudra poursuivre par principe la politique restrictive qui a été la nôtre jusqu'à présent.
  - Le cercle extérieur (pas de recrutement mais possibilité de faire des exceptions) englobe tous les autres Etats. Les ressortissants de ces derniers ne recevront d'autorisation de séjour et de travail que dans des cas exceptionnels. Il sera toutefois possible d'assouplir au besoin cette pratique dans le cas de spécialistes très qualifiés désirant effectuer un séjour de plusieurs années mais de durée limitée dans notre pays, tout en évitant de favoriser la fuite des cerveaux.

Lorsqu'on procédera à une libéralisation de notre politique d'admission de main-d'œuvre étrangère, il faudra veiller à ce qu'elle s'accompagne, en contrepartie, de l'ouverture d'autres marchés du travail qui se fera alors au bénéfice des ressortissants suisses. (chap. 4, pp. 19-20). (…)

5. Conclusions

La Suisse vit en grande partie de l'échange des biens, de capitaux, de personnes et de services avec d'autres Etats. Elle est et reste partie intégrante d'un ordre international et surtout européen. L'isolement ne correspond ni à son histoire ni à sa vocation.

Pour sa politique future, le Conseil fédéral se laissera guider par les principes directeurs cités plus haut (chap. 3). La sauvegarde des principes vitaux économiques et écologiques, le maintient de la paix sociale et de notre identité nationale, l'orientation des activités de l'Etat selon les principes éthiques et humanitaires ainsi que l'intégration de la Suisse dans le futur espace européen sont autant de prémisses de la politique future à l'égard des étrangers et des réfugiés, prémisses auxquels tous les intérêts particuliers devront être subordonnées » (Conclusions, p. 47). (...)

5.3. Aspects à long terme

Le fossé grandissant entre les Etats riches et les Etats pauvres, les régions politiquement stables et celles ébranlées par les crises ne fait qu'accroître le nombre des émigrants. Ce n'est qu'en comblant ce fossé qu'il serait possible de ralentir les mouvements migratoires. Cependant, rien n'indique à l'heure actuelle que les différences s'atténueront. La Suisse, l'Europe de l'Ouest, l'Amérique du Nord, le Japon, l'Australie, certains Etats du Sud-Est asiatique et, dans un avenir proche, quelques Etats d'Europe centrale et de l'Est deviennent des îlots de prospérité dans un monde de privations. Il s'avère de plus en plus que si les pays du tiers monde venaient à copier ce modèle de société, à supposer que cela soit possible, on aboutirait à une catastrophe écologique. Dans l'hypothèse où les populations des pays pauvres, fort nombreuses, revendiqueraient ne serait-ce que la moitié de l'énergie et des ressources naturelles que nous sommes accoutumés à consommer, les limites que nous impose l'écologie seraient dépassées. Force est de constater que les critères que connaissent nos sociétés occidentales ne peuvent servir de modèle à un ordre mondial qui soit viable. Nous ne pouvons que pressentir la gravité des conséquences de ce qui précède.

C'est pourquoi il faudrait soutenir les recherches et les processus de prises de conscience qui ont lieu sur c e point en Suisse et à l'étranger » (Conclusions, p., 50).

Source : Extraits du rapport du Conseil fédéral (suisse) sur la politique à l'égard des étrangers et des réfugiés, Berne, mai 1991, no. 91.036).

ANNEXE

L'affaire dite « du coussin » en Belgique

Belgique
Sémira Adamu
Meurtre d'Etat

Il y a cinq ans, Sémira Adamu, jeune nigériane devenue la figure emblématique de la lutte des sans papiers et autres déboutés de l'asile en Belgique, mourrait étouffée entre les mains des policiers après cinq tentatives infructueuses d'expulsion. Cinq ans plus tard, le procès des gendarmes a toutes les chances de se terminer par un acquittement, demandé par l'accusation. D'autres renvois meurtriers ont eu lieu, dans plusieurs pays d'Europe, et singulièrement en Suisse. Mais le procès du meurtre de Sémira Adamu a une particularité: son expulsion a été filmée. Nous publions ici des extraits d'un communiqué du Collectif belge contre les expulsions. (Réd.)

Alors que le procès des gendarmes qui ont assassiné la jeune nigériane sans-papiers, Sémira Adamu, touche à sa fin et que la défense s'apprête à prendre la parole, nous jugeons nécessaire de rappeler les enjeux fondamentaux de ce procès et d'en relever les silences et les contradictions. En effet, il semble qu'il y ait un acharnement à occulter le véritable débat et à se placer sur un plan qui ne corresponde que très partiellement au crime qui est jugé ici. Au vu de l'accumulation d'invraisemblances, de mensonges et de contradictions, au fur et à mesure des audiences, nous ne pouvons que nous interroger: ce procès consacre-t-il la faillite éthique de tout un système.

Décalage flagrant

Cela a commencé dès le premier jour du procès. Comment expliquer le «décalage» flagrant qui existe entre le sévère réquisitoire du procureur à l'égard des prévenus et les «non-peines» requises ? Il a rappelé que ces gendarmes qui, par ailleurs, n'ont jamais témoigné ni remords ni regrets, ont menti et largement abusé de la force. Reste que, selon le procureur, ils ne méritent pas de condamnation car, finalement, ils n'ont fait qu'obéir aux ordres. Et qu'importe si ceux-ci étaient imbéciles et meurtriers.

Vidéo tronquée

D'autre part, il y eut la projection de la vidéo. Filmer les expulsions, nous assurait-on, constituait un contrôle permanent des gendarmes et une protection pour les candidat(e)s réfugié(e)s dans la mesure où il était possible, à tout moment, de vérifier d'éventuelles accusations de violence.
Or, on nous a montré une vidéo à laquelle, comme par hasard, il manque les deux moments clés: celui où Sémira est censée s'être rebellée, celui où les gendarmes sont censés être intervenus pour tenter de la réanimer. Le gendarme qui filmait - et qui n'est pas poursuivi - prétexte un manque de temps ou de place ! Nous prend-t-on pour des cons ?

Méthode mortelle

Les officiers de la gendarmerie et les prétendus experts qui ont préconisé la «technique du coussin» se sont relayés au cours des audiences et ont rivalisé de lâcheté et de mauvaise foi. Leurs déclarations se situaient à un niveau où l'incompétence, la violence aveugle et l'indifférence aux conséquences se confondent. Tout se réduirait à un problème de formation et de moyens. Mais combien de commission d'experts sont nécessaires pour se rendre compte que la technique du coussin est dangereuse et s'apparente à une forme larvée de torture ? Combien d'heures de formation faut-il pour découvrir que trois gendarmes qui s'acharnent sur une personne menottée, pliée en deux et le visage enfoncé dans un coussin pendant plus de dix minutes, sont en train de commettre un crime ?

Procès miroir

Mais c'est l'ensemble du procès qui repose sur une contradiction fondamentale. Lors de l'instruction, on a d'emblée écarté la responsabilité des hommes politiques et de la hiérarchie de la gendarmerie en jugeant qu'aucune prévention ne pouvait être retenue contre eux et en isolant la responsabilité de la mort de Sémira Adamu sur quelques exécutants. Aujourd'hui, on adopte la méthode inverse: il n'est pas une seule audience où l'on ne sous-entende que la responsabilité viendrait de «plus haut», et de pointer du doigt les responsables politiques. On a beau jeu maintenant de souligner la responsabilité de ces hommes parce que ces accusations n'auront aucune conséquence puisqu'ils ne seront jamais jugés et qu'on leur a offert l'immunité et l'impunité sur un plateau d'argent et de sang.

Ce procès est un miroir de notre société. Il jette une lumière crue non seulement sur la politique d'expulsion, toujours en cours aujourd'hui, mais aussi sur le fonctionnement de nos institutions

Communiqué de presse du Collectif belge contre les expulsions, Bruxelles, 14 octobre 2003

Le plus violent des réquisitoires

En cinq ans, l'affaire Sémira Adamu s'était réduite à un dossier un peu poussiéreux. Important certes, puisqu'il avait entraîné la démission du ministre de l'Intérieur Louis Tobback, on s'en souvient un peu, mais noyé sous les flots d'une incessante actualité amnésique.

La vidéo que le tribunal de Bruxelles a voulu diffuser en séance publique a rappelé avec force que sous les centaines de pages de ce dossier, il y avait une femme de vingt ans, morte d'asphyxie aiguë. Tuée par des hommes, tuée par un système.

Cette vidéo fut difficilement soutenable. On n'y voit pas Sémira agoniser. Mais on regarde ébahi, pendant de longues minutes, trois hommes bavarder, plaisanter, sourire tout en s'arc-boutant sur une forme que l'on devine être le cousin qui maintient Sémira recroquevillée sur son siège, les mains menottées derrière le dos. Le cousin qui étouffe ses cris, qui l'asphyxie, qui la tue.

C'est le plus violent des réquisitoires. Les images diffusées à la télé et dans les journaux, scandalisent, comme elles ont ébranlé les personnes présentes à l'audience. A côté du choc de cette vidéo, le poids des mots du réquisitoire est dérisoire. Le ministère public n'a demandé aucune peine exemplaire, a déjà accepté le sursis, voire la suspension du prononcé. Sans imiter l'acharnement des hommes au coussin, la société belge comprendrait mal que le tribunal cède au laxisme.

Bien sûr diront certains, les prévenus ne furent jamais que les exécutants d'un système dûment codifié qui a débouché sur ce qu'on peut appeler un «meurtre d'Etat» puisqu'on savait que l'utilisation du coussin était dangereuse. Mais il ne faut pas se cacher derrière la doctrine, tout indigne et toute dénaturante qu'elle soit, pour exonérer ceux qui la pratiquent. Ce qu'il faut ici exemplairement punir, ce n'est pas tant d'avoir donné la mort que d'avoir montré une telle indifférence à la souffrance, qu'elle a mené à la mort.

Jean-Claude Vantroyen, «Le Soir», Bruxelles, 11/9/03

Parus dans le bulletin de liaison pour la défense du droit d'asile *Vivre Ensemble*, no 95, décembre 2003. www.asile.ch/vivre-ensemble

---

Le 12 décembre, le tribunal correctionnel de Bruxelles a condamné 4 des 5 anciens gendarmes (aujourd'hui policiers) poursuivis pour la mort par étouffement de Sémira Adamu lors de son expulsion le 22 septembre 1998, à des peines de prison avec sursis, le 5ème a été acquitté. La peine la plus lourde, 14 mois de prison avec sursis de 3 ans, revient à l'officier chargé d'encadrer l'opération, qui a été reconnu coupable de coups et blessures involontaires ayant entraîné la mort sans intention de la donner. L'Etat belge, qui comparaissait en tant que responsable des 5 gendarmes, a été condamné au civil à payer des dommages et intérêts aux parties civiles. Ces dernières ainsi que le Collectif contre les expulsions se sont déclarés satisfaites du jugement, très détaillé sur les responsabilités des prévenus.

Sommaire : Parole, pensée, violence dans l'état

Postface

Annexes

Sommaire : Le devoir de fidélité à l'état

Racisme, haine, apartheid, mémoire

Colette Guillaumin, race le mot et la notion
Cornélius Castoriadis : les racines psychiques et sociales de la haine
Nicolas Busch : Politiques d'asile et d'immigration de l'Union européenne : un moyen efficace de maintenir la sécurité et la stabilité en Europe ?
Laurent Monnier : L'apartheid ne sera pas notre passé, il est notre avenir
Marie-Claire Caloz-Tschopp : Qu'est-ce que l'action dans une société d'apartheid et d'esclaves ?
Michèle Fleury: Responsabilités des décisionnaires assis à leur bureau et des exécutants à la frontière – 1942

Miroir
Déclaration I, politique d'asile

Interculturel, Ambiguïté, transfert de responsabilité, résistance, colère et théorie

Pierre Dasen
Silvia Amati Sas, Réflexions sur l'ambiguïté et les espaces psychiques de la subjectivité
Maren Ulriksen-Vignar : Transfert de responsabilité et rupture du lien Social
Marie-Claire Caloz-Tschopp, La compréhension dans l'œuvre de Hannah Arendt. Une activité de résistance et de création politique par la pensée
Colette Guillaumin, Femmes et société. Remarques sur les effets théoriques de la colère des opprimées

Miroir
Hannah Arendt, Å. Eichmann ni un Iago, ni un Macbeth (extrait)

Utilitarisme, homme jetable, sécurité, sécuritaire

Abdelmalek Sayad, Les coûts et les profits de l'immigration
Bertrand Ogilvie, Violence et représentation. La production de l'homme jetable
Lode Van Outrive: La sécurité et la démocratie à la lumière des changements de la police
Bernard Hours : Mise en œuvre des droits et gestion de l'exclusion
Marie-Claire Caloz-Tschopp, Jean-Pierre Tabin : Que signifient les attaques répétées contre le chômage ?

www.ingramcontent.com/pod-product-compliance
Lightning Source LLC
LaVergne TN
LVHW010641051026
849532LV00001B/138